W0255116

# Informatik – Fachberichte

Band 20: Angewandte Szenenanalyse. DAGM Symposium, Karlsruhe 1979. Herausgegeben von J. Foith. XIII, 362 Seiten. 1979.

Band 21: Formale Modelle für Informationssysteme. Fachtagung der GI, Tutzing 1979. Herausgegeben von H. C. Mayr und B. E. Meyer. VI, 265 Seiten. 1979.

Band 22: Kommunikation in verteilten Systemen. Workshop der Gesellschaft für Informatik e.V.. Herausgegeben von S. Schindler und J. Schröder. VIII, 338 Seiten. 1979.

Band 23: K.-H. Hauer, Portable Methodenmonitoren. XI, 209 Seiten. 1980.

Band 24: N. Ryska, S. Herda: Technischer Datenschutz. Kryptographische Verfahren in der Datenverarbeitung. V, 401 Seiten. 1980.

Band 25: Programmiersprachen und Programmierentwicklung. 6. Fachtagung, Darmstadt, 1980. Herausgegeben von H.-J. Hoffmann. IV, 236 Seiten. 1980.

Band 26: F. Gaffal, Datenverarbeitung im Hochschulbereich der USA. Stand und Entwicklungstendenzen. IX, 199 Seiten. 1980.

Band 27: GI-NTG Fachtagung, Struktur und Betrieb von Rechensystemen. Kiel, März 1980. Herausgegeben von G. Zimmermann. IX, 286 Seiten. 1980.

Band 28: Online-Systeme im Finanz- und Rechnungswesen. Anwendergespräch, Berlin, April 1980. Herausgegeben von P. Stahlknecht. X, 547 Seiten, 1980.

Band 29: Erzeugung und Analyse von Bildern und Strukturen. DGaO – DAGM Tagung, Essen, Mai 1980. Herausgegeben von S. J. Pöppl und H. Platzer. VII, 215 Seiten. 1980.

Band 30: Textverarbeitung und Informatik. Fachtagung der GI, Bayreuth, Mai 1980. Herausgegeben von P. R. Wossidlo. VIII, 362 Seiten. 1980.

Band 31: Firmware Engineering. Seminar veranstaltet von der gemeinsamen Fachgruppe „Mikroprogrammierung" des GI Fachausschusses 3/4 und des NTG-Fachausschusses 6 vom 12. – 14. März 1980 in Berlin. Herausgegeben von W. K. Giloi. VII, 295 Seiten. 1980.

Band 32: M. Kühn, CAD Arbeitssituation. VII, 215 Seiten. 1980.

Band 33: GI – 10. Jahrestagung. Herausgegeben von R. Wilhelm. XV, 563 Seiten. 1980.

Band 34: CAD-Fachgespräch. GI - 10. Jahrestagung. Herausgegeben von R. Wilhelm. VI, 184 Seiten. 1980.

Band 35: B. Buchberger, F. Lichtenberger: Mathematik für Mathematiker I. Die Methode der Mathematik. XI, 315 Seiten. 1980.

Band 36: The Use of Formal Specification of Software. Berlin, Juni 1979. Edited by H. K. Berg and W. K. Giloi. V, 388 pages. 1980.

Band 37: Entwicklungstendenzen wissenschaftlicher Rechenzentren. Kolloquium Göttingen, Juni 1980. Herausgegeben von D. Wall. VII, 163 Seiten. 1980.

Band 38: Datenverarbeitung im Marketing. Herausgegeben von R. Thome. VIII, 377 pages. 1981.

Band 39: GI, VDI/VDE-GMR, KfK Fachtagung Prozeßrechner 1981. München, 10. und 11. März 1981. Herausgegeben von R. Baumann. XVI, 476 Seiten. 1981.

# Informatik-Fachberichte

Herausgegeben von W. Brauer
im Auftrag der Gesellschaft für Informatik (GI)

## 39

# Fachtagung Prozeßrechner 1981

GI                   Gesellschaft für Informatik
VDI/VDE – GMR  Gesellschaft für Meß- und Regelungstechnik
KfK              Kernforschungszentrum Karlsruhe

München, 10. und 11. März 1981

Herausgegeben von R. Baumann

Springer-Verlag
Berlin Heidelberg New York 1981

**Herausgeber**

Prof. Dr. R. Baumann
Institut für Informatik
Technische Universität München
Postfach 20 24 20
D 8000 München 2

**Programmkomitee**

R. Baltersee, Mülheim

R. Baumann, München (Vorsitz)

G. Färber, München

U. Grupe, Bremen

G. Hirschberg, Erlangen

F. Hofmann, Erlangen

W. Junike, Hannover

G. Krüger, Karlsruhe

R. Lauber, Stuttgart

T. Martin, Karlsruhe

T. Pfeifer, Aachen

P. Schiefer, Mülheim

G. Schmidt, München

G. Schweizer, Karlsruhe

R. Zürn, Stuttgart

ISBN-13: 978-3-540-10617-3          e-ISBN-13: 978-3-642-67977-3
DOI: 10.1007/978-3-642-67977-3

CIP-Kurztitelaufnahme der Deutschen Bibliothek
Fachtagung Prozessrechner <03, 1981, München>: Fachtagung Prozessrechner: 1981,
München, 10. u. 11. März 1981 / GI ... Hrsg. von R. Baumann. –
Berlin; Heidelberg; New York: Springer, 1981.
(Informatik-Fachberichte; 39)

NE: Baumann, Richard [Hrsg.]; Gesellschaft für Informatik; HST; GT

Vorwort


Die dritte Fachtagung Prozeßrechner wird, ebenso wie die vorangegangenen Prozeßrechner-Fachtagungen 1974 (Karlsruhe) und 1977 (Augsburg)
von der Gesellschaft für Informatik (GI), der Gesellschaft Meß- und
Regelungstechnik (VDI/VDE-GMR) und dem Kernforschungszentrum Karlsruhe
(KfK) gemeinsam veranstaltet. Federführend bei der Fachtagung Prozeßrechner 1981 in München ist die Gesellschaft für Informatik. Auch die
diesjährige Tagung soll den allgemeinen Methoden der Prozeßrechentechnik, insbesondere der Wechselwirkung zwischen speziellen Anwen-
dungsanforderungen einerseits und effizienten, möglichst universellen
Hilfsmitteln andererseits gewidmet sein und einen repräsentativen
Überblick über den gegenwärtigen Stand der Technik geben.

Als Hauptproblem der Prozeßrechentechnik und mögliche Schwerpunkte
der weiteren Entwicklung sind derzeit erkennbar:

- Nutzung des technologischen Fortschritts der Mikroelektronik für
  die Prozeßrechentechnik.

- Erhöhung der Zuverlässigkeit, Sicherheit und Fehlertoleranz von
  Prozeßrechensystemen im Hinblick auf möglichst hohe Verfügbarkeit.

- Anwendung fortgeschrittener Programmentwicklungskonzepte bei
  großen Prozeßführungssystemen hoher Komplexität.

- Ausdehnung der Rechnerunterstützung auf den gesamten Programm-
  entwicklungsvorgang.

Die genannten Themen sind von hoher Aktualität. Die stürmische Entwicklung der Mikroelektronik wird eine noch nicht absehbare Erweiterung der Anwendungsbereiche der Prozeßrechentechnik mit sich bringen
und das Interesse der Öffentlichkeit in zunehmendem Maße auf dieses
Gebiet lenken. Rechnergesteuerte technische Systeme unterliegen besonders hohen Anforderungen hinsichtlich Zuverlässigkeit und Sicherheit. Architektur und Programmausstattung haben diesem Umstand
Rechnung zu tragen.

Der Steigerung der Software-Kosten schließlich kann angesichts der
Komplexität der Aufgabenstellungen nicht mehr mit konventionellen
Programmiermethoden begegnet werden. Neue Ansätze zur systematischen
Unterstützung des gesamten Programmentwicklungsprozesses (Stichwort
Software-engineering) werden zunehmend Eingang in die Prozeßrechen-
technik finden.

Der Programmausschuß hat versucht, unter den Vortragsanmeldungen die
Auswahl so zu treffen, daß die 36 Fachvorträge den gegenwärtigen
Stand und die Ansätze der weiteren Entwicklung der Prozeßrechentechnik möglichst gut erkennen lassen. Fünf Übersichtsvorträge
sollen das Bild noch weiter vervollständigen. Zwei Hauptvorträge
und eine Podiumsdiskussion befassen sich mit Themen von allgemeinem
Interesse.

Den Autoren der Fach-, Übersichts- und Hauptvorträge, dem Springer-
Verlag, den Mitgliedern des Programmausschusses, allen an der Vorbereitung und Durchführung der Fachtagung unmittelbar Beteiligten
und den veranstaltenden Gesellschaften sei an dieser Stelle für tat-
kräftige Unterstützung herzlich gedankt.

Es bleibt zu hoffen, daß die Bemühungen um die Vorbereitung der
Tagung durch einen erfolgreichen Ablauf und entsprechenden Nutzen
für die Teilnehmer gerechtfertigt werden.


München, im Dezember 1980


                                        R. Baumann

# INHALTSVERZEICHNIS

ZUVERLÄSSIGKEIT UND SICHERHEIT I



ZUVERLÄSSIGKEIT UND SICHERHEIT II



MENSCH-MASCHINE-KOMMUNIKATION I

## EINSATZ VON REALZEITSPRACHEN II



## REALZEIT-DATENBANKEN

A N S C H R I F T E N   D E R   A U T O R E N

Ammann, Martin; Dornier System GmbH
    Postfach 136o
    D-7990 Friedrichshafen

Biewald, Joachim; Institut für Regelungstechnik und
    Prozeßautomatisierung
    der Universität Stuttgart
    Seidenstraße 36
    D-7000 Stuttgart 1

Bockhoff, Werner; Fried. Krupp GmbH, Krupp Atlas-Elektronik
    Postfach 44 85 45
    D-2800 Bremen 44

Bonn, Gottfried; Fraunhofer-Institut für
    Informations- und Datenverarbeitung  IITB
    Seb. Kneipp-Straße 12/14
    D-7500 Karlsruhe 1

Brauer, Harri; AEG-Telefunken, Abt. Bahnen
    Brunnenstraße 1o7a
    1000 Berlin 65·

Chalaupka, Dieter; Siemens Österreich
    Programm und Systementwicklung 4
    Kleine Stadtgutgasse 9
    A-1020 Wien

Conrads, Dieter; Kernforschungsanlage Jülich
    Zentralinstitut für Angewandte Mathematik
    Postfach 1913
    D-5170 Jülich 1

Daum, Reiner; Forschungsinstitut für Informatik, Transport-
    und Verkehrssysteme (ITV) in der INGEST e.V. (Stuttgart)
    Institut Prof. Dr. G. Schweizer
    Kaiserstraße 12
    D-7500 Karlsruhe 1

Dostal, Werner; Institut für Arbeitsmarkt- und Berufsforschung
    Regensburger Straße 1o4
    D-8500 Nürnberg

Ehling, Hans-Jürgen; AEG-Telefunken
    Zentralabteilung Software-Technologie
    Hohenzollerndamm 15o
    1000 Berlin 33

Ehrenberger, Wolfgang; Gesellschaft für Reaktorsicherheit mbH
    Forschungsgelände
    D-8046 Garching

Färber, Georg; Lehrstuhlfür Prozeßrechner
    der Technischen Universität München
    Postfach 20 24 20
    D-8000 München 2

Felkel, Lothar; Gesellschaft für Reaktorsicherheit mbH
    Forschungsgelände
    D-8046 Garching

Friehmelt, Rüdiger; Kernforschungszentrum Karlsruhe GmbH
    Institut für Datenverarbeitung in der Technik
    Postfach 364o
    D-7500 Karlsruhe 1

Frisch, Hagen; Siemens AG, E STE 35
    Günther-Scharowsky-Straße 2
    D-8520 Erlangen

Fritsche, Dieter; Angewandte Informatik, Transport und Verkehrssysteme
    Universität Karlsruhe
    Kaiserstraße 12
    D-7500 Karlsruhe 1

Goede, Karl; Entwicklungsbüro Werum
    Glogauer-Straße 2a
    D-2120 Lüneburg

Gerth, Wilfried; Institut für Regelungstechnik
    der Universität Hannover
    Appelstraße 11
    D-3000 Hannover 1

Glöe, Günter; Technischer Überwachungsverein Norddeutschland e.V.
    Große Bahnstraße 31
    D-2000 Hamburg 54

Göhner, Peter; GPP Gesellschaft für Prozeßrechnerprogrammierung mbH
    Balanstraße 138/I
    D-8000 München 90

Graf, Franz; Dornier System GmbH
    Postfach 1360
    D-7990 Friedrichshafen

Grosche, Jürgen; Fried. Krupp GmbH, Krupp Atlas-Elektronik
    Postfach 44 85 45
    D-2800 Bremen 44

Hafner, Helmut; Brown, Boveri & Cie AG
    Postfach 1309
    D-6802 Ladenburg

Handschin, Edmund; Lehrstuhl für Elektrische Energieversorgung
    der Universität Dortmund
    Postfach 50 05 00
    D-4600 Dortmund 5o

Harms, Reinhard; Forschungsinstitut für Informatik, Transport-
    und Verkehrssysteme (ITV) in der INGEST e.V. (Stuttgart)
    Institut Prof. Dr. G. Schweizer
    Kaiserstraße 12
    D-7500 Karlsruhe 1

Hauke, F.; Kernforschungszentrum Karlsruhe GmbH
    Institut für Datenverarbeitung in der Technik
    Postfach 3640
    D-7500 Karlsruhe 1

Hertlin, Ingolf; Fraunhofer-Institut für
    Informations- und Datenverarbeitung IITB
    Seb. Kneipp-Straße 12/14
    D-7500 Karlsruhe 1

Herzog, Max; Siemens AG, E STE 37
    Postfach 3240
    D-8520 Erlangen

Jaeschke, Andreas; Kernforschungszentrum Karlsruhe GmbH
    Institut für Datenverarbeitung in der Technik
    Postfach 3640
    D-7500 Karlsruhe 1

Joho, Erich; Institut für Regelungstechnik und Prozeßautomatisierung
    der Universität Stuttgart
    Seidenstraße 36
    D-7000 Stuttgart 1

Jovalekič, Silvije; Institut für Regelungstechnik und
    Prozeßautomatisierung der Universität Stuttgart
    Seidenstraße 36
    D-7000 Stuttgart 1

Kapp, Karl-Heinz; Angewandte Informatik, Transport und Verkehrssysteme
    Universität Karlsruhe
    Kaiserstraße 12
    D-7500 Karlsruhe 1

Kersken, Manfred; Gesellschaft für Reaktorsicherheit mbH
    Forschungsgelände
    D-8046 Garching

Kohlhepp, Peter; Institut für Informatik der
    Technischen Universität München
    Postfach 2o 24 2o
    D-8000 München 2

Krüger, Gerhard; Institut für Informatik III der
    Universität Karlsruhe
    Postfach 638o
    D-7500 Karlsruhe 1

Kühnel, Bernd; Siemens AG, E STE 37
    Postfach 3240
    D-8520 Erlangen

Kugele, Eugen; Kernforschungszentrum Karlsruhe GmbH
    Institut für Datenverarbeitung in der Technik
    Postfach 3640
    D-7500 Karlsruhe 1

Landwehr, Klaus; Entwicklungsbüro Werum
    Glogauer-Straße 2a
    D-2120 Lüneburg

Lauber, Rudolf; Institut für Regelungstechnik und
    Prozeßautomatisierung der Universität Stuttgart
    Seidenstraße 36
    D-7000 Stuttgart 1

Laubsch, Helmut; Fraunhofer-Institut für
    Informations- und Datenverarbeitung IITB
    Seb. Kneipp-Straße 12/14
    D-7500 Karlsruhe 1

Lohmann, Fritz; Direktor der Philips GmbH
    Burchhardstraße 19
    D-2000 Hamburg 1

Lorenz, Lothar; Fraunhofer-Institut für
    Informations- und Datenverarbeitung IITB
    Seb. Kneipp-Straße 12/14
    D-7500 Karlsruhe 1

Ludewig, Jochen; Brown, Boveri & Cie AG
    Forschungszentrum
    CH-5405 Baden-Dättwil
    Schweiz

Mangold Gunther; Brown, Boveri & Cie AG
    Postfach 1309
    D-6802 Ladenburg

Matthias, E.; SEL-Forschungszentrum
    Postfach 40 97 49
    D-7000 Stuttgart

Moritz, Hans Elmar; Kernforschungsanlage Jülich
    Zentralinstitut für Angewandte Mathematik
    Postfach 1913
    D-5170 Jülich 1

Müller, Klaus-Dieter; Kernforschungsanlage Jülich
    Zentrallabor für Elektronik
    Postfach 1913
    D-5170 Jülich 1

Opgenoorth, Bernd; Siemens AG, E STE 36
    Günther-Scharowsky-Straße 2
    D-8520 Erlangen

Puhr-Westerheide, Peter; Gesellschaft für Reaktorsicherheit mbH
    Forschungsgelände
    D-8046 Garching

Reh, Wolfgang; Kernforschungszentrum Karlsruhe GmbH
    Institut für Datenverarbeitung in der Technik
    Postfach 3640
    D-7500 Karlsruhe 1

Sartori, Erich; Forschungsinstitut für Informatik, Transport-
    und Verkehrssysteme (ITV) in der INGEST e.V. (Stuttgart)
    Institut Prof. Dr. G. Schweizer
    Kaiserstraße 12
    D-7500 Karlsruhe 1

Schäffner, Hanspeter; Standard Elektrik Lorenz AG
    CS/EUD
    Hellmut Hirth Straße 42
    D-7000 Stuttgart 40

Schneider, Klaus; Siemens AG, E STE 3
    Postfach 21 12 62
    D-7500 Karlsruhe

Scholz, Markus; Siemens Österreich
    Programm- und Systementwicklung 4
    Kleine Stadtgutgasse 9
    A-1020 Wien

Sonnenberg, Walter; Angewandte Informatik, Transport- und
    Verkehrssysteme der Universität Karlsruhe
    Kaiserstraße 12
    D-7500 Karlsruhe 1

Schweizer, G.; Angewandte Informatik, Transport- und
    Verkehrssysteme der Universität Karlsruhe
    Kaiserstraße 12
    D-7500 Karlsruhe 1

Strelow, Rüdiger; Siemens AG, E STE 35
    Günther-Scharowsky-Straße 2
    D-8520 Erlangen

Tempelmeier, Theodor; Institut für Informatik der
    Technischen Universität München
    Postfach 2o 24 2o
    D-8000 München 2

Thon, Heinz-Jürgen; Siemens AG, E STE 371
    Postfach 3240
    D-8520 Erlangen

Voß, Jürgen; Lehrstuhl für Elektrische Energieversorgung der
    Universität Dortmund
    Postfach 50 05 00
    D-4600 Dortmund 50

Weicker, Reinhold; Siemens AG, E STE 35
    Günther-Scharowsky-Straße 2
    D-8520 Erlangen

Weihrauch, Jörg; Brown, Boveri & Cie AG
    Postfach 13o9
    D-6802 Ladenburg

Weiß, Johann; Institut für Datenverarbeitung der
    Technischen Universität Wien
    Gußhausstraße 25
    A-1040 Wien

Welti, Willi; Brown, Boveri & Cie AG
    Postfach 351
    D-6800 Mannheim

Wettstein, Horst; Institut für Informatik III der
    Universität Karlsruhe
    Im Zirkel 2
    D-7500 Karlsruhe

Winkler, Peter; PSI Gesellschaft für
    Prozeßsteuerungs- und Informationssysteme mbH
    Katharinenstraße 19-20
    1000 Berlin 31

Zapp, Alfred; Gesellschaft für Reaktorsicherheit mbH
    Forschungsgelände
    D-8046 Garching

Zeh, Albrecht; GPP Gesellschaft für Prozeßrechnerprogrammierung mbH
    Balanstraße 138/I
    D-8000 München 90

# MASSENANWENDUNG VON KLEINSTPROZESSRECHNERN

G. Färber
Lehrstuhl für Prozeßrechner
Technische Universität München

## 1. Einleitung

Schlagzeilen wie "Mikroprozessor steuert Skibindung" oder "Kochherd
kennt 100 Rezepte" erscheinen in zunehmender Zahl und machen deutlich,
daß immer mehr Kleinstrechner (Mikrocomputer) zur Überwachung und
Steuerung von technischen Geräten eingesetzt werden, die in sehr hoher
Stückzahl gebaut werden: Die Massenanwendung von Kleinstprozeßrechnern
ist also bereits Realität und wird in Zukunft mehr und mehr die Gestalt und Funktion von Gegenständen des täglichen Lebens bestimmen.

Die Bezeichnung "Massenanwendung" setzt voraus, daß identische Automatisierungssysteme in Stückzahlen von mindestens 10.000 Einheiten zum
Einsatz kommen. Daß die Bezeichnung "Kleinstprozeßrechner" gerechtfertigt ist, wird im nächsten Abschnitt näher dargelegt. Dort wird auch
an verschiedenen Beispielen gezeigt, wie vielfältig die möglichen Einsatzfälle sind und daß der Kreativität bei der Erfindung neuer zu auto-
matisierender Prozesse keine Grenzen gesetzt sind.

Ein kurzer Überblick über die zur Realisierung der Kleinstprozeßrechner
verfügbaren Technologien folgt in Abschnitt 3, während der 4. Abschnitt
spezielle mit den Anwendungsgebieten und den hohen Stückzahlen zusam-
menhängende Entwurfsprobleme behandelt. Abschließend wird versucht,
einen etwas futuristischen Ausblick in die weitere Zukunft der Massenanwendung von Kleinstprozeßrechnern zu geben.

## 2. Einsatzgebiete und technische Anforderungen

Zahlreiche Einsatzbeispiele für in hohen Stückzahlen benötigte kleine
Prozeßautomatisierungssysteme entstammen dem Bereich der professionel-
len Elektronik: Beispielhafte Anwendungen in der Nachrichtentechnik
und Vermittlungstechnik, der Datenverarbeitung (z.B. in Terminals oder
Peripheriesteuerungen) oder der Meß-, Steuerungs- und Regelungstechnik
sind allgemein bekannt. Intelligente Sensoren, die über ein lokales
Bussystem miteinander verbunden sind (Bild 1), können als unterste
Ebene eines hierarchisch strukturierten Prozeßrechnersystems verstanden
werden: Sie nehmen Information von den Sensoren auf, führen bestimmte
Verarbeitungsfunktionen durch (z.B. Eichung, Linearisierung, Tempera-
turkompensation usw.) und sind in der Lage, das Protokoll des lokalen
Busses zu bedienen. Derartige intelligente Sensoren können also als
spezialisierte Kleinstprozeßrechner betrachtet werden, welche in großen
Stückzahlen benötigt werden.

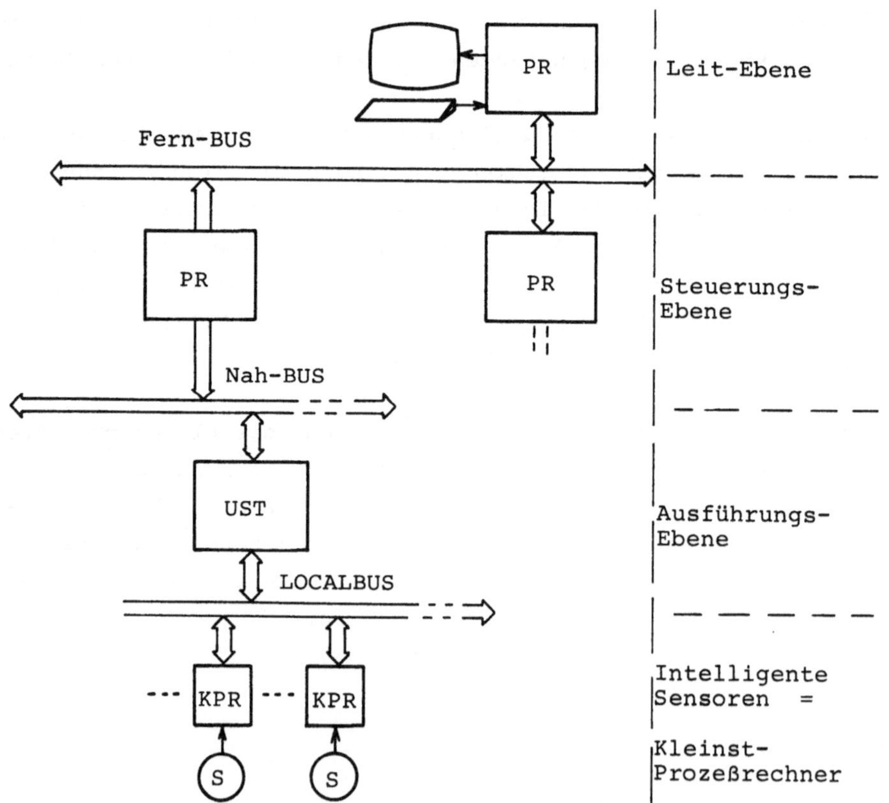


Bild 1:    Intelligente Sensoren als Kleinst-Prozeßrechner

Noch interessanter und vielfältiger sind zweifellos die zahlreichen
Beispiele aus dem Bereich der Konsumelektronik, in welchen die Kleinstprozeßrechner mehr und mehr eindringen. In vielen Anwendungen verdrän-
gen sie konventionelle Elektronik-Lösungen, im allgemeinen mit einer
wesentlichen Ausweitung des Funktionsumfangs. Es gibt jedoch auch zahlreiche ganz neuartige Anwendungen, welche ohne die "Intelligenz" dieser
Prozessoren nicht realisierbar wären. Im folgenden werden einige derartige Beispiele aus vier Anwendungsbereichen für Konsum-Elektronik
stichwortartig vorgestellt.

Die Automatisierung des technischen Prozesses "Kraftfahrzeug" spielt
eine besonders große wirtschaftliche Rolle. Die Anforderungen an eine
geringere Umweltbelastung einerseits und eine bessere Energienutzung
andererseits wird nach Prognosen amerikanischer Marktforscher dazu führen, daß in wenigen Jahren in jedem Auto fünf bis acht Mikroprozessoren
für Überwachungs- und Steuerungsaufgaben eingesetzt werden. Typische
Anwendungsbereiche sind:

- Systeme zur Motorsteuerung (Leerlaufkontrolle, Zündpunktoptimierung,
  Ventilsteuerung, Gemisch-Steuerung usw.).

- Automatische Bremssysteme (ABS).

- Diagnose-Rechner zur Anzeige und Identifikation von Fehlerzuständen
  im Fahrzeug sowie zur Bedienung eines "Diagnosesteckers" in der Werkstatt.

- Bordrechner/Fahrtrechner zur laufenden Verbrauchskontrolle sowie der
  Fahrt-Planung.

- Rechnersysteme zur Bedienung von Abstandswarnradars.

- Intelligente Fahrtleitsysteme, welche in Verbindung mit an der Straße
  angeordneten Leitkabeln unter Berücksichtigung aktueller Verkehrszu-
  stände optimale Streckenvorschläge unterbreiten.

- Rechnersysteme zur Klimasteuerung im Fahrgastraum.

- Schlüssel-Systeme und Alarmsysteme zur Sicherung des Kraftfahrzeugs.

Das zweite große Anwendungsgebiet mit zahlreichen technischen Prozessen ergibt sich im privaten Haushalt. Hier werden bereits verschiedene Produkte angeboten, die nächsten Jahre werden einen heute noch nicht vorstellbaren Zuwachs bringen. Kleinstprozeßrechner übernehmen hier vielfältige Aufgaben:

- Bei der Steuerung von Wasch- und Spülmaschinen werden zunächst die heutigen starren Zeitschaltwerke ersetzt und später um intelligentere Funktionen ergänzt.

- Nähmaschinen oder Strickmaschinen werden zur optimalen Steuerung immer gleichablaufender Vorgänge automatisiert.

- Bei Herden (auch auf Mikrowellen-Basis) lassen sich rezeptabhängige, komplexe Temperatur-Zeit-Profile einstellen.

- Die Optimierung von "Küchen-Centers", in welchen zur Energieeinsparung kältetechnische Geräte (Gefrierschrank, Kühlschrank) mit Wärmeverbrauchern (Warmwasserbereiter, Spülmaschinen, Herde) gekoppelt werden, ist eine interessante Zukunftsaufgabe.

- Allgemeine Energiesteuerungen im Haushalt (Heizungssteuerung, Optimierung multivalenter Wärmequellen, Brennersteuerungen, Aufgaben der Einzelraumregelung und Zeitsteuerung) dienen der Energieeinsparung.

- Intelligente Fernbedien-Geräte ermöglichen, etwa über das 220 Volt-Netz, ein manuelles oder rechnergesteuertes (zeitgesteuertes) Ein- oder Ausschalten von elektrischen Verbrauchern.

- Durch Leitsysteme für die allgemeine Haustechnik werden Aufgaben der Jalousien-Steuerung, Beleuchtung, Heizung usw. bewältigt.

- In Zukunft wird es intelligente Staubsauger geben, welche - ähnlich wie es heute schon im Bürobereich möglich ist - als einfache Roboter selbständig in der Wohnung hin und her fahren.

- Automatische Wähleinrichtungen, intelligente Telefonbeantworter usw. werden die Einsatzmöglichkeiten des Telefons ausweiten.

- Intelligente Sicherheitseinrichtungen werden realisierbar, etwa Überwachungsanlagen gegen Diebstahl, Feuermelder oder intelligente Schließanlagen.

- Zukünftige Einrichtungen zur Kleinkinder-Überwachung werden auf
  Kleinstprozeßrechnern basieren.


Ein weiteres Gebiet, in welchem der Spieltrieb der Kunden ein breites
Einsatzfeld für Kleinstprozeßrechner schafft, ist die die Unterhal-
tungselektronik. Hier bieten sich viele Geräte zur Automatisierung an:

- HiFi-Geräte wie Radios, Tonbandgeräte oder Plattenspieler.

- Fernsehgeräte, bei welchen durch die Kleinstprozeßrechner eine Infra-
  struktur geschaffen wird, welche weitere Zusatzfunktionen (Fernseh-
  spiele, Bildschirm- und Videotext) ermöglichen.

- Video-Bandgeräte und -Kameras.

- Filmkameras und Fotoapparate.

- Musikinstrumente.


Schließlich sollen noch einige Beispiele aus dem großen Gebiet der
Freizeit- und Spielzeugelektronik erwähnt werden, welche von der Industrie heute nur in den allerersten Anfängen bedient wird:

- Die Hobby-Computer werden zunehmend mit Interface-Einrichtungen ausgestattet, welche auch die Realisierung kleiner Ablaufsteuerungen
  oder Überwachungsaufgaben ermöglichen.

- Navigationsrechner für Segelboote (mit Online-Anschlüssen für Strö-
  mungs- und Windmeßeinrichtungen) bleiben nicht mehr lange den großen
  Yachten vorbehalten.

- Die intelligente Skibindung, welche laut Herstellerangaben nur mit
  einer Wahrscheinlichkeit von 1 : 1.000.000 Fehlentscheidungen trifft,
  soll in 2 Jahren auf den Markt kommen.

- Intelligente Kompaß-Systeme für Wanderfreunde werden als Inertialsy-
  steme realisiert.

- Mikroprozessorgesteuerte Hometrainer-Systeme werden bereits seit längerem am Markt angeboten.

- Tragbare Herz-Kreislauf-Überwachungseinrichtungen sollen die Selbst-
kontrolle beim "Jogging" erleichtern.

- Intelligente Homeworker-Systeme werden vielleicht CNC-ähnliche Funktionen anbieten.

- Mikroprozessorgesteuerte Alkohol-Tester (also Gasanalysegeräte mit
angeschlossenem Laborrechner) befinden sich in Entwicklung.

Zahlreiche Möglichkeiten gibt es bei der Automatisierung von Spielzeu-
gen:

- Automatisierungssysteme für Metall- oder Plastikbaukasten,

- intelligente Fernsteuerungseinrichtungen,

- Eisenbahn-, Autorennbahn- und Signalanlagensteuerungen,

- Fahrzeug-Steuerungen aller Art,

- Steuerung von Spielzeugrobotern,

- intelligente Lernhilfen usw.


Diese - äußerst unvollständige - Zusammenstellung macht deutlich, daß
hier dem Erfindungsgeist keine Grenzen gesetzt sind. Alle Anwendungen
erfüllen die im Titel dieses Referats gestellte Forderung der Massenanwendung; es stellt sich natürlich die Frage, ob die Bezeichnung
"Kleinstprozeßrechner" in all diesen Fällen gerechtfertigt ist; im folgenden soll daher die Frage untersucht werden, ob die üblicherweise zur
Charakterisierung von Prozeßrechnern herangezogenen Merkmale gegeben
sind und welche Anforderungen an diese Kleinstprozeßrechner gestellt
werden müssen.


Zunächst einmal zeigt es sich, daß die in den zitierten Anwendungen
eingesetzten Kleinstrechner im <u>direkt gekoppelten Betrieb</u> mit einem
technischen Prozeß zusammenarbeiten. Wie Bild 2 zeigt, werden dabei in
beiden Richtungen analoge oder digitale Signale ausgetauscht. Zusätzlich wird im allgemeinen zur Kommunikation mit dem Bediener eine Tasta-
tur-Anzeigenkombination benötigt. Ein Gegenbeispiel sind übrigens die
Taschenrechner, bei welchen keine Kopplung an einen technischen Prozeß
vorliegt.

Das zweite, den Prozeßrechner kennzeichnende Merkmal ist der <u>Echtzeit-</u>
<u>betrieb</u>: Die technischen Prozesse begrenzen durch ihr zeitliches Ver-
halten die maximal zulässigen Verarbeitungszeiten. Die dabei einzuhal-
tenden Zeitschranken können durchaus anspruchsvoll sein: Positionier-
systeme für im schnellen Vorlauf arbeitende Tonbandgeräte oder Steue-
rungseinrichtungen für Kraftfahrzeugmotoren haben manchmal nur Bruch-
teile von Millisekunden zur Verfügung.

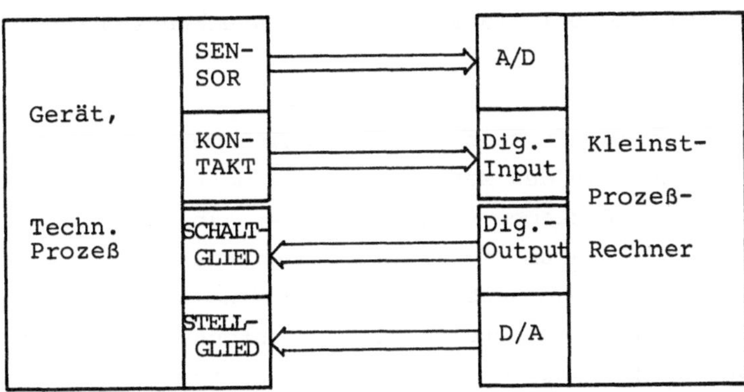


<u>Bild 2:</u>    Direkt gekoppelter Betrieb bei Kleinstprozeßrechnern

Für viele Anwendungen ist es erforderlich, mehrere Prozeßvorgänge quasi
gleichzeitig zu bedienen: Dies macht auch bei kleinen Anwendungen einen
<u>Mehrprogrammbetrieb</u> notwendig. Meist sind wenigstens Eingriffsmöglich-
keiten durch den Bediener parallel zum aktuellen Steuerungsablauf möglich. Wenn auch im allgemeinen kein ausgeprägtes Echtzeit-Betriebssystem
verwendet wird, so sind doch häufig einfache Ansätze zu einer Task-Ver-
waltung vorhanden.

An die <u>Zuverlässigkeit</u> und <u>Sicherheit</u> werden große Anforderungen gestellt. Schon aus wartungstechnischen Gründen sind bei so großen Stückzahlen größere Ausfallraten nicht akzeptabel, und bei mit konventioneller Elektronik ausgerüsteten Geräten ist der Verbraucher von sehr hohen
Verfügbarkeiten verwöhnt: So wird von einem konventionellen Heizungs-

steuerungssystem mit einer MTBF von 400 Jahren berichtet. Auch sicherheitstechnische Fragen erhalten bei neueren Anwendungen große Bedeutung: Automatische Bremssysteme oder die mikroprozessorgesteuerte Skibindung gefährden bei fehlerhafter Funktion Leib und Leben, und bei der Steuerung eines Heizkessels gibt es im Prinzip dieselben Zulassungsprobleme (TÜV) wie bei großen industriellen Anlagen.

Viele der zitierten Kleinstprozeßrechner-Anwendungen stellen extreme Anforderungen an die Verträglichkeit mit extremen Umgebungsbedingungen. Alle Anwendungen im Kraftfahrzeug, die mehrfach erwähnte Skibindung und andere Freizeit-Anwendungen stellen zumindest an den Temperaturbereich Anforderungen, wie sie bei klassischen Prozeßrechnersystemen nicht gestellt werden.

Die Schnittstelle zwischen Mensch und Maschine gerät bei Prozeßrechneranwendungen zunehmend in den Mittelpunkt der Betrachtungen. Auch bei Kleinstprozeßrechner-Systemen verdient dieser Aspekt besondere Beachtung: Hier geht es ja darum, für Laien Bedienungskonzepte zu realisieren, welche weitestgehend selbsterklärlich sind und Bedienungsfehler vermeiden helfen. Viele im Bereich der Wartentechnik gewonnenen Erkenntnisse müssen hier analog zur Anwendung kommen.

Diese Diskussion zeigt, daß es sich um echte Prozeßrechneranwendungen handelt und daß an diese kleinsten Rechnersysteme zum Teil erhebliche Anforderungen gestellt werden. Erkenntnisse, welche vor 10 Jahren in der Forschung gewonnen wurden und die vor 5 Jahren industriell eingesetzt wurden, bestimmen heute die Gestaltung von Verbrauchsgütern.

## 3. Technologische Basis

Kleinstprozeßrechner für Massenanwendungen richten sich an einen außerordentlich Preis-sensitiven Markt. Die Zahl der eingesetzten Bauelemente muß daher möglichst klein gehalten werden, so daß eine Realisierung nur auf der Basis von Singlechip-Mikrocomputern möglich ist. Natürlich erleichtert es eine geringe Bauelemente-Zahl auch, die geforderte hohe Zuverlässigkeit zu erreichen.

Verbesserte Techniken bei der Herstellung und Anwendung der zur Erzeugung feiner Halbleiterstrukturen verwendeten Masken führt zu immer höheren Bauelementedichten und besseren Reproduzierbarkeiten. Da auch die Qualität des verwendeten Halbleiter-Materials laufend verbessert wird, erhält man trotz einer zunehmenden Funktionsdichte bessere Ausbeuten und damit entsprechend geringere Produktionskosten: Vollständige Mikrocomputer-Bausteine können bereits zu Preisen von weniger als einem Dollar angeboten werden. Bild 3 zeigt, aus welchen Subsystemen ein derartiger Mikrocomputer auf einem Chip aufgebaut ist:

- Der Prozessor selbst kann 4- oder 8-bit breite Daten verarbeiten. Während man älteren Typen noch die durch die Technologie gegebenen architekturellen Einschränkungen ansieht, orientieren sich neuere Systeme an den Anforderungen der Software. Solche Einheiten übertreffen heute bereits die Architektur und Leistungsfähigkeit von Prozeßrechnern der ersten Generation.

- Der Lese/Schreib-Speicher (RAM) ist meist recht begrenzt (z.B. 64 Worte à 4 oder 8 bit), die zunehmende Bauelement-Dichte führt zu einer stetigen Kapazitätsausweitung.

- Als Programmspeicher dienen ROM- oder PLA-Strukturen. Gerade bei solchen Systemen, die in sehr hohen Stückzahlen hergestellt werden (z.B. Uhren-Mikrocomputer), dominiert die PLA-Technik, deren Anwendung (Programmierung) besondere Kenntnisse der Hardwarestruktur dieser Speicher voraussetzt: PLA-strukturierte Programmspeicher benötigen wesentlich weniger Chip-Fläche als ROM-Speicher. Mit zunehmender Funktionsdichte werden derartige Spar-Techniken weniger wichtig, so daß heute die ROM-Speicher überwiegen. Speicherkapazitäten bis zu 4 K byte sind bereits verfügbar, und auch hier wird die Kapazität weiter ansteigen. EPROM-Versionen dieser Speicher erweisen sich für die Prototyp-Erprobung als besonders nützlich.

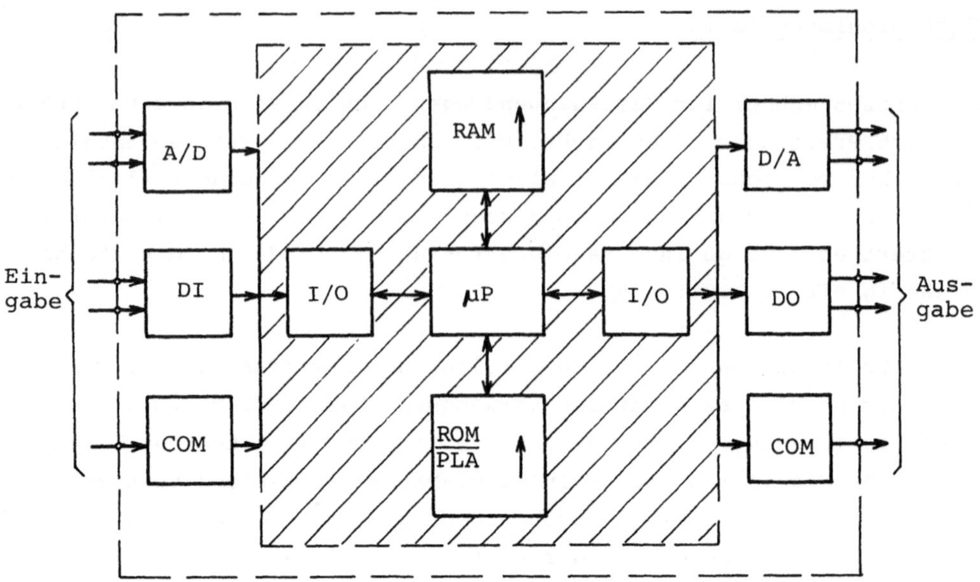



**Bild 3:**   Zunehmende Integrationsdichte von 1-Chip-Mikrocomputern


- Ein/Ausgabe-Schnittstellen für den Austausch von digitalen Signalen
  sind die Basis für die direkte Ankopplung an das technische Gerät.
  Bis zu 32 Signalleitungen sind bei heutigen Systemen verfügbar und
  per Programm als Eingabe- oder Ausgabeleitung programmierbar. Es gibt
  spezielle Mikrocomputertypen, deren Ein/Ausgabeleitungen für die Ansteuerung von Flüssigkeitskristall-Anzeigen ausgelegt sind: Die dabei
  benötigten besonderen Spannungen werden mit Hilfe von Spannungswand-
  lern erzeugt, welche ebenfalls auf den Chip integriert sind. Haupt-
  begrenzung für die Zahl der Ein/Ausgabeleitungen sind die Anschluß-
  stifte des Mikrocomputers; es wird daher versucht, diese Grenzen
  durch andere Gehäuseanordnungen auszuweiten.

- Daneben werden immer mehr zusätzliche Funktionen, welche früher auf
  eigene Bausteine ausgelagert werden mußten, auf dem Mikrocomputerchip
  integriert. Typisch sind hier
  - die Bereitstellung von Zählern und Zeitgebern, wie sie für Aufga-
    ben der Zeitsteuerung benötigt werden,
  - die Implementierung von Kommunikations-Schnittstellen, die einen
    Anschluß der Kleinstprozeßrechner an übergeordnete Systeme ermög-
    lichen,

- die Integration von Analog/Digital-Wandlern und Digital/Analog-
  Wandlern, welche einen direkten Austausch von analogen Signalen
  mit dem Mikrocomputer-Chip ermöglichen,
- Einrichtungen zur Ansteuerung von Leistungshalbleitern (z.B. pha-
  senanschnittsgesteuerte Triac's).

Diese Liste zeigt, daß es für immer mehr Anwendungen möglich wird, mit
einem Singlechip-Mikrocomputer vollständig ohne zusätzliche Bauelemente
auszukommen. Die Zahl der wirklich preiswert realisierbaren Anwendungen
steigt damit ständig an.

Die technologische Weiterentwicklung der Mikrocomputer bringt aber
nicht nur eine höhere funktionelle Dichte: Vielmehr werden auch andere
Eigenschaften verbessert, welche für die Realisierung der Massenanwendung ebenso wichtig sind. Dazu zählen eine zunehmende Unempfindlichkeit
gegen externe Einflüsse wie Temperatur und elektrische Störungen, eine
höhere Zuverlässigkeit und längere Lebensdauer beispielsweise durch den
Einsatz von besseren, gasfesten Gehäusen. Besonders läßt sich ein Trend
zu leistungsarmen Halbleitertechnologien erkennen, wobei neben $I^2L$ insbesondere die CMOS-Technik stark an Boden gewinnt. Obwohl für dieselbe
Funktion in CMOS bei gleicher struktureller Auflösung etwa die 4fache
Chip-Fläche benötigt wird, bieten immer mehr Firmen CMOS-Mikrocomputer
an, welche zu den heutigen NMOS-Prozessoren architektur-kompatibel
sind. Für den Einsatz dieser Technologie in Massenanwendungen spricht
insbesondere

- die erheblich geringere Störempfindlichkeit,
- der wesentlich größere zugelassene Temperaturbereich,
- die geringe Leistungsaufnahme, welche die Wärmeentwicklung minimiert
  und somit die die Zuverlässigkeit verschlechternden Wärmezyklen ver-
  meidet,
- die geringeren Anforderungen an die Stabilität der Versorgungsspan-
  nung, welche gemeinsam mit dem geringen Leistungsbedarf den Einsatz
  von preiswerten Netzversorgungseinrichtungen und auch einen Batterie-
  betrieb ermöglicht.

Bei den Taschenrechnern und Uhren hat sich die CMOS-Technik bereits
voll durchgesetzt, es ist damit zu rechnen, daß man den selben Trend
auch bei dem breiten hier diskutierten Anwendungsspektrum beobachten
wird.

Die Peripheriekomponenten, welche bei der Kommunikation mit dem menschlichen Bediener benötigt werden, sind von den Taschenrechnern her bekannt und verfügbar. Leistungsarme LCD-Anzeigen auch für alphanumerische Information werden hier eine zentrale Rolle spielen: Diese Technologie erlaubt auch bezüglich der äußeren Gestaltung eine individuelle Anpassung an den jeweiligen Anwendungsfall. Auch für die Realisierung von zuverlässigen Tastaturen stehen Billigst-Techniken zur Auswahl. Individuell gestaltete Folientastaturen sind für solche Anwendungen bereits im Einsatz (z.B. als Steuerpult für Küchenherde).

Bezüglich der Sensoren und Stellglieder gilt im Prinzip die selbe Problematik, welche von der konventionellen Elektronik her bekannt ist. Die extremen Preisreduktionen bei den Kleinstprozeßrechnern lassen jedoch die relativen Kosten für diese Elemente besonders hoch erscheinen. Es ist zu erwarten, daß die hohen Stückzahlen im Automobilbau hier neue Entwicklungen - besonders bei Halbleiter-Sensoren - auslösen werden, welche für die übrigen Anwendungen Schrittmacherfunktion übernehmen.

## 4. Spezielle Entwurfsprobleme

Man könnte annehmen, daß die durch den Entwurf und die Entwicklung von
Kleinstprozeßrechnern für Massenanwendungen entstehenden Kosten keine
zentrale Rolle bei der Planung derartiger Produkte spielen: Entwicklungskosten, welche auf 10.000 oder gar 50.000 identische Einheiten
aufgeteilt werden können, sollten nurmehr von untergeordneter Bedeutung
sein. Andererseits gibt es schwerwiegende Gründe, welche einer solchen
Betrachtung widersprechen:

- Die Entwicklungskosten sind Vorleistungen, welche durch die Unternehmen vorfinanziert werden müssen. Gerade kleine oder mittlere Unternehmen etwa der Spielzeugwarenindustrie empfinden diese Produktent-
  wicklungskosten als sehr hoch, insbesondere weil nicht einmal ein
  materieller Gegenwert wie etwa die Spritzgußformen für Plastikspiel-
  zeuge entsteht.

- Die Stückzahlen, welche mit dem neuen Produkt erreicht werden können,
  sind nur schwer abzuschätzen. Es ist das verständliche Ziel der Unternehmen, dieses Entwicklungsrisiko so klein wie möglich zu halten.

- Die Gerätekosten sind ebenfalls sehr nieder, so daß die anteiligen
  Entwicklungskosten bereits eine spürbare Rolle spielen. Wenn man beispielsweise annimmt, daß die Hardware eines Kleinstprozeßrechners
  50,-- DM kostet und daß bei geplanten Stückzahlen von 10.000 Einheiten Entwicklungskosten von 300.000,-- DM entstehen, dann verteuern
  sich die Gerätekosten durch die Entwicklungskosten bereits substan-
  tiell, obwohl sie auf 10.000 Einheiten aufgeteilt werden können.

Ein großer Teil der Entwicklungskosten wird im übrigen bei derartigen
Projekten dafür eingesetzt, die späteren Herstellkosten zu minimieren:
Entwicklungskosten sind teilweise gegen Hardwarekosten aufrechenbar.

So spielen effiziente Entwicklungsverfahren und -werkzeuge auch in
diesem Anwendungsbereich eine große Rolle. Höhere Programmiersprachen
wird man für die Zielsysteme im allgemeinen nicht einsetzen; für die
Entwicklung der Systemfunktionen dagegen sollten sie eine ähnliche Bedeutung haben wie bei klassischen Prozeßrechneranwendungen. Die Pro-
duktentwicklung kann dabei in folgenden 3 Phasen verlaufen:

- Zunächst erfolgt die genaue Spezifikation des Produkts. Am besten

implementiert man hierzu die Produktfunktionen auf einem komfortablen Prozeßrechner unter Verwendung aller verfügbaren Programmier-
hilfsmittel (Echtzeit-Betriebssystem, Echtzeit-Programmiersprachen
usw.).Mit einem derartigen Vorgehen simuliert man gewissermaßen das
Entwicklungsziel und gibt den Entscheidungsträgern im Unternehmen die
Möglichkeit, am realen Objekt mit den Produktfunktionen Erfahrungen
zu sammeln und gegebenenfalls Veränderungen vorzunehmen.

- In einer zweiten Phase erfolgt die Prototyp-Entwicklung, welche bereits auf Singlechip-Mikrocomputer zurückgreift, jedoch noch nicht
  versucht, den Bedarf an Programmspeicher zu minimieren oder mit besonders preiswerten Chips auzukommen. Die Verfügbarkeit von Mikrocomputern mit EPROMs für die Prototyp-Erprobung kann diese Phase wesentlich
  verbilligen.

- Nach der Prototyp-Erprobung, welche an Stückzahlen von 20 - 200 Einheiten durchgeführt werden sollte, erfolgt die Entwicklung des Serien-
  typs, bei welchem man versuchen wird, den Code zu minimieren, die Zahl
  der externen Bauelemente so klein wie möglich zu halten und andere die
  Herstellkosten minimierende Konstruktionsdetails festzulegen.

Nur die erste dieser drei Phasen entspricht der klassischen Entwicklung
von Prozeßrechner-Hardware und -Software: Dort ist nach der Implementierung des im allgemeinen als Einzelstück realisierten Prozeßrechnersystems die Entwicklung bereits abgeschlossen.

Bereits in Abschnitt 2 wurde darauf hingewiesen, daß die Schnittstelle
zwischen Mensch und Maschine bei Kleinstprozeßrechnern besonders wichtig werden wird. Je komplexer die Funktionen der zu steuernden Geräte
werden, desto mehr muß beim Entwurf des Kleinstprozeßrechners Wert darauf gelegt werden, ihre Bedienung so einfach wie möglich zu halten.
Konzepte der Bedienerführung, Plausibilitätskontrollen, Fehlerhinweise,
die Nutzung von Default-Werten für komplexere Teilfunktionen usw. sind
notwendig, um solche Systeme einem breiten Benutzerkreis zugänglich zu
machen. Neben der Kommunikation mit Tastatur und Anzeigen wird die Kommunikation über gesprochene Sprache für diese Anwendungsklassen von
großer Bedeutung sein. Alle technologischen Voraussetzungen für die
Sprachausgabe sind bereits verfügbar, und auch für die Erkennung von
wenigen gesprochenen Kommandoworten gibt es technische Lösungen zu ge-
ringsten Kosten.

In Abschnitt 2 wurde ebenfalls darauf hingewiesen, daß für einige Anwendungen sicherheitsrelevante Funktionen gefordert werden (automatisches Bremssystem, Skibindung usw.). Die Aufgaben des Nachweises von Sicherheit für Hardware und Software sind hier genauso schwer zu lösen wie in der klassischen Prozeßrechnertechnik. Während es für klassische Steuerungskonzepte (etwa Relaissteuerung) eine auch von den Überwachungsorganen (TÜV) anerkannte sicherheitstechnische Aktiomatik gibt, fehlt diese noch für programmgesteuerte Systeme. Da über das tatsächliche Ausfallverhalten der neuen Komponenten noch keine langjährigen Erfahrungen vorliegen, müssen heute noch extreme Anforderungen gestellt werden, welche meist nur durch unterlagerte hardwaremäßig realisierte Sicherheitsfunktionen bewältigt werden können. Selbstdiagnoseprogramme, Zeitüberwachungseinrichtungen usw. werden auch in Kleinstprozeßrechnern bereits eingesetzt; der ständige Preisverfall bei den Mikrocomputern wird mit Sicherheit auch in diesem Lowcost-Bereich dazu führen, daß redundante Systeme eingesetzt werden können.

Besondere Anforderungen werden an die Korrektheit der Software von Kleinstprozeßrechnern gestellt. Dies wird deutlich, wenn man daran denkt, daß als Programmspeicher ein im allgemeinen maskenprogrammiertes ROM dient, welches im Mikrocomputer-Chip mit integriert ist. Ein Softwarefehler würde dazu führen, daß alle diese Mikrocomputer vollständig ausgetauscht werden müßten. Die ersten mit komplexeren mathematischen Funktionen ausgerüsteten Taschenrechner zeigten derartige Fehler, und auch bei Benutzung des Spielzeugs "Speak and Spell" findet man Fehler. Während aber dort diese kleineren Fehler toleriert werden konnten, würden sie etwa bei einer Heizungssteuerungsanlage unweigerlich dazu führen, daß alle Mikrocomputer-Bausteine ausgetauscht werden müßten. Da es sich bei den Programmen für Kleinstprozeßrechner meist um relativ kurze, überschaubare Codestücke handelt, ist dies möglicherweise ein interessanter Anwendungsfall für die verschiedenen zum Nachweis der Korrektheit von Software angegebenen Beweisverfahren.

## 5. Zukünftige Entwicklungen

Die Halbleitertechnologie wird in den kommenden Jahren weitere große
Schritte nach vorn tun. Neue Maskentechniken (Elektronenstrahl- und
Röntgenbelichtung) werden zu noch höheren Bauelemente-Dichten und zu
geringeren Kosten führen. Hier stellt sich die Frage, was auf dem Gebiet der Kleinstprozeßrechner mit diesen neuen technischen Möglichkeiten bewirkt werden kann.

Als Beispiel sei der private Haushalt betrachtet: Es ist durchaus vorstellbar, daß alle in Zukunft mit Kleinstprozeßrechnern ausgestattete
Subsysteme (etwa Heizung, Klima, Beleuchtung, HiFi-Geräte, Überwa-
chungseinrichtungen usw.) in ein Heim-Informationssystem integriert
werden: In ein Gesamtsystem also, in welchem alle relevanten Einzelin-
formationen zusammengetragen werden. Dabei kann das Fernsehgerät als
Leitwarte dienen, von welcher aus diese Informationen abgerufen und
Steuerungsvorgänge ausgelöst werden. Alle Probleme, welche heute bei
der Automatisierung großer technischer Prozesse anstehen (Mensch-
Maschine-Kommunikation, Sprach-Kommunikation, Standardisierungsaufgaben
usw.) stehen damit in Zukunft auch für die Kleinstprozeßrechner-Anwendungen an.

Schließlich wird man daran denken, dieses gesamte Heim-Informationssystem in wiederum übergeordnete Informationssysteme zu integrieren: Die
mit "Bildschirmtext" angebotenen Kommunikationswege, die dort verfügbaren Billig-Modems und automatischen Wählmöglichkeiten erweitern die
lokalen Kapazitäten durch Zugriffsmöglichkeiten zu globalen Datenbanken, durch Direktanschlüsse an Polizei- oder Feuerwehrdienststellen,
welche bei Alarmen an den Überwachungssystemen automatisch bedient werden, und durch weitere externe Dienste.

Die heutigen Aufgaben der Prozeßrechnertechnik werden morgen die Aufgaben der Konsum-Elektronik sein. Damit kommen neue, wichtige Aufgaben
der Prozeßautomatisierung auf die Automatisierungs-Ingenieure zu - in
neuen Anwendungsgebieten, in welchen nicht die mit dem Begriff "Rationalisierung" verbundenen Folgen zu erwarten sind, welche vielmehr durch
neuartige Produkte für neue Märkte sorgen werden.

<u>AUSWIRKUNGEN DES WANDELS DER RECHNERGESTÜTZTEN AUTOMATISIERUNGSTECHNIK AUF DIE
AUS- UND WEITERBILDUNG VON INGENIEUREN UND INFORMATIKERN</u>

G. Krüger
Universität Karlsruhe
Institut für Informatik III


<u>Einführung</u>

Es ist in der bildungspolitischen Geschichte der Ingenieurausbildung eine lange Tra-
dition, daß die "Praxis" Kritik an den Ausbildungsinhalten und -formen übt, die die
Hochschule den angehenden Ingenieuren vermittelt.

In jüngster Zeit hat diese Unzufriedenheit mit den Ergebnissen der Ingenieurausbildung, überhaupt mit dem Ausbildungsstand der Ingenieure, deutlich zugenommen, nicht
zuletzt bei den Betroffenen selbst.

Hinzu kommt bei den Abnehmern der Hochschulabsolventen eine gewisse Unsicherheit
über eine neue Berufsgruppe, die Informatiker, die erst in jüngster Zeit in größerem
Umfang auf dem Markt der Nachwuchskräfte für ingenieurtechnische Aufgaben auftritt
und über deren Einordnung, Tätigkeitsschwerpunkte und Abgrenzungen durchweg noch wenig Klarheit in der Anwendungspraxis herrscht.

Der Themenstellung gemäß wird sich dieser Vortrag vorrangig mit den Rückwirkungen
des fundamentalen Wandels der Automatisierungstechnik auf die zukünftigen Tätig-
keitsfelder der Automatisierungsfachkräfte (Ingenieure und Informatiker) und die
daraus abzuleitenden Aus- und Weiterbildungsanforderungen befassen. Dabei wird bewußt eine Betrachtungsweise gewählt, die weniger vom speziellen zu automatisierenden
Prozeß ausgeht, sondern die Seite der Informatik bzw. der informationstechnischen Betrachtungsweise in der Automatisierungstechnik in den Mittelpunkt stellt.

Doch zuerst einige Vorbemerkungen:
Veränderungen der Ausbildung haben, bis ihre Ergebnisse in der industriellen Praxis
voll zur Wirkung kommen, traditionell einen erheblichen Zeitverzug. Von der Erkenntnis, daß technischer Wandel neue Ausbildungsinhalte erfordert bis zum aktiv werden
der mit dem neuen Wissen ausgestatteten Jungingenieure und Informatiker in größerer
Zahl vergehen nach den Erfahrungen leicht 5 - 10 Jahre und mehr.

Darin sind enthalten die wissenschaftliche und methodisch/didaktische Aufarbeitung
des sich entwickelnden neuen Lehrgebiets durch das Lehrpersonal, die Verweilzeit
der Studenten im Ausbildungssystem und die "Akzeptanz-Totzeit" der Praxis. Als Akzeptanz-Totzeit wäre die Zeitspanne zu bezeichnen, die der Nachwuchsmann braucht,
um eine solche Stellung in der Firma zu erreichen, daß er seine neuen Ideen und
Techniken wirklich umsetzen kann.

Es besteht wohl kein Zweifel, daß wir uns bei dem zukünftigen durch den internationalen Wettbewerb bedingten technologischen Veränderungsdruck diesen Zeitverzug beim Durchsetzen neuer Forschungs- und Ausbildungsergebnisse und der damit auch im einzelnen Betrieb verbundenen Innovationen nicht mehr leisten dürfen und können.

Es müssen in den neuen Gebieten der Informations- und Automatisierungstechniken schnellere Wege gefunden werden, Erkenntnisse der wissenschaftlichen Arbeit der Hochschulen und Forschungsinstitute in die praktische Anwendung zu bringen. Das gilt aber auch umgekehrt. Forschung und Ausbildung sind dringend auf einen Erfahrungsrückfluß aus der Praxis angewiesen. Gerade in der methodenorientierten Informationstechnik lassen sich neue Verfahren, beispielsweise der Softwaretechnologie, nur in der großtechnischen Bewährung beurteilen. Die Hochschulerfahrung allein reicht dafür nicht aus.

Eine zweite Vorbemerkung zielt auf das quantitative Nachwuchsproblem. In den achtziger Jahren werden bei mit heute vergleichbaren Studienfachentscheidungen etwa 2200 Ingenieure der Fachrichtung Elektrotechnik und etwa 1700 Informatiker (aller - auch nicht technischer - Spezialisierungsrichtungen) pro Jahr die Universitäten als Absolventen verlassen. Vergleichbare Schätzungen für Fachhochschulabsolventen lauten: Elektrotechnik etwa 4500, Informatik etwa 1300.

Aus diesen beiden Fachrichtungen Elektrotechnik und Informatik, ergänzt durch einen kleineren Anteil von Physikern, Maschinenbauern, Verfahrenstechnikern und angewandten Mathematikern, wird sich die Masse der akademisch vorgebildeten Automatisierungsfachkräfte rekrutieren. Die von sehr unterschiedlichen Trägern vorgelegten Bedarfsschätzungen zeigen eine erhebliche Diskrepanz zwischen dem hohen Bedarf an technischen Nachwuchskräften und den zu erwartenden Absolventenzahlen, ein Problem, das - bei in vielen anderen Bereichen sich verschlechternden Berufschancen - eine Herausforderung an die Bildungspolitik bis hinein in den Schulbereich darstellt.

Zusätzlich zur Erstausbildung, wenn auch nicht unabhängig davon, hat die Frage der Fort- und Weiterbildung der bereits im Beruf stehenden Automatisierungsfachkräfte sowohl für den Einzelnen als auch für die gesamte Volkswirtschaft ein außerordentliches Gewicht.

Eine breit angelegte fundierte Weiterbildung kann die erwähnten langen Umsetzzeiten neuer technologischer Erkenntnisse über die traditionelle Nachwuchsausbildung wirksam verkürzen. Es ist aber auch aus der Sicht der quantitativen Diskrepanz zwischen Arbeitsmarktbedürfnissen und vorhersehbarer Absolventenzahlen und wegen der uns allen geläufigen schnellen Veraltung gerade des informationstechnisch-orientierten Wissens unabdingbar, der berufsbegleitenden Weiterbildung der Ingenieure und Informatiker einen noch größeren Stellenwert als bisher zu geben.

Dabei muß es die Aufgabe der Zusammenarbeit zwischen den Hochschulen und anderen Aus- und Weiterbildungseinrichtungen auf der einen Seite und den in der industriellen Praxis Stehenden auf der anderen Seite sein, durch die Verzahnung von Ausbildungs- und Weiterbildungsmaßnahmen und der Umsetzung in die berufliche Anwendung eine optimale Nutzung der vorhandenen und gegebenenfalls auf diesem Sektor noch aufzubauenden Bildungskapazitäten zu erreichen.

Die meisten im folgenden genannten Gesichtspunkte und Vorschläge treffen sowohl auf die (Erst-) Ausbildung als auch auf die Weiterbildung zu, sodaß der Einfachheit halber Ausbildung als gemeinsamer Begriff verwendet wird.


## Begriffliche Verbindung von Informations- und Automatisierungstechnik

Wenden wir uns nun nach den grundsätzlichen Vorbemerkungen der Frage zu, wie eine für die Ordnung von Ausbildungsmaßnahmen brauchbare pragmatische Abgrenzung der Begriffe Informationstechnik und (rechnergestützte) Automatisierungstechnik aussehen kann.

Eine allgemein akzeptierte Definition des Begriffs Information gibt es nicht, man neigt aber zunehmend dazu, "Information" den Grundphänomenen Energie und Materie gleichrangig an die Seite zu stellen.

Stellt man sich auf einen operationalen Standpunkt kann man 5 Basisprozesse des Umgangs mit Informationen unterscheiden: das Erfassen, Übertragen, Speichern und Wiederfinden, Verarbeiten und Ausgeben von Informationen. Anstelle des Ausgebens von Informationen an ein anderes informationshandhabendes System = Informationssystem (Mensch oder Informationsmaschine) kann ein direktes Einwirken auf die Außenwelt des Informationssystems stattfinden.

Informationstechnik im breitesten Sinne ist dann die Unterstützung der Durchführung eines oder mehrerer der Basisprozesse des Umgangs mit Information durch technische Mittel.

Die ältesten modernen Informationstechniken sind nach dieser Auffassung die Mittel zur Übertragung von Informationen durch immaterielle Träger über große Entfernungen, also die Telegrafie und Telefonie.

Das Verarbeiten, Speichern und Wiederfinden von (großen) Informationsbeständen, in objektivierter Form Daten genannt, nach mathematischen Verfahren (Algorithmen) ist erst durch die Entwicklung der programmgesteuerten Digitalrechner im großen Umfang technisch relevant geworden und damit ein junger Zweig der Informationstechnik. Speichern und Verarbeiten von Daten werden gern mit dem Berufsbild des Informatikers in Verbindung gebracht, während beispielsweise die Übertragung von Informationen (Nachrichtenübertragung) traditionell Aufgabe des Nachrichtentechnikers ist. Zur Automatisierungstechnik als Teilgebiet der Informationstechnik - vom Informatikstandpunkt aus - kommt man, wenn man die Basisprozesse des Erfassens und Ausgebens/

Einwirkens von Information in die Betrachtung einbezieht.

Ganz grob kann man hier unterscheiden zwischen Ein-/Ausgabe-Prozessen mit dem Menschen als Informationsgeber (beispielsweise über Tastaturen) und/oder Informationsempfänger (z.B. über Bildschirme). Diesen Bereich könnte man als interaktive (rechnergestützte) Informationstechnik bezeichnen.

Beispiele sind terminalorientierte Anlagen, von den Flugbuchungssystemen bis zum häuslichen Bildschirmtext-Fernsehgerät oder gar zum Taschenrechner.

Die eigentlichen technischen Automatisierungssysteme, die uns im Rahmen dieser Tagung in erster Linie beschäftigen, sind informationstechnische Systeme, die, neben der Fähigkeit der Speicherung und Verarbeitung von Daten, in der Lage sind, durch Benutzung von Meßeinrichtungen Informationen ohne Zwischenschalten des Menschen zu erfassen und/oder direkt auf die Außenwelt (den technischen Prozeß) durch Stelleinrichtungen einzuwirken.

Die Aufgabenstellung des Messens, Steuerns und Regelns gehört nach der etablierten Berufseinordnung vorzugsweise in die Hand des Elektro-Ingenieurs.

Selbstverständlich umfassen alle technischen Automatisierungssysteme auch zur Wechselwirkung Mensch - Automatisierungsanlage geeignete interaktive Teilsysteme (Prozeßwarten, Leitstände usw.). Da in aller Regel auch die Datenübertragung zwischen den Teilsystemen einer räumlich und oft auch funktionell verteilten Automatisierungseinrichtung eine zentrale Rolle spielt, kann man technische Automatisierungssysteme als informationstechnische Anlagen betrachten, bei denen alle Basisprozesse der Information durch den Einsatz technischer Mittel gestützt werden.

Damit sind - qualitativ betrachtet - die rechnergestützten Automatisierungssysteme die umfassendsten informationstechnischen Systeme.


Informationstechnischer Wandel in der Automatisierung

Aus der Betrachtung der Automatisierungstechnik als einem der anspruchvollsten Teile der Informationstechnik ergibt sich nun zwangsläufig, daß die Folge von technologischen Durchbrüchen, mit denen wir in den verschiedenen Zweigen der Informationstechnik konfrontiert werden, in nahezu voller Breite auf die Methoden, Einrichtungen und Werkzeuge der Automatisierungstechnik durchschlagen und sie in einen Wandlungsprozeß zwingen, dessen Ende noch niemand absehen kann. Eine Behauptung, die die meisten Automatisierungsleute aus ihrer direkten täglichen Erfahrung sicher voll bestätigen können.

Die Stichworte dieses technischen Umbruchs sind: weitgehende Ablösung der klassischen Analogtechnik durch die Digital- und Rechentechnik; mikroelektronische Groß- und Größtintegration schafft bisher kaum vorstellbare Kostendegressionen für die Speicherung und Verarbeitung digitaler Daten; neue Hochleistungskommunikationstechniken sowohl im lokalen als auch überörtlichen Bereich erlauben die nahezu beliebige Übertragung hochgesicherter Daten zwischen den Teilsystemen; neue mikroelektronik-gestützte Meßtechniken bringen neue Dimensionen in der Erfassung von Informationen und schließlich zeichnen sich an der Schnittstelle Mensch-Maschine, insbesondere durch neue akustische und optische Eingabeverfahren ("Computer, die hören und sehen") ganz neue Möglichkeiten der Anpassung technischer Systeme an den Menschen ab.

Die Strukturen der neuen Automatisierungssysteme zeichnen sich, zumindest in fortgeschrittenen Anwendungen schon seit einigen Jahren recht deutlich ab.

Die Kostendegression für Mikro- und Minirechner und ihrer Speichermedien führt zu dezentralen funktionsbezogenen Strukturen, in denen auch immer größere Datenbestände dezentral gehalten werden.

Die räumlich und funktionell dezentralisierten Rechner tauschen automatisch über leistungsfähige Übertragungsstrecken und Vermittlungseinrichtungen systemorientierte und anwendungsbezogene Daten aus und bilden so technisch und funktionell ein Vielrechner-Kommunikationssystem, ein Rechnernetz.

Die Verfügbarkeit einer größeren Zahl genauerer, wirtschaftlich gewinnbarer Prozeßdaten, die Verfügbarkeit leistungsfähiger billiger Rechenleistung und die Möglichkeit größere Datenbestände in direktem Zugriff zu halten, ermöglichen den Einsatz komplexer Prozeßmodellier- und Optimierungsverfahren zum sparsamen Umgang mit Energie und Material.

Die Informationstechnik selbst gilt sowohl bei der Erstellung ihrer gerätetechnischen Komponenten als auch beim Betrieb ihrer Einrichtungen als rohstoff- und energieschonende Technik. Durch den gesteigerten Einsatz informationstechnischer Mittel in rechnergestützten Automatisierungen läßt sich durch Optimierungen eine weiter gesteigerte Verbesserung der Nutzung der in den zu automatisierten Prozessen einzusetzenden Roh- und Betriebsstoffe sowie des Energieaufwandes erreichen.

Selbst bei einer allgemein zunehmenden kritischen Haltung gegenüber den Folgen des technischen Fortschritts wird diese ressourcenschonende Eigenschaft der Automatisierungstechnik ihr auch künftig eine starke Entwicklungsdynamik verleihen.


## Hemmnisse durch steigende Komplexität

Auf der weniger positiven Seite, und hier liegen die Herausforderungen für die Forschung und Lehre, werden folgende hemmenden Entwicklungen immer deutlicher:

1. Moderne Automatisierungssysteme erreichen immer häufiger einen Grad an Komplexität, der mit den hergebrachten ingenieurwissenschaftlichen Methoden nicht mehr

zweifelsfrei beherrschbar ist.

Das Komplexitätsproblem tritt in allen Phasen der Planung, des Entwurfs, der Realisierung, des Betriebs und der Wartung eines Automatisierungssystems auf. Es überfordert zunehmend die herkömmlichen Ingenieursmethodiken und führt nicht zuletzt zu der eingangs beschriebenen Unzufriedenheit mit dem eigenen Ausbildungsstand und der Qualifikation der Nachwuchskräfte.

Herausragendes Beispiel für die neue Qualität der Komplexität und eine stetige Quelle des Unbehagens ist die "Software". Software, im engeren Sinne als die Programmausrüstung (bestehend aus verwaltungsorientierten Systemprogrammen und den problemorientierten Anwendungsprogrammen) der Automatisierungsrechner aufgefaßt, läßt Komplexitäten zu, die in rein aus physikalischen Bauelementen bestehenden Systemen unrealisierbar sind. In der Software liegen die entscheidenden neuen Möglichkeiten, aber auch die Gefahren gravierender Entwurfs- und Betriebsschwächen rechnergestützter Automatisierungssysteme.

Die Softwareproblematik bringt auch die mangelnde Projektierbarkeit und damit die Spezifikationsuntreue, die Terminüberschreitungen und die Kostenprobleme mit sich, die heute in der Automatisierungstechnik Alltag sind, und leicht den Ingenieuren und Informatikern als Unfähigkeit oder mangelnde Qualifikation vorgehalten werden.

2. Automatisierungssysteme werden im Betrieb immer unüberschaubarer, müssen aber andererseits immer mehr "kritische" Aufgaben übernehmen. Bei Fehlfunktion und Ausfall kann es zu erheblichen Störungen, wenn nicht gar zu gefährlichen Situationen kommen, die infolge der Undurchschaubarkeit möglicherweise nicht mehr durch den überwachenden Menschen beherrscht werden können. Das Problem der entscheidenden Berücksichtigung von Zuverlässigkeit und Sicherheit als zentrales Kriterium bei Entwurf, Realisierung und Betrieb eines Automatisierungssystems ist damit angesprochen.

Zur Lösung dieser Fragen bedarf es noch erheblicher Forschungsanstrengungen in Industrie und Hochschule.


## Wandlung von Arbeitsobjekt und -methodik des Automatisierers

Was muß nun aber in der Lehre getan werden, um das zukünftige volkswirtschaftliche Nutzungspotential der Automatisierungstechnik zu aktivieren, ohne daß die geschilderten negativen Effekte die technische Entwicklung entscheidend behindern?

Bei der Beantwortung dieser Frage ist wichtig zu erkennen, daß die Berufsarbeit des Automatisierungsfachmanns von den zukünftigen informationstechnischen Möglichkeiten in zweifacher Weise entscheidend umgestaltet wird.

Zum einen ist die umfassende "Informatisierung" der vom Automatisierungsingenieur zu planenden, zu realisierenden und als Betriebsingenieur zu betreibenden Automatisierungssysteme zu berücksichtigen. Die Objekte (Komponenten, Geräte, Systemteile, Systeme) seiner Ingenieurstätigkeit verändern in der bereits beschriebenen Weise ihren Charakter und stellen somit ganz neue Anforderungen an sein ingenieurtechnisches Wissen.

Der zweite Einflußfaktor der Informationstechnik ist, daß sich auch die Planungs-, Entwurfs- und Realisierungshilfsmittel entscheidend verändern. Das rechnerunterstützte Planen, Entwerfen und Konstruieren, verkürzt CAD (Computer Aided Design) genannt, die Arbeit am Bildschirm mit Entwurfsmodellen, Entwurfsdatenbanken usw. wird sicher in wenigen Jahren die dominierende Arbeitstechnik des Entwicklungsingenieurs sein. Im Rahmen mehrstufiger integrierter Entwurfs-, Fertigungs-, Prüf-, Montage- und Betriebsführungssysteme ist eine einheitliche Methodologie der Ingenieursarbeit vorstellbar, die alle Phasen der technischen Arbeit durch rechnergestützte Verfahren und Datenbestände in phasenkompatibel einheitlicher Weise unterstützt.

Nur auf der Basis solcher rechnerintegrierter Arbeitstechniken besteht langfristig eine Chance, der System- und Softwarekomplexität sowie den Zuverlässigkeits- und Sicherheitsanforderungen zukünftiger Automatisierungssysteme Herr zu werden.

Ansätze werden unter anderem unter dem Stichwort CAE (Computer Aided Engineering) als Erweiterung des CAD/CAM-Begriffs an vielen Stellen unternommen, doch ist hier sicher noch ein weiter Weg bis zu wirklich praktisch voll brauchbaren Systemen zurückzulegen.

Bei der Behandlung aus diesen Entwicklungsprognosen abzuleitender konkreter Ausbildungsforderungen kann sicher im Rahmen dieser Darstellung nicht ein detaillierter Studienplanvorschlag für die betroffenen Fachrichtungen, vorzugsweise die technisch orientierten Informatiker und die Elektrotechniker erwartet werden.

Die weitere Entwicklung der betroffenen Curricula ist Aufgabe der einzelnen Hochschulen, die ja im Rahmen ihrer Lehrfreiheit einen erheblichen Gestaltungsraum für ihre Vorstellungen haben.

Der vorliegende Bericht soll sich daher auf die Erfahrungen stützen, die an der Universität Karlsruhe bei der seit etwa 10 Jahren betriebenen Ausbildung von Diplom-Informatikern und bei der Einführung der die Informatik als Nebenfach lehrenden Angewandten Informatik gesammelt wurden.

Ausbildung des Diplom-Informatikers mit technischem Anwendungsfach

Die Informatikgrundausbildung im Hauptfach ist neben der starken Betonung der mathematischen Fächer im ersten Studienabschnitt vorwiegend auf die grundlegende Behandlung von Algorithmen und Datenstrukturen ausgelegt. Wesentlich ist dabei auch das Erlernen und Praktizieren einer modernen höheren Programmiersprache.

Einen weiteren Schwerpunkt bildet die Einführung in die elektrotechnischen Grundlagen der Informatik und unter dem Begriff Technische Informatik die Erarbeitung der Grundlagen der Digitaltechnik, Halbleiter-Schaltungstechnologie und der Rechnerorganisation und Peripheriegeräte. Informatik wird also hier nicht nur, wie manchmal in der Praxis befürchtet wird, unter Vernachlässigung der technischen Realitäten auf hoher und höchster (Programmier-) Sprachebene betrieben.

Bewährt hat sich nach unserer Ansicht die breit angelegte, durchaus formal orientierte, mathematisierte Grundausbildung, weil gerade sie die Grundlage für das Denken in abstrakten Informationsflüssen und Systemmodellen abgibt, ohne die der methodische Entwurfsprozeß hochkomplexer Systeme zukünftig nicht zu bewältigen sein wird.

Die Erfahrung zeigt, daß sich der Informatiker als methodenorientierter Wissenschaftler recht gut in die Aufgabenstellungen und Lösungsalternativen eines spezifischen technischen Anwendungsgebiets hineindenken kann. Es gelingt ihm auf Grund seiner vom Fachspezialisten oft als "zu generalistisch" angesehenen Abstraktionsbreite sich vom technischen Detail zu lösen und die funktionsbezogenen Zusammenhänge herzustellen.

Technisches Anwendungsgebiet: Um die Zusammenarbeit des Informatikers mit den Fachspezialisten, in unserem Fall beispielsweise den elektrotechnisch vorgebildeten Meß- und Regeltechnikern zu fördern, ist es Teil des Pflichtkataloges der Diplom-Hauptprüfung, etwa 25% der Studienleistung nach dem Vordiplom in einem Anwendungsgebiet der Informatik zu absolvieren.

Diese Forderung ist Teil der Rahmen-Prüfungsordnung des Faches "Informatik" und wird in vergleichbarer Weise an allen Universitäten praktiziert. Für Fachhochschulen gelten ähnliche Bedingungen.

Dieser Studienanteil wird vorzugsweise nicht an der Fakultät für Informatik, sondern an den Fakultäten erbracht, die das Anwendungsgebiet vertreten. Im technischen Bereich sind das in Karlsruhe vorzugsweise die Elektrotechnik, der Maschinenbau und das Bauingenieurwesen.

Technische Anwendungsfächer für Informatiker sind u.a. Automatisierung in der Fertigung, Prozeßmeß- und Prozeßleittechnik, Automatisierung in Transport und Verkehr und rechnerunterstütztes Entwerfen und Konstruieren.

## Neue Ausbildungsschwerpunkte im automatisierungsbezogenen Informatikstudium

In den eigentlichen Informatikfächern sind an verschiedenen Universitäten Aktivitäten im Gange, die aus der integrierenden informationstechnischen Betrachtungsweise folgenden Ausbildungskonsequenzen zu erproben.

Die hier beispielhaft genannten Lehrgebiete bauen naturgemäß auf dem etablierten Fächerkatalog des Informatik-Hauptstudiums auf. Sie haben im Vergleich zu den eingeführten Fächern teilweise grundlegenden, vorzugsweise aber ergänzenden und weiterführenden Charakter.

Von grundlegender Bedeutung ist die System- und Softwaretechnologie, bei der ein Methodenbündel für die verschiedenen Phasen des Entwurfs und der Realisierung von Software auf der Grundlage einer einheitlichen Darstellungs- und Beschreibungsmethodik gelehrt wird. Gerade die Forschungen und Entwicklungen in der Softwaretechnologie als einem Ansatz zur Überwindung der Softwarekrise haben die Einsicht in die Bedeutung der systemtechnischen Betrachtungsweise integrierter Hardware- und Software-Systeme außerordentlich gefördert.

Ein weiterer sich entwickelnder Ausbildungsschwerpunkt mit unmittelbarem Bezug zur zukünftigen Automatisierungstechnik ist das Studium von Fragestellungen, die sich aus dem Zusammenwachsen der digitalen Rechentechnik und der Telekommunikation ergeben. Unter dem Schlagwort TELEMATIK = Telekommunikation und Informatik hat diese Entwicklung in letzter Zeit auch in der Öffentlichkeit einiges Aufsehen erregt.

Rechnernetze, verteilte DV-Systeme, Verbundnetze, diese, heute noch meist unpräzise gebrauchten, Begriffe umreißen ein Gebiet, das sicher für zukünftige Systemarchitekturen, nicht für Automatisierungssysteme, dominant und damit von höchster Bedeutung für die Ausbildung sein wird. Für die Informatik selbst ist es ein Querschnittsgebiet, weil praktisch alle heutigen Informatikgebiete von der Rechnerorganisation über die Betriebssysteme, Programmiersprachen bis hin zu den Dateisystemen/Datenbanken unter dem Aspekt verteilter Strukturen neu gesehen werden müssen.

Zwei weitere Ausbildungsfelder nehmen für den Informatiker, der sich in die Automatisierung begibt, zukünftig stark an Bedeutung zu. Es sind einmal alle Strukturen, Verfahren und Maßnahmen, die zu einer höheren Verfügbarkeit, größeren Stabilität und der Berücksichtigung sicherheitstechnischer Belange führen. Stichworte sind hier die Fehlertoleranz, Rekonfiguration, geordnetes Ausfallverhalten, Wartungsfreundlichkeit bis zur Selbstreparatur und voll- oder halbautomatisches Wiedereingliedern einer wegen Ausfalls ausgegliederten Komponente ohne Störung des noch funktionstüchtigen Restsystems.

Das zweite, insbesondere für die zukünftige Akzeptanz automatisierungstechnischer Anlagen wichtige Forschungs- und Lehrgebiet umfaßt die heute viel besprochene Mensch-Maschine-Schnittstelle. Unter diesem Begriff werden gegenwärtig eine Vielzahl von aufgetretenen Problemen und unterschiedlichen Lösungsansätzen zusammengefaßt. Es besteht sogar eine gewisse Gefahr, daß die Befürworter und teilweise auch die Gegner einer schnellen informationstechnischen Entwicklung aus ganz unterschiedlichen Motiven das Schnittstellenproblem als die zentrale Frage (oder auch Schwachstelle) der Nutzung informationstechnischer Systeme sehen. Es ist sicher noch eine große Arbeit zu leisten, um alle unnötigen Erschwernisse des Zugangs zu rechnergestützten Systemen zu erleichtern. Beispiele für Verbesserungen sind hier der graphisch gestützte (Farb-) Bildschirmdialog, leichte verständliche problemangepaßte Interaktionssprachen, im Betrieb leicht anpaßbare transparente und änderungsfreundliche Systeme und nicht zuletzt neuartige Hilfsmittel der Anpassung der Technik an den Menschen wie Ein- und Ausgabe in natürlicher Sprache und neue psychologisch und physiologisch angenehmere Bildschirmtechnologien.

Entscheidend scheint aber, daß Informatiker und Automatisierungsingenieure lernen, sich in die Denk- und Empfindungswelt der späteren Benutzer hineinzuversetzen.

Nur auf der Basis des Hineindenkens in den Benutzer läßt sich ein Schnittstellenverhalten des technischen Systems konzipieren, das vom Anwender später als "natürlich" und nicht zwanghaft und belastend empfunden wird. Untersuchungen zeigen heute, daß der Entwurfsfachmann von einem "virtuellen" Benutzer ausgeht, dessen Wirklichkeit er nicht kennt, sondern den er sich nach seinem Bilde modelliert. Da die Lernfähigkeit und Akzeptanzprobleme der Benutzer in der Automatisierungstechnik, ebenso wie in den meisten anderen Anwendungen moderner Informationstechnik, der kritische Pfad bei der Weiterentwicklung bzw. den Hemmungen dieser Gebiete sein werden, erscheint ein erheblicher Ausbildungsaufwand in diesen stärker nichttechnisch-orientierten Gebieten, die von den Angelsachsen gern als "human engineering" bezeichnet werden, für die Zukunft erforderlich.

Hier muß das Informatiker- und Ingenieurstudium mit einigen qualitativ neuen Fächern, beispielsweise aus der Psychologie und den Sozial- und Arbeitswissenschaften, angereichert werden.


## Rechnergestützte Automatisierung und Ingenieurausbildung


Betrachten wir jetzt die Ausbildungsanforderungen an die klassischen Ingenieurfachrichtungen, insbesondere der Elektrotechnik, des Maschinenbaus und der Verfahrenstechnik, die sich aus dem Automatisierungswandel ergeben.

Der unbestrittene generelle Trend in diesen Fachgebieten ist, daß das informationstechnische "Nervensystem" selbst in jeder einzelnen Maschine und Teilanlage ein immer größeres Gewicht bekommen wird. Immer stärker wird der informationstechnische Anteil bei gleichen oder ähnlichen maschinentechnischen Basisfunktionen auch im internationalen Wettbewerb das eigentlich differenzierende wettbewerbsentscheidende Kriterium.

Dazu tritt in allen Bereichen die systemtechnische Betrachtung und Integration wie man es z.B. bei den integrierten Fertigungseinrichtungen oder dem Einsatz von Handhabungsautomaten (Industrierobotern) erlebt.

Unabhängig von der ingenieurtechnischen Fachrichtung - aber sicher teilweise mit unterschiedlichem Gewicht - wird man folgende Ausbildungsforderungen diskutieren müssen:

Jeder Student, der ein ingenieurwissenschaftliches Studium abschließt, muß gute Kenntnisse in der Planung und Erstellung von Softwareprodukten besitzen. In Gesprächen mit den Abnehmern unserer Ingenieurabsolventen stellt man dort immer wieder das Erstaunen fest, daß Absolventen in die Praxis kommen, die "nicht einmal ordentlich programmieren können".

Eine Grundausbildung in den bereits beschriebenen System- und Softwaretechnologien, die deutlich über das Absolvieren eines FORTRAN-Programmierkurses hinausgeht, in der systematisch Entwurfsmethodik aus Hardware und Software gemischt aufgebauter automatisierungstechnischer Einheiten gelehrt wird, wird ein absolutes Muß für jede zukunftsorientierte Ingenieurausbildung sein.

Das zweite Gebiet, das von übergreifender Bedeutung für stark automatisierte Systeme sein wird, ist die Meß-, Steuer- und Regelungstechnik mit stärkerer Schwerpunktbildung bei digitalen Komponenten und Verfahren.

Angereichert mit Kenntnissen der (digitalen) Übertragung von Daten innerhalb der Maschinenkonfigurationen in innerbetrieblichen, lokalen Kommunikationsnetzen und gegebenenfalls öffentlichen Postnetzen sollten fundierte Kenntnisse in der modernen MSR-Technik über die Elektrotechniker hinaus zum Grundwissen aller maschinen- und verfahrenstechnisch orientierten Ingenieure gehören.

Inwieweit sich Automatisierungsingenieure darüber hinaus vertiefte weitere Kenntnisse in der Informatik aneignen sollen, läßt sich sicher nicht so fundamental wie beim "Programmieren" und den MSR- und Datenübertragungsgrundkenntnissen beantworten.

Gerade für Automatisierungsfachleute wird es aber erforderlich sein, ähnlich wie die Informatiker technische Ergänzungsfächer belegen, d.h. in umgekehrter Richtung vom Ingenieurhauptstudium aus, verstärkt informatikbezogene Stoffgebiete in ihr Ausbildungsprogramm aufzunehmen.

In einem seit mehreren Jahren laufenden Studienversuch an der Universität Karlsruhe wird diese Zusatzausbildung der Ingenieure unter dem Begriff "Angewandte Informatik" erprobt. Studenten der Mathematik, Physik, Chemie, des Maschinenbaus, Chemie-Ingenieurwesens und besonders der Elektrotechnik können als sogenannte Wahlpflichtfächer zu ihrem fachspezifischen Pflichtkatalog einen Informatikschwerpunkt für das

Hauptdiplom bilden, der erheblich über eine einfache Programmierausbildung hinausgeht. Beispiele für häufig gewählte Fächer sind: Prozeßrechen- und Realzeitsysteme, Kopplung von Rechnern mit technischen Prozessen, Automatisierung technischer Systeme mit Mikrorechnern, Datenfernverarbeitung und verteilte DV-Systeme, Softwareentwicklung für Mikrorechner, rechnergestütztes Planen, Entwerfen und Konstruieren usw.

Die Erfahrungen der Informatikdozenten mit den Ingenieurstudenten mit Nebenfach Informatik sind überwiegend positiv. Es ist oft überraschend festzustellen, wieviel Verständnis diese Studenten auch für schwierige Informatiksachverhalte entwickeln und wie zwanglos die Verbindung zum eigentlichen Fachgebiet, nicht zuletzt bei der Bewältigung von Diplomarbeiten in Angewandter Informatik, hergestellt wird. Es besteht die Hoffnung, daß diese Absolventen ohne Sprachbarriere gegenüber der Informatik in der Praxis manche Vorbehalte gegen Verfahren und Techniken der Informatik abzubauen helfen.


## Praktische Ausbildung in rechnergestützten Lehrlaboratorien


Die technische Entwicklung, die soviele neue Lehrstoffe und Wissensforderungen ausgelöst hat, liefert andererseits auch ganz neue Hilfsmittel die Lehre praxisnah und für die Studenten attraktiv zu gestalten. Durch die Kostendegression der Mikroelektronik wird es, trotz des immer enger werdenden Ausbildungsbudgets der öffentlichen Hand, vermehrt möglich, die Unterrichtung in der Automatisierungstechnik verstärkt durch experimentelle Laborarbeit zu unterstützen. Mikrocomputer-Laboratorien gehören seit jüngster Zeit zur Ausrüstung vieler Institute der Elektrotechnik und der Informatik.

Durch Verbindung mit funktionstüchtigen Prozeßmodellen (Förderanlagen, Modelleisenbahnen usw.), wie sie zuerst beispielhaft als Messeattraktionen in größerem Umfang aufgebaut wurden, lassen sich mit vertretbarem Aufwand durchaus komplexe Automatisierungssysteme modellhaft im Labor nachbilden, die qualitativ nahezu alle Eigenschaften und Probleme ihrer großtechnischen Vorbilder darzustellen gestatten. Über Praktikumsversuche verschiedenen Schwierigkeitsgrades bis hin zu Studien- und Diplomarbeiten lernt der Student fast spielerisch viele Aspekte von Automatisierungssystemen kennen, wobei u.a. Schwerpunkte bei den in diesem Vortrag geschilderten - für die Anwendung der Informationstechnik und die Akzeptanz kritischen - Fragestellungen gebildet werden können.

Der Student sieht dabei insbesondere in eindrucksvoller Weise welche Variabilität ihm durch die Programmierbarkeit der Erfassungs-, Steuerungs-, Regelungs- und Überwachungsprozesse zum Entwurf seines Systems zur Verfügung steht. Er lernt andererseits bei der im allgemeinen bei größeren Praktikumsaufgaben erforderlichen Teamarbeit und dem Aufsetzen auf den Ergebnissen anderer die Schattenseiten der Komplexität (u.a. Fehleranfälligkeit, benutzerfeindliches Verhalten, mangelnde Transparenz durch schlechte Dokumentation, Einordnen in eine Projektorganisation) und die sich daraus für sein Handeln ergebenden Verpflichtungen kennen. In diesem Sinne hat sich die Praktikums- und Projektarbeit im rechnergestützten Automatisierungslabor als ein gar nicht hoch genug einzuschätzendes Ausbildungs- und Erziehungsmittel erwiesen.

Die lehrmäßige Erschließung des rechnerunterstützten Planens, Entwerfens und Konstruierens als zukünftiges zentrales Werkzeug des Entwicklungsingenieurs auch in der Automatisierungstechnik steht an den meisten Hochschulen und den anderen Ausbildungsstätten erst am Anfang.

CAD-Arbeitsplätze einschließlich der dahinterliegenden Rechen- und Datenspeicherkapazitäten sind für den breiten Einsatz im praktischen Ausbildungsbetrieb noch zu teuer, nicht ausgereift und oft auch zu schwierig im Umgang. Auch fehlt sicher noch in der Breite Lehrerfahrung, wie man das Arbeiten mit solchen Systemen didaktisch richtig vermitteln kann.

Bei der Schlüsselbedeutung, die das "Computer Aided Engineering (CAE)" bei der Rationalisierung, speziell der Verschnellerung des Entwicklungsablaufs und der Verbesserung der Entwicklungsqualität haben wird, müssen auf diesem Sektor sowohl in der Erstausbildung der Informatik- und Ingenieurstudenten als auch bei der Weiterbildung im Beruf stehender Fachkräfte erhebliche Anstrengungen unternommen werden.


Schlußbetrachtung


Abschließend läßt sich die in der Ausbildung der Automatisierungskräfte vor uns stehende Herausforderung in einem größeren Rahmen so zusammenfassen. Der tiefgreifende, auch für die moderne Technikentwicklung außerordentlich schnelle Wandel, der in erster Linie durch die Mikroelektronik verursacht wird, stellt eine Fülle neuer technischer Lösungen zur Verfügung. Ein Großteil dieser neuen technischen Ansätze beeinflußt direkt oder zumindest indirekt die "klassische" Automatisierungstechnik. Das prinzipielle Angebot an neuen Lösungen kann so groß werden, daß die Kenntnisse und Erfahrungen der Fachleute in vielen Fällen nicht ausreichen, die neuen technischen Möglichkeiten im Sinne ihrer technisch-ökonomischen Aufgabenstellung in der Automatisierung optimal zu nutzen.

Mit anderen Worten, es besteht die Gefahr, daß die modernen technischen Möglichkeiten den Fähigkeiten der Fachleute sie zu nutzen in der nahen Zukunft ständig vorauseilen werden.

Gelingt es anderen Volkswirtschaften im Vergleich bessere Ergebnisse zu erzielen und das zeichnet sich in einigen Gebieten bereits ab, könnte das zu erheblichen

Konsequenzen im internationalen Wettbewerb führen, von denen die exportabhängige Bundesrepublik Deutschland naturgemäß besonders betroffen wäre.

In der Aus- und Weiterbildung in den Informations- und Automatisierungstechniken kommt somit sowohl auf die einzelne Automatisierungsfachkraft - als Nachwuchs oder berufserfahrener Praktiker - als auch auf die Aus- und Weiterbildungsstätten eine nicht zu unterschätzende Herausforderung zu, sich in überdurchschnittlicher Weise zu qualifizieren, um ihren Beitrag zu leisten, daß sich die Bundesrepublik Deutschland im technischen Wettbewerb der führenden Industrienationen behaupten kann.

Größtintegration in der
Bauelementetechnologie und deren
Auswirkungen auf die Prozeßtechnik

Dipl.-Ing. F.A. Lohmann, Hamburg

Was haben Halbleitertechnologie und Prozeßtechnik miteinander zu tun? Nun, die Mikroelektronik hat als Innovationsauslöser weite Bereiche der Gerätetechnik beeinflußt, es besteht eine wechselseitige Abhängigkeit, die besonders in der Computertechnik zum Ausdruck kommt. Moderne Großcomputer wären ohne die heutige Halbleiter-Technologie überhaupt nicht denkbar und in gleicher Weise ist die heutige Halbleiter-Technologie von den prozeßbeeinflussenden Steuerungscomputern in einer Weise abhängig, daß ohne diese komplexe Halbleiter gar nicht hergestellt werden könnten. Ebenso wird der Fortschritt von Prozeßtechniken wiederum mit den Fortschritten auf dem Gebiet der Halbleiter-Technologien gekoppelt sein. Auch hier besteht eine starke Wechselbeziehung.

Es ist daher sinnvoll, denkbare Beiträge der technologischen Größtintegration bei Bauelementen in ihren Auswirkungen auf die Prozeßtechnik darzustellen.

## Was ist Größtintegration ?

Größtintegration bedeutet die evolutionäre Weiterentwicklung der Halbleiter-Technik in Richtung feiner Strukturen. Betrachten wir die fünf wichtigsten Prozeßschritte der Herstellung Integrierter Schaltungen im Übergang von der Large Scale Integration zur Very Large Scale Integration, im Übergang von LSI zu VLSI /1/.

## Wie macht man Größtintegration ?

### Material, Epitaxie

Auch in der Zukunft wird für die weitaus meisten Anwendungen das Silizium als Ausgangsmaterial dominieren. Aus ihm lassen sich besonders reine und kristallographisch außergewöhnlich strukturfehlerarme Einkristalle herstellen, die für die Größtintegration benötigt werden. Das Ausgangsmaterial steht in den jeweiligen Erfordernissen entsprechenden Grunddotierungen, also den für den Halbleitereffekt lebenswichtigen Verunreinigungen, zur Verfügung.

Tabelle 1: Vergleich LSI-VLSI-Technologie

| Grundprozeß | LSI-Technologie | VLSI-Technologie | |
|---|---|---|---|
| Material, Epitaxie | Kristallziehen<br>Gasphasen-Epitaxie unter<br>Atmosphärendruck | Kristallziehen<br>Gasphasen-Epitaxie unter<br>reduziertem Druck | optimiert auf<br>min. Fehlerdichte und<br>Dotierungsschwankung |
| Aufbringen einer isolierenden Schicht | therm. Oxydation unter<br>Atmosphärendruck<br>CVD (chemical vapor deposition)<br>unter Atmosphärendruck | therm. Oxydation unter Hochdruck<br>reduziertem Druck<br>CVD  unter reduziertem Druck | |
| Ätzen | Naßätzen,<br>teilweise Plasmaätzen | Trockenätzen : Plasmaätzen<br>Ionenätzen | |
| Dotierung | Gasphasendotierung<br>teilweise Ionenimplantation<br>therm. Ausheilen | vollständige Ionenimplantation<br>therm. Ausheilen<br>Laser- Ausheilen ? | |
| Metallisierung | Aluminium<br>dotiertes Polysilizium | Aluminium-Silizium ( z.B. 2%)<br>dotiertes Polysilizium<br>neue Metalle : Silizide, Molybdän, Cobalt | |
| Schaltungsentwurf | teilweise CAD (Computer<br>aided design) | vollständiges CAD mit Optimierung<br>auf Testbarkeit | |

Oft benötigt man in mehreren Schichten unterschiedlich dotierte Siliziumscheiben.
Diese lassen sich dadurch gewinnen, daß man z.B. Silizium gleichzeitig mit dem
Dotierstoff im gewünschten Mischungsverhältnis aus der Gasphase auf das Ausgangsmaterial aufwachsen läßt. Dabei kann, wenn erforderlich, durch Variation des Gasge-
misches ein beliebiger Dotiergradient (Profilepitaxie) eingestellt werden. Es ergibt
sich eine epitaktische Schicht, die sich nahtlos an den Einkristall des Basismate-
rials anschließt und somit die monokristalline Struktur des Aufbaues fortsetzt.

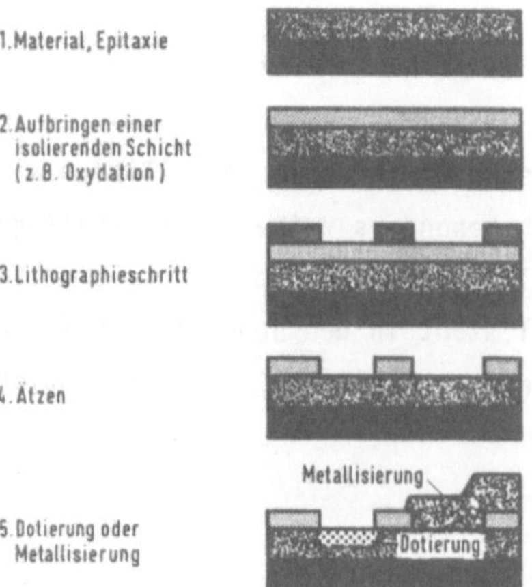


Bild 1: Technologie Integrierter Schaltungen, Grundprozesse

## Aufbringen isolierender Schichten

Die Fortentwicklung der Größtintegration erfordert eine Verfeinerung der Technik zur
Herstellung isolierender Schichten. Die klassische Planartechnik beinhaltet die Bildung solcher Schichten durch Oxidation des Siliziums in einem Schritt mit thermischen Behandlungen zu $SiO_2$. Daneben haben Verfahren eine dominierende Rolle gewonnen, in denen Isolierschichten aus der Gasphase abgeschieden werden. Das so auf-.
getragene Material ist vorzugsweise Silizium-Nitrid, welches eine große Bedeutung
als Passivierung zum Schutz des Kristalls gegen Umwelteinflüsse hat und in der
MOS-Technik als Träger fest eingebauter elektrischer Ladungen dient.

## Ätzen

Auf dem Wege zur Größtintegration werden naßchemische Verfahren durch Trockenpro-
zesse (Plasmaätzen, Ionenätzen) ersetzt. Diese haben den Vorteil, daß die Abtragung
des Materials weit besser wirklich senkrecht zu der Oberfläche erfolgt, also sogenannte Unterätzungen vermieden werden. Nur dadurch sind feinste Strukturen realisierbar.

## Dotierung

Die Herstellung feinster Strukturen im Halbleiterkristall mit definierten elektrischen Eigenschaften ist nur dann möglich, wenn entsprechende Dotierungsverfahren
zur Verfügung stehen.

Die geringen Abmessungen der einzelnen Bereiche, deren elektrische Eigenschaften bei
der Dotierung durch gezielte Injektion mit Fremdatomen eingestellt werden sollen,
bedingen hohe Anforderungen an die Genauigkeit der Dotierung.

Man geht deshalb zunehmend von der Diffusion aus der Gasphase zu der gezielten
Ionenimplantation über. Hier wird die zu dotierende Siliziumscheibe einem Strahl des
ionisierten  Dotierstoffes ausgesetzt. An der Oberfläche sammelt sich eine mit mit
hoher Genauigkeit kontrollierbare Schicht der Dotieratome an, die dann in einem
thermischen Schritt in inerter Atmosphäre in das Material diffundiert.

## Lithographie

Einen besonderen Schwerpunkt auf dem Wege der Größtintegration stellt die Lithographie (Tabelle 2) dar.

Mit ihr erfolgen Maskierschritte, die jeweils zwischen Dotier- und Ätzschritten
liegen und solchen, in denen Material, beispielsweise Si-Nitrid oder eine Metalli-

sierung, aufgetragen wird. Die Tabelle 3 zeigt die wichtigsten Merkmale der heutigen Praxis mit den in die Zukunft weisenden Produktionstechnologien /2/.

Wir unterscheiden zwischen Maskenherstellung und Belichtungstechniken.

Sie erkennen, daß bislang noch überwiegend zwei Maskentypen verwendet werden, Vater (reticle) und Mutter, während die Weiterentwicklung dahin geht, die Masken zu eliminieren und durch direkte Anwendung der Software zu ersetzen, d.h., daß ein

Tabelle 2: Vergleich LSI-VLSI-Technologie für die Lithographie

| Ganzscheibenbelichtung | Step-and-Repeat-Belichtung |
|---|---|
| Optische Lithographie : | Optische Lithographie : |
| Kontaktverfahren | Projektionsverfahren |
| Proximity-Verfahren | |
| Projektionsverfahren | Elektronenlithographie |
| | Rasterscan-Verfahren |
| | Vektorscan-Verfahren |
| | Variable-shaped-beam-Verfahren |
| | Röntgenlithographie |
| | Konventionelle Röntgenquellen |
| | Synchrotron-Röntgenquellen |

Tabelle 3: Entwicklung der Lithographie
I:   Stand der Technik     III: In Vorbereitung
II:  In Einführung         IV:  In der Forschung

| | Vater (reticle) Chrom Herstellung | Mutter Chrom od. $Fe_2O_3$ Herstellung | Scheibe Belichtung | Struktur | Chipgröße |
|---|---|---|---|---|---|
| I a | 10 : 1 opt. Pattern-generator | 1 : 10 opt. Repeater UV | UV-Projektion (Perkin Elmer) [noch : | > 3 µm | <~ 30 mm² |
| b | 5 : 1 E-Beam Pat-terngenerator | 1 : 5 opt. Repeater UV | Proximity 1:1] | > 3 µm | <~ 90 mm². |
| II | 5 : 1 E-Beam Pat-terngenerator f. SIRE n fach Blockreticles | KEINE | 1 : 5 SIRE UV | ~1,5 µm (→ 0,7 um) | <~ 90 mm² |
| III | wie I | wie I | wie I, jedoch Deep UV | ~ 1 µm | <~ 90 mm² |
| IV a | KEINER | wie IV | 1 : 1 Röntgen | ~ 0,6 µm (im Resist) | beliebig |
| b | KEINER | KEINE | E-Beam Direct | ~ 0,4 µm | beliebig |

direkt vom Computer gesteuerter Elektronenstrahl die Belichtungskonfiguration auf
die Siliziumscheibe schreibt.

Diese Evolution ist vor dem Hintergrund vergrößerter Kristallflächen (30 bis
90 mm$^2$ und größer), sowie der verfeinerten Strukturen (4 bis 0,4 $\mu$m) zu sehen, und
zwar mit Rücksicht einerseits auf mechanische Toleranzen bei der Übertragung der
Strukturen und andererseits auf die Grenzen des optischen Lichtes. Die Wellenlänge
des z.Zt. für Belichtungszwecke verwendeten UV-Lichts mit einer Wellenlänge bei 0,35
bis 0,4 $\mu$m begrenzt durch Beugungs- und Interferenzerscheinungen die praktische
Anwendung bis ungefähr 2 $\mu$m hinunter, während das sog. Deep-UV mit einer Wellenlänge
bei 0,2 bis 0,3 $\mu$m die Übertragung bis ca. 1 $\mu$m ermöglichen wird.

Bei weiterer Verfeinerung kommen Röntgen- oder Elektronenstrahlen zum Zuge, wobei im
zeitlichen Verlauf zunächst E-Beam-Techniken verwendet werden, obgleich auch dieses
Verfahren nicht ganz problemlos ist, denn dabei tritt der sogenannte Proximity-
Effekt auf. Hierunter versteht man das Auftreten von Sekundär- und Streuelektronen,
die insbesondere an den Kanten die effektive Belichtungsintensität stören. Eine
Kompensation dieses Einflusses durch eine geeignete Steuerung der Apparatur ist
allerdings möglich.

Zur Herstellung einer integrierten Schaltung sind z.B. 8 Maskenschritte erforderlich. Je feiner die Struktur, umso höher sind die Anforderungen an die Maskenjustage
vor dem Belichtungsvorgang. Der von Philips entwickelte Silicon Repeater
(Bild 2) /3/ justiert automatisch von Maske zu Scheibe mit einer Genauigkeit von
+/- 3 $\sigma$ entsprechend +/- 0,1 $\mu$m. Die Ausrichtgenauigkeit für zwei Maskenebenen ist
mit +/- 0,25 $\mu$m  gesichert. Die Verwendung optischer Masken im Bereich unterhalb
2 $\mu$m ist übrigens noch aus anderen als rein belichtungstechnischen Gründen nicht
mehr sinnvoll: Soweit Hochtemperaturbehandlungen nicht durch kalte Prozesse abgelöst

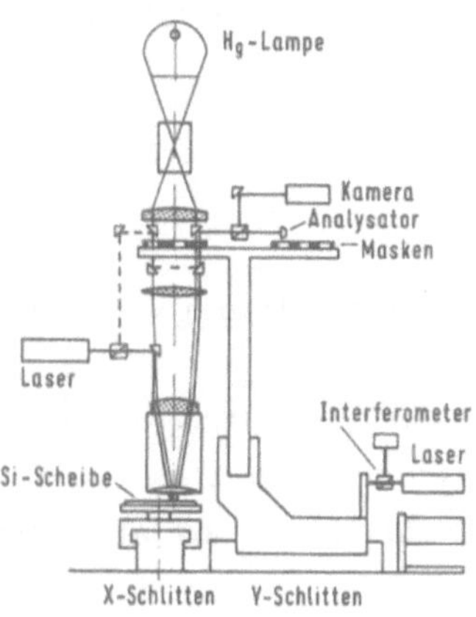


Bild 2: Silicon-Repeater mit Optik- und
Schlittenpositionierung

sind, muß man besonders bei 4"-Scheiben mit erheblichen Verformungen rechnen, die
eine Verwendung von optischen Masken nicht mehr zulassen.

## Physikalische Grenzen

Mit den kleinsten erzielbaren Elementar-Abmessungen der Elemente Integrierter Schaltungen haben sich mehrere Autoren seit längerem beschäftigt (Bild 3) /4,5/. Während
die von Wallmark und Markus 1962 abgeschätzte Grenze zwischen 5 und 10 $\mu$m wegen
Kantenunsicherheit und Dotierungsschwankungen nicht mehr aktuell ist, gehen
Hoeneisen und Mead 1972 auf die Physik des PN-Übergangs ein. Das Ergebnis ist auch
auf MOS-Strukturen übertragbar. Man kommt auf Größenordnungen von 1-2 $\mu$m.

Keyes hat 1972 Grenzen durch Metallmigration und durch die Wärmeerzeugung unterhalb
etwa 0,9 $\mu$m gesehen. Tatsächlich mag hier für die Zukunft die Demarkation zwischen
NMOS- und der leistunsärmeren CMOS-Technologie liegen. Ratnakumar et al sehen die
Grenze für NMOS bei 0,3 $\mu$m /5/.

Praktisch gesprochen heißt dies, daß auch die Größtintegration einem asymptotischen
Endwert zustrebt. Dieser liegt aus heutiger Sicht in der Größenordnung von 0,5 $\mu$m.

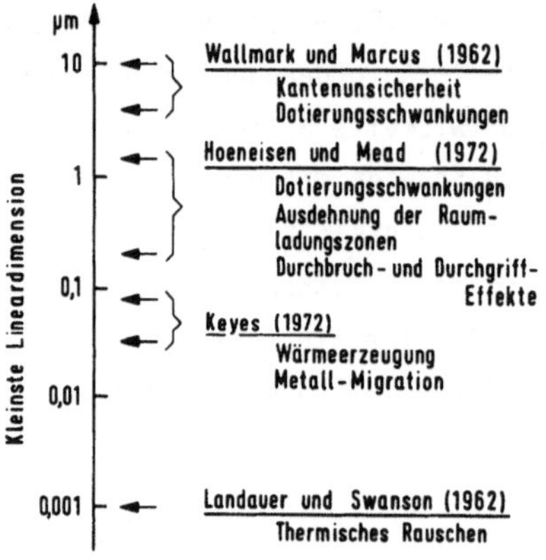


Bild 3: Abschätzungen einiger Autoren
für kleinstmögliche Strukturen

## Ziele der Größtintegration

Mit der Größtintegration werden zwei wesentliche Zielrichtungen verfolgt:

- Durch hohe Packungsdichten werden für gegebene Schaltungen kleinere
  Kristallflächen realisiert oder, wesentlich wichtiger, es lassen sich immer
  komplexere Schaltungen, z.B. vollständige Subsysteme auf einem Kristall
  darstellen.

- Kleine Einzelabmessungen führen wegen kleinerer parasitärer Kapazitäten
  und im weiteren Verfolg im Zusammenhang mit Laufzeiteffekten zu erhöhten
  Geschwindigkeiten in der Signalverarbeitung, die neben einer günstigen
  Auswirkung in Echtzeitsystemen vorzugsweise bei der Verarbeitung komplexer
  arithmethischer Funktionen sowie in Analog/Digital-Wandlern zu kurzen
  System-Reaktionszeiten führen.

Damit ist die Verkleinerung von Abmessungen die treibende Kraft für die Weiterentwicklung der Halbleitertechnologien und angrenzender Bereiche, die von ähnlichen
Produktionstechniken Gebrauch machen.

### Größtintegration unterschiedlicher Technologien

### Bipolar im Vergleich zu MOS

Im Grundsatz gilt alles bisher gesagte für bipolare und MOS-Technologien. Weshalb
man sich bei der Größtintegration jedoch besonders der MOS-Technologie bedient, bedarf der näheren Begründung.

Wichtigster Gesichtspunkt ist hier wieder die Reaktionsgeschwindigkeit der
Basis-Zelle, also z.B. eines Gatters. Die Tabelle liefert hierzu einige Anhaltspunkte.

| Technologie | Struktur | Gatterlaufzeiten |
|---|---|---|
| CMOS | $6{,}0\ \mu m$ | 5 ns |
| STTL bip. | $5{,}0\ \mu m$ | 4 ns |
| NMOS | $6{,}0\ \mu m$ | 3 – 4 ns |
| NMOS | $3{,}5\ \mu m$ | 1 – 2 ns |
| NMOS | $2{,}0\ \mu m$ | 1 ns |
| ECL  bip. | $3{,}5\ \mu m$ | 0,5 – 2 ns |

Sie erkennnen, daß sich die Gatterlaufzeiten von bipolaren und MOS-Technologien umso
mehr einander nähern, wie die Strukturen verkleinert werden. Für bipolare Schaltungen besteht jedoch zur Vermeidung injizierter Ladungen ein Zwang zu ungesättigten
Schaltungen, die einen hohen Stromverbrauch bedingen. Dies begrenzt aus thermischen
Gründen ihre Eignung für höchste Packungsdichten.

Die Gatterlaufzeit bei MOS wird durch parasitäre Kapazitäten begrenzt. Gerade diese
werden jedoch durch feine Strukturen kleingehalten, womit sowohl Gatterlaufzeiten
kleiner werden, als auch der Stromverbrauch sinkt. Geringe Verlustleistungen sind
wiederum wichtigste Voraussetzung für hohe Packungsdichten, so daß allein aus diesem
Grunde die MOS-Technologie, und hier besonders CMOS, obsiegen wird, wenn Dimensionen
an der Grenze des technisch Beherrschbaren realisiert werden sollen.

Fest steht die Überlegenheit von MOS bezüglich der Packungsdichte gegenüber den Bipolar-Technologien. Bipolar-Technologien können jedoch höchste Arbeitsgeschwindigkeiten realisieren. Hier bleibt diese Technologie zu Lasten von Packungsdichte und Leistungsaufnahme gegenüber MOS vorteilhaft.

## Verknüpfung der Größtintegration mit der Prozeßrechnertechnik

Die Durchdringung der Prozeßrechnertechnik durch die Größtintegration läßt sich mit dem Grundschema des PDV-Bus-Systems darstellen /6,7/. Der Terminologie des PDV-Bus folgend haben wir neben dem Bus als Datentransportmittel und den Übertragungs-Steuereinheiten (ÜSE) die in Bild 4 dargestellten Zuordnungen von Bauelementen zu den Prozeßeinheiten. Praktisch alle Positionen in dieser Systematik werden von der Größtintegration beeiflußt.

Prozeßautomatisisierungssysteme der Zukunft werden in steigendem Maße digitale Systeme sein. Die Technologie der Größtintegration ist auch eine Technologie der steigenden Geschwindigkeiten in der komplexen Signalverarbeitung. Damit sind unter anderem Analog/Digital-Wandler höchster Geschwindigkeit, d.h. höchster Wandlungsfrequenz darstellbar, die Analogwerte derart fein quantisiert auflösen können, daß selbst neuartige Anforderungen der Prozeßrechnertechnik, wie z.B. die der Bildverarbeitung, erfüllt werden können.

Damit sind die Voraussetzungen für eine weitere digitale Verarbeitung gegeben, wobei später die notwendige Digital/Analog-Wandlung für die Aktuatorik kein besonderes Problem darstellt.

Wenn auch die Verfechter hart verdrahteter Analogsysteme Vorteile hinsichtlich Geschwindigkeit und Echtzeitverarbeitung geltend machen können, so hat die Digitalelektronik mit ihren Softwareaspekten den unbestreitbaren Vorteil der größeren Flexibilität und der höheren Intelligenz in der Verknüpfung unterschiedlicher Daten.

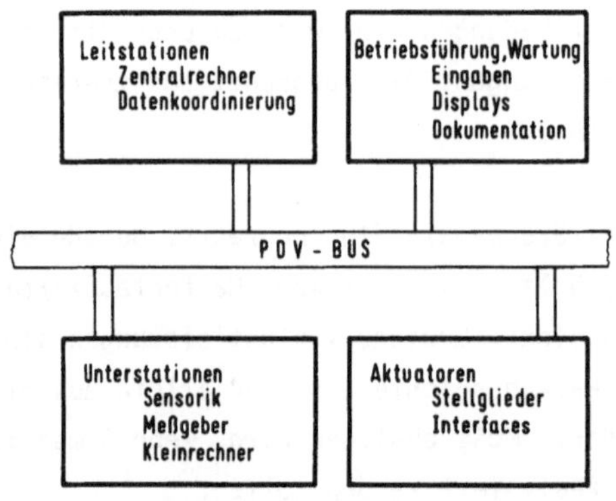


Bild 4:
Durchdringung der Prozeßtechnik durch die Größtintegration anhand des PDV-Bus

Ich spreche vor einem Gremium, das sich mit dieser Problematik in verschiedenen Vor-
trägen befaßt und möchte deshalb nicht weiter darauf eingehen. Mein Hinweis ist
jedoch, daß nur die Fortschritte in der Größtintegration und die damit mögliche
Technik softwaregesteuerter Mikroprozessoren und Mikrocomputer unterschiedlicher
Wortbreite und entsprechend intelligenter Peripherieschaltungen diese Diskussion
überhaupt ermöglichen.

## Tendenzen in der Bauelementeentwicklung

Ein sehr leistungsfähiger Baustein in der Mikroprozessortechnik ist der
Mikroprozessor 68000. Er hat eine Komplexität von etwa 70.000 Elementen auf einem
Chip und im Gegensatz zu seinen Konkurrenten eine softwareprogrammierbare Architek-
tur. Die Leistungsfähigkeit dieses Chips kann bei weiter zu erwartenden Technologie-
entwicklungen noch gesteigert werden. Ein weiteres Beispiel ist der 128.000 bit
Festwertspeicher als Bauelement der Peripherie. Die Strukturen lassen sich im Laufe
der nächsten Zeit noch erheblich verkleinern. Diese Entwicklung wird Megabit-
Speicher noch in diesem Jahrzehnt ermöglichen.

## A/D-Wandler

Während Mikroprozessoren, Speicher und zugehörige Peripherie die Entwicklung der
Digitalelektronik vorangetrieben haben, bedingt die Anbindung analoger Sensoren
A/D-Wandler hoher Auflösung und Geschwindigkeit. Die Wortbreite von A/D-Wandlern ist
identisch mit der Auflösung, mit der Linearität und dem Signal-zu-Rausch-Verhält-
nis. Die Bandbreite des zu wandelnden Signals bestimmt über das Abtast-Theorem die
Abtastrate.

Die Digitalisierung frequenzanaloger Signale ist mit Zählern leicht möglich.
Schwieriger ist die Digitalisierung von spannungsanalogen Meßwerten.

Derartige Wandler arbeiten integrierend oder nach dem Vergleichsverfahren.

### Analog/Digital-Wandler Prinzipien

| Ursprungssignal | z.B. Widerstandsänderung | |
| --- | --- | --- |
| Zwischenwandlung | Frequenz | Spannung |
| A/D-Wandlung | Zählen (integrierend) | Abtasten (vergleichend) |
| Genauigkeit | sehr hoch | hoch |

Integrierende Verfahren sind genauer, benötigen aber entsprechend der verlangten
Genauigkeit lange Konversionszeiten, die in den Millisekundenbereich ragen.

Anwendungsbeispiele:

|  | Auflösung | Abtastrate |
|---|---|---|
| Video | 8 bit | 20 MHz |
| Niederfrequenz | 14 bit | bis 50 KHz |

Das Grundprinzip einer A/D-Wandlung nach dem Vergleichsverfahren zeigt Bild 5.
Dieser Wandler verfügt über eine Steuerlogik, die bestimmte Bitkombinationen ein-
stellt. Ein Komparator vergleicht in einer Korrekturschaltung mit D/A-Rückwandlung
die Eingangs- und Ausgangswerte. Man spricht hier von einer sukzessiven Approximation (iterative Annäherung). Diese A/D-Wandler haben eine gute Linearität und
Umwandlungszeiten im Mikrosekundenbereich.

Hohe Wortbreiten und Abtastraten können nur über schnell arbeitende Wandler, also
solche mit feinen Strukturen verarbeitet werden. In rein parallelen A/D-Wandlern
werden für 8 bit Auflösung 255 (255 Intervalle zwischen 256 diskreten Spannungs-
pegeln) Bezugspegel und damit 255 Komparatoren für die Abtastung benötigt. Ein
solcher Wandler ist in Bipolartechnik für professionelle Zwecke realisiert worden
und hat technisch durchaus interessante Daten. Wegen der großen Chipfläche von etwa
40 mm$^2$ und einen durch Kleinserie bedingten Preis von über DM 1.000,- ist jedoch
seine Verwendungsfähigkeit beschränkt.

Eine Neuentwicklung mit parallel-serieller 8-bit-Wandlung hat den Aufwand an Komparatoren wesentlich verringert. Nach dem Pipelining-Verfahren /8/ wird die gesamte

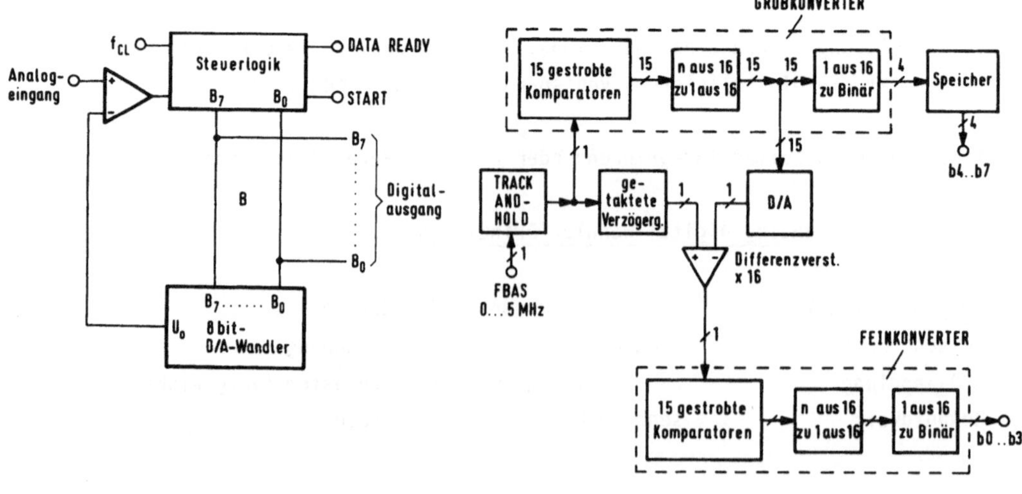


Bild 5:
Prinzip der Wandlung durch sukzessive Approximation

Bild 6:
8-bit-A/D-Wandler nach dem
Pipeliningverfahren

Wortbreite in 2x4 bit aufgeteilt. Das bedeutet die Reduzierung auf insgesamt 30 Komparatoren, von denen je 15 den most-significant und den least-significant bits zugeordnet werden (Bild 6). Weiterhin wird ein 16fach-Differenzverstärker für Korrekturschaltungen benötigt, so daß ein extrem kompakter Wandler mit 30 anstelle sonst erforderlicher 255 Komparatoren aufgebaut werden kann.

Verbunden mit der Technologie der Größtintegration ist nun eine ökonomische Lösung der gestellten Aufgabe möglich. Der nach dem Pipelining-Verfahren konzipierte Gesamtkristall hat eine Fläche von weniger als 8 mm$^2$ und eine Gesamtleistungsaufnahme von etwa 0,5 Watt. Dieser für Fernsehzwecke geeignete Wandler wird in der endgültigen Massenfertigung weniger als DM 10,- kosten.

## Digitale Filter

Nach der Digitalisierung der analogen Signale kann bei nicht allzu hoher Signalgeschwindigkeit ein nachgeschalteter Mikrocomputer neben Betonung des bevorzugt zu erfassenden Frequenzbereiches durch Filterungen beispielsweise auch eine Umsetzung auf spezielle störunempfindliche Digitalcodes besorgen.

Die Grundfunktion digitaler Filter beruht auf der Addition des verzögerten mit dem nicht verzögerten Eingangssignal. Somit lassen sich Filterfunktionen in digitaler Technik im wesentlichen mit Hilfe von Schieberegistern und Addierstufen aufbauen, wie aus der in Bild 7 angegebenen Prinzipschaltung eines Digitalfilters hervorgeht.

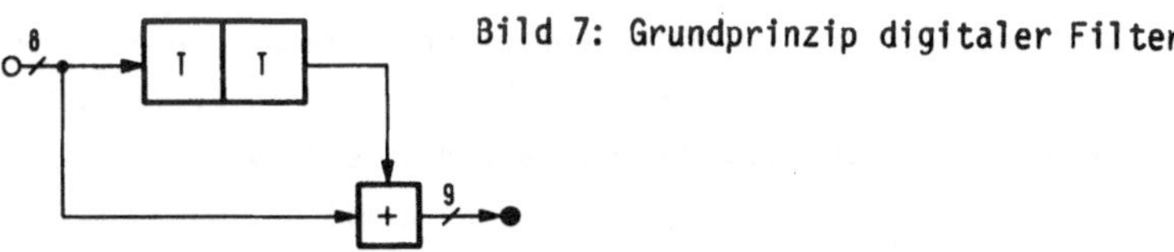


Bild 7: Grundprinzip digitaler Filter

Diese Filter wären im konventionellen Aufbau nicht ökonomisch, sie sind jedoch durch Größtintegration realisierbar. Digitale Filter haben folgende Vorzüge:

- Alterungsbeständigkeit
- keine Drift
- kein Abgleich
- Programmierbarkeit der Filtercharakteristik auch während des Betriebes
- konstante Gruppenlaufzeit.

Filter dieser Art, für deren Charakteristik Bild 8 ein Beispiel zeigt, werden in den nächsten Jahren zur Verfügung stehen /9/.

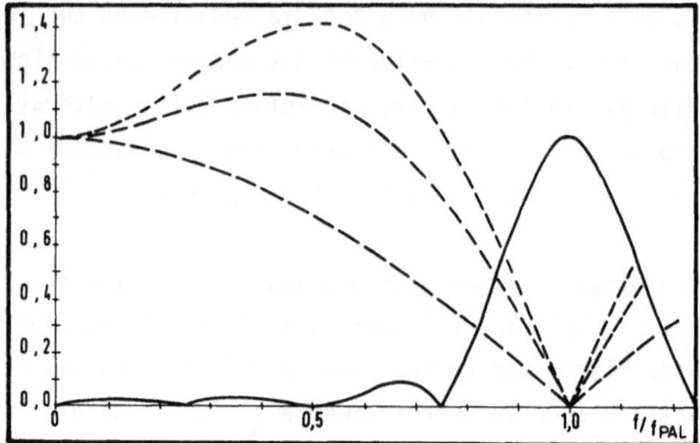

Bild 8: Amplitudencharakteristik eines digitalen Luminanz- und Chrominanzfilters


## D/A-Wandler

D/A-Wandler gehören zwar mehr in den Bereich der Aktuatoren, sie sollen jedoch an
dieser Stelle gestreift werden. Sie sind weniger krititsch als A/D-Wandler und zwar

- wegen der digitalen Eingangsstufe an sich und
- wegen frei wählbarer Pegel.

## Gate Arrays

Die Größtintegration wird uns also hochinteressante Elemente der Digitalelektronik
bescheren, insbesondere auch hier nicht weiter behandelte sehr komplexe Peripherie-
Schaltkreise. Und doch bleibt ein Problem übrig: Prozeßrechnertechnische Vorgänge
sind außerordentlich vielfältig und bedingen häufig sehr spezielle Lösungen bei oft
geringen Stückzahlen. Die technische Lösung wäre dann eine voll kundenspezifische
Schaltung, bei der die elektrische Schaltungstechnik mit optimaler Technologie vereinigt sind. Die hohen Initialinvestionen stehen jedoch in einigen Fällen einer ökonomischen Lösung entgegen.

Hier bietet nun die Größtintegration wieder ein neues Element zur Lösung auch dieser
Problematik: Gate Arrays, eine neue Kategorie Integrierter Schaltungen mit mehr als
1.000 Gattern auf einem Chip, die vom Gerätehersteller selbst logisch verknüpft
werden können. Ein Gate Array ist damit die kundenspezifische Lösung kleiner Serie
mit dem Vorteil, daß das Grundelement ein Standard-Serienprodukt ist und die
spezielle elektrische Schaltungstechnik durch die letzte Maskierung eingebracht
werden kann. Ein Gate Array bietet folgende Vorteile:

- technische Übernahme eines vorhandenen Logik-Entwurfes
- kein neues Systemdenken

- Kostenreduzierung vorhandener "diskreter" Lösungen
- Raumgewinn
- Reduzierung der Verlustleistung
- Erhöhung der Zuverlässigkeit
- kurze Realisierungszeit.

Die Entwicklung geht dahin, daß Gate Arrays von mehreren 1.000 Gattern zur Verfügung stehen werden, und zwar in unterschiedlichen Technologien von CMOS für besonders leistungsarme Anwendungen über Standard-Bipolar-TTL zu der Subnanosekunden-ECL-Technologie.

**Computer Aided Design**

Auch für diese Schaltungsentwicklungen steht die Unterstützung durch Rechner zur Verfügung, deren Bedeutung mit der Komplexität größtintegrierter Schaltungen zunimmt. Im Verlaufe einer Systementwicklung wird die Datenverarbeitung daher bei Entwurf, Schaltungsanalyse und Testen eingesetzt.

Der Einfluß der Größtintegration auf diese und andere Elemente der Signalverarbeitung ist uns allen bewußt. Weniger bewußt sind wir uns der Tatsache, daß die Techniken der feinen Strukturen auch auf viele andere Elemente der Prozeßrechnertechnik, wie Sensorik, Aktuatorik und Displays wachsenden Einfluß gewinnen. Auch auf diese Elemente möchte ich mit meiner noch folgenden Vorstellung neuer Bauelementeentwicklungen hinweisen.

**Flächen-und Zeilensensoren**

Ladungstransportschaltungen ermöglichen den schrittweisen Transport von Ladungen im Halbleitervolumen. Derartige Charge Transfer Devices, sozusagen Schieberegister für Analogsignale, ermöglichen bei Anwendung von Prinzipen der Größtintegration die Entwicklung optischer Zeilen- und Flächensensoren.

In Zeilensensoren sind fotoempfindliche Zonen (Bild 9) mit einem Charge Coupled Device CCD (Bild 10) integriert. In den mit unterschiedlicher Intensität belichteten Gebieten werden entsprechend viele Elektronen/Loch-Paare gebildet, die Löcher abgeführt und die Elektronen unter Elektroden gesammelt. Die in der Zeile aufgereihten Ladungspakete lassen sich mit einem externen Takt zur Ausgangselektrode verschieben. Dort stehen sie seriell für die Bildverarbeitung zur Verfügung.

Bei Flächensensoren mit CCD-Auslesung ist eine x-y-Matrix erforderlich, für die im Bild 11 das Grundprinzip /10/ dargestellt ist. Das während einer Bildperiode in der

Integrationsmatrix des bildorganisierten Flächensensors $M_i$ durch optische Strahlung generierte Ladungsbild wird über vertikale CCD´s in die gegen Licht geschützte Speichermatrix $M_S$ gebracht. Hier wird es durch das horizontale Schieberegister $R_0$ zeilenweise ausgelesen.

Daß hier Prinzipien der Größtintegration angewendet werden, geht aus folgenden Zahlenbeispielen hervor:

1. Zeilensensor
   - 2.048 Bildpunkte
   - 13 $\mu$m Teilungsmaß

2. Flächensensor
   - bis zu 800x800 Bildpunkte
   - Teilungsmaß 24x24 $\mu$m$^2$

Die beschriebenen Sensoren wurden für Fernsehzwecke entwickelt, und zwar mit Hilfe von Farbteilern auch voll integriert für das Farbfernsehen /11/. Erwähnt werden die Sensoren an dieser Stelle deshalb, weil ihre Anwendung auch in der Prozeßrechner-technik anstelle taktiler Sensoren zur monochromen Konturenmessung denkbar ist, nämlich zum

- Positionieren,
- Lagebestimmen,
- berührungslosen Messen.

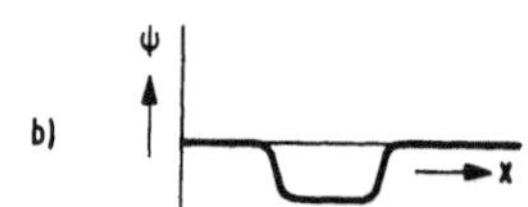

Bild 9:
a. Fotoempfindliches Element des Si-Sensors
b. Potentialmulde für die Elektronen unter der Elektrode

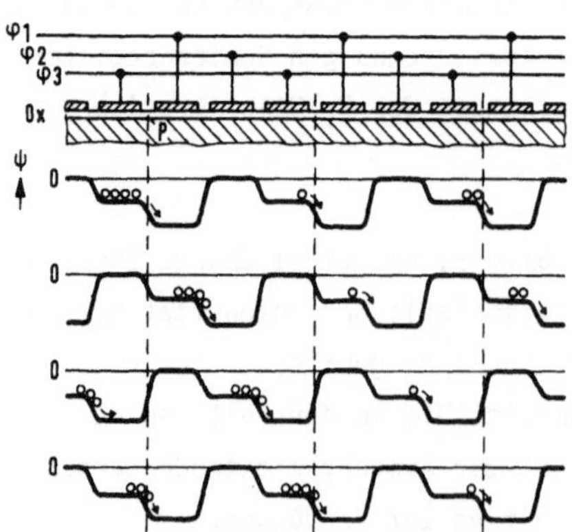

Bild 10:
Durch die Takte $\varphi_1$ bis $\varphi_3$ werden die be-lichtungsanalogen Ladungspakete verschoben

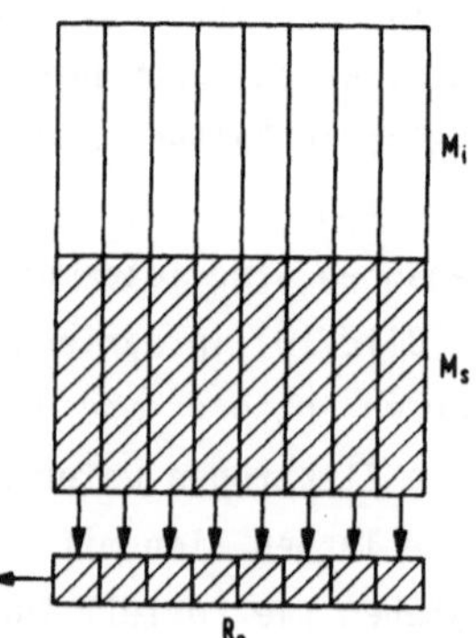

Bild 11:
Flächensensor mit Prinzip der Auslesung

Dabei ist es besonders vorteilhaft, daß die digital interpretierbaren Signale der
Bildelemente auf der Matrix geometrisch eindeutig zu lokalisieren sind und daß die
Signale dann unmittelbar digital-seriell zur Verfügung stehen.

## DOR - Digital-Optical-Recording

Zur nachträglichen Auswertung von Prozeßdaten, etwa zur Trendberechnung oder zu
einer vielleicht gesetzlich vorgeschriebenen Dokumentation besteht Bedarf an Massenspeichern für einmalige Schreibvorgänge.

Ein hervorragendes Beispiel für die Nutzung feiner Strukturen bietet ein optischer
Massenspeicher /12/, dessen Medium das Format einer Schallplatte hat und das nach
dem heutigen Stand eine Speicherkapazität von ca. $10^{10}$ bit aufweist. Sein Vorteil
liegt in der Möglichkeit, Daten unmittelbar nach dem Schreiben zu lesen und, je nach
Organisation, der wahlweise Zugriff zu beliebigen Speicherstellen innerhalb von
250 ms.

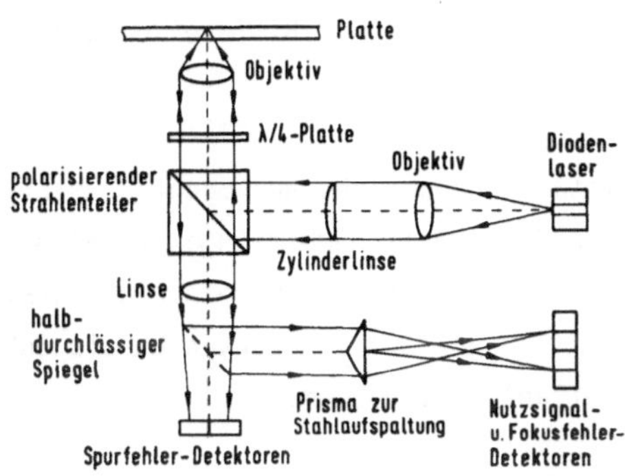


Bild 12:
Schematische Darstellung des optischen Systens für das Beschreiben
optischer Speicherplatten

Die Datenmenge von $10^{10}$ bit des optischen Datenspeichers ist ganz wesentlich größer
als die von Magnetspeichern. Im Labor wurden auf dem DOR bereits $10^{11}$ bit untergebracht.

| | |
|---|---|
| Diskette | ca. 5 . $10^6$ bit |
| Magnetplatte | 10...100 . $10^6$ bit |
| Magnetband | ca. 400 . $10^6$ bit |
| DOR | ca. 100.000 . $10^6$ bit |

Der Abstand der Spuren des DOR beträgt 1,6 µm. Zum Schreiben und Lesen wird ein
Laser vom Aluminium-Gallium-Arsenid-Typ verwendet. Die Kantenlänge des verwendeten

Chips beträgt 0,1 mm. Trotz der geringen Abmessungen genügt seine Leistung, um an die Stelle eines Gas-Lasers treten zu können /13/.

Zum Einschreiben werden in die tellurhaltige Beschichtung der Platten Löcher von 1 µm Durchmesser gebrannt, besser geschmolzen. Die Optoelektonik unterscheidet beim Lesen zwischen der starken Reflexion unbeschriebender Stellen und der schwachen Reflexion im Bereich der Löcher.

## LISA - Light Switching Array

Bestimmte optomagnetische Materialien haben aufgrund des Faraday-Effektes die Eigenschaft, bei bestimmter Magnetisierungsrichtung die Polarisationsebene des Lichtes zu drehen. Wenn man eine solche Anordnung, wie in Bild 13 gezeigt, mit polarisiertem Licht durchleuchtet und auf der Austrittsseite einen um 90° gedrehten Polarisator (Analysator) anbringt, wird im Anregungszustand der Schicht Licht durchgelassen. Es handelt sich bei LISA also um eine steuerbare Lichtschleuse. Zur Umschaltung der Domänen wird die Gesamtanordnung einem magnetischen Feld ausgesetzt, die Addressierung der einzelnen Domänen erfolgt durch lokale Erhitzung mit Hilfe einer Dünnschichtstruktur aus Widerstandsmaterial /14/.

Beste Resultate lassen sich mit einer einkristallinen Schicht aus Gadolinium-Eisengranat mit bestimmten Anteilen von Wismuth und Gallium als Substitute erzielen. Eine solche Schicht hat eine Dicke von 3-5 µm und wird epitaktisch auf ein einkristallines Substrat aus Gadolinium-Gallium-Granat mit Magnesium und Zirkonium als Substitute aufgewachsen. Die Dicke des Substrats beträgt z.B. 500 µm.

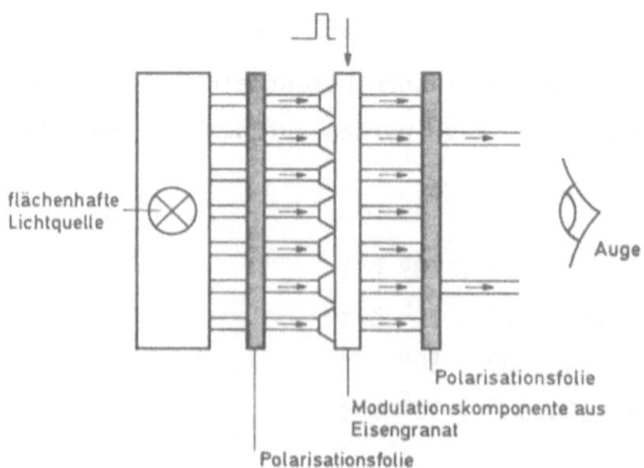


Bild 13: Bilddarstellung mit einer Eisengranatschicht

Aus Gründen der geometrischen Stabilität wird der Eisengranatfilm durch einen Ätz-
prozess so strukturiert, daß ein Muster von Domänen mit einem Teilungsmaß von 70x70
μm entsteht (Bild 14). Auch hier bedient man sich der Herstelltechnologien der
Größtintegration.

Das magnetische Prinzip hat einen Speichereffekt zur Folge. Ein eingeschriebenes
Bild bleibt "non volatile", bis ein neues überschrieben wird.

Die elektromagnetische Lichtschleuse läßt sich nicht nur als selbstspeicherndes
optisches Display, dessen Bild z.B. über eine Projektionseinrichtung auf das
gewünschte Format gebracht werden kann, verwenden. Zusammen mit dem Xerox Verfahren
elektrooptischer Belichtung läßt sich ein "Hardcopy-printer" aufbauen, der sich
durch eine Druckkapazität von 20 - 30 Seiten pro Minute in "Korrespondenzqualität"
(sog. medium - performance) auszeichnet. Das heißt, das Bild ist mindestens so gut
wie mit der Schreibmaschine angefertigt. Eine solche Anordnung zeichnet sich durch
besondere Laufruhe aus.

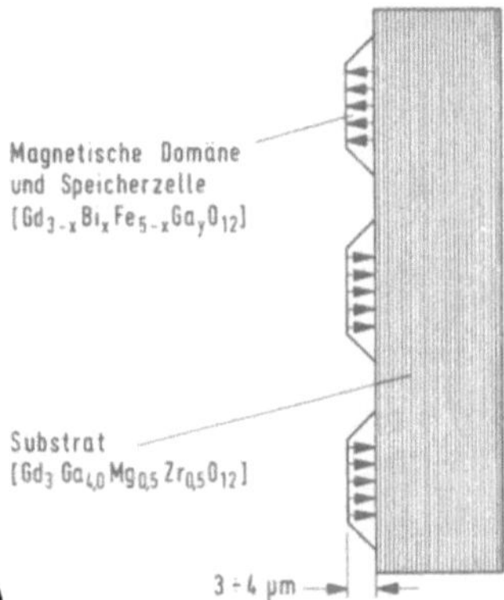


Bild 14:
Aufbau der magnetischen Domänen von LISA

## Interfaces für Aktuatoren

Die ausgangsseitige Verbindung der Rechnerelektronik z.B. mit elektromechanischen
Stellern geschieht durch Leistungs-Interfaces. Während auf dem Gebiet bipolarer
Halbleiterbauelemente

- Transistoren
- Thyristoren (einschl. GTO = Gate turn off )
- TRIACS (bidirektionale Thyristoren)
- obige Bauelemente für Optokopplung

mit relativ konventionellen Technologien gearbeitet wird, werden Prinzipien der

Größtintegration auf dem Gebiet der MOS-Leistungstransistoren angewendet. Sie
zeichnen sich aus durch

- hohe Schaltgeschwindigkeit (im Schaltbetrieb bis in den MHz-Bereich)
- Robustheit (hohe thermische Stabilität, kein zweiter Durchbruch)
- leistungsarme Steuerung, vorwiegend kapazitive Belastung.

Aus einer Reihe technologischer Versionen derartiger Leistungselemente, wie z.B.:

- V-MOS          - U-MOS
- D-MOS          - Hexfet

sei als Beispiel

S I P M O S

für die praktizierte Größtintegration auf dem Leistungsgebiet näher erläutert /15/.
Ein SIPMOS-Kristall von z.B. 16 mm$^2$ enthält ca. 3.000 parallelgeschaltete Einzel-
zellen mit 40 $\mu$m Kantenlänge (Bild 15).

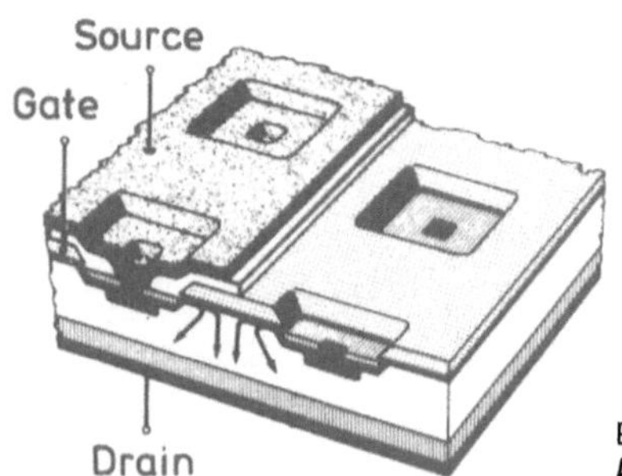


Bild 15:
Ausschnitt aus einem SIPMOS-Kristall

Das Gate ist als Polysilizium-Elektrode ausgebildet. Es bildet eine Gitterstruktur,
die durch Sourcegebiete unterbrochen ist. Diese sind ihrerseits durch eine Metalli-
sierung parallelgeschaltet. Die Dotierung geschieht durch zweifache Ionenimplantation nach dem von Siemens entwickelten DIMOS-Prozess (DIMOS: Doppelt implantiert).

Diese Technologie ermöglicht den Bau von Transistoren mit einer Spannungsfestigkeit
bis zu 1.000 V und einer Schaltleistung von z.B. 3 KVA. Eine Parallelschaltung
mehrerer Einheiten zur Erhöhung der Schaltleistung ist problemlos. Je nach Ausführung ist der Bahnwiderstand, dessen Höhe die thermische Belastbarkeit des Bau-
elementes und den Wirkungsgrad des Schaltelementes bestimmt, 0,03 - 2 Ohm.
Die Ansteuerung ist $\mu$C-freundlich: der Ansteuerpegel beträgt 5 V.

## Zuverlässigkeit

Einen entscheidenden Gesichtspunkt der Größtintegration habe ich noch nicht erwähnt,
nämlich daß sie erheblichen Anteil an der Bauelementezuverlässigkeit und damit an
der Systemzuverlässigkeit hat. Organisation und Redundanzen im Gesamtsystem berücksichtigen durch Bauelemente verursachte Störungen. Trotzdem kommt die mit der Größtintegration erzielte Verbesserung der Betriebszuverlässigkeit der Bauelemente dem
Gesamtsystem zugute. Die integrierte Verbindungstechnik der auf einem Chip vereinten
Elemente und Systemteile ist zuverlässiger als eine externe Verdrahtungstechnik. Mit
anderen Worten, je mehr Funktionen auf einem Chip kombiniert werden, umso größer ist
die Betriebszuverlässigkeit im Vergleich zu unterteilten Anordnungen. Diese integrierte Verbindungstechnik im Zusammenhang mit einer fortschrittlichen Abschirmung
gegenüber Umwelteinflüssen durch moderne Passivierungstechniken stehen gleichrangig
neben dem wesentlichen häufiger erwähnten Gesichtspunkt der Komplexität und der
Kosten.

Diese Feststellung darf nicht darüber hinwegtäuschen, daß das Einzelelement auf der
Schaltung in der Regel nicht mehr erreichbar ist, also im Zuge Qualitätssicherung
bezüglich seines Verhaltens unter bestimmten Betriebsbedingungen nicht mehr
analytisch betrachtet werden kann. Es ist aber nicht möglich, ein hochkomplexes
System bezüglich sämtlicher betrieblich denkbarer Konstellationen zu testen. Auch
das Potentialkontrastverfahren gibt hierzu keine endgültige Lösung. Nach diesem Verfahren wird die Oberfläche von Chips mit einem feinen Elektronenstrahl abgetastet
und damit die Möglichkeit eröffnet, logische Zustände "in circuit" zu scannen /16/.
Im Vergleich hierzu haben weitergehende Meßstrategien eine höhere Bedeutung /17/.

## Strukturelle Testverfahren

Kennzeichen sind interne Umschaltungen durch mehrfache Nutzung von Anschlüssen.
Durch bestimmte exzessive Pegel, die außerhalb des normalen Betriebsbereiches
liegen, werden bestimmte "Testmode" angereizt, die Zusammenschaltungen von normalerweise unabhänig voneinander arbeitenden Speicherelementen z.B. zu Schieberegistern
auslösen, die nunmehr im Synchronbetrieb Eingangsinformationen Schritt für Schritt
weiterreichen und am Ausgang sequentiell für Prüfzwecke erscheinen lassen /17/.

## Prozeßkontrollmoduln

Aber auch diese strukturellen Testverfahren erlauben im Fehlerfall die Lokalisierung
des Zwischenfalles, aber dann ist es zu spät. Es ist vielmehr im Sinne der Qualitätssicherung erforderlich, die Herstellprozesse unmittelbar zu überwachen. Da dies
anhand der Schaltungen selbst nicht möglich ist, werden gleichzeitig mit den Schal-

tungen sogenannte PCM (process controll moduln) diffundiert. Jeder Modul besteht aus einer Anzahl voneinander unabhängiger Strukturen, die speziell der Prozeßmeßtechnik vorteilhaften Meßverfahren zugänglich sind /18/.


**Eigenprüfung**


Das Prinzip der Eigenprüfung komplexer Systeme ist auf größtintegrierte Schaltungen übertragbar. Ein Sonderprogramm würde in Betriebspausen aufgerufen und im Falle eines "Befundes" eine "Alarmmeldung" auslösen, die dann zu geeigneten Maßnahmen im übergeordneten System führen würde, noch bevor das System selbst gestört wäre. Dieses Eigenprüfprogramm "on chip" ist im Sinne einer erhöhten Betriebszuverlässigkeit gerade für Fälle von Bauelemente-Störungen zu sehen und im Rahmen der Größtintegration eine logische Fortsetzung der Schaltungsintelligenz.


**Schlußwort**


Anhand der Darlegungen haben wir festgestellt, daß die Halbleiter-Technologie die treibende Kraft zur Verwirklichung feiner Strukturen ist. Anhand der Beispiele ist aber auch klargeworden, daß die Realisierungsmöglichkeit feiner Strukturen Innovationsauslöser in anderen Bauelemente-Technologien geworden ist. Wir haben weiter festzustellen, daß durch Prinzipien feiner Strukturen modernste Bauelemente entstanden sind, die die Entwicklung von Computern heutiger Leistungsfähigkeit und damit auch Prozeßtechniken heutiger Generationen ermöglichen. Die wechselseitige Abhängigkeit dieser Entwicklungen ist klar bewiesen.

Festzustellen bleibt noch, daß eine moderne Volkswirtschaft ohne Computer-Technologie, ohne modernste Prozeßtechniken, das heißt auch, ohne eine moderne Bauelementeindustrie nicht wettbewerbsfähig sein kann.

## Referenzen

/1/ Lohmann, F.: Größtintegration von Halbleiterbauelementen, Funkschau (1978)
H. 8 S. 318-322

/2/ Mitteilung des Maskenzentrums der Valvo Röhren- und Halbleiterwerke,
in D-Hamburg

/3/ Schumicki, G. und Fehling, H: Möglichkeiten und Erfahrungen mit einem direkten Step- und Repeatverfahren. Vortrag anl. NTG-Fachtagung 3.-5.4.1979 in
D-Baden-Baden

/4/ Folberth, O.G. und Bleher, J.H.: Grenzen der digitalen Halbleitertechnik.
ntz. Bd. 31 (1978) H. 10, S. 11-19

/5/ Bartelink, D.J., Ratnakamur, K.N. et al: Performance Limits of E/D NMOS
VLSI. 1980 IEE International Solid-State Circuits Conference.

/6/ Hirschberg, G.: Automatisierung mit Rechnern, Stand und Tendenzen.
Informatik Fachberichte Bd. 7 (1977) Springer Verlag S. 5-38.

/7/ PDV-Bericht kfk-PDV 150 Okt. 1978

/8/ Demmer, W.: et al: Fast A/D-Converters in NMOS-Technology. From Electronics
to micro-electronics, North-Holland Publishing Company (1980)

/9/ Conrads, W.: Digitalisierung im Fernsehempfänger. Vortrag gehalten anläßlich
Veranstaltung "Valvo informiert" am 21.4.1980

/10/ Heyns, H. et al: Bildsensor mit Widerstandselektroden. Philips techn.
Rdsch.37 (1977/78) Nr. 11/12, S. 329-337

/11/ Dammann, Dr. H. et al: Bildaufnahmesysteme mit farbtüchtigem $P^2CCD$ Zeilensensor. Abschlußbericht NT 2000 Neue Techniken für das BMFT (1980)

/12/ Hoeksta, W. et al: Neue Speichertechnologien: Die zentrale Prozeßdaten-
archivierung mit optischen Massenspeichern. Vortrag auf Interkama in
D-Düsseldorf Okt. 1980

/13/ Finck, J.C.J. et al: A Semiconductor Laser for Information Read-out. Philips
techn. Rev. Vol. 39 (1980) Nr. 2, S. 37-47

/14/ Hill, B. und Schmidt, K.P.; Fast Switchable Magneto-optic Memory-Display
Components Philips J. Res. Bd. 33 (1978) H. 5/6, S. 211-225

/15/ Krausse, J. et al: Power MOS Fets run directly off TTL. Electronics (1980)
28.8., S. 145-147

/16/ Gosch, J.: Electron beam harmlessly probes high density chips. Electronics
(1980) 31.7., S. 65-66

/17/ Draheim, P. et al: Testen einer VLSI-Konsumerschaltung. Vortrag anl. NTG-
Fachtagung 3.-5.4.1979 in D-Baden-Baden

/18/ Junghans, W.: Qualität der Bauelemente - Basis für zuverlässige Geräte.
messen und prüfen Bd.16 (1980) H. 6, S. 380-385

# ZUVERLÄSSIGKEIT UND SICHERHEIT IN DER

## PROZESSAUTOMATISIERUNG

R. Lauber
Institut für Regelungstechnik
und Prozeßautomatisierung
der Universität Stuttgart

Zusammenfassung:

Es werden die folgenden 3 Fragen behandelt: 1. Mit welchen Verfahren kann man Prozeßautomatisierungssysteme mit Prozeß- bzw. Mikrorechnern zuverlässig und sicher machen?
2. Wie kann man die Zuverlässigkeit und Sicherheit bewerten bzw. nachweisen? 3. Wie
kann man erreichen, daß Prozeßautomatisierungssysteme während ihrer gesamten Lebensdauer trotz Änderungen und Wartungseingriffen zuverlässig und sicher bleiben?

Für die Zuverlässigkeits- und Sicherheitsverfahren wird dabei eine allgemeine Klassifizierung nach der Perfektions- und der Fehlertoleranz-Strategie eingeführt. Die
besonderen Vorteile, die Spezifikationssprachen und Entwurfsunterstützende Systeme
gerade bei zuverlässigkeits- und sicherheitsrelevanten Prozeßautomatisierungssystemen bieten, werden hervorgehoben und erläutert.

## Problemstellung

"Bei den Produkten 'Zuverlässigkeit' und 'Sicherheit' wird die Nachfrage immer grös-
ser sein als das Angebot".

Gilt diese aus einer Druckschrift entnommene Feststellung, die dort vor allem auf
den Straßenverkehr gemünzt ist, auch für diejenigen Bereiche der Prozeßautomatisierung, in denen hohe Zuverlässigkeits- bzw. Verfügbarkeitsanforderungen und gleichzeitig hohe Sicherheitsanforderungen gestellt werden? Wie läßt sich bei solchen Anwendungsbereichen - in Bild 1 sind einige Beispiele aufgeführt - das "Angebot" an Zuverlässigkeit und Sicherheit durch den Einsatz von Prozeßrechnern bzw. Mikrorechnern erhöhen?

Zur Klärung dieser Fragen sollen im Folgenden - unter der Annahme, daß die Qualitätseigenschaften Zuverlässigkeit und Sicherheit als "Produkte" bezeichnet werden dürfen -
drei Problemkreise behandelt werden:

1. Wie produziert man die "Produkte" Zuverlässigkeit und Sicherheit bei Prozeßautomatisierungssystemen, d.h. welche Strategien und Verfahren gibt es, um Prozeßautomatisierungssysteme der in Bild 1 genannten Art zuverlässig und sicher zu machen
   und um zusätzlich eine ausreichende Robustheit gegenüber vorhersehbaren und nicht

Gefährdungspontential →

Interkontinental-Rakete
Kernreaktor
Chemischer Reaktor
Flugzeug
Ölbohrinsel
Eisenbahn
Spurgeführter Omnibus
Dampfturbine
Aufzug
Krananlage
Kraftfahrzeug
Heizkessel mit Öl- oder Gasfeuerung
Hochspannungs-Schaltanlage
Hochregalstapler
Presse
Automatisches Garagentor

Bild 1: Beispiele für Anwendungsbereiche der Prozeßautomatisierung, in denen sowohl
hohe Zuverlässigkeit als auch Sicherheit gefordert wird.


vorhersehbaren Beeinflussungen zu erreichen?

2. Wie läßt sich die Güte der "Produkte" Zuverlässigkeit und Sicherheit beurteilen,
d.h. gibt es qualitative oder quantitative Bewertungsmaßstäbe für die Zuverlässigkeit und Nachweisverfahren für die Sicherheit von Prozeßautomatisierungssystemen?
Wie läßt sich insbesondere die Sicherheit von Prozeßrechner- und Mikrorechnersystemen nachweisen?

3. Wie kann man erreichen, daß die einmal produzierten "Produkte" Zuverlässigkeit
und Sicherheit während der gesamten Lebensdauer eines Prozeßautomatisierungssystems unverändert erhalten bleiben, d.h. wie muß die Pflege und Wartung der Geräte-
und Programmsysteme erfolgen, um die Zuverlässigkeit und Sicherheit nicht zu beeinträchtigen? In dieser Fragestellung ist auch das Problem enthalten, bei Verbesserungen und Änderungen der Software den Sicherheitsnachweis zu "warten", d.h. den
Sicherheitsnachweis für das geänderte System erneut zu erbringen.


Eine Definition der zwar miteinander verwandten, aber trotzdem sehr unterschiedlichen
"Produkte" Zuverlässigkeit und Sicherheit zeigt Tabelle 1 [Fre74], [Jen 78]. Wie daraus zu erkennen ist, geht es

- bei der Zuverlässigkeit um die Verhinderung von Fehlern und Ausfällen, um die be-
absichtigten Funktionen erfüllen zu können.
- bei der Sicherheit um die Verhinderung einer Gefährdung, die durch Fehler und Ausfälle eintreten könnte.

|  | Zuverlässigkeit eines Prozeßautomatisierungssystems | Sicherheit eines Prozeßautomatisierungssystems |
| --- | --- | --- |
| Definition | Fähigkeit, die beabsichtigte Funktion unter festgelegten Bedingungen und für eine festgelegte Zeitdauer zu erbringen | Fähigkeit, innerhalb vorgegebener Grenzen und für eine festgelegte Zeitdauer keine Gefährdung für Leib und Leben zu bewirken oder eintreten zu lassen |
| Maßnahmen richten sich gegen | Auftreten von Fehlern und Ausfällen | Gefährliche Auswirkung von Fehlern und Ausfällen |

Tabelle 1:  Erläuterung der Begriffe Zuverlässigkeit und Sicherheit

Trotz ihrer Verschiedenartigkeit weisen die "Produkte" Zuverlässigkeit und Sicherheit eine Gemeinsamkeit auf:
Bei beiden spielen die Begriffe "Fehler" und "Ausfälle" eine zentrale Rolle.

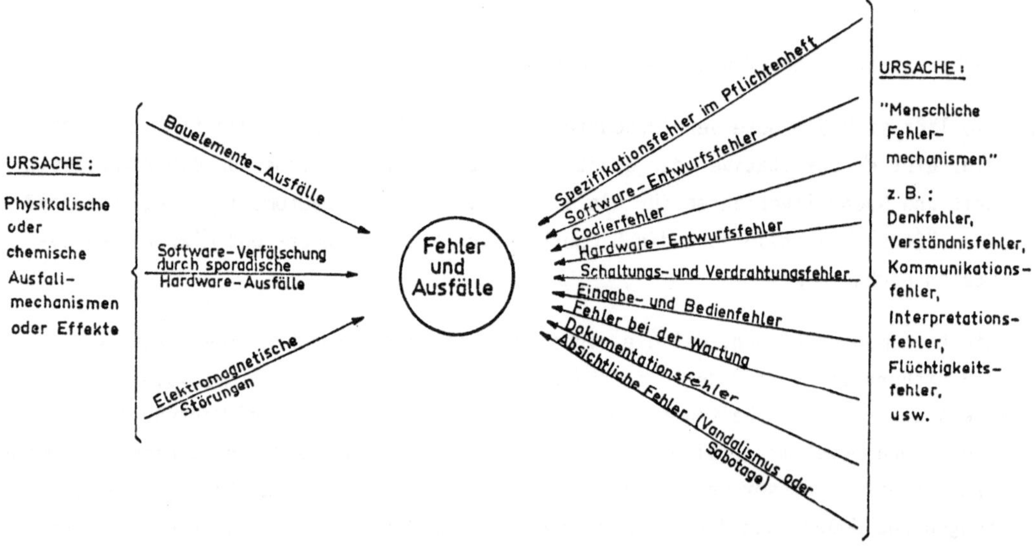


Bild 2:  Arten von Fehlern und Ausfällen in Prozeßautomatisierungssystemen

Wie Bild 2 zeigt, gibt es eine große Mannigfaltigkeit von Fehler- und Ausfallarten, die zu einer Beeinträchtigung der Funktion des Prozeßautomatisierungssystems (Unzuverlässigkeit) und/oder zu einer Gefährdung von Menschen (Unsicherheit) führen können. Letztlich sind alle Fehler- und Ausfallarten auf nur zwei "Grundübel" zurückzuführen:

  - auf physikalische oder chemische Ausfallmechanismen und Effekte oder

- auf "menschliche Fehlermechanismen" wie z.B. Denkfehler, Verständigungsfehler,
  Interpretationsfehler, Flüchtigkeitsfehler usw.


## Zuverlässigkeits- und Sicherheits-Strategien und -Verfahren

Grundsätzlich gibt es zwei Strategien, nach denen man vorgehen kann, um Prozeßautomatisierungssysteme zuverlässig und sicher zu machen [Lau 80/1]:

Perfektions-  Man versucht, den oben genannten "Grundübeln" selbst beizukommen, d.h.
Strategie:    man ergreift Maßnahmen, um die Ursachen der Fehler und Ausfälle zu unterbinden, in dem Bestreben, zu einem "perfekten" System zu kommen
              ("perfectionist approach").

Fehlertole-   Man toleriert die Tatsache, daß in technischen Systemen unvermeidlich
ranz-         Fehler und Ausfälle auftreten können und versucht, ihre Auswirkung, z.B.
Strategie:    durch Redundanzmaßnahmen, zu unterbinden ("fault tolerant approach").


Selbstverständlich ist es auch möglich, die Perfektions-Strategie und die Fehlertoleranz-Strategie zu kombinieren. Eine Klassifizierung von Zuverlässigkeitsverfahren gegen Ausfälle und Fehler nach diesen beiden Strategien zeigt die Tabelle 2 [Ehr80,
Weh76, Zeh78]. Wie bei [Stü78] untersucht, läßt sich durch die Anwendung dieser Zuverlässigkeitsverfahren eine befriedigende Zuverlässigkeit von Prozeßrechensystemen
erzielen. Es ist zu erwarten, daß die bisher noch bestehenden Zuverlässigkeitsprobleme bezüglich Softwarefehlern in der Zukunft durch die Anwendung von Spezifikations-
und Entwurfssystemen [BGLS79] wesentlich besser gelöst werden können.
Vielfach noch unbefriedigend ist die Gestaltung der Mensch-Maschine-Schnittstelle,
die zu Zuverlässigkeitsproblemen durch Eingabe- und Bedienungsfehler wesentlich beiträgt [Kra78].


Tabelle 3 zeigt die Klassifizierung von Sicherheitsverfahren nach den oben behandelten beiden Strategien unter Verwendung der von Pierick [Pie79, PiGy79] eingeführten
Systematik bezüglich Ausfällen.
Bei Anwendung der Strategie "Sicherheit durch Perfektion" wird so vorgegangen, daß
bestimmte Fehler und Ausfälle entweder ganz ausgeschlossen werden oder daß die Wahrscheinlichkeit ihres Auftretens so gering gemacht wird, daß mit ihrem Auftreten
nicht gerechnet zu werden braucht [Swi79]. Demgegenüber geht die Fehlertoleranz-Strategie von dem Grundsatz aus:
Mit dem Auftreten von Fehlern und Ausfällen ist zu rechnen! Daher werden Maßnahmen
ergriffen, um entweder gefährliche Folgen der Fehler und Ausfälle auszuschließen
oder die Wahrscheinlichkeit für als gefährlich definierte Folgen so gering zu machen,
daß sie ebenfalls als ausgeschlossen betrachtet werden dürfen.

| Maßnahmen gegen: | Beispiele für Maßnahmen nach der | |
| --- | --- | --- |
| | Perfektions-Strategie | Fehlertoleranz-Strategie |
| **Zuverlässigkeitsverfahren gegen Fehler** | | |
| Spezifikations-fehler im Pflichtenheft | Vorgabe von Richtlinien und Vorschriften, Durchsicht durch unabhängige Bearbeiter | – |
| Software-Entwurfsfehler | Strukturierte Programmierung, Anwendung von Spezifikationssprachen und rechnergestützten Entwurfssystemen, Walk Throughs | Überwachungsprogramme für Programmablauf |
| Codierfehler | Höhere Programmiersprachen | Selbst-Diognose-Programme |
| Hardware-Entwurfsfehler | Vorgabe von Richtlinien, Anwendung von Spezifikationssprachen und rechnergestützten Entwurfssystemen | – |
| Schaltungs- und Verdrahtungsfehler | Automatische Fertigungs- und Verdrahtungseinrichtungen | – |
| Bedienungsfehler | Anweisungen, Schlüsselschalter, Schulung und Ausbildung | Redundante Eingabecodes, Überwachungsprogramme |
| Wartungsfehler | Richtlinien, Schulung | – |
| Dokumentations-fehler | Richtlinien, Anwendung von Spezifikationssprachen und rechnergestützten Entwurfssystemen, Durchsicht durch unabhängige Bearbeiter | – |
| Absichtliche Fehler (Vandalismus oder Sabotage) | Schlüsselschalter Verriegelungen | Codesicherungsverfahren |
| **Zuverlässigkeitsverfahren gegen Ausfälle** | | |
| Ausfälle aufgrund physikalischer oder chemischer Ausfallmechanismen | Überdimensionierung, Unterbelastung, konstruktive Gestaltung, Qualitätskontrollen bei der Fertigung, Umwelteinflüsse (z.B. Klimatisierung) | Redundante Bauelemente, Code-Redundanz (z.B. Parity-Bit), redundante Sensoren, Doppelrechnersysteme, Test- und Diagnosegeräte und Programme |
| Ausfälle aufgrund von Störbeeinflussung | Hoher Nutz-zu-Störsignal-Abstand, Abschirmung, Potentialtrennung, integrierender ADU | Mehrfach-Eingabe von Prozeßdaten in zeitlichem Abstand |

Tabelle 2: Klassifizierung von Zuverlässigkeitsverfahren gegen Fehler und Ausfälle

| Maßnahmen gegen: | Beispiele für Maßnahmen nach der | |
|---|---|---|
| | Perfektions-Strategie | Fehlertoleranz-Strategie |
| Spezifikations-fehler im Pflichtenheft | Vorgabe von Richtlinien, Prüfung durch technische Aufsichtsbehörde | – |
| Software-Entwurfsfehler und Codierfehler | Korrektheitsbeweisver-fahren, Programmanalyse-verfahren, systematische und stochastische Testverfahren | Software-Diversität (mehrfache, **jedoch** verschiedenartige Programmierung der Nutzfunktionen mit sicherem Vergleich) |
| Hardware-Entwurfs-, Schaltungs- und Verdrahtungs-fehler | Entwurfs-Nachprüfung, Funktionsprüfung | Hardware-Diversität (Verwendung von Geräten unterschiedlicher Bau-art oder Wirkungsweise mit sicherem Vergleich) |
| Bedienungsfehler | – | Überwachung durch sichere Überwachungs-einrichtungen |
| Wartungsfehler | Fehleroffenbarung durch Funktionsprüfung | – |
| Dokumentations-fehler | Nachprüfung durch technische Aufsichts-behörde, automatische Erstellung mit Hilfe von Spezifikationssprachen und rechnergestützten Entwurfssystemen | – |
| Absichtliche Fehler (Vandalis-mus oder Sabotage) | Mechanische oder elektrische Verriegelungen | Codesicherungs-verfahren |
| Ausfälle bei Systemen, die einen sicheren Zustand besitzen | Ausfallausschluß z.B. durch unverlierbare physikalische Eigen-schaften oder konstruk-tive Gestaltung | Direkter oder indirekter Ausfall-Folgenausschluß, z.B. durch sicheren Vergleich paralleler Nutzfunktionen |
| Ausfälle bei Systemen mit oder ohne sicherem Zustand | Ausfallausschluß | Begrenzung der Ausfall-Folgenwahrscheinlichkeit durch Prüffunktionen oder mehrfache Nutz-funktionen mit Mehr-heitsentscheid |

(Die ersten sieben Zeilen: **Sicherheitsverfahren gegen Fehler**; die letzten beiden Zeilen: **Sicherheitsverfahren gegen Ausfälle**.)

Tabelle 3:  Klassifizierung von Sicherheitsverfahren gegen Fehler und Ausfälle

Besonders drängend ist bei sicherheitsrelevanten Prozeß- bzw. Mikrorechneranwendungen gegenwärtig die Beantwortung der Gretchenfrage: "Wie hältst Du's mit der Software?" In der Tabelle 3 sind Sicherungsverfahren angegeben. Doch stellen sich noch zahlreiche ungelöste Probleme:

- Perfektions-Verfahren (Korrektheitsbeweis, Programmanalyse, systematische und stochastische Tests) sind bisher nur unter einschränkenden Randbedingungen und auf kleinere Programme mit geringem Komplexitätsgrad bei vertretbarem Aufwand anwendbar.

- Dem Fehlertoleranz-Verfahren der Software-Diversität, das bei umfangreicheren Programmsystemen als Sicherungsmethode verbleibt, wird nachgesagt, es verursache erhebliche Kosten [Swi80].


Tatsächlich liegt hier eine Problematik vor, die letztlich nicht auf die Software beschränkt ist. Denn auch bei modernen Mikroprozessoren ergeben sich vergleichbare Schwierigkeiten:
Sie können, wie manche Erfahrungen beweisen, noch nach langjährigem Einsatz verborgen gebliebene Konstruktionsfehler aufweisen.
Offenbar hängt die anzuwendende Sicherungsmethode - unabhängig davon, ob es sich um Software oder Hardware handelt - vom Komplexitätsgrad der sicher auszuführenden Informationsverknüpfung ab. Bei geringem Komplexitätsgrad (z.B. bei Steuerungsabläufen ähnlicher Art, wie sie mit herkömmlichen Relaissystemen realisiert werden) läßt sich durch Anwendung der Perfektionsmethoden eine hinreichende Gewißheit für den Fehlerausschluß erreichen. Bei Informationsverarbeitungsaufgaben großer Komplexität - solche Aufgaben liegen bei den meisten realen Softwaresystemen und bei modernen LSI-Schaltkreisen vor - muß zu anderen Methoden gegriffen werden. Entweder muß versucht werden, den Komplexitätsgrad zu verringern (z.B. durch eine geeignete Modularisierung), um so die Perfektionsverfahren anwendbar zu machen, oder es müssen globale, der Komplexität angemessene Verfahren (wie etwa das Verfahren der Diversität) eingesetzt werden [Kon80]. Glücklicherweise eröffnet sich durch die Spezifikationssprachen die Möglichkeit, auch die mit der Diversität verbundenen Probleme (Entwicklungskosten, Änderungskosten, Prüfungskosten) in den Griff zu bekommen [Lau80].


## Zuverlässigkeitsbewertung und Sicherheitsnachweis

Obwohl die Zuverlässigkeit zu den wichtigsten Qualitätseigenschaften eines Prozeßautomatisierungssystems gehört und trotz des imponierenden Methodengebäudes der Zu-

verlässigkeitstheorie ist die praktische Bewertung der Zuverlässigkeit noch ein sehr
unbefriedigend gelöstes Problem. Schon die - theoretisch nicht allzu schwierige -
Berechnung von Zuverlässigkeitskenngrößen für gerätetechnische Teile eines Prozeßautomatisierungssystems stößt wegen der nur schwer zugänglichen oder wenig verläß-
lichen Basisdaten auf große Schwierigkeiten. Vor allem aber fehlen bisher praktisch
anwendbare Methoden zur Bewertung der Software-Zuverlässigkeit, die ja in die Gesamtzuverlässigkeit in erheblichem Maße eingeht. Auf diesem Gebiet der Gewinnung von Zu-
verlässigkeitskennwerten von Programmsystemen ist - ausgehend von durchaus brauchbaren Ansätzen [EhPl78] - noch viel Forschungsarbeit zu leisten.

Was für die quantitative Bewertung der Zuverlässigkeit gilt, gilt noch mehr für die
quantitative Bewertung der Sicherheit. Hier wurden zwar in den letzten Jahren theo-
retische Grundlagen gelegt [Kon77] und im Bereich der Kerntechnik werden quantitative Störfallanalysen und Sicherheitsberechnungen bereits angewandt. Da die der Berechnung zugrunde liegenden Annahmen jedoch z.T. recht wenig abgesichert sind, ist die
Aussagekraft solcher Berechnungen nicht zu hoch anzusetzen. Der Widerstand mancher
Anwenderbereiche (z.B. in der Verfahrenstechnik [Kre78]) gegen die Einführung quantitativer Sicherheitsanalysemethoden ist von da her verständlich. Eine der Zuverlässig-
keitstheorie entsprechende, anwendungsunabhängige "Theorie der Sicherheit" ist erst
im Entstehen begriffen. Daher ist das - grundsätzlich anzustrebende - Ziel, nicht
nur die Zuverlässigkeit, sondern auch die Sicherheit in quantitativen, _absoluten_ Zahlen zu messen, nach Ansicht des Verfassers noch in weiter Ferne. Ganz anders ist die
Möglichkeit zu beurteilen, quantitative Sicherheitskenngrößen als _relative_ Bewertungsmaßstäbe zu verwenden. Wenn es beispielsweise darum geht, bei der Entwicklung eines
sicherheitsrelevanten Prozeßautomatisierungssystems zu beurteilen oder zu entscheiden,
ob eine bestimmte Sicherheitsmaßnahme erforderlich ist oder nicht, kann eine quantitative Sicherheitsangabe durchaus eine wertvolle Hilfe sein (zusätzlich zu Entschei-
dungskriterien wie etwa "Kosten"). Ein anderer Anwendungsbereich quantitativer Si-
cherheitskennwerte ist der Vergleich verschiedener technologischer Lösungen für die
gleiche Automatisierungs-Aufgabenstellung bezüglich der damit erreichbaren Sicherheit.

Wenn quantitative Berechnungsmethoden als Sicherheitsnachweis ausscheiden, wie kann
dann ein Sicherheitsnachweis für Prozeßautomatisierungssysteme mit Prozeß- bzw. Mikrorechnern geführt werden?

Beim "klassischen Sicherheitsnachweis" geht man so vor, daß für jeden anzunehmenden
Ausfall gezeigt wird, daß er nicht zu einer Gefährdung führen kann [Gay79, Loh80].
Welche Ausfälle dabei anzunehmen sind, ist z.B. für den Bereich von Eisenbahnsignal-
anlagen in DIN 57831 festgelegt. Dem Versuch, dieses Vorgehen unmittelbar auch auf
Prozeßrechner zu übertragen, steht eine wichtige Voraussetzung entgegen: Bei Syste-
men in herkömmlicher Technik (z.B. in Relaistechnik) ist die Zahl der zu betrachten-

den Ausfälle und Ausfallarten begrenzt. Diese Voraussetzung trifft bei Prozeßrechner-
Geräte- und Programmsystemen nicht mehr zu: Weder ist es möglich, die Vollständigkeit
einer Liste möglicher Hardware-Ausfälle, wie sie z.B. in [Qui79] vorgeschlagen wird,
nachzuweisen, noch gibt es eine vollständige Aufstellung aller Arten von Programmierfehlern (von Software- und Hardware-Entwurfsfehlern ganz zu schweigen). Dies bedeutet: So geht es leider nicht. Vielmehr muß versucht werden, das Verfahren des "klassischen Sicherheitsnachweises" so zu modifizieren und zu ergänzen, daß die bei Pro-
zeß- bzw. Mikrorechnersystemen eingesetzten neuen Technologien bei den Ausfallannah-
men berücksichtigt werden und daß vor allem wegen der Komplexität der Soft- und Hardware nicht nur Ausfälle, sondern auch Fehler in das Nachweisverfahren einbezogen
werden! Letztlich muß ein Sicherheitsnachweis für Prozeßrechner bzw. Mikrorechner
zeigen,

> daß <u>jeder anzunehmende Ausfall und jeder anzunehmende Fehler</u>
> nicht zu einer Gefährdung führen kann.

Bei den anzunehmenden Fehlern sind z.B. die verschiedenen in Bild 2 bzw. Tabelle 3
aufgeführten Fehlerarten, zu berücksichtigen.

In [Wal80] ist ein Vorschlag für die Gliederung eines Zulassungsberichts für Anwendungen im Eisenbahnwesen angegeben, der die Bestandteile eines Sicherheitsnachweises enthält. Nach Ansicht des Verfassers müßte allerdings die dort angegebene Gliederung um einen Abschnitt über Fehlerauswirkungen (bzw. über anzunehmende Fehler) ergänzt werden.


## Zuverlässigkeit und Sicherheit nach Änderungs- und Wartungsarbeiten

Bei Prozeßautomatisierungssystemen muß stets mit gelegentlichen Änderungen des Ge-
räte- oder Programmsystems zur Anpassung an neue Anforderungen oder Gegebenheiten,
sowie mit Wartungseingriffen, gerechnet werden. Die Erfahrung lehrt, daß bei komplexen Systemen die Zuverlässigkeit durch solche nachträglichen Eingriffe beeinträchtigt
werden kann. Jede nachträgliche Änderung und jede Fehlerkorrektur birgt, wie Untersuchungen an zahlreichen Software-Systemen beweisen, mit relativ hoher Wahrscheinlichkeit die Gefahr in sich, daß dabei neue Fehler eingebaut werden. Ursache dieses Phä-
nomens ist, daß wegen der Komplexität manche Auswirkungen der Änderungen übersehen
werden.

Bei Prozeßautomatisierungssystemen mit Sicherheitsverantwortung muß nach jeder Änderung der Sicherheitsnachweis auf den neuesten Stand gebracht werden. Falls diversitäre Programme oder Geräte eingesetzt sind, kann dies bedeuten, daß Änderungen in verschiedenartiger Weise realisiert werden müssen und daß die Wahrscheinlichkeit, daß
dabei neue Fehler entstehen, wächst.

In den letzten Jahren wurden Spezifikationssprachen und rechnergestützte Entwurfssysteme (wie z.B. das in [BGLS79] beschriebene System EPOS) entwickelt, die es möglich erscheinen lassen, dieser Probleme Herr zu werden. Bei Anwendung solcher Entwurfshilfsmittel wird es möglich, rechnergestützt Prüfungen auf Vollständigkeit und
Konsistenz durchzuführen, nach Änderungen Hinweise auf alle Auswirkungen dieser Änderungen zu erhalten und die Dokumentation automatisch richtigzustellen [Lau80/2,
Zeh81].

Darüberhinaus können solche Spezifikations- und Entwurfssysteme dem Prüfer eines
Sicherheitsnachweises folgende Vorteile bringen:

- Erleichterung des Funktionsnachweises, sowie des Nachweises der Ungefährlich-
  keit von Fehlerauswirkungen, Ausfallauswirkungen und Störungsauswirkungen durch
  Einheitlichkeit und Vollständigkeit der Dokumentation

- Rechnergestützte Hinweise auf sicherheitsbezogene Teile des Gesamtsystems (z.B.
  durch Konnektivitätslisten)

- Rechnerunterstützung beim Nachweis, daß die im Pflichtenheft gestellten Aufgaben und Anforderungen durch das vorliegende Geräte- und Programmsystem erfüllt
  werden.

- Nach Änderungen oder bei neuen Versionen von Programm- oder Geräteteilen: Hinweise auf die Teile des Gesamtsystems, auf die sich die Änderungen auswirken,
  die also erneut geprüft werden müssen.


<u>Zusammenfassende Schlußbemerkungen</u>

Die eingangs gestellte Frage, ob und wie sich das Angebot an den "Produkten" Zuverlässigkeit und Sicherheit durch den Einsatz von Prozeßrechnern bzw. Mikrorechnern
erhöhen läßt, kann mit einem klaren "ja" beantwortet werden, falls durch einen solchen Einsatz die sicherheitsbezogenen Handlungen der beteiligten Menschen überwacht
und - soweit möglich - übernommen werden. Denn die von Wehner [Weh76] für den Bereich des Eisenbahnverkehrs getroffene Feststellung, daß "wegen der großen Zahl von
Hilfshandlungen des Bedienungspersonals die Sicherheit der Steuersysteme beinahe völlig von der Zuverlässigkeit des Menschen abhänge", gilt sicher für viele andere Bereiche der Prozeßautomatisierung in ähnlicher Weise.

Beim Einsatz von Prozeß- bzw. Mikrorechnern sind dabei allerdings folgende Grundsätze zu beachten:

1. Für Software- und Hardwaresysteme gilt gleichermaßen: Hohe Zuverlässigkeit ist
   Voraussetzung für Sicherheit! Daher sind gleichzeitig Zuverlässigkeits- und Si-

cherheitsverfahren anzuwenden.

2. Die Entscheidung über die für die Software und Hardware einzusetzende Zuverlässigkeits- und Sicherheitsstrategie (Perfektions- oder Fehlertoleranz-Strategie) muß vom Komplexitätsgrad abhängig gemacht werden. Für viele reale Programmsysteme und Mikroprozessoren kann dies bedeuten, daß sowohl Software- als auch Hardware-Diversität anzuwenden ist [SWZ80].

3. Beim Sicherheitsnachweis ist nicht nur bezüglich der Ausfall-Auswirkungen, sondern auch (und vor allem!) bezüglich der Fehlerauswirkungen mit den in Bild 2 gezeigten Fehlerarten nachzuweisen, daß sie nicht zu einer Gefährdung führen können.

4. Bei der Entwicklung zuverlässiger und sicherer Prozeßautomatisierungssysteme sollten grundsätzlich Spezifikationssprachen und Entwurfsunterstützende Systeme eingesetzt werden, um Probleme, die durch nachträgliche Software-Änderungen und Wartungseingriffe entstehen können, zu verhindern, um die Software-Zuverlässigkeit zu erhöhen und um den Aufwand für den Sicherheitsnachweis (insbesondere bei diversitären Systemen) zu verringern.


## Literatur:


[BGLS80]    Biewald, J., Göhner, P., Lauber, R. und Schelling, H.: Das Softwarewerkzeug EPOS zur Unterstützung der Ingenieurtätigkeiten beim Entwurf und bei der Wartung von Prozeßautomatisierungssystemen. Regelungstechnik 28 (1980) S.11-15

[Ehr80]    Ehrenberger, W.D.: Aspects of Development and Verification of Reliable Process Computer Software. IFAC-Symposium Düsseldorf, 14.-17. Okt.1980, Preprints S.35-48

[EhPl78]    Ehrenberger, W.D. und Plögert, K.: Einsatz statistischer Methoden zur Gewinnung von Zuverlässigkeitskenngrößen von Prozeßrechnerprogrammen. Kernforschungszentrum Karlsruhe, Bericht Kfk-PDV 151 (1978)

[Fre74]    Frech, G.: Zuverlässigkeit und Sicherheit in Systemen mit hoher Sicherheitsverantwortung. Signal + Draht 66 (1974) S.40-47

[Gay79]    Gayen, J.T.: Verkehrsgerechte Sicherheitsnachweise. ETR 28 (1979) S. 923-925

[Jen78]    Jentsch, W.: Wachsende Bedeutung der Zuverlässigkeits- und Sicherheitstechnik. Elektroniker 1978 Nr. 12

[Kon77]    Konakovsky, R.: Definition und Berechnung der Sicherheit von Automati-
           sierungssystemen. Vieweg-Verlag Braunschweig 1977

[Kon80]    Konakovsky, R.: On a diversified parallel microcomputer system. In:
           Safety of Computer Control Systems (Ed.: R. Lauber), Pergamon Press 1980,
           pp. 81-88

[Kra78]    Kragt, H.: Human Reliability Engineering. IEEE Trans. on Reliability
           Vol. R-27 (Aug.1978) pp.195-201

[Kre78]    Kremer, G.: Die Sicherheit verfahrenstechnischer Anlagen. Dechema-Jah-
           restagung Frankfurt 16. Juni 1978

[Lau80/1]  Lauber, R.: Safety of Computer Control Systems. Pergamon Press. Oxford
           1980, pp.1-2

[Lau80/2]  Lauber, R.: Einsatz von Spezifikations- und Entwurfssprachen bei Syste-
           men mit Sicherheitsanforderungen.
           Fachtagung "Sicherheit/Zuverlässigkeit und Zulassung von neuen Schnell-
           bahnsystemen", Köln, 31.1.-1.2.1980

[Loh80]    Lohmann, H.-J.: Sicherheit von Mikrocomputern für die Eisenbahnsignal-
           technik. Elektron. Rechenanlagen 22 (1980) S.229-236

[Pie79]    Pierick, K.: Die Grundstruktur der Sicherungsmaßnahmen im Verkehr.
           ETR 28 (1979) S.919-922

[PiGy79]   Pierick, K. und Gayen, J.-T.: Eine Systematik von Sicherungsmethoden
           gegen Ausfälle. ETR 28 (1979) S.942-944

[Qui79]    Quietzsch, G.: Vorschlag zur Prüfung von Prozeßrechnern für Sicher-
           heitsaufgaben. Rtp 21 (1979) S.349-353 und 22 (1980) S.11-15

[Swz80]    Schweizer, G.: Was ist "Sicherheit" bei rechnergestützten Automatisie-
           rungssystemen? Elektron. Rechenanlagen 22 (1980) S.245-249

[Swi79]    Schwier, W.: Sicherheit von Prozeßrechnern und Mikroprozessoren. Rtp
           21 (1979) S.345-349

[Swi80]    Overview of hardware-related safety problems of computer control sy-
           stems. In: Safety of Computer Control Systems (Ed.: R. Lauber). Perga-
           mon Press, Oxford 1980, pp. 169-172

[Stü78]    Stübler, H.J.: Zuverlässigkeitserfahrungen mit Prozeßrechnern. Rtp
           (1978) S.171-176

[Wal80]     Walther, H.: Sicherheitsvorschriften der Deutschen Bundesbahn -
            Anforderungen der DB an Entwickler, Hersteller und Lieferanten.
            Fachtagung Sicherheit/Zuverlässigkeit und Zulassung von neuen Schnell-
            bahnsystemen, Köln, TÜV Rheinland 31.1.-1.2.1980 (Veranstalter: DORNIER
            System GmbH) S.126-139

[Weh76]     Wehner, L.: Zuverlässigkeit der Signaltechnik. Signal + Draht 68 (1976)
            S.33-47, 63-73 und 87-98.

[Zeh78]     Zeh, A.: Untersuchung der Zuverlässigkeit der Prozeßrechnersprache
            PEARL bei der Steuerung und Synchronisierung von Tasks. Diss. Univer-
            sität Stuttgart 1977

[Zeh81]     Zeh, A.: Softwareentwicklung für ein zuverlässiges und sicheres Pro-
            zeßrechensystem.
            Tagung "Prozeßrechner '81" München 9.-11.3.1981.

# Ein System für Entwurf, Implementierung und Echtzeitsimulation  von Prozeßführungs-Software

Peter Kohlhepp

Institut für Informatik
Technische Universität München


## Zusammenfassung

Es wird ein Test- und Entwicklungssystem vorgestellt, das den Entwurf, die Implementierung und schrittweise Verbesserung von Prozeßführungsprogrammen für  dynamische
Systeme unterstützt. Kernstück ist ein mehrstufiges Simulationskonzept, mit dem die
Führungsprogramme schrittweise an die Ablaufbedingungen ihres realen Einsatzes herangeführt werden, zuletzt auf einer Zweirechneranlage, bei der ein Partner das technische System in Echtzeit simuliert. Damit lassen sich insbesondere zeitliche Eng-
pässe, die durch das Echtzeitverhalten der Führungsprogramme, des Betriebssystems
und der Prozeßrechnerhardware hervorgerufen sind, in ihren Auswirkungen auf das Regelverhalten frühzeitig erkennen und korrigieren.
Das System wurde an mehreren Anwendungsbeispielen, unter anderem einer digitalen
Tragregelung für eine Magnetschwebebahn, erprobt. In dieser Arbeit wird auch die all-
gemeinere, für Echtzeitanwendungen wichtige Frage der Simulationsgenauigkeit im Vergleich mit anderen Konzepten diskutiert.


## 1.  Einführung und Anwendungsgebiet

Die Entwicklung von Prozeßführungssoftware (d.h. Programmen zur Steuerung technisch-
industrieller Prozesse) unterscheidet sich von "konventioneller" Softwareentwicklung
vor allem durch


- hohe Anforderungen an Zuverlässigkeit und Sicherheit
- Zeitbedingungen für die Programme, deren Einhaltung überprüft werden muß
- maschinennahe Programmierung "kritischer" Teile (bis in die heutige Zeit).


Daraus erklärt sich gerade in diesem Bereich ein Bedarf nach rechnergestützten Ent-
wurfs- und Testmitteln, die die Kluft zwischen Entwicklungsphase und realem Einsatz
bei Prozeßführungssoftware überbrücken helfen.

In diesem Bericht wird ein Test- und Entwicklungssystem vorgeführt, das dieser Situation Rechnung trägt, indem es

- Entwurf von Führungsalgorithmen in höherer Sprache auf einem Wirtsrechner
- Implementierung lauffähiger Programme auf dem Zielrechner
- Test der Führungssoftware an einem simulierten technischen Prozeß und unter wirklichkeitsnahen Ablaufbedingungen auf dem Zielrechner

unterstützt.

Gerade im letztgenannten Punkt geht dieses System über viele vergleichbare Simulationshilfsmittel hinaus. Der geschlossene Wirkungskreis aus technischem System und Führung stellt nämlich einen notwendig zeitabhängigen parallelen Prozeß dar, dessen Zustände nicht nur von den rein funktionalen Eigenschaften der Führungsprogramme ("Programmkorrektheit") abhängen, sondern dem Echtzeitverhalten aller kooperierenden Teile, wie Prozeßrechner, Prozeßperipherie und Betriebssystem. "Notwendig zeitabhängig" bedeutet: technischer Prozeß und Führung lassen sich in ihrem Ablauf i.a. nicht synchronisieren, oder anders ausgedrückt: die Führung hat sich in ihren Aktionen zeitlich voll der Dynamik des technischen Systems unterzuordnen.

Technische Prozesse werden, dem gegenwärtigen Ausbau des Programmpakets entsprechend, im folgenden auf die Klasse der dynamischen Systeme eingeengt. Hier bietet die moderne Systemtheorie mit der Zustandsraumdarstellung einen mathematischen Rahmen sowohl für die Modellbildung (und damit Simulation) als auch Steuerung bzw. Regelung, dessen Einheitlichkeit der Programmorganisation zugute kommt. Ohne zusätzlichen Aufwand läßt sich eine umfangreiche Klasse technischer Prozesse sehr unterschiedlicher Herkunft abdecken.

Um eine konkrete Aufgabe mit dem System untersuchen zu können, muß also lediglich ein mathematisches Modell in Form einer Differentialgleichung $\dot{x}(t)=f(x(t),u(t),t)$ oder Differenzengleichung $x[k+1]=f(x[k],u[k],k)$ existieren.


## 2. Mehrstufiges Entwicklungskonzept

Die folgende Gegenüberstellung zeigt in stark vereinfachter Form die Unterschiede zwischen einem Wirtsrechner (meist Großrechner) und dem Zielrechner (Mini- oder Mikrorechner) in Bezug auf Entwicklung und Test von Prozeßführungssoftware.

|  | Wirtsrechner | Zielrechner |
|---|---|---|
| Programm-<br>entwicklung | höhere Sprachen<br><br>Hilfsprogramme des Platten-<br>Betriebssystems (z.B. Test-<br>funktionen,Dateiverwaltung)<br><br>Programmbibliotheken<br><br>__" komfortabel"__ | meist Assembler<br><br>wenig Hilfsmittel, vor<br>allem für Fehlererkennung<br>und -behebung<br><br><br>__"mühsam"__ |
| Programm-<br>ablaufverhalten<br><br>(im Test mit simu-<br>liertem technischen<br>System) | umgebungsunabhängig<br><br>keine Zeitaufträge<br><br>"künstliche" Simulationszeit<br>(Integrations-Schrittweite)<br><br>Sequentialisierung<br>paralleler Abläufe<br><br><br>__"realitätsfern"__ | umgebungsabhängig<br><br>Echtzeit-Betriebssystem<br><br><br><br>(quasi)parallele,<br>asynchrone Abläufe<br><br><br>__"realitätsnah"__ |

Kann man zur "Wirtsrechner-Version" einer Anwendersoftware, die wegen fehlender
Außenbezüge (z.B. Prozeß-E/A, Echtzeit-Betriebssystem) oft noch gar nicht lauffähig
ist, mit geringem Aufwand die zugehörige, lauffähige "Zielrechner-Version" erzeugen,
so läßt sich die Erstellung einsatzreifer Software vorteilhaft unter __iterativer__ Benutzung __beider__ Beschreibungsebenen gestalten: der Wirtsrechner wird vor allem für
Programmentwicklung, -modifikation und Austesten (debugging) eingesetzt, der Zielrechner dagegen zur Erfolgskontrolle, Beurteilung des Laufzeitverhaltens und nötigenfalls "Nacheinstellung" von Parametern. Dies ist der Grundgedanke des mehrstufigen
Test- und Entwicklungssystems SIM, in dem die Wirtsrechnerarbeiten durch Stufe 1 abgedeckt, und die Zielrechneruntersuchungen auf die Stufen 2 und 3 (bei zunehmendem
Detaillierungsgrad) verteilt sind, /Bau 78/, /Kr 78/, /KSg 79/.


## 3. Aufbau und Installierung

Die __Stufe 1__ dient der Prozeßanalyse und dem Grobentwurf des Regelsystems (Struktur
und Parameter). Ergebnis ist ein aufgabenspezifischer Satz von Programm- und Daten-
moduln in höherer Sprache. Sie stellen u.a. die (dynamische) Zuordnung der Meß-, Zu-
stands-, Regel- und Stellgrößen beim Prozeßmodell und der Regelung her. Ein Programm-
baukasten mit Prozeßidentifikations-, Reglerentwurfs- und Optimierungsverfahren, Ana-
lyseprogrammen (für Zeit- oder Frequenzbereich) und Standard-Regelgesetzen, sowie

eine einfache Simulationsschleife für grundlegende Untersuchungen am geschlossenen Regelkreis (z.B. Einschwing- und Dämpfungsverhalten), unterstützen diese Entwurfsschritte. Vorhandene Programmpakete der Regelungstheorie, wie etwa in /Is 77/,/Pa 78/ beschrieben, können hierfür verwendet werden.

Die vom Anwender ausgewählten und in einer Programmbibliothek abgelegten Module der Stufe 1 werden an genau definierten Stellen in - ihrerseits problemunabhängige - Rahmenprogramme der <u>Stufe 2</u> eingebracht. Deren wichtigste umfassen

- zeitdiskrete Simulation dynamischer Systeme (Zustandsübergangsfunktion)
- digitale Regelung (mit Meßwerterfassung, ggf. Zustandsschätzung, Stellwertberechnung und -ausgabe)
- graphische on-line-Anzeige der Zustands- und Regelgrößen.

Ihr quasiparalleler, echtzeitgesteuerter Ablauf auf der Zielmaschine simuliert den geschlossenen Wirkungskreis. Regie führt, als zweiter Hauptbestandteil des Simulationssystems, eine im Ausbau und Funktionsumfang des Kerns problemangepaßt generierte Version des Echtzeit-Betriebssystems MOBS  /Sch 78/, /RS 80/.

In <u>Stufe 3</u> schließlich wird die Prozeßsimulation samt graphischer Ausgabe auf einen eigenen Rechner, den "Modellrechner", ausgelagert. Auf dem "Führungsrechner" (Zielrechner) verbleiben die Führungsprogramme mit dem Echtzeit-Betriebssystem, genauer: mit der - zum Zwecke der reinen Steuerungsaufgabe u.U. abgemagerten - Version des späteren Einsatzes. Prozeßmodell und Führung sind durch die echte Parallelarbeit völlig voneinander entkoppelt. Eine bidirektionale Rechnerkopplung sorgt für asynchrone Übertragung der Meßwerte und Stellgrößen und ersetzt den "Common-Bereich" der Stufe 2 in dieser Funktion.
Damit reduziert sich der Teilkomplex Führungsrechner/Interface auf den rein prozeßführungsrelevanten, real anzusehenden Teil der Simulation, dessen Verhalten uneingeschränkte Aussagekraft für den späteren Einsatz besitzt.

Neben den Echtzeitprogrammen verfügen Stufe 2 und 3 auch über Hilfsprogramme für

- Initialisierung und Neuberechnung von Prozeß- und Regelparametern
- bequeme Modifikation von Simulationsparametern im Dialog (Kommandointerpreter)
- Protokollierung und Auswertung von Versuchsläufen
- Simulations-Ablaufsteuerung ("Supervisor").

Letztere realisiert in der Abfolge von Simulationsphasen und Benutzereingaben die "interaktive" Benutzung des Systems. Für eine detaillierte Beschreibung dieser Programmteile vgl. /KSg 79/. Das System ist auf zwei DEC-Rechnern vom Typ LSI-11 (16 bit) implementiert.

Bild 1  schließlich zeigt schematisch, wie ein aufgabenspezifisches Simulationssystem der Stufe 2, und damit auch die "Zielrechner-Version" der Anwenderprogramme zusammengestellt wird (Einzelheiten in /KSg 79/); parallel dazu der Generierungsvorgang des Betriebssystems /RS 80/.


## 4. Simulationsergebnisse

Mit dem Test- und Entwicklungssystem SIM lassen sich alle Parameter, aber auch viele strukturelle Eigenschaften des geschlossenen Wirkungskreises flexibel und mit abgestuftem Aufwand modifizieren:
- Parameter stets per Dialogeingabe (Kommandosprache)
- Strukturen zum Teil durch Auswechseln einzelner Bibliotheksmodule.

Damit erhält der Anwender (Regelungsingenieur) einen Prüfstand für das Regelverhalten des Systems unter wechselnden Entwurfsentscheidungen (Regelung), Modellierungsannahmen (Prozeßmodell) und realisierungsbedingten Umgebungsfaktoren (Tab. 1).

| | strukturelle | parametrische |
|---|---|---|
| **1. Regelsystem** (1) | **Informationsstruktur**<br>(von welchen Meßgrößen hängt jede Stellgröße ab?)<br><br>**Regelgesetz**<br>(Art der Verknüpfung zwischen den Meß- und Stellgrößen) | <br><br><br>**Regelparameter**<br>(Entwurfsmethoden zur Festlegung freier Parameter bei fester Struktur) |
| **2. Prozeßmodell** (1) | Systemordnung<br><br>Typ der Differentialgl.<br>(z.B. linear/nichtlinear)<br><br>zusätzliche Stör-/ Führungsgrößenmodelle | Anfangsauslenkungen<br><br>Modellierungsungenauig-[*]<br>keiten, Betriebspunkte<br><br>statistische Kenngrößen<br>(z.B. Intensität von Rauschen) |
| **3. Realisierung** | Übertragungsverhalten der Stellglieder (2)<br><br>Ausfallsituationen<br>(z.B. Datenübertragung)<br>(ab 1) | Wandlergenauigkeit<br>(A/D, D/A)  (1)<br><br>Echtzeiteinflüsse  (2),(3)<br>(Abtastzeiten, Verarbeitungszeiten (Totzeiten), lokale Schwankungen des Zeittakts) |

Tab. 1 Untersuchte Einflußgrößen auf das Regelverhalten (Ziffern in (): geeignete Simulationsstufe)
[*] im Zusammenhang mit Empfindlichkeitsuntersuchungen

Viele der genannten Einflüsse wurden an mehreren Anwendungsbeispielen untersucht,
unter anderem an einer Magnetschwebebahn mit digitaler Tragregelung zur Kompensation
fahrbahnbedingter Störschwingungen (Aufbaukräfte),/Mül 76/,/Ko 80/. Einige wichtige
Erfahrungen seien hier aufgezählt:

- das Prozeßmodell muß asynchron zur Regelung und mit kleinerer Abtastzeit ablaufen, um z.B. durch die Abtaster und Halteglieder 0 ter Ordnung der digitalen Regelung selbst angeregte Oszillationen auflösen zu können. Eine Integration des geschlossenen Kreises im einheitlichen Zeitraster der Reglerabtastzeit reicht nicht aus.

- die zeitkritische Natur des technischen Prozesses mit Zeitkonstanten im 100 ms - Bereich und einer dauernden, hochfrequenten Störschwingung, welche bereits am Streckeneingang kompensiert werden muß ("feed-forward"), belegte eindrucksvoll, daß es auf das Echtzeitverhalten einer Regelung tatsächlich ankommt. Das Regelkonzept erwies sich als sehr empfindlich gegenüber (rechenzeitbedingten) Totzeiten und lokalen Schwankungen des Zeittakts. Letztere können bei Mehrprogrammbetrieb als Folge der Zuteilungsmechanismen des Betriebssystems auftreten, besonders bei hoher Rechnerlast ("Überholvorgänge").

- die enge Wechselwirkung von entwurfsbezogenen (systemtheoretischen) und simulationsbezogenen Überlegungen fiel auf. So erfordert das auf höherer Stufe festgestellte unbefriedigende Echtzeitverhalten einer Regelung möglicherweise eine Modifikation von Entwurfsmethoden auf einer niederen Stufe, was die iterative Benutzung der Stufen (Abschnitt 2) unterstreicht.

Leider muß hier aus Platzgründen auf eine Präsentation des Beispiels verzichtet werden. Eine ausführliche Fallstudie mit hardcopies der graphischen Bildschirmanzeige
zu den Regelverläufen findet sich in /Ko 80/.


## 5. Simulationsgenauigkeit: Auflösungsvermögen und Realitätsnähe

Die anhand von Simulationsexperimenten erzielbaren Aussagen lassen natürlich auch
Rückschlüsse auf die Genauigkeit, und damit letztlich den prognostischen Wert des
verwendeten Simulationskonzeptes zu.

Die Aufdatierung des Prozeßzustands erfolgt in SIM mit äquidistanter Integrationsschrittweite $\Delta_M$ (zyklischer Zeitauftrag alle $Z_M$ sec, in Echtzeit natürlich $Z_M=\Delta_M$)
aufgrund der dynamisch letzten Stellgrößen. Der geschlossene Kreis läßt sich damit -
bei Vernachlässigung numerischer Integrationsfehler und physikalischer Modellierungsfehler - als ein Prozeß mit derselben Differentialgleichung wie das technische System
und einer funktional gleichen Regelung interpretieren, deren Echtzeitverhalten, die
zeitlichen Folgen $(t_i^m)$, $(t_i^s)$, $i \in \mathbb{N}$ der Meßwerterfassungen und Stellwertausgaben, auf

ein Zeitraster $(i\Delta_M)$, $i\in\mathbb{N}$ abgebildet ist ("kontinuierlicher Ersatzprozeß" /Ko 80/, vgl. das Beispiel in Bild 2 ).

Es entstehen also <u>lokale</u> zeitliche Simulationsfehler der Größenordnung $\Delta_M$ (die <u>globalen</u> Fehler in den Trajektorien können wegen der Rückkopplung unbeschränkt sein), also muß $Z_M$ hinreichend klein gewählt werden (abhängig von der Dynamik, z.B. den Eigenwerten, des geschlossenen Kreises). Nehmen wir o.E. den Fall eines einzigen zyklischen Regel-programms (Zykluszeit $Z_R$) an, so ist das Verhältnis

$k := Z_R/Z_M$ ein <u>problemunabhängiges Maß für das Auflösungsvermögen</u> des Prozeßmodells.

Nun setzt die Rechenzeitbilanz über eine feste Periode $Z_R$ (/KSg 79/)

(5.1) $kT_M^{(F)} + T_R^{(F)} + T_0^{(F)} \leq Z_R$    (Einrechnersimulation)    $T_i^{(j)}$ Zeitbedarf für Programm i auf Rechner j pro Durchlauf,

(5.2) $kT_M^{(M)} + T_0^{(M)} \leq Z_R$    (Zweirechnersimulation)

i=M(Modell), R(Regler), O(sonstige Programme)

j=M(Modellrechner), F(Führungsrechner)

dem Auflösungsvermögen k eine obere Grenze, wobei für den Zeitbedarf $T_M$ ein von der Schrittweite $\Delta_M$ unabhängiger Mindestwert angenommen wird.

Diese Beschränkung für k ließe sich jedoch durch eine Vergrößerung von $Z_R$, statt Verkleinerung von $Z_M$, aufheben. Zur Erhaltung der simulierten Reglerabtastzeit

(5.3) $\Delta_R = Z_R \Delta_M/Z_M$

müßte dann $\Delta_M$ entsprechend verkleinert werden ("Simulation in Zeitlupe mit Zeitablauffaktor" $D := \Delta_M/Z_M \leq 1$).

Hiermit hat man jedoch die <u>Ablaufumgebung des Meßobjekts (Prozeßführung)</u> verfälscht:

- tatsächliche Verarbeitungszeiten (z.B. $T_R$) erscheinen nun dem technischen Prozeß im Mittel kürzer (als $DT_R$),
- Zeitdehnung bedeutet geringere Führungsrechnerbelastung und damit u.U. verändertes Zuteilungsverhalten der Programme.

Die Inkonsistenz der Zeitlupe liegt in dem Nebeneinander von gedehnten Abläufen (Prozeßsimulation, Zeitaufträge) und Echtzeitabläufen (Programmausführung, Maschinen-zyklus, E/A-Geräte) /Bau 78/.

Der Faktor D ist also ein <u>Maß für die Realitätsnähe der Prozeßführung</u>.

Durch Kombination von (5.2) und (5.3) erhält man etwa für die Zweirechnersimulation

(5.4) $D\cdot k < \Delta_R/T_M^{(M)}$ (=const für eine gegebene Versuchsanordnung).

D.h. ein höheres Auflösungsvermögen geht zu Lasten der Realitätsnähe und umgekehrt. Sind Rechenaufwand und Rechenleistung auf beiden Rechnern vergleichbar (eine in der Praxis häufige Situation), so wird bei Ablauf in Echtzeit (D=1) dann $Z_R \approx Z_M$ ($k \approx 1$): die zu messenden Zeiteffekte der Führungsseite gehen in der Zeitdiskretisierung der Modellseite weitgehend unter.

Theoretisch lassen sich diese Einwände leicht mit dem Ruf nach einem schnelleren, "dedizierten" Modellrechner (Spezialrechenwerk) und einer Belehrung über die Hardware-entwicklung abtun. Die Verfügbarkeit des Rechners im konkreten Fall steht aber auf einem anderen Blatt, wobei Hardwarefortschritte ziemlich irrelevant sind, denn sie betreffen im gleichen Maße "die Führungsrechner" und ermöglichen wiederum zeitkri-tischere Anwendungen. Stehen andererseits für eine solche Anwendung tatsächlich ver-schiedene Kandidaten zur Auswahl, so fällt gleich die Symmetrie der Probleme und An-forderungen auf beiden Seiten unseres Zweirechnerkonzepts ins Auge: leistungsfähiges Unterbrechungswerk, Zeitaufträge, schnelle Gleitkomma-Arithmetik, Prozeßperipherie-Anschlüsse und Standortfragen. Es wäre zu erwägen, den schnelleren Rechner zur Pro-zeßführung einzusetzen und damit die Echtzeitprobleme zu entschärfen, statt sie exakt zu messen. Bei nicht zeitkritischen Prozessen schließlich ist eine Echtzeitsimulation definitionsgemäß entbehrlich, und man kann sich mit den Werkzeugen auf Stufe 1 begnügen.

An dieser Stelle sollte auch kurz auf konventionelle Simulationskonzepte ("discrete-event"- oder GPSS-Systeme /Zei 76/) eingegangen werden. Durch eine "simulierte Zeit" (Simulationsuhr) entfällt hier natürlich unser Hauptproblem, komplizierte Prozeßzu-standsübergänge in Echtzeit ausführen zu müssen. Tatsächlich läßt sich das Zeitver-halten kooperierender (paralleler) Rechenprozesse, die ein technisches System steuern, im Prinzip sehr genau nachbilden, und mit Hilfe der errechneten (i.a. nicht äquidi-stanten Zeitpunkte) der Meßwerterfassungen und Stellwertausgaben die Systemtrajektorie exakt integrieren.
Daraus allein höhere Simulationsgenauigkeit als bei der Echtzeitsimulation zu folgern, wäre jedoch ein Trugschluß. Für eine gute Wiedergabe des Zeitverhaltens müßte nämlich der gesamte Prozeßführungskomplex einschließlich Betriebssystem-Funktionen, Geräte-treibern etc. in Form eines Transaktionenmodells nachgebaut werden, eine unwirtschaft-liche, für den Anwender unzumutbar komplexe und daher auch fehleranfällige Methode, die auf zwangsläufig ungenauen Schätzungen aller wichtigen Zeitparameter beruht. Kein solches "Vertretermodell" kann den realen Prüfling auf dem Teststand ersetzen. Auch hier gilt: was an "Meßgenauigkeit" des Prozeßmodells gewonnen wurde, geht an "Glaub-würdigkeit" des Meßobjekts verloren.

Eine Verbesserung der Simulationsgenauigkeit im ganzen ist nur durch eine hohe Genau-igkeit **beider** Hauptkomponenten, Prozeßmodell und Führung, zu erreichen. D.h. die An-wenderprogramme müssen unter realistischen Ablaufbedingungen und in Echtzeit arbeiten,

die Prozeßsimulation hingegen möglichst nicht. Diese Forderung kann mit Hilfe einer
Art von "single-step"-Simulation erfüllt werden, in der abwechselnd

1) auf dem Führungsrechner Stellgrößen berechnet, ausgegeben und neue Meßwerte angefordert werden, wie bei der Echtzeitsimulation ("Phase 1"),

2) auf dem Modellrechner nach jeder Meßwertanforderung bzw. Stellwertausgabe aufgrund der aktuellen (im Antwortprogramm gemessenen) Uhrzeit der Prozeßzustand aufdatiert wird. In dieser Phase wird die Zeitmessung auf beiden Rechnern unterbrochen; der Führungsrechner wartet ununterbrechbar per Programm auf die Rückmeldung ("Phase 2").

Man vergleiche den Ablauf in Bild 3  mit dem in Bild 2.

Eine solche Strategie erfordert neben einer genauen Echtzeituhr des Modellrechners,
daß die (für die Zeitlistenführung wichtige) Betriebssystem-Uhr des Führungsrechners
programmierbar ist (als reine Taktgeber betriebene Netzuhren erfüllen diese Forderung
nicht). Die zeitlichen Modelldiskretisierungsfehler lassen sich damit in der Größenordnung senken (sie sind jetzt durch mögliche Ununterbrechbarkeitsphasen auf dem Modellrechner, bzw. die Wortübertragungszeit zwischen den Rechnern beim "Anhalten" der
Uhren bestimmt). Das Laufzeitverhalten der Führungsprogramme während Phase 1 - und nur
dieses geht in die Messung ein - stimmt mit dem Realverhalten überein: während Phase
2 treten keine die Führungsrechner-Umgebung verändernden Ereignisse auf. Die zusätzlichen Softwaremaßnahmen auf dem Führungsrechner beschränken sich auf wenige Stellen
der Antwortprogramme für die Prozeßperipherie und sind im Umfang gering.


## 6. Literatur


/Bau 78/    Baumann, R.:    Computer aided design and implementation of control
            algorithms.  Proceedings of the 1978 IFAC World Congress, Helsinki.

/Is  77/    Isermann, R.:    Digitale Regelsysteme.  Springer Verlag, 1977

/Ko  80/    Kohlhepp, P.:    Entwurf und Simulation digitaler Regelsysteme - am Beispiel
            einer Magnetschwebebahn.  Interner Bericht, Fachbereich Math., TU München

/Kr  78/    Kratzer, G.:    Design and implementation of process control software.
            2nd IFAC/IFIP Symposium on Software for Computer Control, Prag, 1979

/KSg 79/    Kratzer, G., Solger, E.: Entwicklung und simulativer Test von Prozeßführungssoftware.  TUM - Info - 7911

/Mül 76/    Müller, P.C., Bremer, H., Breinl, W.:    Tragregelsysteme mit Störgrößenkompensation für Magnetschwebefahrzeuge. Regelungstechnik 8/76

/Pa  78/    Patzelt, W. et al:    OPTAL - ein Programm zur Auslegung und Simulation von
            Mehrgrößenreglern. Kernforschungszentrum Karlsruhe, Bericht KfK-PDV 156

/RS  80/    Rüb, W., Schrott, G.:    Automatische Generierung problemangepaßter Prozeßrechner-Betriebssysteme. Angewandte Informatik 1/80

/Sch 78/    Schrott, G.:    Manual zum Prozeßrechner-Betriebssystem MOBS.
            Interner Bericht, Fachbereich Mathematik, TU München

/Zei 76/    Zeigler, B.P.:    Theory of Modelling and Simulation. John Wiley & Sons.

**Bild 1**   Erstellung aufgabenspezifischer Simulationssysteme für den Zielrechner

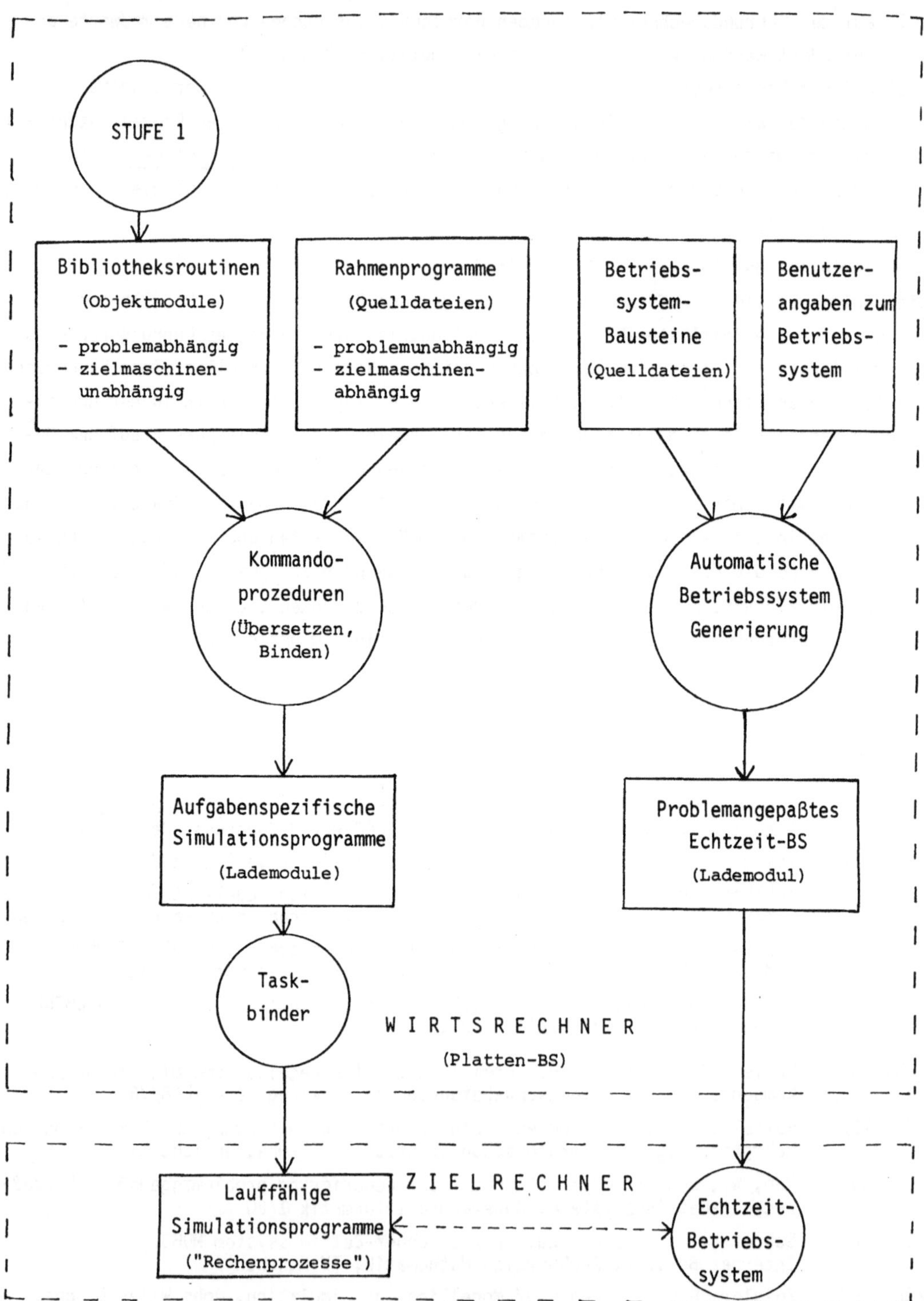

Beispiel zur Zweirechnersimulation: GANTT - Diagramm der Abläufe auf Modellrechner (M) und Führungsrechner (F)

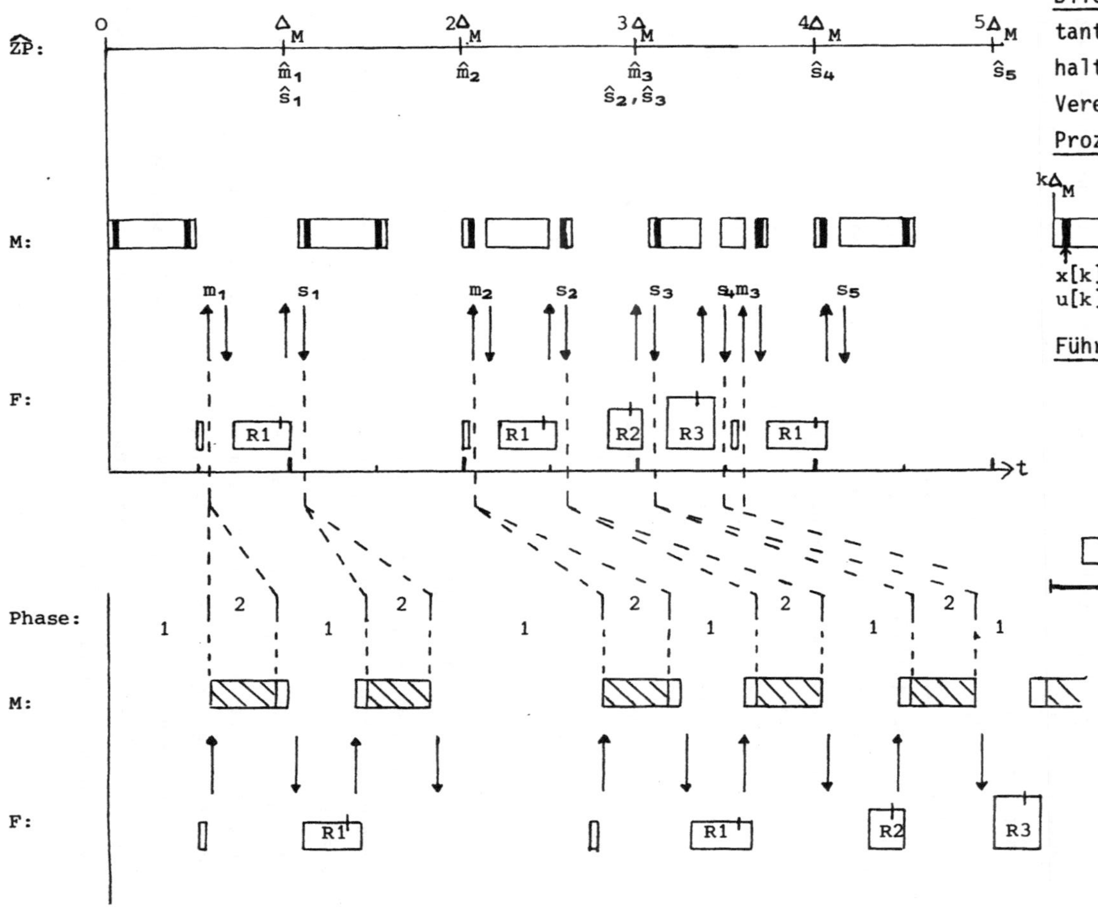


Bild 2 Durch Simulation mit äquidistanter Schrittweite verfälschtes Zeitverhalten ($\widehat{ZP}$) der Führungsprogramme.

Vereinfachte Ablaufkonventionen:

Prozeßmodell: $x[k+1] = f_{\Delta_M}(k, x[k], u[k])$

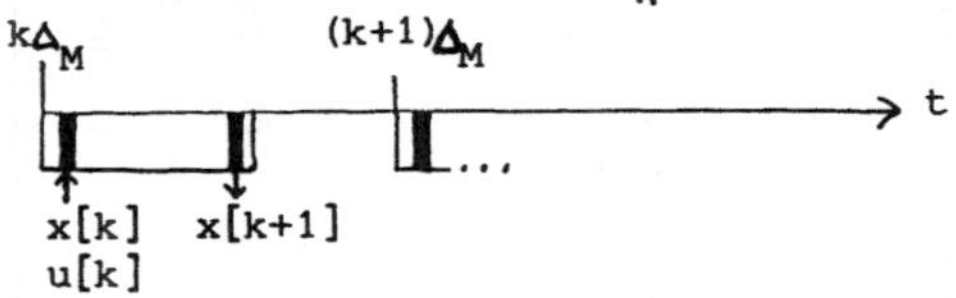


Führungsprogramme (mit Prozeß-E/A):

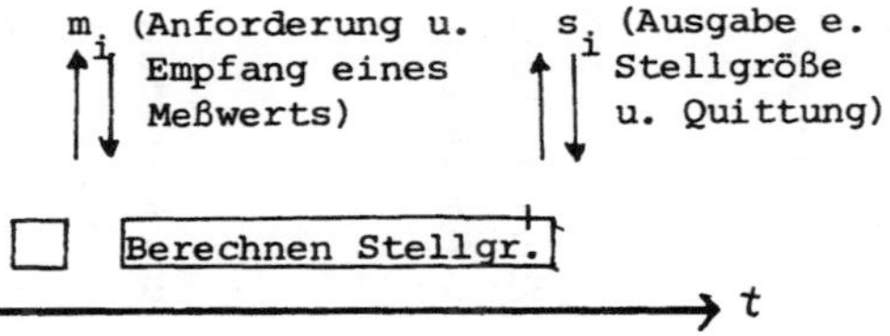


Bild 3 Korrespondierender Ablauf bei "single-step"-Simulation; Aufdatierung des Prozeßzustands auf dem Modellrechner während Phase 2 (schraffiert)

P C S L   und   E S P R E S O   -

zwei Ansätze zur Formalisierung der Prozeßrechner-Softwarespezifikation


Jochen Ludewig
Kernforschungszentrum Karlsruhe
Institut für Datenverarbeitung in der Technik


## 1. Einleitung

Noch immer fehlen Mittel und Methoden, die es dem Software-Entwickler ermöglichen, ein Programmsystem so zu planen, zu spezifizieren und zu entwerfen, daß seine Annahmen, Folgerungen und Entscheidungen ihm selbst und anderen verständlich und prüfbar sind. Da von solchen Mitteln und Methoden, die nachfolgend einheitlich als "Spezifikationssysteme" bezeichnet werden, eine wesentliche Verbesserung der Software-Qualität zu erwarten ist, wurde im IDT etwa seit 1976 auf diesem Gebiet gearbeitet. Zunächst wurde festgestellt, welche Spezifikationssysteme bisher verfügbar oder vorgeschlagen sind (Ludewig, Streng, 1978) und eines davon installiert, das PSL/PSA-System vom ISDOS-Project an der University of Michigan (Teichroew, Hershey, 1977). Später wurde PCSL entwickelt (Process Control Software Specification Language, Ludewig, 1980a), eine Variante von PSL, die auf die Entwicklung von Prozeßrechner-Software zugeschnitten ist. Schließlich wurden die Konzepte von PCSL, die teilweise mit den durch die ISDOS-Software vorgegebenen Randbedingungen kollidierten, in ein völlig neues System eingebracht, das den Namen ESPRESO (System zur Erstellung der Spezifikation von Prozeßrechner-Software) erhielt (Ludewig, 1980c). Der folgenden Darstellung liegt diese am weitesten entwickelte Form zugrunde; die Unterschiede zwischen ESPRESO und PCSL sind in Abschnitt 9 skizziert.


## 2. Thesen zur Spezifikation

Jedem Versuch, ein Spezifikationssystem zu entwickeln, liegen - nicht immer bewußte - Annahmen über den Prozeß der Programmentstehung zugrunde. Die wichtigsten waren in diesem Fall:

a) Die Aufgabenstellung liegt zunächst nur in einer unvollständigen, informalen und möglicherweise inkonsistenten Form vor. Aus ihr wird eine präzisere Beschreibung der Anforderungen, die Spezifikation, entwickelt. Damit sind meist Entscheidungen darüber verbunden, wie die Problemlösung beschaffen sein soll. (D.h. die vielbeschworene Trennung zwischen WAS und WIE läßt sich bei den meisten realen Problemstellungen nicht durchhalten.)

b) Die Spezifikation hat während ihrer Entwicklung im allgemeinen Mängel verschiedener Art: Sie ist unvollständig, gibt Anforderungen inkorrekt wieder, enthält Widersprüche und ist nur teilweise formal.

c) Der Spezifikationsprozeß verläuft nicht in einer fest planbaren Reihenfolge wie z.B. erst alle Daten, dann die Ablaufstrukturen, oder Abstraktionsebene i vollständig vor Abstraktionsebene i+1.

d) Die Verständigung zwischen Auftraggeber und Software-Entwickler (oder deren Vertretern) findet auf der Grundlage der Spezifikation statt.

e) Die Akzeptanz eines Spezifikationssystems ist von allen seinen Komponenten (Sprache, Werkzeug, Methode) abhängig.

f) Der Weg, den der Software-Entwickler einschlägt, wird wesentlich durch die Spezifikationssprache beeinflußt.

Aus diesen Thesen folgen einige Forderungen an ein Spezifikationssystem:

- Es muß informale und unvollständige Spezifikationen akzeptieren,
- ihre schrittweise Vervollständigung unterstützen,
- dabei die Reihenfolge der Präzisierung offenlassen,
- bei der Suche nach Mängeln helfen,
- die Kommunikation und Dokumentation unterstützen,
- bequem zu handhaben und leicht verständlich sein,
- den Anwender zu Lösungsansätzen führen, die sich leicht
  in gut strukturierte Programme umsetzen lassen.

Hinzu kommt hier die spezielle Ausrichtung auf Prozeßrechner-Software.


## 3. Das Beschreibungsschema

Die Beschreibung des zu entwickelnden Programms einschließlich seiner Schnittstellen zur Umgebung (Bediener, technischer Prozeß, andere Programme) erfolgt durch einen bipartiten Graphen, dessen Knoten die Objekte und ihre Verknüpfungen sind. Jedem Objekt ist eine Art, jeder Verknüpfung eine Relation zugeordnet; die Mengen der Arten und der Relationen sind vorgegeben. Nur die Objekte sind durch Namen identifiziert.

Beispiel: "Datenerfassung" bestehe aus der parallelen Ausführung von "Einlesen", "Ausgeben" und "Zeigen" (siehe 7). Alle Objekte haben die Art "Block".

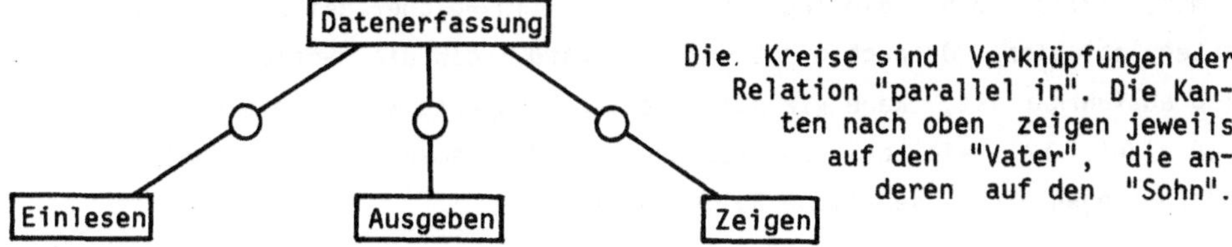


Die Kreise sind Verknüpfungen der Relation "parallel in". Die Kanten nach oben zeigen jeweils auf den "Vater", die anderen auf den "Sohn".

Die Relation bestimmt, wieviele Kanten von der Verknüpfung ausgehen, durch welche Selektoren sie unterschieden sind und welche Arten die Objekte am Ende der Kanten haben können. Im Beispiel oben könnte der Vater auch die Art Prozedur haben, die Söhne müssen Blöcke sein. Objekte können jeweils mit beliebig vielen Verknüpfungen verbunden sein.

Die wichtigsten Arten sind

- der <u>Modul</u> (module), der den Gültigkeitsbereich der darin enthaltenen Objekte darstellt,

- die <u>Prozedur</u> (procedure), deren Ablaufstruktur durch rekursive Verfeinerung in <u>Blöcke</u> (block) definiert ist,

- die <u>Variable</u> (variable), die der Darstellung von Zustandsgrößen dient,

- der <u>Puffer</u> (buffer) zur Aufnahme der Botschaften, die bei der Prozedur-Ausführung gesendet (erzeugt) und empfangen (verbraucht) werden,

- der <u>Trigger</u> (trigger) als Sonderform des Puffers, bei dem die Botschaften keine Information enthalten,

- das <u>Betriebsmittel</u> (resource), das bei der Ausführung der Prozeduren nach Bedarf belegt wird.

Variablen, Puffer, Trigger und Betriebsmittel sind begrifflich zusammengefaßt als <u>Medien</u>. Sie werden in Abschnitt 5 näher beschrieben.

Die wichtigsten Relationen erlauben die Beschreibung

- der Zuordnung von Objekten der meisten Arten (einschließlich Modul) zu Moduln, wodurch ihr Gültigkeitsbereich definiert wird,

- der Ablauforganisation von Prozeduren und Blöcken (parallele, sequentielle oder alternative Ausführung untergeordneter Blöcke, Prozeduraufruf, siehe 4),

- der Datenflüsse und der Betriebsmittelverwaltung und damit - implizit - der notwendigen Koordination simultaner Zugriffe auf Medien (siehe 5).


## 4. Ablaufstrukturen

Die Spezifikation soll die Möglichkeiten der Implementierung nicht unnötig einschränken. Daher sind Spezifikationssprachen meist nicht-prozedural (Leavenworth, Sammet, 1974), d.h. sie legen nicht fest, in welcher Reihenfolge die Systemkomponenten ablaufen. Da auch nicht verlangt wird, daß die Spezifikation operationell, also ausführbar ist, kann sie auf statische Aspekte konzentriert werden. Dies gilt aber nicht, wo - wie bei den Prozeßrechner-Programmen - die Dynamik selbst in den Anforderungen eine wesentliche Rolle spielt.

Daher muß eine Spezifikationssprache für diesen Bereich Möglichkeiten zur Beschreibung der Abläufe bieten. In ESPRESO werden die ausführbaren Teile der Programme durch Prozeduren und Blöcke beschrieben. Die Ausführung einer Prozedur oder eines Blocks kann bestehen aus

- der parallelen Ausführung untergeordneter Blöcke,
- der sequentiellen Ausführung untergeordneter Blöcke,
- der alternativen Ausführung eines von mehreren untergeordneten Blöcken,
- der Ausführung (genau) einer Prozedur.

Durch Strukturierungsregeln ist sichergestellt, daß die Blöcke Bäume bilden, deren Wurzeln auch Prozeduren sein können. (In der fertigen Spezifikation <u>müssen</u> es Prozeduren sein.) Jeder Block gehört nur einem Baum an.

<u>Beispiel</u>: Ablaufstrukturen in ESPRESO

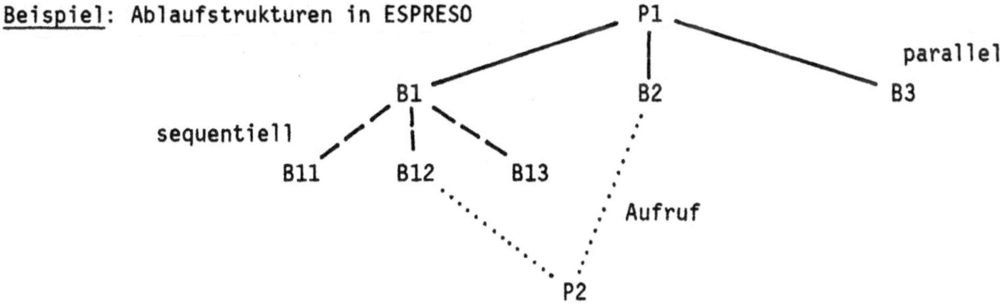


Die wiederholte Ausführung einer Prozedur oder eines Blocks wird durch die Angabe einer Wiederholbedingung beschrieben.
Bei paralleler Ausführung ist die Synchronisation am Schluß impliziert. (Im Beispiel oben endet P1, wenn B1, B2 und B3 beendet sind.)

Die formale Gleichbehandlung sequentieller und paralleler Abläufe, wie sie ähnlich schon in RSL (Alford, 1977) zu finden ist, trägt bei zur Erhaltung der im Problem grundsätzlich vorhandenen Parallelität, wodurch die Spezifikation einfacher wird und die Möglichkeiten der Implementierung weniger beschneidet (McKeag, Milligan, 1980).


## 5. <u>Datenflüsse und Betriebsmittelverwaltung</u>

Für Prozeßrechner-Programme ist es typisch, daß die Kommunikation und Koordination verschiedener Komponenten untereinander und mit der Umgebung einen wesentlichen oder sogar den zentralen Teil der Probleme schaffen. Daher wurde bei der Entwicklung von PCSL und ESPRESO nach Möglichkeiten gesucht, dem Anwender Sprachmittel zu geben, die

in den  praktisch vorkommenden  Aufgabenstellungen einfach  zu gebrauchen sind,  eine
klare Bedeutung  haben und Fehler vermeiden helfen.  Grundlage des gewählten Konzepts
ist die Beobachtung,  daß drei charakteristische Situationen  immer wieder auftreten:

- Statische Information (Zustandsgrößen, Betriebsparameter, Schalterstellungen,
  Anzeigelampen) wird vom Programm gelesen und geschrieben.

- Dynamische Information (Botschaften, Meßgrößen, Meldungen) fließt durch das
  System und wird dabei transformiert.

- Logische Betriebsmittel (Datenstrukturen oder Teile davon, Prozeduren, die nicht
  wiedereintrittsfest sind) und reale Betriebsmittel (Speicherplätze, Bandgeräte
  usw.) werden vorübergehend belegt, d.h. für andere Zugriffe gesperrt.

In allen  drei Fällen ist  eine Koordination der Zugriffe notwendig.  Auf Code-Niveau
gibt es dafür primitive Sprachmittel wie Semaphore, deren Gebrauch aber schwierig ist
und zu schwer erkennbaren Fehlern führt. Daher werden hier durch komplexe Operationen
Koordination und Datentransfer zusammen beschrieben.  Folgende Relationen gibt es für
diesen Zweck:

| Relation | anwendbar auf Medien der Art | impliziert die Koordination der Zugriffe nach |
|---|---|---|
| lesen und schreiben | Variable | "2nd reader/writer problem" (Courtois et al., 1971) |
| herstellen und verbrauchen | Puffer, Trigger | Hersteller/Verbraucher-Schema |
| belegen und freigeben | Betriebsmittel | Prinzip des wechsel- seitigen Ausschlusses |

Da  die  üblichen Programmiersprachen keine Puffer  und  Trigger  oder  entsprechende
Konstruktionen enthalten, muß sich der  Anwender zunächst an  den Gebrauch gewöhnen;
er  wird jedoch bald feststellen, daß  die  gängigen Probleme  mit  diesen Mitteln
äußerst einfach und  klar beschrieben werden können.  Wo immer Information weitergereicht und verarbeitet wird (z.B. Meßdaten oder Meldungen), ist ein Puffer der Kommu-
nikationskanal.  In  der  Prozeßdatenverarbeitung  entsteht  auf diese Weise oft eine
Kette von Prozessen,  die verbunden  sind durch  Puffer.  Nur  einer der Prozesse muß
explizit von  außen angestoßen werden  (in der  Regel durch  eine Uhr) alle  anderen
werden durch die Puffer gesteuert.  Sie laufen zyklisch  ab und werden  vorübergehend
blockiert, wenn sie aus  einem leeren Puffer  abnehmen oder an  einen vollen liefern
wollen.

Die Trigger befördern nur Marken,  mit denen  wie in  Petri-Netzen keine  Information
verbunden ist. Sie ersetzen die in anderen Spezifikations- und Programmiersprachen zu
findenden Ereignisse, deren Wirkung oft unklar bleibt.

Trigger können (einmalig oder zyklisch) selbst Marken generieren, gesteuert durch die Uhr. Damit werden Wartezeiten, Abfragezyklen usw. beschrieben.

Für Puffer und Trigger können als Charakteristika spezifiziert werden

- die Kapazität (Zahl der Plätze),
- die Ausgabestrategie (FIFO, nach Priorität oder beliebig),
- das Verhalten bei Überlauf
  (Blockieren des liefernden Prozesses oder Verlust der Lieferung).

"critical regions" werden beschrieben durch die Belegung der Betriebsmittel, und zwar stets für die Dauer einer Prozedur- oder Blockausführung. Auf diese Weise sind Klammerungsfehler (vergessene Freigabe o.ä.) automatisch ausgeschlossen.

Das Konzept der Variablen und Puffer ist angelehnt an das der "pools" und "channels" in MASCOT (Jackson, Harte, 1976).


## 6. Die Spezifikationssprache

Für die Beschreibungskonzepte, wie sie zum Teil oben skizziert sind, wurde die Spezifikationssprache ESPRESO-S entwickelt. Dabei waren die wichtigsten Ziele

- gute Erlernbarkeit und Verständlichkeit,
- Flexibilität im Sinne der Forderungen, wie sie unter 2 genannt sind,
- einfache Implementierung eines Systems, das ESPRESO-S verarbeitet (siehe 8).

Entsprechend der letzten Forderung wurde ESPRESO-S so definiert, daß eine Spezifikation in einem einzigen Durchlauf analysiert werden kann, wobei vom Rechtskontext nur ein Grundsymbol benötigt wird (1-Pass-Analysierbarkeit, LL-1, vgl. Eckert, 1980).

Erlernbarkeit und Verständlichkeit werden gefördert durch ein einfaches Grundschema der Syntax: Jedes Objekt wird durch eine Sektion beschrieben, die entweder nur den Sektionskopf oder auch -rumpf und -schwanz enthält. Beispiele sind etwa

```
    variable Datum.                    procedure Datenerfassung:
                                       parallel block Einlesen
                                       parallel block Ausgeben
                                       parallel block Zeigen
                                       end Datenerfassung.      (* vgl. 3 *)
```

Im rechten Beispiel enthält der Rumpf drei weitere Sektionen, die ihrerseits wieder Rumpf und Schwanz enthalten könnten; die Syntax ist also rekursiv. Dadurch ist es möglich, Hierarchien in der Aufschreibung unmittelbar durch die Struktur darzustellen.

Die Flexibilität ist gewährleistet durch die (bei Programmiersprachen nicht übliche) Möglichkeit, frühere Angaben zu wiederholen und zu ergänzen. Im Beispiel könnte also

die Sektion "Datenerfassung" mit gleichem oder anderem Inhalt des Rumpfs (aber natürlich ohne Widersprüche) an anderer Stelle der Spezifikation erneut erscheinen.

Da bei der Spezifikation viele Angaben zunächst nur informal gemacht werden können,
wurde besonderer Wert darauf gelegt, daß die Sprache auch die Formulierung durch
Texte erlaubt und unterstützt. Daher können mit allen Objekten beliebig viele, durch
die sogenannten Schlüssel unterschiedene Texte verbunden werden. Darin vorkommende
Namen von Objekten werden als Querverweise ausgewertet.
Für die Aufnahme auch solcher Texte in die Spezifikation, die nicht an spezielle
Prozeduren, Blöcke, Medien usw. gebunden sind, gibt es in ESPRESO-S die Art
"Text-Objekt". Diese Objekte können höchstens durch Querverweise in den Texten mit
anderen Objekten formal verbunden sein. Das folgende Beispiel zeigt ein Text-Objekt
mit zwei Texten; der zweite enthält den Querverweis auf ein Objekt KONV.

```
informal Termine:
text Absprachen ¢ Lieferung bis ...              ¢;
text Planung    ¢ Ende XII/80 soll der Modul !KONV installiert sein ¢
end Termine.
```

Eines der Ziele bei der Entwicklung von ESPRESO war, die Spezifikationssprache weitestgehend vollständig formal zu definieren. Daher wurde sie mit einer Erweiterten
Attribut-Grammatik (Watt, Madsen, 1977) beschrieben. Auf diese Weise war es möglich,
nicht nur die kontextfreie und, mittels der Attribute, die kontextsensitive Syntax
anzugeben, sondern es konnte ohne erheblichen Mehraufwand auch dargestellt werden,
wie sich die Eingabe einer Spezifikation auf den Inhalt der ESPRESO-Datei (siehe 8)
auswirkt. Bei der Implementierung gab es dadurch nur Zweifelsfälle, wo die Grammatik
Fehler enthielt.

Die Bedeutung der Spezifikation im Sinne des Benutzers, der ja ein operationelles
Programm entwickeln will, ist beschrieben durch eine Abbildung von ESPRESO-S in die
(hypothetische) Programmiersprache E-PASCAL. Der bei der Abbildung entstehende Code
ist naturgemäß unvollständig, da alle arithmetischen und logischen Ausdrücke fehlen.
Die Ablaufstrukturen sind jedoch vorhanden. Sie enthalten Bausteine, deren Außen-
schnittstellen auf die spezifizierten Medienzugriffe beschränkt sind.


## 7. Ein Beispiel für ESPRESO-S

Ein größeres Beispiel für ESPRESO-S ist in (Ludewig, 1980c) enthalten. Hier wird
ein Datenerfassungssystem skizziert, das in (Ludewig, 1980b) schon mit PCSL beschrieben wurde.

```
procedure Datenerfassung:
¢ liest die Daten eines (hier nicht näher beschriebenen) technischen
  Prozesses alle 3 s ein, dazu die Eichfaktoren sowie die Zeit. Die
  Daten werden in physikalische Einheiten umgerechnet, gefiltert und
  archiviert. Auf Knopfdruck zeigt ein Bildschirm die neuesten Werte. ¢
end Datenerfassung.
```

Der Text zwischen den Cent-Zeichen hat den leeren Schlüssel; das Wortsymbol <u>text</u> kann nach dem Doppelpunkt entfallen. Die informalen Angaben werden wie folgt formalisiert:

```
reads Prozeßdaten, Eichfaktoren, Zeit;
started-by Meßzyklus, Knopf;
produces Archiv-Daten;
writes Bildschirm where ¢ neueste Archiv-Daten jeweils nach Knopfdruck ¢
```

An der Verwendung von "read" für die Prozeßdaten, die Eichfaktoren und die Zeit ist sichtbar, daß es sich um Variablen handelt. Sie werden beliebig oft gelesen und - davon unabhängig - überschrieben: die Prozeßdaten durch Änderungen im Prozeß, die Zeit durch die Hardware-Uhr und die Eichfaktoren durch andere Programme. Die Archivdaten stehen dagegen in einem Puffer ("produce"): Jedes Schreiben erzeugt einen zusätzlichen Datensatz, und es droht ein Puffer-Überlauf, wenn nicht von Zeit zu Zeit Platz geschaffen wird durch einen anderen, abnehmenden Prozeß (der konkret beispielsweise durch einen Operator gebildet werden kann, der ein volles Band gegen ein leeres tauscht, oder von einem Prozeß, der alle 24 Stunden die Daten, die sieben Tage alt sind, löscht).

Der Text zur writes-Angabe ist an den Medien-Zugriff gebunden. Dies ist eine spezielle Form des Text-Objekts: Sein Name ist durch den Kontext bestimmt, der Schlüssel ist leer. Es dient zur Angabe der Annahmen und Zusicherungen, die mit dem Datentransfer verbunden sind.

Damit ist aber die Dynamik noch nicht beschrieben. Dies geschieht durch Verfeinerung der Prozedur. Die Zugriffe auf Medien wandern in die untergeordneten Blöcke:

```
procedure Datenerfassung:
parallel
    block Einlesen:
    while DE-eingeschaltet;
    reads Prozeßdaten, Eichfaktoren, Zeit;
    started-by Meßzyklus;
    produces Rohwerte
    end Einlesen
parallel
    block Ausgeben:
    while DE-eingeschaltet;
    consumes Rohwerte;
    produces Archiv-Daten;
    writes aktuelle-Werte
    end Ausgeben
parallel
    block Zeigen:
    while DE-eingeschaltet;
    reads aktuelle-Werte;
    started-by Knopf;
    writes Bildschirm where ¢ neueste Archiv-Daten jeweils nach Knopfdruck ¢
    end Zeigen
end Datenerfassung.
```

Durch Angabe einer Wiederholbedingung ("DE-eingeschaltet", eine Variable des Typs boolean) ist impliziert, daß die Blöcke jeweils zyklisch ablaufen. (Wäre stattdessen die übergeordnete Prozedur zyklisch, so könnte keiner der Blöcke öfter als die anderen ausgeführt werden.)

Hinzugekommen ist ein Puffer für Rohwerte. Der Block "Ausgeben" wird über diesen Puffer gesteuert. "Zeigen" ist dagegen über die Variable "aktuelle-Werte" mit "Einlesen" verbunden, denn beide Prozesse laufen völlig entkoppelt voneinander ab.

Die Spezifikation muß jetzt vervollständigt werden durch Angabe der Modulstruktur und Definition der Medien.

```
module Datenerfassungssystem:
comprises
    procedure Datenerfassung,

    module Einlese-Modul: comprises block Einlesen end,
    module Ausgabe-Modul: comprises block Ausgeben end,
    module Display-Modul: comprises block Zeigen   end,

    buffer Rohwerte:
    of-type Meßwerte-Block;
    capacity 2;
    produce restricted-to Einlese-Modul;
    consume restricted-to Ausgabe-Modul
        end Rohwerte
end Datenerfassungssystem.
```

In diesem Beispiel fehlen noch die Beschreibungen der übrigen Medien, Typen usw., außerdem Texte mit erklärenden Hinweisen, die normalerweise zuerst entstehen.


## 8. Das Spezifikationswerkzeug

ESPRESO-W ist ein Werkzeug, das die Entwicklung einer Spezifikation in ESPRESO-S unterstützt und dokumentiert. Insbesondere enthält es Funktionen

- zur Konvertierung, d.h. zum Einlesen einer Spezifikation in die sogenannte ESPRESO-Datei, die den abstrakten Gehalt speichert und eine sukzessive Entwicklung erlaubt,
- zur Dekonvertierung, der Rückwandlung aus der ESPRESO-Datei in die externe Form, d.h. nach ESPRESO-S,
- zur konsistenten Ersetzung von Objektnamen,
- zur Prüfung der Spezifikation unter verschiedenen Aspekten und zur Erzeugung entsprechender Reports,
- zur Verwaltung der ESPRESO-Dateien (anlegen, löschen, duplizieren, bringen auf und holen von Band).

Die Arbeit an einer Spezifikation beginnt mit dem Anlegen einer neuen ESPRESO-Datei unter einem frei gewählten Namen. In der Folgezeit werden alle Informationen, sobald sie anfallen, in ESPRESO-S formuliert und eingegeben. Dabei sind Wiederholungen unschädlich.

Soll die bereits eingegebene Information modifiziert werden, so werden die vom Benutzer gewählten Teile dekonvertiert und in der ESPRESO-Datei automatisch gelöscht. Er editiert die Ausgabe (ohne Unterstützung durch ESPRESO-W) und konvertiert wieder. Das Löschen beim Dekonvertieren beugt der Entstehung von Widersprüchen vor. Auch beim Konvertieren wird der gewandelte Teil der Spezifikation in der Eingabe gelöscht (nach automatischem Anlegen einer Sicherheitskopie). Dadurch bleiben nur die aufgrund von Fehlern nicht verarbeiteten Angaben übrig.

ESPRESO-W ist so konzipiert, daß es auf einem Kleinrechner implementiert werden kann.


## 9. Unterschiede von PCSL gegenüber ESPRESO-S

PCSL ist älter als ESPRESO-S und enthält daher noch nicht alle hier beschriebenen Konzepte, insbesondere nicht das der Moduln. Daher können keine Gültigkeitsbereiche definiert werden. Die Wortsymbole sind überwiegend unterschiedlich in den beiden Sprachen. Der wichtigste Nachteil von PCSL ist jedoch die nicht rekursive Syntax; dadurch wird die Beschreibung hierarchischer Strukturen umständlich und weniger übersichtlich. Inkonsistenzen, die in ESPRESO-S durch die Grammatik ausgeschlossen sind, lassen sich in PCSL nicht abfangen. Dazu wären spezielle Prüfmittel erforderlich, die bisher nicht existieren.

Eine genauere Darstellung von PCSL ist in (Ludewig, 1980a) enthalten.


## 10. Stand der Arbeit (Oktober 1980)

Zur Arbeit mit PCSL ist der sogenannte Generalized Analyzer erforderlich, ein umfangreiches Programmsystem (ca. 55000 Zeilen FORTRAN IV), das im IDT seit 1979 verfügbar ist. Die neueste Version der Sprache trägt die Bezeichnung PCSL.3.

Die Definition der Sprache ESPRESO-S ist abgeschlossen (Ludewig, 1980c). Das Programmsystem ESPRESO-W ist in den wichtigsten Teilen (Konvertierung, Dekonvertierung und Verwaltung der ESPRESO-Dateien) nach dem Prinzip der abstrakten Datenstrukturen entworfen, codiert und getestet, kann jedoch aufgrund von Schwierigkeiten mit dem PASCAL/360-Compiler nicht wie ursprünglich geplant auf dem IBM-Großrechner installiert werden. Daher wird zur Zeit eine Implementierung auf SIEMENS 330 vorgenommen, die Anfang 1981 zur Verfügung stehen soll.

Gegenwärtig wird im IDT die Spezifikation eines Reaktorschutzrechnersystems in ESPRESO-S vorgenommen.

## 11.   <u>Literaturangaben</u>


Alford, M. (1977):
  A requirements engineering methodology
  for real-time processing requirements.
  <u>IEEE Trans. Software Eng.</u>, <u>SE-3</u>, 60-69.


Courtois, P.J., F. Heymans, D.L. Parnas (1971):
  Concurrent control with 'readers' and 'writers'.
  <u>Commun. ACM</u>, <u>14</u>, 667-668.


Eckert, K. (1980):
  Implementierung eines Spezifikationssystems für Prozeßrechner-Software.
  Diplomarbeit, Universität Karlsruhe.


Jackson, K., H.F. Harte (1976):
  The achievement of well-structured software in real-time applications.
  Proc. of the <u>IFAC/IFIP workshop on real-time programming</u>,
  Rocquencourt, Juni 1976. pp.229-238.


Ludewig, J., W. Streng (1978):
  Überblick und Vergleich verschiedener Mittel
  für die Spezifikation und den Entwurf von Software.
  KfK 2506.


Ludewig, J. (1980a):
  PCSL - a process control software specification language.
  KfK 2874.


Ludewig, J. (1980b):
  Process control software specification in PCSL.
  in Haase, V.(ed.): <u>IFAC/IFIP Workshop on requirement specification</u>.
  Graz, 14.-16. April 1980. Pergamon Press, erscheint etwa Dezember 1980.


Ludewig, J. (1980c):
  Zur Erstellung der Spezifikation von Prozeßrechnersoftware.
  Dissertation, TU München; erscheint ebenfalls als KfK 3060.


McKeag, R.M., P. Milligan (1980):
  An experiment in parallel program design.
  <u>Software Practice and Experience</u>, <u>10</u>, 687-693.


Teichroew, D., E.A. Hershey III (1977):
  PSL/PSA: a computer-aided technique for structured
  documentation and analysis of information processing systems.
  <u>IEEE Trans. Software Eng.</u>, <u>SE-3</u>, 41-48.


Watt, D.A., O.L. Madsen (1977):
  Extended attribute grammars.
  Report no.10, University of Glasgow, Computing Departement.

A M E T H Y S T

eine rechnergestützte Analyse-, Entwurfs- und Dokumentations-
Methode für leittechnische Systeme

J. Weihrauch, Fachbereich Netzleittechnik
W. Welti,  Zentrale Entwicklung
BBC-Mannheim

Für die Projektierung und Entwicklung komplexer Automatisierungssysteme
wird zur Unterstützung des Ingenieurs die Methode A M E T H Y S T eingesetzt (Bild 1).

AMETHYST vereinigt und erweitert eine Reihe von bewährten Entwurfs- und
Abwicklungsmethoden zu einem geschlossenen System  (Bild 2 und 3).

Der Entwurf kann sowohl manuell als auch EDV-gestützt erfolgen. Beim
manuellen Entwurf der Systemstruktur werden folgende Methoden einge-
gesetzt:

- modifizierte SADT-Methode [1] . Es werden Strukturdiagramme (Activity
  Diagrams) mit zugehöriger Beschreibung verwendet.

- modifizierte JACKSON-Methode [2] für Datenstrukturen zur Beschreibung
  der Daten bzw. Objekte, die zwischen den Funktionen ausgetauscht werden.

Beim EDV-gestützten Entwurf wird eine redundanzfreie Datenbasis unter
Verwendung bestehender Softwaresysteme aufgebaut (Multiuser - File-
und Abfragesystem). Die Datenbasis enthält eine Beschreibung der Funktionen, der Daten (bzw. Objekte) und der Datenwege und bildet das Modell
des zu entwerfenden Systems. Strukturdiagramme und Datenstrukturen sind
lediglich Darstellungsformen, die bestimmte Aspekte des zu entwerfenden
Systems beleuchten und ein relativ leichtes manuelles Ändern und Erweitern ermöglichen. Beim EDV-gestützten Entwurf können diese Diagramme
durch entsprechende Listen ersetzt werden (Bilder 4 bis 7). Die Eingabe
von Daten und die Erstellung von Berichten erfolgt im Dialog.

## FUNKTIONSSTRUKTUR

Funktionen werden in überschaubare Teilfunktionen untergliedert (Beispiel Bild 4). Diese Entwurfshierarchie stellt _eine_ mögliche Zusammenfassung von Basisfunktionen dar. Meistens sind mehrere unterschiedliche Zusammenfassungen von Bedeutung. Von der Entwurfshierarchie ist die Funktionshierarchie zu unterscheiden. Sie ist durch einen hierarchischen Kontrollfluß gekennzeichnet.

## DATENSTRUKTUREN

Die internen Schnittstellen jedes Strukturdiagramms werden durch eine Datenstruktur beschrieben. Zwei Varianten der Beschreibung werden verwendet:

- statische Datenstrukturen zur Beschreibung von Nachrichtenformaten, Speicherplatzbelegungen und Leitungsbelegungen.

- dynamische Datenstrukturen zur aufgabenorientierten und hierarchischen Beschreibung der Reihenfolge der Datenflüsse zwischen den Funktionen. Die Reihenfolge wird mittels spezieller Operatoren spezifiziert.

## ALGORITHMEN und FUNKTIONSABLÄUFE

Je nach Aufgabengebiet werden zur Beschreibung der Basisfunktionen unterschiedliche, der Denkweise des Projekteurs angepaßte Methoden verwendet, z.B. Funktionspläne, Entscheidungstabellen (Beispiel Bild 5), Struktogramme, Pseudocode. Als Vorgabe dient insbesondere die Beschreibung der Schnittstellen.

## REALISIERUNGSBEZOGENER ENTWURF (konfigurieren)

Folgende Entwurfsschritte werden durchgeführt:

- Zuordnung der Basisfunktionen zu Verarbeitungsbausteinen. Festlegung der Übertragungsstrecken.

- Bildung von Tasks. Spezifikation kritischer Regionen.

- Spezifikation von Datenattributen, Codes usw.

Die Anforderungen und Randbedingungen, die die Realisierung betreffen, werden dabei berücksichtigt und bei Bedarf ergänzt (Zuverlässigkeit, Reaktionsgeschwindigkeit, Genauigkeit usw.). Der realisierungsbezogene Entwurf kann teilweise parallel zum funktionellen Entwurf durchgeführt werden.


ERFAHRUNGEN

Die Praktikabilität und der Nutzen von AMETHYST haben sich bereits bei mehreren Projekten gezeigt. Sowohl der EDV-gestützte Teil als auch spezielle Entwurfstechniken bedürfen jedoch noch einer Weiterentwicklung.


AMETHYST führt zu einer größeren Transparenz und Effizienz bei der Projektabwicklung:

- Benötigte Informationen können schnell gefunden werden.

- Noch zu erledigende Arbeiten können leicht erkannt werden, da die Dokumente der betreffenden Stelle fehlen. Der Entwerfende wird dadurch geführt.

- Die Kommunikation zwischen verschiedenen Projektbeteiligten wird durch die einheitliche und zentral geführte Form erleichtert.

- Änderungen können zuverlässig durchgeführt werden, da die Auswirkungen überschaubar sind.


LITERATURHINWEISE

[1]                          An Introduction to SADT Structured Analysis
                             and Design Technique.
                             Waltham Massachusetts: Softech Inc. 1976.


[2] Jackson, M.A.           Principles of Program Design.
                             New York:  Academic Press, 1975

- Bedienungs-anforderungen
- Kunden-anforderungen
- Marktanforde-rungen
- Anforderungen an Entwurfshilfsmittel
Prozessdaten verarbeiten
1
projektiertes Leitsystem
- Messignale vom Prozess
- Eingabesignale vom Menschen
- Stellsignale zum Prozess
- Ausgabesignale zum Menschen
Projekt abwickeln
2
projektierbares Leitsystem
Leitsystem entwickeln
3
Entwurfssystem AMETHYST
Entwurfssystem entwickeln
4
LEGENDE:
S
Steuernde Daten
Anforderungen
Randbedingungen
Eingänge
Ausgänge
E
Funktion
A
Hilfsmittel
H
T
Leittechnik
Strukturdiagramm

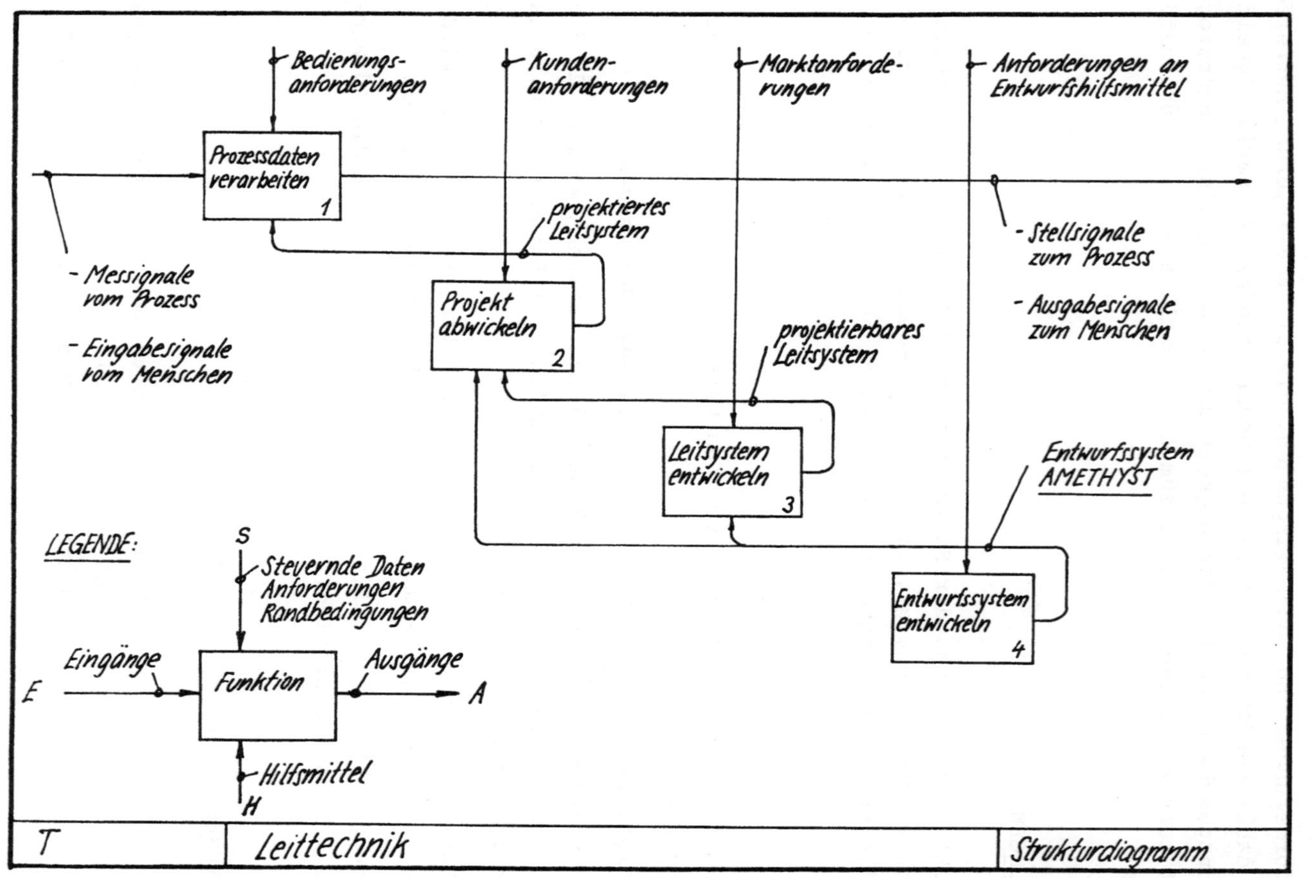

Bild 1

S1
Aufgabe beschreiben 1
Aufgabenbeschreibung
Kundenforderung
Funktionen entwerfen 2
Funktioneller Entwurf
System konfigurieren 3
Realisierungsbezogener Entwurf
SW+HW fertigen, prüfen 4
Systemkomponenten
montieren, inbetriebnehmen 5
Projektiertes Leitsystem
A1
instandhalten 6
Entwurfs- und Dokumentations- system AMETHYST
Standards
Konfiguratoren
Fertigungs- und Prüf- unterlagen
Montage- und Inbetriebnahmeanleitungen
H1
H2
Projektierbares Leitsystem
T2
Projekt abwickeln
Strukturdiagramm

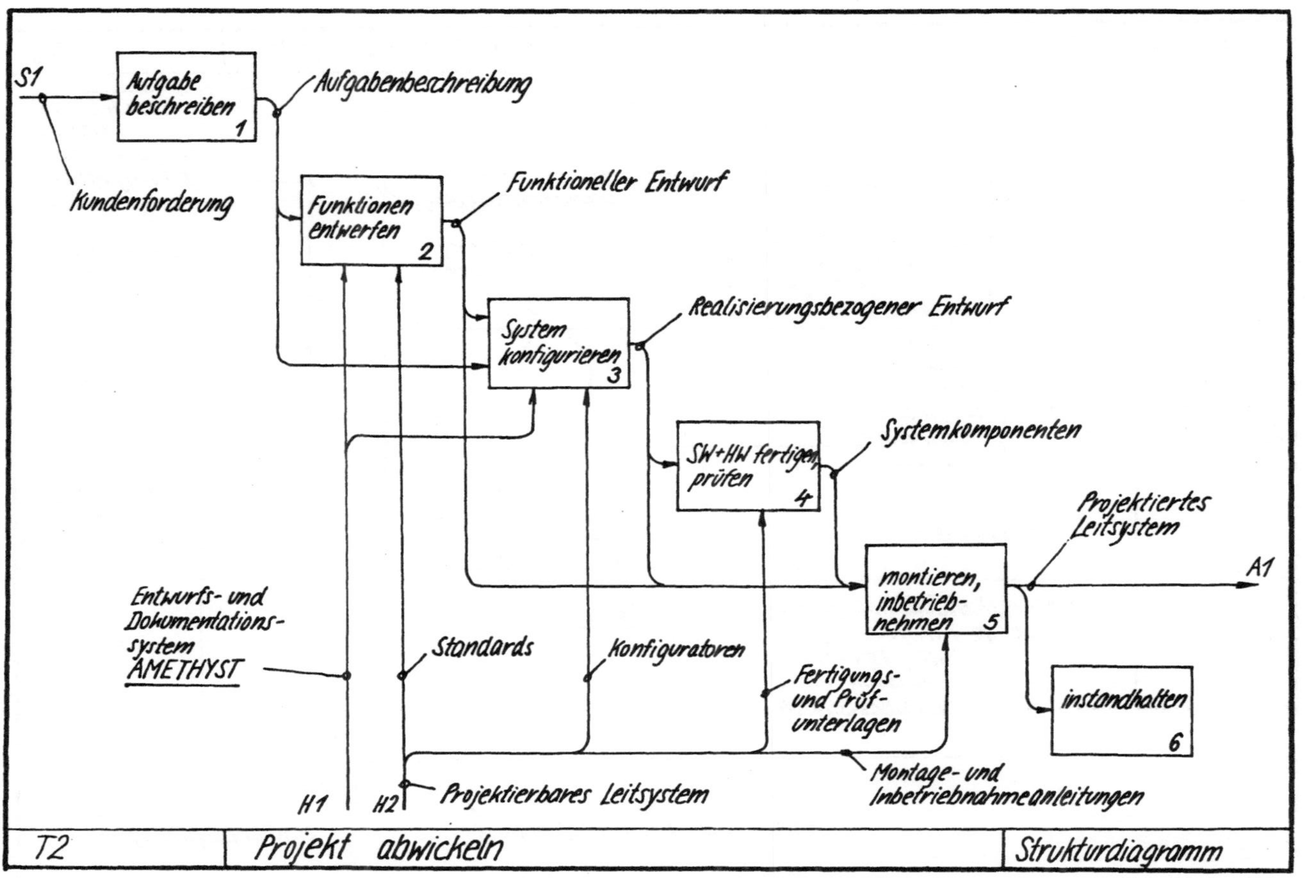

Bild 2

Aufgabenbeschreibung
Strukturdiagramme mit Anlagen
E1
Funktions-
strukturen
entwerfen 1
Datenstrukturen
- Ein- Ausgänge
- Steuernde Daten
- Anforderungen (Solldaten)
- Randbedingungen (Mussdaten)
Daten-
strukturen
entwerfen 2
Schnittstellen
zum Menschen
und zum Prozess
Funktionsabläufe
Prozessverhalten
Funktions-
abläufe und
Algorithmen
entwerfen 3
A1
modifizierte
SADT-Methode
modifizierte
Jackson-Methode
Funktionspläne (DIN 40719)
T.6
Struktogramme
Entscheidungstabellen
(DIN 66241)
Datenflusspläne (DIN 66001)
Regelschematas
Anwendersprachen
Funktions-
dokumentation
Standardstrukturen
Standardfunktionen
Entwurfs- und
Dokumentations-
system
AMETHYST
Standards (Baukasten)
Standardschnittstellen
und - datenformate
H1
H2
T22
Funktionen entwerfen
Strukturdiagramm

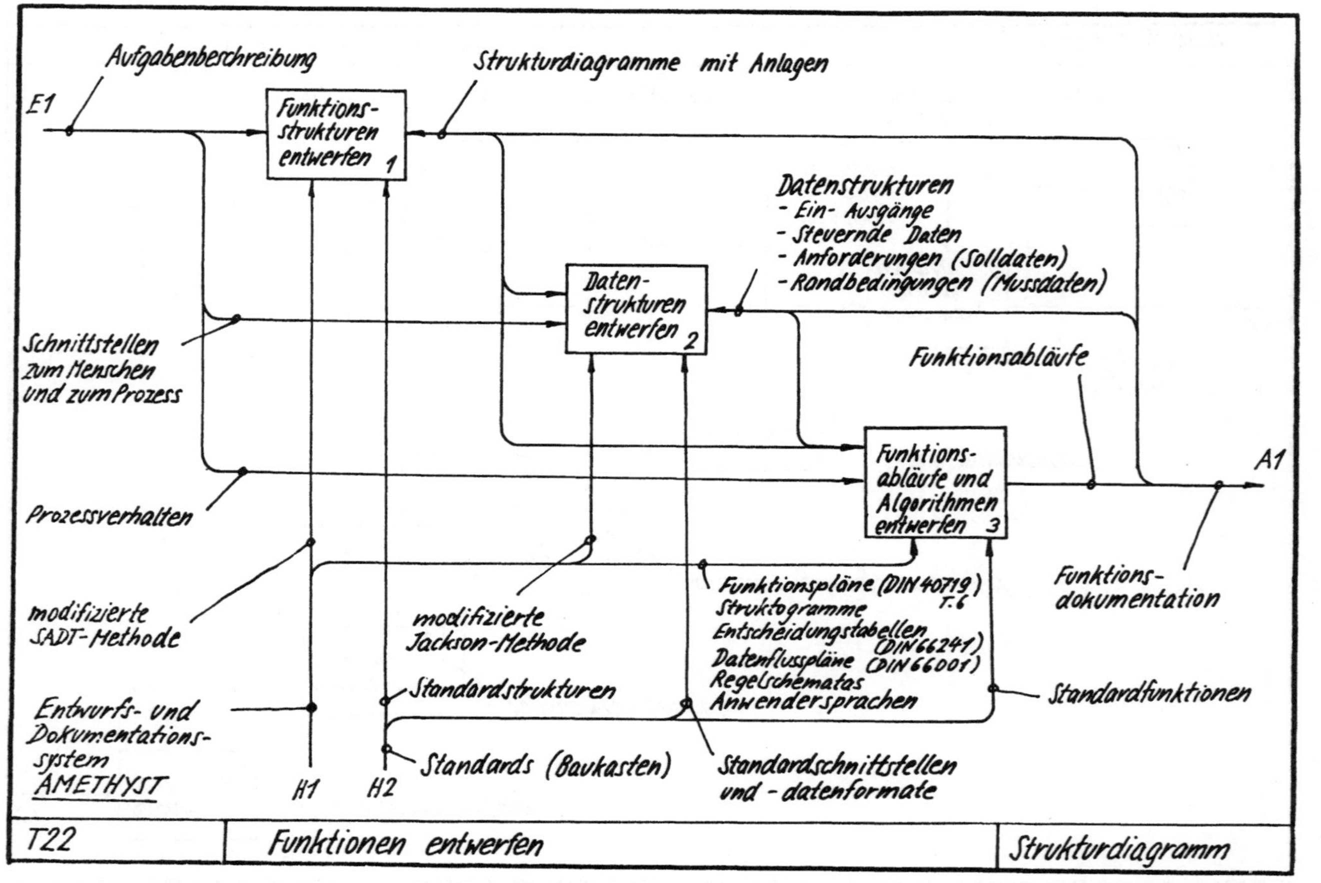

Bild 3

```
230
240    0 *PROJEKT                                    AUT DATUM    ENDTER.   ZUS BUDGET
250    0 GEBAEUDELEITTECHNIK (GLT)                   WW  3.12.79            WW
260
270    1                       *FUNKTIONS-STRUKTUR-NAME                              *VER
280    1                       SOFTWARE FUER GA 1000 - NACHFOLGESYSTEM                 01
290
300    2 BS FSTRUK-NR    *STRUKTURBLOCK-NAME
310    2 00 F           GA 1000 - NACHFOLGESYSTEM
320    2 00 F1           SOFTWARE LEITZENTRALE (LZ)
330    2 00 F2           SOFTWARE UNTERZENTRALE (UZ)
340    2 00 F21           TELEGRAMMVERKEHR LZ - UZ ABWICKELN (TASK 1)
350    2 00 F211           SENDEN EINES TELEGRAMMES AN LZ
360    2 00 F212           EMPFANGEN, KONTROLLIEREN, SORTIEREN VON LZ-TELEGRAMMEN
370    2 00 F2121           BYTES EMPFANGEN
380    2 00 F2122           TELEGRAMM PRUEFEN
390    2 00 F2123           ZYKLUS UEBERWACHEN
400    2 00 F2124           TELEGRAMM VORVERARBEITEN
410    2 00 F213          BEARBEITEN NICHT ZU PUFFERNDER TELEGRAMME
420    2 00 F214          BEARBEITEN ZU PUFFERNDER TELEGRAMME
430    2 00 F22         TELEGRAMMVERKEHR UZ - US ABWICKELN
440    2 00 F221          SENDEN, EMPFANGEN, KONTROLLIEREN, SORTIEREN, BEARBEITEN
450    2 00 F221          VON US-TELEGRAMMEN
460    2 00 F2211          SENDEN EINES TELEGRAMMES AN US
470    2 00 F2212          EMPFANGEN, KONTROLLIEREN, SORTIEREN VON US-TELEGRAMMEN
480    2 00 F2213          BEARBEITEN NICHT ZU PUFFERNDER US-TELEGRAMME
490    2 00 F2214          TELEGRAMME AN US WIEDERHOLEN
```

Bild 4:  Beispiel einer Funktionsstruktur

```
D E L T A   P R O C E S S O R   2.2/2   ON 17.12.79  AT 15:47   PAGE   6

00000200  DETAB-F21.21-----------------------------------------------------1---2---3---4---
00000201        * BYTE EMPFANGEN *
00000202
00000203    EMPFANGSMELDUNG VOM BETRIEBSSYSTEM ? (NAECHSTES BYTE        (H1)
00000204 E  EINES TELEGRAMMS VON LZ LIEGT  VOR)                         (E2)  01: 0   Y   -   Y
00000206 *
00000207 E  PARITY-FEHLER ?  (ABFRAGE)                                  (H1)  02: 0   -   Y   -
00000209 *
00000210 E  FEHLERKENNUNG GESETZT ?                                           03: 0   N   -   Y
00000212    ACTION.===================================================================================
00000213    BYTE-WAECHTER SETZEN (BEI ZEITUEBERSCHREITUNG:              (E1)
CC000214 F  MELDUNG: 'BYTEWAECHTER ABGELAUFEN')                         (A2)  04: -   X   -   -
00000216 *
00000217 E  FEHLERKENNUNG SETZEN                                              05: -   -   X   -
00000219 *
00000220    BYTE IN EMPFANGSPUFFER SCHREIBEN,                          (A3)
00000221    PUFFERPOINTER ERHOEHEN,                                    (E1)
00000222    BYTEZAEHLER ERNIEDRIGEN;                                   (A1)
00000223    EMPFANG DES NAECHSTEN BYTE FREIGEBEN.
00000224    FALLS BYTEZAEHLER = 0, TELEGRAMMTEIL PRUEFEN,
00000225 E                   ANSTOSSEN (F21.22)                                06: -   X   -   -
00000227 .END----------------------------------------------------------------------------------------
            TABLE STRUCTURE ANALYSIS
                                                                   RULE 02: .   .   X   -
                                                                   RULE 03: .   .   .   X

            COMPLETENESS ANALYSIS
            EINES TELEGRAMMS VON LZ LIEGT   01   N
            PARITY-FEHLER ?  (ABFRAGE)      02   N
            FEHLERKENNUNG GESETZT ?         03   -
```

**Bild 5:**   Beispiel einer Entscheidungstabelle

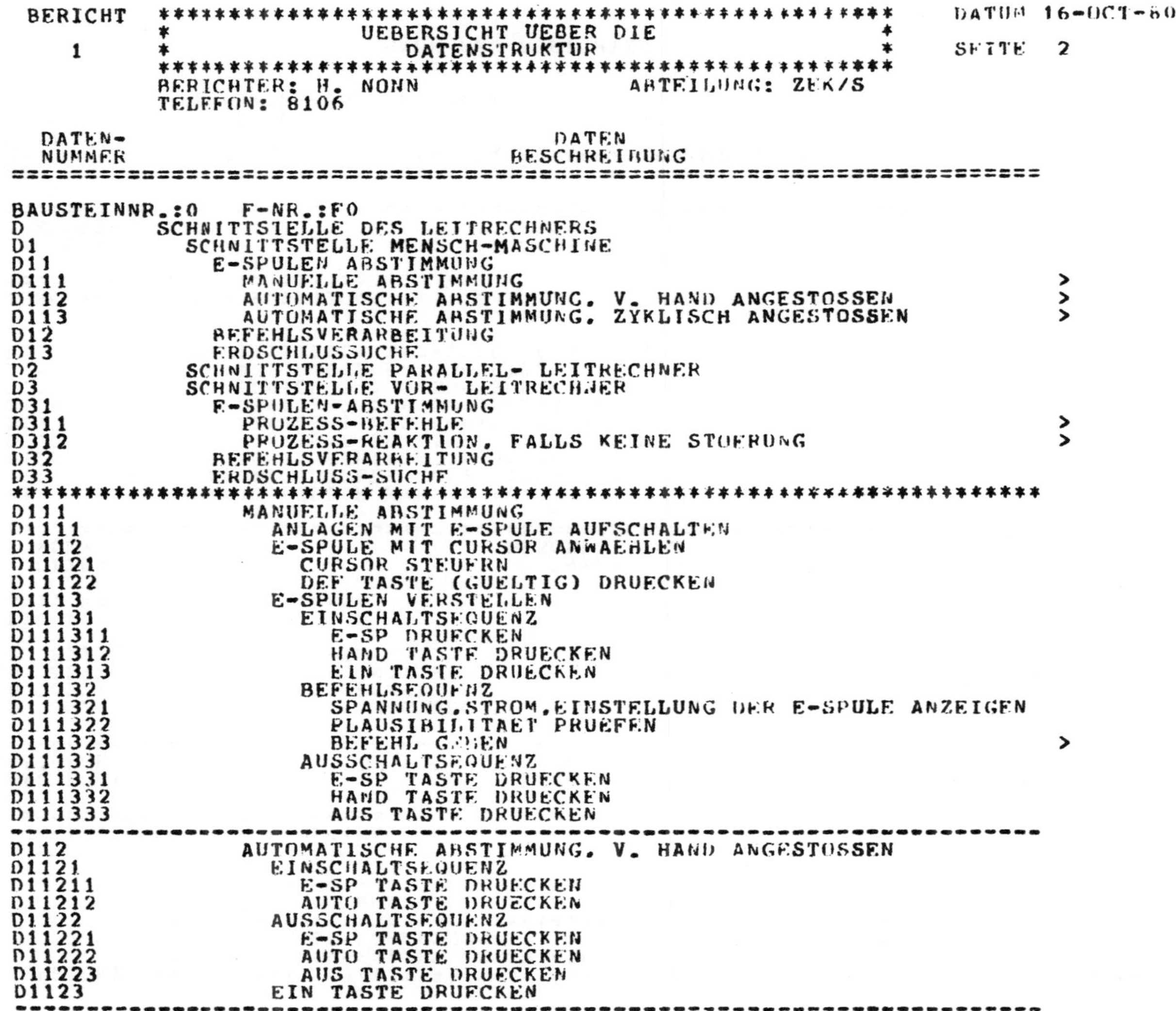



<u>Bild 6</u>:   Beispiel einer Datenstruktur.
Ausschnitte aus der Datenstruktur (Zeilen), gewünschte
Attribute (Spalten), Schachtelungstiefe und Ausgabemedium
können im Dialog gewählt werden.

```
BERICHT   ****************************************************   DATUM 16-OCT-80
          *EIN- AUSGABEBERICHT UEBER DIE FUNKTION  S22      *
   2      *     AUFTRAGSVERWALTUNG                           *   SEITE  2
          ****************************************************
          BERICHTER: H. NONN                   ABTEILUNG: ZEK/S
          TELEFON: 8106


ERLAEUTERUNG DER FUNKTION
=========================

BAU FUNKT                          FUNKTIONS                               KURZ
-ST-EBENE                          BESCHREIBUNG                            ZEICHEN
--------------------------------------------------------------------------------

0   S22           AUFTRAGSVERWALTUNG                                       AUV
0   S221             AUV-EINPLANER                                         AUV-E
0   S222             AUV-TERMINATOR                                        AUV-T
0   S223             AUV-PARTNER                                           AUV-P

EINGABEDATEN DER FUNKTION
=========================

DATEN-                                       DATEN
NUMMER                                       BESCHREIBUNG
================================================================================

D1             SCHNITTSTELLE MMK <> AUV
D11              SCHNITTSTELLE AUFTRAGGEBER/AUV-EINPLANER
D111               LOGISCHER AUFTRAGSNAME
D112               REFERENZ ZU EINER DATENLISTE
D113               DEVICE 1 ALS LOGISCHER NAME
D114               DEVICE 2 ALS LOGISCHER NAME
D115               DEVICE 3 ALS LOGISCHER NAME
D116               AUFTRAGGEBER (BENUTZER)
D5             SCHNITTSTELLE ZAB-TELEGRAMMANNAHME <> AUV


AUSGABEDATEN DER FUNKTION
=========================

DATEN-                                       DATEN
NUMMER                                       BESCHREIBUNG
================================================================================

D2             SCHNITTSTELLE AUV <> ZAB
D21              SCHNITTSTELLE AUV-EINPLANER/AUFTRAGNEHMER
D211               MAILBOX-NAME
D212               PROCESS-NAME
D3             SCHNITTSTELLE AUV <> MRS


                       ENDE DES BERICHTES
```

Bild 7: Beispiel eines Ein- Ausgabebereichs zu einer Funktion.
Funktionen, gewünschte Attribute usw. können im Dialog
gewählt werden.

<u>Rechnergestützte Erzeugung der Dokumentation für den
Funktions- und Softwareentwurf in EPOS</u>

J. Biewald

Institut für Regelungstechnik und Prozeßautomatisierung Universität Stuttgart

Ausgehend von einer Erläuterung der Grundprinzipien, die bei der Entwicklung des
rechnergestützten Dokumentationssystems EPOS-D verwirklicht worden sind, werden zunächst die möglichen Dokumentationsarten und die verfügbaren Darstellungsmittel vorgestellt. Die Vorgehensweise bei der rechnergestützten Generierung von Dokumenten
aus der EPOS-Datenbank wird anschließend erläutert, wobei auch auf die Realisierung
des Dokumentationssystems EPOS-D eingegangen wird.


## 1.  <u>Einleitung</u>

Bei der Entwicklung komplexer Automatisierungssysteme werden die Probleme, die
mit der Erstellung, Haltung und Organisation der Dokumentation verbunden sind, bereits in den Anfangsphasen eines Projekts, d.h. bei der Formulierung der Aufgabenstellung und insbesondere während des Funktions- und Softwareentwurfs [4], deutlich.
Ein wesentlicher Mangel herkömmlicher Dokumentation beruht auf der Tatsache, daß Dokumente fast immer am Ende bestimmter Projektphasen oder aber erst am Ende des gesamten Projekts entstehen. Dies behindert beispielsweise den Überblick über den aktuellen Stand des Projekts und erschwert die Entscheidungsfindung über Entwurfsalterna-
tiven sowie die Einarbeitung neuer Bearbeiter. Als weitere Problemkreise bei der
Dokumentation können die Schwierigkeiten beim Zugriff auf bestimmte Dokumente, der
Änderungsdienst und die Uneinheitlichkeit der Beschreibungstechniken und Darstellungsmittel angeführt werden. Aus dieser Betrachtung heraus ergeben sich drei grundsätzliche Forderungen, die für die Erstellung und Organisation der Dokumentation von
Bedeutung sind:

1. Die Dokumentation muß rechtzeitig, d.h. möglichst schritthaltend mit den jeweiligen Entwicklungstätigkeiten, entstehen.

2. Die Dokumentation muß jederzeit leicht verfügbar und änderbar sein.

3. Die Dokumentation sollte unter Verwendung einheitlicher Beschreibungstechniken

und Darstellungsformen erstellt werden.

Eine wesentliche Grundlage zur Erfüllung dieser Forderungen stellt der Einsatz eines Digitalrechners zur Unterstützung aller Dokumentationstätigkeiten dar.


## 2. Eigenschaften und prinzipielle Arbeitsweise des Dokumentationssystems EPOS-D

Auf der Grundlage der oben genannten drei Grundforderungen wurden für die rechnergestützte Dokumentation im Rahmen des Spezifikations- und Entwurfssystems EPOS [1], [2], [3] weitergehende Ziele gesteckt, die auch das Einsatzgebiet von EPOS, nämlich den Entwurf von Automatisierungssystemen, berücksichtigen und darüberhinaus der Tatsache Rechnung tragen, daß das EPOS-System auf einem Minirechner (16 bit, 128 kbyte Hauptspeicher, 10 Mbyte Magnetplattenspeicher) implementiert wird. Diese Eigenschaften sind im folgenden näher beschrieben:

. Die Generierung der Dokumentation erfolgt direkt aus den Informationen, die in der EPOS-Datenbank gespeichert sind. Eine inhaltliche Änderung der Dokumentation ist nur über die Änderung der Entwurfsinformation in der EPOS-Datenbank möglich.

. Die unterschiedlichen Zielgruppen der Dokumentation z.B. Projektmanagement, Entwicklungspersonal, Wartungspersonal oder Bedienungspersonal werden dadurch berücksichtigt, daß die einzelnen Dokumente nur die jeweils interessierenden Aspekte der Gesamtinformationsmenge darstellen.

. Die Dokumentation setzt sich aus einer beschränkten Auswahl einheitlicher Darstellungsmittel (siehe Kapitel 3) zusammen, die automatisch erzeugt werden können.

. Spezielle Zusatzinformationen, die den Anwendungsfall oder sonstige industrielle Erfordernisse berücksichtigen, können zu den einzelnen Darstellungsmitteln oder zur Gesamtdokumentation hinzugefügt werden.

Ausgangspunkt für das Arbeiten mit EPOS-D ist die EPOS-Datenbank, in der die Entwurfsspezifikation, die mit Hilfe der formalen Spezifikationssprache EPOS-S [1], [2], [3] beschrieben wurde, abgelegt ist. Über eine Anwenderschnittstelle kann der Benutzer von EPOS-D die darzustellende Informationsmenge, das gewünschte Darstellungsmittel und die Gestaltung des Dokuments auswählen. Diese Benutzerangaben werden in einer anwenderorientierten Dokumentationsbeschreibungssprache (DS) formuliert und entweder interaktiv oder im Stapelbetrieb eingegeben. Anschließend werden die gewünschten Dokumente mit Hilfe dieser Dokumentationsbeschreibung automatisch aus der EPOS-Datenbank erzeugt.


## 3. Darstellungsmittel von EPOS-D

Bei den Darstellungsmitteln von EPOS-D wird zwischen Darstellungsmitteln in Textform und graphischen Darstellungsmitteln unterschieden, die im folgenden kurz erläutert und zum Teil an Beispielen vorgestellt werden.

Zu den Darstellungsmitteln in Textform gehört an erster Stelle der formatierte Textausdruck einer EPOS-S-Spezifikation. Dieser Ausdruck enthält eine übersichtliche, formatierte Darstellung der Spezifikationseingabe und wird durch Zusatzinformationen wie z.B. Projektname, Datum, Bearbeiter und Referenzliste, erweitert. Damit stellt ein solcher Ausdruck eine wesentliche Arbeitsunterlage dar, die auch für die Archivierung des Entwurfs geeignet ist.

Neben dem formatierten Ausdruck einer EPOS-S-Spezifkation werden als Darstellungsmittel in Textform auch noch Listen und Verzeichnisse angeboten. Dazu gehören neben einem Inhaltsverzeichnis und Listen für die einzelnen Entwurfsobjekte (z.B. Geräteliste, Liste der Prozeßschnittstellen, Liste der Anforderungen) auch weitergehende Referenzlisten. Diese Listen enthalten Angaben über die Relationen zwischen Entwurfsobjekten - auch mehrstufige Relationen - und dienen als Hilfsmittel bei der Entwicklung und insbesondere bei Änderungen im Entwurf. Zur Verdeutlichung des Inhalts solcher Listen sollen die folgenden zwei Beispiele dienen:

1. Angabe, an welchen Stellen im Entwurf eine bestimmte Date verwendet wird.

2. Angabe, aus welchen hierarchischen Vorgängern ein bestimmtes Entwurfsobjekt durch Verfeinerung hervorgegangen ist.

Da das EPOS-System für eine Benutzung durch Automatisierungsingenieure konzipiert ist, wurde in EPOS-D besonderer Wert auf graphische Darstellungen gelegt, die dem ingenieurmäßig ausgebildeten Entwerfer entgegenkommen.

Ein Entwurf in EPOS unterstützt eine "top-down"-Vorgehensweise durch die Möglichkeit, jedes Entwurfsobjekt in Unterobjekte des gleichen Typs zu zerlegen. Aus diesem Grund ist das Hierarchiediagramm ein wichtiges Darstellungsmittel, da es jederzeit einen Überblick über die Struktur des Entwurfs gewährt und als graphisches Inhaltsverzeichnis dienen kann. Bild 1 zeigt ein solches Hierarchiediagramm von Verarbeitungsvorgängen, das die zweimalige Verfeinerung der Aktion 'Regelung-Durchführen' darstellt. Hierarchiediagramme können für alle Entwurfsobjekttypen gezeichnet werden, wobei speziell bei Daten auch die Datenstruktur mit dargestellt wird.

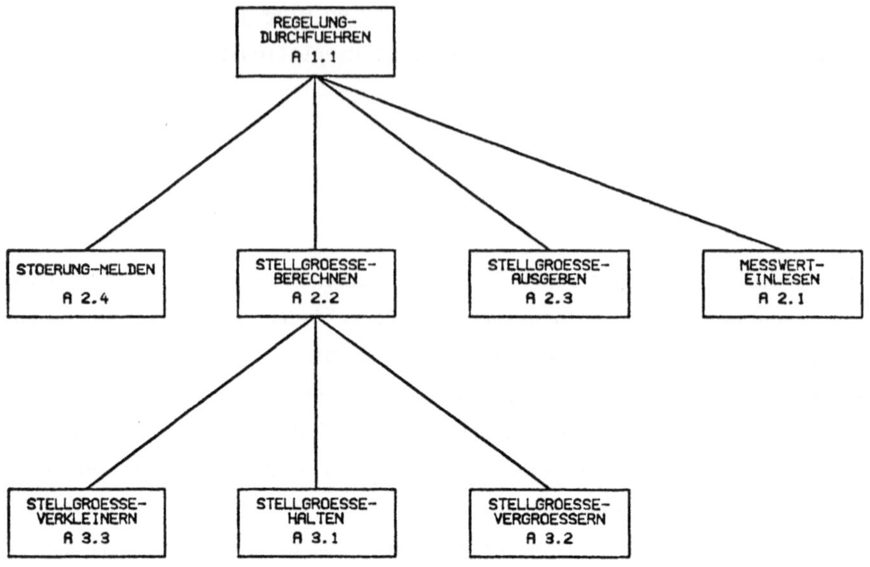

Bild 1: Hierarchiediagramm von Verarbeitungsvorgängen

Neben der graphischen Darstellung der Entwurfshierarchie benötigt der Entwerfer weitere Darstellungsmittel zur Angabe der funktionellen Abläufe in dem betrachteten Automatisierungssystem. Hierzu bietet EPOS-D die Möglichkeit, diese Abläufe in Form von Flußdiagrammen oder Struktogrammen auszugeben. Beide Diagramme stellen die funktionellen Zusammenhänge zwischen Verarbeitungsvorgängen dar und können als Grundlage für eine spätere Codierung des Entwurfs und für Testzwecke dienen. Da zur Beschreibung des Kontrollflusses von Verarbeitungsvorgängen in EPOS-S nur Kontrollflußstrukturen mit einem Eingang und einem Ausgang zugelassen sind, bestehen keine inhaltlichen Unterschiede zwischen den beiden Diagrammen. Bild 2 zeigt ein EPOS-D-Flußdiagramm und Bild 3 das Struktogramm desselben funktionellen Zusammenhangs.

Zur Darstellung der Abläufe bei parallelen Vorgängen zusammen mit den zugehörigen Synchronisierungsbedingungen werden in EPOS-D modifizierte Petri-Netze generiert.

Weitere Darstellungsmittel dienen der Vermittlung von Überblicksinformationen, indem sie bestimmte Zusammenhänge übersichtlich graphisch darstellen.

Zu diesen Übersichtsdiagrammen zählen:

. Ablauf-Hierarchie-Diagramme, in denen neben der hierarchischen Struktur von Verarbeitungsvorgängen auch die Abläufe zwischen den einzelnen Vorgängen dargestellt werden.

. Blockdiagramme, in denen Verarbeitungsvorgänge zusammen mit ihren Ein- und Ausgabedaten, benutzten Prozeßschnittstellen und weiteren Entwurfsobjekten dargestellt werden, zu denen im Entwurf Verbindungen definiert worden sind.

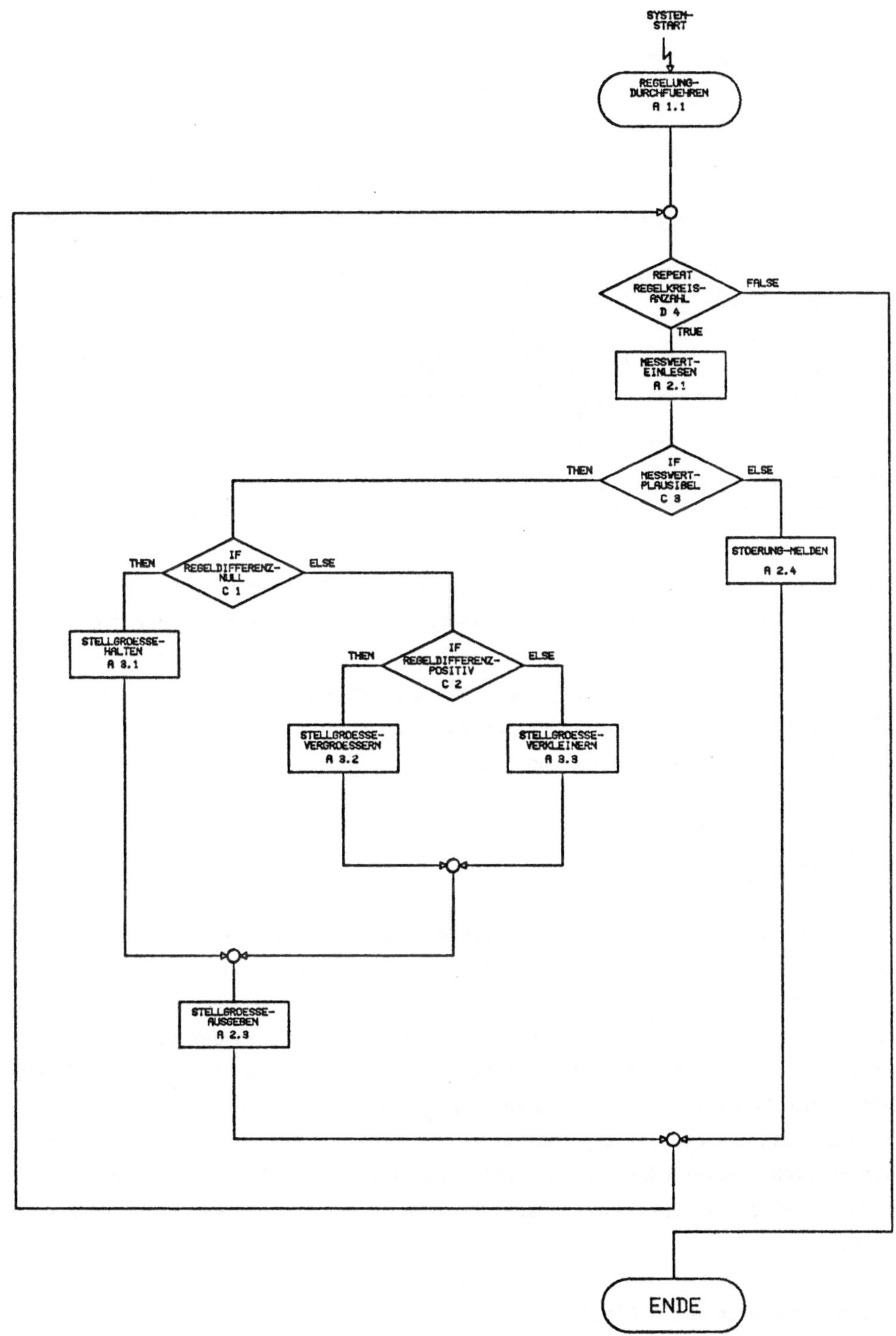


Bild 2: Flußdiagramm des Verarbeitungsvorgangs
'Regelung - Durchführen'

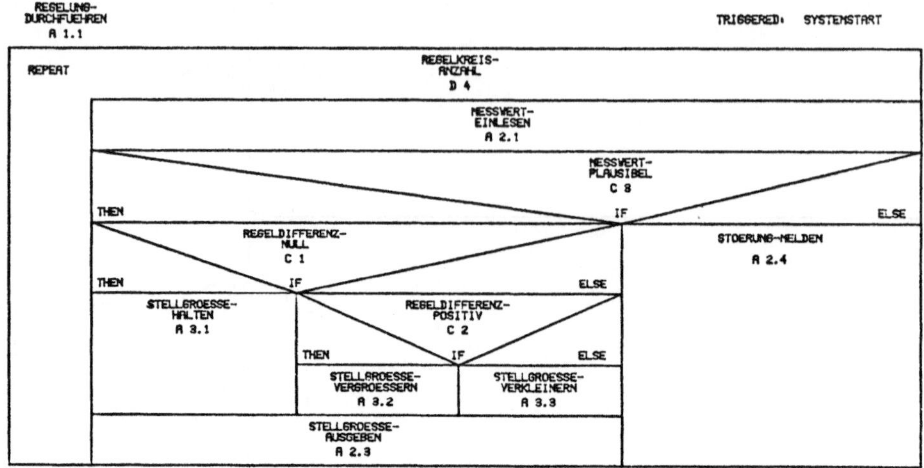



Bild 3: Struktogramm des Verarbeitungsvorgangs 'Regelung - Durchführen'

Zu allen Darstellungsmitteln in Textform und zu allen Diagrammen können bei Bedarf
Zusatzinformationen hinzugefügt werden, die für Projektorganisation oder die Verwaltung der Dokumentation bestimmt sind. Beispiele für solche Zusatzinformationen
sind Angaben bezüglich des Änderungszustandes der betrachteten Teile des Entwurfs,
Hinweise für die Archivierung der Dokumentation oder die Angabe eines Identifikati-
onsschlüssels zur Klassifizierung und zum schnellen Wiederauffinden von Dokumenten.


## 4. Vorgehensweise bei der Dokumentationserstellung mit EPOS-D

Zur Erstellung der Dokumentation stehen dem Benutzer von EPOS-D die oben genannten Darstellungsmittel zur Verfügung, mit deren Hilfe er den Inhalt der EPOS-Datenbank ausgeben kann. Für die automatische Generierung der Dokumente werden darüber
hinaus noch Angaben über den Teil des Entwurfs benötigt, der in dem gewünschten Do-
kument berücksichtigt werden soll. Weitere Angaben betreffen schließlich die äußere
Gestaltung und Formatierung des Dokuments. All diese Steuerinformationen sind in
einer Dokumentationsbeschreibung zusammengefaßt, die der Anwender entweder im interaktiven Betrieb eingibt oder die zur Erstellung der Gesamtdokumentation sequentiell
abgearbeitet wird. Die Dokumentationsbeschreibung kann im einzelnen folgende Punkte
umfassen:


. Vorgabe eines bestimmten Gliederungsschemas
. Angabe von Überschriften
. Definition der darzustellenden Ausschnitte aus dem gesamten Entwurf

. Angaben zur Darstellung der einzelnen Entwurfsobjekte
. Angabe des gewünschten Darstellungsmittels
. Angabe des gewünschten Ausgabegeräts
. Vorschriften über die Gestaltung (Format, Kopf, Projekt- und Firmenbezeichnung).


Bei der Definition der darzustellenden Ausschnitte aus dem Entwurf wird zum ersten
der Ausgangspunkt in der Entwurfshierarchie festgelegt. Als nächstes wird die Anzahl der Entwurfsebenen vorgeschrieben, die ausgehend vom Startpunkt darzustellen
sind, und schließlich kann die Verfeinerung bestimmter Entwurfsobjekte aus der Darstellung ausgeschlossen werden. In Bild 1 ist beispielsweise ein Hierarchiediagramm
von Verarbeitungsvorgängen dargestellt, das ausgehend von der Aktion 'Regelung -
Durchführen' die nächsten zwei Entwurfsebenen darstellt, wobei die Verfeinerung der
Aktionen 'Störung-Melden', 'Stellgröße-Ausgeben' und 'Messwert-Einlesen' in diesem
Diagramm nicht erscheinen. Auf diese Weise ist es möglich, für einzelne Darstellungen nur die jeweils interessierenden Teile des Entwurfs auszuwählen und somit die
Dokumentation zu strukturieren. Selbstverständlich ist zu Übersichtszwecken auch
die Darstellung der gesamten in der EPOS-Datenbank gespeicherten Entwurfsinformation
möglich.
Für eine programmgesteuerte Erstellung der Gesamtdokumentation, d.h. für eine Sta-
pelverarbeitung der Dokumentationsbeschreibung, muß ein Ausgabegerät, z.B. ein Zei-
lendrucker, festgelegt werden auf dem ein Referenzausdruck erstellt wird, der alle
Texte und Überschriften, eine durchgehende Seitennumerierung, das Inhaltsverzeichnis und Platz zum Einsortieren der Diagramme enthält. In diesen Referenzausdruck
müssen anschließend nur noch von Hand die auf anderen Ausgabegeräten erstellten
Diagramme eingefügt werden.


## 5. Realisierung des Dokumentationssystems EPOS-D

Den prinzipiellen Aufbau des Dokumentationssystems EPOS-D und seine wesentlichen Schnittstellen zeigt Bild 4. Ausgangspunkte der Dokumentationserstellung sind
zum einen die Entwurfsspezifikation in der EPOS-Datenbank und zum anderen die Dokumentationsbeschreibung, die in der Dokumentationsbeschreibungssprache (DS) formuliert ist und sequentiell oder interaktiv eingegeben werden kann. Aus diesen Einga-
bequellen wird in einem ersten Schritt eine für alle Generierungsprogramme von Darstellungsmitteln einheitliche Übergabeliste erzeugt, die im wesentlichen alle Informationen über den gewünschten Ausschnitt aus dem Entwurf enthält. Die Angaben über
die geforderte äußere Gestaltung werden, falls notwendig, bis zur Ausgabe in einer
Formatierungsliste zwischengespeichert. Die o.a. einheitliche Übergabeliste hat den
Vorteil, daß zur Darstellung bestimmter Ausschnitte des Entwurfs in unterschied-

lichen Darstellungsmitteln der allgemeine Zugriff auf die EPOS-Datenbank nur einmalig durchgeführt werden muß und auch das Programm zur Generierung dieser Liste nur
einmal im System vorhanden ist. Die Programme zur Erzeugung der einzelnen Darstellungsmittel führen mit Hilfe dieser Übergabeliste und speziellen Datenbankzugriffen
die zur Ausgabe der Informationen notwendigen Transformationen und Berechnungen
durch und erzeugen im Falle der graphischen Darstellungsmittel eine ebenfalls einheitliche Ausgabeliste. Die Ausgabeliste hat die Form eines sequentiellen Files und
enthält die Zeichenanweisungen für Plotter oder Sichtgerät in geräteunabhängiger
Form. Mit Hilfe der Formatierungsliste kann schließlich das gewählte Diagramm for-
matiert auf dem gewünschten Ausgabegerät ausgegeben werden. Die Ausgabeschnittstelle
in Form eines sequentiellen Files bietet die Möglichkeiten, Diagrammerstellung und
-ausgabe zu trennen, die äußere Gestaltung von Diagrammen einheitlich bei der Ausgabe festzulegen und sie außerdem auf dem Sichtgerät interaktiv zu manipulieren.

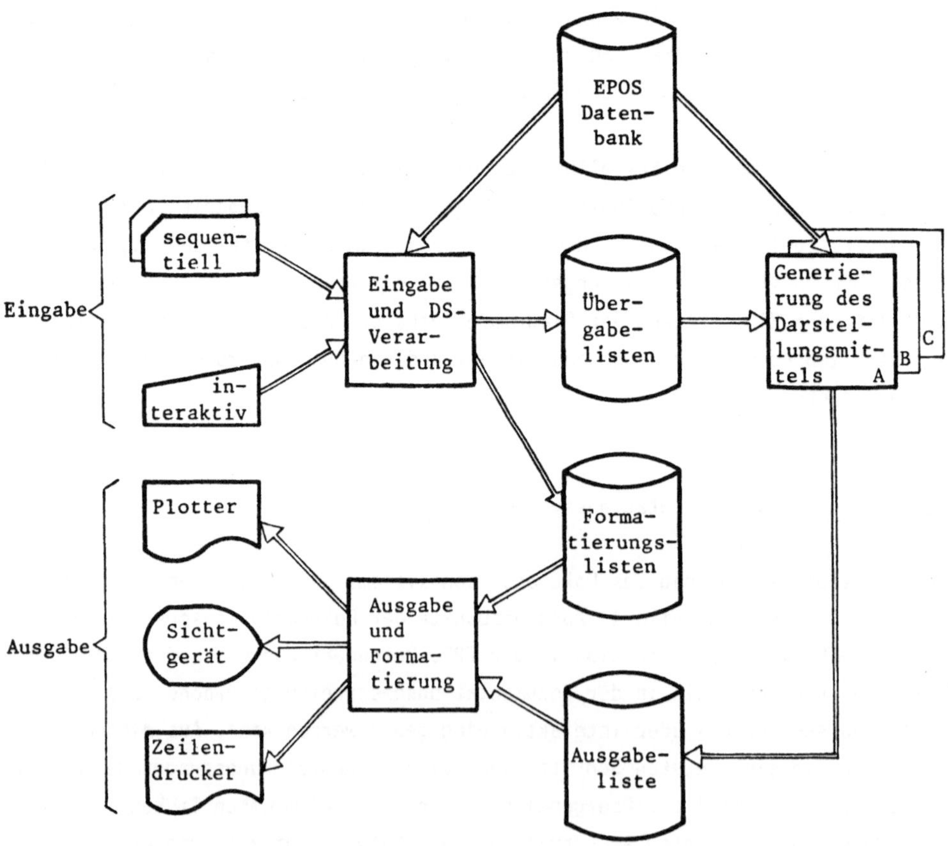


Bild 4: Prinzipieller Aufbau des Dokumentationssystems EPOS-D

Die in Bild 4 dargestellte Struktur mit definierten Schnittstellen erleichtert die Integration neuer Darstellungsmittel wesentlich und war bei einem Vorhaben der Grössenordnung von EPOS-D (3-5 Bearbeiter gleichzeitig, Aufwand insgesamt ca. 10 MJ) unerläßlich.


## 6. Zusammenfassung

Das vorgestellte Dokumentationssystem EPOS-D erlaubt die schritthaltende, entwurfsbegleitende Dokumentation von Automatisierungsprojekten, deren Entwurf mit Hilfe des EPOS-Systems durchgeführt wird. Die Dokumentation kann zu jeder Zeit und in jeder Phase des Entwurfs rechnergestützt generiert werden. Änderungen, die im Entwurf notwendig werden, wirken sich automatisch in der Dokumentation aus, da diese aus der zentralen EPOS-Datenbank erstellt wird. Durch die flexible Anwenderschnittstelle von EPOS-D kann die Dokumentation je nach Anwendungsfall und Einsatzgebiet entweder frei nach den Wünschen des Anwenders oder nach vorgegebenen Richtlinien erstellt werden.
Das Dokumentationssystem EPOS-D ist wie oben beschrieben, in einer ersten Version auf dem Minirechner AEG 80-20 implementiert und in das System EPOS 80 integriert. Zur Zeit werden mit dieser Version des EPOS-Systems industrielle Pilotprojekte durchgeführt, deren Ergebnisse auch zu einer endgültigen Festlegung der Darstellungsmittel, des Aufbaus und der Handhabung von EPOS-D führen werden.


## 7. Danksagung

Der Autor dankt Herrn Prof. Dr.-Ing. R. Lauber für seine Anregungen und die kritische Durchsicht dieses Manuskripts sowie Herrn Dipl.-Math. P. Göhner und Herrn Dipl.-Ing. H. Schelling für ihre hilfreichen Diskussionen über das vorgestellte Thema.


## 8. Literaturverzeichnis


[1] Biewald, J., Göhner, P., Lauber, R., Schelling, H.: Das Softwarewerkzeug EPOS zur Unterstützung der Ingenieurtätigkeiten beim Entwurf und bei der Wartung von Prozeßautomatisierungssystemen. Regelungstechnik, 28. Jhg. 1980, Heft 1, S.11-15

[2] Biewald, J., Göhner, P., Lauber, R., Schelling, H.: EPOS - A specification and design technique for computer controlled real-time automation systems.

Proceedings of the 4th International Conference on Software Engineering,
München 17.-19. September 1979, S. 245-250

[3]  Einführung in EPOS 80. Veröffentlichung des Instituts für Regelungstechnik
und Prozeßautomatisierung der Universität Stuttgart 1980

[4]  Lauber, R.: Modelle zur Beschreibung des Entwurfs von Prozeßautomatisierungssystemen. Regelungstechnik, 27. Jhg. 1979, Heft 12, S. 373-404.

# Spezifikation der Synchronisierung paralleler Rechenprozesse in EPOS

von P. Göhner

Gesellschaft für Prozeßrechnerprogrammierung mbH
Balanstr. 136-138, 8000 München 90

## Zusammenfassung

Die Formulierung dynamischer Abhängigkeiten zwischen parallelen Rechenprozessen bildet eine zentrale Komponente bei der Spezifikation des Entwurfs von Realzeitsystemen. Ausgehend von der Vorstellung der in EPOS für die Beschreibung der Synchronisierung zur Verfügung stehenden Ausdrucksmittel wird gezeigt, in welchem Umfang damit den Forderungen nach problemnaher Formulierung der gebräuchlichsten Synchronisierungsprobleme, nach Prüfbarkeit der Spezifikationen auf Synchronisierungseigenschaften, nach Anwendbarkeit durch Automatisierungsingenieure und Rechnerunterstützung bei Analyse, Dokumentation und Umsetzung entsprochen wird.

## 1. Einleitung

Zur Erfüllung der Forderungen nach Rechtzeitigkeit und Gleichzeitigkeit der Abläufe in einem Realzeitsystem benötigt man parallel ablauffähige Rechenprozesse, die synchron mit dem technischen Prozeß arbeiten. Da die verschiedenen Automatisierungsaufgaben meist untereinander gekoppelt sind, können die Rechenprozesse im allgemeinen nicht vollkommen unabhängig voneinander agieren. Es gibt zwischen ihnen funktionelle Zusammenhänge, die eine Kooperation notwendig machen, wodurch zwangsläufig der Grad der Parallelarbeit eingeschränkt wird. Diese Einschränkung des freien parallelen Ablaufs bezeichnet man als Synchronisierung.

Ziel der Spezifikation der Synchronisierung paralleler Rechenprozesse ist eine genaue Beschreibung ihres Zusammenwirkens, ohne auf Einzelheiten der Implementierung einzugehen. Fehler können dabei auf verschiedene Weise gemacht werden. So ist es einerseits leicht möglich, daß bei der Spezifikation notwendige Synchronisierungsbedingungen vergessen werden, andererseits kann durch unnötige Synchronisierung der Grad der Parallelarbeit zu stark vermindert werden.

Es genügt also nicht, nur zu synchronisieren, sondern man muß auch das richtige Ausmaß für die Synchronisierung finden. Ein Zuwenig an Synchronisierung kann unerwünschte, eventuell gefährliche Abläufe ergeben, ein Zuviel an Synchronisierung kann die Forderung verletzen, daß mögliche Parallelität nicht eingeschränkt werden sollte und unter Umständen zu einer Überspezifikation führen, bei der zwar unerwünschte Abläufe nicht eintreten können, das Gesamtsystem oder Teile davon aber nicht mehr lebendig sind, d.h. überhaupt nicht mehr ausgeführt werden können.

Der Begriff "Rechenprozeß" wird verwendet, um die Verarbeitungsvorgänge zu bezeichnen, die zur Steuerung eines Realzeitsystems benötigt werden. Die in der englischen Literatur übliche Benennung "process" wird nicht benützt, um Mißverständnisse mit dem Begriff "technischer Prozeß" zu vermeiden. Ein Rechenprozeß kann entweder durch ein Programmstück, man spricht dann vielfach in Anlehnung an die in den Programmiersprachen PL/1 bzw. PEARL vorhandene Programmgröße von "Task", oder durch ein bestimmtes Gerät realisiert werden.

Das zugrundeliegende Spezifikations- und Entwurfssystem EPOS (Entwurfsunterstützendes Prozeß-orientiertes Spezifikationssystem) ist ein Software-Werkzeug für Ingenieure, die Realzeitsysteme projektieren, entwickeln, in Betrieb nehmen, warten und handhaben. Im Gegensatz zu vielen anderen Hilfsmitteln, die lediglich bestimmte Phasen des Entwicklungsganges unterstützen, wurde bei der Konzipierung von EPOS großer Wert darauf gelegt, ein durchgängiges System von der Beschreibung der Aufgabenstellung im Pflichtenheft bis zur Programmierung bzw. bis zur Realisierung von Hardwareteilen bereitzustellen. Zwar kann EPOS die kreativen, originellen und auf Erfahrung basierenden Tätigkeiten der Ingenieure nicht ersetzen, es kann ihnen jedoch Fehler und Widersprüchlichkeiten frühzeitig aufzeigen, sie sofort erkennen lassen, welche Auswirkungen eventuelle Änderungen der Spezifikation oder des Entwurfs haben und ihnen die ungeliebte Tätigkeit der Dokumentation abnehmen. Hinsichtlich einer detaillierten Beschreibung von EPOS wird auf [1,2,3] verwiesen.

## 2. Ausdrucksmittel in EPOS zur Beschreibung von parallelen Rechenprozessen und von Resourcen

Zur Darstellung von parallelen Rechenprozessen wird in EPOS das Entwurfsobjekt 'ACTION' zur Verfügung gestellt. Mit Hilfe dieses Bausteins, der wie alle anderen Entwurfsobjekttypen nach dem Prinzip der schrittweisen Verfeinerung zerlegt werden kann, kann einerseits die Unterteilung eines Systems in asynchron ablauffähige Rechenprozesse (Operator (/.../) ), andererseits aber auch der innere Aufbau dieser Rechenprozesse beschrieben werden, wobei unter Verwendung der gebräuchlichen Steuerflußanweisungen angegeben werden kann, in welchen Ablaufrelationen die Untervorgänge eines Rechenprozesses zueinander stehen [4].

Beispiel:

a)   <u>Zerlegung in asynchrone Rechenprozesse</u>

     ACTION           Betriebsüberwachung.

     ...

     DECOMPOSTION:   (/Meßwertbehandlung, Ausfallbehandlung, Grenzwerte-definieren

     ...

     ACTIONEND

b)   <u>Zerlegung eines Rechenprozesses in Teilfunktionen</u>

     ACTION           Meßwertbehandlung.

     DECOMPOSITION:  Einlesen-der-Meßwerte;

                      PARALLEL (Grenzwertüberprüfung, Meßwertprotokoll).

     ...

     ACTIONEND

Die Spezifikation von Resourcen umfaßt in EPOS die Beschreibung von Softwarebetriebsmitteln (Daten) und die Beschreibung von Hardwarebetriebsmitteln. Während die Softwarebetriebsmittel mit Hilfe von DATA-Bausteinen formuliert werden, werden Hardwarebetriebsmittel mit Hilfe von INTERFACE-bzw. DEVICE-Bausteinen gebildet. In den meisten Fällen ist die gerätetechnische Realisierung des Hardwarebetriebsmittels nur von untergeordneter Bedeutung, sodaß für die Spezifikation die logische Komponente (Interfacebeschreibung) ausreicht.

## 3. Ausdrucksmittel in EPOS zur Beschreibung der Synchronisierung

Grundsätzlich lassen sich Synchronisierungsverfahren und damit auch Spezifikationsverfahren für die Synchronisierung in zwei Kategorien einteilen. Man unterscheidet die <u>aktionsorientierte Synchronisierung</u> und die <u>resourcenorientierte Synchronisierung</u>, je nachdem ob die Verantwortung für das korrekte Arbeiten des Systems bei den Rechenprozessen, die die Resource benützen, oder bei der Resource selbst liegt [5].

Bei aktionsorientierten Synchronisierungsverfahren werden die Synchronisierungsanweisungen mit den Rechenprozessen verknüpft, d.h. die Rechenprozesse besitzen Informationen bezüglich der Synchronisierung und entscheiden, ob sie eine Resource benützen können oder nicht. Ein typisches Beispiel für eine aktionsorientierte Synchronisierung ist die Synchronisierung mit Hilfe von Semaphorevariablen, wie sie in PEARL möglich ist.

Bei resourcenorientierten Synchronisierungsverfahren wird jede Resource als eigenes Teilsystem betrachtet, das eigene Entscheidungen treffen kann. Die Rechenprozesse bzw. die Aktionen von Rechenprozessen werden durch die Resource synchronisiert, d.h. die Resource führt ihre Verwaltung selbst durch, ist also der aktive Teil. Diese Form der Synchronisierung tritt vor allem im Zusammenhang mit der Definition von abstrakten Datentypen auf, bei denen neben den eigentlichen Datenobjekten auch die Zugriffsoperationen auf die Datenobjekte definiert werden.

In EPOS ist es möglich, Synchronisierungsbeziehungen sowohl aktionsorientiert als auch resourcenorientiert zu spezifizieren. Dies ermöglicht zum einen, eine Unabhängigkeit von der zur Realisierung benützten Programmiersprache, zum anderen wird es durch diese redundante Darstellung möglich, bereits während des Entwurfs umfangreiche Prüfungen hinsichtlich der Konsistenz dieser Spezifikationen durchzuführen.


## Spezifikation der aktionsorientierten Synchronisierung

Synchronisierungsaufgaben lassen sich in Probleme des wechselseitigen Ausschlusses, Reihenfolgeprobleme und daten- bzw. ereignisabhängige Fortsetzungsprobleme untergliedern [6]. Während bei den Problemen des wechselseitigen Ausschlusses Abhängigkeiten aufgrund verwendeter Resourcen bestehen, treten im Zusammenhang mit logischen und zeitlichen Abhängigkeiten zwischen Rechenprozessen Reihenfolgeprobleme auf. Hängt die Ausführung eines Rechenprozesses von Bedingungen und Ereignissen ab in dem Sinne, daß ein Rechenprozeß unterbrochen und erst beim Eintreten einer bestimmten Bedingung bzw. eines Ereignisses weitergeführt wird, spricht man von daten- bzw. ereignisabhängigen Fortsetzungsproblemen. Gerade diese Probleme sind typisch für Realzeitsysteme wie sie in der Prozeßautomatisierung vorkommen.

Die Beschreibung von Problemen des wechselseitigen Ausschlusses wird mit Hilfe des EXCLUSIV-Operators durchgeführt, wobei die Operanden Aktionen sind, die in unterschiedlichen parallelen Rechenprozesse auftreten.

Beispiel:
    Spezifikation des wechselseitigen Ausschlusses der Verarbeitungsvorgänge "Meßwertprotokoll" und "Ausfallprotokoll"

    EXCLUSIV (Meßwertprotokoll, Ausfallprotokoll)

Alle Aktionen, die in einer EXCLUSIV-Anweisung auftreten, sind wechselseitig ausgeschlossen, sowohl untereinander als auch was die eigene Ausführung betrifft, d.h. im obigen Beispiel können die Aktionen "Meßwertprotokoll" und "Ausfallprotokoll" nicht parallel ausgeführt werden. Außerdem ist es nicht möglich, daß die Aktion "Meßwertprotokoll" gleichzeitig von verschiedenen Rechenprozessen verwendet wird. Dasselbe gilt für die Aktion "Ausfallprotokoll".

Durch die Bereitstellung zusätzlicher Attribute können auch komplexere Beziehungen in übersichtlicher Weise spezifiziert werden. So kann zum Beispiel durch das Attribut REENTRANT innerhalb eines EXCLUSIV-Ausdrucks die gleichzeitige mehrfache Ausführung einer Aktion ermöglicht werden.

<u>Beispiel:</u>

Über eine schmale Brücke kann gleichzeitig nur in einer Fahrtrichtung gefahren werden. Befindet sich ein Fahrzeug auf der Brücke, das aus der Gegenrichtung kommt, muß gewartet werden, bis die Brücke frei ist. Die Spezifikation dieses Synchronisierungsproblems lautet:

> EXCLUSIV   (Überqueren-Fahrtrichtung1 REENTRANT,
> Überqueren-Fahrtrichtung2 REENTRANT)

Bei der Formulierung von Reihenfolgeproblemen muß man unterscheiden zwischen Reihenfolgebeziehungen, die nur einmal erfüllt sein müssen (SEQUENCE-Spezifikation) und Reihenfolgebeziehungen, die während des gesamten Ablaufs eingehalten werden sollen (CYCLE-Spezifikation). Als Operanden treten wiederum Aktionen unterschiedlicher paralleler Rechenprozesse auf, d.h. Aktionen, die bisher noch in keinem definierten Zusammenhang stehen.

<u>Beispiel:</u>   a)   Von einem Puffer kann erst dann gelesen werden, wenn mindestens einmal etwas eingeschrieben wurde:

> SEQUENCE (Puffer-Schreiben → Puffer-Lesen)

b)   Die Verarbeitung von Meßwerten kann folgendermaßen spezifiziert werden:

> CYCLE (Analogwert-einlesen→Umrechnung→Grenzwertprüfung)

Für die Spezifikation von daten- bzw. ereignisabhängigen Fortsetzungsproblemen steht in EPOS eine Warteoperation zur Verfügung. Mit Hilfe dieser Warteanweisung ist es möglich zu formulieren, daß während des Ablaufs an einer bestimmten Stelle in einem Rechenprozeß gewartet werden muß, bis eine Bedingung erfüllt bzw. bis ein Ereignis eingetreten ist.

<u>Beispiel:</u>

a)   Spezifikation eines datenabhängigen Fortsetzungsproblems:

> WAIT UNTIL Puffer-nicht-voll
> THEN  Einfüllen
> WAITEND.

b)   Spezifikation eines ereignisabhängigen Fortsetzungsproblems:

> WAIT FOR Siedemeldung
> THEN Brenner-abschalten
> WAITEND.

Die Spezifikationsangaben für die aktionsorientierte Synchronisierung werden mit Ausnahme der Beschreibung von daten- bzw. ereignisabhängigen Fortsetzungsproblemen, die im Verfeinerungsteil von Aktionen durchgeführt wird, in dem SYNCHRO-Teil einer gemeinsamen Oberaktion zusammengefaßt, wobei die konjunktive Verknüpfung der Einzelspezifikationen die notwendige Einschränkung des freien parallelen Ablaufs beschreibt.

<u>Beispiel:</u>

ACTION Betriebsüberwachung.

...

SYNCHRO:          SEQUENCE (Grenzwerte-definieren →Meßwertbehandlung),
                         EXCLUSIV (Meßwertprotokoll, Ausfallprotokoll PRIO).

...

ACTIONEND


Durch diese Synchronisierungsspezifikation wird formuliert, daß vor der eigentlichen Meßwert-behandlung mindestens einmal das Toleranzintervall festgelegt werden muß. Außerdem sind die Aktionen "Meßwertprotokoll" und "Ausfallprotokoll" wechselseitig ausgeschlossen, wobei die Protokollierung von Störungen größere Priorität besitzt.


## Spezifikation der resourcenorientierten Synchronisierung


Im Gegensatz zu der aktionsorientierten Synchronisierungsform, bei der der Aufbau der Rechenprozesse durch die Angaben im Verfeinerungteil von Aktionsbausteinen bereits vorgege-ben ist und lediglich einschränkende Synchronisierungsbedingungen spezifiziert werden, wird hier die Synchronisierung von den benützten Resourcen aus betrachtet und es wird beschrieben, wie und von welchen Aktionen Resourcen benützt werden können, unabhängig davon, zu welchen Rechenprozessen die einzelnen Aktionen gehören.

Zur Beschreibung der möglichen Zugriffsfolgen auf Resourcen dient in den Entwurfsobjekten vom Typ DATA und INTERFACE der OPERATION-Teil, in dem die erlaubten Ausführungen in Form erweiterter Pfadausdrücke ausgedrückt werden können.

Als Operatoren stehen zur Verfügung:

| | |
|---|---|
| A→ B | A muß vor B ausgeführt werden |
| A + B | entweder A oder B werden ausgeführt (exklusiv) |
| A * | A wird wiederholt aufgeführt |
| A // B | A und B werden parallel ausgeführt |
| A REENTRANT | A kann von verschiedenen Rechenprozessen gleichzeitig benützt werden |
| A PRIO | die Ausführung von A wird bevorzugt behandelt |

<u>Beispiel:</u>

Spezifikation des Reader/Writer-Problems mit Priorität für Schreiboperationen
DATA Puffer.

...

OPERATION: Schreiben→(Lesen REENTRANT + Schreiben PRIO)*.

...

DATEND

Man erkennt den wechselseitigen Ausschluß von Lese- und Schreiboperationen und von Schreiboperationen untereinander. Als erste Aktion muß eine Schreiboperation durchgeführt werden. Schreiboperationen werden bevorzugt behandelt.

In ähnlicher Weise kann auch der Zugriff auf Hardwarebetriebsmittel spezifiziert werden. In diesem Falle wird die Zugriffsfolge bei der entsprechenden Interface-Beschreibung angegeben.

<u>Beispiel:</u>

Auf einem Ausgabegerät müssen Betriebsprotokolle und Störmeldungen ausgegeben werden, wobei die Störmeldungen eine höhere Priorität haben.
INTERFACE Ausgabegerät.

...

OPERATION: Betriebsprotokoll + Störmeldung PRIO.

...

INTERFACEEND

## 4. Möglichkeiten für eine rechnergestützte Prüfung, Umsetzung und Dokumentation der Spezifikation der Synchronisierung

Die in EPOS verfügbaren Beschreibungsmittel für die Synchronisierung ermöglichen eine umfangreiche Rechnerunterstützung bei der Analyse, Umsetzung und Dokumentation der Spezifikationen[6].

### Prüfung der Spezifikation der Synchronisierung

Beim Nachweis, daß ein spezifiziertes Realzeitsystem die gewünschten Anforderungen hinsichtlich der Synchronisierung erfüllt und daß keine Synchronisierungseigenschaften verletzt sind, lassen sich zwei verschiedene Arten von Prüfungen unterscheiden, statische und dynamische Analysen. Die statischen Prüfungen, die rechnergestützt durchgeführt werden können, ermöglichen neben dem Erkennen von Konsistenzverletzungen die Aufdeckung überflüssiger und sinnloser Spezifikationen, wie z.B. die Synchronisierung von Aktionen eines Rechenprozesses, die bereits in einem fest definierten Zusammenhang im Kontrollfluß stehen.

Um die Spezifikationen hinsichtlich Deadlockfreiheit, Livelockfreiheit, Beachtung von Kapazitätsgrenzen und Operationsfähigkeit bei Teilausfällen [6] analysieren zu können, werden die Rechenprozesse zusammen mit der aktionsorientierten Synchronisierung rechnergestützt in Petri-Netze umgewandelt. Das auf diese Weise erhaltene Petri-Netz kann mit Hilfe der in [7, 8, 9] beschriebenen Verfahren statisch analysiert werden, wobei zunächst untersucht werden muß, in welche Klasse von Petri-Netzen das spezifizierte System einzuordnen ist. Obwohl in vielen Fällen rechnergestützt nur Teilaussagen hinsichtlich der geforderten Synchronisierungseigenschaften möglich sind, ist die Umwandlung der EPOS-Spezifikationen in Petri-Netze ein wichtiger Bestandteil der statischen Analyse von Realzeitsystemen.

Die Überprüfung der resourcenorientierten Synchronisierung hinsichtlich der Erfüllung der Synchronisierungseigenschaften ist in ähnlicher Weise wie bei der aktionsorientierten Synchronisierung möglich. Mit Hilfe der in [10] beschriebenen Verfahren können für bestimmte Klassen von Pfadausdrücken statisch Aussagen abgeleitet werden, wobei als Grundlage wiederum die Umsetzung von Pfadausdrücken in Petri-Netze dient.

Zur Durchführung von dynamischen Analysen werden die Petri-Netz-Darstellungen, die man durch Umwandeln der Spezfikationen erhalten hat, simuliert, wobei sowohl stochastische Ereignisse, zeitliche Randbedingungen und Schätzwerte für die Laufzeit von Aktionen berücksichtigt werden. Simulationsergebnisse können in graphischer Form als Zeitdiagramme und in Form von Prüfberichten dargestellt werden. Durch die dynamische Simulation der Entwurfsspezifikationen lassen sich Aussagen ableiten, ob alle Daten vor der Verwendung definiert sind, ob die Hardwarebetriebsmittel korrekt benützt werden bzw. ob der Ablauf der Aktionen in der gewünschten Reihenfolge durchgeführt wird. Weiter lassen sich Konfliktfälle wie Deadlock- und Livelocksituationen aufdecken und man erhält statistische Aussagen über die Bildung von Warteschlangen. Falls die Synchronisierungsbeziehungen diversitär, d.h. sowohl aktionsorientiert als auch resourcenorientiert formuliert wurden, können während des Simulationslaufs auch diesbezüglich Unstimmigkeiten erkannt werden.

## Umsetzung der Spezifikation in elementare Synchronisierungsanweisungen

Eine wesentliche Eigenschaft der vorgestellten Spezifikation der Synchronisierung ist die Möglichkeit einer rechnergestützten Umsetzung in die Synchronisierungsanweisungen einer Programmiersprache. Ist als Zielsprache eine vorgangsorientierte Sprache vorgesehen, wird als Ausgangspunkt für die Umsetzung die aktionsorientierte Spezifikation benützt. So können zum Beispiel die Synchronisierungsbeziehungen rechnergestützt in Semaphore Operationen abgebildet werden, wie sie in PEARL zur Verfügung stehen. In ähnlicher Weise ist die Umwandlung der resourcenorientierten Spezifikation möglich, wenn als Zielsprache eine Programmiersprache verwendet wird, die die Definition von abstrakten Datentypen erlaubt.

Durch die Rechnerunterstützung bei der Realisierung der Spezifikationen erhält man eine strukturierte Anwendung von Semaphoreoperationen, die ausführlich kommentiert sind und so das Verständnis erleichtern. Die Implementierung ist zwangsläufig korrekt, da die Spezifikationen erfüllt sind.

<u>Beispiel:</u>

Für die Umsetzung der Spezifikation

EXCLUSIV (Meßwertprotokoll, Ausfallprotokoll)

benötigt man eine mit "1" initialisierte Semaphorevariable, die den exklusiven Zugriff in Form einer kritischen Sektion realisiert.

| TASK1: | TASK2: |
|---|---|
| ... | ... |
| REQUEST SEMA1; | REQUEST SEMA1; |
| Meßwertprotokoll; | Ausfallprotokoll; |
| RELEASE SEMA1; | RELEASE SEMA1; |
| ... | ... |
| END; | END; |

Durch die Zusammenarbeit von Mensch und Rechner bei der Umsetzung der Spezifikationen wird der Benutzer von Aufgaben entbunden, die, wie die Erfahrung zeigt, sehr stark fehlerbehaftet sein können. Zwar wird die vorgeschlagene Lösung in manchen Fällen zu aufwendig und zu ineffizient sein, aber es ist wesentlich einfacher ausgehend von einer korrekten Realisierung Effizienzverbesserungen durchzuführen, als eine effiziente Lösung zu korrigieren.

<u>Dokumentation der Spezifikation der Synchronisierung</u>

Die Ableitung von Petri-Netzen aus der Spezifikation bietet nicht nur Vorteile bei der Analyse, sondern ermöglicht auch eine graphische Darstellung der Beziehungen zwischen parallelen Rechenprozessen. Da Petri-Netze auf jeder Entwurfsebene, d.h. mit einem beliebigen Feinheitsgrad, rechnergestützt generiert werden können, stellen sie ein wertvolles Hilfsmittel für die Dokumentation und für die Kommunikation mit anderen Personen dar.

Petri-Netz-Graphen können sowohl ausgehend von der aktionsorientierten Spezifikation (siehe Bild 1) als auch aufgrund der resourcenorientierten Spezifikation erzeugt werden.

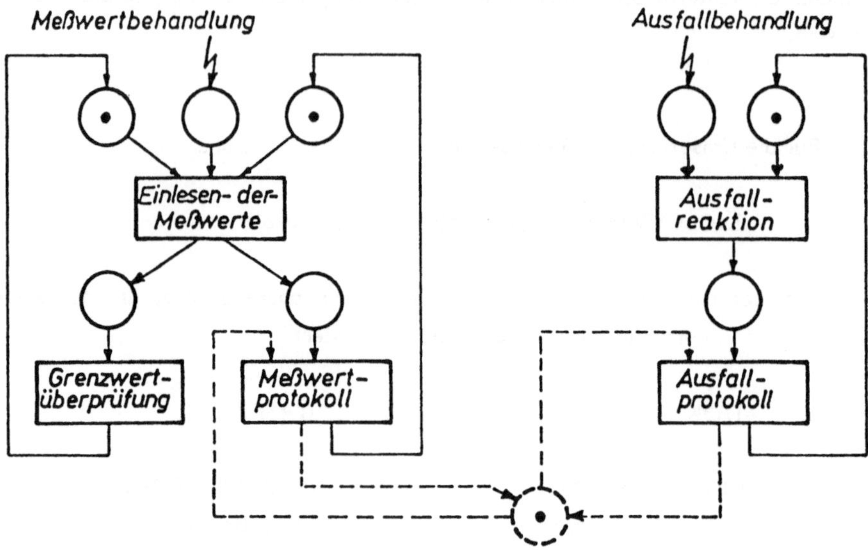



Bild 1:    Petri-Netz-Darstellung der Rechenprozesse "Meßwertbehandlung" und "Ausfallbe-
handlung"


## 5. Beurteilung der Spezifikation der Synchronisierung in EPOS


Bei der Wahl der Ausdrucksmittel wurde bewußt darauf verzichtet, Darstellungsmittel anzugeben für alle denkbaren Synchronisierungsprobleme und für alle möglichen Strukturen paralleler Rechenprozesse. Da aber durch die Sprachmittel der größte Teil der Anwendungsfälle
abgedeckt wird, ist zu erwarten, daß der Gewinn an Einfachheit und Zuverlässigkeit etwaige
Verluste an Flexibilität und Ausdrucksfähigkeit leicht aufwiegt. Die Spezifikationen sind
problemgerecht und benutzerfreundlich und enthalten keine irrelevanten Einzelheiten bezüglich
der Implementierung. Bei der Beschreibung der logischen Beziehungen zwischen Aktionen
paralleler Rechenprozesse werden keine Hilfsobjekte wie zusätzliche, nicht problemspezifische
Variablen und Prozeduren verwendet und für häufig vorkommende Probleme sind einfache
Ausdrucksmittel verfügbar.

Eine weitere wichtige Eigenschaft ist die rechnergestützte Umsetzung der EPOS-Spezifikation in Petri-Netz-Darstellungen, wodurch einerseits die in der Petri-Netz-Theorie entwickelten Theoreme bei der Analyse benützt und bereits während des Entwurfs konzeptionelle Fehler erkannt werden können, andererseits eine graphische Darstellung der Spezifikationen möglich ist. Ein Großteil der Komplexität paralleler Rechenprozesse rührt von der Tatsache her, daß diese Rechenprozesse miteinander zusammenhängen durch die Verwendung gemeinsamer Resourcen. Da der Zugriff auf Daten und Hardwarebetriebsmittel unabhängig von den spezifizierten Rechenprozessen beschrieben und rechnergestützt mit der aktionsorientierten Synchronisierung verglichen werden kann, ist es möglich, die Komplexität zu reduzieren.

Insgesamt ermöglicht die Spezifikation der Synchronisierung in EPOS eine problemgerechte, benutzerfreundliche Formulierung der am häufigsten vorkommenden Synchronisierungsprobleme und der Automatisierungsingenieur wird durch umfangreiche Rechnerunterstützung in hohem Maße unterstützt.


**Literatur:**

[1]  Biewald, J., Göhner, P., Lauber, R. und Schelling, H.: EPOS - a specification and design technique for computer controlled systems. Proc. 4th ICSE Munich 1979, pp. 245-250.

[2]  Biewald, J., Göhner, P., Lauber, R. und Schelling, H.: Das Softwarewerkzeug EPOS zur Unterstützung der Ingenieurtätigkeiten beim Entwurf und bei der Wartung von Prozeßautomatisierungssystemen. Regelungstechnik 28 (1980) S. 11-15.

[3]  Göhner,P.: EPOS - Aladins Wunderlampe für Automatisierungsingenieure.
Int. Kongreß für Datenverarbeitung IKD '80, Berlin 7.-10. Okt. 1980, S.331-338.

[4]  Biewald, J., Göhner, P. and Schelling, H.: Real-Time Features of EPOS: Formulation, Evaluation and Documentation. IFAC/IFIP Workshop on Real-Time-Programming, Leibnitz/AUSTRIA, April 14-16 (1980).

[5]  Göhner, P.: Möglichkeiten für die formale Spezifikation der Synchronisierung und Kommunikation paralleler Prozesse
in G. Hommel (Editor): Verfahren und Hilfsmittel für Spezifikation und Entwurf von Prozeßautomatisierungssystemen, KFK-PDV 154, Juni 1978, S. 288-299.

[6] Göhner, P.: Ingenieurgerechte Spezifikation der Synchronisierung paralleler Rechenprozesse. Noch nicht veröffentlichte Dissertation, Universität Stuttgart, Institut für Regelungstechnik und Prozeßautomatisierung.

[7] Peterson, J.L.: Petri Nets
Computing Surveys, Vol. 9, No. 3, September 1977, S. 223-252

[8] Scheschonk, G.: Eine einführende Zusammenfassung der Petri-Netz-Theorie
Bericht Nr. 77/12 Rote Reihe, Technische Universität Berlin, 1977

[9] Herzog, O.: Static analysis of concurrent processes for dynamic properties using petri nets
Lecture Notes in Computer Science 70
"Semantics of Concurrent Computation" 1979, S. 66-90

[10] Lauer, P.E., Campbell, R.H.: Formal semantics of a class of high-level primitives for coordinating concurrent processes
Acta Informatica, Vol. 5, Fasc. 1, 1975, S. 237-332

<u>RECHNERGESTÜTZTE UMSETZUNG VON EPOS-SPEZIFIKATIONEN</u>

<u>IN PEARL-PROGRAMME</u>

E. Joho, S. Jovalekić

Institut für Regelungstechnik und Prozeßautomatisierung Universität Stuttgart

## 1. Einleitung

EPOS (Entwurfsunterstützendes Prozeß-Orientiertes Spezifikationssystem) ist ein Software-Werkzeug zur Unterstützung von Projektierung, Entwicklung, Dokumentation, Inbetriebnahme, Wartung und Handhabung von rechnergesteuerten Echtzeitsystemen [1], [2],
[3]. Es beinhaltet die Sprachteile EPOS-R zur Beschreibung der Aufgabenstellung (Requirements) und EPOS-S zur Spezifikation des Hardware- und Softwareentwurfs.

Es wird gezeigt, wie die Struktur und der Inhalt einer EPOS-S-Beschreibung auf ein
PEARL-Programm abgebildet werden kann und welche Zuordnung zwischen den durch EPOS-S
beschriebenen Verarbeitungsvorgangs-Strukturen, Echtzeiteigenschaften (Prozeßereig-
nisse, Zeitbedingungen), Kontrollflußkonstrukten, Daten, Synchronisationen paralleler
Verarbeitungsvorgänge und den dafür in PEARL vorhandenen Sprachelementen besteht.

Die Umsetzung wird ausschnittweise am Beispiel des Modellprozesses einer Verteilanla-
ge demonstriert, wie sie in einem Lagerhaus, bei der Post oder in modifizierter Form
bei der Zugzusammenstellung in einem Rangierbahnhof Anwendung finden kann.


## 2. Umsetzung der Verarbeitungsvorgangs-Struktur einer EPOS-S-Spezifikation in die Struktur eines PEARL-Programms

Die Grundlage zur Beschreibung eines Automatisierungssystems in EPOS stellt das Ent-
wurfsebenen-Modell dar, das durch die schrittweise Verfeinerung während des Entwurfs-
vorganges und durch Aufteilung des zu entwerfenden Systems in Ebenen unterschiedlichen Detailliertheitsgrades erhalten wird [4].
Diesem Prinzip der schrittweisen Verfeinerung kommt PEARL durch seine Blockstruktur
entgegen, d.h. ein PEARL-Programmsystem ist in sich aus PEARL-Moduln, diese wiederum
aus Tasks, Prozeduren und den sogenannten BEGIN-END-Blöcken aufgebaut. Letztere können sowohl in Tasks als auch in Prozeduren auftauchen und zudem in sich selbst verschachtelt sein. Beim Umsetzvorgang EPOS ⟶ PEARL wird jedem Verarbeitungsvorgang
(ACTION) einer dieser Blöcke innerhalb eines PEARL-Programmsystems zugewiesen.

Die Information über die Struktur der Verarbeitungsvorgänge ist in EPOS in formaler Weise im Verfeinerungsteil eines Verarbeitungsvorgangs enthalten. Dort kann die Verfeinerung durch Auflisten von Untervorgängen und Elementaroperationen und deren konkontrollflußmäßigen Zusammenhang angegeben werden. Aus diesen Angaben kann dann gemäß den in den folgenden Abschnitten beschriebenen Umsetzungsregeln eine eindeutige Zuordnung zu den oben genannten PEARL-Blöcken getroffen werden, mit folgender Ausnahme: Die Zuordnung eines Verarbeitungsvorgangs zu einem PEARL-Modul (d.h. einer getrennt compilierbaren Programmeinheit) muß dem Umsetzprogramm explizit bekannt gemacht werden.

## 2.1  Verarbeitungsvorgänge in EPOS, die in PEARL in Tasks umgesetzt werden

Innerhalb dieses Abschnitts wird sowohl die Umsetzung der spezifizierten Verarbeitungsvorgänge in Tasks als auch die dazu in PEARL erforderliche Tasksteuerung beschrieben.

a) Ein Verarbeitungsvorgang, der keinen anderen als Vorgänger hat (d.h. der oberste Verarbeitungsvorgang in einer Hierarchie von Verarbeitungsvorgängen) wird grundsätzlich in eine Task umgesetzt, in der beispielsweise Einplanungen für andere Tasks vorgenommen werden.

b) Alle Verarbeitungsvorgänge, die im Verfeinerungsteil einer Aktion als unabhängig durch die Operatoren '(/' und '/)' spezifiziert wurden, werden in Tasks umgesetzt. Die in dieser Liste aufgeführten Verarbeitungsvorgänge enthalten in ihrer eigenen Beschreibung nach dem Schlüsselwort TRIGGERED den Namen eines Prozeß- oder Zeitereignisses, bei dessen Auftreten der jeweilige Verarbeitungsvorgang durchgeführt werden soll. Bei der Realisierung in PEARL ist hierzu eine Einplanung in einer Task erforderlich, durch die über eine Tasksteueranweisung bei Auftreten des entsprechenden Unterbrechungssignals eine Aktivierung der dazugehörenden Task erfolgt.

```
        E P O S                             P E A R L
ACTION PAKETVERTEILUNG.                 PAKETVERTEILUNG: TASK;
        :                                       :
        :                                       :
DECOMPOSITION: SET (ES-INTERRUPT,           WHEN ESINTERRUPT
             SAMMEL-INTERRUPT)              ACTIVATE ESSTEUERUNG;
           (/ES-STEUERUNG,                          :
             VS-STEUERUNG/).                         :
        :                               END;  /*ENDE PAKETVERTEILUNG*/
ACTIONEND                               ESSTEUERUNG: TASK;
ACTION ES-STEUERUNG.                            :
        :                                       :
        :                               END;  /*ENDE ESSTEUERUNG*/
TRIGGERED: ES-INTERRUPT.                        :
        :                                       :
        :
ACTIONEND
```

<u>Bild 1:</u> Umsetzung unabhängiger Verarbeitungsvorgänge, die beim Auftreten von Unterbrechungssignalen durchgeführt werden.

c) Wird ein Verarbeitungsvorgang in zwei oder mehrere nebenläufige Untervorgänge verfeinert (mit Hilfe des sogenannten PARALLEL-Teils), so wird für jeden der nebenläufigen Untervorgänge eine Task vorgesehen und ebenso eine für den verfeinerten
Verarbeitungsvorgang. Letztere Task muß wiederum die Tasksteueranweisungen zur
Aktivierung der für die nebenläufigen Untervorgänge vorgesehenen Tasks enthalten.
Eine Minimierung der Taskanzahl kann durch Zusammenfassung der beiden Tasks, in
die der verfeinerte Verarbeitungsvorgang und einer seiner nebenläufigen Untervorgänge umgesetzt wurden, in eine gemeinsame Task erreicht werden. Dabei wird der
betreffende nebenläufige Untervorgang in einen BEGIN-END-Block abgebildet.

E P O S

```
ACTION VS-STEUERUNG.
    :
    :
DECOMPOSITION: PARALLEL (VS-DATEN-ERFASSUNG,
                         VS-BEARBEITEN).
    :
    :
ACTIONEND
```

P E A R L

$\alpha$)

```
VSSTEUERUNG: TASK;
    :
   ACTIVATE VSDATENERFASSUNG;
   ACTIVATE VSBEARBEITEN;
END; /*ENDE VSSTEUERUNG*/

VSDATENERFASSUNG: TASK;
    :
END;  /*ENDE VSDATENERFASSUNG*/

VSBEARBEITEN: TASK;
    :
END;  /*ENDE VSBEARBEITEN*/
```

$\beta$)

```
VSTEUERUNG: TASK;
    :
   ACTIVATE VSDATENERFASSUNG;
   BEGIN;
       /*VS-BEARBEITEN*/
   END;
END; /*ENDE VSSTEUERUNG*/

VSDATENERFASSUNG: TASK;
    :
END; /*ENDE VSDATENERFASSUNG*/
```

Bild 2: Umsetzung eines Verarbeitungsvorgangs mit nebenläufigen Untervorgängen
$\alpha$ ) ohne Minimierung der Taskanzahl
$\beta$ ) mit Minimierung der Taskanzahl

d) Etwas aufwendiger wird die Umsetzung eines in EPOS-S formulierten ereignis- oder
datenabhängigen Fortsetzungsproblems. Der in Bild 3 dargestellte Verarbeitungsvorgang kann mit seiner Verfeinerung in Untervorgänge folgendermaßen interpretiert
werden:

trifft das Unterbrechungssignal PAKET-AUSLAUF-INTERRUPT innerhalb der Zeitdauer
MAX-AUSLAUFZEIT ein, wird der Verarbeitungsvorgang ZAEHLER-INKREMENTIEREN ausgeführt,
ansonsten AUSLAUF-FEHLER-MELDEN.


```
ACTION ZEIT-UEBERWACHEN.
    :
    :
DECOMPOSITION: WAIT FOR PAKET-AUSLAUF-INTERRUPT
                   WITHIN MAX-AUSLAUFZEIT
                       THEN ZAEHLER-INKREMENTIEREN
                       ELSE AUSLAUF-FEHLER-MELDEN
             WAITEND.
    :
    :
ACTIONEND
```

Bild 3: Beschreibung eines ereignisabhängigen Fortsetzungsproblems in EPOS-S


Bei der Umsetzung in PEARL muß also eine Zeitüberwachung realisiert werden, die
über einen "Erfolgs- und Mißerfolgsausgang" verfügt. Dazu wird der verfeinerte Verarbeitungsvorgang ZEIT-UEBERWACHEN in eine Task abgebildet. Sie enthält die Tasksteueranweisungen zur ereignis- und zeitabhängigen Einplanung des ebenfalls als Task
implementierten "Mißerfolgausgangs" (Untervorgang AUSLAUF-FEHLER-MELDEN) und den
- durch einen BEGIN-END-Block umschlossenen - "Erfolgsausgang" (Untervorgang ZAEH-
LER-INKREMENTIEREN). Die Task, die den "Mißerfolgsausgang" repräsentiert, muß ihrerseits die ereignisabhängige Einplanung der anderen Task löschen.
Die Lösung wird in Bild 4 vorgestellt.

```
ZEITUEBERWACHEN: TASK;
    :
AFTER MAXAUSLAUFZEIT ACTIVATE AUSLAUFFEHLERMELDEN;
WHEN PAKETAUSLAUFINTERRUPT RESUME;
PREVENT AUSLAUFFEHLERMELDEN;
    BEGIN;
       /*ZAEHLER-INKREMENTIEREN*/
    END;
    :
    :
END; /*ENDE ZEITUEBERWACHEN*/

AUSLAUFFEHLERMELDEN: TASK;
   PREVENT ZEITUEBERWACHEN;
   TERMINATE ZEITUEBERWACHEN;
    :
END; /*ENDE AUSLAUFFEHLERMELDEN*/
```
Bild 4: Umsetzung einer ereignisabhängigen EPOS-S-Spezifikation in PEARL

## 2.2 Verarbeitungsvorgänge in EPOS, die in PEARL in Prozeduren oder BEGIN-END-Blöcke umgesetzt werden

Verarbeitungsvorgänge, die in der EPOS Spezifikation mehr als einen Verarbeitungsvorgang zum Vorgänger haben, werden in PEARL in eine Prozedur umgesetzt.
In EPOS gibt es Sprachmittel für die Spezifikation aktueller Parameter bei der Verfeinerung eines Verarbeitungsvorgangs in einen mehrfach benutzten Untervorgang. Die formalen Parameter werden innerhalb des mehrfach benutzten Untervorganges beschrieben. Dadurch läßt sich die Umsetzung in einen Prozeduraufruf mit Übergabe von aktuellen Parametern sowie die Vereinbarung der Prozedur selbst mit ihren formalen Parametern in PEARL realisieren. Alle weiteren Verarbeitungsvorgänge, die die vorgenannten Merkmale nicht besitzen, werden in PEARL auf einen BEGIN-END-Block abgebildet.


## 3. Realisierung der EPOS-Datenspezifikation

Alle in der EPOS-S-Spezifikation verwendeten Daten müssen in Entwurfsobjekten vom Typ DATA formal beschrieben werden. Diese Daten können dabei durch Attribute (z.B. TYPE, INITIAL, IDENTICAL) näher beschrieben werden. Dabei wird die Möglichkeit geboten, sowohl einfache als auch zusammengesetzte Daten zu spezifizieren. Jeder der Datenbeschreibungen in EPOS-S ist in PEARL eine Datendeklaration zugeordnet, wobei die Umsetzung einer Einzeldate, Datenstruktur oder eines Datenfeldes unter Verwendung der in EPOS-S beigefügten Attribute in eine PEARL-Datendeklaration eindeutig ist.


```
    EPOS                                PEARL

DATA MAX-AUSLAUFZEIT.                DCL MAXAUSLAUFZEIT    DURATION
  :                                       INITIAL (1Ø SEC);
  :
TYPE : DUR.
INITIAL : 1Ø /'SEC'/.
  :
  :

DATAEND
```

Bild 5: Umsetzung der EPOS-Spezifikation einer Einzeldate in eine PEARL-Datendeklaration


Für andere in EPOS beschreibbare zusammengesetzte Daten wie Datenklassen, Datensätze (Datenmenge ohne strukturelle Beziehung untereinander), Warteschlangen (Datenbereich mit FIFO-Bearbeitungsstrategie), Kellerspeicher (Datenbereich mit LIFO-Bearbeitungsstrategie) usw. gibt es in PEARL kein Äquivalent und damit auch keine eindeutige Umsetzung. So kann ein Datensatz beispielsweise in PEARL als eine Struktur oder als mehrere Einzeldaten deklariert werden. Eine Lösungsmöglichkeit zur Umsetzung einer

Warteschlange (in EPOS mit dem Attribut QUEUE gekennzeichnet) durch die Deklaration
einer Struktur ist in Bild 6 enthalten. Dort werden implizit bei der Strukturdeklara-
tion als Elemente ein Feld zur Beschreibung des Datenbereichs, ein Schreib- und Lese-
zeiger sowie ein Warteschlangenstatus zur Durchführung der Warteschlangenoperationen
eingesetzt.

Bei der Umsetzung der EPOS-Datenbeschreibung ist es wichtig, wo die umgesetzten PEARL
Deklarationen innerhalb des Programms eingefügt werden. Hierbei unterscheidet man
zwei Fälle:

- Der Gültigkeitsbereich einer Date ist explizit in der EPOS-Datenspezifikation festgelegt (im sogenannten SCOPE-Teil). Dann muß die Datendeklaration zu Beginn des
  Programmblocks stehen, auf den der Verarbeitungsvorgang abgebildet wurde, der in
  der EPOS-Datenspezifikation hinter dem Schlüsselwort SCOPE steht.

- Ist der Gültigkeitsbereich einer Date in EPOS nicht explizit angegeben, muß die
  Datendeklaration zu Beginn desjenigen Programmblocks stehen, auf den der Verarbeitungsvorgang abgebildet wurde. Er schließt alle weiteren Verarbeitungsvorgänge ein,
  die die betreffende Date verwenden.

```
      EPOS                              PEARL

DATA QUEUE VS-QUEUE.              DCL VSQUEUE STRUCT
                                     (/FELD (1:2Ø) FIXED,
TYPE : FIXED.                         SCHREIBZEIGER FIXED INITIAL (1),
LENGTH : 2Ø.                          LESEZEIGER FIXED INITIAL (1),
RANGE : 8→15.                         STATUS BIT INITIAL ('Ø'B1) /);
DATAEND
```

Bild 6: Umsetzung einer EPOS-Spezifikation einer Warteschlange in eine PEARL-
       Datenstrukturdeklaration


## 4. Umsetzung von EPOS-S-Kontrollflußkonstrukten und -Elementaroperatoren

Im Verfeinerungsteil eines Verarbeitungsvorgangs werden die Verfeinerungen in Untervorgänge und deren kontrollflußmäßiger Zusammenhang sowie die erforderlichen Elementaroperationen angegeben.

Einen etwas komplizierteren Umsetzvorgang erforderte der Verfeinerungsteil des Beispiels in Bild 3 aus Abschnitt 2.1. Die übrigen Kontrollflußkonstrukte von EPOS-S
sind denen einer höheren Programmiersprache sehr ähnlich, so daß auch ihre Umsetzung
in PEARL-Kontrollflußkonstrukte keinerlei Schwierigkeiten bereitet: eine Folge von
Verarbeitungsvorgängen wird in eine Folge von Programmblöcken, die bedingte Verzweigung, Konvergenzschleifen und Zählschleifen werden 1:1 in PEARL-Kontrollflußkonstrukte umgesetzt.

```
        EPOS                              PEARL

ACTION VS-BEARBEITEN.             BEGIN; /*VS-BEARBEITEN*/
   .                              IF VSSTELLBAR
   .                                 THEN
DECOMPOSITION:IF VS-STELLBAR             BEGIN;
            THEN LENKORGAN-STELLEN            /*LENKORGAN-STELLEN*/
            ELSE IN QUEUE-SCHREIBEN       END;
          FI.                          ELSE
   .                                       BEGIN;
   .                                          /*IN-QUEUE-SCHREIBEN*/
ACTIONEND                                  END;
                                     FIN;
                                     END; /*ENDE VS-BEARBEITEN*/
```

Bild 7: Umsetzung einer EPOS-S- in eine PEARL-Kontrollflußstruktur

Da im Gegensatz zu den oben angeführten Kontrollflußstrukturen die EPOS-Mehrfachverzweigung weit universeller als die ihr in PEARL am nächsten stehende CASE-Anweisung
ist, ist eine direkte Umsetzung in sie nur in speziellen Fällen möglich. Im allgemeinen muß die EPOS-Mehrfachverzweigung durch verschachtelte IF-THEN-ELSE-Konstrukte in
PEARL implementiert werden.
Zur Beschreibung von Elementaroperationen auf Verarbeitungsvorgänge besitzen EPOS
und PEARL äquivalente Sprachmittel.

```
        EPOS                              PEARL

DELAY (1Ø /'SEC'/)               AFTER 1Ø SEC RESUME;
STOP (NACHFUEHR-UEBERWACHUNG)    TERMINATE NACHFUEHRUEBERWACHUNG;
```

Bild 8: Beispiele der Umsetzung von EPOS-Elementaroperationen in PEARL-Anweisungen


## 5. Realisierung der EPOS-Synchronisierungsspezifikation durch Semaphoroperationen in PEARL-Anweisungen

Zur Beschreibung der Synchronisation von parallel ablauffähigen (nebenläufigen) Verarbeitungsvorgängen bietet EPOS-S mehrere Ausdrucksmöglichkeiten [5]:

- gegenseitiger Ausschluß von Verarbeitungsvorgängen (EXCLUSIVE)
- einfache Reihenfolge von Verarbeitungsvorgängen (SEQUENCE)
- zyklische Reihenfolge von Verarbeitungsvorgängen (CYCLIC)
- bedingte Fortsetzung von Verarbeitungsvorgängen (WAIT FOR, WAIT UNTIL)

Die Realisierung der Synchronisierung von nebenläufigen Verarbeitungsvorgängen erfolgt in PEARL in den ersten drei Fällen durch Synchronisierungsvariable (Semaphor-, Boltvariable). Eine Realisierung der bedingten Fortsetzung wurde schon in den Bildern 3 und 4 gezeigt. Da die Beschreibung der Synchronisierungsprobleme in EPOS wesentlich einfacher und übersichtlicher ist als in PEARL, erfolgt die Umsetzung in Programmanweisungen durch Einsetzen vorgefertigter Lösungen, die in einer Liste abgelegt sind. Die Umsetzung läuft dadurch in folgenden Schritten ab:

- Klassifikation des Synchronisierungsproblems
- Suchen der vorgefertigten Lösung in einer bereitgestellten Liste
- Einsetzen der gefundenen Lösung in das Programm


```
ACTION VS-STEUERUNG.
   :
DECOMPOSITION : PARALLEL (VS-DATEN-ERFASSUNG, VS-BEARBEITEN).
SYNCHRO : CYCLE (IN-PUFFER-SCHREIBEN ─→ AUS-PUFFER-LESEN).
ACTIONEND
```

Bild 9: Zyklische Reihenfolge von Verarbeitungsvorgängen


Aus dem Gesamtentwurf geht hervor (nicht aus Bild 9 erkennbar), daß IN-PUFFER-SCHREIBEN ein Untervorgang von VS-DATEN-ERFASSUNG und AUS-PUFFER-LESEN ein Untervorgang von VS-BEARBEITEN ist. Die Realisierung in PEARL muß so aussehen, daß die Programmblöcke, auf die die Verarbeitungsvorgänge IN-PUFFER-SCHREIBEN und AUS-PUFFER-LESEN abgebildet werden, zyklisch ablaufen, wobei sichergestellt sein muß, daß der Programmblock, auf den IN-PUFFER-SCHREIBEN abgebildet wurde, zuerst ablauffähig ist. Die Lösung in PEARL ist Bild 10 zu entnehmen.

```
DCL SEMA1 SEMA PRESET (1);
DCL SEMA2 SEMA PRESET (0);

VSDATENERFASSUNG : TASK;               VSBEARBEITEN : TASK;
   :                                      :
   :                                      :
   REQUEST SEMA1;                         REQUEST SEMA2;
      BEGIN;                                 BEGIN;
         /*IN-PUFFER-SCHREIBEN*/               /*AUS-PUFFER-LESEN*/
      END;                                  END;
   RELEASE SEMA2;                         RELEASE SEMA1;
   :                                      :
END; /*ENDE VSDATENERFASSUNG*/            :
                                       END; /*ENDE VSBEARBEITEN*/
```

Bild 10: Realisierung des zyklischen Reihenfolgeproblems in PEARL

## 6. Implementation von Algorithmen

Verarbeitungsvorgänge ohne Verfeinerung (sogenannte terminale Verarbeitungsvorgänge)
verkörpern i.a. einen Algorithmus oder den Teil eines solchen. Da mit Hilfe von
EPOS-S keine Algorithmik beschrieben werden kann, kann an dieser Stelle auch kein
Programmcode automatisch generiert werden. Bei der rechnergestützten Umsetzung bietet
das EPOS-System jedoch folgende Unterstützung:

- Enthält der terminale Verarbeitungsvorgang einen sogenannten CODE-Teil, so kann in
  diesen Quellcode eingesetzt werden, der dann innerhalb des PEARL-Programms an der
  entsprechenden Stelle automatisch eingefügt wird.

- Enthält der terminale Verarbeitungsvorgang keinen CODE-Teil, dann wird dem Programmierer der Hinweis gegeben, daß er den entsprechenden Teil des Programms nach einer
  verbalen Beschreibung zu programmieren oder welche Softwarepakete er einzufügen
  hat. Die Informationen darüber sind in dem jeweiligen Verarbeitungsvorgang enthalten.


## 7. Vorteile der rechnergestützten Umsetzung

Die Vorteile der rechnergestützten Umsetzung eines durch EPOS-S spezifizierten Entwurfs in ein PEARL-Programm sind in einer Reihe von rechnergestützten Hilfsmitteln
zu sehen, die das EPOS-System dem Anwender bietet. So wird ihm durch die schritthaltende automatische Dokumentation (textueller wie auch graphischer Art) in EPOS
gleichzeitig die Programmdokumentation geliefert, was eine wesentliche Erleichterung
bei der Inbetriebnahme und Wartung eines Programmsystems bringt. Besonders die vielfältigen Prüfmöglichkeiten des EPOS-Systems ermöglichen es, schon im Stadium des Entwerfens spätere Programmfehler zu vermeiden und korrekte Programme zu erzeugen. So
ist es - nur um ein Beispiel anzuführen - möglich, Gültigkeits- und Wertebereiche
von Daten zu überprüfen.
Weiterhin ist auf Grund der Prüfmöglichkeiten in EPOS eine benutzerfreundliche und
überschaubare Änderung des Entwurfs und damit letztlich des aus ihm generierten Programms möglich. Das erlaubt dem Anwender, Änderungen im Programmsystem von seiten
der Entwurfsbeschreibung vorzunehmen und gleichzeitig alle damit verbundenen Querbe-
züge aufzudecken.
Wie schon im Beispiel einer Synchronisation gezeigt wurde, ist die Formulierung eines Synchronisationsproblems in EPOS weitaus einfacher und übersichtlicher als in
PEARL. Besonder hier bringt eine rechnergestützte Umsetzung eine bedeutende Unterstützung und Vorbeugemaßnahme gegen schwierig zu findende Programmverklemmungen
("DEADLOCKS") auf Grund fehlerhaft angebrachter Semaphoroperationen.

## 8. Schwierigkeiten und Schlußbemerkung

Da in der EPOS-S-Beschreibung nur die benutzerdefinierten Geräte und Prozeßsignalnamen, nicht aber die systemdefinierten Gerätenamen enthalten sind, kann aus diesen Angaben noch kein PEARL-Systemteil automatisch generiert werden. Allerdings kann durch eine rechnergestützte Erstellung einer Liste mit den benutzerdefinierten Schnittstellen dem Programmierer eine wesentliche Hilfe bei der Erstellung des PEARL-Systemteils geliefert werden.

Bei der Eingliederung von Datendeklarationen mit Anfangswertzuweisung in das PEARL-Programm ist zu beachten, daß die betreffenden Daten nicht nur beim Programmstart sondern bei jedem Durchlaufen der Datendeklaration mit dem Anfangswert versehen werden.

Sicherlich ist der nach den vorgenannten Umsetzregeln erzeugte PEARL-Code noch nicht optimal und kann daher für einen bestimmten Zielrechner entsprechend nachoptimiert werden. Sicherlich ist aber damit eine solide Basis für ein der Entwurfsbeschreibung entsprechendes, korrektes Programm geschaffen. Dies wurde auch bei einer Umsetzung von Hand (nach den beschriebenen Umsetzregeln) einer EPOS-S-Spezifikation mit 170 Entwurfsobjekten für die Automatisierung einer Paketverteilanlage in ein PEARL-Programm (ca. 1000 Quellanweisungen, 8 Tasks, 35 Kbyte statischer Code) erprobt und am physikalischen Modell der Anlage bestätigt [6]. Die in diesem Programm festgestellten Fehler konnten verhältnismäßig schnell durch Verbesserungen im Entwurf und danach im Programm beseitigt werden.

## 9. Danksagung

Die Autoren danken Herrn Prof. Dr.-Ing. R. Lauber, Herrn Dipl.-Ing. H. Schelling und Herrn Dipl.-Ing. J. Biewald für hilfreiche Diskussionen und kritische Durchsicht dieses Aufsatzes.

## 10. Literatur

[1] Lauber, R.: Rechnergestütztes Entwerfen und Dokumentieren von Prozeßautomatisierungssystemen mit EPOS. GI 9. Jahrestagung Bonn. Springer-Verlag 1979

[2] Biewald, J., Göhner, P., Lauber, R. und Schelling, H.: Das Software-Werkzeug EPOS zur Unterstützung der Ingenieurtätigkeiten beim Entwurf und bei der Wartung von Prozeßautomatisierungssystemen. Regelungstechnik 28 (1980) S. 11-15

[3] Einführung in EPOS 80. Schulungsunterlage. Herausgegeben vom Institut für Regelungstechnik und Prozeßautomatisierung, Universität Stuttgart, Juli 1980

[4] Lauber, R.: Modelle zur Beschreibung des Entwerfens von Prozeßautomatisierungssystemen, Regelungstechnik 27 (1979) S. 373-379

[5] Göhner, P.: Ingenieurgerechte Spezifikation der Synchronisierung paralleler Rechenprozesse. Doktorarbeit an der Universität Stuttgart, 1980 (wird veröffentlicht)

[6] Scheidt, H.G.: Umsetzung einer EPOS-Spezifikation in ein PEARL-Programm am Beispiel der Paketverteilanlage. Diplomarbeit am Institut für Regelungstechnik und Prozeßautomatisierung der Universität Stuttgart 1980.

Computerunterstützte Verteilung von Anwenderprogrammen
in Mehrrechnersystemen


H. Wettstein                 E. Matthias
Universität Karlsruhe        Standard Elektrik Lorenz
7500 Karlsruhe 1             7000 Stuttgart 40



## Zusammenfassung

Im folgenden wird über Aufgaben und Arbeitsweise eines Unterstützungs-
programms berichtet, das ein sequentielles Programm aufgrund einer In-
stallationsbeschreibung in eine parallele Struktur gleichzeitig
ablauffähiger Prozesse umwandelt. Diese Umwandlung geschieht durch
Ergänzen der zur Parallelisierung und Kommunikation notwendigen Programmteile und wird unter besonderer Berücksichtigung der Installation
der Programme auf einem Mehrrechnersystem durchgeführt.


## 1. Einführung

Zur Lösung von Echtzeitaufgaben werden heute in großem Umfang Mehrrechnersysteme in Form lokaler Netze eingesetzt, insbesondere bei Verwendung
der relativ preisgünstigen Mikrorechner ([Bel 79], [Nil 78], [Hän 80]).
Vorteile der Verteilung von Aufgaben auf verschiedene Rechner sind u.a.:

- optimale Anpassung von Rechnern an bestimmte Teilaufgaben,
- problemangepaßte unterschiedliche Maßnahmen hinsichtlich Zuverlässigkeit und Sicherheit für die Einzelrechner,
- physische Zuordnung einzelner Rechner zu den zu steuernden Periphe-
  riegeräten.

Programme für ein Mehrrechnersystem müssen in parallel ablauffähige und
miteinander kommunizierende Prozesse gegliedert sein. Diese Strukturierung sowie die notwendigen Kommunikationen müssen beim heutigen Stand der
Technik vom Programmierer explizit organisiert bzw. in die Programme
eingefügt werden. Die Folge davon sind konfigurationsabhängige Problemlösungen, deren Nachführung an sich ändernde Situationen (Hinzufügen
von Mikrorechnern, Umverteilung der Last) entsprechende Kosten verursacht. Tatsächlich sind aber algorithmische Fassung (funktionelle Lösung)
und Parallelisierung (spezielle strukturelle Lösung) getrennte Vorgänge,
die man im Zuge der Erstellung eines Programmes nacheinander vollziehen
kann. Die algorithmische Fassung ist als sequentielles Programm formu-
lierbar, die Parallelisierung bedeutet die nachträgliche Umwandlung dieses Programms in Teile, die als Prozesse ablauffähig sind. Diese Umwandlung kann aufgrund einer Verteilungsbeschreibung erfolgen, die sowohl die
Zuordnung der Programmteile zu Rechnern als auch gewisse Vorgaben über
die Realisierung von Kommunikationen zwischen den Teilen enthält.

Liegt ein sequentielles Programm (z.B. in FORTRAN oder PASCAL) und eine
Verteilungsbeschreibung vor, so besteht die Aufgabe, aus diesen Komponenten lauffähige Programmpakete für die einzelnen Rechner des Mehrrechnersystems zu erzeugen. Dabei müssen die Beziehungen zwischen den einzelnen Teilprogrammen erhalten bleiben. Die der Aufgabenstellung inhe-
renten Möglichkeiten der Parallelverarbeitung sollen aber möglichst optimal genutzt werden.

Diese Aufgabe läßt sich automatisch durch ein Dienstleistungsprogramm,
eine Art Vorübersetzer, lösen. Da dieses Dienstprogramm nach außen
sichtbar eine zunächst geschlossene Problemlösung auf mehrere Programmpakete für die einzelnen Rechner verteilt, sei er als "Verteiler" bezeichnet. Im Zuge der Verteilung werden Programmteile kopiert, als Pro-

zesse organisiert und die Kommunikationsoperationen eingefügt. Der Verteiler ist demnach auch ein Programmodifikator und in dieser Funktion vergleichbar mit den früher üblichen überlagernden Bindern. Im Gegensatz zu jenen Bindern wird hier aber eine Lösung propagiert, die Modifikationen auf Quellsprachniveau durchführt. Notwendige Textverschiebungen und größere Einfügungen lassen sich dabei wegen der noch nicht vorhandenen Adreßbindung wesentlich leichter vornehmen.

## 2. Das Prozeß-Kanalkonzept

Ziel des zu beschreibenden Verfahrens ist die Organisation der lauffähigen Anwenderprogramme in Form von Prozessen. Die Prozesse sind die alleinigen Träger aller Aktivitäten. Sie erfüllen definierte Teilaufgaben und werden hierzu durch Aufträge veranlaßt. Sie verharren in einem Wartezustand, solange kein entsprechender Auftrag vorliegt. Zur Übermittlung der Aufträge und der damit verbundenen aktuellen Daten muß ein leistungsfähiges Kommunikationssystem existieren. Als geeignet erweist sich das Kanalkonzept, das die Kommunikationselemente als selbständige, identifizierbare Objekte definiert (siehe z.B. [Hab 76]). Nachrichten werden an diesen Objekten, nicht dagegen an den Zielprozessen abgelegt. Damit ist es möglich, daß sich auch funktionsgleiche Empfängerprozesse (was bei der Parallelisierung notwendig ist) an einen Kanal anhängen, um dort alternativ Aufträge abzuholen (z.B. [RMX 78]).

Im Bild 1 ist diese Art der Interprozeßkommunikation schematisch dargestellt. Mehrere Quellprozesse können sporadisch Botschaften an einen Kanal senden. Entweder die Nachrichten selbst oder Verweise auf diese werden an den Kanälen gespeichert. Die zugehörige Betriebssytemfunktion ist SENDE(Kanalidentifikation, Botschaft).

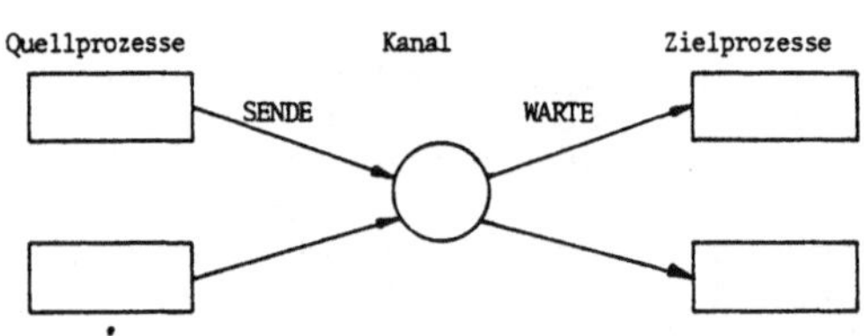


Bild 1:   Schematische Darstellung der Interprozeßkommunikation über einen Kanal (die Pfeile geben die Datenflußrichtung an)

Zielprozesse melden sich ebenso sporadisch über die Funktion WARTE(Kanalidentifikation, Botschaft) am Kanal. Falls Botschaften vorliegen, wird jeweils eine davon einem rufenden Zielprozeß übergeben. Falls keine vorliegen, werden die rufenden Zielprozesse in den Wartezustand versetzt und dem Kanal zugeordnet. Nach Eintreffen von Botschaften werden sie wieder aus dem Wartezustand gelöst und können dann je eine Botschaft übernehmen.

In Bild 2 ist die diesem Konzept entsprechende Gestaltung eines Prozesses dargestellt. Er ist programmtechnisch aus einem einmal durchlaufenen Initialisierungsteil und einer Endlosschleife aufgebaut. In der Schleife steht im allgemeinen zu Beginn eine WARTE-Operation am Eingangskanal (Warten auf Auftrag), am Ende eine SENDE-Operation (Senden Ergebnis am Ausgangskanal). Innerhalb des Ausführungsteils können wiederum SENDE/WARTE-Operationen für Unteraufträge an andere Prozesse vorliegen.

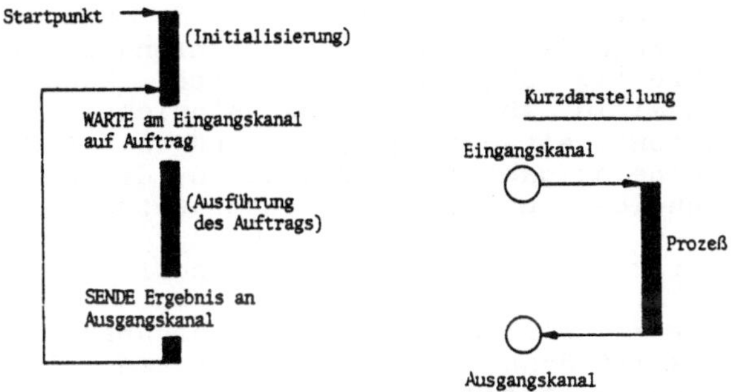



Bild 2:   Innere Gestaltung eines Prozesses.

Das Kanalkonzept läßt sich durch Zwischenschalten von Botschaften einsammelnden Instanzen (am Ausgang eines Rechners) und Botschaften verteilenden Instanzen (am Eingang eines Rechners) so erweitern, daß die beschriebene Kommunikation in der gleichen Weise auch zwischen Prozessen
auf unterschiedlichen Rechnern ablaufen kann. Es soll ferner möglich
sein, daß die Zielprozesse für einen Kanal auch auf unterschiedlichen
Rechnern liegen. In diesem Fall muß der Kanal zumindest logisch im Rechner-Vebindungsnetzwerk angesiedelt sein (Bild 3). Ebenso muß auch eine
Verteilung der Quellprozesse auf mehrere Rechner möglich sein.

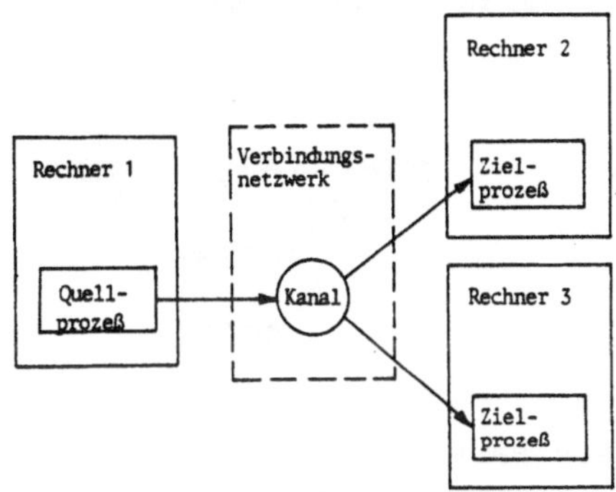



Bild 3:   Kommunikation über einen Kanal bei verteilten Zielprozessen

Bei dem nachstehend beschriebenen Verfahren zur Verteilung von Anwenderprogrammen können wir davon ausgehen, daß zur Laufzeit auf den einzelnen
Rechnern ein Betriebssystem vorliegt, das die Zuteilung des Prozessors an
die Prozesse dieses Rechners vornimmt und das die beschriebene Interprozeßkommunikation auch über Rechnergrenzen hinweg bewerkstelligt.

## 3. Parallelisierungsarten

Zweck der Verteilung von Teilaufgaben auf verschiedene Rechner des Mehrrechnersystems ist es, die gleichzeitige Bearbeitung gleicher oder verschiedener Teilaufgaben möglich zu machen, d.h. parallele Strukturen zu
erzeugen.

Man unterscheidet innere und äußere Parallelität. Bei der inneren Parallelität werden im Zuge der einmaligen Ausführung einer Aufgabe gewisse Teilaufgaben gleichzeitig abgewickelt. Hierbei können aber nur solche Teilaufgaben gleichzeitig ablaufen, die hinsichtlich der beteiligten Daten gewissen Disjunktheitsbedingungen genügen. Äußere Parallelität liegt vor, wenn eine Aufgabe gleichzeitig für die Bearbeitung mehrerer gleicher aber unabhängiger Aufträge eingesetzt werden kann.

Die innere Parallelität hat folgende Erscheinungsformen:

- Einfache innere Parallelität: Zwei Teilaufgaben sind gleichzeitig ablauffähig. Dieses ist dann der Fall, wenn Daten, die eine Teilaufgabe verändert, nicht von der anderen gelesen oder verändert werden.

- Mehrfache innere Parallelität: Es sind mehr als zwei Teilaufgaben betroffen, für die sinngemäß das gleiche gilt wie für die beiden Teilaufgaben bei der einfachen inneren Parallelität. Bild 4 zeigt den Übergang von der sequentiellen zur mehrfach parallelen Anordnung von Teilaufgaben.

- Pufferung: Diese Form der inneren Parallelität ist möglich, wenn sich überlagerbare Teilaufgaben in regelmäßiger Weise wiederholen, d.h. in einer Schleife angeordnet sind. Eine dieser Teilaufgaben kann vor Beginn der Schleife (p-1)-mal angestoßen werden, wodurch sich eine p-fache Pufferung der Ergebnisse dieser Teilaufgabe ergibt (siehe Bild 5).

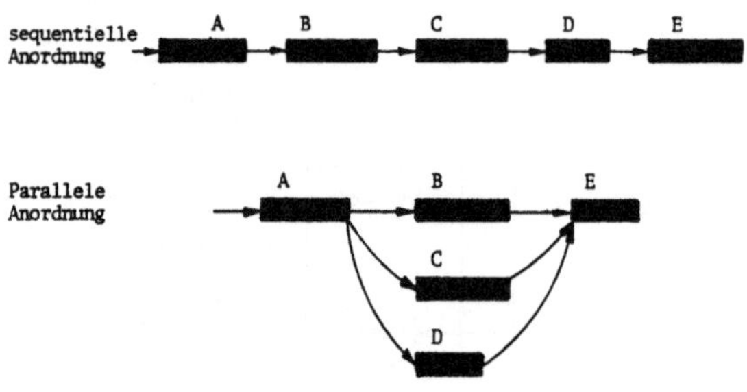


Bild 4:   Mehrfache innere Parallelität

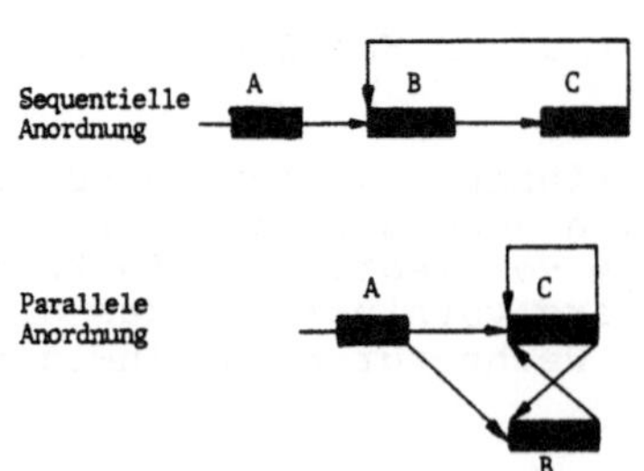


Bild 5:   Pufferung der Ergebnisse der Teilaufgabe C (B benötigt keine Eingangsdaten von C; C erhält Daten von B)

Die äußere Parallelität hat folgende Erscheinungsformen:

- Reproduktion: Der eine Teilaufgabe ausführende Prozeß ist mehrfach installiert, so daß mehrere unabhängige Aufträge gleichzeitig bearbeitet werden können. Es ist dabei durchaus möglich, daß der Programmcode nur einmal vorhanden ist, lediglich die aktuellen Datenbereiche müssen mehrfach vorhanden sein. Falls innerhalb des Prozesses auf globale Daten verändernd zugegriffen wird, müssen diese Zugriffe unter gegenseitigen Ausschluß gestellt werden. Reproduktion ist die typische Vorgehensweise, wenn die Parallelität u.a. auch im Hinblick auf eine Erhöhung der Ausfallsicherheit eingeführt wird. Fällt eine Aktivierung aus, so bleibt doch die Funktionsfähigkeit mit einer auf (n-1)/n reduzierten Leistung erhalten. Als Folge der Parallelität auf Beauftragungsebene sind beliebige Überholvorgänge möglich.

- Pipelining: Eine Aufgabe wird in eine sequentielle Folge von Teilaufgaben zerlegt. Wenn jede Teilaufgabe als Prozeß installiert ist, kann ein Prozeß i einen Auftrag an Prozeß i+1 weitergeben und sofort mit der Bearbeitung des nächsten Auftrags beginnen. Überholvorgänge sind in der Regel nicht gegeben. Beim Pipelining müßen zur Unterscheidung der gleichzeitigen Abläufe strukturidentische Zustandsräume eingerichtet werden (Auftragsleitblöcke). Bei der Annahme eines Auftrags wird ein Auftragsleitblock erzeugt. Er bleibt dem Auftrag bis zu dessen Erfüllung zugeordnet und wird von einem den Auftrag bearbeitenden Prozeß zum nächsten weitergereicht. Dieses Weiterreichen geschieht zweckmäßigerweise über Botschaften.

- Phasenparallelität: Bei Vorliegen geeigneter Voraussetzungen kann die Parallelität auch durch Umschalten zwischen Phasen eines einzelnen Prozesses erzielt werden. Der Prozeß hat dann mehrere Eingangwartestellen, die nach außen hin zu einer einzigen zusammengefaßt sind. Hierzu ist eine spezielle Ausbildung des Kanals und der zugehörigen Wartefunktion notwendig. Der Prozeß muß beliebig zwischen seinen einzelnen Phasen hin- und herspringen können je nachdem, an welcher Eingangswartestelle sich als nächstes einer der in Bearbeitung befindlichen Aufträge zurückmeldet. Diese Verteilungsfunktion ist Aufgabe des Prozesses.


## 4. Verteilung

### 4.1 Übersicht

Die Formulierung der auf dem Mehrrechnersystem zu lösenden Aufgabe erfolgt als sequentielles Programm. Dieses Programm stellt die Vorschrift für die während des Betriebs für jeden Auftrag abzulaufenden Aktivitäten dar. Wie oben bereits erwähnt, gliedert der Programmierer diese Vorschrift in der Regel in Hauptprogramm und Unterprogramme. Das Hauptprogramm kann als eine Ablaufsteuerung angesehen werden, die Prozeduren (Unterprogramme) stellen Formulierungen der Teilaufgaben dar. Bei der Erstellung eines derartigen Programms braucht zunächst keine der oben beschriebenen Parallelitäten berücksichtigt werden. Will man nachträglich Parallelität einführen, so müssen die Verbindungen zwischen den Teil- und Unterprogrammen so umgestaltet werden, daß diese als eigenständige Prozesse ablauffähig sind. Solchen Programmteilen können dann u.a. auch eigene Rechner zugeordnet werden. Sie werden im folgenden Verschiebungsobjekte genannt. Im Zuge einer Verteilung von Verschiebungsobjekten müssen dann ergänzend folgende Angaben bekannt gemacht werden:

- der Ort der Installation
- die Art der Installation

Diese Angaben lassen sich anschaulich in Form einer Matrix X darstellen, bei der die Verschiebungsobjekte $P_i$ den Zeilen, die Rechner $R_j$ (Installationsorte) den Spalten zugeordnet sind. Die Einträge $x_{ij}$ in der Matrix sind die Installationsattribute. Da die Matrix aber in der Regel dünn besetzt sein wird, wird man im Einzelfall andere geeignete Präsentationen anwenden.

Unter Verwendung des Quellprogramms und der (gesonderten) Verteilungsbeschreibung kann ein spezielles Dienstleistungsprogramm (der <u>Verteiler</u>) Programmpakete für die einzelnen Rechner zusammenstellen, die anschließend für sich in der üblichen Weise übersetzt, gebunden und geladen werden können. Dieser Vorgang ist in Bild 6 dargestellt.

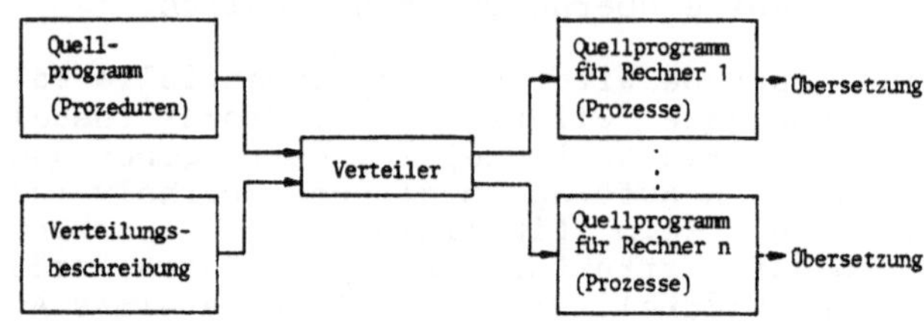


Bild 6:   Verteilung der Anwenderprogramme


## 4.2 Verschiebungsobjekte

Aus der Notwendigkeit, sowohl Teilalgorithmen, d.h. Abschnitte aus sequentiellen Aufschreibungen von Programmen, als auch Unteralgorithmen d.h. Prozeduren, auf getrennten Rechnern installieren zu können, ergibt sich die Zweckmäßigkeit, Abschnitte und Prozeduren als verschiebliche bzw. plazierbare Objekte zu betrachten. Eine Prozedur ist dabei in fast allen höheren Programmiersprachen syntaktisch abgrenzbar, beispielsweise durch

```
procedure NAME (<Parameterliste>);
<Vereinbarungsteil>; -
<Prozedurkörper>;
```

Ein Abschnitt sei dagegen eine einzelne Anweisung aus einer linearen Folge von (in der Regel zusammengesetzten) Anweisungen, die zusammen Bestandteil einer übergeordneten syntaktischen Einheit sind (in der Regel wird dies wieder eine Prozedur oder ein Abschnitt sein).

Eine in n benannte Abschnitte (A1,A2,...,An) gegliederte Prozedur kann beispielsweise folgendes Aussehen haben:

```
procedure NAME (<Parameterliste>);
<Vereinbarungsteil>;
  begin
  A1: begin ... end;
  A2: begin ... end;
     :
  An: begin ... end;
  end;
```

Daneben ergibt sich aus strukturellen Gründen häufig der Wunsch, eine Prozedurgruppe als nicht trennbare Einheit zu behandeln. Meist unterliegt einer solchen Prozedurgruppe eine von allen Prozeduren gemeinsam benutzte Datenmenge. Prozeduren und Daten bilden einen sogen. abstrakten Datentyp, der syntaktisch als Klasse, Kluster, Modul oder als Paket auftreten kann.

Zusammenfassend treten demnach Abschnitte, Prozeduren und Pakete als
Verschiebungsobjekte auf.


## 4.3 Installationsattribute

Für jede Installation eines Verschiebungsobjekts müssen vier Angaben
gemacht werden, die als Attribute der Installation bezeichnet werden.
Diese Attribute lassen sich in 2 Klassen einteilen: Plazierungattribute
und Anschlußattribute.

Plazierungsattribute beschreiben die Art der Installation und geben an,
ob gegenseitiger Ausschluß zu realisieren ist. Die Art der Installation
kann sein:

- unverändert
- als Einfachprozeß
- mehrfach als Prozeß (Reproduktion)
- gegliedert in mehrere Prozesse (pipelining)
- als phasenparalleler Prozeß

Die unveränderte Installation bedeutet, daß das Verschiebungsobjekt so im
Rahmen seiner Umgebung verbleibt, wie dies vom Programmierer vorgeschrieben wurde. Bei den anderen Installationsarten wird aus dem Objekt
ein Prozeß, wodurch prinzipiell Parallelisierung ermöglicht wird. Dies
ist bei der Installation als Einzelprozeß nur bei bestimmten Beauftra-
gungsarten der Fall (siehe unten), während die übrigen drei Installationsarten die drei Formen äußerer Parallelität darstellen. Zur Installation in Form mehrerer aufeinander folgender Prozesse (pipelining) oder
als phasenparalleler Prozeß müssen innerhalb des Objekts geeignete
Schnittstellen ermittelt werden, worüber in Abschnitt 5.2 nähere Angaben
gemacht werden.

In Bild 7 sind die Installationsformen von Abschnitten und Prozeduren
schematisch dargestellt. Kreise stellen Kanäle dar, stark ausgezogene
Linien sind Prozesse (als Prozeß formulierter Programmcode entsprechend
Bild 2). Dünne Linien sind Kommunikationswege, wobei waagrechte Darstellung eine Unterauftragsbeziehung, senkrechte eine Aufeinanderfolge sym-
bolisieren soll.

| Attribut / Objekt | Einfachprozeß | Mehrfachprozeß | Prozeßfolge | Phasenparalleler Prozeß |
|---|---|---|---|---|
| Abschnitt | | | | |
| Prozedur | | | | |

Bild 7:  Installationsformen für einen Abschnitt und für eine Prozedur


Das Plazierungsattribut "unter Ausschluß" ist besonders für die einzelnen
Elemente eines Pakets sinnvoll, damit Zugriffe auf die gemeinsamen Daten
exklusiv erfolgen.

Anschlußattribute beschreiben demgegenüber die Gestaltung der Verbindung Rufer-Gerufener. Sie sind nur dann von Bedeutung, wenn das aufgerufene Objekt als Prozeß in einer der verschiedenen Ausführungsformen installiert werden soll. Wenn die aufgerufene Prozedur Ein- und Ausgangsparameter hat, entsteht ein Eingangs- und ein Ausgangskanal (vgl. Bild 2). Auf den Eingangskanal kann verzichtet werden, wenn keine Eingangsparameter vorliegen und wenn der Prozeß anderweitig (z.B. durch ein äußeres Ereignis) angestoßen wird. Auf den Ausgangskanal kann verzichtet werden, wenn keine Ausgangsparameter vorliegen und wenn der Auftraggeber keine Bestätigung der Erfüllung der im Prozeß erbrachten Funktion benötigt (z.B. Ausgabe von Daten an den Treiberprozeß eines Peripheriegeräts). Letztlich ist der Fall noch denkbar, daß weder Eingangs- noch Ausgangskanal benötigt werden.

Ein weiteres Anschlußattribut betrifft die Synchronisation zwischen den parallelen Teilaktivitäten. Bei der Umwandlung einer Prozedur in einen Prozeß wird der Prozeduraufruf in eine SENDE-Operation umgewandelt, dem im einfachsten Fall unmittelbar die WARTE-Operation folgt. Dieses ist der Fall der einfachen Auslagerung ohne Parallelisierung. Unter bestimmten Bedingungen ist ein Auseinanderdriften der SENDE- und der WARTE-Operationen möglich, so daß das zwischen diesen Operationen liegende Programmstück parallel mit dem beauftragten Prozeß ablaufen kann. Bei mehreren aufeinanderfolgenden Aufrufen verschiedener Prozeduren können die zugehörigen SENDE- und WARTE-Operationen gemeinsam driften, so daß mehrfache Parallelität entsteht. Wenn schließlich ein Aufruf in einer Schleife angeordnet ist und gewisse Parameterkonstellationen gegeben sind, dann können Beauftragungen vorgezogen werden, so daß sich die als Pufferung bekannte Überlagerung ergibt (vgl. Bild 5). In Bild 8 sind die verschiedenen Formen der Beauftragung zusammengestellt.

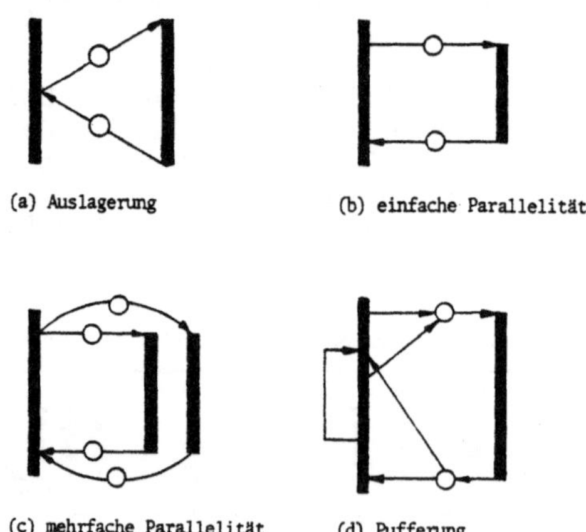

(a) Auslagerung     (b) einfache Parallelität

(c) mehrfache Parallelität     (d) Pufferung

Bild 8:  Möglichkeiten der Beauftragung bei Unterauftragsbeziehungen

Zusammenfassend lassen sich die Installationsattribute eines Verschiebungsobjekts wie folgt darstellen:

$x_{ij}$::=<Plazierungsattribute>,<Anschlußattribute>

<Plazierungsattribute>::=<Installationsart>,<Ausschlußangabe>

<Anschlußattribute>::=<Kanalangabe>,<Beauftragung>

<table>
<tr><td><Installationsart>::=</td><td><</td><td>| unverändert<br>| Einfachprozeß<br>| Mehrfachprozeß <Anzahl><br>| Prozeßfolge<br>| Phasenparalleler Prozeß</td></tr>
<tr><td><Ausschlußangabe>::=</td><td><</td><td>| ohne Ausschluß<br>| mit Ausschluß</td></tr>
<tr><td><Kanalangabe>::=</td><td><</td><td>| Eingangs- und Ausgangskanal<br>| nur Eingangskanal<br>| nur Ausgangskanal<br>| weder Ein- noch Ausgangskanal</td></tr>
<tr><td><Beauftragung>::=</td><td><</td><td>| ausgelagert<br>| einfach parallel<br>| mehrfach parallel<br>| gepuffert <Anzahl>,<Endebedingung></td></tr>
</table>

## 5. Textmodifikationen

Die vollständige Darstellung der für die verschiedenen Kombinationen der
Installationsattribute notwendigen Textmodifikationen würde den Rahmen
dieses Berichts weit übersteigen. Deshalb wird die Modifikation für den
Fall der Umwandlung einer Prozedur in einen Einfachprozeß exemplarisch
beschrieben. Maßnahmen bei einigen anderen Installationsattributen werden
angedeutet.

## 5.1 Umwandlung einer Prozedur in einen Einfachprozeß

Die Prozedur ist syntaktisch durch einen Prozedurkopf, einen lokalen
Vereinbarungsteil und durch einen Prozedurkörper gegeben.

```
procedure NAME(E:type, EA:type, A:type);
var D:type;
<Prozedurkörper>;
```

Die Parameter sind vom Benutzungsmodus "Eingang" (E), "Ausgang" (A) oder
"Ein- und Ausgang" (EA). Ferner existieren interne Variable D. Die Modi
müssen dem Verteiler ggf. durch eine vom Quelltext abgesetzte Beschreibung bekannt gemacht werden.

Die Prozedur übernimmt in den E- und EA-Parametern Werte, die in die
Berechnung innerhalb der Prozedur eingehen. Das Ergebnis dieser Berechnung fließt über die EA- und A-Parameter zum Rufer zurück. Soll diese
Wirkungsweise auch nach Umwandlung der Prozedur in einen Prozeß beibehalten werden, so muß für die Übergabe und für die Rückgabe je ein Kanal
eingerichtet werden. Sie seien mit EK (Eingangskanal) und AK (Ausgangskanal) bezeichnet. Die E- und EA-Parameter werden dem Prozeß über den
Eingangskanal übergeben, während dieser seine Ergebnisse über den Ausgangskanal an den Rufer zurückgibt. Besteht nur eine 1:1-Beziehung, so
sind beiden Partnern die beiden Kanäle bekannt. Im typischen Anwendungsfall steht allerdings die Dienstleistung mehreren Interessenten zur
Verfügung, so daß der Ausgangskanal variiert. Dieser muß daher über einen
(zusätzlichen) Eingangsparameter dem Unterprozeß bekannt gemacht werden,
der ihn in einer (zusätzlichen) lokalen Variablen zum Ausgang übernehmen
kann. Die Umwandlung nimmt demnach folgendes Aussehen an:

```
NAME: begin
        var E:type; EA:type; A:type;
        var D:type; AK:string;
        repeat
          WARTE ("EK",<anze+1>,AK,E,EA);
          <Prozedurkörper>;
          SENDE (AK,<anza>,EA,A);
          until false;
        end {NAME};
```

anze ist die Anzahl der Parameter in der Menge E u EA, anza die Anzahl
der Parameter in der Menge EA u A.

Im Zusammenhang mit der Umwandlung einer Prozedur in einen Prozeß müssen
auch die Prozeduraufrufe modifiziert werden. Sie haben zunächst folgende
Form:

```
        :
        CALL NAME (E,EA,A);
        :
```

mit den drei Gruppen der Parameter. Dieser Aufruf, in dem sich der In-
formationsfluß sowohl zur Prozedur hin als auch von ihr zurück verkör-
pert, muß in die Anschlüsse an den Ein- und den Ausgangskanal des entstehenden Prozesses umgewandelt werden. Es entsteht daher:

```
        :
        SENDE ("EK",<anze+1>,"AK",E,EA);
        WARTE ("AK",<anza>,EA,A);
        :
```

Parallelität bildet sich bei dieser Form noch nicht aus; denn der rufende
Prozeß wartet, bis der Unterauftrag erfüllt ist. Sie läßt sich erzielen,
wenn die SENDE-Operation im Programmcode nach vorn, und/oder die WARTE-
Operation nach hinten verschoben wird, wie in Bild 9 angedeutet.

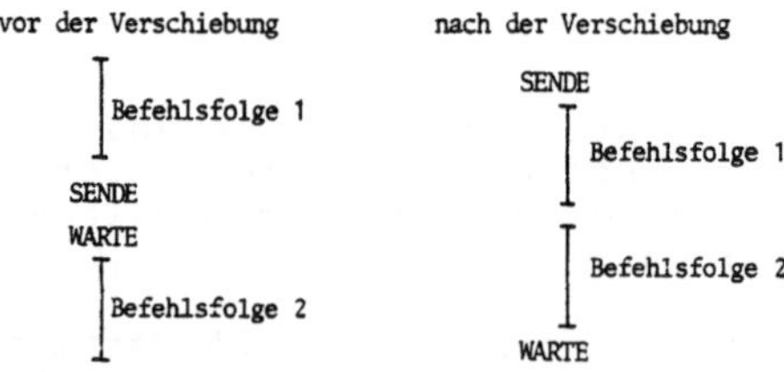


Bild 9: Auseinanderdriften von SENDE- und WARTE-Operation

Dabei müssen folgende Bedingungen erfüllt sein (siehe z.B. [Cof 73]).

(a) S1 n (E u EA) = Ø
(b) S2 n (EA u A) = Ø
(c) L2 n (EA u A) = Ø

```
    S1 = Menge der in Befehlsfolge 1 modifizierten Variablen
    S2 = dgl. für Befehlsfolge 2
    L2 = Menge der in Befehlsfolge 2 gelesenen Variablen
```

(d) Die Befehlsfolgen dürfen keine Sprunganweisungen oder Schleifenan-
    weisungen enthalten. Ferner darf keine der Anweisungen eine Marke
    tragen, d.h. Sprungziel sein.

Dieses Auseinanderdriften läßt sich automatisch im Verteilerprogramm
vornehmen. Es wird ausgeführt, wenn als Beauftragungsattribut "einfach
parallel oder "mehrfach parallel" angegeben wurde.

Echte Parallelität läßt sich selbstverständlich nur dann erzielen, wenn
der aus der Prozedur hervorgegangene Prozeß auf einem anderen Rechner als
der auftraggebende installiert wird.


## 5.2 Pipelining und Phasenparallelität

Ohne im Detail auf die recht komplexen Modifikationen zur Umwandlung
einer Prozedur in eine Prozeßfolge oder einen phasenparallelen Prozeß
einzugehen, soll lediglich auf einen Aspekt in diesem Zusammenhang hingewiesen werden: Die Aufteilung der Prozedur in Abschnitte, die dann die
Einzelprozesse bzw. die Phasen bilden. Im allgemeinen Fall erfordert
diese Aufteilung eine Analyse des Programmflusses. Enthält die Prozedur
jedoch Auslagerungen, die als Prozesse installiert werden sollen, dann
bietet sich an, die Schnitte zwischen die SENDE- und die WARTE-Operation
jeweils einer Auslagerung zu legen. In Bild 10 ist die entstehende Aufteilung für den Fall des Pipelining dargestellt. Die Programmabschnitte
A, B und C werden zu den Prozessen PA, PB und PC, die angesprochenen
Prozeduren 1 und 2 zu den Prozessen P1 und P2. Die entstehende Schrittfolge umfaßt die Auslagerungen P1 und P2.

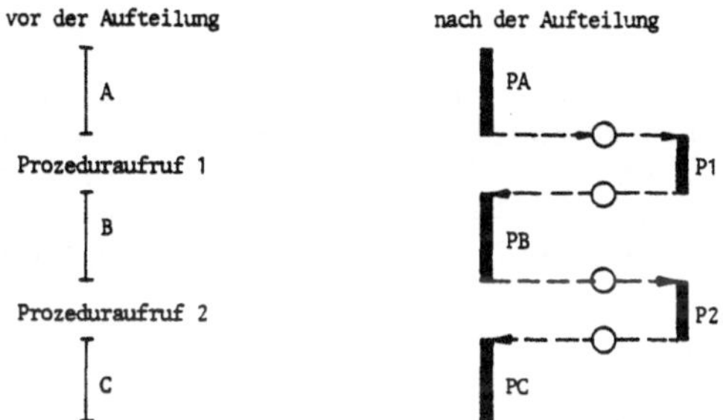


Bild 10:  Aufteilung einer Prozedur in eine Schrittfolge von Prozessen


## 5.3 Realisierung gegenseitigen Ausschlusses

Gegenseitiger Ausschluß verschiedener Prozesse oder Prozeduren ist dann
notwendig, wenn diese Prozesse schreibend auf den gleichen Datenbestand
zugreifen. Er wird durch eine Klammerung aller Prozeß- bzw. Prozedurkörper mit je einem auf den gleichen Kanal AK wirkenden Synchronisationspaar
(SENDE/WARTE) erreicht, das im Zuge der Modifikation automatisch eingefügt werden kann, wenn das entsprechende Attribut "Ausschlußangabe"
dies verlangt (siehe Bild 11).

Der Kanal AK muß mit einer Botschaft initialisiert werden. (In dieser
Anwendung wird der Kanal als reine Semaphorvariable verwendet.)

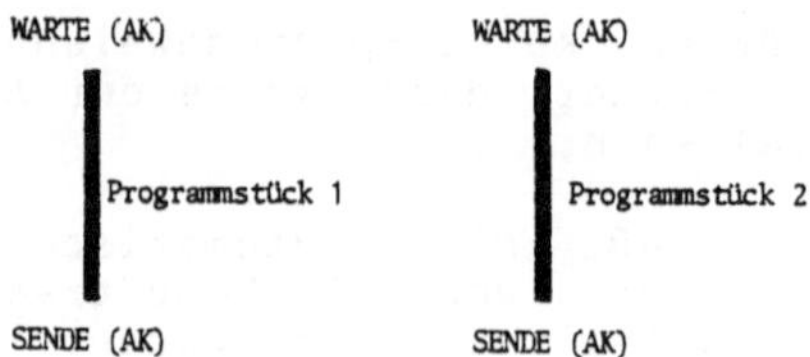



Bild 11: Realisierung gegenseitigen Ausschlusses zwischen den Programmstücken 1 und 2.


## 6. Zusammenfassung

Ausgehend von der Aufgabenstellung, daß ein sequentielles Programm so auf mehrere Rechner eines Mehrrechnersystems verteilt werden soll, daß Parallelität entsteht, wurde zunächst gezeigt, welche Arten äußerer und innerer Parallelität anzustreben sind. Diese Ziele lassen sich vernünftigerweise nur bei einer prozeßorientierten Organisation der Anwendersoftware erreichen, bei der die Synchronisation und Kommunikation zwischen Prozessen über Kanäle als unabhängige Synchronisationsobjekte abgewickelt wird. Die Kanäle können so realisiert werden, daß die beteiligten Prozesse auch auf unterschiedlichen Rechnern installiert sein können.

Es wurde ausgeführt, daß neben dem Programm-Quelltext eine getrennt erstellte Verteilungsbeschreibung vorhanden sein muß. Diese Verteilungsbeschreibung enthält die Definition der Verteilungsobjekte, die Festlegung des oder der Rechner für jedes Objekt und eine Reihe von Installationsattributen.

Aufgrund des Quelltextes und der Verteilungsbeschreibung kann die Verteilung mittels des Hilfsprogramms "Verteiler" durchgeführt werden, und zwar durch zweckgerichtete Modifikation des Programm-Quelltextes und durch Bilden von Programmpaketen für die einzelnen Rechner. Die Art der Textmodifikation wurde für einen Fall exemplarisch dargestellt.


## 7. Literaturverzeichnis


[Bel 79]  Bellin, H. u.a.: "Dialogorientierte Mehrrechnerstruktur auf der Basis von Mikrocomputern", Forschungsbericht BMFT-FB-DV 79-09 (1979)

[Cof 73]  Coffman, E.G.; Denning, P.J.: "Operating System Theory", Prentice Hall (1973), Kap.2

[Hab 76]  Habermann, N.: "Introduction to Operating System Design", Science Research Associates Inc. (1976), Kap.4 u. 5

[Hän 80]  Händler, W.; Rohrer, H.: "Gedanken zu einem Rechner-Baukasten-System", Elektron. Rechenanl. 22(1980), 3-13

[Nil 78]  Nilsson, S.A.: "M3R - Ein modulares Mehrmikrorechner-System mit Restverfügbarkeit und Prozeßsicherungsstruktur", Elektron. Rechenanl. 20(1978), 115-123

[RMX 78]  RMX/80 User-Manual, Intel Corp., Santa Clara, Calif., 1978

Einsatz einer datenorientierten Entwurfsmethode
in der Prozeßrechnerpraxis

Max Herzog und Bernd Kühnel, Siemens AG, Erlangen


## Zusammenfassung

In den letzten Jahren haben sich datenorientierte Entwurfsmethoden in
vielen Anwendungsfällen durchgesetzt. Es sind lehrbare und praktisch
anwendbare Methoden erarbeitet worden. Diese Methoden basieren stark
auf Gedankengängen und Datenverständnis der kommerziellen Datenverarbeitung.

Untersuchungen und praktische Anwendungen bei der Erstellung von Prozeßrechner-Software haben gezeigt, daß der Begriff der Datenstrukturierung für die Prozeßrechnertechnik erweitert und verallgemeinert werden kann. Damit können die Entwurfsmethoden auf Prozeßrechneraufgaben
übertragen werden. Die dabei entstehenden Modelle für strukturierte Daten vertiefen das Verständnis für die Struktur von Prozeßprogrammen.

Die Methoden sind heute soweit entwickelt, daß sie Eingang in die Praxis
finden können.


## Einleitung

Bei der Entwicklung von Softwareprodukten in der Prozeßrechnertechnik
ist es wesentlich, frühzeitig Einfluß zu nehmen auf Qualität, Kosten
und Termintreue dieser Produkte. Dies gilt auch im besonderen Maße für
Pflege und Nacharbeiten.

Aus zwei Gründen bietet die Entwurfsphase einen guten Ansatz zum Erreichen dieser Ziele.
- Das Ergebnis des Entwerfens - der Entwurf - ist als Modell der unmittelbare Ausgangspunkt (die Aufgabenstellung) für die Implementierung. Das Softwareprodukt besteht aus - mindestens - Entwurf <u>und</u>
  Implementierung.
- Es gibt praktikable Entwurfsmethoden.
Das Entwerfen.selbst ist ein kreativer Vorgang. Er führt zu einer Modellbildung, und zwar sowohl für die Aufgabenstellung als auch für die

Realisierung auf dem Rechner bzw. einer entsprechenden Abstraktions-
stufe. Hilfsmittel sind dabei Abstraktionen, Hierarchien (z.B. Bäume),
Zerlegungen in Teile (Systemzerlegung), sowie Angaben über das Zusammenspiel dieser Teile (Systemverschaltung).

Zum Entwerfen ist seit einigen Jahren die Methode von M.A. Jackson
(JSP - Jackson Structured Programming) /1,2/ im Einsatz. Sie ist im Spektrum der praktizierten Methoden als ausdrückliche Entwurfsmethode einzuordnen /3/ und hat aus der Sicht eines software-life-cycles ihren Schwerpunkt in der Entwurfsphase.

JSP baut darauf auf, daß die zu verwendenden und die entstehenden Daten
modelliert werden (datenstrukturiertes Vorgehen) und dann daraus in
mehreren Schritten durch Überlagerung auf Grund einer Korrespondenzanalyse die Lösungsstruktur entwickelt wird. Ziel der Methode JSP ist
es, "einfache" Programme als Lösung einer Aufgabe zu entwerfen. Bei
komplexen Problemen wird dies durch methodische Zerlegung erreicht
(Auflösung von Strukturkonflikten) und durch Herausarbeiten der wesentlichen sequentiellen Zusammenhänge.

Die anspruchsvollsten und kreativsten Schritte sind das Erfassen und
Modellieren der Datenstrukturen sowie die Untersuchungen zur Überlagerung. Dabei wird das Problemverständnis entwickelt und abgebildet. Bereits hier muß die Aufgabenstellung vollständig erfaßt werden. Liegt
der Entwurf auf dem einmal gewählten Abstraktionsniveau vor, so kann er
falls nötig verfeinert oder optimiert werden, andernfalls direkt implementiert werden.

Die JSP hat ihren Ursprung in der kommerziellen Datenverarbeitung, sie
ist jedoch ohne Schwierigkeiten auf Belange der Prozeßdatenverarbeitung
übertragbar, wenn man sie verallgemeinert und als Methode zur Modellbildung versteht. Dies soll im weiteren näher erläutert werden.


Entwerfen bei Prozeßrechneraufgaben

Charakteristische Aufgaben für Prozeßrechner sind Überwachen, Protokollieren, Steuern, Regeln, Optimieren usw. Daneben werden konventionelle
Aufgaben (Betriebs- und Informationssysteme, kommerzielle und wissenschaftliche Arbeiten) abgewickelt. Für einen Großteil beider Problemklassen eignen sich JSP oder andere Methoden unmittelbar. Für die pro-

zeß- und realzeitspezifischen Anteile jedoch haben wir Vorstellungen und
Modelle in fünf Punkten wesentlich erweitert /4/:

(1) Erweitern des Verständnisses der zu strukturierenden Daten.
    Betriebsmittel, Alarme, Anstöße, Meßwerte, Steuergrößen, Intervalle
    u.v.m. können zu strukturierende Daten sein, wenn sie zur Beschrei-
    bung der Problemstruktur beitragen. Beispielsweise sind explizite
    Ereignisse, die über Alarme steuernden Einfluß nehmen, als _Folge_
    _von Alarmen_ zu strukturieren. Meist haben solche Datenmengen eine
    einfache Struktur, dafür muß aber eine Vielzahl von Datenmengen zur
    Lösung des Problems herangezogen werden.

    Wie tief die Daten bei Prozeßaufgaben zu strukturieren sind, hängt
    von der gewählten Abstraktionsebene ab. Dabei ist diese - auch im
    vorliegenden Anwendungsfall - im wesentlichen bestimmt durch die
    Leistungsfähigkeit der Schreib-/Leseoperationen auf dieser Ebene.

(2) Berücksichtigen der Problematik von Echtzeitprogrammen.
    Echtzeitprogramme in der Prozeßdatenverarbeitung sind Dialogpro-
    grammen z.B. im kommerziellen Bereich sehr verwandt. In jedem Falle
    stellt das zeitliche Verhalten eine wesentliche Randbedingung des
    Systems dar, nur sind i.a. die geforderten Reaktionszeiten bei Echt-
    zeitprogrammen erheblich kleiner /5/. Echtzeitprogramme sind "pro-
    cessing time dependent" /6/. Die "Richtigkeit" des Systems hängt
    von der Verarbeitungsgeschwindigkeit seiner Teile, speziell auch der
    benötigten Prozessoren ab. Daraus folgt:
    Zum einen sind beim Entwurf Realzeitbedingungen zu berücksichtigen.
    Daten, deren Bearbeitung zeitkritisch bezüglich der Anlieferung, Ver-
    arbeitung oder Erzeugung sind, müssen bei der Korrespondenzanalyse
    hinsichtlich dieser Eigenschaften besonders sorgfältig betrachtet
    werden. So muß beispielsweise für ein Alarmbearbeitungsprogramm be-
    reits beim Entwurf berücksichtigt werden, daß _kein_ Alarm wegen zeit-
    licher Überlastung verloren gehen darf. Zum anderen müssen notwen-
    dige Koordinierungsmechanismen beim Übergang zur Realisierung des
    Systems eingefügt werden, da beim Entwurf über das Zeitverhalten
    _zwischen_ den einzelnen Programmen wenig ausgesagt wird. Dabei ist
    dann sicherzustellen, daß die Zeitbedingungen der Prozeßkommunika-
    tion eingehalten werden.

    Echtzeitprogramme erfordern weiter eine hohe Sicherheit. Sonderzu-
    stände und Sonderfälle dürfen keine Störung im Prozeß verursachen;

sie sind beim Entwerfen explizit zu berücksichtigen, u.U. als Daten
im Sinne des erweiterten Datenbegriffs.

(3) Berücksichtigen von Zeit und zeitabgeleiteten Daten beim Entwurf.
Zeit oder eine abgeleitete Größe ist beim Entwurf explizit zu strukturieren, wenn sie bezüglich der zugeordneten Datenstruktur bestimmend ist. Als Beispiel können asynchrone Takte oder eine Kalen-
derstruktur genannt werden. Andererseits kann Zeit implizit als
"Verarbeitungszeit" wesentlich sein für den Komplexitätsgrad einer
Lösung: Sind z.B. unregelmäßig eintreffende Signale (Sekundenbe-
reich) aufzubereiten und zeilenweise auf einem langsamen Gerät zu
protokollieren, so führt bei der Korrespondenzanalyse die Untersuchung der gleichzeitigen Bearbeitbarkeit von Signal und Zeile auf
Nichtkorrespondenz, da das Protokollgerät zu langsam ist. Nach JSP-
Standardlösung erfolgt eine Trennung der Aufbereitung der Signale
und der Protokollierung der Signalinformation. Dabei sind beide Programme über eine Zwischendatenmenge in Sequenz gekoppelt. Bei der
Realisierung muß dann die Koordinierung über die Zwischendatenmenge
gewährleistet werden. Wichtig für ein methodisches Vorgehen ist,
daß zu einem festen und frühzeitigen Zeitpunkt - der Korrespondenzanalyse - die Problematik erkannt und beseitigt wird.

(4) Bereitstellen von Modellen zum Entwurf von (Teil-)Systemen und zur
Koordinierung solcher Systeme einschließlich der Möglichkeit der
Optimierung.
Die meisten Aufgaben führen ihrer Komplexität wegen nicht zu einem
einzigen Programm, sondern zu einem System von Programmen; eine
solche Zerlegung in Teilaufgaben entsteht durch vorangegangene Ana-
lysephasen, Erfahrung, Randbedingungen der Aufgabenstellung, sowie
durch Anwendung der JSP selbst. Im letzteren Fall führt die Lösung
von Strukturkonflikten zu Sequenzen von Programmen, gekoppelt über
Zwischendaten, oder zur Verteilung von Datenmengen und damit zu verteilten Programmen im Entwurf. Desweiteren liefert die Strukturierung der "Lebensgeschichte" der wesentlichen Objekte (bzw. der re-
präsentierenden Daten) einer Aufgabe Programme im Entwurf, die diese
Strukturen sequentiell abarbeiten. Dieses Vorgehen führt dazu, daß
alle wesentlichen sequentiellen Vorgänge in einem Systemmodell erfaßt und strukturiert werden. Die Kommunikation der Programme über
die Datenmengen läßt eine Vielfalt von Realisierungen zu; am ehesten
ist hier ein Consumer-Producer-Modell unterlegbar. Dabei werden die
Koordinierungsmaßnahmen den Realisierungen der Lese-/Schreibopera-

tionen (Implementierungssprache, Betriebssystem) zugeordnet.

Wesentlich für Prozeßrechneraufgaben sind die folgenden Punkte:
- Mit diesen Modellen und Vorstellungen entsteht eine einfache,
  klare, diskutierbare, bei Realisierung verformbare und anpaßbare
  Systemstruktur.
- Die klare Trennung zwischen dem Entwurfsergebnis (Systemmodell)
  und den Realisierungsbelangen ist möglich.
- Physikalische Gegebenheiten wie Zeitverhalten, Zusammenspiel von
  Programmen, Einsatz von mehreren Prozessoren sowie mögliche Paral-
  lelführungen von Programmen können am Entwurf diskutiert werden.
- Anhand des vorliegenden strukturierten Entwurfs können Optimie-
  rungsüberlegungen diskutiert und abgewogen werden, wobei für Prozeßrechneranwendungen die Frage nach Platz und Zeit im Vordergrund
  steht. Auf diesen Punkt wird im Abschnitt Erfahrungen noch näher
  eingegangen.

(5) Aufbereiten von Konzepten zur Systemverschaltung und Realisierung
    der Programme eines Systems.
    Wenn Echtzeit-Belange eine eins-zu-eins-Umsetzung der Entwurfspro-
    gramme mit Zwischendatenmengen nicht zulassen, so stehen Puffermo-
    delle, Coroutinenkonzept und Interfacemodell zur Verfügung. Ebenso
    ist eine Zerlegung von Programmen in Prozeduren möglich. Ferner
    können verteilte Programme in parallele Programme (u.U. auf paralle-
    len Prozessoren) übergeführt werden, andererseits können verteilte
    Programme als Ähnlichkeitsklasse aufgefaßt und durch ein einziges
    repräsentierendes Programm realisiert werden, das mit den Statusda-
    ten der einzelnen Programme versorgt wird. Eine Diskussion der Sy-
    stemkoordinierung "im Kleinen", z.B. paarweise, kann auf dieser
    Ebene gut geführt werden; für eine Gesamtdarstellung des Koordinie-
    rungsverhalten des Systems sind andere Mittel notwendig. Diese Vor-
    gehensweisen wurden anhand des Entwurfes einer Paketverteilanlage
    /7,4/ detailliert erläutert.


## Erfahrungsbereich

Seit 1976 haben wir mit der Methode JSP Erfahrungen beim Software-Ent-
wurf gesammelt /8/. Es wurden inzwischen mehr als 10 Projekte mit dieser
Methode bearbeitet, sowohl auf der System- als auch auf der Anwenderseite, so u.a. Betriebssystemkomponenten für das System SIEMENS 300, ein

Testsystem zu diesen Komponenten, ein Meldungsverarbeitungssystem zur Netzautomatisierung, eine Meßwertaufbereitung innerhalb einer Papiermaschinenautomatisierung, Rechnerkopplungsprozeduren /9/, ein Compiler für Auftragsfolgen im Rahmen eines Terminalzugriffssystems, ein Modell einer Paketverteilsteuerung als Methodenbeispiel für einen PDV-Arbeitskreis /7/. Ferner wurden Entwurfsbeispiele zur Anpassung der Methode und zu Schulungszwecken bearbeitet, u.a. Alarm- und Betriebsprotokollierung, sowie die Steuerung einer Ampelanlage. Einige der genannten Projekte sind als ausgesprochene Pilotprojekte für die Anwendung der JSP durchgeführt worden.

Die bei Implementierung der Entwürfe verwendeten Sprachen sind Assembler, Prozeß-FORTRAN, PEARL, PL/M 80 sowie PASCAL.

Weiter ist zum Erfahrungshintergrund die Fachliteratur sowie der Gedankenaustausch in Arbeitskreisen und Fachgesprächen zu zählen.

Zur Einführung der Methode wurden zunächst externe Schulungsmöglichkeiten genutzt, dann wurde gezielt im Rahmen der Siemens-Prozeßrechnerschule eine eigene Schulung aufgebaut. Hier wird seit 1979 regelmäßig in 14-tägigen workshops die Methode gelehrt, Überblickinformation wird in einem 2-tägigen Kurs vermittelt.


Erfahrungen

Das datenorientierte Entwurfsvorgehen ist für die Entwicklung von Prozeßrechner-Software erfolgreich einsetzbar, wenn man - wie oben geschildert - ein erweitertes Datenverständnis zugrunde legt, zeitabgeleitete Daten strukturiert, zeitkritische Daten bei Korrespondenzen berücksichtigt, sowie Ähnlichkeitsklassen und Parallelisierung von Programmen in Betracht zieht.

Für viele Anwendungen ist über die Daten ein schneller und intensiver Problemzugang möglich. Die Strukturierung der Daten im Sinne der JSP führt zu einer frühzeitigen Durchdringung der Aufgabenstellung, es werden gleichsam Fragen zur Aufgabenklärung und zum Problemverständnis "generiert" und so Fehler und Unklarheiten aufgedeckt.

Die entstehenden Entwürfe sind nach unseren Erfahrungen gut lesbar, gut diskutierbar sowohl innerhalb des Entwicklungsteams als auch mit dem

Auftraggeber, sowie ohne Schwierigkeiten übertragbar z.B. an ein Implementierungsteam oder an ein "Gutachterteam". Der fertige Entwurf stellt eine (Modell-)Beschreibung der Lösung dar und ist deutlich abgegrenzt zu sehen und sollte auch deutlich abgegrenzt gesehen werden von einer nachfolgenden Implementierung. Der Aufwand an Entwicklungszeit für Entwurf mit Implementierung bis einschließlich Test liegt bei JSP-geübten Bearbeitern gegenüber anderen herkömmlichen Vorgehensweisen in der gleichen Größenordnung. Jedoch ist das Entwerfen an dieser Zeit mit über 50% beteiligt.

Änderungen in der Aufgabenstellung lassen sich in der Entwurfsphase gut beherrschen. Ihr Einfluß auf Lösung und Aufwand kann anhand eines einmal vorliegenden Entwurfes diskutiert werden. Der Aufwand hängt davon ab, ob die Änderungen das Lösungsmodell sprengen oder nicht und damit von der Güte des Lösungsmodells. Unsere Erfahrungen haben gezeigt, daß Aufwand, den man in ein gut durchdachtes, in richtiger Weise verallgemeinertes Modell investiert hat, sich bei Änderungen, Erweiterungen usw. bezahlt macht. Sind - wie oft in der Praxis - Randbedingungen einer Aufgabenstellung gewachsen und fixiert, so muß und kann sich der Entwurf an diese "Ecken und Kanten" anpassen; man erhält dabei gleichzeitig deutliche Hinweise auf "gute" Strukturen.

Bei der Zerlegung in Teilaufgaben spielen wie oben angeführt mehrere Gesichtspunkte eine Rolle; dazu gehören das Berücksichtigen schwacher funktionaler Bindungen genauso wie Zerlegungskonzepte der JSP selbst. Die JSP ist im derzeitigen Entwicklungsstand keine geschlossene Systementwurfsmethode, jedoch führt das datenorientierte Entwerfen dazu, daß die entworfenen Systemstrukturen aufgrund ihrer Sequentialisierung und Transparenz bei der Realisierung verformbar sind und den realen Randbedingungen, wie z.B. Speicherplatz, Laufzeit, Anzahl der Prozessoren oder Realzeitverhalten angepaßt werden können.

Optimierungen sollten - falls überhaupt nötig - erst auf der Basis eines nicht-optimierten Entwurfs erörtert werden; denn erst auf dieser Grundlage können Effizienzfragen sinnvoll diskutiert und abgeschätzt werden. Gemeint sind hierbei Entwurfsoptimierungen, keine Implementierungsoptimierungen; die letzteren sind im Rahmen der Implementierung und der dort angewendeten Techniken zu diskutieren, wie z.B. Verwendung von Standardmechanismen, Prozedurtechniken und Datentypen. Strukturoptimierungen des Entwurfs, wie Zusammenfassung von Systemteilen oder Vereinfachung von Strukturen, können nach unseren Erfahrungen u.U. die Übersichtlichkeit erhöhen aber die Änderungsfreundlichkeit verringern. In der Praxis ist allerdings ein "Schielen aufs Ergebnis" von vornherein nicht immer zu vermeiden.

Beim Entwerfen nach JSP entsteht in natürlicher Weise begleitende Dokumentation. Ohne die festgehaltenen Ergebnisse des jeweiligen Entwurfsschrittes kann der Folgeschritt nicht ausgeführt werden; so müssen z.B. die Datenstrukturen zur Korrespondenzanalyse vorliegen. Die Dokumentation ist umfangreich, jedoch in manchen Fällen nicht für alle Zwecke hinreichend; spezielle Auszüge bzw. Bearbeitungen sind für Auftraggeber oder Benutzer notwendig.

Beim Testen der implementierten Lösungen zeigte sich, daß anhand der Entwürfe gute Teststrategien ausgearbeitet werden können, die einen wirkungsvollen Test ermöglichen. Fehler sind gut lokalisierbar und schnell behebbar, da der datenstrukturierte Entwurf zur konzentrierten Bearbeitung zusammengehöriger Daten und somit meist zu wenig Fernwirkungen führt.

Die Grenzen der datenstrukturierten Entwurfsmethode können bei derzeitigem Entwicklungsstand wie folgt umrissen werden: die Methode ist vorzugsweise eine Programmentwurfsmethode, sie unterstützt den Systementwurf erheblich, jedoch nicht umfassend. Sie ist keine Methode zum Erfassen der Anforderungen (requirements). Sind Datenstrukturen im weiteren Sinne bzw. Problemstrukturen bei einer Aufgabe von untergeordneter Bedeutung, so ist diese Methode nicht sehr effektiv einsetzbar; z.B. bei Realisierung mathematischer Funktionen. Einige Klassen rekursiver Probleme lassen sich mit notationellen Zusätzen beschreiben.

Die Mitarbeiter müssen das datenstrukturierte Entwerfen gründlich lernen (14-tägige Kurse) und möglichst anschließend in der Praxis vertiefen. Sie müssen anfangs betreut werden. Teams sollten einigermaßen homogen zusammengesetzt sein, weil sich herausgestellt hat, daß unterschiedliche Vorgehensgeschwindigkeiten - z.B. im Verhältnis Entwurf zu Implementierung - zu Komplikationen führen, da sie beispielsweise Unsicherheit und Ungeduld fördern. Das verwendete Schneeballprinzip bzgl. der Methodenverbreitung an einem langlaufenden Teilprojekt hat u.a. aus diesen Gründen nicht funktioniert.

Weiterarbeit

JSP ist prinzipiell unabhängig von jeglicher Rechnerunterstützung. Es
hat sich aber als nützlich herausgestellt, neben Papier und Bleistift
rechnerunterstützt mit einem Terminalzugriffsystem, mit Editoren und
z.B. Diagramm-Aufbereitern zu arbeiten (DIPROTOR, Diagramm- und Programm-
generator der Gesellschaft für Mathematik und Datenverarbeitung).

Über die Mittel der JSP und der geschilderten Erweiterungen hinaus sind
zur Vollständigkeit der Entwurfs- und Realisierungsunterlagen weitere
Darstellungen wünschenswert, wie z.B. Semantikbeschreibungen, Naht-
stellenbeschreibungen und eine stärkere sprachliche Formalisierung. Für
die Verwaltung und Steuerung der Entwurfsvorgehensweise, sowie der entstehenden Dokumente arbeiten wir an einem Entwurfsarbeitsplatz, zur
Rechnerunterstützung des methodischen Vorgehens. Dabei können die vorwiegend kreativen Schritte wie Strukturierung der Daten und Finden der
Korrespondenzen nur indirekt unterstützt werden, während Syntheseschritte
wie z.B. die Überlagerung korrespondierender Strukturen halbautomatisch
abgewickelt werden können.

Der Software-Entwicklungsprozeß kann über die Verwendung von datenorientierter Entwurfsmethode hinaus unserer Meinung nach noch weiter
verbessert werden z.B. durch verstärkte Maßnahmen zum methodischen Beherrschen der übrigen Entwicklungsphasen, vom Erfassen der Anforderungen
bis zur Implementierung in höheren Programmiersprachen, mit hinreichender
Rechnerunterstützung, auch für Projektsteuerung und Managementtechniken.
Hieran wird bei uns derzeit gearbeitet.

Schlußbemerkung

Die Anwendung von datenstrukturorientierten Entwurfsmethoden bringt
praktischen Fortschritt auch in der Prozeßrechnerpraxis in verschiedener
Hinsicht. Der Zugang von problemorientierten Daten und Informationen
her, die zunächst statisch, nicht dynamisch, strukturiert werden, führt
zu frühzeitiger Durchdringung der Aufgabenstellung und schafft ein gu-
tes Problemverständnis. Es wird systematisch eine Lösung der gestellten
Aufgabe entwickelt. Die Methode liefert begleitende Dokumentation sowie
ein transparentes und diskutierbares Entwurfsergebnis - das Lösungsmodell. Dies stellt einerseits portables know how dar und ist somit die
Grundlage für Wartung, Weiterentwicklung und Nachentwicklung, anderer-

seits ist es die Vorgabe für die Implementierung.


## Literaturverzeichnis

/1/   Jackson, M.A.: Principles of Program Design. London, New York,
      San Francisco: Academic Press Inc. 1975

/2/   Jackson, M.A.: Grundsätze des Programmentwurfs. Darmstadt:
      S. Toeche-Mittler Verlag 1979

/3/   Ludewig, J.; Streng, W.: Überblick und Vergleich verschiedener
      Mittel für die Spezifikation und den Entwurf von Software. KfK 2506,
      Kernforschungszentrum Karlsruhe, März 1978

/4/   Herzog, M.; Kühnel, B.: Data-Structured Design of Process Computer
      Software. Siemens Forsch.- und Entwickl.-Ber. 9 (1980), Nr.5,
      S. 298-304

/5/   Lauber, R.: Prozeßautomatisierung I. Berlin, Heidelberg, New York:
      Springer Verlag 1976

/6/   Wirth, N.: Toward a Discipline of Real-Time Programming. Communi-
      cations of the ACM, Volume 20, Number 8 (Aug. 1977), S. 577-583

/7/   Kühnel, B.; Rührnschopf, H.: Datenstrukturierter Entwurf der Steuer-
      software für eine Paketverteilanlage (Methode Jackson).
      In Hommel (Hrsg.): Vergleich verschiedener Spezifikationsverfahren
      am Beispiel einer Paketverteilanlage, Kernforschungszentrum Karls-
      ruhe GmbH, PDV-Bericht KfK-PDV186, August 1980

/8/   Kühnel, B.: Erfahrungen mit datenorientierter Software-Entwurfsme-
      thode in der Prozeßrechnerprogrammierung. In Hommel (Ed.): Verfahren
      und Hilfsmittel für Spezifikation und Entwurf von Prozeßautomatisie-
      rungssystemen, Kernforschungszentrum Karlsruhe GmbH, PDV-Bericht
      KfK-PDV 154, Juni 1978, S. 239-245

/9/   Grötsch, E.E.; Schlurick, T.: Towards a more reliable communication
      software in industrial applications with today's staff and today's
      tools. ICC'79 Conference Record, International Conference on Commu-
      nications, Vol. 2 (1979) Boston, Ma., S. 21.5.1-21.5.5.

# ERSTE ERFAHRUNGEN MIT DEM INTERAKTIVEN ENTWURFSWERKZEUG BOIE


Peter Winkler
PSI, Gesellschaft für Prozeßsteuerungs und
Informationssysteme m.b.H.
Berlin


Seit etwa Juni 1980 ist die Implementierung des Software-Entwurfswerkzeugs BOIE auf der VAX 11/780 bei PSI abgeschlossen. Bereits vor diesem Zeitpunkt wurde BOIE firmenintern bekanntgemacht und von vielen Personen probeweise benutzt. Nachdem Bedienungsanleitungen für die einzelnen BOIE-Werkzeuge und ein Werkzeughandbuch zur Verfügung stehen und nachdem einige Trainingsseminare stattgefunden haben, beginnt nun der universelle Einsatz von BOIE in PDV-Projekts bei PSI.

Die Verbreitung geschieht teils unkoordiniert durch "Mund-zu-Mund-Propaganda", teils in Pilotprojekten. Nach einigen Monaten, während der BOIE nun zur Erprobung verfügbar war, können erste qualitative Erfahrungen ausgewertet werden.

-----------------------


Dieser Bericht veröffentlicht Ergebnisse aus einem mit Mitteln des Bundesministers für Forschung und Technologie (Kennzeichen DV 5.505) geförderten Forschungsvorhabens des Projekts Prozeßlenkung mit DV-Anlagen (PDV) im Rahmen des 3.DV-Programms der Bundesregierung. Die Verantwortung für den Inhalt liegt ausschließlich bei den Autoren bzw. den geförderten Unternehmen.

# 1. WAS IST BOIE ?

## 1.1. HIERARCHISCHE BESCHREIBUNGEN

BOIE (="baumorientiertes interaktives Entwurfswerkzeug") ist ein Hilfsmittel zur Erzeugung einer bestimmten Klasse von Beschreibungen von Gegenständen, die existieren oder konstruiert werden sollen. "Entwerfen" verstehen wir als Beschreiben von zu konstruierenden Gegenständen. In diesen "hierarchischen Beschreibungen" werden Gegenstände rekursiv durch ihre Zusammensetzung aus Bestandteilen beschrieben, die selbst wieder zusammengesetzt sein können. Dabei wird Wissen über die Struktur gleichartiger Objekte ausgenutzt. Die Beschreibungen von Häusern beispielsweise sehen grundsätzlich völlig anders aus als die von Armbanduhren. Die Strukturen, in die Gegenstände vom Typ HAUS zerlegt werden, sind sinnvollerweise völlig andere als bei Dingen vom Typ ARMBANDUHR. Das Wissen über die gemeinsamen Eigenschaften gleichartiger Gegenstände wird im BOIE-Konzept im Begriff des "Strukturtyps" abgebildet.

BOIE-Strukturtypen unterscheiden sich voneinander durch die erlaubten Substrukturen. Ein Gegenstand vom Typ ARMBANDUHR darf nicht beschrieben werden, indem man angibt, daß er aus Gegenständen vom Typ WAND, DACH, FENSTER usw. besteht. In seiner Zerlegung dürfen stattdessen die Strukturtypen ZEIGER, ZAHNRAD, ARMBAND usw. vorkommen. Die Definition eines Strukturtyps im BOIE-Konzept enthält eine genaue Angabe darüber, welche Strukturelemente in welcher Anzahl und Reihenfolge vorkommen dürfen.

Eine mit BOIE erzeugte hierarchische Beschreibung besitzt im Werkzeug eine interne Darstellung als Baumstruktur, deren Kanten "besteht aus" bedeuten und deren Knoten Gegenstände repräsentieren. Die Knoten enthalten vier Elemente der Entwurfsinformation :

1. Knotenname (Zeichenkette, 78 Zeichen)

2. Strukturtyp

3. Attribut (Zeichenkette, 78 Zeichen)

4. beliebiger zugeordneter Text

Der Knotenname dient zur Identifikation des Gegenstands, braucht aber nicht eindeutig zu sein. Der Strukturtyp muß der Typdefinition entsprechen. Das Attribut ist ein Text, der zusätzliche Information über den Gegenstand enthält.

Der zugeordnete Text schließlich ist wie ein erweitertes Attribut. Er kann von beliebiger Länge und beliebigem Inhalt sein. Er wird mit einem in BOIE enthaltenen Texteditor bearbeitet.

Neben den "besteht aus"-Beziehungen, die die Baumstruktur ausmachen, kann eine hierarchische·Beschreibung noch Netzstrukturen enthalten, die beliebige Beziehungen zwischen zwei Baumknoten wiedergeben können.

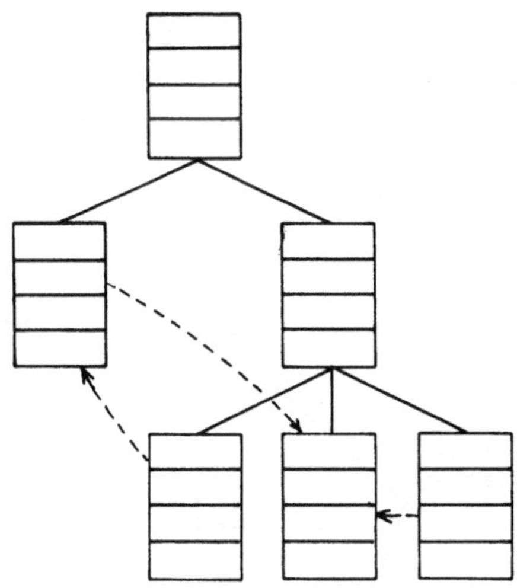

Die interne Darstellung einer hierarchischen Beschreibung.

Das BOIE-Konzept der "hierarchischen Beschreibung" von Gegenständen umfaßt drei Schritte :

1. Ein Satz von Strukturtypen wird definiert, der geeignet ist, wichtige Sachverhalte wiederzugeben, die bei der gewünschten Anwendung von BOIE beschrieben werden sollen. Für eine Klasse von Anwendungen braucht nur einmal ein solcher Satz erzeugt zu werden.

2. Der Benutzer baut mit dem Werkzeug BOIE eine hierarchische Beschreibung durch rekursive Zerlegung in Bestandteile auf. Dabei muß jeweils angegeben werden, von welchem Strukturtyp diese Bestandteile sind. BOIE kontrolliert die Typeingabe und erlaubt nur solche Strukturen, die

entsprechend der Typdefinition erlaubt sind.

Zusätzlich wird das in den Typdefinitionen enthaltene Wissen dazu genutzt, um Substrukturen, soweit irgend möglich, automatisch zu erzeugen und Objekten in der hierarchischen Beschreibung automatisch einen Strukturtyp zuzuweisen.

3. BOIE legt den eingegebenen und editierten Entwurf in einer Datenbasis ab, die anwendungsspezifisch interpretiert werden muß. Mögliche Interpretationen sind z.B. die Ausgabe eines Entwurfs als strukturierten Text oder als Quellprogramm.

## 1.2. DAS BOIE-PROGRAMMSYSTEM

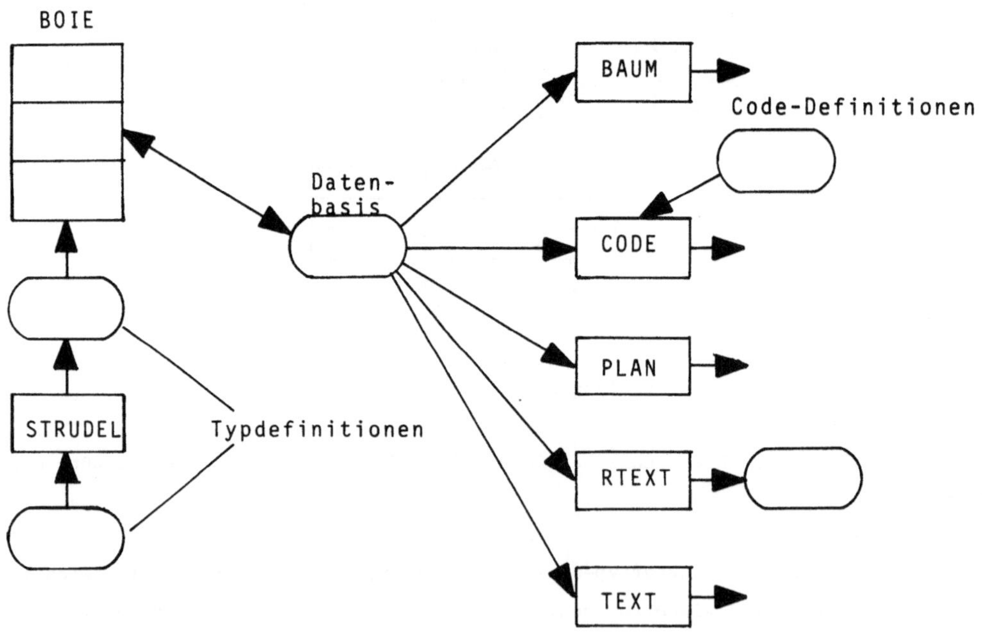


Das BOIE-Programmsystem

Der BOIE-Anwender arbeitet nicht nur mit einem einzelnen Werkzeug sondern mit Programmen aus einem ganzen Werkzeugkasten. Das zentrale Objekt des BOIE-Systems ist die Datenbasis, die die interne Darstellung der hierarchischen Beschreibung enthält. Die Beschreibungen werden vom Benutzer mit Hilfe des Programms BOIE interaktiv erzeugt und geändert.

Dieses Program enthält im wesentlichen drei Funktionen :

    1. Editieren der Baumstruktur und Typzuordnung

    2. Editieren der Netzstruktur

    3. Texteditor

Für die volle Ausnutzung der Möglichkeiten, die BOIE seinen Benutzern bietet, werden Strukturtyp-Definitionen benötigt. Sie werden vom Benutzer mit einem Texteditor erstellt und dann vom Übersetzer STRUDEL in eine Gestalt gebracht, die BOIE versteht.

Nur durch die interpretierenden Programme wird BOIE zu einem Werkzeug, das für Beschreibungen in sehr verschiedenen Anwendungsgebieten eine Arbeitserleichterung bietet. Sie interpretieren die hierarchische Beschreibung und erzeugen verschiedene anwendungsspezifische Dokumente.

Die ständig wachsende Menge der interpretierenden Programme umfaßt zur Zeit

    1. ein Programm zur grafischen Ausgabe der Baumstruktur auf einem Matrix-Drucker.

    2. einen Text-Generator, der aus der internen Darstellung einen druckbaren Text erzeugt. Der Benutzer muß dazu auf einem Code-Definitionsfile angeben, welcher Text für die vorkommenden Strukturtypen ausgegeben werden soll.

       Hiermit lassen sich spezielle strukturierte Text erzeugen wie Aufgabensysteme, Pflichtenhefte usw. aber auch Entwurfsdokumentationen als Pseudocode oder das entworfene Programm in einer kompilierbaren Programmiersprache.

    3. ein Programm, das die hierarchische Beschreibung als Projektstruktur

bestehend aus Tätigkeiten und Kosten interpretiert. Den elementaren Tätigkeiten und Kosten sind Plan-, Ist- und Prognosedaten zugeordnet, die ein Projekt-Abwickler mit BOIE regelmäßig auf den neuesten Stand bringen muß. Dieses Programm erzeugt aus dem BOIE-Entwurf einen Projekt-Fortschrittsbericht, der die Daten saldiert und Planabweichungen feststellt.

4. zwei Programme, die aus der hierarchischen Beschreibung einen druckbaren Text erzeugen und dabei die Knotennamen als Kapitelüberschriften verwenden. Die Strukturtypen werden hier nicht berücksichtigt.

   In dem einen dieser Programme wird der Text unformatiert ausgegeben, wie er geschrieben wurde. Das zweite Programm erzeugt einen Inputfile fuer einen Textformatierer sowie ein Inhaltsverzeichnis.

Es sind weitere interpretierende Programme zu erwarten, die speziell die grafische Ausgabe verbessern. Insbesondere werden wir eine grafische Darstellung der Netzstrukturen ermöglichen.

## 2. DIE ERFAHRUNGEN DER ANWENDER
## 2.1. DER BISHERIGE EINSATZ VON BOIE

BOIE ist zur Zeit (Oktober 1980) auf der VAX 11/780 von PSI implementiert. Zu dieser Maschine haben die PSI-Mitarbeiter gegenwärtig über ca. 15 Terminals Zugang. Die Benutzung von BOIE wird statistisch erfaßt. Die tägliche Benutzungsdauer liegt jetzt bei etwa 10 Stunden im Durchschnitt, wobei eine Sitzung im Mittel 17 min dauert. Es ist zu vermuten, daß ein geplanter leichterer Zugang zum Rechner die Benutzung intensivieren wird.

Unter den BOIE-Benutzern unterscheiden wir zwei Gruppen : die spontanen Benutzer und die Pilot-Anwender.

Spontane Benutzer sind Personen, die durch persönliche Kontakte zu anderen Anwendern auf BOIE gestoßen sind und die am leichtesten erlernbaren Funktionen des Werkzeugs für ihre Projektarbeit nutzen.

In erster Linie verwenden sie BOIE, um die verschiedensten Texte vom Angebot über das Pflichtenheft bis zur Programmdokumentation zu erstellen. Der Anreiz liegt für sie sowohl darin, daß sie Änderungen in den Texten selbst schnell durchführen können als auch in der äußerlich ansprechenden Gestalt des formatierten Texts. Strukturtypen spielen bei dieser Anwendung praktisch keine Rolle.

Eine weitere Anwendung, für die BOIE durch spontane Benutzer in Anspruch genommen wird, ist die Projektplanung und Fortschritts-Kontrolle. Sie ist etwas schwieriger zu erlernen, was aber durch die Arbeitsersparnis, die der Fortschrittsbericht mit sich bringt, bei weitem aufgewogen wird.

Ein spontaner Benutzer kann nicht ohne weiteres das volle Spektrum der Leistungen ausnutzen, die BOIE bietet. Nur durch gründliches Studium der Handbücher und Bedienungsanleitungen oder nach dem Besuch eines Trainings-Seminars kann das Konzept der Strukturtypen rationell dazu verwendet werden, um Entwürfe mit größtmöglicher Unterstützung durch BOIE zu erstellen.

Die zweite Gruppe der BOIE-Anwender sind Teammitglieder in Pilotprojekten. Sie werden vom BOIE-Projektteam beraten und sammeln Erfahrungen mit dem vollen Angebot von BOIE. Wie die spontanen Benutzer beginnen sie mit der Textverarbeitung, wobei sie Sicherheit und Übung in der Handhabung der Kommandosprachen und Dialoge erwerben. Selbstverständlich setzen auch sie BOIE zur Projekt-Fortschrittskontrolle ein.

Anders als die spontanen Benutzer gehen sie jedoch dann dazu über, strukturierte Texte unter Verwendung von selbstdefinierten Strukturtypen zu erstellen. Das erlaubt ihnen, große Teile der Gliederung und auch Textteile automatisch generieren zu lassen. Bei diesen Texten handelt es sich meistens um Funktionsspezifikationen.

Die Entwurfsphase der Software bringt für neue Benutzer einige Schwierigkeiten mit sich. Sie lassen sich im wesentlichen auf zwei Probleme zurückführen :

1. Es entzünden sich längere Diskussionen an der Frage, welche Programm- und Modulstrukturen geeignet sind und als Strukturtypen Verwendung finden sollen. Hier müssen methodische Fragen abgeklärt werden, bevor man Strukturtypen definiert.

2. Viele Software-Ingenieure haben bislang hauptsächlich flußorientierte Entwürfe konstruiert und dabei Darstellungen wie z.B. Funktionsnetze und Flußdiagramme verwendet. Sie stoßen auf Schwierigkeiten, zu einem statischen Entwurf überzugehen, bei dem schrittweise verfeinernd vorgegangen werden soll, wie es einem baumorientierten Werkzeug angemessen ist.

Solche Probleme führen gelegentlich dazu, daß zuerst ein Entwurf im gewohnten Stil gezeichnet wird, der nachträglich mit BOIE in Baumgestalt gepreßt wird. Die

Entwerfer empfinden diese Umstrukturierung noch immer als gerechtfertigt, weil der BOIE-Entwurf den Vorteil hat leichten änderbar zu sein.

Da dies nicht die Arbeitsweise mit BOIE ist, die wir uns als Konstrukteure wünschen, versuchen wir durch Anwenderberatung Werkzeug und Vorgehensweise bei seiner Benutzung in Einklang zu bringen.

Im Prinzip bietet eins der interpretierenden Programme, nämlich der Text-Generator, die Möglichkeit, aus dem BOIE-Entwurf direkt ein kompilierbares Programm zu erzeugen. Das impliziert, daß man nur noch die Entwürfe editiert aber nicht mehr die Quellprogramme. Die Entwurfdsdokumente stimmen dann immer exakt mit dem Programm überein. In der Praxis läßt sich dieses Verfahren noch nicht durchführen. Schnelle Änderungen (auch wenn sie fast trivial sind) sind nicht mehr ohne weiteres möglich, da die ganze Kette vom Editieren mit BOIE über die Erzeugung des Quellprogramms bis zu seiner Kompilation durchlaufen werden muß. Noch hinderlicher ist jedoch, daß in der Prozeßdatenverarbeitung der Zielrechner fast nie der BOIE-Rechner ist und daß man BOIE nicht ständig auf andere Rechner übertragen kann.

Statt Quellprogramme zu erzeugen, ziehen es die Pilotanwender vor, die schrittweise Verfeinerung bis zu einem "Feinentwurf" herunterzuziehen. Der wird dann vom Textgenerator so übersetzt, daß er manuell leicht in der Zielsprache codiert werden kann. Hier geht allerdings der Vorteil des ständig aktuellen Entwurfs verloren.


## 2.2. RATIONALISIERUNGSEFFEKTE DURCH BOIE ?

Es ist zum gegenwärtigen Zeitpunkt noch zu früh, endgültige Aussagen über Rationalisierungseffekte durch Werkzeuge wie BOIE zu treffen. Diese Unsicherheit hat ihre Ursache im wesentlichen in der schwierigen Meßbarkeit der Produktivität bei der Software-Erstellung. Alle Aussagen sind hier von subjektiven Eindrücken geprägt.

In der Anfangsphase der Einführung eines Werkzeugs wie BOIE wird die Produktivitätssteigerung sicherlich sehr gering sein. Die neuen Benutzer benötigen Monate, um alle Möglichkeiten geschickt und effektiv ausnutzen zu lernen. BOIE bietet hier wenigstens den Vorteil, daß das gleiche Werkzeug für verschiedene Anwendungen benutzt werden kann, und somit ein Teil des Lernaufwands wegfällt. Auf der anderen Seite erfordert BOIE durch seine Flexibilität eine gewisse Auseinandersetzung mit den Beschreibungsprinzipien die hinter jeder neuen Anwendung stehen.

Es wird noch lange Zeit unklar bleiben, ob und wieviel man mit BOIE schneller arbeiten kann als ohne ein Entwurfswerkzeug. Vergleichsweise sicher ist aber, daß die Vollständigkeit und Fehlerfreiheit von Projekt-Dokumenten, die mit BOIE erstellt wurden, größer ist als bei manueller Erzeugung. Schneller Zugriff zum Ändern und teilweise automatische Generierung von Strukturen und Dokumentationstexten sorgen für eine höhere Qualität dieser Produkte. Langfristig kann sich auch diese Qualität in erhöhter Produktivität niederschlagen, wenn es nämlich um die Vollständigkeit und Verständlichkeit der Wartungsdokumente geht.

Vorläufig sind wir noch ganz auf die subjektiven Einschätzungen der BOIE-Benutzer angewiesen, aus deren Einsatzfreude trotz einiger Anfangsschwierigkeiten wir zumindest auf angenehmere Arbeitsbedingungen schließen.

<u>STRUKTUR UND ORGANISATION VON PROZEßRECHNERSYSTEMEN AM BEISPIEL DER STEUERUNG</u>
<u>FÜR DAS FUSIONSEXPERIMENT TEXTOR</u>

K. D. Müller
Zentrallabor für Elektronik
Kernforschungsanlage Jülich GmbH

## 1. <u>Einleitung</u>

In der Kernforschungsanlage Jülich befindet sich das Plasmafusionsexperiment
TEXTOR in einer forgeschrittenen Aufbauphase. Am Beispiel der Steuerung und Datenverarbeitung für dieses Experiment sollen neuere Tendenzen in der Struktur und Organisation von Prozeßrechnersystemen aufgezeigt werden.

Bei TEXTOR handelt es sich um ein Experiment vom Typ TOKAMAK, dem derzeit die
besten Chancen eingeräumt werden, das Plasma magnetisch einzuschließen, um die Zünd-
dung eines thermonuklearen Plasmas erstmalig zu demonstrieren. Dabei gilt der folgende
Prozeß unter den in Betracht kommenden Fusionsreaktionen als am erfolgversprechend-
sten: $\qquad D + T = {}^{4}He + n + 17,8 \text{ MeV.}$

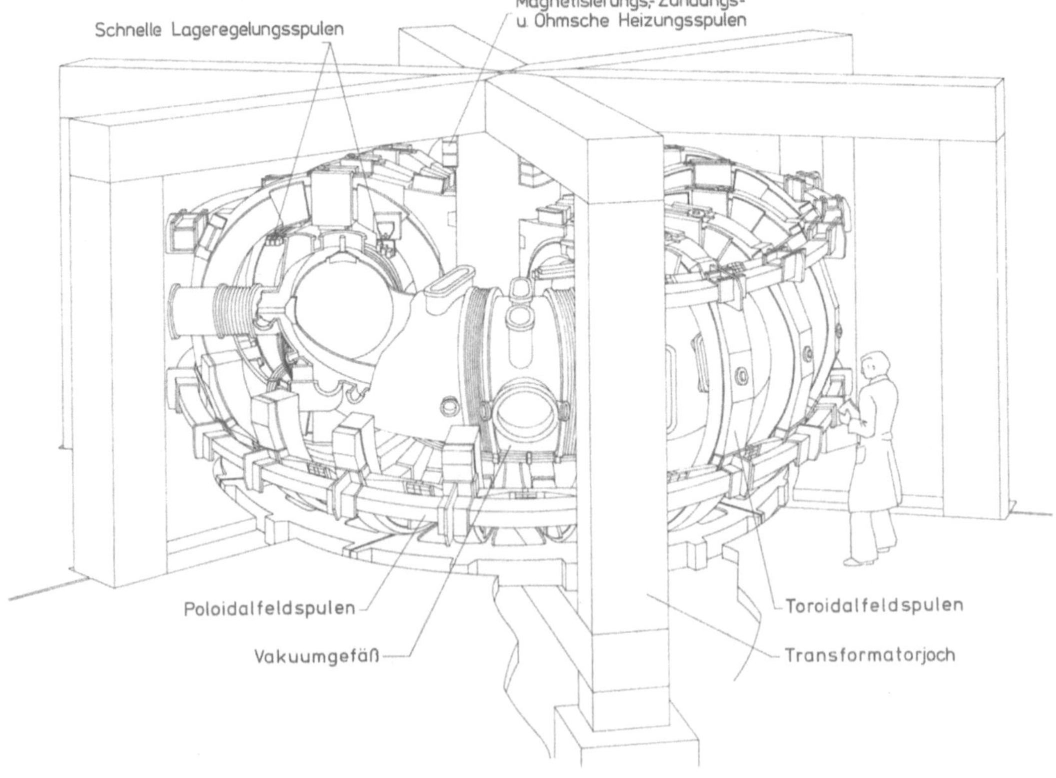


Bild 1: TOKAMAK TEXTOR

Bild 1 zeigt eine schematische Ansicht des TOKAMAK-Experimentes, wobei die geometrische Abmessung durch Vergleich mit einem Operateur dargestellt ist. In dem vorher auf $10^{-8}$ Torr evakuierten Vakuumgefäß befindet sich ein kaltes Plasma, welches die Form eines geschlossenen Ringes hat. Ein TOKAMAK arbeitet nach dem Prinzip eines Transformators, wobei das Plasma die einwindige Sekundärseite darstellt. Mit Hilfe der senkrecht stehenden Toroidalfeldspulen wird ein ringförmiges Magnetfeld $B_{tor}$ erzeugt.

In der Mitte des Torus, der Primärseite des Transformators, welcher als Eisenkerntransformator ausgebildet ist, befinden sich die Magnetisierungs-, Zündungs- und Ohmsche Heizungsspulen. Durch den Transformator wird ein Plasmastrom $I_{Plasma}$ induziert, der seinerseits ein poloidales Magnetfeld $B_{pol}$ erzeugt und das Plasma, welches einen elektrischen Widerstand besitzt, aufheizt. Das aus $B_{tor}$ und $B_{pol}$ resultierende Feld ist schraubenförmig. Das Plasma besteht aus Ionen und Elektronen, die durch das Magnetfeld von der Wand ferngehalten werden. Große, horizontal angeordnete, zum Plasmaring koaxial verlaufende Spulen dienen zur Erhaltung des Plasmagleichgewichtes mit Hilfe vorwiegend vertikaler Magnetfelder.

Der magnetische Fluß-hub in einem Transformator ist begrenzt. Daher muß ein TOKAMAK pulsförmig betrieben werden. Bild 2 zeigt den zeitlichen Verlauf für die verschiedenen Phasen vor und nach einer Plasma Entladung. Um einen größeren magnetischen Flußhub zu erzielen, wird der Transformator negativ vormag-netisiert, während der Flat Top Phase des Plasmastromes werden durch die primären

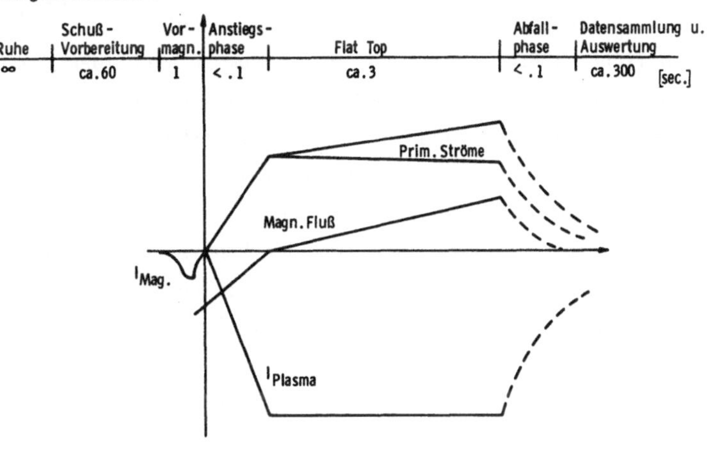


Bild 2: Plasma Entladung

Ströme die Plasmaverluste ausgeglichen. TEXTOR wird durch die folgenden technischen Parameter charakterisiert:

| | |
|---|---|
| Großer Plasmaradius | 1,75 m |
| Kleiner Plasmaradius | 0,50 m |
| Feldstärke des Toroidalfeldes | 2 Tesla |
| Pulsdauer | 3 sec. |
| Schußfolge | 5 min. |
| aufgenommene elektrische Leistung | 70 MW |
| Basisdruck (Vakuumgüte) | $10^{-8}$ Torr |
| Wandtemperatur bis | $600^{o}$C |
| angestrebte Plasmatemperatur | $10^{7}$ $^{o}$C |
| Plasmastrom | 500000 A |

## 2. Prozeßrechnerkonzept

In der Fusionsforschung hat sich der Prozeßrechner für die Datenerfassung an Ex-

perimenten schon bald einen festen Platz erobert, da die früher übliche Auswertung von
Polaroid-Bildern vieler Oszillographen zwischen den Schüssen nicht durchführbar war.
Bei den im Bau befindlichen Anlagen wird der Prozeßrechner aber auch verstärkt zur
Steuerung und Überwachung der Maschinen eingesetzt. Hierfür sind im wesentlichen fol-
gende Gründe ausschlaggebend:

Mit den wachsenden Abmessungen der Experimente,
steigt die Zahl der zu überwachenden und zu steuernden Geräte und deren Entfernung zum Kontrollraum. Mit Hilfe des Prozeßrechners besteht eine
relativ einfache Möglichkeit, Informationen von
vielen Geräten auf wenigen Verbindungen zu übertragen und damit diese Informationen von entlege-
nen Punkten im zentralen Kontrollraum darzustellen. Mit dem Prozeßrechner besteht die Möglichkeit des verlängerten "Arms und Auges", mit
dem sich die Fernbedienung und Anzeige leicht

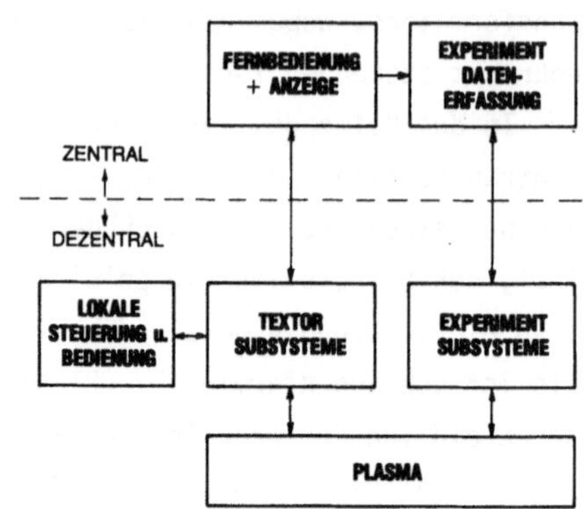


Bild 3: Rechnerkonfiguration

ermöglichen läßt. Diese Vorteile sind um so wichtiger, da es sich bei den heutigen
TOKAMAKS noch um Experimente handelt, die teilweise auch ein Eigenleben entfalten
können, andererseits jedoch von der Komplexheit sich mit großen kernphysikalischen
Beschleunigern und Industrieanlagen messen können. Eine TOKAMAK Maschine läßt sich
zwanglos in mehrere Subsysteme gliedern, wie aus Tab. 1 ersichtlich ist. Aufgrund der
Vielfalt der Subsysteme läßt sich der Schwierigkeitsgrad bei der Steuerung des Experimentes leicht ermessen. Für alle zur Steuerung erforderlichen Subsysteme ergeben
sich:      Am Prozeßrechner      920 digitale Eingänge

                                      400 digitale Ausgänge

                                       210 Analogeingänge

                                        30 Analogausgänge.

    Wesentliche Aufgabe der plasmaphysikalischen Diagnostik ist es, das Verhalten des
Plasmas während einer Entladung zu studieren. Die heute zumeist angewandten Methoden
lassen sich aus der Sicht der Datenverarbeitung überwiegend auf folgende Meßtechniken
zurückführen:

         - Transientenrecorder         - Multiscaling

         - Vielkanalanalyse            - Zeitverteilungsanalyse.

    Die Anzahl der anfallenden Daten ist mit 2,5 MByte/Schuß für TEXTOR ermittelt
worden. Bei dem europäischen Großexperiment JET ist dieser Wert annähernd eine Größenordnung höher. Es ist offensichtlich, daß diese hohe Datenrate nicht während des Schusses von einem Prozeßrechner verarbeitet werden kann, sondern in lokalen Speichern
zwischengespeichert werden muß.

    Aus diesen Angaben läßt sich das Grundkonzept für die Datenverarbeitung und
Steuerung des Experimentes, wie es ebenfalls in sehr ähnlicher Form bei fast allen
weltweit in Bau befindlichen TOKAMAKs realisiert wird, ableiten.

Tab. 1: Funktionelle Gliederung der TEXTOR Subsysteme für Steuerung und
Datenverarbeitung

| Abkürzung | | Subsystem | Abkürzung | Subsystem |
|---|---|---|---|---|
| ZA | | Zentrale Ablaufsteuerung | LH | Limiter |
| ZT | | Zentrales Timing | GA | Gaseinlaß |
| BT | | Toroidalfeld | VG | Vakuumgefäß |
| IN | | Vorionisation | PK | Periphere Komponenten |
| BG | | Reinigung | WK | Wasserkühlung |
| LN | | Liner | TG | Temperierung Gefäß |
| BP | | Poloidalfeld | SK | Schildkühlung |
| | | mit den Untersystemen: | ZS | Zentrales Sicherheitssystem |
| | BM | Vormagnetisierung | ZF | Warte und zentrale Fernbe- |
| | BV | Vertikalfeld | | dienung |
| | BH | Heizfeld | ZD | Zentrale Diagnostik |
| | KR | Korrekturfeld radial | BK | Briefkasten Speicher |
| | PF | Programmierbare Funktionsgeneratoren | | |

Ein Rechnersystem ist für die Experimentdatenerfassung [2] zuständig und ein Rechnersystem für die Fernbedienung und Anzeige [3]. Beide Rechnersysteme sind gekoppelt, um einen Datenaustausch wichtiger Schußparameter und für den Betrieb des Experimentes wesentlicher plasmaphysikalischer Diagnostikdaten zu ermöglichen.

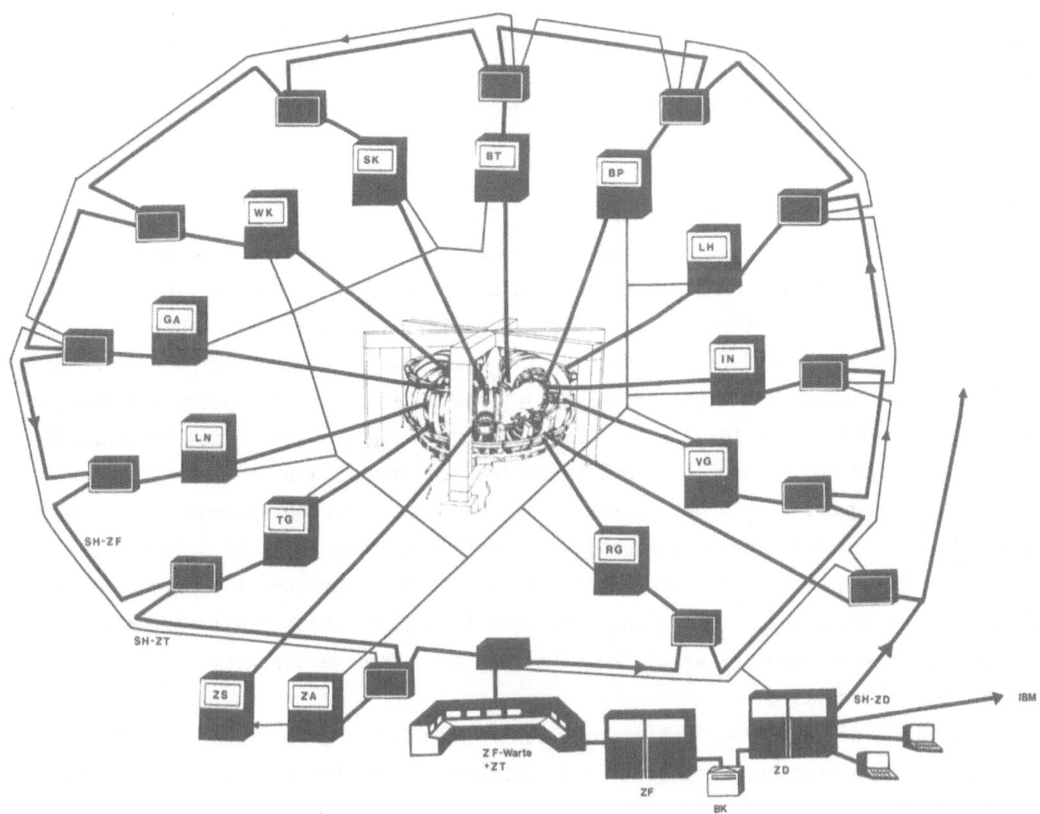


Bild 4: TEXTOR Kontrollsystem

Eine wesentliche Forderung der für die einzelnen Subsysteme verantwortlichen Ingenieure zielte auf eine lokale Steuerungs- und Bedienungsmöglichkeit für die Subsysteme vor allem während der technischen Abnahme der Subsysteme nach Lieferung, der Inbetriebnahme, für Wartungsarbeiten und Umbauzeiten. Hiermit war der Weg für die Implementierung eines hierarchisch gegliederten Kontrollsystems mit lokaler Intelligenz vorgezeichnet.

Während der Konzeptionsphase bestand ein besonderes Anliegen darin, eine Lösung für das Kontroll- und Datenverarbeitungssystem zu erarbeiten, welches dieselben Schnittstellen aufwies, wie sie auch durch die interne Projektorganisation vorgegeben war, um eine möglichst einfache, optimale Kommunikation zwischen allen beteiligten Mitarbeitern sicherzustellen. Ein allgemeines Rechnernetzwerk, wie z.B. DECNET, wurde verworfen, da es einerseits für die Experimentdatenerfassung nicht über eine genügend leistungsfähige Verbindung verfügte, andererseits für die Fernbedienung und Anzeige bei kurzen Nachrichten einen zu großen Overhead aufwies.

Nach längeren Diskussionen wurde schließlich die im Bild 4 gezeigte Lösung für das Kontrollsystem von TEXTOR und seinen Subsystemen vorgeschlagen und realisiert. Als Rechnerperipheriesystem wird das CAMAC-System verwendet. Damit standen neben dem CAMAC Datenweg in einem Überrahmen [4] auch der vertikale parallele CAMAC [5] Datenweg und die CAMAC serielle Ringleitung [6] als modulare Bausteine für die Implementierung zur Verfügung. Mit der Spezifikation EUR 6500 [7] besteht darüber hinaus die Möglichkeit, mehr als einen Controller in einem CAMAC Überrahmen zu verwenden und damit eine lokale Intelligenz auf einfache Weise zu realisieren.


## 3.  Fernbedienung und Anzeige

Alle Subsysteme sind mit der Warte und dem Fernbedienungs- und Anzeigerechner ZF (PDP11-44) über eine CAMAC serielle Ringleitung verbunden. Die Ringleitung (5 MBit/sec) wurde mit Lichtleitfasern realisiert. Für eine faseroptische Ausführung ist die CAMAC Ringleitung besonders geeignet, da sie aus Punkt zu Punkt Verbindungen aufgebaut ist, und eine aktive Signalregenerierung an jeder Station in Verbindung mit der Signalauskopplung leicht erfolgen kann. Eine Notstrombatterie sichert bei Netzausfall einer Unterstation den ungestörten Betrieb für mehr als 15 min.

Andere gegenwärtig in der Diskussion befindliche Prozeßbussysteme, wie PROWAY [8] und PDV-Bus [9] favorisieren eine passive Signalauskopplung an jeder Unterstation, um den Betrieb auch bei Ausfall einer Unterstation sicherzustellen. T-Koppler [10] zur passiven optischen Datenauskopplung sind zwar inzwischen industriell verfügbar, sind jedoch für Anwendungen auf wenige Busstationen begrenzt, da die Auskoppelverluste nicht unerheblich sind.

Aufgrund der hohen Verlustleistung von 70 MW während eines Schusses, die praktisch kein einheitliches Erdpotential im Gebäude zuläßt, kommt einer sauberen Potentialtrennung aller nicht unmittelbar in einem Schrank befindlichen Komponenten besondere Bedeutung zu, um elektrische Interferenzen zu vermeiden. Diese Forderung wird mit einer Lichtfaserstrecke optimal erfüllt.

Ein Zeitmarkenbus (SH-ZT), ebenfalls in Lichtfasertechnik, kann die Subsysteme mit Zeitmarken versorgen. Ein unabhängiges Sicherheitssystem aus 2 programmierbaren Controllern (PC) ermöglicht eine Notabschaltung. Es ist wünschenswert, daß das Sicherheitssystem nach Möglichkeit nicht anspricht, da eine erneute Inbetriebnahme nach Notabschaltung einen nicht unbedeutenden Zeitverlust zur Folge hat.

## 4.  Diagnostik Datenverarbeitung

Für die Prozeßperipherie wurden ebenfalls das CAMAC System und eine CAMAC serielle Ringleitung verwendet. Ein Datenerfassungsrechner (PDP11-45) transferiert die angefallenen Daten (2,5 MByte/Schuß) nach einem Schuß aus lokalen Transientenrecorder Speichermodulen zu einem Experiment-Auswerterechner. Aufgrund der großen Datenrate ist für derartige Aufgaben ein Trend zu 32 Bit Rechnern (VAX11/780) unverkennbar. Mit Hilfe dieses Rechners muß eine Vorauswertung der Daten mit mehreren graphischen Bildschirmen erfolgen, um die nächsten Schußparameter festzulegen. Es ist leicht einzusehen, daß das verwendete Dateisystem dabei entscheidenden Einfluß auf die Bildschirmzugriffszeiten hat.

Eine interessante Nuance für einen sehr effektiven Datentransfer zwischen einer VAX11/780 und einem PDP11-Rechner stellt die Möglichkeit dar, beide Rechner über ihren Unibus, den in beiden Systemen verwendeten asynchronen Rechner Parallelbus, zu koppeln. Es besteht dann die Möglichkeit, den am Unibus befindlichen PDP11-Hauptspeicher direkt von der VAX zu adressieren [11].

Umfangreiche Berechnungen und ein Vergleich mit theoretischen Modellen kann unter Zuhilfenahme einer schnellen Kopplung zum IBM Großrechner erfolgen.

Diagnostik-Rechner ZD und Steuerungsrechner ZF sind über einen Briefkastenspeicher mit doppeltem Zugriff eng gekoppelt und erlauben einen effektiven Datenaustausch bei minimaler Interruptbelastung. Dies erschien im vorliegenden Fall besonders wichtig zu sein, da nach jeder Plasmaentladung die Spitzenbelastung für beide Rechner zu erwarten ist, wenn die Auswertung der gemessenen Daten bzw. Vorbereitung der nächsten Schußparameter erfolgt.

## 5.  Programmierbarer Controller (PC)

Um den zentralen Prozeßrechner zu entlasten, ist es heute Stand der Technik, Kontrollsysteme dezentral mit vor Ort Intelligenz zu realisieren. Je nach den örtlichen Gegebenheiten und den Anforderungen sind daher Systeme mit funktionaler oder geographischer Aufgabengliederung in einer Vielzahl von Topologien vorgeschlagen worden. Durch die Verwendung der CAMAC seriellen Ringleitung lag es nahe, für TEXTOR das CAMAC Auxiliary Controller Konzept zu verwenden, welches es gestattet, mehrere intelligente Controller in einem CAMAC Oberrahmen zu betreiben. Von Schoeffler[12] ist auf der Prozeßrechnertagung 1974 darauf hingewiesen worden, daß ein wesentliches Entscheidungskriterium für jedes System mit verteilten Prozessoren die zur Verfügung stehende

Systemsoftware darstellt. CAMAC Auxiliary Controller sind heute für die gebräuchlichen Mikroprozessoren erhältlich, doch fehlt ein geeignetes Softwaresystem für die Kommunikation mit dem übergeordneten Rechner. Daher konnte diese Lösung bei TEXTOR nur in einigen Fällen z. B. zur Erzeugung der zeitlichen Stromverläufe in den Spulen Verwendung finden, bei dem durch die spezielle Aufgabenstellung ein generelles Kommunikationssystem nicht erforderlich war.

In der industriellen Steuerungstechnik werden heute speicherprogrammierte Steuerungen, oder auch programmierbare Controller genannt, immer häufiger eingesetzt. Ihr Hauptvorteil liegt in der Verfügbarkeit auch starkstromnaher Peripheriebaugruppen und einer einfachen Programmierfähigkeit durch Boolsche Befehle und Relaislogik, wie sie auch für den Maschinenbauingenieur und -techniker zugänglich sind. Wurden programmierbare Controller zunächst zur Bitverarbeitung und Verknüpfung eingesetzt, so gehören heute auch Wortoperationen für die Behandlung von Analogwerten zum Stand der Technik. Es lag daher nahe, für die bei TEXTOR vorliegende Aufgabenstellung programmierbare Controller einzusetzen. Durch die strenge Modularität [13], die angestrebt wurde, hat das zum Einsatz von 16 PCs geführt.

## 6. Kommunikation Rechner - Programmierbare Controller

Erst in jüngster Zeit ist von den Steuerungsherstellern erkannt worden, daß programmierbare Controller im Rahmen integrierter DV-Lösungen bei der Automatisierung von Fertigungsanlagen über geeignete Schnittstellen zu übergeordneten Rechnern verfügen müssen, um ihre unbestreitbaren Vorteile voll zu nutzen. Aus Kapazitätsgründen sind bei TEXTOR z. B. mehrere Subsysteme von der einschlägigen Maschinenbauindustrie einschließlich der Steuerung erstellt worden, was nur durch diese Konzeption möglich war.

Bild 5 zeigt die für die Ankopplung über das CAMAC System an den übergeordneten Rechner gewählte Lösung. Über einen Schlüsselschalter läßt sich die PC auf lokale oder Fernbedienung umschalten, um eindeutige Zugriffsrechte sicherzustellen. Der Zustand einzelner Ausgänge wird parallel zur Anzeige am lokalen Blindschaltbild abgegriffen und steht im Kontrollraum immer zur Verfügung. Eine Fernbedienung vom Kontrollraum erfolgt durch Setzen von Bits in einem CAMAC Ausgaberegister, welches eine Eingabe anstelle der Tasten am Blindschaltbild erlaubt. Eine Programmänderung der PC kann in diesem Falle nur lokal durch das PC Programmiergerät erfolgen. Damit ist jedoch auf einfache Weise sichergestellt, daß keine unverwünschten Programmänderungen vorgenommen werden können.

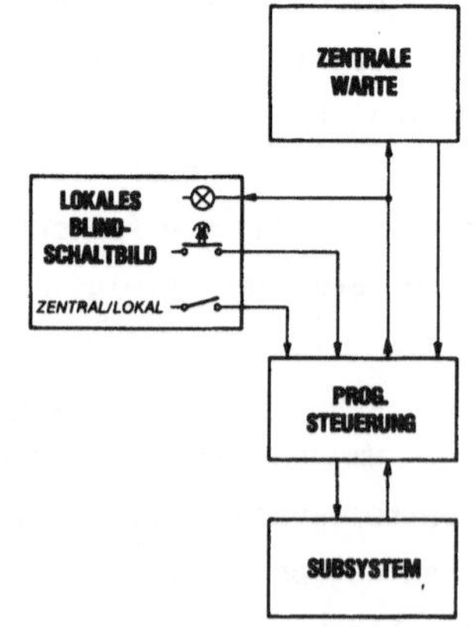


Bild 5: Zentrale und lokale Bedienung

In der verfahrenstechnischen Industrie hat die Entwicklung des Honeywell Systems TDC 2000 (Total Distributed Control), welches lokale DDC-Regler über einen seriellen

Bus koppelt, einen wesentlichen Einfluß gehabt, den Prozeßrechner wirkungsvoll zu entlasten und die Systemplanung, Programmierung und Realisierung zu vereinfachen.

Es ist zu erwarten, daß von speicherprogrammierbaren Steuerungen mit geeigneten Kommunikationsverbindungen in ähnlicher Weise für den Maschinenbau und Anlagenbau wesentliche Impulse für eine Vereinfachung bei der Planung und Programmierung komplexer Automatisierungssysteme ausgehen werden.

## 7. Vergleich mit Prozeßrechner-Kontrollsystemen anderer TOKAMAKs

Wie eingangs bereits erwähnt, zeichnen sich die verschiedenen weltweit im Bau befindlichen TOKAMAK Experimente durch eine große strukturelle Ähnlichkeit ihrer DV-Konzepte aus. Hier sind insbesondere zu erwähnen, Doublet III [14] in San Diego, USA, CODAS JET [15] (Joint European Torus), Culham, GB, JT60 [16], Japan und CIDADA TFTR [17], Princeton, USA. Allen ist die breite Verwendung des CAMAC Standards gemeinsam. Bei den meisten wird auch die CAMAC serielle Ringleitung mit Lichtleitfasern verwendet. Als Prozeßrechner kommen bei den größeren Experimenten, wie TFTR, bevorzugt 32 Bit Prozeßrechner zum Einsatz.

## 8. Die Wartengestaltung

Der Wartengestaltung bei einem so komplexen TOKAMAK Experiment wie TEXTOR, kommt besondere Bedeutung zu. Bild 6 zeigt die Warteninstrumentierung, die sich in 4 Bereiche für den Operateur, Ingenieur vom Dienst, Subsystem Ingenieur und verantwortlichen Physiker gliedert.

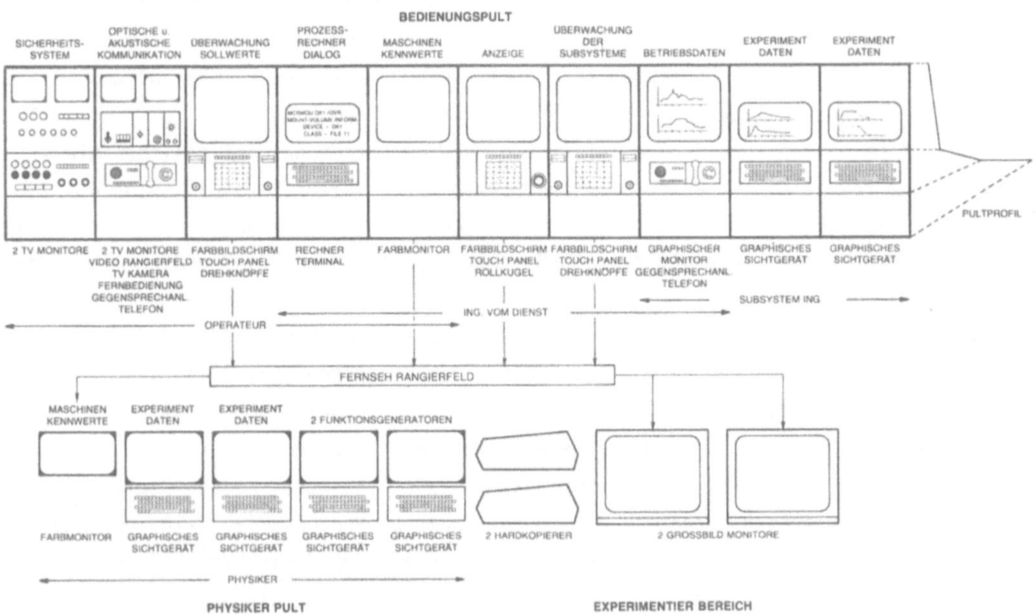


Bild 6: TEXTOR Warteninstrumentierung

Neben dem Pult für das Sicherheitssystem und 2 Fernsehkamera-Monitorempfängern zeichnet sich die Warte durch eine intensive Nutzung von alphanumerischen und graphischen Farbbildschirmen und graphischen schwarz/weiß Sichtgeräten aus. Dabei sind die schwarz/weiß Sichtgeräte vor allem für die Darstellung und Dokumentation wichtiger Maschinendiagnostik-Daten vorgesehen.

Für die Bedienung des Experimentes sind mehrere einheitliche Bedienerstationen im Bedienungspult vorgesehen, wie sie in Bild 7 dargestellt sind. Dabei lassen sich auf dem Farbsichtgerät Maschineninformationen in verschiedenen Formaten darstellen und laufend den aktuellen Werten anpassen.

Wichtige Darstellungsarten sind eine binäre Darstellung des Maschinenzustandes, numerische Darstellung von Analogwerten und Analogdarstellung von Analogwerten. Diese Darstellungsarten lassen sich auf dem Schirm gleichzeitig nutzen und werden durch Zeichen für Alarmmeldung und Uhrzeitinformationen ergänzt. Eine weitere Darstellungsart besteht in einer symbolischen Darstellung in Form

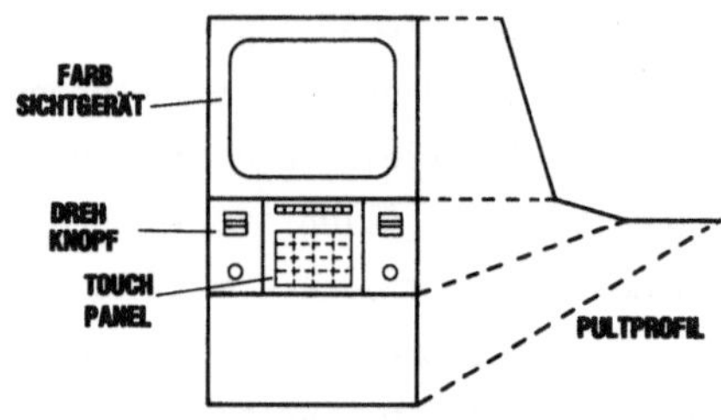


Bild 7: Bedienerstation

eines Blindschaltbildes, in dem Schalter durch Farbänderung ihren jeweiligen Schaltzustand anzeigen. Um die Mensch-Maschinenschnittstelle einfach zu halten, ist es zweckmäßig, eine symbolische Darstellungsart zu wählen, wie sie auch bei den lokalen Blindschaltbildern verwendet wird.

Für die Bedienung des Experimentes wurde angestrebt, die Anzahl der Bedientasten klein zu halten, um den Zugang zu allen Bedienfunktionen von mehreren Bedienplätzen zu ermöglichen. Hierfür sind in der Vergangenheit vor allem Lichtgriffel und Rollkugel in Verbindung mit Sichtgeräten erfolgreich eingesetzt worden. Während das Tableau zur Eingabe analoger Kurvenverläufe Verwendung fand.

Bei TEXTOR besteht das Bedien-Interface aus einer berührungsempfindlichen Glasplatte (Touch Panel) mit unterlegtem schwarz/weiß Fernsehbild. Es stellt eine 4x4 Matrix dar, mit welcher 16 Funktionstasten nachgebildet werden können und wurde durch die Verwendung bei der Steuerung des SPS-Beschleunigers [18] bei CERN größeren Kreisen bekannt.

Die Funktion und Beschreibung dieser Tasten läßt sich durch eine Änderung des Fernsehbildes den jeweiligen Aufgaben anpassen. Durch ein geeignetes hierarchisch aufgebautes Softwaresystem lassen sich die Touch Panel Funktionstasten dem Experiment TEXTOR, einem einzelnen Subsystem oder einer einzelnen Komponente zuordnen.

Analoge Kontrollknöpfe, welche über inkrementale Winkelgeber einen Digitalwert an den Rechner übertragen, ergänzen das Touch Panel, um Prozeßvariable in gewohnter Weise wie mit einem Potentiometer einstellen zu können. Für diese Eingabeform stellt die Rechner-Reaktionszeit eine wichtige Größe dar, da sie sich als Schlupf bei der Veränderung des Ist-Wertes bei Betätigung des Knopfes auf dem Bildschirm auswirkt.

Neben dem hier verwendeten kapazitiv arbeitenden und grob auflösenden Touch Panel sind auch feinauflösende Touch Panels auf Widerstandsbasis hergestellt worden. Sie bieten insbesondere zur Bedienung vollgraphischer Displays wesentliche Vorteile, haben jedoch z.Z. noch einen Lichtverlust von ca. 40 % zur Folge.

Wie stark Farbsichtgeräte in den kommenden Jahren die Wartengestaltung verändern werden, zeigt sich auch durch die Neuentwicklung preiswerter hochauflösender inline-Farbröhrenmonitore in 90°-Technik [19] in Japan und eine von IBM [20] durchgeführte Entwicklung zur digitalen Konvergenzeinstellung und Korrektur. Um die Mensch-Maschinen Kommunikation zu verbessern, ist von Fullard [21] vorgeschlagen worden, das etwas grell wirkende normale RGB-Farbbild, durch einen Transpositionsspeicher mit vom Rechner entsprechenden dem Wohlbefinden des jeweiligen Operateurs ladbarer Transpositionsmatrix in ein pastellfarbenes Bild umzuwandeln.

Bei aller Euphorie über die mit Farbsichtgeräten sich eröffnenden Möglichkeiten, darf jedoch nicht vergessen werden, daß es auch Farbblinde unter uns gibt und Wege gefunden werden müssen, daß Farbblindheit kein Kriterium bei der Auswahl von Operateuren darstellt.

## 9. Bedienereingriff und Softwareaktion

In Bild 8 sind die Hardwarekomponenten zusammengestellt, welche für die Bedienung

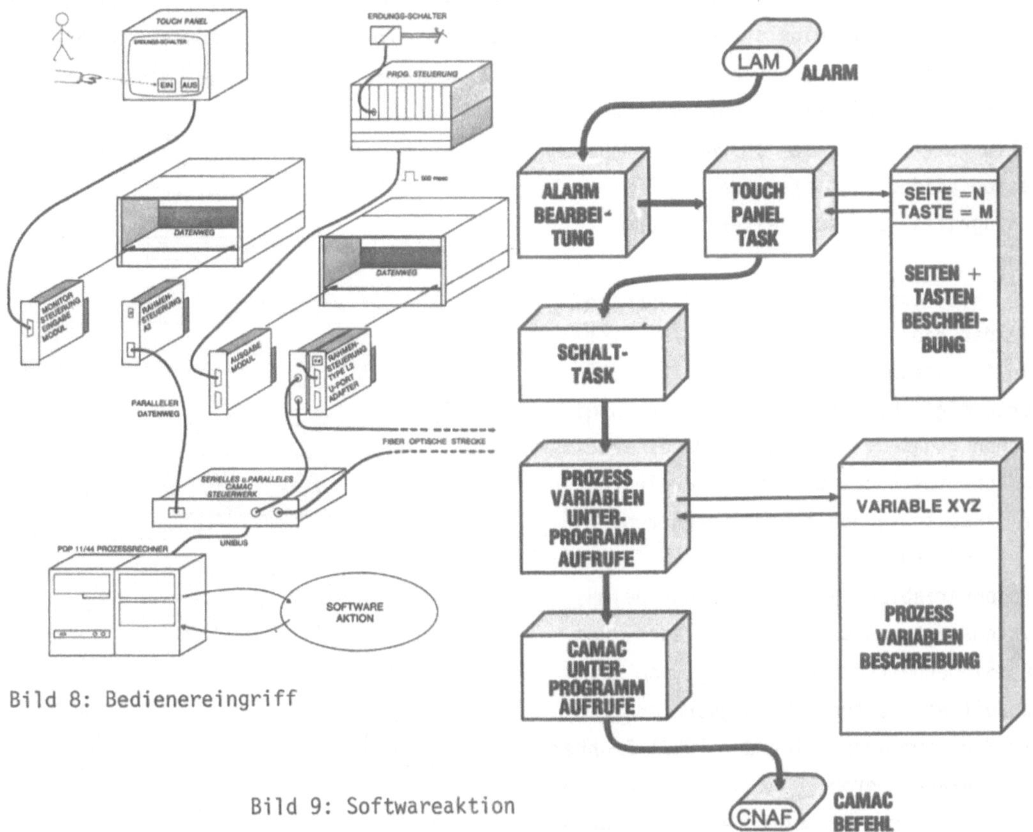


Bild 8: Bedienereingriff

Bild 9: Softwareaktion

eines Erdungsschalters von einem Touch Tone Panel in der Datenübermittlung beteiligt sind. Die hierfür erforderliche Softwareaktion ist in Bild 9 wiedergegeben.

Gerade bei einem Experiment wie TEXTOR ist es wichtig, die Bedienung des Experimentes nicht nur durch das Touch Tone Panel vornehmen zu können, sondern auch über einen Programmaufruf erweiterte und neue Bedienungsmöglichkeiten zu schaffen. Hierfür ist es erforderlich, daß die Softwareschnittstellen sowohl für Assembler Aufrufe und eine höhere Programmiersprache vorhanden sind. Die Verwendung einer interaktiven Bediensprache, wie z.B. BASIC mit Zugriff auf die Prozeßvariablen, hat sich vielfach bewährt[22].

Gerade der nicht so softwareerfahrene Operateur kann mit Hilfe des Interpreters versuchen, sich die im Alltag anfallenden Aufgaben durch die Einführung und praktische Erprobung neuer Bedientechniken zu vereinfachen. Später können diese Programme dann von einem erfahrenen Programmierer als normale Bedienfunktionen in das Touch Panel Programm eingebaut werden.


## 10. Dateiorganisation

In Bild 9 war die Softwareaktion für einen Bedienereingriff am Touch Panel gezeigt worden.

Es war bis vor kurzem erforderlich, größere Dateien auf einem Hintergrundspeicher zu halten, da die Hauptspeicher der meisten 16 Bit Prozeßrechner im Ausbau auf 64K bis 128 K Worte begrenzt waren. Bei mehreren über Blocktransferkanäle angeschlossenen Farbbildschirmen, wie im vorliegenden Fall, führt das jedoch zu unbefriedigenden Bildaufbauzeiten, da die Plattenzugriffs- und suchzeiten zu lang sind.

Bei neueren 16 Bit Prozeßrechnern, wie der hier verwendeten PDP11/44, ist ein Arbeitsspeicherausbau z.Z. bis 512K Worte möglich. Damit sind die Voraussetzungen gegeben, die gesamte Datei arbeitsspeicherresident zu halten und die Zugriffszeiten erheblich zu verkürzen.

Index-Datei und Daten-Datei für die prozeßvariablen Daten werden nur beim Systemstart von der Platte geladen, und aus Sicherheitsgründen erfolgt von Zeit zu Zeit eine Datensicherungsprozedur. Der Programmlaufbereich der PDP11-Rechner ist 32K-Worte groß. Daraus läßt sich ein bis zu 4K-Worte großer Bereich [23] durch

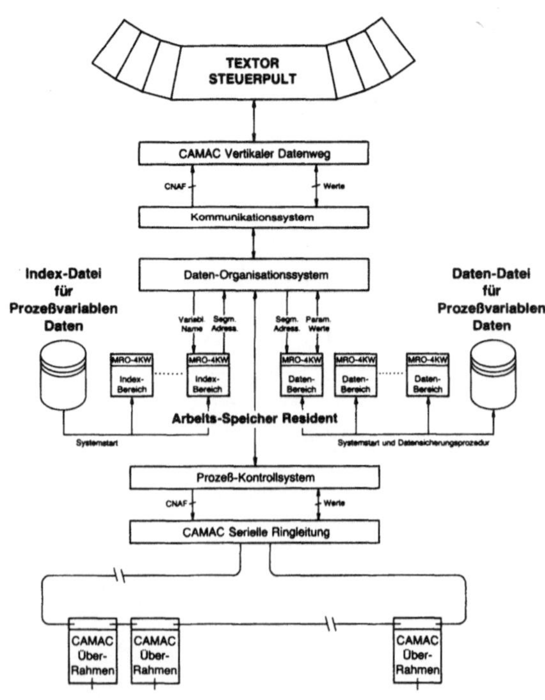


Bild 10: Dateiorganisation

einen speziellen Registersatz über den gesamten Adreßbereich verschieben.

Das Betriebssystem benötigt hierfür 2 msec. Mit diesen Möglichkeiten ist es noch einmal gelungen, 16 Bit Prozeßrechner für gestiegene Anforderungen attraktiv zu machen. Allerdings setzen diese Programmiertechniken nähere Kenntnisse des verwendeten Betriebs-triebssystems voraus.

## 11. Zeitmarkensystem

Für jeden gepulsten oder periodisch ablaufenden Vorgang wird ein Zeitmarkensystem benötigt, um Operationen zeitgenau auszuführen. Eine dezentrale Lösung zeigt Bild 11, wo über einen schnellen Bus Clock Informationen und durch Modulation Ereignisse, die ein bestimmtes Modul ansprechen können, gemeinsam übertragen werden.

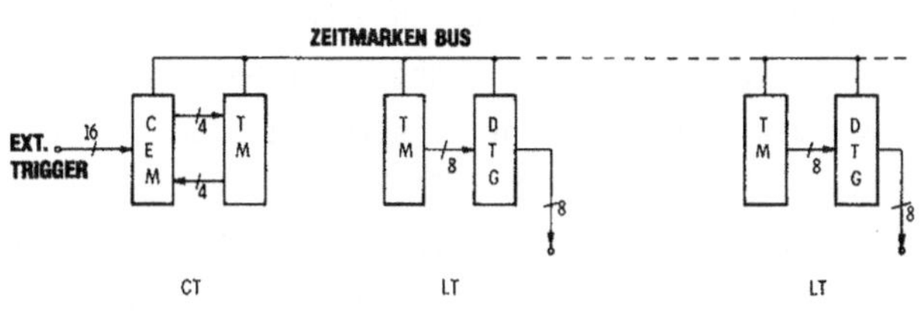


Bild 11: TEXTOR Zeitmarkenstation

## 12. Programmierbarer Controller mit Zugriffsrechten

Die Erfahrungen mit den bei TEXTOR verwendeten PCs haben gezeigt, daß das Konzept von den Beteiligten leicht zu erlernen war. Um die Anschaltung an den übergeordneten Rechner zu vereinfachen, ist eine PC aus CAMAC Modulen (Bild 12) entwikkelt worden [24], welche es erlaubt, Zugriffsrechte und Betriebsarten über Schlüsselschalter zu bestimmen.

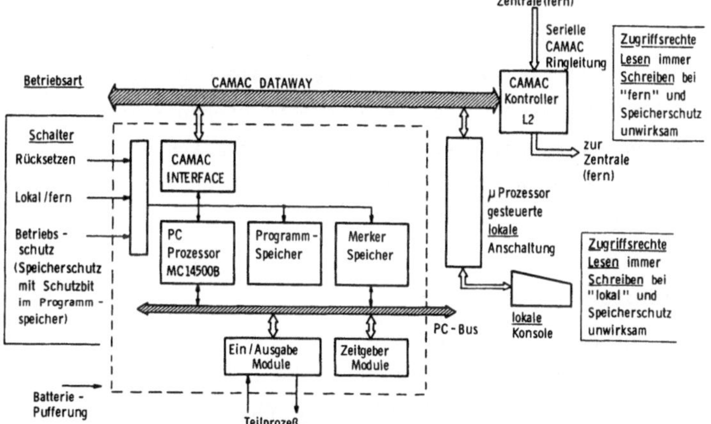


Bild 12: CAMAC programmierbarer Controller mit Betriebsarten und Zugriffsrechten

## 13. Schlußbemerkungen

Der Mikroprozessor und preiswerte Halbleiterspeicher werden auch in den kommenden Jahren die Konzeption von Kontroll- und Datenerfassungssystemen stark beeinflussen. Dabei verläuft die Mikroprozessorentwicklung hauptsächlich in zwei Richtungen: Einerseits Ersatz heutiger Minicomputer, andererseits einfache und sehr billige Prozessoren, welche vor Ort Intelligenz in allgemeinen Konsumprodukten ermöglichen. Der Hauptvorteil dieser Entwicklung wird in einer Entlastung und Vereinfachung der heute verwendeten komplexen Echtzeitbetriebssysteme zu sehen sein. So weist schon der jetzt angekündigte INTEL Mikroprozessor iAPX286 Befehle wie Send-Receive auf, die die Interprozessorkommunikation wesentlich vereinfachen.

Die Ausstattung selbst einfacher Geräte mit billigen Prozessoren ermöglicht es, Sollwerte von einem Zentralrechner an die Geräteperipherie zu übertragen und diese dann sich selbst zu überlassen. Nur im Fehlerfall muß dann eine Alarmmeldung an die Zentrale erfolgen. Hierdurch läßt sich die Alarmrate drastisch herabsetzen und trägt wesentlich dazu bei, daß der Verwaltungsaufwand der Betriebssysteme reduziert wird.

Das CAMAC System hat sich bei dem Aufbau des Kontrollsystems durch seine Modularität sehr bewährt und es erstmalig ermöglicht, nahezu keine eigene Hardwareentwicklung im Rahmen des Projektes durchzuführen.

Trotzdem läßt sich nicht verkennen, daß mit den in absehbarer Zeit auf dem Markt kommenden 32 Bit Mikroprozessoren der Wunsch nach einem neuen Instrumentierungsstandard besteht. Die Arbeiten des IEEE Future Backplane Bus Komitees P896 [25], welches an den Spezifikationen eines Multiprozessor 32 Bit gemultiplexten Busstandards arbeitet, werden daher aufmerksam verfolgt und durch eine aktive Gruppe in Europa unterstützt. Es bleibt zu hoffen, daß sich hier wieder einmal ein so erfolgreiches, weit verbreitetes System ergibt, wie es mit dem CAMAC Standard geschaffen wurde.

Serielle Bussysteme, wie die verwendete CAMAC Ringleitung oder der PDV-Bus werden aufgrund ihres bevorzugten Einsatzes in der Laborautomatisierung bzw. Prozeßautomatisierung in der Stückzahl immer beschränkt bleiben. Durch die Verlautbarung von DEC, INTEL und XEROX für die gemeinsame Vermarktung lokaler Netzwerke nach dem Ethernet [26] Prinzip für die Büroautomatisierung, sind derartige Netze aufgrund der weiten Verbreitung auch für die Prozeßrechnertechnik interessant geworden. Es bleibt abzuwarten, ob es gelingt, das Echtzeitverhalten von Ethernet Systemen zu verbessern, um damit den wesentlichen Einwand für eine Anwendung in der Prozeßrechnertechnik zu entkräften.

## Literaturverzeichnis


1. H. Conrads: TEXTOR,
   Proc. 10. Soft Conference Padua, Sept. 4-9, 1978

2. M. Korten, J. Kraft and J. Lorenzen:
   Data Acquisition for Magnetic Diagnostics and Monitoring at the TEXTOR Experiment
   Proc. of the 8th Symposium on Engineering Problems of Fusion Research,
   San Fransisco, Calif., Nov. 13-16, 1979, p. 914-918

3. W. Tenten, H. Huppertz, W. Janßen, J. Lerch, K.D. Müller, K. Pütz,
   F. Rongen and M. Sauer:
   Remote Control and Display for TEXTOR with a CAMAC-Computer System,
   Proc. 11th Soft Conference, Oxford, Great-Britain, Sept. 15-19, 1980

4. International Electrotechnical Commission; Publication 516:
   A modular instrumentation system for data handling; CAMAC System

5. International Electrotechnical Commission
   Publication 552: CAMAC-Organization of multicrate systems, specification
   of the branch-highway and CAMAC crate controller Type A1

6. International Electrotechnical Commission
   Publication 640: CAMAC Serial Highway Interface System

7.   ESONE Committee: EUR 6500e
     Multiple Controllers in a CAMAC Crate, Office for Official Publications of
     the European Communities, P.O. Box 1003, Luxemburg

8.   International Electrotechnical Commission
     IEC 65A (Secretary) 28: Process Data Highway (Proway) for Distributed Process
     Control Systems. Part 1: General Description and Functional Requirements,
     Draft Sept. 1980

9.   PDV-Arbeitskreis API. KFK 150: Serielles Bus-System für industrielle Anwendungen
     unter Echtzeitbedingungen (PDV-Bus), KFK Karlsruhe, Okt. 1978

10.  Edgar Weidel, Jürgen Wengel: T-Koppler für die optische Datenübertragung,
     wiss. Ber. AEG-Telefunken 53 (1980), Nr. 1-2, S. 17-22

11.  M.J. Browne, C. Gramer, D.J. Sherden and I. Weaver: A PDP11 Front End for
     a VAX 11/780, Proc. DECUS Symposium, Chicago/Ill., April 22-25, 1980

12.  J. D. Schoeffler: Organization of Software for Multicomputer Process Control
     Systems, Lecture Notes in Computer Science 12 (1974), S. 14-62, Springer Verlag
     Heidelberg

13.  F. H. Bohn, H. Halling und J. Haškovec (Editoren):
     Struktur und Ausführung der Steuerung des Tokamaks TEXTOR, KFA Jülich-Bericht;
     wird veröffentlicht

14.  D. D. Drobnis, A.S. Glad, J.C. Kohli and R.V. Oldenburg:
     Computer Control of Tokamak Operation at Doublet III, Proc. of the 8th Symposium
     on Engineering Problems of Fusion Research, San Fransisco, Cal., Nov. 13-16, 1979

15.  F. Bombi, D. Ciscato, S. Congiu, P. Noll and D. Zimmermann:
     System Design of CODAS, the Control and Data Acquisition System for JET,
     Proc. 10th Soft Conference Padua, Sept. 4-9, p. 457-462

16.  T. Kumahara, A.Ogata, T. Matoba and Y. Suzuki:
     Design Considerations for a CAMAC System for the Large Tokamak JT60,
     Proc. Real Time Data 79, p. 339 - 344, North Holland Publ.

17.  R. Daniels, TFTR Design Aspects of the Central Instrumentation, Control and Data
     Acquisition System,
     Internal Report, Princeton Applied Plasma Physics Laboratory, Sept. 1, 1978

18.  F. Beck: The User Interface of the CERN SPS Accelerator - Philosophy,
     Implementation and Experience,
     Proc. Real Time Data 79, p. 153-157, North Holland Publ.

19.  Hitachi Typ C14C-1410, Nissei Sangyo GmbH. Düsseldorf, Deutschland

20.  J.S. Beeteson, K.T. Jarzcbowski and B.R. Sowter:
     Digital System for Convergence of Three-Beam High Resolution Color Data Displays.
     IBM Journal of Research and Development 24, No. 5, Sept, 1980, p. 598-611

21.  K. Fullard: JET, Culham, GB., Private Information

22.  W. Busse et al.: The Vicksi Control System, 15th European Cyclotron Progress
     Meeting, Berlin, Germany, April 5-7, 1978

23.  1979/80 PDP11 Processor Handbook 04/34a/44/60/70: DIGITAL Equipment Corporation,
     Maynard, Mass., USA

24.  H. Halling, R. London, R. Möller, K.D. Müller, H. Neuhauß und K. Zwoll:
     Programmierbare Steuerung mit 1Bit CMOS Prozessor MC14500 B im CAMAC Standard,
     KFA-Jül-Bericht; wird veröffentlicht

25.  Institute of Electrical and Electronic Engineers, Microprocessor Committee
     P896/D3, proposed Standard Specifications for Advanced Microcomputer System
     Backplane, Nov. 29, 1980

26.  The Ethernet, A Local Area Network, Version 1.0, Sept. 30, 1980
     Xerox Corporation, 3333 Coyote Hill Road, Palo Alto, CA, USA

ASPEKTE EINES PROZESSINFORMATIONSSYSTEMS AUF EINEM RECHNERNETZ

R. Friehmelt, F. Hauke, A. Jaeschke, E. Kugele, W. Reh

Kernforschungszentrum Karlsruhe
Institut für Datenverarbeitung in der Technik

## Anforderungen an ein rechnergestütztes Analytisches Labor

In der nuklearen Wiederaufarbeitungs-Versuchsanlage nahe Karlsruhe sind mehrere Wieder-
aufarbeitungskampagnen erfolgreich durchgeführt worden /1/. Aufgrund des Mangels an ausreichender In-line-Instrumentierung benötigt die Prozeßkontrolle einer Wiederaufarbeitungsanlage ein effizientes Analytisches Labor für die Bestimmung der Uran- und Plutoni-
umkonzentration, der Radioaktivität und der Säure-Molarität. Durch die systematische
Einführung eines Datenverarbeitungssystems ist - darauf weisen Erfahrungen der Wiederaufarbeitungsanlage in Barnwell hin /2/ - eine Erhöhung der Zuverlässigkeit der Analysenergebnisse zu erwarten.

Die wichtigsten Systemaktivitäten sind die Gewinnung von Proben- und Rohdaten sowie die
Auswertung von Ergebnissen für das Analytische Labor. Die chemischen Analysen bestehen
aus einer Folge von analytischen Schritten wie Probennahme, Probendisposition, diverse
Teilschritte der Probenvorbearbeitung, Probenbearbeitung, Ergebnisermittlung und -aus-
gabe /3/. Bei jedem dieser Schritte, welche in verschiedenen Räumlichkeiten des Labors
durchgeführt werden, müssen Daten gewonnen werden, und Aufträge bzw. Instruktionen
sind an die Analytiker zu erteilen.

Um die Mehrfacheingabe gleicher Daten und die manuelle Datenübertragung zu vermeiden,
werden die Auftragsgenerierung an der Prozeßkontrollstation sowie die Ausgabe von Pro-
duktionsübersichten und Managementreports im Datenbüro in das Rechnersystem integriert.
Die gesamte Übertragung von Auftragsparametern und Analysendaten erfolgt durch das
Rechnersystem. Analysenergebnisse sind ständig in der Datenbasis zu halten.

## Rechnersystemfunktionen

Wegen des Mangels an automatisierten Analyseninstrumenten wird derzeit ein dialogorientiertes Informationssystem für das Analytische Labor, "DIANA", entwickelt. Die wichtigsten Anwendungsfunktionen werden in Abb. 1 dargestellt. Die Schritte zur Ausführung
eines Analysenauftrags wie Probennahme und Probenvorbearbeitung sowie die entsprechenden analytischen Aktivitäten werden in bestimmten Räumen des Labors durchgeführt. Neben solchen Aktivitäten gibt es Funktionen wie Auftragsgenerierung, Disposition, Qualitätskontrolle und Dokumentation, die nicht einem einzelnen Raum des Labors zugeordnet
werden können.

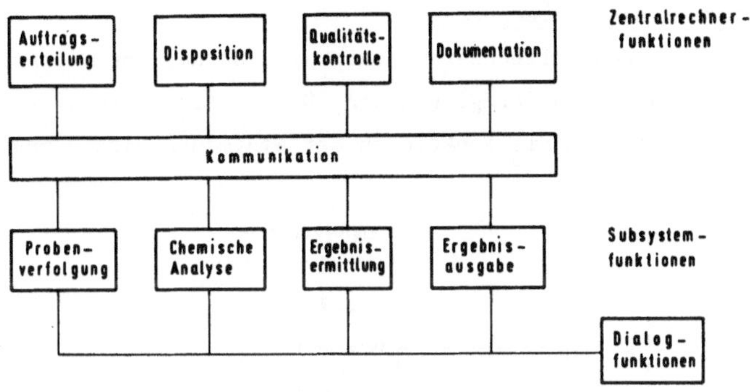



Abb. 1: Wichtigste Anwendungsfunktionen

## Hardware-Konfiguration

Die Systemfunktionen spiegeln sich in der Hardware-Struktur (Abb. 2). Zentrale Funktionen, welche die Auswertung von komplexen Korrelationen benötigen oder aufwendige periphere Einheiten benutzen, werden vom Zentralrechner ausgeführt, während die chemisch-analytischen Einzelaktivitäten durch unabhängige Rechnersubsysteme in den Laborräumen unterstützt werden. Diese Subsysteme sind ausgerüstet mit Tastatur, Bildschirm und lokaler Rechen- und Speicherkapazität. Da jeder lokalen Datenverarbeitungsaufgabe eines analytischen Schrittes eine zentrale Kontroll- oder Dispositionsfunktion folgt, sind die Dialogstationen sternförmig mit dem Zentralrechner verbunden.

Bei Zentralrechnerausfall wird auf eingeschränkten rechnerunterstützten Betrieb mit direkter Kopplung zwischen den Subsystemen umgeschaltet. Geeignete Software, um ein solches Prozeßrechnersystem zu betreiben, war auf dem Markt nicht verfügbar. Daher wurde der Hardware-Hersteller vertraglich dazu verpflichtet, seine Basissoftware um Komponenten zur Unterstützung der Kommunikation zwischen den Subsystemen zu erweitern.

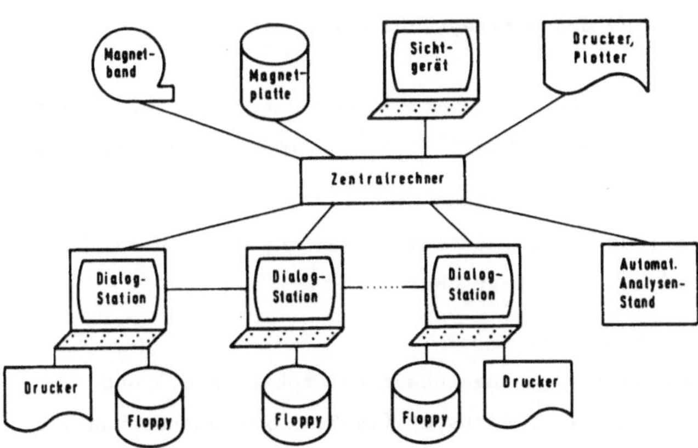



Abb. 2: Hardware-Konfiguration

## Software-Struktur im Zentralrechner

Als Hauptaufgaben des Zentralrechners werden die Führung der Datenbasis und die Behandlung der einzelnen Analysenaufträge gesehen. Die in Abb. 3 gezeigte Software-Struktur wird dadurch erläutert, daß die Funktionen der einzelnen Blöcke beschrieben werden.

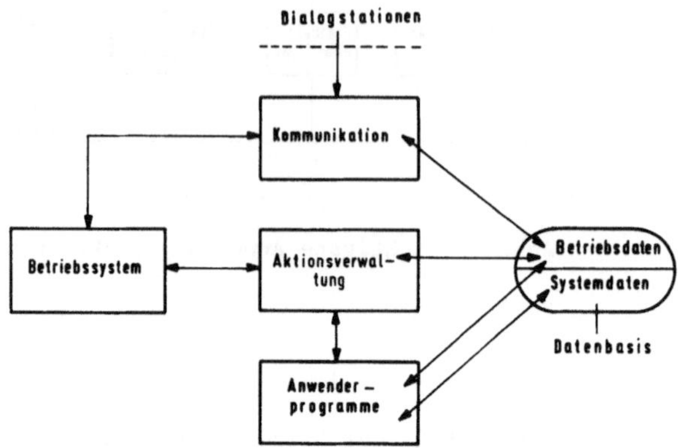


Abb. 3: Software-Struktur und Datenzugriffswege im Zentralrechner

- Die Kommunikation nimmt die an den Dialogstationen erzeugten oder veränderten Auftragsdaten in Form von Telegrammen entgegen und legt sie als Betriebsdaten in der Datenbasis ab.

- Nach Abarbeitung eines Telegramms wird die Aktionsverwaltung angestoßen. Diese ruft in Abhängigkeit vom Bearbeitungszustand des Auftrags das geeignete Anwenderprogramm auf.

- Von dem Anwenderprogramm werden dem Auftrag unter Zugriff auf Systemdaten der Datenbasis Vorschlagswerte zugefügt und Dispositionen getroffen, insbesondere die Folgearbeitsplätze ermittelt.

- Nach Abarbeitung des Anwenderprogramms aktualisiert die Aktionsverwaltung den Bearbeitungszustand des Auftrags und ordnet ihn in die Auftragsliste des Folgearbeitsplatzes ein.

- Der dem Auftrag zugeordnete Satz in der Datenbasis wird modifiziert, die Auftragsdaten werden über die Kommunikation an die nächste Dialogstation geschickt.

Kommunikation und Aktionsverwaltung sind parallel ablauffähige Programmblöcke. Die Anwenderprogramme werden von der Aktionsverwaltung aufgerufen. Die Behandlung der einzelnen Aufträge wird koordiniert über den

- Bearbeitungszustand mit
  - o Auftragsphase (anwendungsabhängige Grobstruktur) und
  - o Auftragszustand (auftragsspezifisch, anwendungsunabhängig)

Für den Abschluß jeder Auftragsphase (Auftragserteilung, -freigabe, Probennahme, -identifizierung, Arbeitsplatzdisposition, analytische Vorbearbeitung, Bearbeitung, Ergebnisermittlung, -meldung) ist ein eigenes Anwenderprogramm vorgesehen. Die Auftragsphase beschreibt in dieser Weise die Grobstruktur des Bearbeitungszustands.

Das Konzept der Auftragsbearbeitung ist unabhängig von der speziellen Anwendung in einem analytisch-chemischen Labor auf andere Fälle der Einzelfertigung an unterschiedlichen Arbeitsplätzen anwendbar. Es sind dann die Anwenderprogramme zur Behandlung der Auftragsphasen geeignet zu ersetzen. Die Übertragbarkeit des Konzepts wird dadurch erreicht, daß neben den Auftragsphasen Auftragszustände definiert werden, die Detailinformationen zur Programmablaufsteuerung enthalten. Die Auftragszustände, die den Ablaufschritten der Auftrags- und Telegrammbehandlung entsprechen, werden unabhängig von den Auftragsphasen einheitlich definiert. Sie zeigen an, welche Aktionen im Rechnersystem auf einen Auftrag zuletzt ausgeführt worden sind.

Als Auftragszustände werden definiert:

-   Auftrag von der Aktionsverwaltung erstellt,
-   Auftrag vom Zentralrechner an den Folgearbeitsplatz abgeschickt,
-   Auftrag in die arbeitsplatzbezogene Liste aufgenommen,
-   Auftrag vom Bearbeiter angenommen,
-   Auftrag bearbeitet,
-   Auftragsdaten am Zentralrechner entgegengenommen.

Die Auftragszustände können bei Bedarf weiter detailliert werden, beispielsweise um die Aktualisierung der Datenbasis widerzuspiegeln, oder erweitert werden, etwa um eine zusätzliche Phase "Auftrag vom Bearbeiter zurückgestellt" vorzusehen.

Zur Schnittstelle zwischen Software-Struktur und Datenbasis zwei Bemerkungen: Zwischen den in Abb. 3 gezeigten Funktionsblöcken und der Datenbasis ist ein Datenzugriffssystem zu sehen /4/. Für die Schnittstellenbeschreibung, d.h. auf welche Daten unter welchen Qualifikationen zugegriffen wird, hat sich eine Erweiterung der Methode SAMM als sehr vorteilhaft erwiesen /5/.


Datenstruktur und Datenverwaltung

Die von DIANA hauptsächlich zu verwaltenden Daten sind Analysenaufträge, Probendaten, Bearbeitungsparameter und Ergebnisdaten. Diese lassen sich als Analysenauftragsdaten im weiteren Sinne bezeichnen. Die chemischen Bestimmungen des Labors werden jeweils nach einer bestimmten Analysenmethode durchgeführt. Zu deren Ablaufsteuerung stellt das Rechnersystem die notwendigen Systemdaten auf allen betroffenen Rechnerkomponenten zur Verfügung.

Aufgrund der Komplexität des Anwendungsproblems ist bei dem Entwurf der Datenstruktur sorgfältig vorzugehen: Die Daten sind zunächst in einer noch allgemeinen Form durch ein konzeptionelles Schema beschrieben /6/, welches auf ein relationales Modell trans-

formiert wird. Im Anschluß daran werden Relationen für Analysenaufträge, Probendaten
und Methodendaten im Detail entworfen. Die Entscheidung für das Relationenmodell als
Datenmodell für das gesamte Rechnersystem wird durch den Einsatz eines relationalen
Datenbanksystems im Zentralrechner nahegelegt. Bei der Ableitung der physischen Datenstruktur aus der logischen werden konstante Satzlänge und konstanter Satzaufbau innerhalb der Dateien zu einem Entwurfskriterium gemacht.

Die Datenbasis von DIANA wird vom Zentralrechner geführt. Sie besteht aus Betriebsdaten
und Systemdaten. Dies sind im wesentlichen Analysenauftragsdaten bzw. Methodendaten. In
den Dialogstationen werden Kopien der Systemdaten gehalten. Auf diese können die Dialogstationen nur lesend zugreifen. In Puffern werden darüber hinaus Betriebsdaten zu einzelnen Analysenschritten temporär verwaltet. Der Zentralrechner sieht den Betriebsda-
tenbedarf der Subsysteme voraus und teilt dem jeweils für den nächsten Analysenschritt
relevanten Subsystem den entsprechenden Teildatendatz exklusiv zu. Nach Durchführung
dieses Schrittes werden die Ergebnisdaten an den Hauptrechner übertragen und bewirken
eine Aktualisierung der Datenbasis. Die Änderung von Systemdaten und der zugehörigen
Kopien in den Subsystemen wird ausschließlich über Sonderdialoge vorgenommen.

Die Datenstruktur ist von der Entscheidung geprägt, den von der jeweiligen Analysenmethode abhängigen dynamischen Analysenablauf über ein Zusammenspiel von Probendaten und
Systemdaten zu steuern und so zu einer einheitlichen DV-Sicht der chemischen Analysen
zu gelangen. Analysenmethoden werden in allgemeiner Form als bedingte Folge von Methodenschritten innerhalb der Systemdaten beschrieben. In Abhängigkeit von Betriebsdaten,
nämlich von geschätzten Konzentrationen der gezogenen Proben, ist aus dieser Methoden-
schrittfolge vom DV-System eine konkrete Ablaufsequenz von Analysenschritten für die
Vorbearbeitung und Ergebnisermittlung abzuleiten. Dabei sind insbesondere aus den ausgewählten, noch nicht vollständig parametrisierten Methodenschritten die Analysenschritte
festzulegen durch Ermittlung von zugehörigen Bearbeitungsparametern wie Subsystemken-
nungen und Dosierungskomponenten. Diese werden aus Datenmatrizen mittels Probendaten
bestimmt. Pro Analysenschritt ist dann an einem Subsystem ein Dialog zu führen. Die bei
diesem Detaillierungsprozeß des Analysenauftrags benötigten Systemdaten sind in Abb. 4
dargestellt.

Auf der Seite der Betriebsdaten ergibt sich die korrespondierende Abbildung 5. Der zunächst nur hinsichtlich der Behälterkennung und der Bestimmungsgrößen festgelegte Ana-
lysenauftrag wird in analysenmethodenspezifische Bestimmungsaufträge mit zugehörigen
Probenflaschen und zugehörigen Probendaten aufgesplittet, und diese wiederum werden in
eine Folge von Analysenschrittaufträgen zerlegt. Ein solcher Analysenschrittauftrag
verweist auf genau einen Methodenschritt innerhalb der Systemdaten und enthält die für
eine Durchführung des Methodenschrittes benötigten Bearbeitungsparameter. Die Analysen-
schrittaufträge werden vom Zentralrechner sukzessiv an die entsprechenden Subsysteme vergeben und dort mit Hilfe der Systemdaten interpretiert.

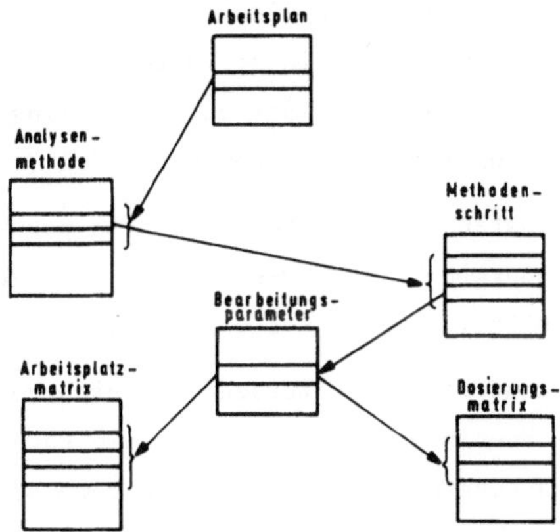



Abb. 4: Systemdaten Analytik

Zwischen Datenstruktur und Programmstruktur gibt es Korrespondenzen und Wechselwirkun-
gen, wie auch zwischen Programmen und Auftragsphasen. Aufgrund des dargestellten Daten-
strukturansatzes können die chemischen Analysen methodenunabhängig mit Hilfe eines einheitlichen Vorbearbeitungs-/Bearbeitungsprogrammes unterstützt werden und durch genau
einen Koordinierungsbaustein im Zentralrechner überwacht werden unter Ausnutzung der
Auftragsphasen bzw. deren Feinstruktur innerhalb der Analysenvorbearbeitung.

Die Programmstruktur entwickelt sich aus einem eher aufgabenorientierten Vorgehen auf
höherer Systemebene und einem datenorientierten Vorgehen auf niederer Stufe. Im Hinblick
auf die Systemdaten wird nach dem Prinzip des "information hiding" verfahren. Die Anwen-
derfunktionen bzw. der Dialog erhalten die benötigten Systemdaten über eng umgrenzte
Datenzugriffsbausteine, die auf die Datenstruktur abgestellt sind. Die Struktur der

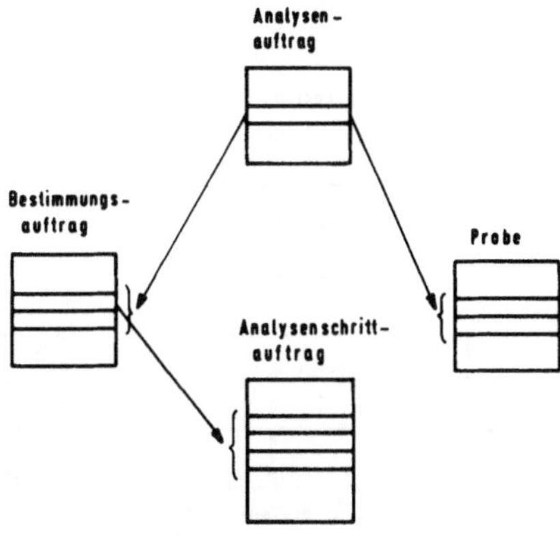



Abb. 5: Betriebsdaten Analytik

Systemdaten ist insoweit funktional, als sie von den auf sie angewandten Operationen bestimmt wird. Um neue Analysenmethoden in die Datenstruktur integrieren und dabei anfallende Modifikationen der Anwendersoftware auf ein geringes Maß beschränken zu können, ist ein solches änderungsfreundliches Vorgehen notwendig.

Im Gegensatz zu den Systemdaten sind die Betriebsdaten sowohl für den Dialog und die ihn unterstützenden Anwendungsfunktionen wie auch für die Aktionsverwaltung und deren Anwendungsfunktionen "verständlich" und korrespondieren zu Telegrammen der Kommunikation.

Die Datenverwaltung des Hauptrechners unterscheidet sich von der Datenverwaltung der Subsysteme. Der Zentralrechner benutzt das relationale Datenbanksystem FADABS (flexibles, adaptierbares Datenbanksystem /4/). Es gibt mehrere Schnittstellen zu FADABS:

- Datenbankadministration: Einrichten und Löschen von Relationen und Zugriffspfaden.
- Die zugreifenden Programme benutzen die FORDAM-Sprache, die in FORTRAN eingebettet ist. Die gewünschte Datenmenge kann durch eine Qualifikation beschrieben werden, wobei jedes Attribut der Relation mit Variablen oder Konstanten verglichen werden kann. Jedes FORDAM-Programm wird in ein FORTRAN-Programm vorübersetzt /7/.
- Interaktive Datenmanipulation und Reporterzeugung.

Jedes Subsystem enthält einfache satzstrukturierte Dateien mit festen Satzlängen. Dort kann sequentiell oder direkt über die Satz-Nr. zugegriffen werden.


## Software-Struktur an den Dialogstationen

Die Dialogstationen stellen die Schnittstellen des DV-Systems zum Bediener dar. Hauptaufgabe dieser Stationen ist die Dialogführung  zur Auftragsbearbeitung. Die Software-Struktur an den Dialogstationen wird in Abb. 6 gezeigt.

Die Subsysteme sind jeweils durch ein Software-Bindeglied, "Kommunikation", mit dem Zentralrechner verbunden.

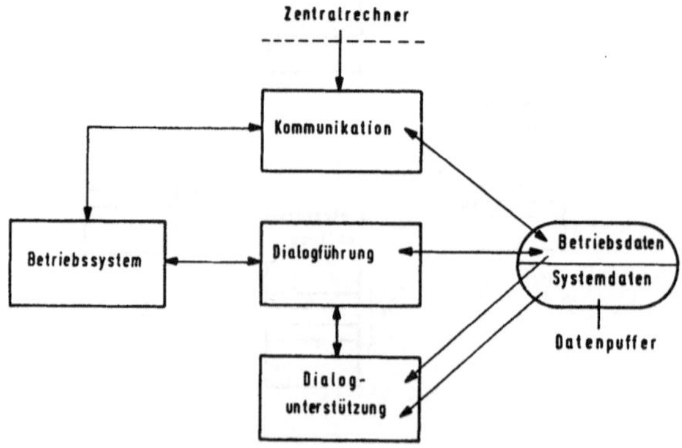


Abb. 6: Software-Struktur und Datenzugriffswege in den Dialogstationen

Die Kommunikation nimmt die vom Zentralrechner kommenden Telegramme entgegen. Diese beinhalten die zum Dialog benötigten Auftragsdaten. Die Informationen werden für die Zeit der Bearbeitung im Betriebsdatenpuffer gespeichert. Von dort werden sie vom Dialogprogramm entnommen und nach Abschluß der Dialogführung um die ermittelten Analysendaten erweitert. Die Aufgabe der Kommunikation ist es, die geänderten Auftragsdaten zum Zentralrechner weiterzuleiten. Die Dialogführung wird vom Bediener nach Bedarf angestoßen. Die zum Ablauf benötigten Dialogunterstützungsprogramme werden vom Dialogprogramm direkt aufgerufen, die benötigten Systemdaten werden aus dem Systempuffer entnommen. Kommunikation und Dialogführung sind parallel ablauffähige Aktivitäten.

## Dialogstruktur

Die allgemeine Struktur des Dialogsystems ist in Abb. 7 dargestellt. Die Struktur wurde so ausgelegt, daß die Prozedur zur Einleitung eines Dialogs möglichst kurz ist und so weit wie möglich die Struktur der Funktionsblöcke widerspiegelt. In der Regel stellt die Kommandostruktur einer Dialogstation eine Untermenge der gesamten Kommandostruktur dar. Das Dialogsystem wird ausschließlich auf Anforderung eines Bearbeiters aktiv. Nach Eingabe der Benutzerkennung wird der Bearbeiter durch Kommandoeingabe schrittweise an den gewünschten Anwenderdialog herangeführt. Die Kommandoeingabe auf den oberen Dialogebenen erfolgt teils über Schlüsselwörter, teils durch Ankreuzen (Menue-Technik). Für die Anwenderdialoge auf der untersten Ebene, bei denen größere Datenmengen aus- und eingegeben werden, wird die Formularbearbeitung verwendet.

Während der Formularbearbeitung werden die untersten Zeilen des Bildschirms zur Ausgabe von Quittungen und Meldungen und zur Anzeige des Dialogzustands verwendet. Ein Zustandsvektor beschreibt den aktuellen Zustand des Dialogsystems. Die Zustände des Dialogsystems entsprechen den in Abb. 7 gezeigten Knotenpunkten der Kommandostruktur.

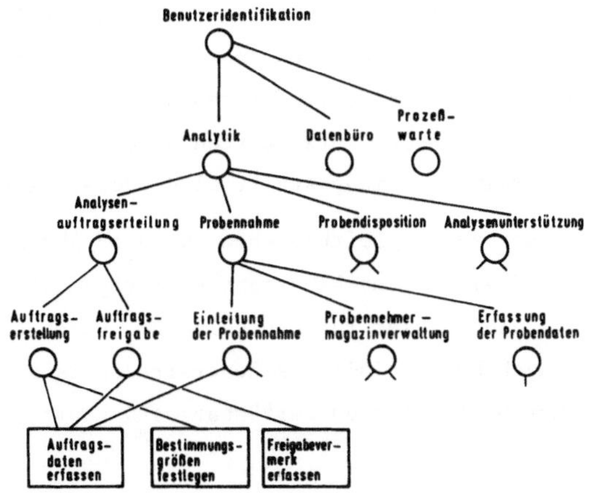


Abb. 7: Struktur des Dialogsystems

Zur Unterbrechung oder zum Abbruch eines Dialogs sowie zur schrittweisen Rückkehr auf die höheren Ebenen der Dialogstruktur werden Funktionstasten verwendet.

Für eine spätere Ausbaustufe wird daran gedacht, daß nach Eingabe der Benutzerkennung das System den Dialog von sich aus bis auf die Ebene fortschaltet, auf welcher für den betreffenden Bearbeiter im normalen Betriebsablauf alternative Dialoge geführt werden.

Das Dialogsystem (vgl. Abb. 6) besteht im wesentlichen aus einem Steuerteil, aus Funktionsbausteinen und Hilfsprogrammen für die Erstellung von Formularen. Die Funktionsbausteine der Dialogunterstützung untergliedern sich in Bausteine für anwenderbezogene Funktionen und Bausteine für dialogtechnische Funktionen, wie z.B. Bereitstellen der Dialogformulare. Durch die Abgrenzung anwenderbezogener Bausteine wird eine größere Wartungs- und Änderungsfreundlichkeit erreicht. Beim Erstellen neuer Dialoge bieten die dialogtechnischen Bausteine eine wirksame Unterstützung.

## Nachrichtenaustausch zwischen Zentralrechner und Dialogstationen

Der Nachrichtenaustausch zwischen Zentralrechner und Dialogstationen wird mit Telegrammen durchgeführt. Der Nachrichtenaustausch erfolgt mit dem Übertragungssystem des Rechnerherstellers. Die zu übertragenden Informationen werden in einen Kommunikationspuffer am entfernten Rechner eingetragen und dort vom Empfänger entnommen.

Ein Telegramm besteht aus Kontrollinformationen und Nutzinformationen. Die Kontrollinformationen bilden den Kopf des Telegramms. Der Kopf beinhaltet folgende Angaben: Empfänger, Absender, Folgestation, Betriebsart (mit/ohne Zentralrechner), Telegrammtyp (Nachricht, Quittung, Priorität), Laufende Nr. (pro Station getrennt gezählt).

Der Telegrammrumpf beinhaltet die Auftragsdaten. Es werden in der Regel ganze Datensätze der Betriebsdaten übertragen. Mit dieser Vorgehensweise werden Fehlerquellen beim Umformatieren ausgeschaltet, und die Datenhaltung in den Subsystemen kann übersichtlich gestaltet werden.

Die Telegramme werden vom Kommunikationsprogramm zusammengestellt. Die Telegramm- und Quittungs-Nr. werden vom Zentralrechner bzw. den Subsystemen getrennt verwaltet. Nach Empfang werden die Telegramme in den Betriebsdatenpuffer eingetragen. Nach Beendigung der Dialoge werden die geänderten bzw. erweiterten Datensätze der Kommunikation übergeben, wo wieder ein Telegramm zusammengestellt wird. Jeder Datentransfer wird quittiert.

Neben der Übertragungssicherung auf Leitungsebene wird zu jeder übertragenen Nachricht eine Quittung generiert und als eigene Nachricht übertragen. Nach erfolgter Quittierung werden die Telegramme aus den lokalen Puffern gelöscht. Durch dieses Quittierverfahren wird gewährleistet, daß auch bei Ausfall des Zentralrechners von jedem Auftrag mindestens eine Kopie im Puffer einer Dialogstation verfügbar ist.

## Betriebsarten und Wiederanlauf

Es werden vier Betriebsarten des Rechnernetzes unterschieden:

- Normalbetrieb des sternförmigen Rechnernetzes,
- eingeschränkter Normalbetrieb bei Ausfall einer Dialogstation,
- eingeschränkter Betrieb der Dialogstationen bei Ausfall des Zentralrechners über die Ringleitung,
- Einzelbetrieb von Dialogstationen.

Im Normalbetrieb, der ausführlich in /8/ beschrieben ist, werden die Analysenaufträge und andere Nachrichten über das sternförmige Kommunikationssystem zwischen Zentralrechner und Dialogstationen ausgetauscht. Bei Ausfall einer einzelnen Dialogstation wird diese entsprechend gekennzeichnet und der Betrieb über das Sternnetz fortgesetzt. Beim Wiederanlauf einer Dialogstation werden die Daten aller Analysenaufträge für diese Station aus den Originaldaten der zentralen Datenbasis restauriert.

Wenn eine Dialogstation keine Nachrichten mehr an den Zentralrechner absetzen kann, muß der Fehler klassifiziert werden. Erkennt der Bearbeiter am Zentralrechner keine Störung, wird ein Fehler in der Übertragungsstrecke oder im Interface angenommen, und der Normalbetrieb wird ohne die betreffende Dialogstation fortgesetzt. Ist der Zentralrechner ausgefallen, informiert der Bearbeiter, der den Fehler erkennt, alle übrigen Dialogstationen und schaltet auf eingeschränkten Betrieb über die Ringleitung um. Eine unterbrechungsfreie Umschaltung erfordert folgende Voraussetzungen:

- Alle Nachrichten der Dialogstationen, die im Normalbetrieb unabhängig vom Folgearbeitsplatz grundsätzlich an den Zentralrechner geschickt werden, müssen auch von den Dialogstationen interpretiert werden können.
- Eine Dialogstation muß alle nicht für sie bestimmten Nachrichten durchreichen.
- Jeder nicht abgeschlossene Auftrag befindet sich zu jeder Zeit außer in der Datenbasis noch im Datenpuffer mindestens einer Dialogstation. Das bedeutet, daß Aufträge nach Absendung an den Zentralrechner bis zum Empfang eines gesonderten Löschungsvermerks im Datenpuffer der Dialogstation aufbewahrt werden müssen.

Fallen mehrere Komponenten des Rechnernetzes gleichzeitig aus, können die Dialogstationen so lange weiter benutzt werden, wie ihr lokaler Auftragsvorrat reicht. Bevor Maßnahmen zur Überbrückung einer ausgefallenen Dialogstation im Netz überlegt werden, sollen erste Betriebserfahrungen darüber gesammelt werden, ob die Funktionen einer Dialogstation vorübergehend an einer anderen wahrgenommen werden können.

Beim Wiederanlauf des Zentralrechners werden alle Datensätze, deren Bearbeitungszustand an der Dialogstation geändert worden ist, aus den Puffern der Dialogstationen an die zentrale Datenbasis übertragen. Nach Abschluß der Aktualisierung der Datenbasis werden den unerledigten Aufträgen an den Dialogstationen, die über die Ringleitung übertragen worden sind, die vom Zentralrechner abgeleiteten Dispositionsangaben zugefügt. Anschließend wird vom eingeschränkten auf den Normalbetrieb umgeschaltet.

## Zusammenfassung

Als Schritt zu einem Prozeßinformationssystem für die Wiederaufarbeitungsanlage Karlsruhe ist ein dialogorientiertes Informationssystem für die Analytik (DIANA) entworfen worden. Es wird ein einheitliches Schema für die Analysenunterstützung vorgestellt. Aus einem Satz von Methodenschritten werden für die einzelnen Proben die Analysenabläufe abgeleitet. Es wird ein von der speziellen Anwendung unabhängiges Konzept der Auftragsbearbeitung entwickelt. Zur Führung der System- und Betriebsdaten in der zentralen Datenbasis wird ein relationales Datenbanksystem eingesetzt, während auf den Dialogstationen einfache Datenverwaltungsfunktionen angewandt werden. Das Dialogsystem enthält Kommandos zur Dialogauswahl, die Formularbearbeitung der einzelnen Aufträge wird durch Bildschirmmasken unterstützt. DIANA wird auf einem Rechnernetz aufgebaut, das aus einem Prozeßrechner und elf mit eigener Rechen- und Speicherkapazität ausgerüsteten Dialogstationen besteht. Der Normalbetrieb erfolgt über ein sternförmiges Rechnernetz. Bei Ausfall des Zentralrechners ist ein eingeschränkter Betrieb der Dialogstationen über eine zusätzlich verlegte Ringleitung möglich. Um eine unterbrechungsfreie Umschaltung zwischen den Betriebsarten zu gewährleisten, erfolgt der Nachrichtenaustausch über einheitlich aufgebaute Telegramme.

Parallel zu DIANA wird ein DV-System zur Prozeßüberwachung in der Wiederaufarbeitungsanlage entwickelt. Mit diesem System werden Prozeßdaten aus In-line-Instrumenten erfaßt und in eine für das Überwachungspersonal geeignete Form transformiert. Da die Analytikdaten ebenfalls für die Prozeßüberwachung herangezogen werden, erscheint eine spätere Integration beider DV-Systeme zu einem Prozeßinformationssystem sinnvoll.


## Literatur

/1/ W. Schüller, K.L. Huppert, W. Hoffmann: Betriebserfahrungen mit der WAK. Atomwirtschaft 20 (1975) 342-346.

/2/ G.D. Workman, G.A. Huff, C. Joseph, D.G. Hill: Allied-General material accounting and control system. In W.S. Lyon (Ed.), Analytical Chemistry in Nuclear Fuel Reprocessing, Proc. 21st Conf. on Anal. Chem. in Energy Technology. Science Press, Princeton (1978) 109-117.

/3/ R. Friehmelt, E. Kugele, W. Müller, D. Stöckle: A systematic approach to data processing in the analytical laboratory of a nuclear fuel reprocessing plant. In R. Lierau, D.W.T. Rippin (Ed.), Proc. 12th Symposium on Computer Applications in Chemical Engineering, 8.-11.4.1979, Europ. Federation of Chem. Eng., Montreux (1979) Vol. 1, 27-36.

/4/ F.-J. Polster, FADABS: Ein Datenbanksystem für den Siemens Prozeßrechner 330. In U. Voges (Ed.), Tagungsbericht der 9. Jahrestagung des Siemens Prozeßrechner-Anwenderkreises I, Karlsruhe, 5.-7. April 1978. KfK-Bericht 2642, Kernforschungszentrum Karlsruhe (1978) 227-244.

/5/ R. Friehmelt, E. Kugele, W. Reh, D. Stöckle: Systementwurf für DIANA. Karlsruhe (Nov. 1979) unveröffentlicht.

/6/ D. Stöckle: Design of information structures for the data processing system in an analytical laboratory. In: vgl. /3/, Vol. 1, 37-45.

/7/ F.-J. Polster: Using a preprocessor to implement a data manipulation language for a minicomputer data base system. Proc. First Symposium on Small Systems, ACM SIGSMALL, New York (1978) 40-44.

/8/ R. Friehmelt, A. Jaeschke, E. Kugele, W. Reh, D. Stöckle: Laboratory Automation as a Step to a Process Information System. Preprints of 6th IFAC/IFIP Conf. Digital Comp. Appl. to Process Control, Düsseldorf (14.-17.10.1980) Pergamon Press, Oxford (1980) 479-485.

# EIN SYSTEM-DIAGNOSEPROZESSOR FÜR ZENTRALEN UND DEZENTRALEN EINSATZ IN PROZESSRECHNER-SYSTEMEN


K. Schneider
SIEMENS AKTIENGESELLSCHAFT
Unternehmensbereich Energietechnik
Systemtechnische Entwicklung
Karlsruhe



Zusammenfassung:

Die Forderungen der Prozeßrechner-Anwender nach hoher Verfügbarkeit, kurzen Reparatur- und Wiedereinschaltzeiten, bei stark steigenden Einsatzstückzahlen in neuen Märkten des Automatisierungs- und MDT-Bereiches, bedingen leistungsfähige Service- und Diagnoseeinrichtungen.

Extrem lange Einsatzphasen im Bereich der Prozeßautomatisierung (bis zu 10 - 15 - 20 Jahre) verhindern gleichzeitig das Verschwinden alter Systeme: Es entstehen langfristige Serviceaufgaben mit hoher Vielfalt zu wartender Systemkomponenten.

Aufgabe des Hersteller-Service ist es deshalb, ein abgestuftes Serviceangebot mit jeweils angepaßter Serviceleistung zur Verfügung zu stellen.

Dabei ergänzt der Diagnoseprozessor das Serviceleistungsspektrum im oberen Bereich: Er soll, zentral und dezentral einsetzbar, die Betriebszuverlässigkeit von Rechnersystemen entscheidend verbessern und ist durch folgende Zielsetzungen gekennzeichnet:
- Einsetzbarkeit unabhängig vom zu wartenden Zielobjekt, somit Ausschluß jeglichen Systemeingriffs
- Unterstützung gezielter Fehlersuche durch Beschränkung auf die Erfassung relevanter Diagnosedaten
- geringstmögliche Beeinflussung des Laufzeitverhaltens
- Diagnostizierbarkeit von Fehlern in der Schnittstelle Hardware - Software, im Betriebssystem und in Anwendersystemen
- Möglichkeit der Ferndiagnose von einer Wartungszentrale aus

## 1. Prozeßrechnersysteme: Fehlerumwelt und Probeme der Systemdiagnose in Realzeitsystemen

Die steigende Einsatzbandbreite der Prozeßrechnersysteme und die deshalb zunehmende Leistung der Softwaresysteme und Subsysteme, verbunden mit den vielfältigsten Anforderungsprofilen, führen zwangsläufig zu steigenden Fehlerzahlen.

Im Gesamtsystem lassen sich bestimmte Fehlerfelder abgrenzen und die darin aufgetretenen Fehler nach Ort und Häufigkeit aufteilen (Bild 1).

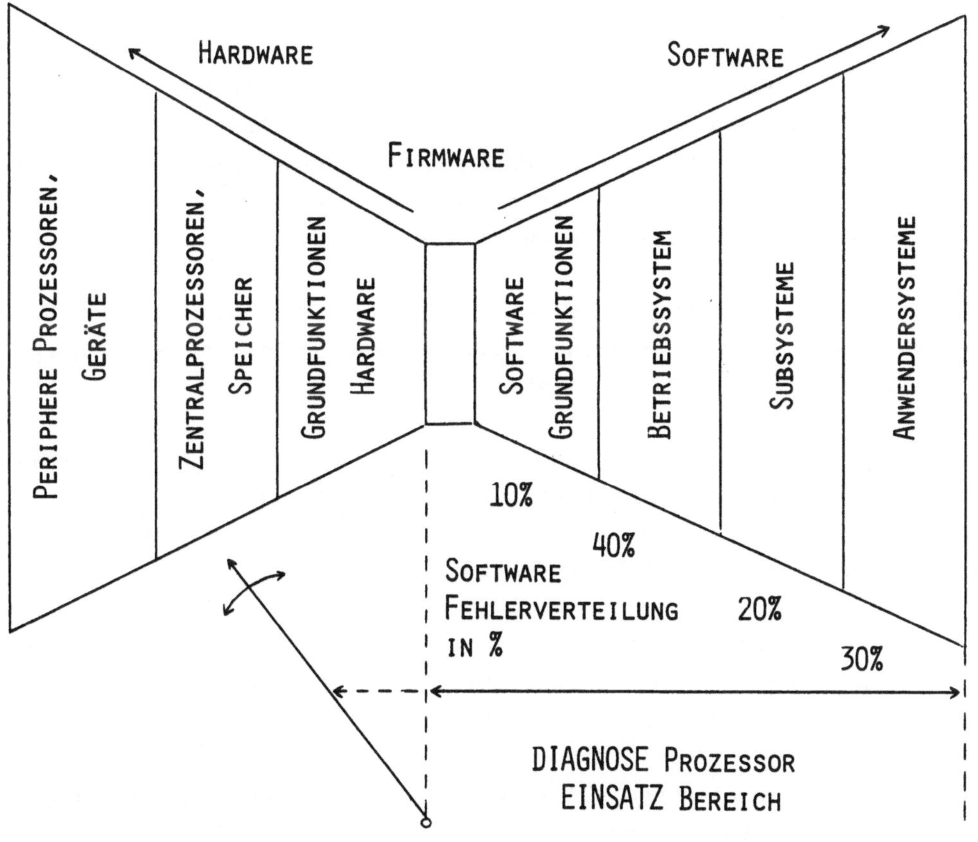


BILD 1: PROZESSRECHNER-SYSTEMKOMPONENTEN UND FEHLERVERTEILUNGEN

Will man die Fehler nun gewichten, so kann man von der "Qualität" von Fehlern sprechen und verwendet dabei folgende Fehlerklassifizierung:

     o     Gruppe 1  schwerwiegender Fehler -
                     bedeutet Systemausfall (Einzelfehler)

     o     Gruppe 2  schwerer Fehler -
                     bedeutet Systemausfall bei bestimmten, aber
                     umgehbaren Systemzuständen (Einzelfehler)

     o     Gruppe 3  Fehler, der den Lauf des Systems stört,
                     aber nicht unbedingt einschränkt

     o     Gruppe 4  Fehler, System- bzw. Produktreaktionen, die
                     in der Grauzone "Fehler" oder "Eigenschaften" liegen

Die Fehler der Gruppe 1 erfordern zu ihrer Diagnose den Einsatz der besten Mittel. In der Regel ist der Einsatz von Spezialisten auf der gestörten Anlage erforderlich. Diese Fehler sind nicht systematisch und treten häufig nur in ihrer jeweiligen Anwendungsumgebung auf (exemplarischer Fehler).

Die Fehler der Gruppe 2 können in der Regel nach einer Erstdiagnose erkannt und in der Wirkung vorerst eingegrenzt werden. Sie sind nicht notwendigerweise an die jeweilige Anwendungsumgebung gebunden.

Die Fehler der Gruppen 3 und 4 können in der Regel so gut beschrieben werden, daß ihre Reproduktion in einem Test-/Diagnosezentrum durchführbar ist.

Allen Fehlern gemeinsam ist jedoch die Tatsache, daß zur Beschreibung der Fehlerzustände Informationen aus dem Rechnersystem gewonnen werden müssen, die die Fehlerumwelt hinreichend beschreiben.

Die dazu <u>heute</u> eingesetzten Mittel sind:

o     hardwareunterstützte, manuell zu bedienende Terminals
      (Wartungsfelder, virtuelle Konsolen)

o     integrierte, "inline"-Diagnosehilfen im Betriebssystem bzw. in
      der betriebssystemnahen Hardware

o     ladbare Schnittstellenüberwachungshilfen, die im Störungsfall
      bzw. vor dem Störungsfall (Erwartung der Störung) im jeweiligen
      System eingesetzt werden

Die Ausgangsdaten dieser Systemdiagnosemittel werden in der Regel
als Speicherabzüge (DUMP), Logbücher (Systemschnittstellendynamik),
Ablaufverfolgungsdaten (TRACE) auf Papier oder in Dateien auf magne-
tischen Datenträgern angeboten.
Ihre Auswertung und Interpretation erfolgt durch das Serviceper-
sonal, wobei die Suche nach der Fehlerursache oft einen iterativen
Prozeß bildet, der je nach Diagnoseschritt neue bzw. neu kombinierte
Fehlerbeschreibungsdaten erforderlich macht.

Hierbei zeigt sich, daß diese heute angewendeten Methoden, Fehlerbeschreibungsdaten zu bekommen, in unter Echtzeitbedingungen arbeitenden Systemen auf Verhältnisse stoßen, die ihre Brauchbarkeit
einengen.
Es sind dies:

o    Speicherplatz, der sowohl im Hauptspeicher als auch auf den
     Peripherspeichern verfügbar sein muß, der aber im realen
     System oft nur begrenzt "freigehalten" ist

o    Beeinflussung des Realzeitverhaltens durch dynamisch inte-
     grierte Diagnoseroutinen, was zu verfälschten Betriebspara-
     metern führen kann

o    bedingt durch die vorstehend genannten Randbedingungen, Be-
     grenzung der Leistungsfähigkeit der Diagnosemittel, die deshalb
     nur das Datensammeln, nicht aber das Aufbereiten und das Vorab-
     interpretieren übernehmen können

## 2. Leistungsmerkmale eines Systemdiagnose-Prozessors

Die Grenzen und die Leistungsfähigkeit der heutigen Diagnosemittel und -verfahren werden im Hinblick auf die stark steigenden Anforderungen der Zukunft überschritten. Diese Anforderungen sind:

- höhere Stückzahl und damit mehr potentielle Fehlerprobleme

- kürzere Diagnose- und Korrekturzeiten

- komplexere Systeme in Hardware und Software
  (verteilte - und Multiprozessor-Systeme)

- On-line-Echtzeit-Diagnosemittel ohne wesentliche Beeinflussung des System-Zeitverhaltens

- höhere Diagnose- und Test-Intelligenz

- höhere Leistungsfähigkeit der Testverfahren im Hinblick auf den "Systemtest"

- Optimierung von Betriebsparametern (Messung von Performance-Daten)

- Anschluß von Ferndiagnosestationen (Teleservice, Remote Program Service)

Für diese geforderten Leistungen müssen neue Wege beschritten werden. Eine Lösung hierfür ist ein Diagnoseprozessor.

Die wesentlichste Forderung an ein diagnoseprozessororientiertes Rechnersystem ist ein geeignetes "Diagnoseinterface", das die weitgehend rückwirkungsfreie Ankopplung eines Diagnoseprozessors an das Hardware- und Software-System ermöglicht.

Der Diagnoseprozessor muß "Zugriff" haben zu

o    seiner Hardware-Umwelt
     o    den Steuersignalen der Systemprozessoren u.a.
          -    interne BUS-Steuersignale
          -    Adreßbus
          -    Datenbus

o    seiner Software-Umwelt u.a.

       o    den statischen und dynamischen Listen des Betriebssystems

       o    den Schalenübergängen (externe Schnittstellen)

       o    den Modulübergängen (interne Schnittstellen)

       o    den Systemabbildern (hauptspeicher- oder externspeicher-
            residente Systemkopien)

Mit diesen Leistungen sind sowohl

       o    Diagnose und Beobachtungen am aktiven System als auch

       o    Diagnose und Beobachtungen am ruhenden (gestörten) System

möglich.

Die Forderung, diese Leistungen auch ferngesteuert in einem Teleservice-Betrieb nutzen zu können, bedingt eine geeignete Kommunikationsschnittstelle und einen im Diagnoseprozessor integrierten Monitor. Außerdem beeinflußt die Wahl der Transferstrecke zum Servicepartner (Service-Rechner, Service-Spezialist), nämlich

       o    Nah-Kopplung (Datenrate   500 KBd)
            oder

       o    Fern-Kopplung (Datenraten 300 - 48 KBd)
            (DATEX-Netz, Wählnetz-MODEM, Wahlnetz-Akustikkoppler)

den Einsatz und die Wirkungsbandbreite der gewählten Diagnoseleistung (Datenmenge, Interpretation etc.).

## 3. Ein Diagnoseprozessor für die Prozeßrechner-Systeme 300

Nach Auswertung der Erfahrungen und Erkenntnisse bei der Durchführung von System-Service- und -Wartungsarbeiten und nach Analyse der Anforderungen an ein Diagnoseprozessor-System wurden die Grundlagen für eine Pilotentwicklung eines Diagnoseprozessors für die Prozeßrechner-Systeme 300 geschaffen und das Konzept nach Bild 2 erarbeitet. Wesentliche Kriterien dafür waren:

o     Wahl der Wartungsfeldschnittstelle -
      Sie bietet mit Ausnahme des DMA-Zugriffs Zugang zu allen logisch erforderlichen Signalen und Daten.

o     Die Wartungsfeldschnittstelle ist bei jedem Rechnersystem vorhanden (Systemleistung). Sie steht für den Anwenderbetrieb nicht zur Verfügung, d.h. sie ist für Diagnosezwecke _immer_ frei.

Das Leistungsniveau des Diagnoseprozessors, seine "Diagnoseintelligenz", wird weitgehend von Diagnoseprogrammen bestimmt, die sich aus Diagnoseinstruktionen zusammensetzen. Letztere erlauben zu fragen:

Was? Warum? Wie? Woher? Wofür? Wann? Wieviel?

Alle Diagnoseanforderungen lassen sich weitgehend auf diese Leistungen zurückführen, wenn die Diagnosedaten entsprechend interpretiert werden.

Wie Bild 2 zeigt, werden vom Servicepersonal über den Diagnoseprozessor Diagnoseprogramme aktiviert und deren Diagnoseinstruktionen an das Diagnoseinterface geleitet. Im Interface werden nun über einen Mikroprozessor, eine "Mithörlogik" und eine "Steuerlogik" die Diagnoseinstruktionen in Signale der Wartungsfeldschnittstelle umgesetzt, so daß folgende Leistungen geboten werden:

o     Zugriff auf frei wählbare Daten
o     Setzen und Löschen von Haltepunkten
o     Definition von Aktionen an Haltepunkten
o     organisatorische Funktionen

Diese Interface-Leistungen lassen sich nun über zwei Betriebsarten
betreiben:


o    Programm-Betrieb:
     Der DP führt die Diagnose über das Interface instruk-
     tionsweise, d.h. gezielt, durch.


o    Prozedur-Betrieb:
     Der DP aktiviert im Interface eine Diagnoseprozedur
     (Beobachten, Erfassen, Vorverarbeiten), die nun vom
     Interface selbständig ausgeführt wird.


Beide Betriebsweisen erzeugen für das Diagnoseprogramm Diagnosedaten, die hier vorausgewertet, verdichtet und anschaulich lesbar
aufbereitet werden. Die so gewonnenen Daten aus dem zu diagnostizie-
renden System können nun je nach Einsatz des Diagnoseprozessors
direkt vor Ort (an der Anlage) oder bei Aktivierung einer Datenfern-
übertragungsstrecke per Teleservice (in einer Wartungszentrale)
ausgewertet werden (Bild 3).


Ein Baumuster des Diagnoseprozessors wurde ab Ende 1980 erprobt und
anschließend zunächst in eigenen Rechenzentren und dann auf ausgewählten Anlagen versuchsweise eingesetzt. Die ersten Ergebnisse und
eine Erfahrungsauswertung für die Weiterarbeit dürften im Laufe des
Jahres 1981 vorliegen.

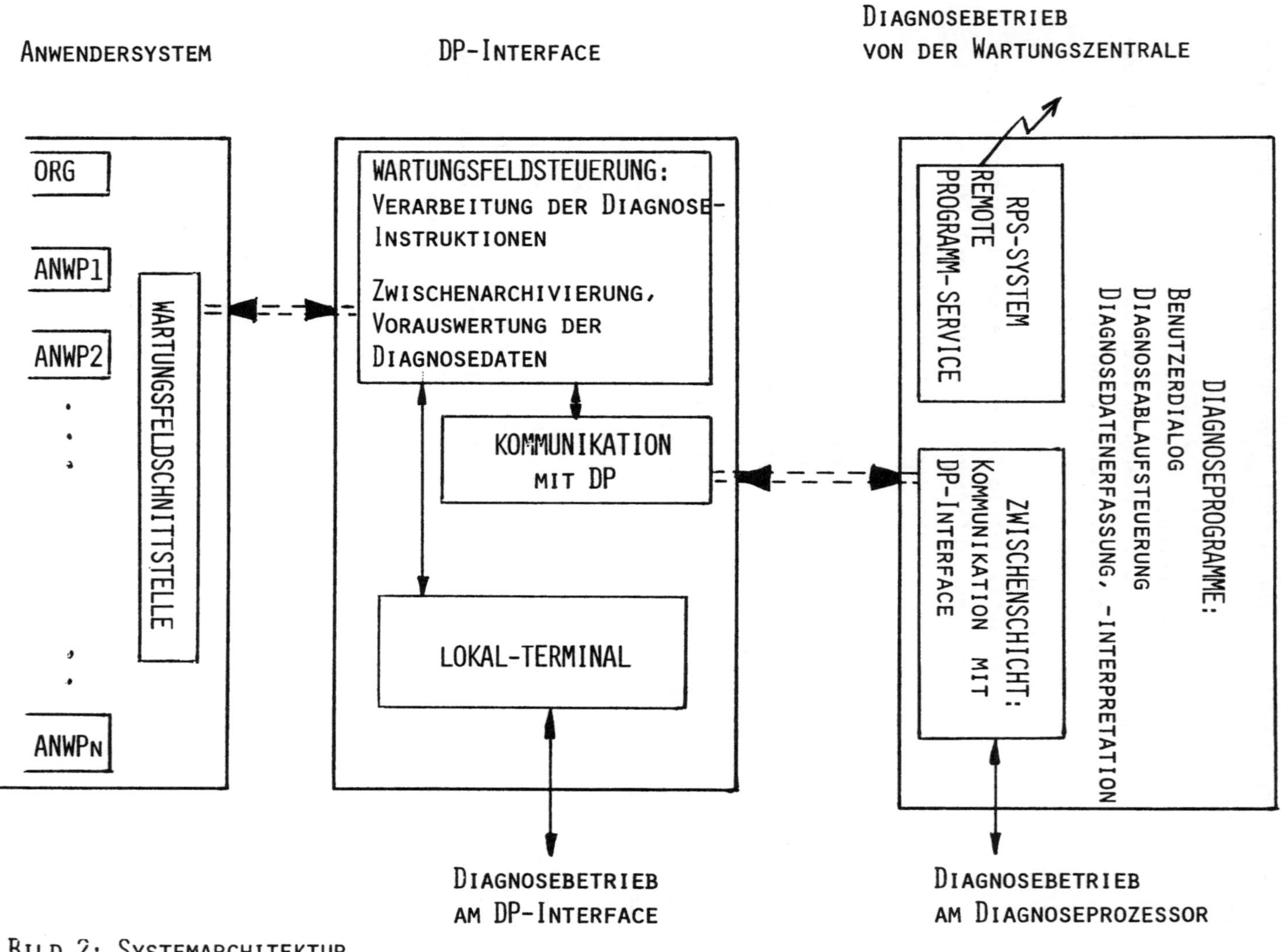


BILD 2: SYSTEMARCHITEKTUR

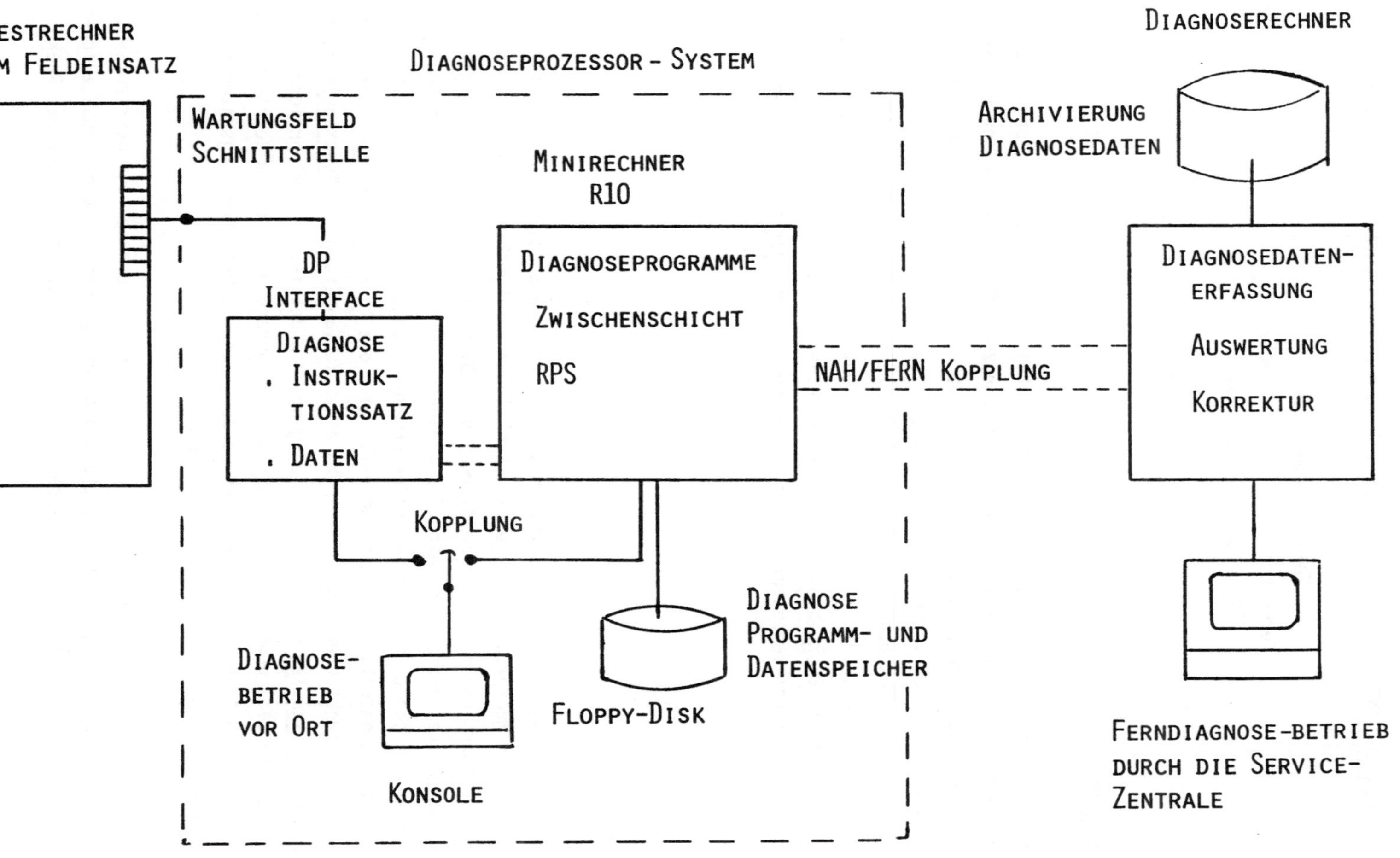


BILD 3: KONFIGURATION DES DIAGNOSEPROZESSOR-SYSTEMS

<u>AUSLAGERUNG EINES ECHTZEIT-BETRIEBSSYSTEMS AUF EINEN EIGENEN PROZESSOR</u>


Theodor Tempelmeier
Technische Universität München
Institut für Informatik



<u>Zusammenfassung</u>

In dieser Arbeit wird ein Vorschlag zur Leistungssteigerung von Prozeßrechnern gemacht : Für den Ablauf des Betriebssystems wird ein zusätzlicher Prozessor vorgesehen,
so daß der eigentliche Prozeßrechner fast völlig von Betriebssystemaufgaben befreit
ist. Hieraus ergeben sich verschiedene Vorteile, insbesondere bezüglich des Antwortzeitverhaltens des Prozeßrechensystems. Es wird gezeigt, daß sich sowohl die Antwort-
zeiten von Tasks als auch die Reaktionszeiten auf Unterbrechungssignale verbessern;
demgegenüber zeigt die Diskussion anderer Zwei-Prozessor-Konfigurationen, daß diese
nur zu einer einseitigen Verbesserung der Taskantwortzeiten <u>oder</u> der Reaktionszeiten
führen.



<u>1. Einleitung</u>

Prozeßrechner benötigen für einen sicheren und effizienten Einsatz ein Echtzeit-
Betriebssystem für Mehrprogrammbetrieb mit Funktionen zur Synchronisation und Kommunikation von Tasks und mit einer Zeitverwaltung. Dies gilt bereits für mäßig komplizierte technische Prozesse und auch für Kleinrechner. Der Ablauf der Betriebssystemfunktionen ist jedoch aus der Sicht der Prozeßführungsprogramme als "overhead",
oder verlorene Rechenzeit, anzusehen und verlängert die <u>Taskantwortzeiten</u>. Der Ablauf
von Betriebssystemfunktionen führt ferner zu einer Verlängerung der <u>Reaktionszeiten</u>
<u>auf Unterbrechungssignale</u>, wenn man davon ausgeht, daß Betriebssystemfunktionen
( zumindest teilweise ) ununterbrechbar ablaufen. ( Unterbrechungen im Betriebssystem
können unter anderem dann nicht zugelassen werden, wenn in Unterbrechungsantwortpro-
grammen Betriebssystemaufrufe zugelassen sind ).

In dieser Arbeit wird eine Möglichkeit dargestellt, den "overhead" des Betriebssystems
zu beseitigen, und zwar durch Auslagerung des Betriebssystems auf einen zusätzlichen
Prozessor. Damit ergibt sich eine Verbesserung der Taskantwortzeiten und der Reak-

tionszeiten auf Unterbrechungssignale.


## 2. Auslagerung des Betriebssystemkerns auf einen Betriebssystemprozessor


Ausgangspunkt für die hier dargestellten Überlegungen ist die <u>Verwendung eines zu-</u>
<u>sätzlichen Prozessors, der ausschließlich für den Ablauf der Funktionen des Betriebs-</u>
<u>systemkerns zur Verfügung steht.</u> Der eigentliche Prozeßrechner wird damit (fast völ-
lig) von Betriebssystemaufgaben entlastet und steht ganz für die Rechenprozesse
("Tasks") zur Verfügung. Entsprechend der Arbeitsaufteilung werden die beiden Pro-
zessoren im folgenden "Taskprozessor" bzw. "Betriebssystemprozessor" genannt. Ähnliche
Ideen finden sich in (DED 78) und (MOS 79); die hier vorgestellten Überlegungen sind
(TEM 80) entnommen. Einen Überblick über die Struktur des Gesamtsystems gibt Figur 1.

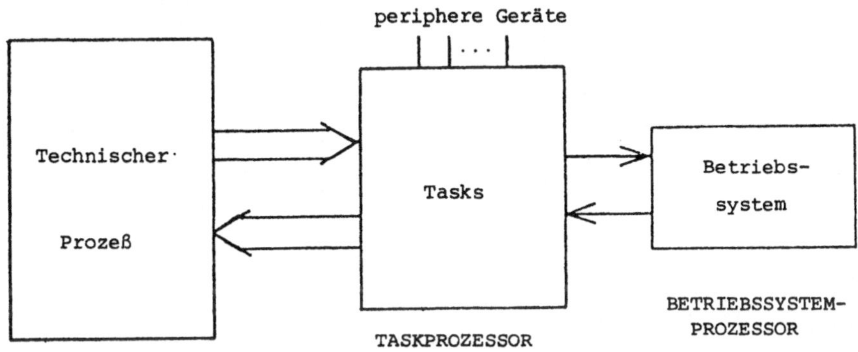


Figur 1    Struktur des Gesamtsystems "Technischer Prozeß, Taskprozessor, Betriebssystemprozessor"


Der technische Prozeß und die Peripheriegeräte bleiben auch in einer Konfiguration
mit ausgelagertem Betriebssystem mit dem Taskprozessor verbunden (vgl. Fig. 1). Es
wird davon ausgegangen, daß die Peripheriegeräte und die Schnittstelle zum technischen Prozeß von Tasks betrieben werden. Diese Tasks und alle anderen Systemtasks
werden hier einheitlich wie Anwendertasks behandelt und im folgenden nicht voneinander
unterschieden.

Figur 2 gibt einen detaillierteren Überblick über die Verteilung der Software auf die
beiden Prozessoren : Alle Funktionen des Betriebssystemkerns sind ausgelagert und
der Taskprozessor enthält nur noch Tasks (einschließlich Systemtasks) und einen sehr
kleinen Teil des Betriebssystems, der nicht ausgelagert werden kann; dieses "Restbe-
triebssystem" am Taskprozessor realisiert die Prozessorumschaltung zwischen den Tasks
und die Kommunikation mit dem Betriebssystemprozessor.

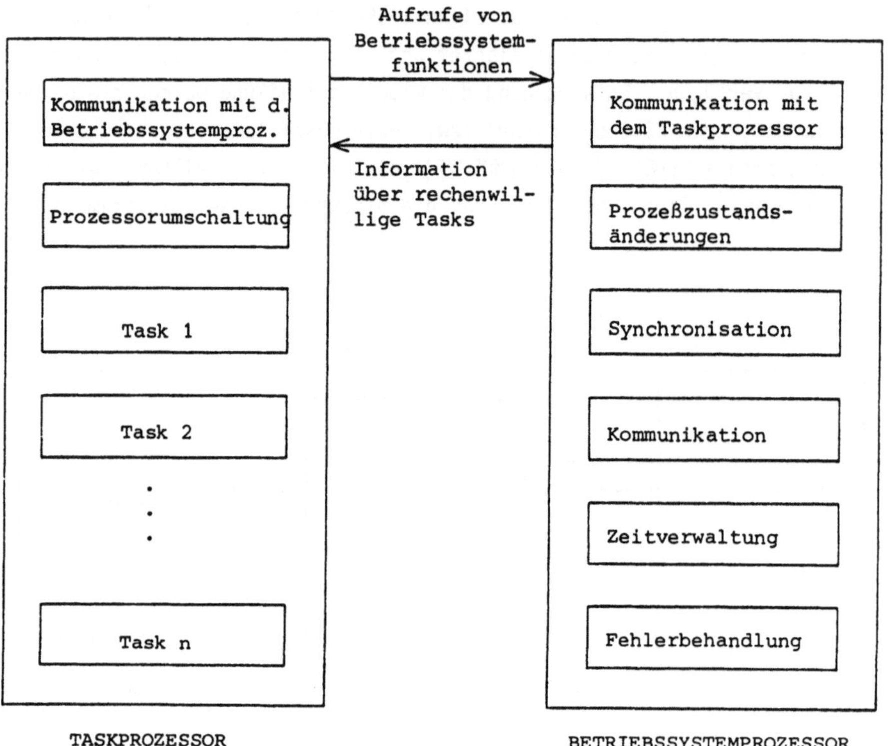


Figur 2    Verteilung der Software bei Auslagerung des Betriebssystemkerns

Der Betriebssystemprozessor versorgt den Taskprozessor mit Information über rechenwillige Tasks (vgl. Fig. 2), die jeweils auf den neuesten Stand gebracht wird, wenn
der Betriebssystemprozessor eine Änderung der Menge der rechenwilligen oder rechnen-
den Tasks feststellt. Eine neue Information über rechenwillige Tasks unterbricht gegebenenfalls den Taskprozessor und veranlaßt ihn, die richtige Task fortzusetzen.

Wenn umgekehrt eine Task eine Betriebssystemfunktion aufruft, wird der Aufruf sofort zum Betriebssystemprozessor gesendet (vgl. Fig. 2) , und während dort die entsprechende Betriebssystemfunktion abläuft, fährt der Taskprozessor parallel dazu mit der Bearbeitung von Tasks fort : Je nach Art der aufgerufenen Betriebssystemfunktion ist es möglich, die aufrufende Task fortzusetzen, oder aber es kann nur eine andere rechenwillige Task fortgesetzt werden (bei allen Systemdiensten, die möglicherweise in einen Wartezustand führen, wie z.B. P, WAITMESSAGE, DELAY), und die aufrufende Task wird sofort beim Aufruf aus der Menge der rechenwilligen Tasks entfernt.

Mit dem Ende von Betriebssystemfunktionen wird der Betriebssystemprozessor den Taskprozessor nötigenfalls mit neuer Information über auszuführende Tasks versorgen, was unter Umständen zu einer Prozessorumschaltung auf eine andere Task führen kann.

Als Beispiel werden in Figur 3 die Semaphoroperationen P und V betrachtet. Nach Aufruf einer V-Operation kann die aufrufende Task sofort fortgesetzt werden, während die V-Operation am Betriebssystemprozessor ausgeführt wird. Es ist klar, daß im Fall einer P-Operation die aufrufende Task unterbrochen werden muß, und nur andere Tasks parallel zur Ausführung der P-Operation fortgesetzt werden können. Frühestens mit Ende der P-Operation kann die aufrufende Task eventuell wieder rechenwillig werden.

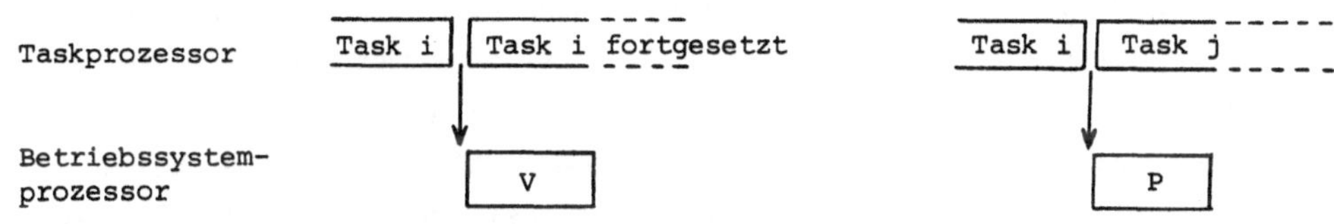


Figur 3     Beispiel : Aufruf der Semaphoroperationen P und V

Bei der beschriebenen Organisation bleibt der Ablauf einer Taskmenge unter einem Betriebssystem auch bei Auslagerung des Betriebssystems bezüglich Synchronisation korrekt, wie in (TEM 80) formal gezeigt wurde. Anders ausgedrückt bedeutet diese Aussage, daß Synchronisations- und Kommunikationsfunktionen auch in ausgelagerten Betriebssystemen aus der Sicht des Programmierers "wie gewohnt" funktionieren.

Für die Realisierung des ausgelagerten Betriebssystems ist hardwaremäßig eine schnelle Kommunikation der beiden Prozessoren vorzusehen, idealerweise über einen gemeinsa-

men Arbeitsspeicherbereich. Taskprozessor und Betriebssystemprozessor werden sinnvollerweise von unterschiedlichem Typ sein, angepaßt an ihre unterschiedlichen Aufgaben.
Zum Beispiel wird der Betriebssystemprozessor keine Gleitkommaarithmetik benötigen,
könnte jedoch dafür spezielle Befehle zur Listenverarbeitung enthalten. Insgesamt benötigt man also ein heterogenes Zwei-Prozessor-System mit gemeinsamen und lokalen
Speichern für eine effiziente Realisierung des ausgelagerten Betriebssystems.

Die Auslagerung des Betriebssystems führt in verschiedenen Implementierungsdetails
zu Vereinfachungen, die im wesentlichen darauf beruhen, daß eine saubere Trennung
von Tasks und Betriebssystem vorgegeben ist und Umschaltungen zwischen Betriebssystem und Tasks entfallen. ( In (TEM 79) wird über derartige Erfahrungen berichtet,
die bei einer konkreten Implementierung eines ausgelagerten Betriebssystems gewonnen
wurden.) Der entscheidende Vorteil der Betriebssystemauslagerung liegt jedoch auf
einem anderen Gebiet, und zwar auf der Verbesserung des Antwortzeitverhaltens.

## 3. Verbesserung des Antwortzeitverhaltens bei Auslagerung des Betriebssystems

Durch die Auslagerung des Betriebssystems ergibt sich erstens eine Verbesserung der
Taskantwortzeiten, da nach Betriebssystemaufrufen die aufrufende oder eine andere
Task parallel zum Ablauf der Betriebssystemfunktion bearbeitet werden kann. Zweitens
wird die Reaktionszeit auf Unterbrechungssignale deutlich verbessert, weil die Zeit-
intervalle, in denen Unterbrechungssperre nötig ist, sehr kurz werden. Es muß nämlich Unterbrechungssperre nur noch während der Kommunikation zwischen den beiden Prozessoren gesetzt werden, und nicht mehr während des gesamten Ablaufs einer Betriebssystemfunktion. Diese kürzeren Ununterbrechbarkeitsphasen hängen klarerweise nicht
von der Ausführungsdauer oder Komplexität der Betriebssystemfunktionen oder von der
momentanen Systemlast ab, d.h. die kürzeren Reaktionszeiten auf Unterbrechungssignale
können überdies _garantiert_ werden.

Figur 4 zeigt die Verbesserung des Antwortzeitverhaltens bei Auslagerung des Betriebssystems, dargestellt am Beispiel zweier Tasks mit Rechenaktivitäten und Betriebssystemaktivitäten (Semaphoroperationen P und V). Es sind die Abläufe der Tasks für den ausgelagerten und den nicht ausgelagerten Fall dargestellt. Im ausgelagerten Fall wird
nach Aufruf der V-Operation die aufrufende Task sofort fortgesetzt, während nach P-
Aufrufen eine andere Task (falls vorhanden) fortgesetzt wird, und zwar parallel zum
Ablauf der Betriebssystemfunktionen. Ein Vergleich der beiden Fälle zeigt deutlich
die Verbesserung der Taskantwortzeiten (angedeutet durch ↓ ), die sich durch die
Parallelarbeit ergibt; ferner ist die deutliche Verkürzung der Ununterbrechbarkeits-

```
Task 1  :   begin  XXXXXXX  P(s1)  XXXXXXXXXXXX  V(s2)  XXXXXXXXX  end
Task 2  :   begin  XXXXX  V(s1)  XXXXXXXXXXXXXXX  P(s2)  XXXXXXX  end
```

$$prio(T1) > prio(T2)$$

**Ablauf im nicht ausgelagerten Fall**

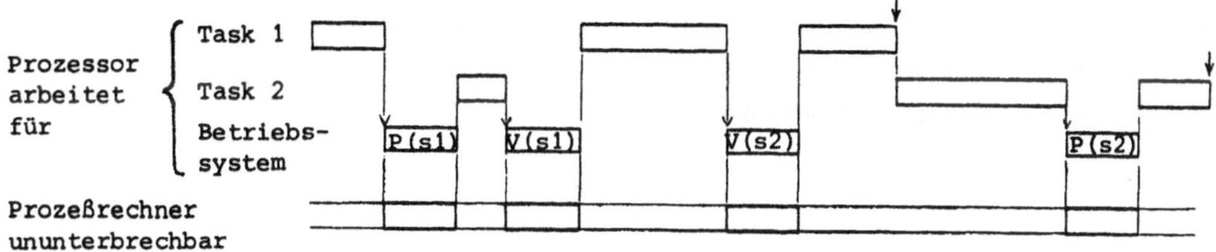


**Ablauf im ausgelagerten Fall**

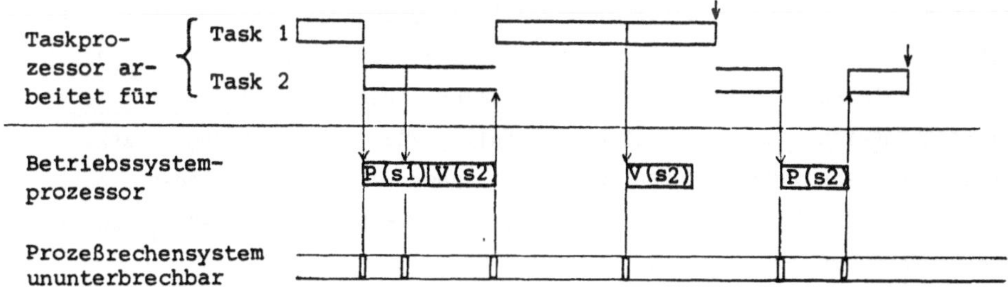


Figur 4     Beispiel für die Verbesserung des Antwortzeitverhaltens

phasen zu sehen, die natürlich für den Taskprozessor zu einer Verbesserung der Reaktionszeiten auf Unterbrechungssignale führt.

Die Verbesserung des Antwortzeitverhaltens bei Auslagerung des Betriebssystems wurde in (TEM 80) mit Methoden der Wahrscheinlichkeitstheorie untersucht. Hierzu wurde der Ablauf einer Taskmenge (unter einem nicht ausgelagerten Betriebssystem) durch einen alternierenden Erneuerungsprozeß (vgl. etwa (COX 66)) modelliert. Dies ist im wesentlichen eine alternierende Folge von Zeitintervallen mit Verteilungsfunktion A(t) bzw. B(t); für die Modellierung von Taskabläufen sind die nach A(t) verteilten Intervalle als Arbeits- oder Rechenabschnitte einer Task und die nach B(t) verteilten Intervalle als Ablaufdauern von Betriebssystemfunktionen aufzufassen (vgl. Fig. 5) .

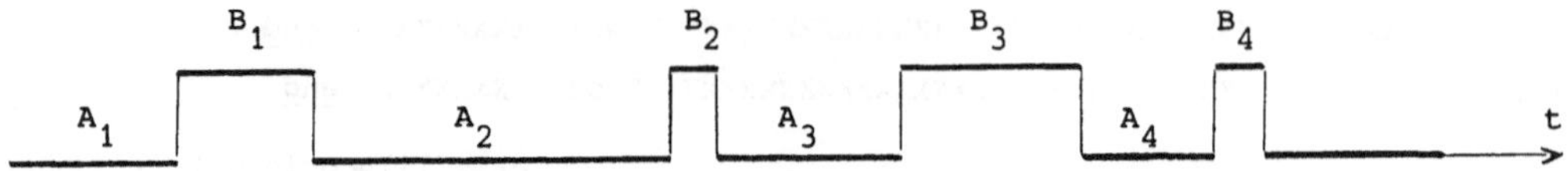

Figur 5    Modell für Taskabläufe ( alternierender Erneuerungsprozeß )
           $A_i$  : Arbeitsabschnitte von Tasks
           $B_i$  : Betriebssystemfunktionen


Anhand dieses Modells kann die Verbesserung der Taskantwortzeiten beurteilt werden.
Dazu wird der gesamte Ablaufzeitraum einer Task, vom Beginn des ersten Arbeitsab-
schnitts bis zum Ende des letzten Betriebssystemdienstes der Task, betrachtet. Der
maximal mögliche Antwortzeitgewinn einer Task bei Auslagerung des Betriebssystems ergibt sich, wenn die Ausführungszeiten aller im Ablaufzeitraum der betrachteten Task
liegenden Betriebssystemaktivitäten gleich 0 angenommen werden. Der <u>maximal mögliche,</u>
<u>relative Antwortzeitgewinn einer Task</u> ist eine Zufallsgröße, die für "lange" Tasks
mit "sehr vielen" Betriebssystemaufrufen -wie nicht anders zu erwarten- gegen
$E(B)/(E(A)+E(B))$ konvergiert, wobei $E(A)$ bzw. $E(B)$ die Erwartungswerte der $A_i$ bzw. $B_i$
des alternierenden Erneuerungsprozesses (Fig. 5) sind.

Für eine exakte Darstellung des obigen Ergebnisses und für weitere Ergebnisse (z.B.
tatsächlicher Antwortzeitgewinn einer Task mit bekannter Laufzeit und festem Start-
zeitpunkt) muß auf (TEM 80) verwiesen werden.

Die vorgestellten Ergebnisse gelten nur für Tasks oder Taskteile, die nicht auf externe Ereignisse, wie Uhrzeit, E/A oder ähnliches, warten. Das ist unmittelbar ein-
sichtig, da in diesen Wartezuständen auch eine erhöhte Rechenkapazität nicht zu einer Beschleunigung führt.

Für die Reaktionszeiten auf Unterbrechungssignale wurde auf der Grundlage des obigen
Modells unter anderem folgendes Ergebnis gezeigt :
Sei f der Faktor der Verkürzung der Ununterbrechbarkeitsphasen bei Auslagerung des
Betriebssystems (vgl Fig. 4). Dann hängt der Faktor der <u>Verkürzung des Erwartungswerts</u>
<u>der Reaktionszeiten auf Unterbrechungssignale</u> von f in der zweiten Potenz ab.

Die angegebenen Ergebnisse wurden auch durch Beobachtungen an einer an der Technischen
Universität München implementierten Version des ausgelagerten Betriebssystems bestä-
tigt. (Für Implementierungsdetails siehe (TEM 79) oder (TEM 80) für eine abstraktere
Darstellung).

# 4. Vorteile der Betriebssystemauslagerung und Vergleich mit anderen Zwei-Prozessor-Konfigurationen

Nach dem oben Gesagten ergeben sich durch Auslagerung des Betriebssystems zusammenfassend folgende Vorteile :
- Kürzere Taskantwortzeiten
- Kürzere Reaktionszeiten auf Unterbrechungssignale
- Garantierte obere Grenzen für diese Reaktionszeiten, unabhängig von der Komplexität der Betriebssystemfunktionen
- Einfachere Struktur des Betriebssystems durch die saubere Abtrennung von den Tasks.

Die Vorteile werden jedoch durch die Verwendung eines zusätzlichen Prozessors erkauft. Es ist deshalb berechtigt, die hier vorgestellte Konfiguration mit anderen  Zwei-Prozessor-Konfigurationen zu vergleichen.

1. Alternative: Eine symmetrische Zwei-Prozessor-Konfiguration mit Betriebssystemen und Tasks auf beiden Prozessoren (vgl. Fig. 6) .

Diese Konfiguration wird im allgemeinen zu besseren Taskantwortzeiten führen als die Betriebssystemauslagerung, da Parallelarbeit nicht nur während der Betriebssystemdienste möglich ist, sondern immer wenn mehr als eine Task rechenwillig ist. Jedoch werden die Reaktionszeiten auf Unterbrechungssignale in keiner Weise gegenüber konventionellen Ein-Prozessor-Konfigurationen verbessert; es kann nämlich offensichtlich nicht ausgechlossen werden, daß lange Ununterbrechbarkeitsphasen auftreten, da auf beiden Prozessoren ein Betriebssystem abläuft.

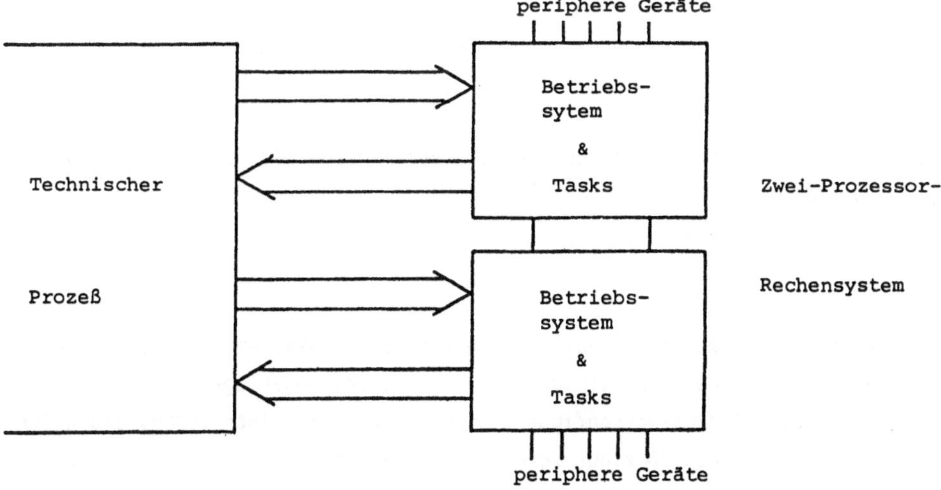


Figur 6     Alternative Konfiguration : Symmetrische Zwei-Prozessor-Anlage

Auch bei dieser Konfiguration läßt sich im übrigen die Auslagerung des Betriebssystems mit allen angeführten Vorteilen realisieren, wenn zwei (eventuell ein) zusätzliche Betriebssystemprozessoren verwendet werden.

## 2. Alternative : Eine Prozeßrechenanlage mit "Datenerfassungsprozessor" (vgl. Fig. 7)

Bei dieser Konfiguration wird das Problem der Reaktionszeiten durch einen, meist "Datenerfassungsprozessor" oder "Interruptprozessor" genannten, zusätzlichen Prozessor gelöst. Allerdings verbessern sich bei dieser Organisation die Taskantwortzeiten überhaupt nicht, und am "Interruptprozessor" steht kein Betriebssystem zur Verfügung, was für die Programmierung einen schwerwiegenden Nachteil bedeutet.

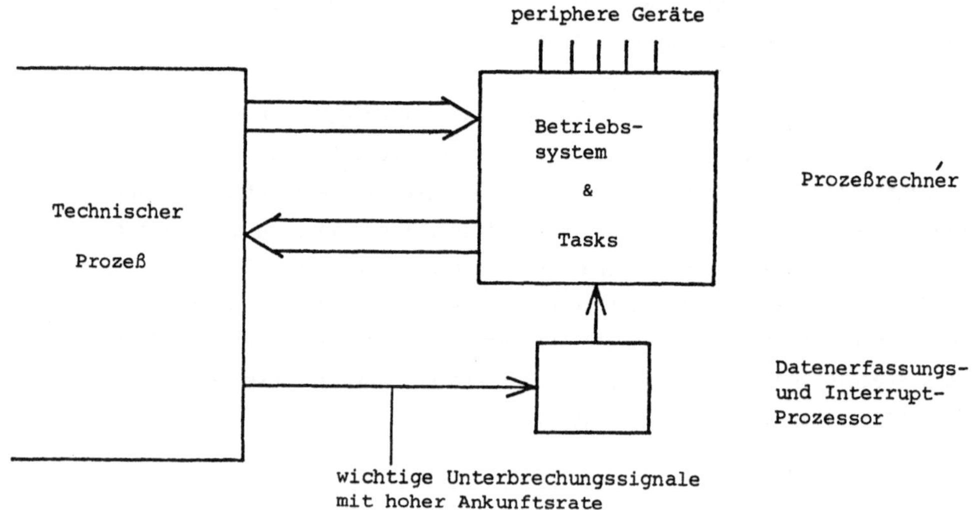


Figur 7    Alternative Konfiguration : Prozeßrechenanlage mit "Datenerfassungsprozessor"

Insgesamt erweist sich damit die Auslagerung des Betriebssystemkerns als einfach zu realisierende Idee zur Leistungssteigerung von Prozeßrechenanlagen, die - im Gegensatz zu anderen Zwei-Prozessor-Konfigurationen - sowohl zu einer Verbesserung der Taskantwortzeiten als auch zu einer Verbesserung der Reaktionszeiten auf Unterbrechungssignale führt.

# 5. Literatur


(COX 66)    Cox, D.R.:
            Erneuerungstheorie.
            Oldenbourg Verlag , München, Wien , 1966.


(DED 78)    Dedié, G. , Kraus, H. :
            Asymmetrix - ein Multiprozessor durch Funktionszuordnung auf einzelne
            Prozessoren.
            In: Struktur und Betrieb von Rechensystemen, NTG/GI Fachtagung, München,
            März 1978, NTG-Fachberichte 62, VDE-Verlag, Berlin, 1978.


(MOS 79)    Moso, T. , Lehel, C. :
            A Multiprocessor Microcomputer for Process Control.
            In: Preprints SOCOCO '79, Vol. I, The 2nd IFAC/IFIP Symposium on Software
            for Computer Control, Prague, Czechoslovakia, June 11-15, 1979.


(TEM 79)    Tempelmeier, T. :
            A Supplementary Processor for Operating System Functions.
            Vortrag beim 1979 IFAC/IFIP Workshop on Real Time Programming, Smolenice,
            CSSR, June 18-20, 1979.


(TEM 80)    Tempelmeier, T. :
            Antwortzeitverhalten eines Echtzeit-Rechensystems bei Auslagerung des
            Betriebssystemkerns auf einen eigenen Prozessor.
            TUM I-8015, Institut für Informatik der Technischen Universität München,
            Oktober 1980.

# RADAR80 - EIN MODULARES BETRIEBS-SYSTEM FÜR MIKROPROZESSOREN AUF DER BASIS DER ADA-RENDEZVOUSTECHNIK


H.J.Ehling
AEG-Telefunken
Software-Zentrum



Zusammenfassung :   RADAR80 ist ein "Realzeitbetriebssystem auf Basis der ADA-Rendezvoustechnik.  Es erschließt diese Technik für 8080/85 Mikroprozessoren ; die ADA-Formen werden dabei auf PL/M abgebildet. Leistungen und Aufbau von RADAR80-Systemen werden beschrieben ;  die wichtigsten Rendezvous-Dienste werden an Beispielen erläutert.


## 1.    GRÜNDE FÜR RADAR80

Die ADA-Rendezvoustechnik [1] unterstützt eine "anthropomorphe" Grundvorstellung von dynamischen Systemen, die u.E. von erheblicher Tragweite für Entwicklung , Wartung und Qualität von Realzeit-Software ist. Denn "Rendezvous" findet statt zwischen langlebigen, Zustands-"bewußten" Prozessen (=Personen) eines Systems (=einer Organisation), die Zeitpunkt und Partner ihrer Rendezvous selber bestimmen und danach ihren Weg fortsetzen. Damit wird der Entwickler zu sinnvollen  und verständlichen Systemzerlegungen geleitet, die ihm mit herkömmlichem "tasking" verschlossen bleiben.

Dieser Aspekt wäre Motiv genug, um die Rendezvoustechnik baldmöglichst auch außerhalb von ADA zu erschließen. Ein zweites, für Mikroprozessor-Systeme ähnlich wichtiges Motiv ist der elementare Charakter der Rendezvous-Leistungen.  Mikroprozessor-Systeme sind meistens "embedded systems" - Systeme mit spezialisierter Hardware-Umgebung.  Eine saubere Trennung zwischen elementaren und höheren Betriebssystemleistungen ist in solcher Umgebung notwendig, denn der "Standardfall" ist darin die Ausnahme.

Nach einer Erklärung der Rendezvoustechnik wird der Aufbau von RADAR80-Systemen erläutert. Dann werden die wichtigsten Rendezvousdienste in ADA und RADAR80 gegenübergestellt. Abschließend zeigt  ein Leistungsbeispiel die mit der Rendezvous-technik erreichbare Transparenz und Kürze gegenüber einer konventionellen Lösung.

## 2.    DIE  RENDEZVOUSTECHNIK

Die Rendezvoustechnik ist eine Kommunikationsform zwischen langlebigen, d.h.
beliebig viele Rendezvous "überlebenden" Prozessen.
Ein Prozeß hat gewisse "Eingänge" (entries), über die Rendezvous stattfinden
können. Die Einträge sind zunächst geschlossen. Im Zusammenhang mit Rendezvous
geschieht folgendes :

- Ein Prozeß kann seine Eingänge - einzeln oder in Gruppen - "öffnen" ; er
  wird dadurch zum "Hörer".
- Ein (anderer) Prozeß kann einen Eingang anrufen ; er wird damit zum "Rufer".
- Ein Rendezvous beginnt, wenn
    a) an einem "offenen" Eingang der erste Rufer eintrifft oder
    b) wenn beim Öffnen von Eingängen bereits Rufer anstehen ; der erste
       Rufer an einem zufällig gewählten Eingang wird ausgewählt.
       Alle Eingänge werden dann geschlossen.
- Zwischen dem Öffnen von Eingängen bis zum Beginn des Rendezvous  ist
  der Hörer inaktiv.
- Beim Beginn des Rendezvous wird der Hörer aktiv und steuert die Daten-
  übergabe. Er kann dabei schreibend wie auch lesend auf Daten des Rufers
  zugreifen, soweit ihm diese über Anrufparameter zugänglich gemacht wurden.
- Der Hörer beendet das Rendezvous, indem er den Anrufer "entlässt".
- Zwischen Anruf und Entlassung durch den Hörer ist der Anrufer inaktiv.
- Anrufer desselben Einganges werden in der Eintreffreihenfolge zugelassen.

Das "Hören" wird in ADA durch die "accept"-Anweisung eröffnet ; bei Öffnung von
Gruppen sind diese Anweisungen Teile einer "select"-Anweisung.  - In RADAR80
wird "Hören" mittels Varianten eines GET genannten Systemdienstes eingeleitet.

Das "Rufen" wird in ADA durch den Prozeßnamen mit dem Eingangs-Namen als
Selektor bewirkt. In RADAR80 wird ein Anruf durch einen PUT genannten Systemdienst
vermittelt.

Die "Entlassung" eines Anrufers erfolgt in ADA implizit am Ende einer "accept"-An-
weisung. In RADAR80  erfolgt dies explizit mit einem - RELEASE genannten -
Systemdienst.

Das Hören kann versuchsweise erfolgen oder zeitlich begrenzt werden ; dies wird bei
der späteren Beschreibung der Rendezvous-Dienste dargestellt.

Ein Rendezvousablauf  kann gestört sein, weil Rufer oder Hörer "tot" sind oder
während des Rendezvous "sterben". In ADA führt dies zur exception "tasking error",
die differenziert behandelt werden kann. - In RADAR80 kann der Prozeß auf eine Not-
prozedur übergehen, wobei die Störabhandlung weniger differenziert verläuft.

## 3.    LEISTUNGEN UND AUFBAU EINES SYSTEMS MIT RADAR80

Den Aufbau eines RADAR80-Systems zeigt Bild 1.

Der RADAR80-Kern verwaltet die Zentraleinheit, die Interrupts, das Zeitbewußtsein und die Prozesse. Für die Prozesse besorgt er deren Start und ihre normale oder abnormale Beendigung. Er vermittelt die Rendezvous-Kommunikation mit anderen Prozessen sowie die Anrufe durch Interrupts. Letztere werden durch "Interrupt-Anschluß-Routinen" in normale Rendezvous-Anrufe umgeformt, wofür der RADAR80-Kern die Schnittstelle bereithält : die Routinen selber gehören - mit Ausnahme der Zeit-Interrupt-Routine - nicht zum Kern.

```
**************************************************************************
SYSTEM_AUF_RADAR_80
```

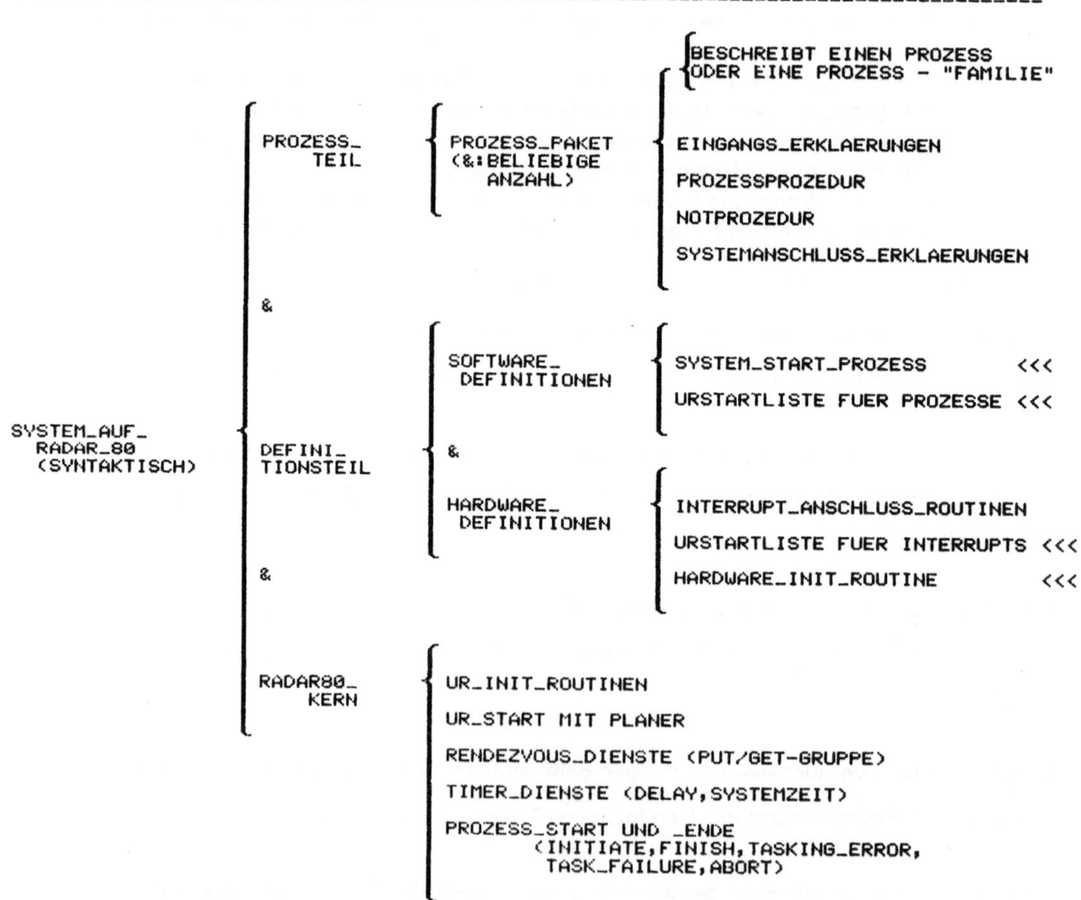


Bild 1 :    RADAR80-System, aus der Sicht des Systemkerns. Die mit "<<<" markierten Objekte haben reservierte Bezeichner.

Der Rest des Systems ist für den RADAR80-Kern ein Bündel von Prozessen - gleich,
ob es sich um höhere Betriebssystemleistungen oder eigentliche Anwenderaufgaben
handelt. Diese Prozesse sind in Bild 1 zum "Prozeß-Teil" zusammengefasst.

Der Code zu einem Prozeß bildet ein "Prozeßpaket" ; dieses bringt alle benötigten
Anschlüsse mit sich. Neben der Prozeßroutine gehören dazu die Eingangs- und
System-Anschluß-Erklärungen ; durch sie wird der Platz für die Anbindung an den
Kern bereitgestellt. Weiter kann das Prozeßpaket eine Notprozedur(exception handler)
für die Behandlung von Kommunikationsfehlern (tasking error) enthalten.

Statt eines einzelnen Prozesses kann ein Prozeßpaket eine Prozeßfamilie beschreiben.
Die Prozeßprozedur ist dann reentrant zu übersetzen und die Erklärungen sind entsprechend zu vervielfachen.

Der "Definitionsteil" beschreibt dem Kern die Hard- und Software-Umgebung. Die
beiden Urstart-Listen verbinden mit Prozeßpaketen und Interrupt-Anschlußroutinen ;
sie ermöglichen das Einrichten von Prozeß-Steuerblöcken und Eingängen beim Urstart.
Die Hardware-Initialisierungsroutine sorgt für Normierungen in peripherer Hardware.

```
****************************************************************************************
ANWENDER_SYSTEM_AUF_RADAR_80

------------------------------------------      ----------------------------------

                    ⌠ ANWENDER_      ⌠ PROZESSPAKET         ⌠ S. BILD 1
                    ⎨     TEIL       ⎨ (&:BELIEBIG)          ⎩
                    ⎪                ⎩
                    ⎪
                    ⎪ &
                    ⎪
                    ⎪ DEFINI_        ⌠ SYSTEM_START_PROZESS
                    ⎨ TIONSTEIL      ⎨     USW., S. BILD 1
 ANWENDER_          ⎪                ⎩
 SYSTEM_AUF_        ⎨
 RADAR_80           ⎪ &
 (SEMANTISCH)       ⎪
                    ⎪                              ⌠ EA_PROZESSE
                    ⎪                BS_PROZESS_   ⎨
                    ⎪ BETRIEBS_          PAKETE    ⎪ ANRUF_PUFFERUNG
                    ⎨ SYSTEM        ⎨              ⎪
                    ⎪               ⎪              ⎪ SPEICHERVERWALTUNG
                    ⎪               ⎪ &            ⎩      U. AE.
                    ⎪               ⎪
                    ⎪               ⎪ RADAR_80_    ⌠ S. BILD 1
                    ⎩               ⎩    KERN      ⎩
```

Bild 2 :        RADAR80-System, aus der Sicht des Anwenders.

Mit dem System-Start-Prozeß wird dann der Prozeßteil gestartet. Der System-Start-
Prozeß ist ein reguläres Prozeßpaket, kann also auch Eingänge haben - z.B. für

letzte Wünsche sterbender Prozesse o.ä.

Der formorientierten - "syntaktischen" - Darstellung von Bild 1 ist in Bild 2 eine inhaltsorientierte - "semantische" - Darstellung zur Seite gestellt ; dabei wurde der Prozeßteil in die anwendungsbezogenen und die betriebssystembezogenen Teile aufgelöst.

Mit dem RADAR80-Kern ist also eine offene Klasse von Betriebssystemen definiert : BS-Prozeßpakete können einfach hinzugefügt oder weggelassen werden, um angepasste Leistungen zu erhalten.

Der Kern hat eine Größe von ca. 3,5 kByte. Die Moduln "Prozeß-Start und -Ende" sowie die "Ur-Init -Routinen" können bei bestimmten Anwendungen entfallen ;   das System reduziert sich dann auf 2,5 kByte. Bei Fortfall der Timer-Dienste verbleiben 1,8 kByte. Weitere Reduktionen sind durch Streichungen von Anschlüssen in den verbleibenden Teilen und durch manuelle Optimierung des von PL/M erzeugten Assemblercodes möglich.

## 4.    RENDEZVOUS - DIENSTE

Die wichtigsten Dienste werden nachfolgend im Vergleich zu entsprechenden ADA-Konstrukten beschrieben.  Zur Unterstützung der Vorstellung denke man bei den folgenden Beispielen an einen "Treiber"-Prozeß für ein Ausgabegerät, der über einen Eingang "TAKE" eine Liste mit Druckzeichen erhält und diese einzeln ausgibt. Jede Ausgabe wird über einen Eingang "INTRPT" quittiert.

### 4.1    Prozeßdeklaration und Anruf

Als Beispiel diene die folgende Prozeß(=task)-Deklaration :

```
task DRIVER ;
   type LISTE is array (1..80) of CHARACTER ;
   entry TAKE (L: in LISTE) ;
   entry INTRPT ;
end ;
```

Sie definiert den Prozeßnamen DRIVER, eine LISTE aus 80 Zeichen, einen Eingang TAKE , der eine solche LISTE entgegennimmt und einen Eingang INTRPT, der ein reiner Anstoß ohne Datenverkehr ist.  Die Entsprechung in einem RADAR80-Prozeßpaket ist die folgende "Eingangsdeklaration".

```
DECLARE
  DRIVER STRUCTURE (D ADDRESS,
                    TAKE (3) ADDRESS,/*LISTE*/
                    INTRPT (3) ADDRESS /*nichts*/),
  LISTE$LIT LITERALLY 'L$PTR ADDRESS,
                    /*in*/ LISTE BASED L$PTR (80) BYTE' ;
```

<u>Erläuterungen :</u>

- Der Prozeßname DRIVER ist die Adresse eines Eingangsblocks, in dem
  jeder Eingang drei ADDRESS-Worte (6 Byte) belegt. Die vorausstehende
  "Dummy"-Komponente D wird für systeminterne Zwecke benötigt.
- Die Beschreibung des Einganges TAKE ist als PL/M-'literal'-String
  gegeben. Der String wird in der Prozedur angezogen.
- Die Deklaration steht - wie bei ADA - außerhalb der Prozeß-Prozedur ;
  letztere hat einen anderen Namen, der jedoch nicht außerhalb des Prozeß-
  pakets bekannt ist. Von außen ist der Prozeß nur unter dem Namen seines
  Eingangsblocks - 'DRIVER' - zu erreichen.
- Anrufe erfolgen über die Adressen der Eingänge - hier   .DRIVER.TAKE
  bzw.   .DRIVER.INTRPT   (der voranstehende '.' in PL/M bewirkt,
  daß die Adresse (statt ihres Inhalts) geliefert wird). In ADA schreibt man :

  ```
  DRIVER.TAKE (MY-LIST) ;
  ```

  In RADAR80 entsprechend :

  ```
  CALL PUT (.DRIVER.TAKE, .MY$LIST) ;
  ```

- Interrupts werden über Interrupt-Anschlußroutinen in das System geleitet.
  Der Anruf ist eine Variante des PUT, nämlich  PUT$FROM$IRPT .
  Der angerufene Prozeß merkt keinerlei Unterschied.


## 4.2    Einfaches Hören (ACCEPT)

Im Rumpf einer ADA-task kann z.B. der Eingang TAKE wie folgt verwendet werden :

```
task body DRIVER is
  BUFFER : LISTE ;
begin

  . . .
  accept TAKE (L : in LISTE) do
    BUFFER : = L ;
  end TAKE ;

  . . .
end ;
```

In RADAR80  ist der Prozeß-Rumpf eine Prozedur :

```
DRIVER$PZ : PROCEDURE ;
  DECLARE IX BYTE ,
      BUFFER (80) BYTE ,
      LISTE$LIT ;

  . . .
```

```
        L$PTR = GET (.DRIVER.TAKE) ;
        RDO IX = 0 TO 79 ;
            BUFFER (IX) = LISTE (IX) ;
        REND ;
        . . .
        END DRIVER$PZ ;
```

<u>Erklärungen :</u>

- Die GET-Anweisung mit nachfolgendem RDO...REND-Block entspricht der "accept"-Anweisung mit nachfolgendem "do...end"-Block.
- RDO und REND sind in einem "Standard-Vorwort" deklariert als

  ```
  RDO LITERALLY 'DO' ,
  REND LITERALLY 'END ;  CALL RELEASE'
  ```

  Mit dem RELEASE-Anruf wird der Anrufer wieder freigegeben und somit das Rendezvous beendet.

  Rendezvous können, wie in ADA, geschachtelt werden ; im "Rendezvous-Block" - zwischen RDO und REND steht dann eine weitere GET-Anweisung mit nachfolgendem Rendezvous-Block. - Ein Rendezvous-Block kann natürlich auch durch GET und explizites CALL RELEASE gebildet werden.

- LISTE$LIT entspricht der impliziten Deklaration für "L" in der ADA-Variante ; das Literal wurde bei der Eingangsdefinition eingeführt.


## 4.3    <u>Einfaches Gruppenhören (SELECT)</u>

Mit der "select"-Anweisung kann in ADA auf mehreren Eingängen gleichzeitig gehört werden. Akzeptiert wird, wer zuerst anruft oder - wenn schon Anrufe vorlagen - ein zufällig ausgewählter Anrufer.

Betrachte z.B. folgende "select"-Anweisung :

```
select
    accept TAKE (L : in LISTE) do
        TEMP (L) ;  --Zwischenspeichern der Liste
    end ;
or
    accept INTRPT ;
    SEND_CONTROL (DEVICE,BUFFER (IX)) ;
end select ;
```

Da bei INTRPT keine Daten zu übernehmen sind, kann das Rendezvous sofort (ohne do...end) beendet werden.

Die Entsprechung in RADAR80 ist :

213

```
DO CASE  GET 2 (.DRIVER.TAKE,
                .DRIVER.INTRPT,
                .LISTE ) ;
    RDO ; CALL TEMP (.LISTE) ; REND ;
                /* Fall TAKE */
    DOR ;
       OUTPUT (DEVICE) = BUFFER (IX) ;
                /*Fall  INTRPT*/
    END ;
END
```

<u>Erklärungen</u> :

- GET2 ist eine Spezialisierung des Dienstes GET\$GRP, mit dem Eingangs-
  Gruppen beliebiger Anzahl abgehört werden können.
  GET\$GRP erhält die abzuhörenden Eingänge in einer Liste mitgeteilt. Weitere
  Spezialisierungen von GET\$GRP werden später noch behandelt.
- Alle Gruppenhör-Dienste liefern die Parameternummer des angenommenen
  Eingangs als Wert. Die Parameternummer zählt von 0 ;  sie entspricht  der
  Reihenfolge der als Parameter oder in der Liste von GET\$ GRP angeführten
  Eingänge.
- Im Beispiel werden die Anrufer durch eine CASE-Konstruktion unterschieden.
  Bei nur zwei Eingängen ist auch IF verwendbar, da in PL/M der Wert FALSE
  als '0' , True als '1' dargestellt wird.
- DOR ist in Standard-Vorwort definiert als

    DOR LITERALLY ' DO ; CALL RELEASE ' ;

  Dies bewirkt den sofortigen Abbruch des Rendezvous.
- Eine Variante des Beispiels wäre :

```
RDO CASE GET 2 (......) ;
   CALL TEMP (.LISTE) ; /* Fall TAKE */
   OUTPUT (DEVICE) = BUFFER (IX) ;
                         /* Fall INTRPT */
REND ;
```

Hier steht nur ein RELEASE am Ende, jedoch wird INTRPT erst nach der  zugeordneten Aktion freigegeben.


## 4.4   Versuchsweises Hören

Der letzte Zweig einer"select"-Anweisung kann ein "else"-Zweig sein. Er wird genau

dann ausgeführt, wenn bei keinem der "accept"-Zweige ein Anrufer ansteht.  - In dieser

Form prüft also das "select" das Vorliegen  von Anrufen zur Ausführungszeit.

Betrachte das Beispiel :

```
select
   accept INTRPT ;
   . . . ;
else
   Z : = 0 ;
end select ;
```

Eine entsprechende Form in RADAR80 ist :

```
IF MAYBE$NOGET (.DRIVER.INTRPT,0)
   THEN Z=0 ; /* "NOGET"*/
   ELSE DOR ; . . ; END ;
```

Erklärungen :

- Ein Parameter des GET$GRP-Dienstes bestimmt, ob auf Anruf zu warten ist
  oder nicht (obiger Fall), oder ob die Wartezeit begrenzt werden soll (siehe 4.5).

  Der Dienst MAYBE$NOGET ist eine Derivat von GET$GRP für den Fall versuchs-
  weisen Hörens nur eines Einganges. Die Fehlanzeige ("NOGET") erhält die
  höchste Parameternummer ;  im Beispiel : 1 = True, was die Anordnung des
  IF erklärt.

- Im Falle NOGET darf <u>kein</u> CALL RELEASE abgesetzt werden,  da kein Rendezvous stattfand.  - Im <u>ELSE</u>-Fall ist hingegen das Rendezvous mit RELEASE
  zu beenden.

- Die "0" an zweiter Parameterstelle zeigt an, daß kein Parameter zu übernehmen
  ist.


## 4.5    Hören mit Zeitüberwachung

Ist ein Zweig einer "select"-Anweisung eine "delay"-Anweisung, dann wird dieser

Zweig gewählt, wenn sich während der Wartezeit auf keinem "accept"-Zweig ein

Anrufer gemeldet hat.

Zum Beispiel :

```
select
    accept INTRPT ;
    . . . ;
or
    delay 5.0 ;
    MONITOR.TIME-ERR (DEVICE) ;
end select ;
```

In RADAR80 entsprechend :

```
IF GET$TIMEOUT (.DRIVER.INTRPT,500 , 0)
   THEN PUT (.MONITOR.TIME$ERR, DEVICE) ;
   ELSE DOR ; . . ; END ;
```

Erklärungen :

- Der Dienst GET$ TIMEOUT ist ein Ableger von GET$GRP analog zu
  MAYBE$NOGET. Der Ablauf der Wartezeit führt auf TRUE.
- Die Zeitzählung in RADAR80 umfaßt den Bereich von $2^{31}$ , sodaß auch bei
  schnellem Zeit-Takt ausreichende Realzeit-Intervalle abgedeckt werden.
  Im obigen Dienst kann die Wartezeit nur bis $2^{16}$ spezifiziert werden ;  im
  GET$GRP-Dienst ist der volle Bereich angebbar.

## 4.6 Sonstiges

Die WHEN-Spezifikationen des SELECT-Statements sind  - wenn auch unbequemer - durch Fall-Unterscheidungen ersetzbar. Die task-"Attribut"-Funktionen sind verfügbar.

## 5. LEISTUNGS-BEISPIEL

Eine einfache Fassung des "Ausgabe-Treibers" wäre in RADAR80 (unter Verzicht auf Deklarationen) :

```
DRIVER$PZ : PROCEDURE ;
   DO FOREVER
        L$PTR = GET(.DRIVER.TAKE) ;
        RDO - - Liste nach Puffer - - REND;
        DO IX = 0 TO 79 ;
           OUTPUT (DEVICE) = BUFFER (IX) ;
           AUX = GET(.DRIVER.INTRPT) ; / * "AUX" - - nur für den Compiler*/
           CALL RELEASE ;
        END
   END
```

Derselbe Treiber erhält mit konventionellem tasking und Semaphoren die nachfolgende Form. Dabei ist ein TAKE$SEMA (phor) vom Aufrufer vor der Aktivierung der task "TAKE" anzufordern("REQUEST"); der Quittungs-Interrupt aktiviert die task "INTRPT". "RELEASE" bezieht sich hier auf die Semaphore.

```
TAKE : DO ; /*L$PTR steht auf Übergabeplatz */
    CALL REQUEST (.PUFF$SEMA) ;            /* Anfangs = 1 */
    DO - - Liste nach Puffer - - END ;
    OUTPUT(DEVICE) = BUFFER(0) ; IX = 1 ;
    CALL RELEASE (.TAKE$SEMA) ;            /*Anfangs = 1 */
    CALL RELEASE (.INTRPT$SEMA) ;          /*Anfangs = 0 */
    CALL TERMINATE ;
END ;

INTRPT : DO ;
    CALL REQUEST (.INTRPT$SEMA)
    IF IX < 80 THEN DO ;
         OUTPUT(DEVICE) = BUFFER(IX) ; IX=IX+1;
         CALL RELEASE (.INTRPT$SEMA) ; END ;
    ELSE DO ;
         CALL RELEASE (.PUFF$SEMA)
         CALL TERMINATE ;
    END ;
END ;
```

Der Vergleich zeigt die klare Überlegenheit der Rendezvoustechnik gegenüber der mit tasks nötigen "invertierten" Codierung.

## 6. LITERATUR

[1]    Preliminary ADA Reference Manual
       Sigplan Notices, Vol.14, No.6, Part A,  June 1979.

<u>Sicherheit durch vollständige Diversität</u>

Karl-Heinz Kapp
Universität Karlsruhe,
Lehrstuhl für angewandte Informatik
- Transport- und Verkehrssysteme -
*Kaiserstr. 12, 7500 Karlsruhe 1*


Reiner Daum, Erich Sartori und Reinhard Harms
Forschungsinstitut für Regelungstechnik und Prozeßautomatisierung
- Informatik, Transport- und Verkehrssysteme -
*in der Institutsgemeinschaft Stuttgart (INGEST) E.V.*
*Prof. Dr.-Ing. G. Schweizer*
*Kaiserstr. 12, 7500 Karlsruhe 1*

## 1 Überblick

Zunehmend werden technische Systeme automatisiert, die strengen Sicherheitsanforderungen genügen müssen. Wesentliche Elemente der Automatisierung sind heute Prozeßrechner und vor allem Mikroprozessoren bzw. Mikrorechnersysteme. Daher werden dringend Methoden benötigt, die die Konstruktion nachweisbar sicherer und zuverlässiger Hardware/Software-Systeme ermöglichen.

Einsatzgebiete für Automatisierung mit Rechnereinsatz und hohen Sicherheitsanforderungen sind beispielsweise chemische Prozesse, Energieversorgung, Kernreaktoren oder Transport- und Verkehrssysteme. Die Einsatzbedingungen für die Rechner und deren Softwareteile sind dabei charakterisiert durch Echtzeitanforderungen, Abhängigkeit von externen Ereignissen, Parallelverarbeitung und Kopplung mit anderen Rechnern bzw. mit Geräten, die dank Mikroprozessorsteuerung eine beachtliche 'Intelligenz' aufweisen können.

Die Erfahrung hat gezeigt, daß sich durch den mit dem Rechnereinsatz zwangsläufig verbundenen Softwareeinsatz beträchtliche Probleme bei der Entwicklung und beim Sicherheitsnachweis ergeben.


## 2 Begriffe

Zunächst werden kurz einige wichtige Begriffe definiert. In Anlehnung an die in DIN 31051, 40041 und 40042 definierte Zuverlässigkeit technischer Systeme, wird <u>Sicherheit</u> technischer Systeme definiert als Eigenschaft einer Betrachtungseinheit, unter vorgegebenen Bedingungen während einer bestimmten Zeit keine Gefährdung zu verursachen oder eintreten zu lassen. Eine Gefährdung liegt vor, wenn ein Systemzustand zu Personenschäden führen kann.

Als <u>Fehler</u> werden alle Konstruktionsfehler der Hard- und Software bezeichnet. Fehler sind bei Inbetriebnahme bereits im System vorhanden, äußern sich jedoch erst beim Eintreten bestimmter Bedingungen, möglicherweise erst nach langer Betriebszeit. Ein <u>Ausfall</u> liegt vor, wenn sich ein technisches System nach Fertigstellung so verändert, daß die vorgesehene Funktion nicht mehr erfüllt wird. Während man bei Hardware stets mit Fehlern <u>und</u> Ausfällen rechnen muß, kommen bei Software <u>nur</u> Fehler vor. Man beachte jedoch, daß durch einen Hardwareausfall eine Softwarefunktion verfälscht werden kann. Von einem <u>Fail-Safe-Verhalten</u> einer Funktion sprechen wir dann, wenn der Ausfall der Funktion oder deren fehlerhaftes Verhalten stets zu einer bestimmten Reaktion oder Ausgabe führt, die dazu benutzt werden kann, einen sicheren Zustand herzustellen.

Eine detailliertere Definition und Diskussion dieser Begriffe und der damit verbundenen Probleme findet sich in /SNV 78, KaD 79/.


## 3 Vermeidung gefährlicher Systemzustände
## 3.1 Prinzipien

Sowohl Ausfälle und Fehler der Hardware als auch Fehler der Software können zu gefährlichen Systemzuständen führen, wenn sie nicht rechtzeitig erkannt werden.

Hinsichtlich der Hardware-Ausfälle kann dieses Problem im wesentlichen als gelöst betrachtet werden. Durch redundante Anordnung gleichartiger Komponenten lassen sich Hardware-Strukturen finden, die auch bei mehrfachem Komponentenausfall die geforderte Funktion erfüllen (m von n-Systeme) bzw. den Ausfall erkennen (n von n-Systeme). Einige prinzipielle Redundanzanordnungen sind in Bild 1 dargestellt.

Die hier beschriebenen Sicherheitsuntersuchungen konzentrieren sich auf Möglichkeiten, entweder Fehler zu vermeiden oder die Auswirkungen von gefährlichen (Konstruktions-) Fehlern in Hardware und Software zu verhindern. Folgende Fehlererkennungsprinzipien lassen sich unterscheiden:

* Erkennung und Beseitigung aller (gefährlichen) Fehler vor Inbetriebnahme des Automatisierungssystems
* Erkennung aller (gefährlichen) Fehler im laufenden Betrieb des Automatisierungssystems, bevor sie sich auf den gesteuerten technischen Prozeß auswirken.

Dabei ist zu beachten, daß die Unterscheidung der Fehler in gefährliche und ungefährliche erst nach Ihrer Entdeckung möglich ist. Der Grund dafür ist die einfache Tatsache, daß es nicht möglich ist, alle potentiellen Fehler anzugeben und entsprechende Maßnahmen zu deren Ausschluß vorzusehen. Somit ist man grundsätzlich darauf angewiesen, <u>alle</u> Fehler zu erkennen.

## 3.2 Fehlererkennung vor Inbetriebnahme

Prinzipiell ist die Fehlererkennung vor Inbetriebnahme immer einer Fehlererkennung im Betrieb vorzuziehen. Wie die bisherige Erfahrung zeigt, stehen jedoch mit heutiger Technik noch keine ausreichenden Methoden zur Verfügung. Zwar werden Methoden zur Verifikation von Hard- und Software schon seit langem entwickelt und versuchsweise eingesetzt /Flo 67, Hoa 69, ELW 72, Kel 76, Kin 76, OwG 76, KeE 77/. Jedoch sind die heute bekannten und verfügbaren Verifikationsverfahren nur beschränkt einsetzbar und aussagefähig. Sie behandeln in der Regel nur Teilprobleme der Verifikation und lassen empfindliche Lücken in der Beweiskette. Insbesondere bei Echtzeitanforderungen oder externer Ereignisabhängigkeit kann heute weder die Korrektheit der Software noch der Ausschluß von bestimmten Fehlern oder Fehlerklassen nachgewiesen werden. Zur Behandlung paralleler Abläufe sind erst Ansätze für Beweisverfahren bekannt.

Für die hier interessierenden Sicherheitsanwendungen ist die Erkennung aller Fehler der Software und Hardware vor Inbetriebnahme vorerst nicht nachweisbar, wenn man von vereinzelten Spezialfällen absieht, bei denen die Randbedingungen gerade so sind, daß alle restriktiven Anforderungen des Verifikationsverfahrens erfüllbar sind.

Ging man bisher davon aus, daß zumindest bei der Hardware ein vollständiger Test durchführbar war, so ergibt sich jetzt fatalerweise durch die ständig ansteigende Integrationsdichte und Komplexität der (Mikrorechner-) Komponenten eine ähnliche Entwicklung wie bei der Software, mit der Konsequenz, daß heute auch bei Hardwarekomponenten in stärkerem Umfang mit (Konstruktions-) Fehlern gerechnet werden muß. Als Beispiel sei der Mikroprozessor Z8002 von ZILOG INC. erwähnt, der in der Y-Version sechs bisher bekannte Fehler enthält.

## 3.3 Diversität

Die Erkennung aller Fehler von Hard- und Software im laufenden Betrieb hingegen kann durch eine geeignete Systemstruktur erreicht werden. Man benutzt redundant aufgebaute Systeme, bei denen die redundanten Teile nicht identisch sein dürfen. Trivialerweise würden diese nämlich alle die gleichen Fehler enthalten, sodaß gerade die Fehlererkennung nicht möglich wäre. Vielmehr müssen die redundanten Komponenten, sowohl der Hardware als auch der Software, jeweils untereinander so unterschiedlich konstruiert und strukturiert sein, daß das gleichzeitige Auftreten von gleichartigen Fehler in vergleichbaren Teilen mit größter Wahrscheinlichkeit auszuschließen ist.

Dieser Umstand wird zur Erkennung von Fehlern und Ausfällen im Betrieb ausgenutzt. Ein solches System wird dann <u>divers</u> oder <u>diversifiziert</u>, manchmal auch diversitär genannt /Lau 75, SNV 78, KaD 79/.

Die rechtzeitige Fehlererkennung ergibt sich daraus, daß die unterschiedlichen Software-Teilsysteme die gleiche Aufgabe lösen, indem sie auf unterschiedlicher Hardware echt parallel ablaufen. Die Ergebnisse werden gegenseitig ausgetauscht und verglichen. Nur bei Übereinstimmung aller Parallelzweige werden die Ausgaben an den technischen Prozeß durchgeschaltet.

Bei einem diversifizierten n von n -System werden (n-1)-fache Fehler, sowohl der Hardware als auch der Software, erkannt und ihre Auswirkung auf den technischen Prozeß wird verhindert.

Ohne Beschränkung der Allgemeinheit kann man bei der Untersuchung des Diversitätsprizips zunächst ein diversifiziertes 2 von 2 -System betrachten. Die grundsätzliche Struktur eines solchen Systems wird in Bild 2 dargestellt. Dabei wird der zu automatisierende technische Prozeß vereinfacht durch seine Meß- und Stelleinrichtungen (ME, SE) dargestellt. Man sieht leicht, daß man durch weitere Diversifizierung dieser Einrichtungen die gesamte Diversität noch wesentlich steigern kann. Derartige unterstützende Maßnahmen hängen jedoch so stark von der jeweiligen Anwendung ab, sodaß darauf hier nicht eingegangen werden soll.

Von Interesse ist hier in erster Linie die Struktur des diversifizierten Prozeßrechensystems an sich. Es besteht aus zwei voneinander unabhängigen Teilsystemen HS1 und HS2. Beide bearbeiten gleichzeitig die gleiche Automatisierungsaufgabe, jedoch erarbeiten sie aus den Eingabedaten (EIN) nach unterschiedlichen Algorithmen ihre Zwischenergebnisse und Ausgaben an den technischen Prozeß. Diese werden zum Vergleich wechselseitig über die Rechnerkopplung (ERG) ausgetauscht. Jedes Teilsystem führt den Vergleich nach unterschiedlichen Algorithmen durch und erzeugt im Fehlerfall das Fehlersignal F1 bzw. F2, ansonsten das dazu inverse Signal. Bei diesem Vergleich können auch technisch erforderliche und sicherheitsverantwortlich zulässige Toleranzen der Vergleichsdaten berücksichtigt werden. Durch den Austausch der Vergleichsdaten erfolgt auch eine zeitliche Synchronisation der ansonsten asynchron laufenden Teilsysteme, da ein Vergleich erst dann möglich ist, wenn beide Ergebnisse vorliegen. Jedes Teilsystem überwacht für sich festgelegte Zeitgrenzen für die Bereitstellung der jeweiligen Vergleichsdaten des anderen Teilsystems. Bei Zeitüberschreitung wird ebenfalls das Fehlersignal F1 oder F2 erzeugt. Die Fehlersignale schalten die Ausgabeleitungen zum technischen Prozeß durch einen Fail-Safe-Abschalter (AS) in einen sicheren Zustand um und die Ausgabeleitungen des Systems ab, sodaß keine Ausgabe mehr möglich ist. Dieser Zustand kann nur durch einen autorisierten Eingriff, z.B. durch Wartungspersonal, wieder verlassen werden. Keinesfalls darf dies etwa rechnergesteuert geschehen.

Aus technischen Gründen kann die Ausgabe zu einer Zeit nur durch
ein Teilsystem erfolgen. Die einfachste Lösung besteht darin, daß ein
festgelegtes Teilsystem stets die Ausgabe vornimmt, sobald die
notwendigen Vergleiche erfolgreich durchgeführt worden sind. Mit mehr
Aufwand realisierbar ist eine umschaltbare Ausgabe, sodaß z.B.
abwechselnd von beiden Teilsystemen die Ausgabe erfolgen kann. Durch
Kontrolleingabe der Ausgabedaten durch das (gerade) nicht ausgebende
Teilsystem können zusätzliche Kontrollen der Ausgabeeinrichtungen bis
zum technischen Prozeß durchgeführt werden. Bei festgestellten
Unterschieden wird dann ebenfalls das Fehlersignal erzeugt.

In vielen Fällen verfügt der technische Prozeß über eine NOT-
Stellgröße, beispielsweise die Notbremse in Schienenfahrzeugen, die
zusätzlich direkt angesprochen werden kann, um einen sicheren Zustand
herzustellen.

Eine wichtige Rolle spielt die autonome Fail-Safe-Zeitüberwachung
(ZU), die in festgelegten Zeitintervallen prüft, ob beide Teilsysteme ein gültiges Lebenssignal (L1,2) abgegeben haben. Diese Zeitüberwachung muß von beiden Teilsystemen völlig unabhängig arbeiten. Sie
erzeugt im Fehlerfall das Zeitlimit-Signal (ZL), das dieselbe Wirkung
wie die Fehlersignale F1 oder F2 hat. Man bildet daher aus den
Signalen F1, F2 und ZL durch logisches Oder das Notsignal NOT in
Fail-Safe-Technik.

Die Zeitüberwachung ist notwendig, weil beide Teilsysteme aus
unterschiedlichen Gründen so versagen können, daß sie keine sinnvollen Aktionen mehr ausführen, diesen Umstand jedoch nicht selbst oder
gegenseitig bemerken können.

Aus demselben Grund und wegen der zu fordenden Fail-Safe-Eigen-
schaften der Zeitüberwachung und der Bildung des Not-Signals dürfen
für die sicherheitsrelevanten Signale F1, F2, ZL und NOT keine
statischen Pegel verwendet werden. Vielmehr müssen dynamische Signale
verwendet werden, in dem Sinn, daß der Empfänger eines solchen
Signals ein fehlerhaftes Signal erkennen kann. Dies kann beispielsweise durch hoch kodierte Meldungen geschehen, die sich etwa noch
zeitabhängig ändern müssen.

Die Diversifizierung der Software umfaßt die unterschiedliche
Modellierung, Konstruktion und Strukturierung aller Softwareteile.
Insbesondere müssen die Entwicklungsschritte

* Bildung eines rechnerorientierten Modells des technischen Pro-
  zesses
* Datenorientierter Entwurf
* Algorithmischer Entwurf
* Prozeßaufteilung und Ablauforganisation

zu Ergebnissen führen, die ein Höchstmaß an Unterschieden aufweisen.

Die vorgestellte Diversitätsstruktur zeichnet sich besonders durch die Beschränkung der erforderlichen Fail-Safe-Hardwareeinrichtungen auf wenige, einfache Einheiten aus. Komplexere Aufgaben werden durchweg durch diversifizierte Teilsysteme, insbesondere durch Software übernommen. Für die Hardware können handelsübliche Rechnersysteme, insbesondere Mikrorechnerkomponenten, eingesetzt werden. Kostspielige Spezialentwicklungen sind sowohl bei der Hardware als auch bei der Software nicht notwendig.


## 4 Vollständige Diversität

Die zunächst naheliegende Vorstellung, daß nur die eigentliche Anwendungssoftware diversifiziert werden muß, kann aus folgendem Grund nicht für sicherheitsverantwortliche Systeme beibehalten werden. Sind nämlich die benutzten Software-Hilfsmittel, z.B. Compiler, Laufzeitsystem, Betriebssystem usw., nicht fehlerfrei, - womit man wegen deren Komplexität grundsätzlich rechnen muß - dann können beispielsweise durch gemeinsam und zum gleichen Zweck benutzte Grundfunktionen wie Ein/Ausgabe oder Prozeß-Synchronisierung identische Fehler induziert werden. Diese identischen n-fach-Fehler äußern sich dann mit der Wahrscheinlichkeit eines Einfachfehlers, sind aber nicht erkennbar. Aus dem gleichen Grund müssen auch Diversitätsstrukturen verworfen werden, die den Ablauf der diversifizierten Anwendungsprogramme auf derselben Hardware, nacheinander oder verschachtelt, zur Folge haben.

Als sinnvollster Einsatz des Diversitätsprinzips erscheint deshalb derjenige, bei dem die diversifizierte Anwendungssoftware zusätzlich

* in unterschiedlichen Programmiersprachen implementiert wird,
* durch verschiedene Compiler übersetzt wird,
* durch verschiedene Laufzeit- und/oder Betriebssysteme unterstützt wird,
* auf verschiedenen Rechnersystemen ausgeführt wird.

Sind also alle verwendeten Hilfsmittel einschließlich der Hardware diversifiziert, so sprechen wir von <u>vollständiger</u> Diversität. Das vollständig diversifizierte Hardware/Software-System bietet im Hinblick auf Sicherheitsanwendungen folgende wichtige Vorteile:

* Durch den Einsatz von unterschiedlichen Programmiersprachen werden solche Fehler, die durch bestimmte Spracheigenschaften provoziert werden, auf ein Teilsystem beschränkt und damit erkennbar. Praktisch jede heute verfügbare Sprache weist solche Fehlerquellen auf.

* Die aufwendige bis undurchführbare Verifikation der Software-
hilfsmittel wie Compiler, Binder, Lader, Interpreter,
Laufzeitsystem, Betriebssystem etc. und der Hardware entfällt. Sie wäre bei einkanaliger Software zu fordern, da ein
korrektes Programm durch fehlerhafte Hilfsmittel unentdeckt
verfälscht werden könnte.
* Die mitunter sehr schwierige Unterscheidung von Teilaufgaben
in solche mit und solche ohne Sicherheitsverantwortung ist
nicht erforderlich. Die zu einander diversen Softwareteile
überwachen einander in allen Teilen gegenseitig.
* Softwareänderungen, z.B. zur Beseitigung von erkannten Fehlern
oder zur Anpassung an geänderte Anforderungen und
Randbedingungen, erfordern außer den üblichen Funktionstests
nur die erneute Überprüfung der Diversität der geänderten
Teile. Die Wiederholung aller Analyse, Verifikations- und
Testschritte, wie sie bei einkanaliger Software zu fordern
wäre, ist nicht notwendig.
* Die Fehler- bzw. Ausfalloffenbarungszeit ist sehr kurz.
Auftretende Fehler oder Ausfälle werden spätestens durch die
Fail-Safe-Zeitüberwachung festgestellt. Bei einkanaliger
Software könnten Ausfälle nur durch zusätzlichen Prüfaufwand
und nur unvollständig erkannt werden.
* Vollständige Diversität ist als Sicherheitsprinzip auch bei
extremen Sicherheitsanforderungen einsetzbar, weil vor der
Auswirkung auf den technischen Prozeß alle 1- bis (n-1)-fach-
Fehler und alle nicht gleichartigen n-fach-Fehler bei n von n
-Diversität erkannt werden.
* Das Diversitätsprinzip erschließt Softwareanwendungen, bei
denen einkanalige Sicherheitsverfahren heute noch nicht
eingesetzt werden können . Beispiele hierfür sind zeitkritische Anwendungen oder interruptgesteuerte Prozeßsteuerung.


5 Experimentelle Erprobung der vollständigen Diversität

In Rahmen unserer Untersuchungen erproben wir die vollständige
Diversität von Hard- und Software an einer realitätsnahen Aufgaben-
stellung. Ein Fahrzeuggerät für den vollautomatischen, fahrerlosen
Betrieb eines spurgebundenen Nahverkehrssystems, z.B. U-Bahn, wird
auf der Basis von Mikrorechnerkomponenten im Labor aufgebaut. Zu
Testzwecken werden die Schnittstellen des Fahrzeuggeräts zum technischen Prozeß, d.h. zum Fahrzeug mit seinen Meß-und Stelleinrichtungen durch einen Mikrorechner simuliert. Das Fahrzeug steht in der
Realität über einen Linienleiter mit einer Streckenzentrale in
Verbindung und tauscht mit dieser Telegramme aus. Die Streckenzentrale und der Linienleiter werden ebenfalls durch einen Rechner
simuliert. Das Fahrzeuggerät erfüllt folgende betrieblichen Funktionen:

* Datenübertragung von und zu Streckenzentralen, Datensicherung und zeitliche Überwachung des Telegrammverkehrs
* Ortung und Geschwindigkeitsbestimmung
* Überwachung des Fahrzeugzustands und Erkennung von gefährlichen Zuständen
* Fahr- und Bremsregelung

Alle aufgeführten Funktionen mit Ausnahme der Regelungsaufgaben tragen Sicherheitsverantwortung. Fehler der Regelung werden durch Überwachungsfunktionen entdeckt und korrigiert oder durch diversifizierte Regelalgorithmen und Vergleich der Ausgabedaten erkannt.

Die Einbettung des Fahrzeuggeräts in seine Umgebung und die vereinfachte Hardware-Struktur ist in Bild 3 dargestellt. Zum Zweck der weitgehenden Beeinflussung des Versuchsablaufs und zur intensiven rechnerunterstützten Erprobung wird eine Simulationsumgebung mit entsprechenden Eingriffsmöglichkeiten zur Erzeugung von Fehlern, Ausfällen und Störungen erstellt.

Entprechend den bereits erwähnten Diversitätsgrundsätzen besteht die Hardware der Bordgeräte aus zwei unterschiedlichen Mikrorechnersystemen, die über eine Parallelschnittstelle Daten austauschen können und von einer Fail-Safe-Zeitüberwachung mit Zwangsbremsauslösung kontrolliert werden. Die Zwangsbremsauslösung kann auch durch Rechnerausgabe erfolgen, wenn einer der Rechner eine gefährliche Situation erkannt hat, z.B. Überschreitung der Höchstgeschwindigkeit oder Vergleichsfehler.

Es werden Mikrorechner aus der 16-Bit-Klasse eingesetzt, die sich in Technologie und Struktur wesentlich unterscheiden, nämlich ZILOG Z8002 und DEC LSI-11. Die verwendeten Hardwarekomponenten sind teils fertig gekauft, teils unter Verwendung von handelsüblichen LSI-Bausteinen selbst entwickelt worden.

Die Anwendungssoftware wurde nach betrieblichen Funktionen in entsprechende Module aufgeteilt, die dann nach verschiedenen Verfahren diversifiziert entworfen und implementiert wurden. Als geeignete Verfahren wurden ausgewählt
* minimale gegenseitige Beeinflussung
* gezielte Diversifizierung

Da die Arbeiten derzeit noch nicht abgeschlossen sind, können hier nur vorläufige Ergebnisse aufgeführt werden.

### Weg A: Minimale gegenseitige Beeinflussung

Zwei Bearbeiter gingen parallel und unabhängig voneinander vor. Sie tauschten keine Informationen über ihre Entwürfe und Implementierungen aus. Lediglich bei Abschluß des ersten Grobentwurfs und des ersten Feinentwurfs wurden die beiden Lösungsansätze verglichen. Dies war notwendig, um zwei denkbaren Problemen aus dem Wege zu gehen. Einerseits können durch unterschiedliche Interpretation der Spezifikation die Lösungen zu stark divergieren und nicht die gleiche

Funktion erfüllen. Andererseits sollen zu starke Ähnlichkeiten frühzeitig erkannt werden. Solche Ähnlichkeiten können zufällig oder durch gleiche Ausbildung oder Literatur bedingt auftreten. Letztlich könnte auch die Aufgabenstellung so enge Randbedingungen setzen, daß unterschiedliche Lösungen praktisch nicht möglich sind.

<u>Weg B: gezielte Diversifizierung</u>

Zunächst wurden zwei unterschiedliche Algorithmen erarbeitet. Diese wurden dann nacheinander durch zwei Bearbeiter implementiert, wobei der zweite eine grobe Kenntnis der ersten Lösung hatte und daher gezielt diversifizieren konnte.

An einer anderen Teilaufgabe wurde dieselbe Vorgehensweise durch nur einen Bearbeiter durchgeführt, der nacheinander beide Lösungen erstellte.

Entsprechend den Anforderungen der vollständigen Diversität sind die Programme für beide Teilsysteme in zwei verschiedenen Programmiersprachen geschrieben:

    * Concurrent PASCAL für das Z8000-System

    * MODULA I für die LSI-11

Die MODULA-Implementierung wurde uns von Prof. Wirth, ETH Zürich, zur Verfügung gestellt /Wir 77,Le 78/. Sie besteht aus einem Compiler und einem Satz Grundfunktionen für die Prozeßorganisation. In MODULA können die Geräteregister der Peripherie direkt angesprochen werden und auch Interrupts direkt von MODULA-Prozessen bearbeitet werden. MODULA-Programme können daher ohne Unterstützung durch ein Standard-betriebssystem direkt auf der Hardware betrieben werden. Alle betriebssystemartigen Teile werden in MODULA formuliert und in das Anwendungssystem integriert.

Die Concurrent PASCAL Implementierung für den Z8002-Prozessor ist eine Eigenentwicklung auf der Basis der Erstimplementierung durch Brinch Hansen am California Institute of Technology /Har 75, BrH 77/. Der Compiler wurde dabei nur leicht modifiziert und erweitert. Die Z8000-Implementierung erlaubt ebenfalls den direkten Zugriff zu beliebigen Peripheriebausteinen und die Interruptreaktion in Concurrent PASCAL Programmen, ohne daß eine Betriebssystemunterstützung nötig wäre. Dabei wird jedoch das Prinzip der virtuellen Maschine voll beibehalten, sodaß die Portabilität erhalten bleibt.

Die beiden Programmiersprachen enthalten trotz ihrer bestehenden Verwandtschaft - MODULA ist ebenfalls eine Weiterentwicklung von PASCAL - verschiedene Konzepte und Spracheigenschaften zur Programm- und Datenstrukturierung und zur Ablauforganisation paralleler Prozesse. Es zeigt sich, daß dadurch auch bei gleichen Algorithmen ganz unterschiedliche Programme entstehen.

Bei Sicherheitsanwendungen sind Fehlerausschlußmechanismen von besonderer Wichtigkeit. Als Beispiel hierfür seien die Organisations-konzepte für die Synchronisation des Zugriffs paraller Prozesse zu gemeinsamen Daten erwähnt. In Concurrent PASCAL garantiert das

Monitorkonzept den automatischen gegenseitigen Ausschluß der zugreifenden Prozesse. In MODULA steht ein ähnliches Konzept durch die Interface Module zur Verfügung. Jedoch ist deren Benutzung nicht zwingend vorgeschrieben, da Moduldaten auch auf andere Weise von anderen Moduln aus erreichbar sind. Zugriffsrechte müssen in beiden Sprachen deklariert werden, jedoch auf unterschiedliche Art und Weise.

Abstrakte Daten können in beiden Sprachen realisiert werden, jedoch mit unterschiedlichen Konzepten. Concurrent PASCAL bietet hierfür das Klassenkonzept, ähnlich SIMULA 67. Dabei können Klassendaten nur über Zugriffsroutinen manipuliert werden. In MODULA müssen Moduln verwendet werden zusammen mit der Möglichkeit, den Export und Import aller über Modulgrenzen hinweg erreichbaren Objekte in Schnittstellenbeschreibungen festzulegen.

Auch die Implementierungstechnik der beiden Sprachen weist wesentliche Unterschiede auf, die hier nur stichwortartig erwähnt werden sollen:
    * Compilerstruktur und Übersetzungstechnik
    * Erzeugter Code (Maschinencode - virtueller Interpretercode)
    * Prozeßorganisation
    * Ein/Ausgabe und Interruptbearbeitung.


6 Erfahrungen und Ergebnisse

Unsere Untersuchungen sind derzeit noch nicht abgeschlossen. Die Software ist nahezu vollständig erstellt und die praktische Erprobung des beschriebenen Versuchsaufbaus hat begonnen. Aus den bisherigen Erfahrungen lassen sich jedoch schon einige Schlüsse ziehen.

Eine wesentliche Fehlerquelle bei der Softwareerstellung ist eine unvollständige, mehrdeutige oder widersprüchliche Spezifikation. Die unabhängige Erstellung von diversifizierten Lösungen bietet eine gute Chance diese Fehler mit hoher Zuverlässigkeit zu erkennen, wenn die Lösungen verglichen werden. Die gemeinsame Spezifikation ist auch die Hauptquelle für identische Doppelfehler in einem diversifizierten Anwendungssystem. Bei nur einem Bearbeiter besteht die Gefahr, daß die Spezifikation nicht ausreichend geprüft wird und Fehler darin nicht bemerkt werden. Diese Fehler befinden sich dann in beiden Teilsystemen und können in der Regel nicht im Betrieb erkannt werden. Es wird hier davon ausgegangen, daß triviale Fehler auch durch die üblichen Funktionstests erkennbar sind und daher hier nicht von Interesse sind.

Die erzielbare Diversität der beiden Anwendungssysteme hängt in erster Linie von der Problemstellung ab. Gibt es unterschiedliche Algorithmen, so fällt die Diversifizierung leicht. Andernfalls muß die Diversifizierung bei den Datenstrukturen und der Ablauforganisation ansetzen. Dabei hat sich gezeigt, daß die diversifizierten Hilfsmittel, wie Programmiersprache, Compiler und Laufzeitsystem, die bereits erzielte Diversität erhalten und meistens noch wesentlich steigern. Selbst in dem Extremfall, daß nur ein Lösungsalgorithmus gefunden wurde, konnte durch die durch die Sprachen vorgegebenen unterschiedlichen Strukturierungskonzepte noch eine ausreichende Diversifizierung erreicht werden.

Dies sei am Beispiel der Datenübertragung über den Linienleiter verdeutlicht. Das vorgeschriebene Protokoll engt den Diversitätsspielraum so stark ein, daß lediglich die für die Datensicherung eingesetzte Codesicherung gezielt diversifiziert werden konnte. Alle übrigen Unterschiede ergeben sich aus unterschiedlichen Spracheigenschaften vor allem für die gemeinsamen Daten von parallelen Prozessen.

Leichter diversifizierbar war die Fahr- und Bremsregelung. Hier wurde einem tabellengesteuerten Verfahren zur Ermittlung der Beschleunigungswerte ein on-line-Berechnungsverfahren gegenübergestellt. Zwar werden in beiden Lösungen dieselben physikalischen Gesetze angewandt, jedoch sind die Fahrzeugprogramme grundverschieden durch eine völlig unterschiedliche Algorithmik und Datenstruktur.


## 7 Ausblick

Parallel zu den hier beschriebenen Untersuchungen werden auch einkanalige Software-Sicherheitsverfahren untersucht. Dabei werden verschiedene Verifikations- und Testverfahren auf die gleiche Anwendungssoftware bzw. ein ausgewähltes Teilssystem angewandt.

Durch Einpflanzung von Fehlern in die Programme und gezielt erzeugte Hardwareausfälle und Störungen wird die Fehlererkennung der untersuchten Verfahren getestet und mit dem Diversitätsverfahren verglichen. Dabei werden sich sicherlich interessante Aussagen ergeben.

Letztlich werden auch ökonomische Fragen wie Aufwand und Kosten der Diversität im Vergleich zu anderen Verfahren beantwortet werden. Insbesondere wird erwartet, daß sich der Testaufwand bei Diversität durch die praktisch lückenlose gegenseitige Überwachung der Teilsysteme besonders bei der Testauswertung erheblich vermindern wird. Dadurch kann man bei gleichem Aufwand an Zeit und Kosten entweder mehr Tests durchführen, was zu noch höherer Zuverlässigkeit führt, oder man kann mehr Aufwand in die Spezifikation, Modellbildung und den Entwurf der Programme stecken, was eine erhebliche Qualitätssteigerung der Software bringen wird.

*Dieser Bericht basiert auf Forschungsarbeiten, die im Rahmen eines Auftrags des Bundesministers für Forschung und Technologie (BMFT) durchgeführt werden (Auftragskennzeichen TV 7711). Verantwortlich für den Inhalt sind die Autoren. Das BMFT übernimmt keine Gewähr, insbesondere für die Richtigkeit, die Genauigkeit und Vollständigkeit der Angaben sowie die Beachtung der Rechte Dritter.*

*Das Forschungsvorhaben wird in Zusammenarbeit mit der Studiengesellschaft für Nahverkehr, Hamburg, und anderen deutschen Firmen und Universitätsinstituten durchgeführt.*

## Literaturhinweise

BrH 77  Brinch Hansen, P.: The architecture of concurrent programs. Prentice Hall, Englewood Cliffs (1977)

ELW 72  Elspas, B. Lewitt, K.N., Waldinger, R.J., Waksman, A.: An assessment of techniques for proving program correctness. Computing Surveys 4, 97-147 (1972)

Flo 67  Floyd, R.W.: Assigning meanings to programs. In J.T. Schwartz (ed.): Mathematical aspects of computer science. pp. 19-32. Amer. Math. Soc., Providence, RI (1967)

Gör 68  Görke, W.: Zuverlässigkeitsprobleme elektronischer Schaltungen. BI Hochschulskripten 820/820a, Mannheim (1968)

Har 75  Hartmann, A.C.: A Concurrent PASCAL compiler for minicomputers. Lecture Notes in Computer Science, 50, Springer-Verlag (1977).

Hoa 69  Hoare, C.A.R.: An axiomatic basis for computer programming. Comm. ACM 12, 576-583 (1969)

KaD 79  Kapp, K.-H., Daum, R.: Sicherheit und Zuverlässigkeit von Automatisierungssoftware. Informatik Spektrum 2,25-36 (1979)

KeE 77  Kersken, M., Ehrenberger, W.: Untersuchungen zur Software-Sicherheit und Zuverlässigkeit von Prozeßrechnern. GRS A-43, Gesellschaft für Reaktorsicherheit, Garching (1977)

Kel 76  Keller, R.M.: Formal verification of parallel programs. Comm. ACM 19, 371-385 (1976)

Kin 76  King, J.C.: Symbolic execution and program testing. Comm. ACM 19, 385-394 (1976)

Lau 75  Lauber, R.: Safe software by functional diversity. EWICS, TC7, No 37 (1975)

Le 78  Le, V.K.: The module: a tool for structured programming. Dissertation Nr. 6153, E.T.H. Zürich (1978)

OwG 76  Owicki, S., Gries, D.: An axiomatic proof technique for parallel programs I. Acta Informatica 6, 319-340 (1976)

SNV 78  Studiengesellschaft für Nahverkehr. m.b.H.: Sicherheit und Zuverlässigkeit von Nahtransportsystemen; Grundlagen für die Erstellung von Richtlinien. Schlußbericht und 6 Anhangbände. Hamburg (1978).

Wir 77  Modula: a language for modular multiprogramming. Software- Practice and Experience, 7, 3-35 (1977)

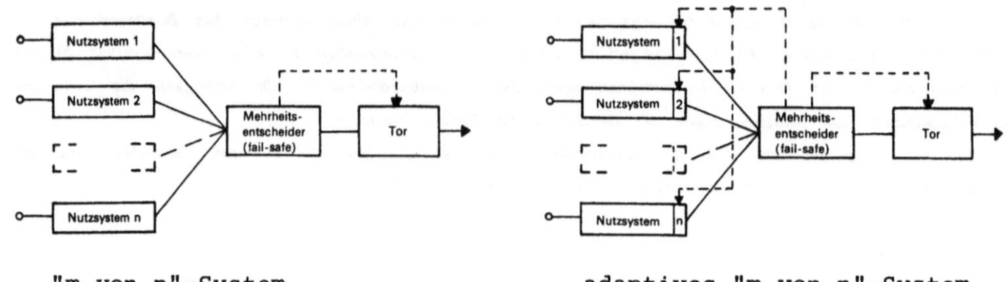



"m von n"-System          adaptives "m von n"-System

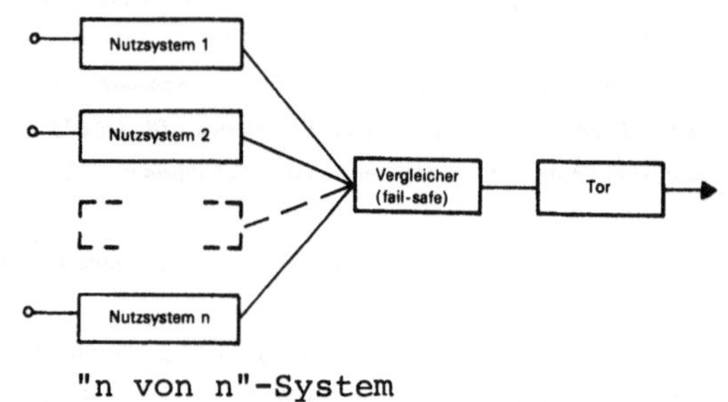



"n von n"-System

**Bild 1.   Redundante Systemstrukturen**

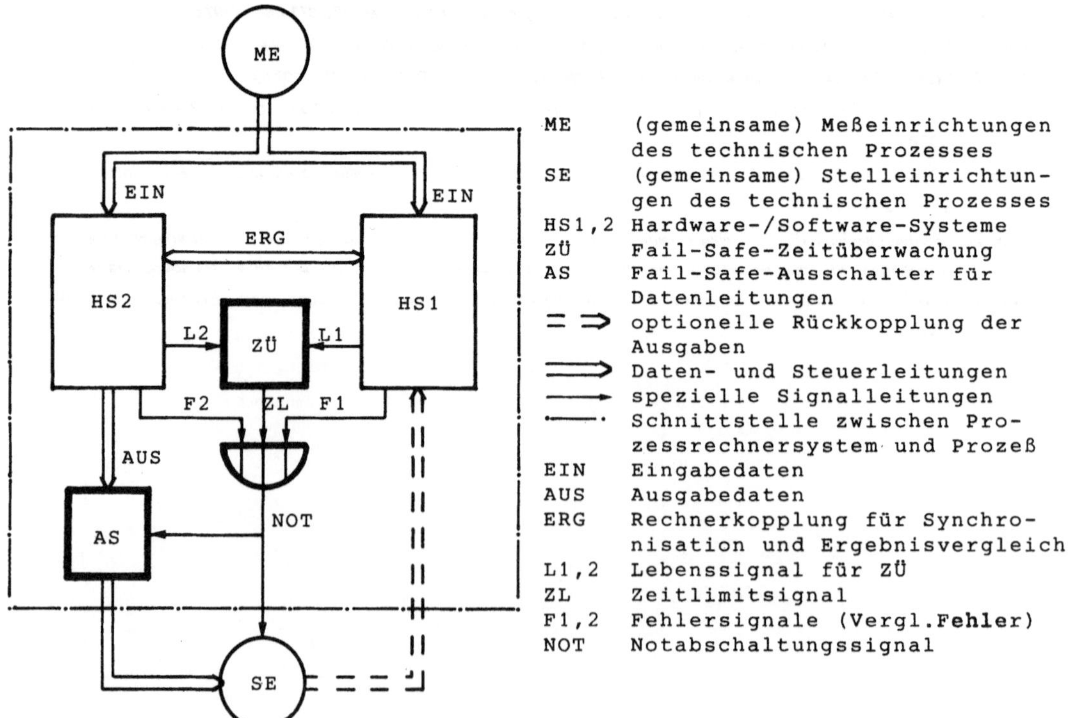



| | |
|---|---|
| ME | (gemeinsame) Meßeinrichtungen des technischen Prozesses |
| SE | (gemeinsame) Stelleinrichtungen des technischen Prozesses |
| HS1,2 | Hardware-/Software-Systeme |
| ZÜ | Fail-Safe-Zeitüberwachung |
| AS | Fail-Safe-Ausschalter für Datenleitungen |
| $=\Rightarrow$ | optionelle Rückkopplung der Ausgaben |
| $\Longrightarrow$ | Daten- und Steuerleitungen |
| $\longrightarrow$ | spezielle Signalleitungen |
| $\bullet\!\!-\!\!\bullet$ | Schnittstelle zwischen Prozessrechnersystem und Prozeß |
| EIN | Eingabedaten |
| AUS | Ausgabedaten |
| ERG | Rechnerkopplung für Synchronisation und Ergebnisvergleich |
| L1,2 | Lebenssignal für ZÜ |
| ZL | Zeitlimitsignal |
| F1,2 | Fehlersignale (Vergl.**Fehler**) |
| NOT | Notabschaltungssignal |

**Bild 2.   Grundstruktur eines diversifizierten Hardware-/Softwaresystems**

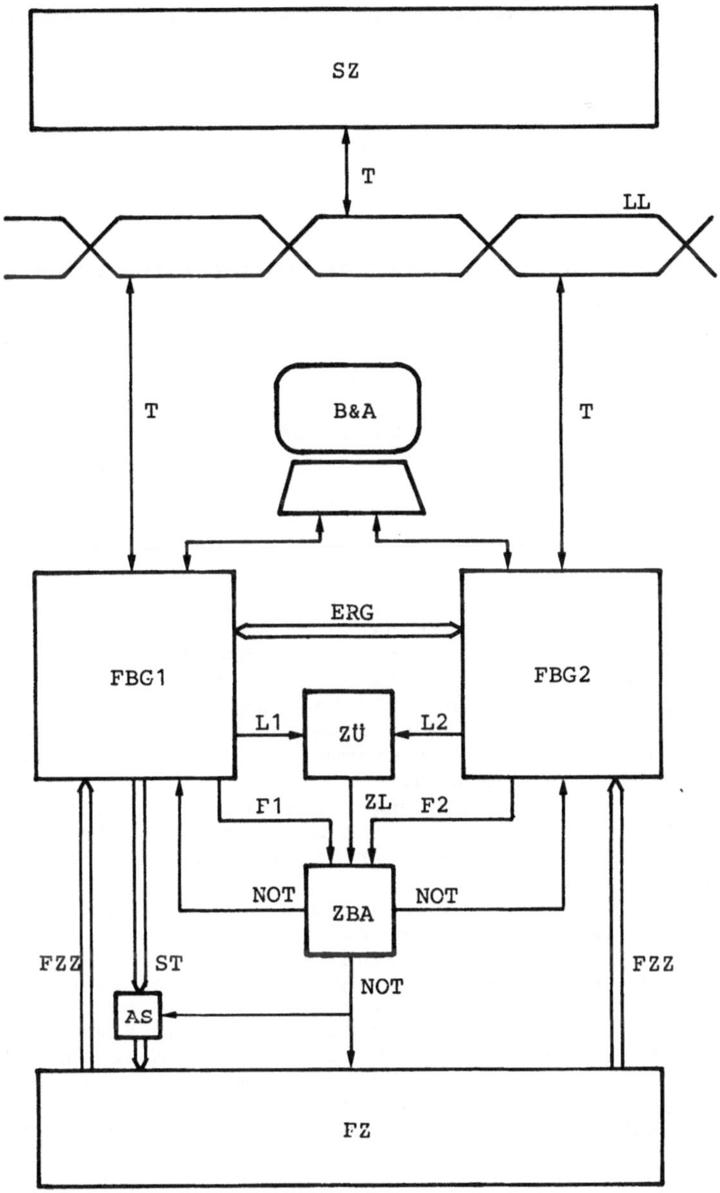

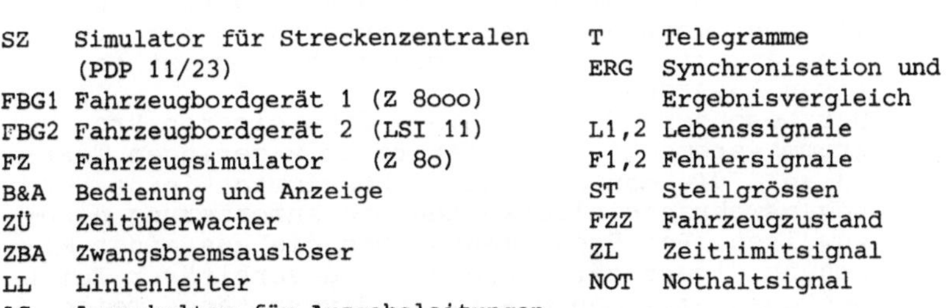



| | | | |
|---|---|---|---|
| SZ | Simulator für Streckenzentralen (PDP 11/23) | T | Telegramme |
| FBG1 | Fahrzeugbordgerät 1 (Z 8ooo) | ERG | Synchronisation und Ergebnisvergleich |
| FBG2 | Fahrzeugbordgerät 2 (LSI 11) | L1,2 | Lebenssignale |
| FZ | Fahrzeugsimulator (Z 8o) | F1,2 | Fehlersignale |
| B&A | Bedienung und Anzeige | ST | Stellgrössen |
| ZÜ | Zeitüberwacher | FZZ | Fahrzeugzustand |
| ZBA | Zwangsbremsauslöser | ZL | Zeitlimitsignal |
| LL | Linienleiter | NOT | Nothaltsignal |
| AS | Ausschalter für Ausgabeleitungen | | |

Bild 3.  Laboraufbau zur Erprobung des Diversitätskonzepts

Zuverlässigkeitseigenschaften diversitärer Programmsysteme


W. Ehrenberger, M. Kersken


Gesellschaft für Reaktorsicherheit, Garching


## Kurzfassung

Ein Verfahren zur Steigerung der Softwarezuverlässigkeit besteht darin, diversitär zu programmieren, d. h. voneinander unabhängige Programme
zu erstellen, die das gleiche Problem lösen.
Der Vergleich der Rechenergebnisse der
einzelnen zueinander diversitären Teile erlaubt
es, während des Programmeinsatzes auftretende
Fehler zu erkennen.
Die zur Problemlösung erforderlichen Strategien
können sich z. B. auf die Kontrollflußstruktur,
die Datenstruktur oder die verwendeten Algorithmen stützen.
Bei der quantitativen Beurteilung der durch die
Diversität erzielten Zuverlässigkeitsgewinne
geht man zweckmäßigerweise von den Programmeigenschaften aus. Man kann zeigen, daß sich gemeinsame Fehler in diversitären Systemen hyper-
geometrisch oder binomisch auf diese Eigenschaften verteilen. Hieraus lassen sich Wahrscheinlichkeiten, Erwartungswerte und Streuungen für
gemeinsame Fehler gewinnen.
Weitere Berechnungen führen auf Wahrscheinlichkeitsaussagen für gemeinsames Versagen diversitärer Programme im Betrieb und auf die Verfügbarkeit eines diversitären Programmsystems.
Auch bei Abmilderung der zunächst zu treffenden
strengen Unabhängigkeitsvoraussetzung für die
Programmerstellung kann man noch zu quantitativen Aussagen kommen.
Der besondere Vorteil eines diversitären Programmsystems liegt in der relativ geringen Test-
anzahl, die man braucht, um bestimmte kleine Ver-
sagenswahrscheinlichkeiten pro Anforderung nachzuweisen. Bei Programmsystemen, die aus einer Mischung diversitärer und nicht diversitärer Teile
bestehen, muß man die nicht diversitären Teile
entweder mit Hilfe systematischer Verfahren veri-
fizieren oder auf woanders gemachte Betriebserfahrungen zurückgreifen.

# 1. Programmdiversität und Programmverifikation

Mit der zunehmenden sicherheitstechnischen Bedeutung von Prozeßrechnern
wächst die Forderung nach der Bereitstellung sicherer Programmsysteme.
Der vorliegende Beitrag diskutiert den Einfluß der Programmdiversität
auf die Zuverlässigkeit von Programmsystemen mit Schwerpunkt der Sicherheit. Wir definieren:

> Ein Programm ist zu einem anderen diversitär, wenn
> es das gleiche Problem löst und ungleichartig von
> jenem erstellt worden ist.

Ein diversitäres Programm muß also von anderen Personen nach anderen
Strategien geschrieben worden sein, als das Programm zu dem es diversitär sein soll. Es muß andererseits aber natürlich das gleiche Problem
lösen, also auf der gleichen funktionalen Spezifikation aufbauen. Hinsichtlich des Begriffs der Sicherheit gilt für diesen Beitrag:

> Sicherheit ist die Wahrscheinlichkeit, daß das Pro-
> grammsystem keine gefährlichen Ausgaben macht.

Zur Charakterisierung eines Programmsystems kann daneben noch der Begriff der Verfügbarkeit wichtig sein:

> Verfügbarkeit ist die Wahrscheinlichkeit, daß das
> System zu einem bestimmten Zeitpunkt wie spezifi-
> ziert arbeitet.

In der Regel werden sowohl die Sicherheit als auch Verfügbarkeit auf
eine einzelne an das betreffende Programmsystem zu richtende Anforderung bezogen.

Soweit nicht ausdrücklich anders gesagt, nehmen wir an, der technische
Prozeß, der von dem zu untersuchenden Programm bedient wird, habe eine
sichere Seite. Ein Vergleich der Ergebnisse zweier diversitärer Programme wird also bei Ungleichheiten eine sicherheitsgerichtete Reaktion
veranlassen (Bild 1).

Hinsichtlich der zu betrachtenden Fehler unterscheiden wir zwischen Programmierfehlern und Programmversagen:

> Ein Programmierfehler ist eine Diskrepanz zwischen
> der im Programm realisierten und der beabsichtigten
> Programmfunktion.

> Ein Programmversagen ist eine nicht der Spezifika-
> tion entsprechende Reaktion des Programms.

Ein Programmversagen tritt auf, wenn während des Laufs ein Programmier-
fehler angesprochen wird.

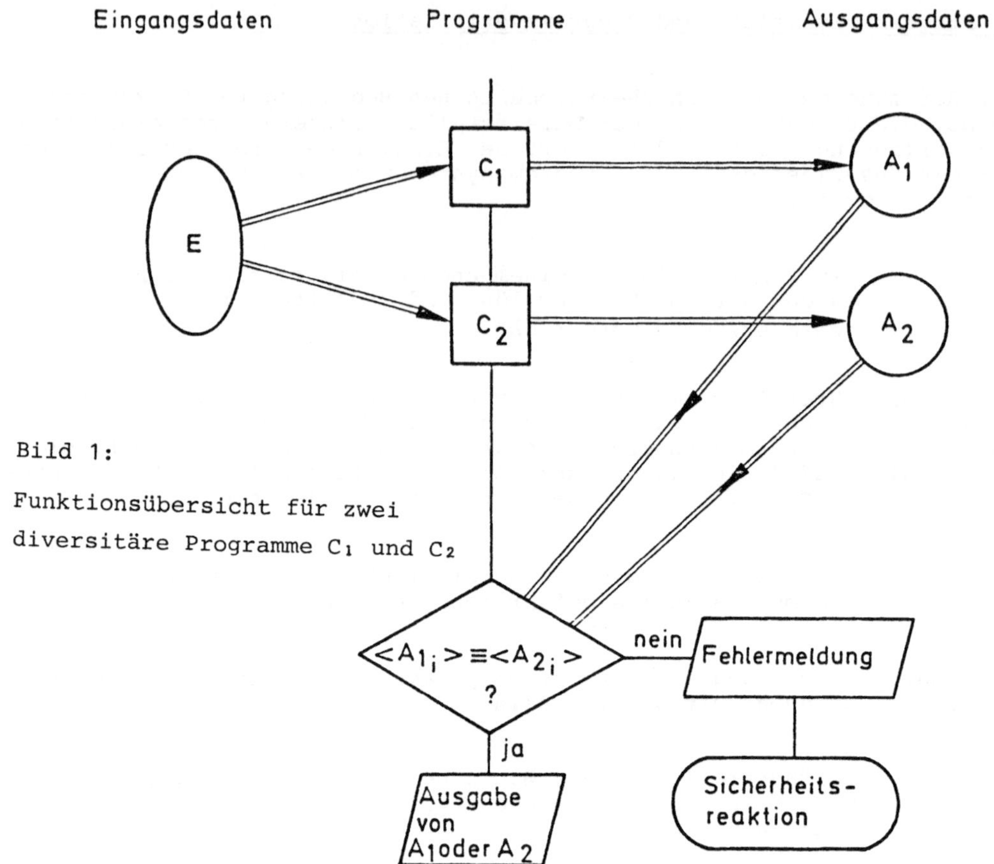



Bild 1:

Funktionsübersicht für zwei diversitäre Programme C₁ und C₂

Für diesen Beitrag wird jeweils angenommen, daß die funktionale Spezifikation des jeweiligen Programmsystems fehlerfrei sei; ebenso, daß sie vollständig sei. Unsere Betrachtung beschränkt sich auf sequentielle Programme. Nachdem unsere Programme voraussetzungsgemäß sicherheitstechnische Bedeutung haben, gehen wir weiterhin davon aus, daß die Kosten eines Programmversagens sehr hoch sein können, und daß für die zu erzielende Sicherheit oder die Versagenswahrscheinlichkeit pro Anforderung irgendeine Grenze spezifiziert worden sei. Wir nehmen weiterhin an, daß die von uns zu betrachtenden Programme so kompliziert aufgebaut seien, daß sie mit Hilfe systematischer Verfahren nicht verifiziert werden können. Sie mögen vielmehr nur statistischen Verifikationsmöglichkeiten zugänglich seien. Der Entschluß ein bestimmtes Programmierproblem diversitär anzugehen, kann dann aus der sonst undurchführbar groß werdenden Anzahl notwendiger Testläufe kommen. Beziehung (9) gibt an, welche Testanzahlen bei vorgegebenen Aussagesicherheiten zur Verifikation welcher Hypothesen erforderlich sind.

Aus diesem Grunde hat man sich bereits seit längerem für die Fragen der Programmdiversität interessiert. Einschlägige Arbeiten sind besonders mit den Namen Aviženis verbunden /1/.


## 2. Aufbau diversitärer Programme


Die beiden in einem System nach Bild 1 zu verwendenden Programme müssen, wie schon erwähnt, von verschiedenen Personen nach verschiedenen Strategien auf Grund der gleichen Spezifikation erstellt worden sein. Der Zweck dieser Forderung liegt in dem Bestreben, gemeinsame Fehler in den Teilen des diversitären Systems weitestgehend zu vermeiden, da gerade diese gemeinsamen Fehler die Sicherheit des Systems gefährden.

Wir bezeichnen die beiden zueinander diversitären Programme mit $C_1$ und $C_2$. Diversität läßt sich z. B. erreichen durch Verwendung verschiedener Datenstrukturen, etwa:

$C_1$ verwendet die Daten des ADUs direkt

$C_2$ verwendet die Kehrwerte der Daten des ADUs

oder

$C_1$ verwendet Binärwerte in ihrer "richtigen" Darstellung

$C_2$ verwendet die Kehrwerte der Binärsignale


Weiterhin kann man durch unterschiedliche Verarbeitungsreihenfolgen zu diversitären Aufbauten kommen:

$C_1$ liest alle Werte;
sortiert alle Werte;
verarbeitet alle Werte;
gibt alle Ergebnisse aus;

$C_2$ liest Wertegruppe 1, sortiert, verarbeitet sie und gibt das Ergebnis aus;

liest Wertegruppe 2, sortiert, verarbeitet sie und gibt das Ergebnis aus;

.

.

.


Weiterhin ist Diversität durch Verwendung verschiedener Rechenvorschriften, z. B. bei Integrationen, zu erzielen und durch Anwendung unterschiedlicher Sprachen.


## 3. Gemeinsame Fehler in diversitären Programmen; die Sicherheitsfrage


Wir befassen uns zunächst mit den Programmierfehlern und fragen, wo diese auftreten. Hierzu definieren wir den Begriff der Programmeigenschaft.

Eine Programmeigenschaft (PE) ist eine (spezifizierte) vom Programm auszuführende Funktion.

Eine mehr formale Definition ist in /2/ gegeben. Programme, die gleiche
Aufgaben lösen, haben die gleichen Programmeigenschaften, im folgenden bezeichnet als N. Wir betrachten 2 Programme. Es gilt:

$$N_1 \subset N \qquad N_1 = \{PE/\text{fehlerhaft in } C_1\}$$
$$N_2 \subset N \qquad N_2 = \{PE/\text{fehlerhaft in } C_2\}$$

$$n = |N|$$
$$n_1 = |N_1|$$
$$n_2 = |N_2|$$
$$n_{12} = |N_1 \cap N_2| \qquad \text{Anzahl der gemeinsam fehlerhaften PE}$$

$\binom{n_1}{n_{12}}$    Anzahl der möglichen Anordnungen von $n_{12}$ Elementen in $N_1$

$\binom{n-n_1}{n_2-n_{12}}$    Anzahl der möglichen Anordnungen der verbleibenden $n_2 - n_{12}$ Elemente in $N \setminus N_1$

$\binom{n_1}{n_{12}} \cdot \binom{n-n_1}{n_2-n_{12}}$    Anzahl der möglichen Anordnungen von $n_{12}$ Elementen in $N_1$ u. $n_2 - n_{12}$ Elementen in $N \setminus N_1$

$\binom{n}{n_2}$    Anzahl der möglichen Anordnungen von $n_2$ Elementen in $N$

Dies führt uns nach der klassischen Definition der Wahrscheinlichkeit zu
der Verteilung der gemeinsamen Fehler in $C_1$ und $C_2$ :

$$P_g\left(\frac{n}{n_1}\middle|\frac{n_2}{n_{12}}\right) = \frac{\binom{n_1}{n_{12}} \cdot \binom{n-n_1}{n_2-n_{12}}}{\binom{n}{n_2}} \tag{1}$$

Nach einer längeren Rechnung erhält man gemäß /3/:

$$E(n_{12}) = \frac{n_1 \cdot n_2}{n} = n \cdot \frac{n_1}{n} \cdot \frac{n_2}{n} = n \cdot p_1 \cdot p_2 \tag{2}$$

$$S^2(n_{12}) = n \cdot p_1 \cdot p_2 \cdot (1-p_1) \cdot \left(\frac{n}{n-1} - \frac{n_2}{n-1}\right) \approx$$

$$\approx n \cdot p_1 \cdot p_2 \cdot (1-p_1) \cdot (1-p_2) \leqq E(n_{12}) \tag{3}$$

$p_1$, $p_2$    Wahrscheinlichkeit, daß eine beliebige PE in $C_1$, $C_2$ fehlerhaft ist.

Beispiel 1:     1000 PE, $n_1 = n_2 = 10$

| $n_{12}$ | 0 | 1 | 2 |
|----------|---|---|---|
| $P_g$ | 0,9034 | 0,092 | 0,0038 |

$$E(n_{12}) = 0,1$$
$$S^2(n_{12}) = 0,098$$
$$E(p_g) = p_{12} = 10^{-4}$$

Bei der Herleitung der Beziehung 1 war vorausgesetzt worden:

> Während der Erstellung eines der Programme
> konnte jede seiner PE mit gleicher Wahrschein-
> lichkeit und unabhängig vom anderen Programm      (I)
> (und dort eventuell enthaltenen Fehlern) feh-
> lerhaft programmiert werden.

In den praktisch interessierenden Fällen degeneriert die Beziehung (1) zur binomischen Verteilung, in vielen Fällen darüberhinaus weiter zur Poisson Verteilung.

Wir haben uns bisher für die gemeinsam fehlerhaften Programmeigenschaften interessiert. Im allgemeinen gibt es für eine einzige Programmeigenschaft mehrere Möglichkeiten fehlerhaft zu sein. Wenn in zwei zueinander diversitären Programmen eine bestimmte PE in jedem auf verschiedene Weise fehlerhaft ist, so wird dies           beim Endvergleich gemäß Bild 1 entdeckt werden. Wir nehmen an, eine PE habe die Möglichkeit auf M verschiedene Weisen fehlerhaft zu sein. Jedes der falschen Ergebnisse habe die gleiche Wahrscheinlichkeit 1/M. Dann gilt für die gemeinsamen unentdeckbaren Fehler

$$P_{12g} = P_1 \cdot P_2 \cdot 1/M$$
$$E(n_{12g}) = P_1 \cdot P_2 \cdot n/M \qquad (4)$$

Hat man m          diversitäre Programme, so gilt sinngemäß:

$$p(n_{12\ldots m} = k) = \binom{n}{k} \cdot \left(\prod_{i=1}^{m} P_i\right)^k \left(1 - \prod_{i=1}^{m} P_i\right)^{n-k}$$
$$E(n_{12\ldots m}) = n \cdot \prod_{i=1}^{m} P_i \qquad (5)$$
$$S^2(n_{12\ldots m}) \approx E(n_{12\ldots m})$$

Die genaue Herleitung befindet sich ebenfalls in /2/. Fehler, die mehr als eine mögliche Auswirkung haben, sind in ähnlicher Weise wie bei zwei Programmen zu berücksichtigen.

Wir wenden uns nun dem Verhalten von zwei diversitären Programmen im Betrieb zu. Es sei:

h    Anzahl der unterschiedlichen Programmläufe

$n_L$    Anzahl der PE, die im Mittel pro Lauf angesprochen werden

x    Anzahl der fehlerhaften PE-Paare die im Lauf des Programm-Systems berührt werden

$$p\left(n_{12I} = x\right) = \binom{n_L}{x} p_{12}^{\,x} \left(1 - p_{12}\right)^{n_L - x} \qquad (6)$$

Wahrscheinlichkeit, daß in einem Lauf genau x PE-Paare fehlerhaft sind und $n_L$ - x nicht fehlerhaft sind. Für h Programmläufe gilt:

$$E(n_{12h}) = h \cdot n_L \cdot p_{12}$$
$$S^2(n_{12h}) \approx h \cdot n_L \cdot p_{12} \cdot (1 - p_{12}) \lesssim E(n_{12h})$$

Beispiel 2:  zwei diversitäre Programme, $p_1 = 10^{-3}$, $p_2 = 10^{-2}$

$n_L = 100$, h = 10 000

$E(n_{12h}) = 10$

$S^2(n_{12h}) \approx 10$

Falls in einem diversitären Programmsystem die Voraussetzung (I) nicht angenommen werden darf, gelten die abgeleiteten Beziehungen naturgemäß nicht mehr. Voraussetzung (I) kann auf zwei Weisen verletzt werden: die einzelnen PE können innerhalb eines Programms mit ungleicher Wahrscheinlichkeit fehlerhaft programmiert werden und die Unabhängigkeit zwischen den einzelnen Programmierern der zueinander diversitären Programme könnte nicht mehr gegeben sein. Der zweite Umstand ist der erheblichere. Bei m diversitären Programmen geht (5) dann über in:

$$p\left(n_{12\ldots m} = k\right) = \binom{n}{k} \cdot \left(\prod_{i=1}^{m} p(X_i \mid X_1, X_2, \ldots X_{i-1})\right)^{k} \cdot$$
$$\cdot \left(1 - \prod_{i=1}^{m} p(X_i \mid X_1, X_2, \ldots X_{i-1})\right)^{n-k} =$$
$$= \binom{n}{k} \left(\prod_{i=1}^{m} a_i\, p_i\right)^{k} \left(1 - \prod_{i=1}^{m} a_i\, p_i\right)^{n-k} \qquad (7)$$

$a_i$ : Abweichungsfaktor der bedingten Wahrscheinlichkeit von $p(X_i) = p_i$

$X_i$ : Ereignis, daß eine PE im Programm i fehlerhaft programmiert worden ist

$p(X_i / X_1 X_2 \ldots X_{i-1})$ Wahrscheinlichkeit daß eine PE im Programm i fehlerhaft programmiert wird, falls sie in Programm 1 und Programm 2 ... und Programm i-1 bereits fehlerhaft programmiert worden war.

Falls m = 2 diversitäre Programme vorliegen, wird $a_1 = 1$ gesetzt und $a_2$ aus dem Austestvorgang ermittelt. Die Art und Weise, wie man aus dem Austestvorgang eines Programms auf die noch in ihm vorhandenen Fehler schließen kann, ist z. B. in /4/ dargestellt.

Beispiel 3: Ein Programmsystem mit 10 000 PE wird ausgetestet. Im Zuge des Tests findet man in $C_1$ 400 Fehler in verschiedenen PE, in $C_2$ 50 Fehler in verschiedenen PE, von denen 25 mit $C_1$ gemeinsame PE betreffen. Aufgrund der Verfolgung des Austestvorgangs werde geschätzt, daß $C_1$ noch 80 und $C_2$ noch 10 fehlerhafte PE enthalten. Dies ergibt: $p_1 = 8 \cdot 10^{-3}$; $p_2 = 10^{-3}$ Wären die 50 PE, die in $C_2$ als fehlerhaft erkannt worden waren, unabhängig von den Fehlern in $C_1$ über die 10 000 vorhandenen PE verteilt gewesen, so hätten nur 2 von ihnen mit den 400 in $C_1$ als fehlerhaft erkannten PE zusammenfallen dürfen. Nachdem aber 25 in $C_2$ fehlerhafte PE mit fehlerhaften in $C_1$ zusammenfielen, ist zu schätzen: $a_2 = 12,5$. Somit erhalten wir weiter: $E(n_{12}) = 1 \approx S^2(n_{12})$. Verteilung:

| $n_{12}$ | 0 | 1 | 2 | 3 |
|---|---|---|---|---|
| $p(n_{12})$ | 0,367861 | 0,3678978 | 0,1839489 | 0,0613102 |

$$P_{12} = P_1 \cdot P_2 \cdot a_2 = 10^{-4}$$

Die Wahrscheinlichkeit keine oder noch eine einzige gemeinsam fehlerhafte PE zu haben ist 0,7357588, die Wahrscheinlichkeit mehr als 3 gemeinsam fehlerhafte PE zu haben ist 0,0189821.

Falls die Voraussetzung der Gleichwahrscheinlichkeit von Fehlern in einzelnen PE nicht mehr getroffen werden darf, besteht die Möglichkeit, die einzelnen PE in Klassen einzuteilen und die Gleichwahrscheinlichkeit wenigstens innerhalb der einzelnen Klassen anzunehmen. Dies kann z. B. sinnvoll sein, wenn die Schwierigkeit der Programmierung zwischen den einzelnen spezifizierten PE sehr unterschiedlich ist.


## 4. Die Verfügbarkeitsfrage


In vielen Fällen ist nicht nur die Sicherheit eines Programmsystems von Interesse, sondern auch die Verfügbarkeit, nähmlich das gleichzeitig gemeinsam richtige Funktionieren der beiden diversitären Systemteile. Hinsichtlich der Programmierfehleranzahl $n_{ab}$, die zwei diversitäre Programme gemeinsam besitzen und der Wahrscheinlichkeit $p_{ab}$, daß eine PE in einem von beiden Programmen fehlerhaft ist, gilt:

$$n_{ab} = \left| N_1 \cup N_2 \right|$$

$P_{ab} = P_1 + P_2 - P_{12}$ Wahrscheinlichkeit der Fehlerhaftigkeit von einer bestimmten aber beliebigen PE in $C_1$ oder $C_2$

$$E(n_{abh}) = h \cdot n_L \cdot (p_1 + p_2 - p_{12})$$
$$S^2(n_{abh}) = h \cdot n_L \cdot p_{ab}(1-p_{ab}) \tag{8}$$

Beispiel 4: zwei diversitäre Programme, $p_1 = 10^{-3}$, $p_2 = 10^{-2}$

$n_L = 100$, $h = 10^4$

$p_{ab} \approx 0,011$

$E(n_{abh}) = 1,1 \cdot 10^4$

Es ist zu erwarten, daß während der 10 000 Läufe 11 000 einzelne fehlerhafte PE berührt werden. Das Programmsystem ist für den praktischen Einsatz wohl nicht zu gebrauchen.

## 5. Test von Systemen mit diversitären Programmen

Wir nehmen wieder an, die Sicherheit sei die für unser Programmsystem
wichtige Zuverlässigkeitskenngröße. Wir testen statistisch; während des
gesamten Tests mögen keine Fehler beobachtet werden; die Beobachtung sei
so gut, daß jeder Fehler der aufgetreten wäre, auch festgestellt worden
wäre.

k    Anzahl der Läufe, mit denen eine bestimmte PE getestet wird

$p_k$   Wahrscheinlichkeit,daß eine PE noch Fehler enthält

P    Aussagesicherheit

$$P = 95\ \% \qquad p_k \leq 3/k$$
$$P = 99\ \% \qquad p_k \leq 4{,}6/k \tag{9}$$

Wird z. B. verlangt, daß in dem zu erstellenden Programmsystem
$p_{ksyst} \leq 10^{-6}$ gilt, so sind zu fordern:

bei 3 diversitären Programmen:
$$p_1\, p_2\, p_3 \leq 10^{-6}$$
$$p_1 = p_2 = p_3 \leq 10^{-2}$$
$$k = 300 \quad f.\ P = 95\ \%$$
$$k = 460 \quad f.\ P = 99\ \%$$

bei 2 diversitären Programmen:
$$p_1 \cdot p_2 \leq 10^{-6}$$
$$p_1 = p_2 \leq 10^{-3}$$
$$k = 3\ 000, \quad P = 95\ \%$$
$$k = 4\ 600, \quad P = 99\ \%$$

ohne Diversität:
$$k = 3\ 000\ 000, \quad P = 95\ \%$$
$$k = 4\ 600\ 000, \quad P = 99\ \%$$

Wie man leicht abschätzt, kann diversitäres Programmieren billiger sein
als die Durchführung einer so großen Anzahl von Testläufen, wie sie ohne
Diversität erforderlich wäre.

In der Regel wird man in einem Programmsystem aber nicht nur zueinander
diversitäre Programme haben, sondern eine Mischung aus diversitären und
nicht diversitären Teilen. Hinsichtlich der nicht diversitären Teile wäre das Ideale natürlich eine vollständige Verifikation mit Hilfe systematischer Verfahren, etwa Programmbeweisen, oder einem auf einer vollständigen Analyse sich aufbauenden Test. Wo dies nicht möglich ist und man
mit statistischen Mitteln arbeiten muß, können die nach (9) zu verlan-
genden großen Testanzahlen vielleicht durch Rückfragen bei anderen Anwenden "beschafft" werden. Dies kann z. B. bei Betriebssystemen gelten,
die einer Vielzahl von Maschinen eines bestimmten Typs bereits seit längerem fehlerfrei laufen. Gleiches kann für Standardfunktionen zutreffen.

Sind derartige Daten nicht in der erforderlichen Güte zu gewinnen, wird
man eine Mischung konstruktiver und verifikativer Verfahren sowohl statistischer als auch systematischer Art vorsehen müssen: z. B. Einschränkung der Verwendungsmöglichkeit bestimmter Systemteile, teilweise systematische Verifikation, teilweise neue Programmierung und zusätzliche

statistische Testläufe. Hinsichtlich "kleiner" Programmteile besteht
auch die Möglichkeit eines zufällig vollständigen Tests.

Falls man den Aufwand nicht scheut, ist man in der Lage auch hohe Ansprüche an die Sicherheit von Programmen zu erfüllen.


## 6. Schlußbemerkung


Bei umfangreicheren Programmen lassen sich Standby-Systeme, Voter-Syste-
me, N-Tupel-Modular-Diversitäre Systeme und verschiedene Mischformen
konzipieren. Für alle diese sind in Anlehnung an die Zuverlässigkeits-
theorie fest verdrahteter Einrichtungen quantitative Aussagen möglich;
vor allem kann man Vergleiche der Überlebenswahrscheinlichkeit bei verschiedenen Systemkonfigurationen ziehen, also ermitteln, mit welchen
Wahrscheinlichkeiten sie über vor-zugebende Zeiträume bestimmungsgemäß
arbeiten werden.

In dem vorliegenden Papier ist gezeigt worden, daß sich gemeinsame Fehler in diversitären Programmen unter bestimmten Voraussetzungen hyper-
geometrisch verteilen. Daraus lassen sich Wahrscheinlichkeitsaussagen
für das Vorliegen ganz bestimmter Anzahlen gemeinsamer Fehler ableiten
und ebenso Wahrscheinlichkeiten für das Auftreten dieser Fehler während
des Betriebs eines Programms.

Bei mehreren zueinander diversitären Programmen verringert sich die Anzahl der zum Nachweis bestimmter Fehlerfreiheiten notwendigen Testfälle
entsprechned der jeweiligen Wurzel aus der Anzahl der im nicht diversitären Fall erforderlichen gemeinsamen Testfälle.


## 7. Literaturverzeichnis


/1/   A.Avižienis
      Fault Tolerance and Fault Intolerance: Complementary Approaches
      to Reliable Computing
      Proceedings of the International Conference on Reliable Software
      april 1975, Los Angeles, IEEE Cat. No. 75CHO940-7CSR

/2/   W. Ehrenberger, M. Kersken
      Zuverlässigkeit diversitärer Programme auf dem Gebiet der
      Reaktorsicherheit
      Auftragsbericht der Gesellschaft für Reaktorsicherheit 1980/81

/3/   J. Heinhold, K.W. Gaede
      Ingenieurstatistik
      Oldenbourgverlag München 1972

/4/   G.J.Schick, R.W.Wolverton
      An Analysis of Competing Software Reliability Models
      IEEE Transactions on Software Engineering, Vol. SE-4, No 2, 1978

# Softwareentwicklung für ein zuverlässiges und
# sicheres Prozeßrechensystem

Albrecht Zeh

Gesellschaft für Prozeßrechnerprogrammierung mbH

Balanstr. 136, 8000 München 90

## Zusammenfassung

Über die Entwicklung von Software für Systeme mit Sicherheitsverantwortung und über den zugehörigen Sicherheitsnachweis liegen noch wenig Erfahrungen vor. Deshalb werden zuerst allgemeine Lösungsmöglichkeiten vorgestellt und diskutiert. Über erste Erfahrungen beim Entwurf eines Systems mit zweikanaliger diversitärer Software/Hardwarestruktur wird anschließend berichtet. Entscheidungsgrundlagen werden erläutert, aufgetretene Probleme diskutiert und das Konzept für den Sicherheitsnachweis vorgestellt.

## 1. Übertragung der klassischen Sicherheitsgrundsätze der Eisenbahnsignaltechnik auf moderne Rechnertechnologie

Die vergangenen Jahre waren durch einen stürmischen Fortschritt in der Prozeßrechentechnik gekennzeichnet. Bei fortschreitender Automatisierung mit immer komplexeren Automatisierungseinrichtungen und immer höheren Anforderungen ist der Einsatz der neueren Automatisierungstechnik auf Grund ihrer unbestrittenen Leistungsfähigkeit und Kostengünstigkeit vor allem bei industriellen Prozessen in starker Verbreitung begriffen. Ein derart hoher Automatisierungsgrad ist bei Verkehrssystemen noch nicht anzutreffen. Während bei industriellen Prozessen durch die Automatisierung der Mensch aus dem Gefahrenbereich entfernt wird und somit von vornherein ein höheres Sicherheitsniveau erreicht werden kann, geht bei der Automatisierung von Verkehrsprozessen die Sicherheitsverantwortung gegenüber Systembenutzern und Unbeteiligten vom Menschen auf den Automaten über /Pie 78/. Durch den Einsatz moderner Prozeßrechner und Mikroelektronik ergibt sich die Notwendigkeit, die klassischen Sicherheitsgrundsätze der neuen Situation anzupassen. Bezüglich der Begriffe Sicherheit und Zuverlässigkeit, sowie Begriffen für Zuverlässigkeits- und Sicherheitskenngrößen wird auf die entsprechenden DIN-Normen und die Literatur verwiesen /SNV 78/.

## klassische Sicherungsmethoden

In der klassischen Eisenbahnsignaltechnik wurden bisher Sicherungsmethoden zur Beherrschung von Ausfällen erarbeitet. Herstellungsfehler wurden dagegen bewußt ausgeschlossen oder für vernachlässigbar klein gehalten. Diese Annahme war auf Grund einfacher und übersichtlicher Technik und Konstruktionsprinzipien der eingesetzten Elemente gerechtfertigt.

Bei den klassischen Sicherungsmethoden lassen sich folgende 3 Zielsetzungen unterscheiden /Pie 80/

- Ausschluß von Ausfällen
- Ausschluß von Ausfallfolgen
- Begrenzung der Ausfallfolgenwahrscheinlichkeit

Diese Zielsetzungen gelten im Prinzip auch für moderne Prozeßrechentechnik, wenn auch manche Verfahren wie z.B. der für die bisherige Vorgehensweise charakteristische Ausfallfolgenausschluß nach dem Fail-Safe-Prinzip weder auf Hardware noch auf Software anwendbar sind. Aus diesem Grunde müssen für moderne Prozeßrechnertechnologie neue Sicherungsverfahren entwickelt werden.

**Fehlerklassen**

Bei moderner Prozeßrechnerhardware können Herstellungsfehler nicht mehr prinzipiell ausgeschlossen werden, wenn auch die Wahrscheinlichkeit hierfür gering sein dürfte, so daß zwei Fehlerklassen betrachtet werden müssen, nämlich Ausfälle und Konstruktionsfehler. Bei Software gibt es dagegen nur logische, konstruktionsbedingte Fehler. Während Ausfälle stochastisch auftreten, sind Konstruktionsfehler prinzipiell reproduzierbar, sofern dieselben Bedingungen wiederhergestellt werden können. Für beide Fehlerklassen müssen entsprechende Sicherungsmethoden auf der Basis der klassischen Prinzipien der Eisenbahnsignaltechnik entwickelt werden.

**2.    Allgemeine Sicherheitsmaßnahmen bei moderner Prozeßrechnerhard- und -software**

Während Zuverlässigkeitsmaßnahmen das Ziel haben, die Qualität eines Produkts zu verbessern durch Ausschluß oder Kompensation möglichst vieler Fehler oder Ausfälle, müssen Sicherheitsmaßnahmen gewährleisten, daß _alle_ Fehler oder Ausfälle mit gefährdender Wirkung ausgeschlossen bzw. beherrscht werden können, bzw. die diesbezügliche Restfehlerwahrscheinlichkeit vernachlässigbar klein ist.

**mehrkanalige Hardware mit Vergleicher**

Die Sicherheit eines Hardwaresystems läßt sich durch Einsatz zweier oder mehrerer paralleler Komponenten mit anschließendem Vergleicher verbessern. Diese Vorgehensweise beruht auf der Annahme, daß sich die Komponenten statistisch unabhängig verhalten und somit die Wahrscheinlichkeit, daß in beiden bzw. mehreren Komponenten gleichzeitig ein Fehler oder ein Ausfall mit derselben möglicherweise gefährlichen Auswirkung auftritt und somit nicht als solcher erkennbar ist, vernachlässigbar klein ist. Unter gleichzeitig ist dabei die Fehleroffenbarungszeit anzusehen.

Je besser die nachstehend beschriebenen Bedingungen (Diversitätsvoraussetzungen) erfüllt sind, desto kleiner wird die Restfehlerwahrscheinlichkeit.

1)    ein signaltechnisch sicherer Vergleicher
2)    eine hinreichend kleine Fehleroffenbarungszeit
3)    hinreichend kleine Wahrscheinlichkeit für nicht beherrschbare Einzelfehler
4)    statistisch unabhängige Einzelkomponenten

Werden für ein solches System identische Hardwarebausteine eingesetzt, so kann statistische Unabhängigkeit nur für Ausfälle, nicht jedoch für konstruktive Fehler angenommen werden. Um auch hierfür die Bedingung nach statistischer Unabhängigkeit zu erfüllen, müssen verschiedenartige Hardwarebausteine verwendet werden.

### Fehler ausschließen und Fehler beherrschen

Zur Erstellung sicherer Software stehen prinzipiell zwei Maßnahmen zur Verfügung:

1) Ausschluß sicherheitsrelevanter Softwarefehler
2) Beherrschung sicherheitsrelevanter Softwarefehler

Wie bereits erwähnt, ist der Charakter von Software prinzipiell verschieden. Bei Software gibt es keine Ausfälle, sondern ausschließlich Entwicklungsfehler, die sich unter gleichen Bedingungen immer gleich auswirken. Besonders bei Realzeitanwendungen ist die Herstellung gleicher Bedingungen jedoch schwierig und so stellt sich Softwarefehlverhalten für den Benutzer oft stochastisch dar. Aus diesem Grunde bieten sich zur Fehlererkennung während der Betriebsphase ähnliche Verfahren wie bei der Hardware an. Bezüglich Fehlerausschluß sind konstruktive Verfahren besonders geeignet.

### Nachweis der Korrektheit und Gültigkeit

Bei dem "idealen" Ansatz, Softwarefehler vollständig auszuschließen muß die Korrektheit der Software und die Gültigkeit der Spezifikation nachgewiesen werden. Software ist dann korrekt, wenn sie ihre Spezifikation erfüllt. Eine Spezifikation heißt gültig, wenn sie das gewünschte Systemverhalten exakt ausdrückt und wenn alle Aussagen konsistent, vollständig und eindeutig sind. Konsistenz bedeutet, daß alle Aussagen untereinander verträglich sind. Unter Vollständigkeit versteht man, daß alle Objekte und Beziehungen ausreichend beschrieben sind. Eindeutigkeit ist gegeben, wenn alle Aussagen für die am Entwicklungsgang beteiligten Personen dieselbe Bedeutung haben /Göh 80/.

Korrektheitsnachweise für Software sind bis heute für größere und komplexere Systeme, insbesondere für Realzeitsysteme mit vertretbarem Aufwand nicht mehr durchführbar. Ähnliches gilt für den Gültigkeitsnachweis von Spezifikationen. Korrektheitsnachweise für Software beruhen darüberhinaus auf korrekter Hardware.

### Fehlererkennung

Zur Beherrschung sicherheitsrelevanter Fehler ist zunächst einmal die Erkennung der Fehler notwendig. Hierzu lassen sich im wesentlichen 2 Verfahren unterscheiden

1) Fehlererkennung durch Plausibilitätsprüfungen
2) Fehlererkennung durch diversitäre Software

## Plausibilitätsprüfungen

Plausibilitätsprüfungen sind nur dann möglich, wenn in den Softwarentwurf nützliche Redundanz eingebracht wird. Erkannt werden können also nur "erwartete" Fehler. Der diesbezügliche Aufwand bestimmt sich aus Art und Umfang der eingebrachten Redundanz und Entwicklung der zugehörigen Annahmekriterien. Plausibilitätsprüfungen sind besonders geeignet, Hardwarefehler oder "Software poisoning" aufzudecken und zu beherrschen.

## Diversitäre Software

Da Plausibilitätsprüfungen nur beschränkt und spezifisch einsetzbar sind, wurde in der Vergangenheit nach anderen, einfacheren und allgemeineren Verfahren gesucht und vorgeschlagen, das Diversitätsprinzip der Hardware auch auf Software anzuwenden /Lau 75/. Diversität bedeutet hierbei, daß die zwei- oder mehrfach vorliegende Software derartig verschieden ist, daß statistische Unabhängigkeit angenommen werden kann. Für das Diversitätsprinzip bei Software gelten dieselben Diversitätsvoraussetzungen wie bei Hardware.

Zur Erzielung der geforderten hohen Softwarezuverlässigkeit gibt es eine ganze Reihe von konstruktiven und analytischen Maßnahmen. Die analytischen Maßnahmen dienen dazu, Fehler während des Entwicklungsvorgangs, d.h. vor Inbetriebnahme zu entdecken. Die konstruktiven Maßnahmen haben dagegen das Ziel, Fehlerquellen von vornherein zu vermeiden. Auf eine Aufzählung und Bewertung aller Verfahren muß hier verzichtet werden, lediglich die tatsächlich eingesetzten Verfahren werden im folgenden noch behandelt.

Der Aufwand zur Entwicklung diversitärer Software ist sicherlich deutlich höher als für einkanalige Software mit oder ohne Plausibilitätsprüfungen. Dagegen wird eine erhebliche Aufwandsersparnis beim Sicherheitsnachweis erwartet. Das Verhältnis zwischen Mehraufwand einerseits und Aufwandsersparnis andererseits ist vom Einzelfall abhängig. Mit zunehmendem Umfang und Komplexität der Software wird der Einsatz diversitärer Software günstiger.

Ein weiterer Aspekt bei der Entscheidung für dieses oder jenes Verfahren ist die Frage, in welchem Umfang bereits entwickelte Softwarepakete wie Betriebssystem, Binder, Compiler usw., die sich einem einkanaligen Sicherheitsnachweis entziehen, eingesetzt werden sollen.

## 3.  Entwicklung eines sicheren Datenübertragers und -konzentrators (DÜK)

Das vom BMFT geförderte Vorhaben "Voruntersuchungen zur vollelektronischen Betriebsführung von Stadtbahnen am Beispiel der Stadtbahn Rhein-Ruhr" ist Teil des Projektes "Erstellung eines automatischen Betriebsführungssystems (ABF)" /Lin 78/. Dabei wird das bestehende ABF-System um eine komplexe elektronische Verarbeitungseinrichtung (DÜK) erweitert, die die Verbindung zwischen den unterschiedlichen vorhandenen und noch zu erstellenden Zugsteuerungseinrichtungen und dem jeweiligen Relaisstellwerk herstellt. In dem dadurch entstandenen Betriebsführungssystem werden sowohl Aspekte der Zugsteuerung, als auch der Fernbedienung von Streckenstellwerken vollelektronisch realisiert /SRR 80/.

Mit den jeweiligen Relaisstellwerken stehen 3 Teilsysteme in Melde- und Befehlsrichtung in Verbindung.

1) Das Zuglenkrechnersystem (ZLR)
   als Komponente des automatischen Betriebsführungssystems. Es hat die Aufgabe, Fahrstraßen für einlaufende Züge einzustellen und Meldungen über Strecken- und Stellwerkszustände entgegenzunehmen.

2) Das Fernsteuersystem (FST)
   erlaubt die Durchführung von zählpflichtigen Hilfshandlungen und Regelhandlungen vom Zentralstellwerk oder Ortsstellwerk aus. Strecken- und Stellwerksinformationen werden ebenfalls dorthin übertragen und graphisch dargestellt.

3) Die Linienzugbeeinflussung (LZB)
   dient zur kontinuierlichen Zugsteuerung mit geschwindigkeitsabhängiger Abstandshaltung der Züge unter Ausschöpfung der physikalischen Streckenleistungsfähigkeit.

Wegen der Probleme des Mehrfachzugriffs schneller elektronischer Systeme auf ein langsames Relaisstellwerk und wegen der erheblichen Einsparung an Schaltungstechnik und Raumbedarf wird als Bindeglied zwischen den Steuerungssystemen und dem Relaisstellwerk ein elektronischer Datenübertrager und -konzentrator (DÜK) eingerichtet /SRR 80/.

Die Aufgaben des DÜK sind also u.a.

1) Koordinierung der Stellwerkszugriffe unter Beachtung der Prioritäten.

2) Übernahme der Meldungen über Strecken- und Stellwerkszustände mit anschließendem Prüfen, Ordnen, Vorverarbeiten und Speichern.

3) Weitergabe der Zustandsmeldungen in vorverarbeiteter Form an die Steuerungssysteme

4) Übernahme von Steuerbefehlen bzw. -aufträgen von den Steuerungssystemen. Übernahme und Auswertung von Fahrstraßeneinstellaufträgen.

5) Weitergabe von Stellkommandos und Fahrstraßeneinstellbefehlen an das Stellwerk unter Berücksichtigung von Zeitkriterien und Einstellmöglichkeiten.

**Sicherheitsrelevanz**

Nicht alle der hier beschriebenen Aufgaben müssen signaltechnisch sicher durchgeführt werden. In der Kommandorichtung müssen lediglich zählpflichtige Hilfshandlungen von der Fernsteuerung sicher verarbeitet werden, da sie die Stellwerkssicherheitsebene unterlaufen. Zur Vermeidung von Fehlbedienungen ist eine spezielle Ablaufprozedur zu durchlaufen. Regelhandlungen müssen nicht "signaltechnisch sicher" verarbeitet werden. In Melderichtung müssen alle Informationen für LZB und FST sicher verarbeitet und weitergegeben werden.

**Systemkonzept**

Für den DÜK wurde aus Gründen der geforderten signaltechnisch sicheren Durchführung von zählpflichtigen Hilfshandlungen und Verarbeitung von Meldungen eine zweikanalige Ausführung vorgesehen. Diese zweikanalige Hardwareanordnung soll darüberhinaus zur Erhöhung der Verfügbarkeit bei der Durchführung von Regelhandlungen genutzt werden.

Ein abgestuftes Ausfallverhalten des Systems läßt sich dadurch erreichen, daß bei Ausfall eines Rechners sicherheitsverantwortlich durchzuführende Aufgaben verhindert werden und der intakte Rechner die Bearbeitung der nicht sicherheitsrelevanten Aufgaben fortsetzt. Dieses Systemkonzept setzt Selbstüberwachung, Fehlererkennung in den Rechnern, Ergebnisvergleich und Synchronisierung zwischen den Rechnern und die Umschaltung voraus /WU 80/.

## 4.  Prinzipielle Entscheidungen
### Logische Struktur der DÜK Hardware/Software

Die logische Software/Hardware-Struktur jedes DÜKs beruht auf einem Schalenmodell mit 4 Ebenen. Diese Strukturierung erlaubt eine modulare, unabhängige Entwicklung mit klar aufgeteilten Zuständigkeiten und Verantwortlichkeiten. Die Kommunikation zwischen den Ebenen wird nach klaren Auftragsbeziehungen über genau definierte Schnittstellen abgewickelt. Die transparente Aufgabenverteilung des Schichtenmodells vereinfacht durchzuführende Analysen und Nachweise.

| | |
|---|---|
| Anwenderprogramm | maschinenunabhängig |
| Ablaufsteuerprogramm | |
| maschinennahe SW | maschinenabhängig |
| Hardware | |

Die wesentlichen Aufgaben des maschinennahen Softwarekerns sind die Durchführung der Primitivein/ausgabe und die Verwaltung von Unterbrechungsmeldungen. Im Ablaufsteuerprogramm müssen die Funktionen zur Steuerung und Synchronisierung von Anwendertasks, zur Kommunikation zwischen Anwendertasks sowie die Task- und Ereignisverwaltung realisiert werden.


### Verzicht auf ein Hersteller-Realzeitbetriebssystem

Die Analyse der DÜK-Aufgabenstellung ergab, daß das Spektrum funktionaler Anforderungen an ein Realzeitbetriebssystem beschränkt ist und nur einen relativ kleinen Anteil des Leistungsumfangs eines Kleinrechner-Realzeitbetriebssystems, wie es üblicherweise vom Hersteller geliefert wird, erfordert. Darüber hinaus scheint ein Sicherheits- oder Diversitätsnachweis für ein vom Hersteller geliefertes Realzeitbetriebssystem problematisch einerseits wegen zu großer Komplexität, andererseits weil die dazu erforderlichen Entwicklungsunterlagen im allgemeinen nicht herausgegeben werden oder den Anforderungen des zu führenden Nachweises  nicht standhalten.

Deshalb wurde entschieden, auf ein Hersteller-Realzeitbetriebssystem zu verzichten und statt dessen ein maschinenunabhängiges Ablaufsteuerprogramm (ASTP) zu entwickeln. Es hat gegenüber einem Hersteller-Realzeitbetriebssystem folgende Vorteile:

1)  Es ist transparent, d.h. Aussagen über Zuverlässigkeits- und Sicherheitseigenschaften sind möglich.

2) Es läßt sich in Umfang und Leistungsfähigkeit exakt an die geltenden Anforderungen anpassen.

3) Zuverlässigkeits- und Sicherheitsgesichtspunkte können gebührend berücksichtigt werden. Strategien zur Fehlerverhinderung und Fehlererkennung lassen sich integrieren.

4) Prinzipien wie Einfachheit, Übersichtlichkeit, Einheitlichkeit und Minimalität können berücksichtigt werden.

5) Ansätze zur gezielten Diversität sind möglich.

**Verzicht auf Taskunterbrechungen**

Mit Rücksicht auf die durchzuführenden Nachweise wurde entschieden, Taskunterbrechungen nicht zuzulassen. Man erspart sich auf diese Weise den Aufwand zur Entwicklung einer Unterbrechungsstrategie mit entsprechendem Nachweis und muß den Zugriff auf gemeinsame Daten nicht synchronisieren. Dieser Verzicht verringert die Komplexität des Ablaufsteuerprogramms und damit auch die Restfehlerwahrscheinlichkeit, verbessert die Transparenz und vereinfacht dadurch die Nachweise. Darüber hinaus wird der Softwaretest erheblich vollständiger.

Ereignisse wie eine spontane Eingabe oder der Ablauf einer Zeitdauer können frühestens nach Beendigung der gerade laufenden Task bearbeitet werden. Dies kann in Kauf genommen werden, wenn die jeweilige Reaktionszeit innerhalb vertretbarer Grenzen bleibt. Um diese Bedingung zu erfüllen, müssen die Laufzeiten der Tasks kurz sein. Durch den Verzicht auf Taskunterbrechungen erhält man ein Realzeitsystem ohne Parallelverarbeitung, was im Hinblick auf die Programmierung und die Wahl einer Programmiersprache von Bedeutung ist. Die Zahl der "Reaktionspunkte" und damit auch die Reaktionszeiten lassen sich durch die Festlegung der Anwendertasks beeinflussen.

## 5. Das Sicherheitskonzept für den DÜK

Für den DÜK wurde schon frühzeitig eine zweikanalige Hardwarestruktur gewählt. Aus Sicherheitsgründen sollen diese Hardwarekomponenten diversitär sein. Die verschiedene Hardware mit ungleicher Verarbeitungsgeschwindigkeit macht eine Synchronisierung der beiden DÜK-Rechner erforderlich. Eine weitere Konsequenz der zweikanaligen Verarbeitung ist ein sicherer Vergleicher für die von beiden DÜK-Rechnern abgegebenen sicherheitsrelevanten Kommandos und Meldungen. Diese Tatsache ist insbesondere deshalb von Bedeutung, weil bei der Entscheidung für oder gegen diversitäre Software der Aufwand für Synchronisierung und Vergleich nicht mehr berücksichtigt werden muß.

Bei der Software wurde gegen eine einkanalige Lösung entschieden. Hierfür waren eine Reihe von Gründen maßgebend:

1. erheblicher (nicht abschätzbarer) Aufwand zur Verifikation der Anwendersoftware

2. Probleme bei der Verifikaton der Entwicklungsschritte

3. Strecken- und Stellwerksabhängigkeit der Anwendersoftware, insbesondere bei den Datenmodellen, d.h. für n DÜK-Systeme wäre der n-fache Aufwand erforderlich.

4.    Die volle Lösungsstabilität ist noch nicht gewährleistet.
      Der einkanalige Nachweis ist änderungsempfindlich und änderungsunfreundlich.

Für die Entwicklung und die Nachweise diversitärer Software wird erheblich geringerer
Aufwand erwartet. Darüber hinaus müssen die Probleme der Synchronisierung und des sicheren
Vergleichs ohnehin gelöst werden.

Folgende Diversitätsvoraussetzungen für die isoliert betrachtete Software müssen erfüllt
werden:

1.    hinreichend kleine Fehlererkennungszeit, um Doppelfehler ausschließen zu können
2.    geringe Restfehlerwahrscheinlichkeit in den Einzelkomponenten
3.    Unabhängigkeit der Komponenten

Die erste Bedingung ist beim DÜK-System dadurch erfüllt, daß sämtliche sicherheitsrelevanten
Verarbeitungen mittelbar über eine kurzfristige Zwischenspeicherung oder sogar unmittelbar in
einer Ausgabe resultieren und die Ergebnisse dort verglichen werden. Der gesamte für die
peripheren Steuerungssysteme erforderliche Datenbestand wird zyklisch aufgefrischt.


**Nachweis der Diversität**

Um einen ansprechenden Diversitätsgrad zu erzielen, wird die Software gezielt diversitär
entwickelt. Es werden also nicht zwei verschiedene Teams unabhängig voneinander mit
Entwicklungsarbeiten betraut. Die Strukturierung in 4 Ebenen gilt jedoch für beide Komponenten. Nicht nur jede Ebene, sondern auch die Schnittstelle zwischen den Ebenen wird diversifiziert. Durch das Zusammenwirken der Ebenen ergibt sich gewissermaßen eine Diversitätskette.
Die Schnittstelle zwischen Hardware und maschinennaher Software ist auf Grund diversitärer
Hardware ohnehin schon diversitär und beeinflußt die maschinennahe Software. Besonders
geeignet zur Diversifizierung sind die Problemkreise Task- und Ereignisverwaltung, Daten-
modellverwaltung und Bilderzeugung. Der Diversitätsansatz umfaßt den gesamten Entwicklungsvorgang.


**Restfehlererkennung und -beherrschung**

Bezüglich des Nachweises der geringen Restfehlerwahrscheinlichkeit wird auf das nachfolgende
Kapitel verwiesen. Maßnahmen zur Erkennung und Beherrschung verbliebener Restfehler sind
darüber hinaus in jeder Komponente direkt vorgesehen. Zum Schutze der Integrität wurden die
wichtigsten Datenstrukturen wie Datenmodell und Taskkontrollblöcke redundant aufgebaut.
Somit sind alle Zugriffe prüfbar und auch die Zuordnung von Stellwerksadressen zu eingelesenen
Prozeßdaten und zur Datenmodellrepräsentation kann einer wirksamen Plausibilitätsprüfung
unterzogen werden. Darüber hinaus wurde noch ein externer Überwacher (watchdog) vorgesehen.


**6.    Zuverlässigkeitsmaßnahmen**

Zuverlässigkeitsmaßnahmen werden während des gesamten Entwicklungsvorganges angewandt
und haben das Ziel, die Wahrscheinlichkeit für verbliebene Software-Konstruktionsfehler klein
zu machen.

Prinzipiell lassen sich zwei Ansätze unterscheiden, der analytische und der konstruktive Ansatz. Der analytische Ansatz dient in erster Linie zur Aufdeckung von Fehlern bzw. zum Nachweis, bestimmte Fehler vor Inbetriebnahme des Systems auschließen zu können. Die konstruktiven Maßnahmen haben das Ziel, Fehlerquellen von vornherein zu vermeiden. Hier sind in der Vergangenheit viele Verfahren bekannt geworden, man denke nur an "Strukturierte Programmierung". Die Qualität der konstruktiven Verfahren ist in der Fachwelt unumstritten /Boe 73/. Generell ist noch zu sagen, daß die konstruktiven Verfahren die Einsetzbarkeit analytischer Verfahren vereinfachen, bzw. überhaupt erst ermöglichen.

Die Softwareentwicklung für den DÜK erfolgt zweikanalig diversitär. Die eingesetzten Entwicklungsverfahren sind jedoch in beiden Komponenten dieselben. Zu betonen ist noch, daß alle eingesetzten Entwicklungsverfahren auf Grund erheblicher Rechnerunterstützung äußerst kostengünstig sind.

Folgende Verfahren werden eingesetzt:

| Entwicklungschritt | konstruktiv | analytisch |
|---|---|---|
| Entwurf | - top down Entwurf mit schrittweiser Verfeinerung in EPOS-S<br>- Modularisierung<br><br>- Dokumentation mit Nassi-Shneidermann Diagrammen, Petri-Netzen und Blockdiagrammen (EPOS-D) | -Spezifikations-analyse mit EPOS-A |
| Programmierung | - geeignete Programmiersprache<br>- übersichtliche Daten- und Programmstrukturierung | Programmanalyse durch Compiler |
| Implementierung | | - Modultest<br>- Komponententest<br>- Gesamttest<br>- Test der Plausibilitätsprüfungen |

Die bisherigen Entwicklungsarbeiten bestätigten die überragende Bedeutung von Spezifikation und Entwurf innerhalb des gesamten Softwareentwicklungsvorgangs. Da die Codierung auf einem detaillierten, mit Struktogrammen dokumentierten Entwurf aufsetzt, ist die Wahl einer geeigneten Programmiersprache von untergeordneter Bedeutung. Bei der hier vorliegenden dedizierten Problemstellung kann davon ausgegangen werden, daß ein Vorteil, der sich durch die Wahl einer ganz bestimmten gegenüber einer anderen Programmiersprache für die Zuverlässigkeit ergibt, gering ist, so daß die diesbezügliche Entscheidung aufgeschoben wurde, um weitere Kriterien berücksichtigen zu können. Es soll sich jedoch möglichst um eine zuverlässige, höhere Programmiersprache handeln /Zeh 77/.

Die Verwendung des Spezifikations- und Entwurfssystems EPOS /BGLS 80/, die den Entwerfer zwingt, von Anfang an sein System strukturiert, modular und logisch aufzubauen, führte bereits in einem frühen Entwurfsstadium zur Aufdeckung zahlreicher Unvollständigkeiten, Widersprüchlichkeiten und Mehrdeutigkeiten von Aussagen im Pflichtenheft und Systemkonzept, die sonst eventuell erst auf der Ebene der Programmierung erkannt worden wären. Weiter bewährte sich die formale Darstellung von Beziehungen zwischen Verarbeitungsvorgängen, Daten, Schnittstellen usw. als interne Arbeitsgrundlage bei der Diskussion von Entwurfsentscheidungen. Es wird erwartet, daß diese formale Darstellung auch dem Prüfer die Arbeit erleichtert /Lau 80/.

Der Nachweis geringer Restfehlerwahrscheinlichkeit umfaßt die Analysen auf den verschiedenen Entwicklungsebenen. Spezifikations- und Programmanalyse werden auf einem Entwicklungsrechner durchgeführt. Sie sind effizient und kostengünstig. Auf der Implementierungsebene wird eine hochwirksame Teststrategie eingesetzt, die außer Modul-, Komponenten- und Gesamttest auch den Test des Softwareverhaltens bei Fehlerzuständen umfaßt. Auf Grund der Tatsache, daß Taskunterbrechungen nicht zugelassen sind, ergibt sich eine wesentlich bessere Testbarkeit als bei herkömmlichen Realzeitsystemen. Durch intensives Austesten des Systemverhaltens bei normalem Anforderungsprofil und bei Extrembelastung läßt sich die geringe Restfehlerwahrscheinlichkeit letztendlich nachweisen, jedoch nicht quantifizieren. Schließlich muß noch gezeigt werden, daß die Wahrscheinlichkeit für Fehler beim Übergang zwischen Entwicklungsstufen gering ist. Für den Nachweis, daß beide diversitäre Entwürfe dem Pflichtenheft entsprechen, ist hierbei der größte Aufwand zu leisten. Andere Übergänge wie der Übergang von der Entwurfsspezifikation zu Struktogrammen oder von Quellcode zu Maschinencode werden mit Hilfe von mächtigen Entwicklungshilfsmitteln wie EPOS-System oder Compiler automatisiert. Die Wahrscheinlichkeit für Fehler innerhalb dieser Verarbeitungsschritte ist gering und mit den Zuverlässigkeitsanforderungen verträglich.

## Literaturverzeichnis

/BGLS 80/   J. Biewald      Das Softwarewerkzeug EPOS zur Unterstützung der
            P. Göhner       Ingenieurtätigkeit beim Entwurf und bei der Wartung von
            R. Lauber       Prozeßautomatisierungssystemen, Regelungstechnik 28, 1980,
            H. Schelling    S.11-15

/Boe 73/    B.W. Boehm      Software and its Impact: A quantitative assessment,
                            Datamation, May 1973

/Göh 80/    P. Göhner       Ingenieurgerechte Spezifikation der Synchronisierung paralleler
                            Rechenprozesse, Dissertation Universität Stuttgart, noch nicht
                            veröffentlicht

/Lau 75/    R. Lauber       Software by functional diversity, European Purdue
                            Workshop, TC 7. No. 37 (1975)

/Lau 80/    R. Lauber       Einsatz von Spezifikations- und Entwurfssprachen bei Systemen
                            mit Sicherheitsanforderungen, Vortrag auf der Fachtagung
                            "Sicherheit/Zuverlässigkeit und Zulassung von neuen Schnell-
                            bahnsystemen" am 31.1./1.2.80 bei TÜV Rheinland in Köln

/Lin 78/    J. Lindner      Automatisches Betriebsführungssystem der Stadtbahn Rhein-
                            Ruhr, Internationales Verkehrswesen IV September/Oktober
                            1978, Tetzlaff-Verlag, Darmstadt

/Pie 78/    K. Pierick      Die Rechnertechnologie als Herausforderung an die Sicherheits-
                            grundsätze der öffentlichen Verkehrsmittel, Die Bundesbahn
                            3/1978

/Pie 79/    K. Pierick      Eine Systematik von Sicherungsmethoden gegen Ausfälle, IVEV-
                            SRRP-01-1179, Institut für Verkehr, Eisenbahnwesen und Ver-
                            kehrssicherung, TU Braunschweig

/SNV 78/                    Sicherheit und Zuverlässigkeit von Nahtransportsystemen,
                            Phase 1, Dezember 1978, Studiengesellschaft Nahverkehr Ham-
                            burg

/SRR 80/                    Pflichtenheft zum Forschungsvorhaben
                            BMFT TV 7915 8, 1980

/WU 80/     E. Weitner      Systemkonzept, Forschungsvorhaben BMFT TV 7915 8,
            H. Ulzhöfer      1980, Stadtbahngesellschaft Rhein-Ruhr

/Zeh 77/    A. Zeh          Eine vergleichende Untersuchung von Prozeßrechnersprachen
                            hinsichtlich Zuverlässigkeit, Arbeitspaket 460 aus SNV 78

Zur Ermittlung des Datenflusses und von Datenfluß- Anomalitäten
in PEARL- Modulen


P. Puhr- Westerheide


Gesellschaft für Reaktorsicherheit, Garching


## 1. Einleitung

Datenflußuntersuchungen in Programmen sind wichtige Hilfsmittel zur
Fehlerauffindung und bei der Begutachtung von Programmen. Im folgenden Beitrag wird zunächst kurz die prinzipielle Vorgehensweise zu
Datenflußuntersuchungen geschildert. Danach wird anhand mehrerer
Ausgaben gezeigt, wie der Datenfluß in PEARL- Moduln durch ein Test-
werkzeug automatisch dargestellt werden kann. Bei der Gesellschaft
für Reaktorsicherheit wird gegenwärtig ein solches Test- Werkzeug,
der PEARL- Analysator, entwickelt.


## 2. Grundlagen der Datenfluß- Analysen

Die sequentielle Wirkungsweise von Programmen läßt sich durch die
beiden folgenden Gesichtspunkte charakterisieren:
a. durch den Kontrollfluß
   Er beschreibt die Möglichkeiten der Abarbeitungsfolge von Programm-
   befehlen für das gesamte Programm.
b. durch den Datenfluß
   Er beschreibt für das gesamte Programm die Möglichkeiten der Abbildungen von Daten aufeinander.
Die Art der Abbildungen ist durch die Aufschreibung des Programms
festgelegt. Zur Verdeutlichung des Kontrollflusses in einem Programm
wurde zuerst als graphische Darstellung das Flußdiagramm entwickelt.
Es besitzt wegen seines wenig formalisierten Aufbaus Nachteile. Nassi-
Schneidermann- Diagramme sind mehr formalisiert und eignen sich zur

Darstellung des Kontrollflusses von strukturierten Programmen.
Beide Diagramme sind jedoch kaum geeignet, Einblicke in den Datenfluß
zu gewähren. Ähnlich weit verbreitete Darstellungen des Datenflusses
existieren noch nicht. Man muß jedoch berücksichtigen, daß die Trennung zwischen Kontroll- und Datenfluß zur Beschreibung von Programmeigenschaften nur bis zu einem gewissen Grad sinnvoll ist, da Pro-
gramm- und Datenfluß sich meist wechselseitig beeinflussen. Gewöhnlich
hängt die Pfadauswahl von den Eingangsdaten und von Zwischenergeb-
nissen ab (bedingte Verzweigungen); und die durchzuführenden Datenabbildungen sind in den verschiedenen Pfaden unterschiedlich.
Verschiedene Arbeiten haben sich mit Kontrollfluß- und Datenfluß-
problemen beschäftigt (/1/,/2/,/3/,/4/).
Datenfluß- Untersuchungen in Programmen werden aus zwei verschiedenen
Blickwinkeln betrieben:

1. Zur Laufzeit- Optimierung von Maschinencode und zur Speicherplatz-
   Minimierung. Solche Analysen werden von Optimizing- Compilern
   automatisch durchgeführt.
2. Zur Überprüfung der Richtigkeit von Datenabbildungen
   a. bei der Fehlersuche und
   b. bei der Programm- Begutachtung.
   Hierbei leisten die derzeitigen Compiler nur Hilfen. Zur Fehlersuche werden eigene Debug- Programme angeboten.

Obgleich die beiden Zielrichtungen verschieden sind, ergeben sich
viele Gemeinsamkeiten bezüglich der Datenfluß- Untersuchungen.
Datenfluß- Untersuchungen zur Code- Optimierung werden zur Laufzeit
des Compilers durchgeführt, indem das Quellprogramm systematisch
durchsucht wird (statische Analyse). Zur Fehlersuche durch Debug-Werk-
zeuge werden Untersuchungen vorgenommen, die meist zur Laufzeit des
Programms stattfinden (dynamische Analyse). Beide Analyse- Arbeiten
haben folgende Vor- und Nachteile:

1. Bei der dynamischen Datenflußanalyse entfällt jeder Programmier-
   aufwand zur 'Buchhaltung' der Pfade, weil der Ablauf durch die Eingangsdaten vorgegeben ist. Andererseits müssen diese Eingangsdaten
   für die Pfade ermittelt werden und die berührten Anweisungen abge-
   speichert werden.
2. Die Analyse zur Laufzeit erfordert die Einfügung von zusätzlichem
   Code ('Instrumentierung'). Damit ändert sich das Echtzeit- Verhalten
   eines Programms.
3. Die dynamische Analyse gibt nur Aufschluß über die Abbildungen des
   z.Z. durchlaufenen Pfades und somit keine für das Gesamtprogramm

gültigen Aufschlüsse über den Datenfluß.

4. Eine ausführliche statische Analyse liefert als Ergebnis Datenfluß-
   merkmale für das gesamte Programm. Gewisse Einzelmerkmale wie etwa
   Datenabbildungen in Schleifenkonstruktionen mit variabler Durchlauf-
   zahl können nur mit großem Aufwand ermittelt werden.

Zur Untersuchung von Datenflüssen müssen folgende Informationen verfügbar sein:

1. Die Menge der Objekte und ihre Namen in eindeutiger Form,
2. die Menge der Anweisungen, in denen Abbildungen durchgeführt werden,
   einschließlich Prozeduraufrufen und -Köpfen,
3. die Klassifizierung des Gebrauchs von Objekten in Abbildungsanwei-
   sungen nach den Merkmalen: definiert (geschrieben) und referenziert
   (gelesen),
4. eine geeignete Darstellung des Kontrollflußgraphen (für statische
   Analysen),
5. Informationen nach Punkt 1 - 3 für die Menge der externen Objekte
   zur Ermittlung des Datenflusses beim Binden von Modulen.

Ein Teil dieser Informationen wird während des Übersetzungsvorgangs
erzeugt. Zukünftige Compiler könnten Hilfsausgänge zum Absetzen eines
'Struktur'- Datensatzes zur Dokumentation und zu Analysezwecken ent-
halten. Die Vorteile der Modularisierung von Programmpaketen kann
allerdings nur dann voll zum Tragen kommen, wenn auch die Binder den
Datenfluß zwischen den Modulen besser darstellen.
Bezüglich der Wiedergabe des Datenflusses erfordern die folgenden drei
Klassen von Abbildungen eine gesonderte Behandlung:

1. Zuweisungen an variable Kontrollfluß- Strukturobjekte jeder Art,
   wie z.B. Variable vom Typ LABEL. Die Verwendung solcher Objekte
   sprengt das Konzept der statischen Kontrollflußgraphen.
2. Die (in der Ebene der Quellsprache) impliziten Abbildungen, die
   durch die Verwendung verschiedener Namen für den gleichen Speicherplatz entstehen (z.B. EQUIVALENCE- Konstruktionen in FORTRAN oder
   DEFINED- Deklarationen in PL/1).
3. Abbildungen von Variablen, die über Referenzen angesprochen werden,
   die ihnen nicht ausschließlich zugeordnet sind. Solche Abbildungen
   können nur dann befriedigend dargestellt werden, wenn über die Zuordnungen zwischen Variablen und Referenzen Buch geführt wird.

Eine Ausnahme zu Punkt 2 bilden die Zuordnungen von aktuellen und
formalen Parametern durch CALLs BY REFERENCE, da in der Verknüpfung
beide Objekt- Namen explizit erscheinen.
Um die Anzahl der zu behandelnden Objekte zu verringern, kann fest-

gelegt werden, daß jedes Feld als ein einziges Objekt zu behandeln ist. Ein weiterer Sonderfall wird vermieden, wenn der Gebrauch von Feldindices als 'referenziert' betrachtet wird.

## 3. Darstellungen des Datenflusses

### 3.1 Cross Reference Listen

Die anspruchloseste Darstellung des Datenflusses in Programmen wird von den Compilern in Form von Cross Reference Listen erzeugt. Mehrere Compiler erzeugen Cross Reference Listen, in denen bereits zwischen dem lesenden und schreibenden Gebrauch der Objekte unterschieden wird.
Zu Datenflußdarstellung ist eine Trennung der Objekte in die Menge der Variablen und der konstanten Strukturobjekte empfehlenswert (in PEARL: Objekte vom Typ LABEL, TASK, ENTRY POINT und PROCEDURE).

### 3.2 Datenfluß- Anomalitäten

Für vorgegebene Pfade können 'Zustandsketten' für Variable erzeugt werden /5/. Dabei wird der Gebrauch von Variablen durch Ketten der drei Zustandsattribute

-d ... definiert

-r ... referenziert und

-u ... undefiniert

beschrieben, die folgendermaßen entstehen:

1. Jede Kette wird am Pfadbeginn mit 'u' initialisiert. Die erste Wertzuweisung nach der Deklaration wird durch Hinzufügung eines 'd's berücksichtigt.
2. Jeder lesende Gebrauch der Variablen wird durch die Anfügung eines 'r's beschrieben.
3. Jede weitere Zuweisung wird durch Anfügung eines 'd's gekennzeichnet.
4. Nach Verlassen des Gültigkeitsbereichs der Variablen oder nach der Freigabe ihres Speicherplatzes wird ein 'u' angefügt.

Nach der Aufstellung einer Kette wird sie nach den Teilfolgen 'ud', 'dd' und 'ur' durchsucht. Die letzte Teilfolge beschreibt den Versuch, den Wert einer Variablen zu lesen, die keinen Wert besitzt. Die beiden vorangehenden Teilfolgen sind nicht notwendigerweise auf einen Fehler zurückzuführen und werden daher als Hinweis auf eine Datenflußanomalität betrachtet.

### 3.3 Objektmatrix

Die Objektmatrix zeigt jeden Gebrauch jeder Variablen in einem Pro-

gramm. Die Variablennamen werden den Spalten der Matrix zugeordnet.
Jeder Quellprogrammanweisung werden zwei Zeilen der Matrix beigeordnet,
in deren einer der lesende Gebrauch der j- ten Variablen in der i- ten
Anweisung durch ein Symbol $S^r_{2i,j}$ und in deren zweiter eine Wertzuweisung zur j- ten Variablen in der i- ten Anweisung durch ein Symbol
$S^d_{2i+1,j}$ gezeigt wird.

## 3.4 Live- und Available- Informationen

Ein bestimmter Wert einer Variablen heißt 'lebendig' (live), wenn er
zu einem späteren Zeitpunkt der Programmausführung noch verwendet
wird. Ein bestimmter Wert einer Variablen heißt an einer Stelle 'verfügbar' (available), wenn er auf jedem zu dieser Stelle führenden Pfad
erhalten bleibt /3/. Durch eine Datenflußanalyse nach /3/ kann geklärt
werden, ob ein Wert an einer beliebigen Stelle im Programm noch 'lebendig' bzw. 'verfügbar' ist. Voraussetzung zu dieser Analyse ist eine
topologische Ordnung des Kontrollflußgraphen. Die Ordnung nach /3/
erweist sich als hierfür besonders vorteilhaft. Die in /3/ geschilderte Analyse kann zur Fehlersuche verwendet werden.

## 3.5 Datenbäume

Die Variablen eines Programms können als Baumknoten dargestellt
werden, deren Nachfolger die zuweisenden Variablen einer Zuweisungs-
anweisung darstellen. Es können Bäume entwickelt werden, die genau die
Zuweisungen längs eines vorgegebenen Pfads darstellen. Andere Bäume
werden für das Gesamtprogramm erstellt, jedoch ohne Berücksichtigung
des Kontrollflusses. Sie zeigen gewöhnlich mehr Abhängigkeiten als
beim Durchlaufen eines Pfades vorhanden sind /6/.

Abb. 1 zeigt eine schematische Darstellung der verschiedenen Datenflußuntersuchungen.

## 4. Anwendungsbeispiele

Bei der Gesellschaft für Reaktorsicherheit wird ein Werkzeug zur statischen Analyse von PEARL- Moduln entwickelt, das z.Zt. folgende
Datenflußuntersuchungen automatisch durchführt:

1. Erstellung einer erweiterten Cross Reference Liste nach Punkt 3.1.
2. Erstellung einer Objekt- Matrix nach Punkt 3.3. Abb. 2 zeigt eine
   solche Matrix für ein Programm, das in Abb. 4 wiedergegeben ist.
   Der Datenfluß durch die Prozeduraufrufe ist berücksichtigt. Der
   Fluß von der rufenden Prozedur zur gerufenen ist an der Stelle
   des Kopfs der gerufenen Prozedur eingetragen. Eine Abbildung auf

einen aktuellen Parameter durch einen formalen Parameter mit dem
Attribut IDENT ist an der Stelle des Prozeduraufrufs eingetragen.
Das Symbol 'X' bezeichnet eine Zuweisung und das Symbol 'O' eine
Referenzierung. Am rechten Bildrand neben der Matrix wird das
Kontrollflußschema ausgegeben.

3. Datenbäume

Für vorgegebene Variable können Datenbäume ausgegeben werden
(s.a. Punkt 3.5). Die Bäume beziehen sich auf das Gesamtprogramm
ohne Berücksichtigung des Kontrollflusses, zeigen jedoch auch den
Datenfluß durch die Prozeduren. Abb. 3 zeigt den Plott eines solchen Datenbaums für die Variable I. Neben den Variablennamen enthalten die Knoten Nummern, um die Eindeutigkeit der Bezeichnungen zu
gewährleisten. Haken an Kanten zeigen auf Knoten, die anderenorts
im Baum enthalten sind.

4. Listen

Die Steuerungen der Tasks und der Gebrauch von Echtzeitobjekten
wie Semaphoren, Interrupts u.a. werden nur in speziellen Cross
Referenz Listen dargestellt.
Eine Liste der Eingabe - und Ausgabe- Variablen dient zur Kontrolle
des Datenflusses in und aus dem Modul.
Eine Scope- Liste zeigt den Gültigkeitsbereich der Objekte und
listet die globalen Objekte auf, die gleichfalls am Datenfluß
durch die Modulgrenzen beteiligt sein können.

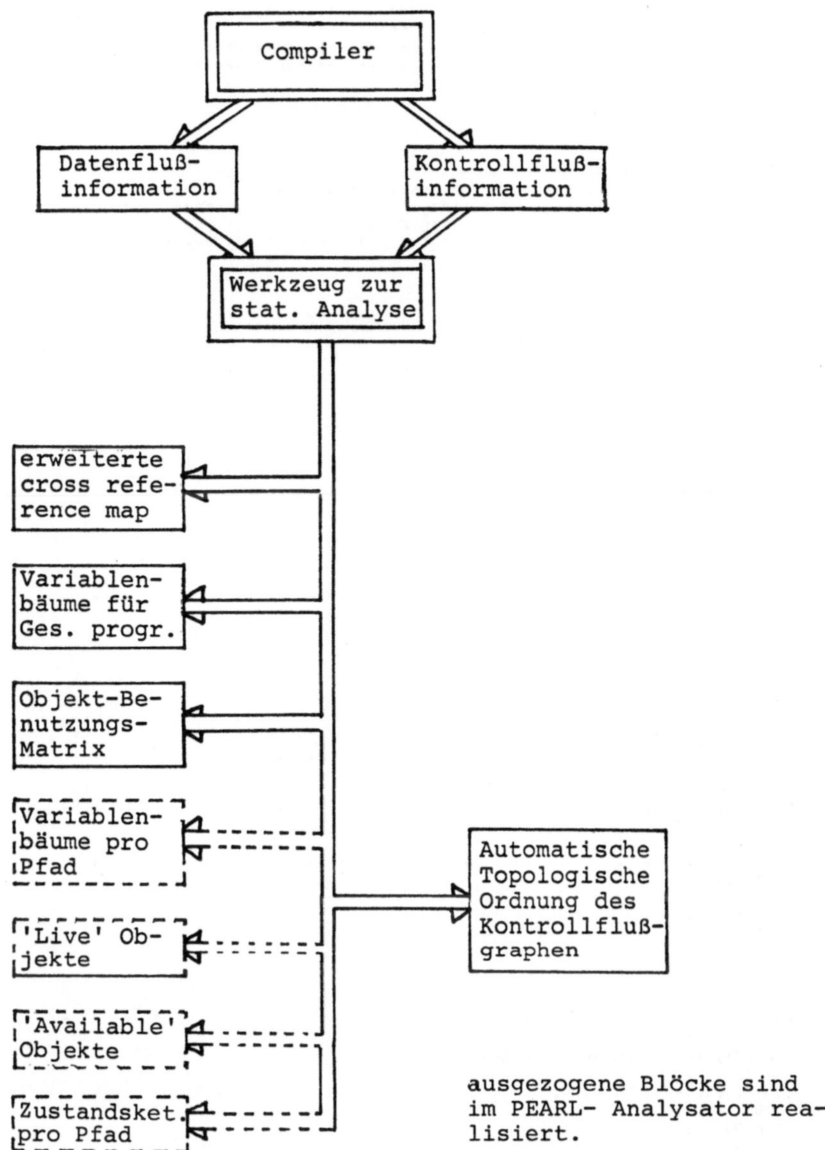


Abb. 1   Schematische Darstellung der verschiedenen Datenflußuntersuchungen

```
        ***********************************************
        ***********************************************
        **                                         **
        **       DATA FLOW LIST & GRAPH EDGES       **
        **                                         **
        ***********************************************
        ***********************************************
```

```
SYMBOLS  .  .   DENOTE THE BEGINNINGS (ENDS) OF BASIC BLOCKS
SYMBOL   X   DENOTES THE BEGINNING OF CONTROL FLOW EDGES
SYMBOL   A   DENOTES THE PEAK OF CONTROL FLOW EDGES LEADING FROM BOTTOM TO TOP
SYMBOL   V   DENOTES THE PEAK OF CONTROL FLOW EDGES LEADING FROM TOP TO BOTTOM
A  *  INSTEAD OF A LINE NUMBER MEANS THE SAME LINE AS THE PREVIOUS, IT INDICATES THE PRESENCE OF
A PARAMETER LIST

NO  REL. OBJ.   PEARL OBJECT NAME
    TAB. ADR.
 1      45       I
 2     111       I1
 3      11       IOD
 4      51       J
 5     115       J1
 6      55       K
```

```
        IIIJJK
        .10.1.
        ..D...
LINE    0
--------123456---  CONNECTED GRAPH     1
        .     .
  6 R ......*  .   .   .   .   .   .   .   .   .   .   .   .   .   .   .   .
    D ......
  7 R ......
    D ......
  8 R ..O...
    D X..X.X
  9 R O..O..
    D ......V                                                             X
        .     .                                                           I
 10 R O..O.O*  .   .   .   .   .   .   .   .   .   .   .   .   .   .  . I.
    D ...X..*                                                           X I
        .     .                                                           I I
 11 R O..O.O*  .   .   .   .   .   .   .   .   .   .   .   .   .   .  .IV.
    D X.....V                                                             I
        .     .                                                           I
 13 R ......*  .   .   .   .   .   .   .   .   .   .   .   .   .   .  .V .
    D ......
  * R .O....
    D X.....
  * R ......
    D ......
 14 R O.OO.O
    D ......V
        .     .
 15 .     .*  .   .   .   .   .   .   .   .   .   .   .   .   .   .   .   .
        .     .*
--------123456---  CONNECTED GRAPH     2
        .     .
 17 R ......*  .   .   .   .   .   .   .   .   .   .   .   .   .   .   .   .
    D ......
  * R O.....
    D .X....
  * R ...O..
    D ....X.
 18 R .O..O.
    D ......V                                                             X
        .     .                                                           I
 19 R .O..O.*  .   .   .   .   .   .   .   .   .   .   .   .   .   .  . I.
    D .X....V                                                             I
        .     .                                                           I
 20 .     .*  .   .   .   .   .   .   .   .   .   .   .   .   .   .  . V.
        .     .V
        .     .
 21 .     .*  .   .   .   .   .   .   .   .   .   .   .   .   .   .   .   .
        .     .*
```

Abb. 2 Objektmatrix des Programms nach Abb. 4

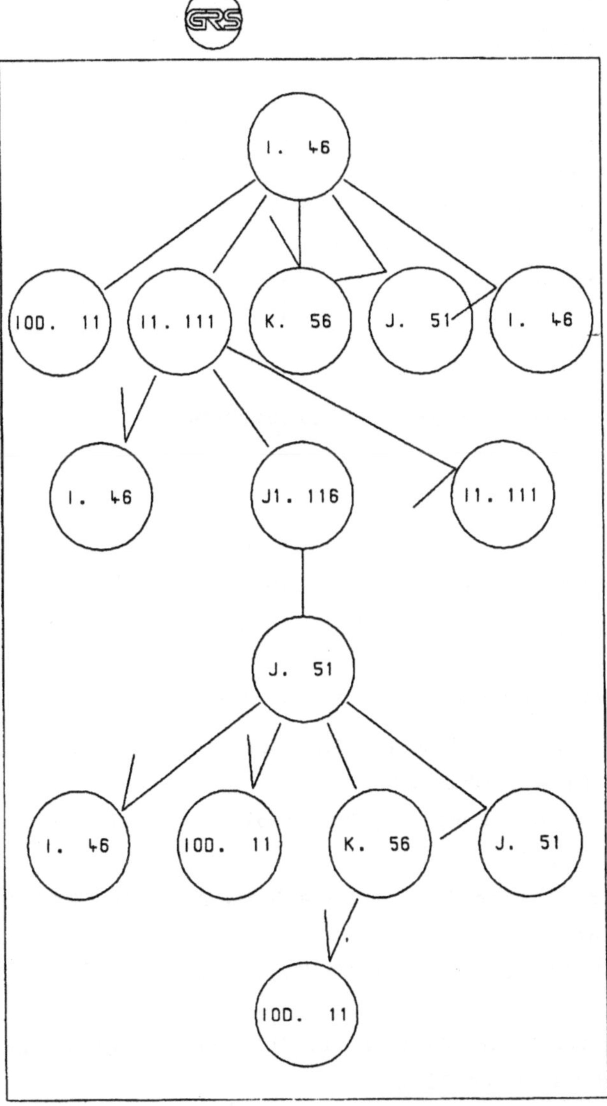

Abb. 3    Datenbaum für die Variable I des Programms nach Abb.4.
Kanten mit Haken verweisen auf Knoten, die auch an
anderer Stelle im Baum enthalten sind.

```
 1 /#DATAFLO.
 2 MODULE(DATAFLO);
 3 PROBLEM: /* > > > THIS IS A NONSENSE PROGRAM < < < */
 4    SPC IOD DATION INOUT ALPHIC DIM ( , , ) FORWARD CONTROL(ALL) GLOBAL;
 5
 6 MAIN: PROCEDURE; -  -  -  -  -  -  -  -  -  -  -  -  -  -  -  -  -  -  -  -  -
 7    DECLARE (I,J,K)  FIXED;
 8    GET I,J,K FROM IOD BY SKIP,F(3),F(3);
 9    IF I>J.                                                              X
10        THEN J=I+J+K;.                                                   XI
11        ELSE I=I+J+K;.                                                   IV
12        FIN;                                                             V
13    CALL INCR(I,J);
14    PUT 'MESSAGE',I,J,K TO IOD BY SKIP,A(7),F(3),F(3),F(3);
15    END; /* PROCEDURE MAIN */
16
17 INCR: PROCEDURE (I1 FIXED IDENT, J1 FIXED); -  -  -  -  -  -  -  -  -  -  -  -
18    IF I1>J1                                                            X
19        THEN I1=I1*J1;                                                  I
20        FIN;                                                            V
21    END; /*  END INCR */
22
23 MODEND:
24 /#
```

Abb. 4  Quellprogramm mit Kontrollflußschema

Lit.:

/1/ F. E. Allen, 'Control Flow Analysis'
    SIGPLAN Notices, Vol. 5, No 7, pp. 1 - 19, July 1970

/2/ L. D. Fosdick, L. J. Osterweil, 'Data Flow Analysis in Software
    Reliability'
    ACM Computing Surveys, Vol. 8,pp. 305 - 330, Sept. 1976

/3/ M. S. Hecht, J. D. Ullman, 'Analysis of a Simple Algorithm
    for Global Flow Problems'
    Conf. Record, ACM Symp. on Principles of Programming Languages,
    Boston, Mass., Oct. 1973

/4/ J. C. Huang, 'Detection of Data Flow Anomaly Through Program
    Instrumentation'
    IEEE Transactions on Software Engineering, Vol. SE-5, No. 3,
    May 1979

/5/ L. D. Fosdick, L. J. Osterweil, 'The Detection of Anomalous
    Interprocedural Data Flow'
    Proceedings of 2nd IEEE Conf. on Software Engineering, pp. 624-
    628, San Francisco, Oct. 1976

/6/ P. Puhr- Westerheide, 'Graphs of Data Flow Dependencies'
    Proc. of IFAC Workshop Safety of Computer Control Systems
    Edited by R. Lauber, Pergamon Press Oxf.,N. Y., 1980

DAS SICHERE MIKRORECHNERSYSTEM LOGISAFE

Harri Brauer
AEG-TELEFUNKEN
Geschäftsbereich Bahnen
Fachbereich  Zugsicherung

Bei der Steuerung und Regelung von Prozessen werden heute in großem
Umfang Rechner eingesetzt. Dieser Trend hat sich durch die Fortschritte der Mikroprozessortechnik noch verstärkt.

Im Bereich der Sicherheitstechnik haben Rechner bisher noch keine
breite Verwendung gefunden. Dies resultiert aus der weit verbreite-
ten Unsicherheit bezüglich der anzuwendenden Sicherungsverfahren und
den damit verbundenen Sicherheitsnachweisen, für die es bislang keine
allgemein gültigen Sicherheitsrichtlinien gibt. Andererseits können
die in der Sicherheitstechnik heute gestellten Anforderungen bezüglich der Vielzahl logischer Verknüpfungen und der Verarbeitungsgeschwindigkeit mit konventionellen sicheren Funktionseinheiten nicht
hinreichend erfüllt werden.

Auch der Entwurf von elektronischen Sicherheitssystemen wird dabei
auf den Erfahrungen der bisherigen Technik aufbauen, wobei Ausfallmechanismen, Fehlerannahmen und Fehlerausschlüsse entsprechend der
verwendeten Technik berücksichtigt werden müssen.


## 1. Elektronische Sicherheitseinrichtungen

Da Elektronik nicht ohne weiteres sicherheitstechnischen Anforderungen genügt, müssen geeignete Maßnahmen getroffen werden, um diese dennoch zu erfüllen . Insbesondere bei Rechnern bieten sich hier drei
grundsätzliche Möglichkeiten an:
- einkanaliger Rechneraufbau, wobei dieser nur aus sogenannten
  Fail-safe-Bausteinen besteht
- konventioneller Rechner mit unterschiedlichen bzw. diversitären Programmen und Fail-safe-Überwachung
- mehrkanaliger Aufbau aus konventionellen Rechnern (gleicher
  oder diversitärer Aufbau) mit einer aus Fail-safe-Bausteinen

aufgebauten Schaltung zum Vergleich und zur Ausgabe der von den
Rechnern erarbeiteten Daten.

Im vorliegenden Beitrag wird insbesondere auf die dritte Möglichkeit
eingegangen, da diese z.Zt. als die aussichtsreichste erscheint.

Eine sichere Steuerung besteht nicht nur aus Hardware,  sondern auch
aus der zugehörigen Software. Auch diese muß den sicherheitstechnischen Anforderungen genügen. Diese lassen sich erzielen, indem die
Software
     - verifiziert wird (Nachweis der Korrektheit) oder
     - diversitär mit Vergleich eingesetzt wird.
Weder bei der Verifizierung von Software noch beim Einsatz von diversitärer Software sind sämtliche Probleme geklärt.

## 1.1 Wesentliche Prinzipien zur Erzielung von Sicherheit bei Rechner-
systemen

Maßnahmen zur Erfüllung von Zuverlässigkeits- bzw. Sicherheitsanforderungen sind nicht immer eindeutig auf eines dieser Ziele allein aus-
gerichtet, sondern beeinflussen im allgemeinen beide Zielrichtungen.

Bei Maßnahmen zur <u>Vermeidung von Fehlern</u> soll die Zuverlässigkeit
durch die a-priori-Beseitigung von Fehlern bzw. Fehlerursachen erreicht werden. Da grundsätzlich trotz umfassender Maßnahmen zur Vermeidung von Fehlern mit deren Vorhandensein, insbesondere von Ausfällen, gerechnet werden muß, ist zur Erfüllung von Sicherheitsanforderungen die Anwendung von Maßnahmen zur Tolerierung  von Fehlern unerläßlich.
Auf folgende prinzipielle Methoden zur Tolerierung des Auftretens von
Fehlern soll näher eingegangen werden.

### 1.Fail-safe-Technik
- Ein funktionswirksamer Ausfall  ist mit einem ungefährlichen
  Funktionsversagen verbunden. Dieses Verfahren ist nur dann allein anwendbar, wenn sich in dem betroffenen technischen System
  ein definierter sicherer Zustand sicher erreichen und erhalten
  läßt.
  Bei der Fail-safe-Technik ist zu unterscheiden zwischen folgenden Prinzipien:
- <u>Echt-fail-safe-Verhalten</u>
  Ein funktionswirksamer Ausfall ist unmittelbar mit einem
  ungefährlichen Funktionsversagen verbunden. Dieses Prinzip

findet Anwendung bei den Moduln des Sicherheitssystems
LOGISAFE von AEG-TELEFUNKEN.

- <u>Quasi-fail-safe-Verhalten</u>
  Bei einem funktionswirksamen Ausfall erfolgt eine Abschaltung in den sicheren Zustand. Hierbei sind neben der eigentlichen Funktion des Systems die Funktionen Fehlererkennung
  und Abschaltung nötig. Bei dem sicheren Mikrorechnersystem
  LOGISAFE wird dieses Prinzip angewendet.

<u>2. Prüfung während des Betriebes</u>
- Hierbei sollen Ausfälle erkannt werden, bevor sie eventuell
  bei Mitwirkung weiterer Fehler gefährlich werden können.

Nur bei Anwendung der Fail-safe-Technik mit Echt-fail-safe-Verhalten
wird keine Redundanz benötigt. Da in absehbarer Zeit keine Möglichkeit zu sehen ist, Rechnersysteme durchgängig mit Echt-fail-safe-Verhalten zu realisieren, ist die Anwendung von Redundanz zwingend.Dabei
kommen folgende Methoden zum Einsatz:
- <u>Fehlermaskierung</u>. Der Fehler wird nach außen nicht wirksam.
- <u>Fehlererkennung und Fehlerbehebung</u>.
Welche Methode der Redundanz  zum Einsatz kommt, hängt wesentlich von
der Art der Fehler ab, gegen die sie eingesetzt werden soll.


<u>2. Technisches Grundkonzept des sicheren Mikrorechnersystems LOGISAFE</u>

Aufgrund der vorangestellten Ausführungen wurde ein Grundkonzept mit
folgenden Merkmalen ausgewählt:
Mehrkanaliger Aufbau mit
- handelsüblichen Mikroprozessoren in gleicher oder diversitärer
  Hardware
- standardisierten LOGISAFE Baugruppen für Vergleich und Ausgabe
- dezentraler Koordinierung der Kanäle (keine gemeinsame Zeit-
  basis)
- gleicher oder  diversitärer Software in beiden Kanälen.

Dieses System ist in der Lage, unterschiedliche Kundenwünsche bezüglich Kosten und Sicherheitsanforderungen zu erfüllen.

## 2.1 Funktionsweise

Im Bild ist die Hardware-Struktur des sicheren Mikrorechnersystems
LOGISAFE dargestellt. Sie gliedert sich in die Ebenen
- Eingaben
- Verarbeitung und Koordination
- Vergleich und Ausgaben

In der hier dargestellten Version handelt es sich um ein zweikanali-
ges System mit Schreib-Lese-Speicher und Festwertspeicher in Kombination mit einkanaligen LOGISAFE Baugruppen.
- Digitale Eingaben, die bitseriell oder bitparallel sein können,
  werden in beide Kanäle rückwirkungsfrei über serielle oder parallele Eingaben eingelesen. Für die identische Eingangsinfor-
  mation sorgt die Ereignisverwaltung.
- Die Verarbeitung erfolgt in beiden Kanälen unabhängig voneinander, beide Rechnerkanäle arbeiten mit ihrem eigenen System-
  takt. Zu den im Programm vorgesehenen Zeitpunkten erfolgt eine
  Synchronisation beider Kanäle über eine dezentrale Koordinierung mittels definierter Synchronisationsworte. Die Koordinierung ist als bidirektionale parallele 8-Bit-Handshake-Übertra-
  gung mit Potentialtrennung realisiert. Mit der Synchronisierung erfolgt ebenfalls eine Zeitüberwachung für den Programm-
  durchlauf in beiden Kanälen. Das Überschreiten einer dieser
  Überwachungszeiten führt automatisch zu einer Fehlermeldung.
- Vor einer Ausgabe müssen die in beiden Kanälen getrennt erarbeiteten Ergebnisse auf Übereinstimmung geprüft werden. Dieses
  erfolgt in den LOGISAFE Vergleichern über galvanisch getrennte Digitalausgaben.Bei Übereinstimmung wird die entsprechende
  LOGISAFE Ausgabe ständig aktiviert. Wird eine Unstimmigkeit bei
  einem einzelnen Bit festgestellt, so wird entweder das als fehlerhaft erkannte Bit oder das gesamte Byte sicher abgeschaltet.
  Dies ist abhängig von der Definition eines sicheren Prozeßzu-
  standes und ist frei projektierbar. Im Fehlerfall wird ein Stör-
  speicher gesetzt, dessen Zustand unverzüglich an beide Rechnerkanäle gemeldet wird.
- Fehlererkennung in der dezentralen Koordinierung und den Vergleichern versetzen die Ausgaben in den sicheren Zustand und
  initialisieren in beiden Kanälen Testroutinen zur Fehlerloka-
  lisierung.

## 2.2 Softwarestruktur und - Funktion

Die Software des sicheren Mikrorechnersystems LOGISAFE besteht aus:

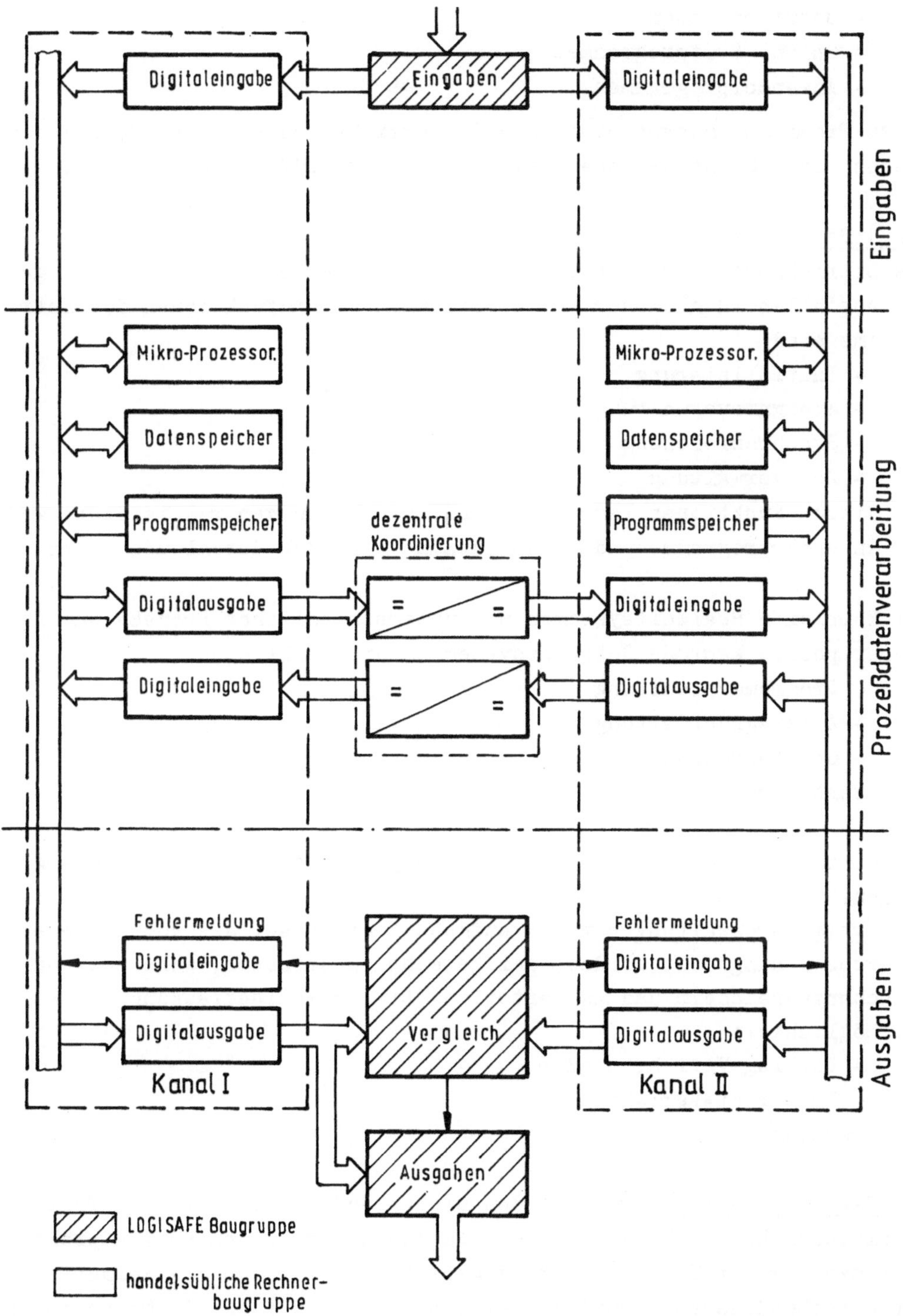


Bild. Prinzipieller Aufbau des sicheren Mikrorechnersystems LOGISAFE

- Betriebssystem
- Online-Prüfprogrammen
- Anwenderprogrammen

Diese Programme müssen einfach und übersichtlich sein, so daß sie im
Rahmen eines Sicherheitsnachweises leicht geprüft werden können.


## 2.2.1 Betriebssystem

Das Betriebssystem umfaßt die Funktionen, die bei verschiedenartigen
Einsatzfällen in gleicher Weise vorkommen. Grundfunktionen des Betriebssystems sind

- Initialisierung
- Ereignisverwaltung
- Synchronisierung
- Zeitverwaltung

Mit diesen Funktionen lassen sich Ablaufsteuerungen realisieren, wobei Anwenderprogramme und Prüfprogramme zyklisch durchlaufen werden.


Bei komplexen Realzeitsystemen mit unterschiedlicher Prozeß- und Da-
tenperipherie kann das Betriebssystem um die Funktionen

- Programmverwaltung
- Auftragsverwaltung
- Geräteprogramme

erweitert werden.


Auf einige Besonderheiten des Betriebssystems soll näher eingegangen
werden.
Die _Ereignisverwaltung_ hat zur Aufgabe Ereignisse, die vom gesteuerten Prozeß ausgelöst werden, zeitgerecht zu erfassen, wenn notwendig
zwischenzuspeichern und zu verteilen. Die Ereigniserfassung bietet
die Möglichkeit

- Polling-Verfahren oder
- Interrupt-Verfahren

zu verwenden.


Die _Synchronisation_ sorgt für den Gleichlauf der mit eigenem Takt
arbeitenden Rechnerkanäle. Da die Ausgaben der beiden Kanäle praktisch
gleichzeitig auf Übereinstimmung geprüft werden, muß die Reihenfolge
der Ausgabeadressen identisch sein. Hierzu sind folgende Maßnahmen erforderlich:

- Die _Eingabesynchronisation_ sorgt dafür, daß auf beiden Rechnern die Ereignisse in gleicher Reihenfolge und jeweils gleich-

zeitig an das Verarbeitungsprogramm gelangen.

- Die <u>Ausgabesynchronisation</u> gleicht eventuelle Zeitdifferenzen zwischen den Ausgaben aus. Ein Reihenfolgeausgleich findet nicht statt, sondern führt bei abweichenden Ausgabeadressen zum Systemstillstand.
- Die <u>Rendezvoustechnik</u> regelt die Kommunikation zwischen verschiedenen Soft-ware-Prozessen. Dadurch werden sowohl das Betriebssystem als auch die Anwenderprogramme einfach und übersichtlich, wodurch der Sicherheitsnachweis für die Software erleichtert wird. Die Rendezvousverwaltung besteht aus den Funktionen Anrufen, Hören und Freigabe.
  - <u>Anrufen:</u> Ein Prozeß kann einen anderen anrufen. Da der andere Prozeß mehrere Eingänge hat, muß deshalb mit dem Anruf der gewünschte Eingang genannt werden. Die Rendezvousverwaltung stellt fest, ob der angerufene Prozeß auf dem entsprechenden Eingang bereits hört. Wenn nein, wird der Anrufer unterbrochen. Wird ein Eingang mehrmals angerufen,muß eine Warteschlange der Anrufe gebildet werden. Nachdem der Prozeß hört, kann die Warteschlange abgearbeitet werden. Der anrufende Prozeß ist in jedem Fall sicher, daß bei Rückkehr aus dem Anruf die gewünschte Aufgabe erledigt wurde.
  - <u>Hören:</u> Will ein Prozeß auf einen bestimmten Eingang hören, so meldet er sich dort. Durch die verschiedenen Eingänge kann der Prozeß gezielt dafür sorgen, daß er z.B.nur auf Rückmeldungen zum laufenden Vorgang hört, nicht aber auf einen Anruf, der einen neuen Vorgang beginnt. Dadurch, daß nur die gewünschten Anrufe durchkommen, erhöht sich die Sicherheit.Liegt kein Anruf für den Eingang vor,wird der Prozeß unterbrochen.Ist bereits ein Anruf vorhanden,läuft der Prozeß weiter und übernimmt die entsprechenden Daten.
  - <u>Freigabe:</u> Die Freigabe beendet das Rendezvous und bewirkt, daß der anrufende Prozeß wieder ansprungbereit wird.


## 2.2.2 Online-Prüfprogramme

Da Fehler in den Baugruppen CPU, Speicher, Ein- und Ausgaben häufig durch das laufende Programm nicht rechtzeitig entdeckt werden,müssen in möglichst kurzen Zeitabständen Online-Prüfroutinen im Gesamtprogramm implementiert werden, die latente Einzelfehler offenbaren sollen, bevor diese in Verbindung mit einem weiteren Fehler zu einem gefährlichen Ausfall führen können.

## 3. Sicherheitsnachweis

Grundlage des Sicherheitsnachweises ist die Fehlervereinbarung,die
zwischen Anwendern, Herstellern und neutralen Gremien festgelegt wird.
Im Sicherheitsnachweis wird nachgewiesen und dokumentiert, daß die geforderten Sicherheitseigenschaften unter den gegebenen Bedingungen
tatsächlich vorhanden sind und Ausfälle sowie Störungen sich nicht
gefährlich auswirken.
Der Sicherheitsnachweis für das hier vorgestellte sichere Mikrorechnersystem setzt sich aus mehreren Einzelnachweisen für Hardware und
Software zusammen.

### 3.1 Hardware

Der Hardware-Sicherheitsnachweis wird in vier Schritten durchgeführt.
- Unabhängigkeit der beiden Rechnerkanäle incl. dezentraler Ko-
  ordinierung
- Sicherheitsnachweis für die LOGISAFE Moduln
- Baugruppen-Sicherheitsnachweis für die LOGISAFE Baugruppen
- Online-Prüfprogramme für die kommerziellen Komponenten

### 3.2 Software

Bei der Vermeidung von Software-Fehlern werden zwei Methoden angewandt.
- Konstruktive Methode
  Diese wird begleitend mit der Software-Entwicklung bei der Spezifikation, dem Entwurf und der Programmierung eingesetzt. Die
  Phasen, Spezifikationen und Entwurf werden weitgehend rechnergestützt durchgeführt. Hiermit werden Fehler reduziert und die
  Validierung erleichtert. Die Programmierung erfolgt durch An-
  -wendung der Strukturelemente Reihung, Auswahl und Wiederholung,
  wobei jedes Strukturelement nur einen Eingang und einen Ausgang hat, womit die Nachvollziehbarkeit der Programmierung erleichtert wird.
- Analytische Methode
  Die sich daran anschließende analytische Methode dient der Aufdeckung von Software-Fehlern, die über die Feststellung der formalen Fehlerfreiheit hinausgehen. Der mathematische Nachweis
  der Fehlerfreiheit gelingt nur in eingeschränktem Rahmen für
  kleine Programme. Deshalb ergänzen zusätzliche statische und

dynamische Analysen mittels Prozeßsimulation die Überprüfung
der Fehlerfreiheit von Programmen.


## 4. Zusammenfassung und Ausblick

Das vorgestellte sichere Mikrorechnersystem LOGISAFE bietet wegen
der weitgehenden Trennung der Rechnerkanäle, die Möglichkeit, gleiche
oder unterschiedliche Hardware einzusetzen. Des weiteren ist dieses
System von einem 2-aus2 auf ein 2-aus-3-System erweiterbar, wodurch
die Verfügbarkeit entscheidend gesteigert wird.
Durch Einsatz diversitärer Hardware ergibt sich bereits eine teilweise
Diversität in der Software, die auch auf die eigentlichen Anwenderprogramme ausgedehnt werden kann. Der Einsatz von verschiedenen Compilern für gleiche oder unterschiedliche Rechner-Hardware ist ebenfalls gegeben.
Da bislang noch keine einheitlichen Regeln für den Nachweis der Si-
cherheit bestehen, diese sich evtl. auch später für unterschiedliche
Einsatzfälle unterscheiden werden, weist dieses zukunftsorientierte
sichere Mikrorechnersystem neben Modularität und Ausbaufähigkeit eine
flexible Systemstruktur auf. Andererseits bietet dieses System die
Möglichkeit,der Anpassung an technologische Entwicklungen, da der
Sicherheitsnachweis weitgehend von der Hardware auf das angewandte
Verfahren bezogen ist.

<u>PROZESSRECHNER FÜR SICHERHEITSAUFGABEN IN</u>

<u>KERNKRAFTWERKEN</u>

G.Glöe
Technischer Überwachungs-Verein Norddeutschland e.V.
Hamburg


## <u>Einleitung</u>

Seit einem Jahrzehnt wird der Einsatz von Prozeßrechnern für Sicherheitsaufgaben in Kernkraftwerken diskutiert. Eine ganze Reihe von
Systemen ist mittlerweile realisiert. Trotzdem besteht auch heute
bei der Projektierung noch häufig eine große Unsicherheit darüber,
ob für das in Angriff genommene System der Sicherheitsnachweis erbracht werden kann. Diese Unsicherheit rührt zumindest für die Kerntechnik - wie z.B. Diskussionen auf der 2. Fachtagung 1977 in Augsburg
deutlich zeigten - mit daher, daß die Reaktorschutzrechner für die
Kernkraftwerke Brunsbüttel und Philippsburg nicht zum closed loop Einsatz kamen.
Ziel dieses Aufsatzes ist es, am Beispiel einiger in Kernkraftwerken
verwendeter Rechner zu zeigen, welche Faktoren die der Genehmigung eines Systems vorangehende Begutachtung beeinflussen. Damit soll versucht
werden, die Begutachtung transparenter zu machen und eine unnötige
Schwelle für den Einsatz von Prozeßrechnern oder auch Mikrocomputern
abzubauen. Begonnen wird mit einem kurzen Rückgriff auf die Begutachtung der bereits erwähnten Reaktorschutzrechner.


## <u>Reaktorschutzrechner</u>

Mit den Reaktorschutzrechnern für die Anlagen Brunsbüttel und Philippsburg wurde zum ersten Mal der Einsatz von Prozeßrechnern für Sicherheitsaufgaben in Kernkraftwerken in Angriff genommen. Auch im Ausland
bestanden seinerzeit keine annähernd vergleichbaren Systeme. Etwa drei
Jahre intensive Entwicklungs- und Forschungsarbeit wurden in das Projekt gesteckt. Beteiligt waren neben dem Hersteller deutsche und norwe-
gische Forschungsinstitute. Dabei kamen einige Verfahren zur Anwendungs-
reife, die heute schon als selbstverständlicher Bestandteil jeder Diskussion um Sicherheitsrechner angesehen werden können:

- Programmanalyse /1/
- Selbstüberwachungsprogramme /2/
- Statistische Untersuchungsmethoden
  zur Ermittlung der Rechnerzuverlässigkeit /3/.


Anfang 1974 wurde aus Termingründen der Plan fallen gelassen, den
Reaktorschutz als Prozeßrechensystem zu realisieren; beantragt wurde
statt dessen die Genehmigung zur Errichtung des Reaktorschutzes als
selbstprüfendes Relaissystem. Mit einem Schutzsystem in Relaistechnik
ging das Kraftwerk Brunsbüttel dann Mitte 1976 in Betrieb.
Nach Beantragung des Relaissystems wurde die Begutachtung des Rechensystems eingestellt. Aufgrund der bis zu diesem Zeitpunkt gewonnenen
Ergebnisse legte der TÜV Norddeutschland Anfang 1975 im Auftrag der
zuständigen Genehmigungsbehörde einen mehr als 150 Seiten umfassenden
Bericht über die Einsatzmöglichkeit des Rechensystems vor /4/. Darin
betonen die beteiligten Gutachter ausdrücklich ihre Auffassung, daß der
Einsatz von Prozeßrechnern im Reaktorschutz möglich ist. Diese grundsätzlich positive Einstellung zum Einsatz von Rechnern, auch in Systemen mit höchsten sicherheitstechnischen Anforderungen, ist durch die
Entwicklung der letzten fünf Jahre verstärkt worden:

- Durch die rasche Hardwareentwicklung sind nennenswerte Beschränkungen
  in der Größe der Arbeitsspeicher nicht mehr erforderlich. Dadurch
  wird eine übersichtliche, unverschachtelte Programmierung möglich.

- Die seinerzeit vorgenommene Konzentration aller Anregekanäle einer
  Redundanz auf einen Rechner ist wegen der stark gefallenen Hardwarekosten nicht mehr nötig. Bei der heute üblichen dezentralisierten
  Systemarchitektur sind die Zuverlässigkeitsanforderungen an die einzelne Komponente deutlich geringer als bei einem zentral organisierten System.

- Die umfangreiche Forschungs- und Entwicklungstätigkeit auf dem Sektor
  Softwareverifikation und Rechnerzuverlässigkeit erleichtert die erforderlichen Nachweise.

- Für Rechensysteme sind nur relativ wenige regelmäßig wiederkehrende
  Prüfungen erforderlich.Die Bedeutung dieses Aspektes zeigt sich, wenn
  man den immensen Aufwand betrachtet, den diese Prüfungen alle 3 Monate
  bzw. jährlich verursachen.

- Rechensysteme bieten bei geeigneter Auslegung einen guten Schutz
  gegen Handeingriffe, worauf seit einiger Zeit ja besonderes Augenmerk gerichtet wird.

Entsprechend seiner Aufgabenstellung befaßt sich der Bericht /4/ vielfach mit Besonderheiten des für das Kernkraftwerk Brunsbüttel konzipierten Systems, die mittlerweile kaum noch von Bedeutung sind. Einige der seinerzeit aufgeworfenen Probleme haben aber bis heute kaum an Aktualität verloren /5/:

- Ausgehend von einem Vergleich mit konventionellen Schutzsystemen, wurde auf Hardwarediversität verzichtet.

- Ebenfalls über Vergleich mit konventionellen Systemen und durch Diskussion der Effekte, die durch Redundanz beherrscht werden können, wurde begründet, daß Softwareredundanz - und damit Softwarediversität - nicht notwendig ist.

- Obwohl Diversität weder für Hardware noch für Software notwendig ist, bieten diversitäre Systeme, unter anderem beim Sicherheitsnachweis, Vorteile.

- Es zeigte sich, daß Schwierigkeiten entstehen, wenn ein mit Wechselspannung betriebenes System, selbst bei beliebigen Einzelfehlern in der Stromversorgung, unterbrechungslos versorgt werden muß.

- Wenn die Programmlaufzeiten nicht unabhängig von den Eingangssignalen sind, können bestimmte Folgen von Eingangskombinationen (z.B. flatternde Geber) zu derart großen Laufzeiten führen, daß die Rechnerselbstüberwachung eine Reaktorschnellabschaltung auslöst. Diese Auslösung wäre dann zwar vom Ablauf im Rechensystem her erforderlich, vom Kraftwerk aus gesehen wäre es aber eine Fehlauslösung mit den bekannten sicherheitstechnischen und ökonomischen Nachteilen und daher unakzeptabel.

Die Reaktorschutzrechensysteme sind heute zur Sammlung von Betriebserfahrungen on line aber open loop in den Kraftwerken Brunsbüttel und Philippsburg installiert. Ergebnisse darüber liegen bisher nicht vor.


## Steuerstabfahrrechner

Ausgehend von den für höchste sicherheitstechnische Ansprüche konzipierten Reaktorschutzrechnern wurden Prozeßrechenanlagen für das Verfahren der Regelstäbe von Siedewasserreaktoren entwickelt. Diese Steuerstabfahrrechner haben mittlere sicherheitstechnische Bedeutung. Nach erfolgreichen Genehmigungsverfahren sind die Steuerstabfahrrechner in allen kommerziellen deutschen Siedewasserreaktoren, zum Teil seit mehreren Jahren, im Einsatz. Die Begutachtung der Steuerstabfahrrechner erfolgte für jedes der 6 Kraftwerke, Würgassen, Brunsbüttel, Philippsburg, Isar, Krümmel und Gundremmingen, im Rahmen eines gesonderten Genehmigungsverfahrens. Je nach Standort der Kraftwerke waren unterschiedliche Gutachter beteiligt. Trotzdem ist seit dem ersten 1974 fertiggestellten Gutachten bis heute die Behandlung der Steuerstabfahrrechner im Genehmigungsverfahren grundsätzlich gleich geblieben.

Der Aufwand für die Begutachtung und Prüfung wird sich durch diese "Standardisierung" von ca. 2 Mannjahren beim Kraftwerk Brunsbüttel auf weniger als 1 Mannjahr beim Kraftwerk Krümmel reduzieren /6/. Einen wesentlichen Anteil an den immer noch umfangreichen Arbeiten für neue Genehmigungsverfahren hat die Beurteilung von Änderungen gegenüber dem für Brunsbüttel und Würgassen genehmigten Zustand. Diese vom Hersteller vorgeschlagenen Änderungen betreffen die

- Optimierung der Hardware
- Optimierung der Software
- Gewährleistung der Ersatzteilbeschaffung
- Berücksichtigung unterschiedlicher Betreiberansprüche
  an den Rechner.

Änderungen erfolgen jedoch nicht nur von einem Kraftwerk zum nächsten, sondern werden zwecks Optimierung und Fehlerbeseitigung ebenfalls an bereits laufenden Systemen vorgesehen.

Die genehmigungstechnische Abwicklung von Änderungen erhält daher - je mehr Rechnersysteme in Betrieb gehen -  eine immer größere Bedeutung. Bei den Änderungen, die ja immer eine Verbesserung des Rechnersystems zum Ziel haben, sind zwei nicht miteinander in Einklang zu bringende Faktoren bestimmend:

- Jede Systemverbesserung ist auch unter sicherheitstechnischen Gesichtspunkten wünschenswert. Sie wird umso leichter in Angriff genommen je geringer der Aufwand - auch der Begutachtung - ist.

- Aus sicherheitstechnischen Überlegungen muß jede Änderung - ganz gleich aus welchem Grunde sie erfolgt - gründlich geprüft werden. Der dafür erforderliche Aufwand kann die Verbesserung für den Hersteller und Betreiber uninteressant machen.

Bestimmte Systemeigenschaften helfen, bei möglichst geringem Aufwand eine möglichst gründliche Prüfung einer Änderung durchzuführen:

- der Ausgangszustand ist gut beschrieben
- das System ist modular aufgebaut
- Änderungen betreffen genau ein Modul.

Diese Eigenschaften sind beim Steuerstabfahrrechner recht ausgeprägt vorhanden. Abhängig vom Umfang des betroffenen Moduls haben wir Änderungen der Hardware oder Software dieses Rechners mit einem Aufwand von einigen Stunden (Protokollausgabe) bis zu wenigen Wochen (CPU-Platine) begutachtet und geprüft. Wesentliche Schwierigkeit bei der Behandlung von Änderungen ist, daß hierzu keine wissenschaftlich abgesicherte oder auch nur allgemein akzeptierte Vorgehensweise existiert.

Die Effizienz des gesamten Prüfverfahrens ist nur schwer abzuschätzen. Als Erfolg kann gewertet werden, daß bisher zwar einige wenige Fehler bekannt wurden, die die Verfügbarkeit des Rechners einschränkten, aber kein Fehler, der die Sicherheit beeinträchtigt hätte. Da aber bekanntlich die Qualität in ein System hineinkonstruiert und nicht hineingeprüft wird, wäre es allerdings verfehlt, nur aus dem sicherheitstechnisch einwandfreien Arbeiten auf ein effizientes Prüfverfahren zu schließen.

Der fehlerfreie Einsatz der Steuerstabfahrrechner in verschiedenen Kraftwerken über mehrere Jahre zeigt aber deutlich, daß das den Reaktorschutzrechnern und damit auch den Steuerstabfahrrechnern zugrunde gelegte Konzept ohne weiteres gestattet, Rechensysteme unter kalkulierbarem Aufwand für Sicherheitsaufgaben zu entwickeln, zu genehmigen und mit hoher Verfügbarkeit im Sinne einer sicheren und ökonomischen Prozeßsteuerung zu betreiben.


<u>Neuere Rechner mit mittlerer oder geringer
sicherheitstechnischer Bedeutung</u>


Zwei sehr unterschiedliche Entwicklungen führten seit der 2. Fachtagung Prozeßrechner dazu, daß sich der Einsatz von Rechnern für Sicherheitsaufgaben in Kernkraftwerken erheblich ausgeweitet hat:

- Prozeßrechenanlagen, vor allem aber auch Mikroprozessoren, sind in Anwendungen vorgedrungen, die bisher manueller Tätigkeit oder konventioneller Elektronik bzw. Elektrik vorbehalten waren. Als Beispiel seien Rechner zur Prüfung von elektronischen Steuerungen genannt.

- Als sicherheitstechnisch relevant betrachtet wurden vor einigen Jahren wesentlich weniger Systeme als heute. Durch die Ausweitung des Sicherheitsgedankens haben z.B. auch die Rechner zur Protokollierung des Betriebsgeschehens sicherheitstechnische Relevanz erhalten.

Bei diesen Systemen handelt es sich ausschließlich um Einrichtungen mit mittlerer oder geringer sicherheitstechnischer Bedeutung.

Grundlage der Prüfung auch solcher Rechensysteme sind die einschlägigen Regeln und Richtlinien, im wesentlichen /7,8/. Sie enthalten für Rechner aber so wenige und so globale Anforderungen, daß danach ein Rechensystem weder sinnvoll konzipiert noch beurteilt werden kann. Im Rahmen der Prüfung von Rechensystemen ist es daher unumgänglich, durch Ergänzung bzw. Konkretisierung der vorliegenden Regeln geeignete Bewertungsmaßstäbe aufzustellen. Wir erarbeiteten z.B. für ein Protokollierungssystem (geringere sicherheitstechnische Bedeutung) die nachfolgend skizzierten Forderungen /9/:

- Die beteiligten Rechensysteme sollen redundant aufgebaut sein, und zwar nicht, um den Einzelfehler zu beherrschen, sondern um eine möglichst gute Gesamtverfügbarkeit der Protokollierung zu erzielen.

- Die erfaßten Größen sollen ständig, unabhängig von einem besonderen Anregesignal, dokumentiert werden. Man kann sich m.E. nicht unbedingt auf vorab festgelegte Anregekriterien verlassen, wenn, wie ja erwünscht, auch unvorhergesehene Abläufe aufgeklärt werden sollen.

- Die zueinander redundanten Komponenten sollen ständig parallel betrieben werden. Sie sollen in ihrer Wirksamkeit also nicht, wie standby-Systeme, von einer Umschaltung abhängig sein, denn eine Umschaltung kann nur nach erkannten Ausfällen erfolgen. Nach allgemeinem Konsens ist aber das zuverlässige, vollständige Erkennen von Komponentenausfällen bei einem Rechnersystem - wenn überhaupt - nur unter extremen Schwierigkeiten zu erreichen.

- Die Störungsprotokolle sollen auswertbar sein. Das setzt zum einen die Möglichkeit voraus, verschiedene Dokumente einander zeitlich eindeutig zuzuordnen. Zum anderen muß ein Auswertezeitraum festgelegt werden, zu dessen Beginn eine Zustandsabfrage der Binärsignale erfolgt, da die Störungsprotokolle nur Änderungen dokumentieren. Nur wenn eine solche "Generalabfrage" vorliegt, kann über die im Störungsprotokoll dokumentierten Änderungen für den zu untersuchenden Zeitraum der Anlagenzustand rekonstruiert werden.

- Die Zeitauflösung soll so gut sein, daß zwischen Ursache und Folge einer Störung unterschieden werden kann. Durch die im Reaktorschutzsystem gegebenen Signallaufzeiten zwischen Anregung und Auslösung halten wir eine Zeitauflösung von etwa 20 ms auch für schnellste Vorgänge für ausreichend.

- Die Ausgabe der Protokolle soll nicht nur über Schreibmaschine oder Drucker erfolgen, sondern für umfangreiche oder komplizierte Auswertungen gleichzeitig auf einen ohne Schwierigkeiten auch von anderen Rechnern zu verarbeitenden transportablen Datenträger, z.B. Magnetband.

- Es sollen Einzweckrechner verwendet werden, um zu vermeiden, daß
  andere Aufgaben die Störungsprotokollierung beeinträchtigen.

- Die Rechner sollen alle Größen (einige tausend) verarbeiten können,
  die zur Rekonstruktion eines Störfallablaufs erforderlich sind.

- Eine Selbstüberwachung der Rechner ist nicht erforderlich, da die
  Rechner nicht direkt ins Kraftwerksgeschehen eingreifen und aufgrund
  der Protokolle auch keine für die Sicherheit des Kraftwerkes wichtigen ad-hoc Entscheidungen gefällt werden müssen.

- Programmierungsgrundsätze /10/, die zur Schaffung einer übersicht-
  lichen Software beitragen, sollen beachtet werden.

Bei der Konzeption des Systems im unklaren über die detaillierten Beur-
teilungsmaßstäbe zu sein, ist für den Hersteller einer Rechenanlage sicherlich unbefriedigend. Abhilfe wäre am ehesten durch eine Richtlinie
für Sicherheitsrechner möglich, sei es speziell für die Kerntechnik
oder übergreifend für alle betroffenen Fachgebiete. Leider ist ein
entsprechender Ansatz auf dem Sektor der Kerntechnik vor einiger Zeit
auch wegen mangelnder Initiative der Hersteller und Betreiber, den zunächst Betroffenen also, zum Erliegen gekommen.

Die Begutachtung und Prüfung von Prozeßrechenanlagen erfolgt, genau wie
bei konventioneller Elektronik, in mehreren Schritten:

- Errichtungsgutachten
  Untersucht, ob ein spezifiziertes Konzept realisierbar ist und ob
  dieses Konzept den sicherheitstechnischen Anforderungen genügt.

- Eignungsprüfung
  Prüft die Funktion und Konstruktion eines neuen oder modifizierten
  Gerätetyps.

- Vorprüfung
  Überprüft die Verträglichkeit der Einzelgeräte mit den Systemanfor-
  derungen und das Zusammenspiel der Systeme in der jeweiligen Anlage
  vor Inbetriebnahme anhand von Unterlagen.

- Abnahme- und Funktionsprüfung
  Soll zeigen, daß das System entsprechend den Unterlagen der Vorprüfung aufgebaut wurde (Abnahme) und funktionsfähig ist.

- Inbetriebnahmeprüfung
  Erster Funktionstest der Systeme bei laufender Anlage.

- Regelmäßig wiederkehrende Prüfung
  Routinetest der Sollfunktionen von Geräten und Systemen je nach
  Zweckmäßigkeit bei stehender oder laufender Anlage.

Schwierigkeiten in diesem Ablauf entstehen neuerdings, weil durch die
bereits erwähnte Ausweitung des Sicherheitsgedankens Anforderungen an
Systeme gestellt werden müssen, für die sie ursprünglich nicht ausgelegt wurden.

Für die Begutachtung und Prüfung eines Protokollierungssystems (4 Rechner) im eben skizzierten Umfang wird insgesamt etwa ein Mannjahr benötigt.


## Vorausschau

Wie schon in den vergangenen Jahren wird auch in Zukunft die Anzahl der
für Sicherheitsaufgaben in Kernkraftwerken eingesetzten Rechner weiter
anwachsen, und zwar aus den gleichen Gründen, die schon die Entwicklung
der letzten Jahre bestimmten.

Der zunehmende Einsatz von Prozeßrechnern und Mikroprozessoren ist im
Sinne einer verbesserten Sicherheit wünschenswert. Viele komplexe Aufgaben konnten bisher nur manuell ausgeführt werden, viele umfangreiche
Aufgaben gar nicht. Rechner bieten sich zur zuverlässigen Bewältigung
solcher Aufgaben an und ermöglichen außerdem eine Entlastung des Be-
triebspersonals von Routinearbeiten, z.B. von regelmäßig wiederkehrenden
Prüfungen.

Um das beträchtliche Potential, das Rechner auch für Sicherheitsaufgaben bieten, voll nutzen zu können, ist es unter anderem erforderlich,
den Aufwand für Begutachtung und Genehmigung ohne Sicherheitseinbuße
zu minimieren bzw. zumindest bis zum Aufwand für konventionelle Systeme
zu reduzieren. Der Weg dazu kann offensichtlich nicht nur im Weglassen
einzelner Teilprüfungen bestehen, sondern muß sich nach gegenwärtigem
Kenntnisstand auch vollziehen über

- Vereinheitlichung der für Sicherheitsaufgaben eingesetzten Hardware
  und Software, woraus, wie das Beispiel Steuerstabfahrrechner zeigt,
  eine deutliche Verringerung des Prüfaufwandes erfolgt.

- Forcierung der Forschung zu Fragen der Rechnersicherheit zwecks Optimierung der Prüfverfahren

- Schaffung eines Standards für den Aufbau von Sicherheitsrechnern.

Für die Konzeption künftiger Rechensysteme mit Sicherheitsaufgaben läßt
sich aus den bisher gewonnenen Erfahrungen die folgende Strategie ableiten:

- Beschränkung auf max 4 unterschiedliche Rechner
  . zwei Mikrorechner (diversitär) für einfache Aufgaben; höchste sicher-

heitstechnische Ansprüche

. zwei Minirechner (ebenfalls diversitär) für umfangreichere
  Aufgaben; geringe und mittlere sicherheitstechnische Ansprüche.

- Jeder Rechner erhält eine Grundsoftware (Treiber, Bediensystem etc.)
- Jeder Rechner erhält eine Selbstüberwachungssoftware
- Die Hardware wird typgeprüft (eignungsgeprüft) oder ihre Eignung
  wird über Betriebsbewährung nachgewiesen
- Beim Einsatz der Rechner, z.B. in Meßgeräten oder als Steuerungs-
  rechner, werden nur noch geprüft

  . Anwenderprogramme
  . Änderungen der Hardware (Speicherausbau, Peripherie) und daraus
    resultierende Modifikationen des Betriebssystems und der Selbst-
    überwachungsprogramme.

Dieses Verfahren, die Grundversion von Rechnern einer Typprüfung zu
unterziehen und danach nur noch die Änderung gegenüber der Grundversion
zu betrachten, ist, wie meine Ausführungen zeigen sollten, bewährt und
der gegebene Weg, den Aufwand sowohl bei der Realisierung als auch bei
der Begutachtung in Grenzen zu halten.

<u>Literatur</u>


/1/     Rauch, G. und U, Schmeil
Analytisches Verfahren zum Nachweis der Fehlerfreiheit und
Zuverlässigkeit von Prozeßrechnersoftware
PDV Entwicklungsnotizen, März 1978

/2/     Schüller, H.
Methoden zum Erreichen und zum Nachweis der nötigen Hard-
warezuverlässigkeit beim Einsatz von Prozeßrechnern
Dissertation, München 1978

/3/     Ehrenberger, W. und E. Soklic
A Hybrid Method for Testing Process Computer Performance
Enlarged HPG Meeting, Loen, May 1972

/4/     TÜV Norddeutschland e.V.
Bericht Reaktorschutz Prozeßrechnersystem
Kernkraftwerk Brunsbüttel
Hamburg, April 1975 (unveröffentlicht)

/5/     Glöe, G. und H. Eggert
Zum Einsatz von Prozeßrechnern für sicherheitstechnisch
bedeutende Aufgaben in Kernkraftwerken
TÜ, Nr. 6, 1977

/6/     Glöe, G.
Inspection of Process Controll Computers
in
Transactions of the American Nuclear Society, Vol. 31,S.134 f
La Grange Park, 1979

/7/     Der Bundesminister des Innern
Sicherheitskriterien für Kernkraftwerke
21. Oktober 1977

/8/     GRS
RSK-Leitlinien für Druckwasserreaktoren
2. Ausgabe, 24. Januar 1979

/9/     TÜV Norddeutschland e.V.
Gutachten zur Erweiterung des automatischen
Dokumentationssystems im Kernkraftwerk Brunsbüttel
Hamburg, April 1980 (unveröffentlicht)

/10/     Ehrenberger, W.D. and J.R. Taylor
Recommendations for the design and construction
of safety related user programs
Regelungstechnik, Heft 2, 1977

H. Hafner, G. Mangold, J. Weihrauch
BBC-Mannheim
Fachbereich Netzleittechnik


## Ein MMK-System mit verteilter Intelligenz zur Stand-alone Dateneingabe und für Prozeßführungsaufgaben.

### 1. Einleitung:

In modernen Prozeßführungssystemen hat sich der Einsatz dezentraler Intelligenz zur Entlastung der Zentralrechner bewährt. Bei BBC wurde ein MMK-Konzept entwickelt, das es erlaubt, bereits in der Phase vor der Systemintegration alle intelligenten Systemkomponenten "Stand-alone" zu spezifischen Projektierungsaufgaben unabhängig voneinander heranzuziehen (Bildaufbau, Konstanteneingabe, Dialogdefinition).

Dieses Verfahren weist wesentliche Vorteile auf gegenüber der bisher üblichen Methode der Verwendung auch von vorhandenen intelligenten Systembausteinen erst ab dem Zeitpunkt der Gesamtsystemintegration:

- Vorverlagerung von zeitaufwendigen Tätigkeiten, ohne daß Zentralrechner zu diesem Zeitpunkt schon zur Verfügung stehen müssen, insbesondere von Bilddaten- und Prozeßdaten-eingabe

- frühzeitige Fehlererkennung durch syntaktische und z.T. auch logische Prüfungen

- Bindung der Mittel für die Zentralrechner erst zu einem späteren Zeitpunkt

- frühzeitiger Umgang des Bedienpersonals mit den auch später zur Prozeßführung verwendeten Geräten, dadurch Reduzierung von Quellen für mögliche Bedienungsfehler während des späteren Einsatzes

## 2. Systemkomponenten:

Die wesentlichen intelligenten Systembausteine des MMK-Systems sind
(s. Abb.1)

- das bildaufbau- und bildanzeigeorientierte Farbsichtgerätesystem

- das bildschirmformularorientierte Dateneingabesystem mit Daten-
  haltungsfunktionen

- die mikroprozessorgesteuerte Funktionstastatur mit selbststän-
  diger Erzeugung von Zeichensequenzen für die Rechneransprache

Diese intelligenten Subsysteme sind integraler Bestandteil eines
redundant ausgelegten hierarchischen Doppelrechnersystems. Das Bindeglied dieser Komponenten ist die projektorientierte Prozeßdatenbank.
Benutzerfreundliche Sortier- und Prüfprogramme transformieren die offline erstellten und auf Magnetdatenträgern gespeicherten Daten in
interne Darstellungsform, die dann letztendlich die Basis für alle
Verarbeitungsprogramme sind.

## 3. Intelligentes Displaysystem:

Die im MMK-System eingesetzten Farbsichtgerätesysteme dienen im On-line
Betrieb zur anthropotechnisch günstigen Darstellung der Prozeßsignale
und -zustände.

Die Prozeßzustände und -signale werden in benutzeroptimaler Form
codiert und in Symbol-, Farb- und Blinkinformation umgesetzt. Der
physikalische Bildspeicher kann mehr als 1 Monitorinhalt groß sein.Im
Maximalausbau besteht ein virtuelles Bild aus 512 x 512 (horizontal x
vertikal) Symbolen. In Abhängigkeit von der verwendeten Symbolmatrix
kann die Anzahl der darstellbaren Monitorinhalte berechnet werden.
Symbolmatrizen sind im Bereich von 6 x 6 bis 16 x 16 möglich.

Der Bildspeicher kann dabei in eine hierarchische Struktur von Bereichen, Fenstern und Ausschnitten eingeteilt werden, die sich additiv
zum gesamten virtuellen Bild ergänzen. Die Elemente dieser Struktur
sind auch vom Leitrechner als eigenständige Einheiten ansprechbar, was
dem System eine hohe Flexibilität verleiht. Auf einem Farbsichtgerät
können bis zu 4 Bildebenen optisch überlagert werden. Durch eine
symbolbezogene Priorität kann festgelegt werden, welche Ebene bei einer
bestimmten Koordinate angezeigt wird.

Ein interessanter Aspekt des Displaysystems ist der Einsatz der stand-
alone Version zur Voraberfassung von Bilddaten.

Alle zum Bildaufbau notwendigen Funktionen laufen auf dem integrierten
Mikroprozessor unter Kontrolle eines Standard-Betriebssystems ab.
Durch die Aufwärtskompatibilität von Rechner, System- und Anwendersoftware können bei geeignet großer Systemauslegung auch Erweiterungen
durch nicht bildbezogene Funktionen bzw. Programme vorgenommen werden.
In der Basisversion wird ein Floppy-Doppellaufwerk als Externspeicher
verwendet, wobei die Bilddaten in Files mit Standard-Format abgelegt
sind.

Alle Systemfunktionen zur Bilderstellung werden mit Hilfe einer Menü-
technik alternativ über Lichtgriffel, Bedientastatur oder Rollkugel
angestoßen. Die Vorbereitung der Bild-Prozeß-Verknüpfung ist dabei
eine wesentliche Funktion des stand-alone Displaysystems. Jedem
dynamisch reagierenden Bildelement wird dabei ein logischer Name zugeordnet, der eindeutig auf ein zugeordnetes Prozeßelement verweist.
Ein Systemprogramm vergibt jedem dynamischen Element zusätzlich eine
laufende Nummer, die bei der Prozeßdarstellung im on-line Betrieb als
Ansprachekriterium für die Bildaktualisierung verwendet wird.

Eine flexible Makrotechnik erlaubt es, beliebig große Bildteile als
Makrosymbol zu deklarieren und in unbegrenzter Anzahl auf dem Extern-
speicher für spätere Verwendung abzugeben. Damit kann vor allem beim
Aufbau von Bildern, die gleiche oder ähnliche Bildteile enthalten, der
Arbeitsaufwand wesentlich verringert werden.

Der Leistungsumfang des stand-alone Systems erlaubt vor der Systemintegration einen kompletten Aufbau aller Prozeßbilder, so daß die
Inbetriebnahme schon mit einem kompletten Datensatz möglich ist.

Das Einsortieren der Bilddaten in die Prozeßdatenbank geschieht mit
Hilfe eines sog. "Bilddaten-Linkers". Dieses Programm überprüft die
eingegebenen Bilddaten auf Plausibilität und weist den dynamischen
Bildelementen die durch die Netzdateneingaben projektierte Reaktion zu.

## 4. Die Dateneingabestation

An der Dateneingabestation werden in der Projektierungsphase mit Hilfe
eines bildschirmformular- und diskettenorientierten Eingabesystems die
Projektierungsdaten in Dateien abgelegt.

Die Dateneingabestation besteht aus einem PDT11/150- Gerät, d.h. eine
LSI11-Zentraleinheit mit 30K verfügbarem Kernspeicher, 1 RXO1-Disk-
ketten-Doppellaufwerk, 1 VT100-Datensichtgerät sowie 1 LA 34-Schreib-
maschine.

Das Dateneingabesystem läuft unter dem Betriebssystem RT11 VO3B; die
Programme zur interaktiven Dateneingabe- und ablage wurden in BASIC-11/
RT11 geschrieben. In den BASIC-Interpreter wurden zusätzlich noch be-
nötige ASSEMBLER-Prozeduren aufgenommen.

Die Eingabe in Dateien geschieht über Formularmasken, die den Eintrag
der Daten lichtmarkengesteuert nur an definierten Stellen im Formular
erlauben. Die Eingabefelder sind im statischen Formularanteil mit er-
läuternden Texten versehen. Zu jedem Eingabefeld können auf Tastendruck
Hilfstexte eingeblendet werden.

Die Ansprache der Eingabefelder geschieht über logische Namen. Die
Formularmasken sind in einer Formularbibliothek abgelegt und werden
wiederum in einem Anwahlformular aufgerufen. In der Formularbibliothek
sind neben dem statischen Maskenanteil bei den Namen der Eingabefelder
außerdem Angaben über die Typen der einzugebenden Daten (numerisch,
alphabetisch, alphanumerisch oder beliebige darstellbare Zeichen),
über die Längen der Eingabefelder, über Eingaberichtungen (linksbündig,
rechtsbündig) sowie über Videoeigenschaften (normal oder heller Hintergrund) abgelegt. Die Erstellung der Formularmasken sowie die Datenab-
lage wird durch das Formularmanagementsystem FMS-11 von DEC unterstützt.

Form und Inhalt der Formularmasken können weitgehend variabel gestaltet werden. Um eine neue Formularmaske in das Dateneingabesystem zu integrieren, ist lediglich die Aufnahme in das Anwahlformular erforderlich Sämtliche wesentlichen Informationen über die in der Datei abgelegten Daten, z.B. Namen, Ablageformate sowie Bearbeitername und letztes Bearbeitungsdatum werden im Dateikopf abgelegt. Dies bietet die Gewähr dafür, daß die erstellten Dateien unabhängig vom Inhalt jeweils durch ein einziges Programm sowohl an der Dateneingabestation als auch nach dem Transfer zum Zentralrechner bearbeitet werden können.

Die Funktionen des Dateneingabesystems entsprechen denen eines Datenhaltungssystems einer elektronischen Bildschirmkartei mit Schwerpunkt auf effiziente Datenneuablage:

- Neuablage von Karteikarten, wahlfreier Zugriff auf bereits erstellte Karteikarten

- Einfügen, Löschen, Kopieren von Karteikarten an beliebiger Stelle der Kartei

- Auslisten der Datei in Kompaktform

- Ausfüllen von Karteikarten einer Datei unter Zuhilfenahme von Referenzdateien (Connected Arrays), d.h. die Angabe eines Typnames genügt zum automatischen Eintrag der Typeigenschaften in die Karteikarte.

## 5. Einbindung der Bild- und Netzdaten in das On-Line System

Nach Anschluß des Stand-alone Bildaufbausystems und der Dateneingabestation an den Zentralrechner werden die auf Disketten abgelegten
Dateien überspielt. Die Einbindung der Bild- und der Prozeßdaten
schieht dann in den Phasen

    a) Einsortierung der Prozeßdaten in die Datenbank

    b) Erstellung der bildspezifischen Aktualisierungsdateien

In Phase a) werden die auf unterschiedlichen Disketten abgelegten Inhalte von Dateien gleichen Namens untereinander verglichen und auf
Redundanz und widersprüchliche Eintragungen überprüft. Fehlende Daten
werden - falls möglich - vom Programm eingetragen, anderenfalls ange-
mahnt. Die Inhalte geprüfter Dateien werden in die Prozeßdatenbank ein-
sortiert.

Die Datenbankstruktur ist für die optimale Abarbeitung der Prozeßinfor-
mation ausgelegt, stimmt also i.a. nicht mit der Struktur der eingabe-
optimierten Dateien überein. Für den schnellen Zugriff werden logische
Namen durch explizite Datenbankreferenzen ersetzt.

Die für die Bildaktualisierung relevanten Bilddaten (Phase b) , die mit
Hilfe des Bildaufbausystems generiert wurden, werden zusammen mit den
reaktionsdefinierenden Informationen der Netzdateneingabe in das jedem
Bild zugeordnete Bildfile geladen. Dieses wird im Sinne einer schnellen
Bildaktualisierung unabhängig von der Datenbank geführt.

Der Prozeß des Zusammenbindens der Bilddaten mit den Prozeßdaten
umfaßt

    - Prüfung der bei den Bildern abgelegten Objektnamen auf
      Existenz in der Datenbank

- Untersuchung der zugehörigen bildspezifischen Reaktion auf
  Verträglichkeit mit dem im Bild dargestellten Symbol sowie
  Attribut bestehend aus Farbe und Blinkmodus

Die Abwicklung des gesamten Einbindevorgangs der Prozeß- und der Bilddaten sowie der Plausibilitätsprüfungen untereinander geschieht durch
weitgehend parameterfreie bedienfreundliche Kommandoprozeduren.


## 6. Mikroprozessorgesteuerte Funktionstastatur

Die Führung von netzleittechnischen Prozessen geschieht über sog.
Funktionstastaturen (FT). Durch das Drücken einer Sequenz fest codier-
ter Tasten werden dem betriebsführenden Rechner die Parameter einer Be-
dienungsanweisung in Form digitaler Ein-/Ausgabe eingegeben. Ständig
sinkende Hardwarekosten stärken die Tendenz, mikroprozessor-gesteuerte
Funktionstastaturen zu verwenden, um Softwarekosten zu sparen, Bedienungspersonal bei Eingaben zu unterstützen und die Leitrechner durch
Auslagerung von Teilfunktionen zu entlasten.

Durch den Einsatz eines Mikroprozessors verhält sich eine FT an der
Schnittstelle zum Rechner wie ein Terminal. Der Anschluß erfolgt über
eine genormte serielle Schnittstelle, wobei die vorhandenen Treiber des
Bestriebssystems und die Handler des Anwendersystems benutzt werden.
Die übertragenen Daten bestehen aus ACCI-strings

Komplexe Prozesse erfordern auch bei Verwendung leistungsfähiger Prozeßrechner gut ausgebildetes Bedienungspersonal. Der Einsatz von ausge-
leuchteten Tasten in einer FT kann Bedienungsabläufe erleichtern bzw.
in kritischen Situationen beschleunigen. Durch Ausleuchtung von Tasten,
die gedrückt werden dürfen oder müssen, wird ein Bedienungsmann schnell
und sicher durch komplizierte Eingabesequenzen geführt. Der Mikroprozessor entlastet dabei den prozeßführenden Rechner und hilft die Ein-
arbeitungszeit des Personals zu verringern.

Änderungen und Erweiterungen des Funktionsumfangs der FT geschehen durch
Generieren neuer PROM's, ohne die Schnittstelle zum Leitrechner zu beeinflussen.

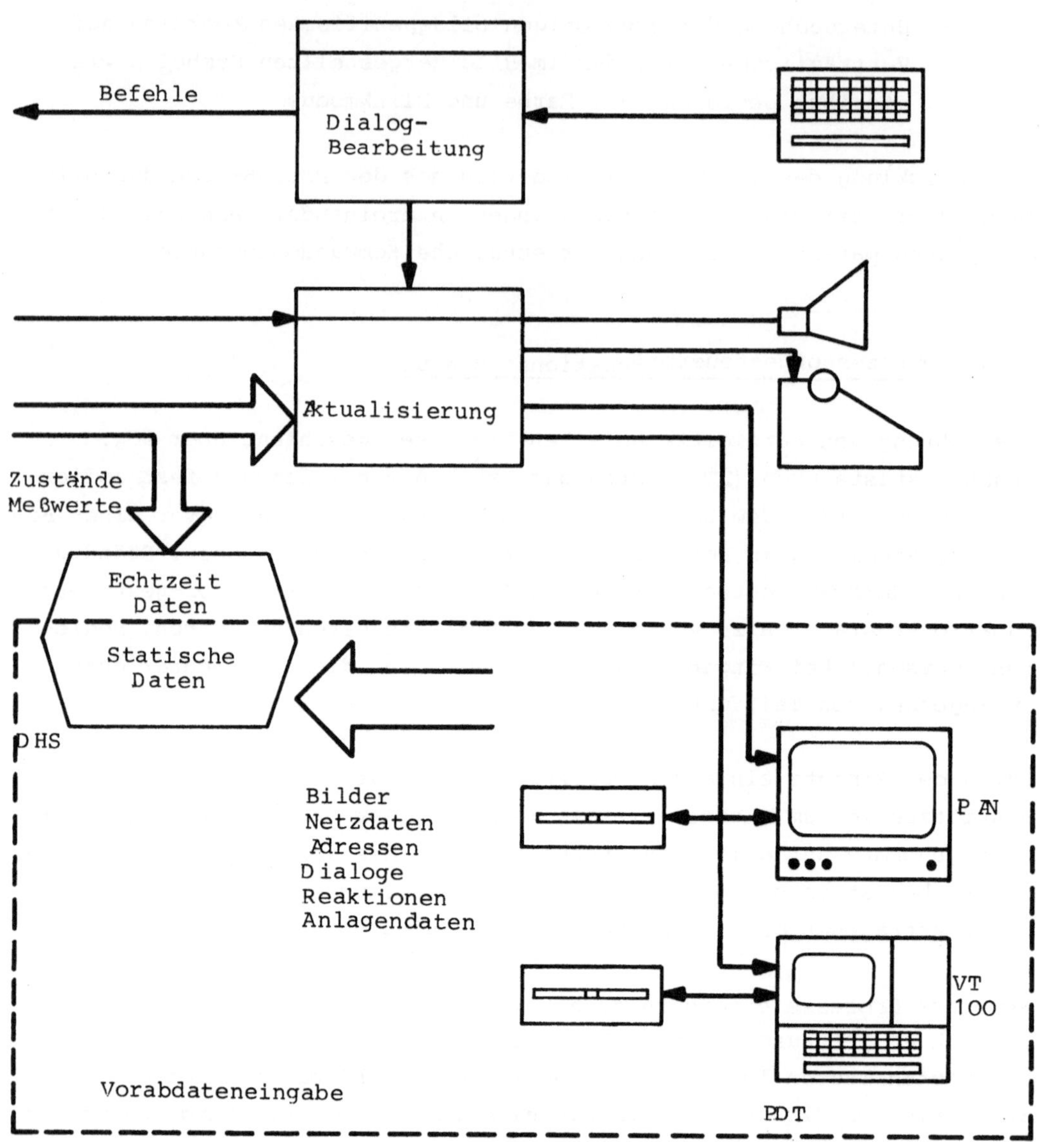


Abb. 2:    Systemkomponenten des MMK-Systems

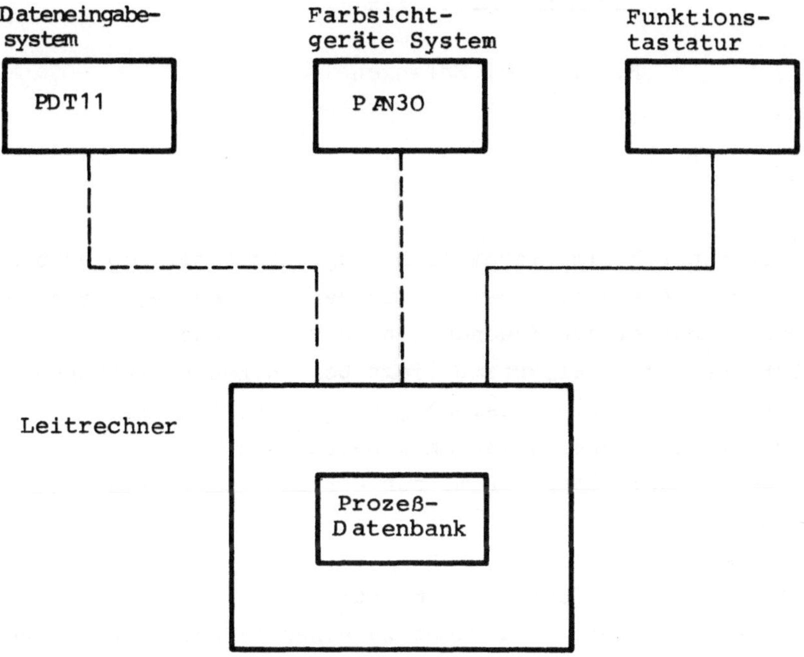


Abb.1: Vereinfachte Darstellung des MMK-Systems

Terminal-Dialogsystem für den
Produktionsbereich


H.-J. Thon, Erlangen


## Einleitung


Im Produktionsbereich sind Terminal-Dialogsysteme mit Prozeßrechner seit
etwa 10 Jahren im Einsatz. Dabei ist in den letzten 2-3 Jahren ein über-
proportionaler Anstieg der Anwendungen zu verzeichnen.
Die Bedeutung der Terminalsysteme liegt bei folgenden Aufgaben:
. Aktualisierung und Rationalisierung der Datenerfassung
. Ausgabe von Arbeitsanweisungen am Arbeitsplatz
. Aufbau eines Informationssystems zur Fertigungssteuerung und
  -überwachung.


Mit der Aufstellung von Terminals am Arbeitsplatz werden die Daten dort
erfaßt, wo sie entstehen. Dies führt zu einer Reduzierung der Belege,
zur Verringerung von Eingabe-Fehlern, zu aktuellen Informationen und zu
geringeren Kosten für die Datenerfassung.
Die zeitgerechte Ausgabe von Arbeitsanweisungen am Arbeitsplatz dient
der Verbesserung der Fertigungsvorgabe. Belege müssen nicht mehr verwaltet und transportiert werden, sondern können vom Arbeitsplatz zum Zeitpunkt des Bedarfs abgerufen und dort ausgegeben werden.
Mit der Installation eines Terminal-Dialogsystems wird zugleich das
Ziel verfolgt, ein aktuelles Informationssystem zur Fertigungssteuerung
und -überwachung zu schaffen. Dies erfordert ein Rechnersystem, das
alle in der Fertigung anfallenden Daten sofort verarbeitet und in einer
Datenbank speichert. Damit sind jederzeit Auskünfte über z.B. Ferti-
gungsstand, Maschinenbelegung oder Lagerbestand möglich.


## Terminals im Produktionsbereich


Terminals sind heute in allen Bereichen der Produktion anzutreffen:
. an Werkstoren zur Personaldatenerfassung
. an Maschinen und Arbeitsplätzen zur Erfassung von Aufträgen, Stückzahlen, Zeiten und Leistungen
. im Labor und Prüffeld zur Qualitätskontrolle
. in der Warenannahme zur Kontrolle des Wareneingangs

. im Lager zur Abwicklung der Ein-/Auslagerungsvorgänge
. in Meisterbüros und in der Arbeitsvorbereitung zur Steuerung der
  Produktion

An die Terminals werden sehr unterschiedliche Anforderungen gestellt:
Einerseits müssen sie an Maschinen und Arbeitsplätzen in der Werkstatt
robust und unempfindlich gegen Schmutz, Erschütterungen und Spritzwas-
ser sein. Die je Vorgang anfallende Datenmenge ist hierbei gering, so
daß zur Datenein- und Datenausgabe Tastaturen und Anzeigen genügen.
Andererseits werden im Lager, Meisterbüro oder in der Arbeitsvorbereitung
Terminals benötigt, die in der Lage sind, je Vorgang große Datenmengen
zu erfassen oder auszugeben. Daher sind dort vorwiegend Bildschirm-
Terminals mit Drucker, Lochkartenleser oder Lesestift im Einsatz. Zwischen diesen beiden extremen Anforderungen gibt es je nach Aufgabenstellung zahlreiche Variationen.

Um die Vielfalt der Terminals zu begrenzen, hat mit dem Einsatz der
Mikroprozessoren eine Entwicklung begonnen, die von der Einzwecklösung
zur Mehrzwecklösung geführt hat (Bild 1).

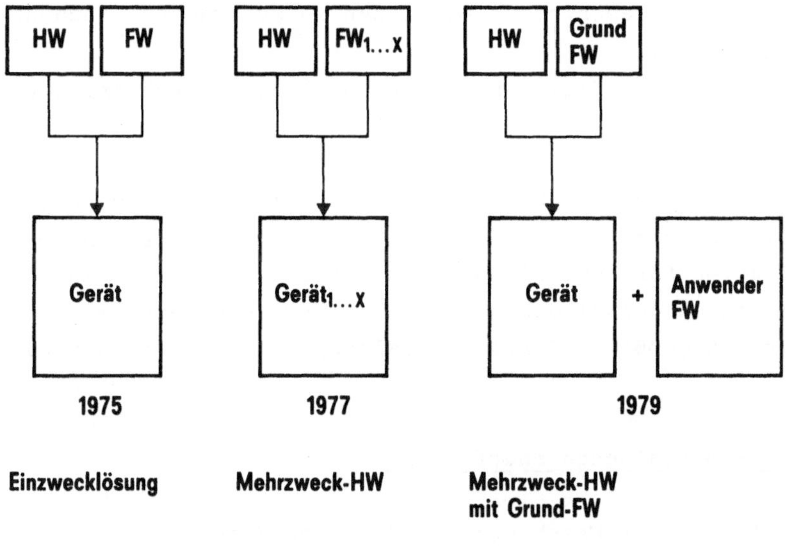


Bild 1: Einfluß der Mikroprozessoren auf die Terminal-Entwicklung

Während man anfangs mit Mikroprozessoren noch Einzwecklösungen baute, erkannte man bald die Variationsmöglichkeiten der Firmware. Ab 1977 kamen Geräte auf den Markt, die durch austauschbare Firmware unterschiedliche Geräte-Eigenschaften ermöglichten und als Mehrzwecklösung anzusehen sind. Dieser Trend hat sich in der Weise fortgesetzt, daß nicht mehr der Terminal-Hersteller die Terminal-Funktionen definiert, sondern der Anwender selbst die Terminal-Eigenschaften variieren kann, indem er entweder durch Parametrierung oder durch eigene Anwender-Firmware die Funktionen des Gerätes bestimmt. Derartige Terminals sind seit 1979 auf dem Markt und bestehen aus einer Grundfirmware, die um eine Anwender-Firmware ergänzt wird.

Für den Einsatz im Produktionsbereich haben sich 3 Terminaltypen als notwendig erwiesen:


## Terminals zur Personaldatenerfassung

Durch den begrenzten Anwendungsbereich werden diese Terminals größtenteils im Sinne der Einzwecklösung eingesetzt. Sie werden benutzt, um

. das Kommen und Gehen der Mitarbeiter zu registrieren (Anwesenheit und Gleitzeit)
. die Zugänge zu abgeschirmten Bereichen zu überwachen (Rechenzentrum, Labor, Parkplatz)
. den Ablauf in bargeldlosen Kantinen und Tankstellenbetrieben zu kontrollieren.

Hierfür werden auf dem Markt komplette Hard-/Software-Systeme angeboten. Sie erfordern in der Regel keine zusätzliche Anwendersoftware und sind oft der Einstieg für den Aufbau eines größeren Terminal-Dialogsystems. Man sollte jedoch darauf achten, daß das Erfassungssystem erweiterbar ist bzw. in ein größeres Terminal-Dialogsystem integriert werden kann.


## Terminals zur Maschinendatenerfassung

Die Datenerfassung an Maschinen und Arbeitsplätzen in der Produktion erfordert dialogorientierte Terminals, die für rauhe Umgebungsbedingungen geeignet sind.

Die Anforderungen an diese Terminals sind sehr vielfältig, insbesondere dann, wenn Daten von Maschinen, Waagen oder Prüfeinrichtungen direkt erfaßt werden sollen. Aus diesem Grunde werden heute zur Maschinendatenerfassung mikroprozessorgesteuerte Terminals angeboten, die durch Parame-

trierung bzw. zusätzliche Anwender-Firmware den jeweiligen Anforderungen
angepaßt werden können.
Die Terminals sind zur Dateneingabe mit Tastaturen, Funktionstasten und
wahlweise Magnetkartenleser ausgestattet und besitzen zur Datenausgabe
alphanumerische Anzeigen und Leuchtfehler. Digitalein- und Digitalaus-
gänge ermöglichen das direkte Erfassen von Maschinendaten bzw. das An-
steuern externer Geräte.

Dem Anwender werden zur Erfassung und Verarbeitung von Maschinendaten
komplette Programmsysteme angeboten. Diese liefern folgende Auswertungen auf Drucker und Bildschirm:
. Betriebsprotokolle zur Ausgabe von Terminalereignissen
. Schichtprotokolle mit Auswertung der arbeitsplatzbezogenen Ereignisse
  einer Schicht (Produktions- und Maschinendaten)
. Sofortprotokolle mit Auskünften über die Maschinen- und Arbeitsplatz-
  belegung.


## Terminals zur Material- und Auftragsdatenerfassung

In den Bereichen für Warenannahme, Lager, Versand, in den Meisterbüros
und in den Fertigungssteuerungsabteilungen werden zur Material- und
Auftragsdatenerfassung meist Terminals mit Bildschirm und alphanumeri-
scher Tastatur eingesetzt. Zur Personalidentifikation und Verarbeitung
maschinell erstellter Belege sind die Terminals wahlweise mit Magnetkartenleser, Lochkartenleser oder Lesestift ausgestattet. Müssen Belege am
Arbeitsplatz erstellt werden, so ist ein Drucker angeschlossen. Im Lager
und in der Qualitätsprüfung sind vielfach Gewichtswerte von Waagen und
Meßwerte von Prüfeinrichtungen direkt zu erfassen. Die Terminals müssen
dann zusätzlich mit Digitalein- und Digitalausgängen ausgerüstet sein.
Die vielfältigen Anforderungen an diese Terminals lassen sich bei gleicher Terminal-Hardware nur durch zusätzliche Anwender-Firmware realisieren.


## Einsatz intelligenter Terminals

Eine Vereinfachung der Datenerfassung über Bildschirme bieten Formular-
systeme. Sie bestehen aus einem Formularerstellungsteil, einer
Formularverwaltung und einem Interpreter zur Erfassung und Prüf-
fung der Eingabedaten.

Die Interpreter arbeiten zeichen-, feld- und formularorientiert.
Für ihren Einsatz gibt es zentrale und dezentrale Lösungen (Bild 2):

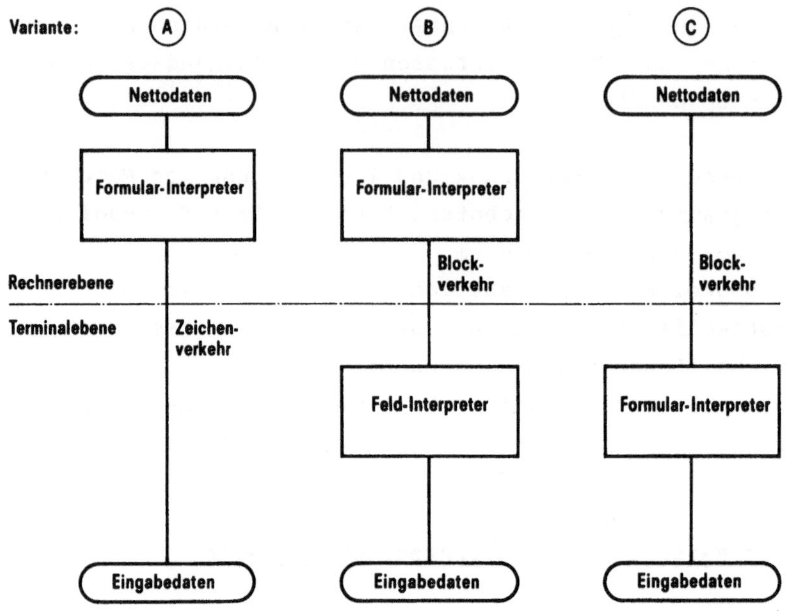


Bild 2:    Möglichkeiten des Interpreter-Einsatzes

Die zentrale Lösung (Variante A) bietet den Vorteil, preiswerte Bild-
schirm-Terminals mit transparentem Datenverkehr zum Rechner einsetzen
zu können. Sie hat jedoch den Nachteil, daß bei zeichenweisem Datenverkehr und Prüfung der Eingabedaten im Rechner, der Zentralprozessor
stark belastet wird.
Bei der dezentralen Lösung (Variante C) findet die Formularbearbeitung
im Terminal statt. Dies setzt sog. intelligente Terminals voraus, die
mikroprozessorgesteuert arbeiten und über RAM- und EPROM-Speicherbe-
reiche verfügen. Sie werden immer dann eingesetzt, wenn die Zahl der
Terminals an einem Rechner groß ist, kurze Reaktionszeiten gefordert
sind und durch Vorverarbeitung der Daten im Terminal der Rechner entlastet werden soll.
Die Variante B stellt eine Zwischenlösung dar, bei der die Zeichen- und
Feldinterpretation im Terminal erfolgt, die Formularsteuerung jedoch
im Rechner vorgenommen wird.

## Übertragungseinrichtungen

Für den Anschluß der Terminals an den Rechner kommen stern- oder busförmige Verbindungen zum Einsatz. Sternförmige Anordnungen bieten den
Vorteil, auch vorhandene Fernsprechleitungen für den Anschluß der Geräte
benutzen zu können. Busförmige Verbindungen verursachen bei bestimmten
örtlichen Gegebenheiten geringeren Verkabelungsaufwand (Bild 3).

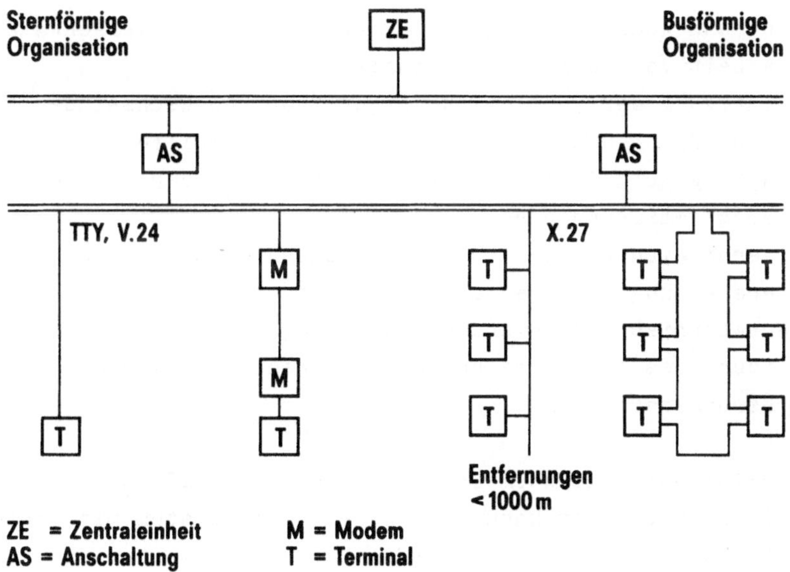


Bild 3:    Stern- und busförmiger Anschluß der Terminals

Bei sternförmigem Anschluß werden heute Mehrfach-Anschaltungen eingesetzt, die bei einer Datenrate von 9600 Baud bis zu 16 beliebige Geräte
betreiben können. Damit haben sich die Kosten für den Anschluß der Terminals an den Rechner gegenüber der Einzel-Anschaltung erheblich reduziert. Als Schnittstelle zum Terminal sind TTY-Schnittstelle für Linien-
strom mit 20 mA oder V24-Schnittstelle üblich. Die TTY-Schnittstelle erlaubt den Anschluß von Terminals bis ca. 1000 m. Der V24-Anschluß stellt
eine Modem-Schnittstelle dar, die es ermöglicht, Terminals per Stand-
oder Wählleitung über beliebige Entfernungen anzuschließen.
Zur sicheren Datenübertragung werden genormte Datenübertragungsproze-
duren, wie LSV1 oder MSV1 verwendet.

<u>Terminal-Dialogsystem</u>

Der Aufbau eines Terminal-Dialogsystems in der Produktion erfordert auf
der Software-Seite anwendungsunabhängige Systemprogramme. Die vom Hersteller gelieferten fertigen Problemlösungen decken nur begrenzte Aufgabenbereiche ab. Sie sind als Teillösungen eines die Produktion umfassenden Terminal-Dialogsystems anzusehen.
Die Anforderungen an ein anwendungsunabhängiges Terminal-Dialogsystem
lauten:
. Abwicklung und Koordinierung des Ein-/Ausgabe-Datenverkehrs bei
  Simultanarbeit von mehreren Terminals
. Berücksichtigung der Terminal-Konfiguration und wechselnden Betriebs-
  verhältnisse durch Generierung und Bedienereingriffe.
. geräteunabhängige Aufrufschnittstellen für Anwenderprogramme in
  höheren Programmiersprachen
. Datenvorverarbeitung über zentrale/dezentrale Interpreter
. Formularerstellung und -verwaltung für Datensichtgeräte
. Multi-User-Betrieb für Anwender-Dialogprogramme
. Unterstützung des Anwenders bei Fehlerbehandlung, Wiederanlauf- und
  Datensicherungsmaßnahmen.

Für ein Terminal-Dialogsystem ist von Bedeutung, daß es unterschiedliche Terminals betreiben kann. Bei einem Dialogsystem mit vielen Terminals (30-100) übersteigen die Terminal-Kosten bei weitem die Kosten für
den Rechner und die zentrale Peripherie. Aus diesem Grund werden am jeweiligen Arbeitssplatz nur die Terminals eingesetzt, deren Leistung unbedingt benötigt wird.
Ein weiteres Leistungskriterium für ein Dialogsystem ist die Reaktionszeit von der Datenanforderung durch den Bediener bis zur Datenausgabe
an den Bediener. Sie sollte im Mittel 1-2 Sekunden nicht überschreiten.


<u>Systemstruktur</u>

Am Beispiel eines ausgeführten Terminal-Dialogsystems sollen im folgenden die On-line-Funktionen erläutert werden (Bild 4). Das Dialogsystem ist im Sinne eines Schichtenmodells in Transferebene, Koordi-
nierungsebene, Bearbeitungsebene und Benutzerebene strukturiert.
Auf der <u>Benutzerebene</u> spricht der Anwender die Terminals über Ein- und
Ausgabeaufrufe· an, die als CALL-Aufrufe für höhere Programmiersprachen
(COBOL, FORTRAN) realisiert sind. Im Multi-User-Betrieb sorgt eine Dia-

logsteuerung für die Verwaltung terminalspezifischer Datenbereiche.
In der <u>Bearbeitungsebene</u> werden die Eingabe-Ausgabe-Aufrufe gerätespezi-
fisch aufbereitet und die Eingabe-Ausgabe-Texte über eine Pufferorganisation zwischengespeichert. Weitere Systemprogramme sorgen für das Laden
von Interpreter und Masken in intelligente Terminals. Anlauf- und Bedienprogramm enthalten die Systemkomponenten für das Generieren und Bedienen sowie für den Anlauf und Wiederanlauf. Generiert wird die Geräte-
konfiguration (Anzahl und Typ der Terminals, Datenübertragungsart u.a.)
und die terminal- bzw. funktionstastenbezogene Zuordnung der Anwender-
Dialogprogramme.

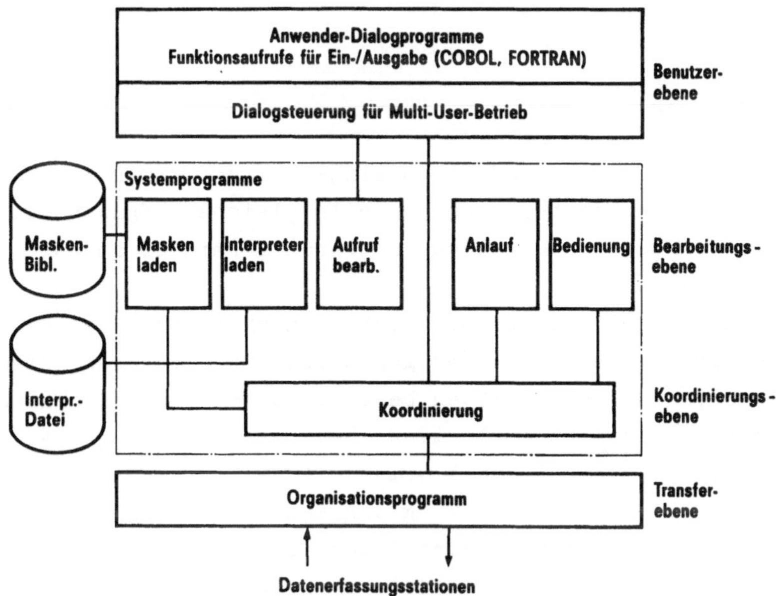


Bild 4:    Systemstruktur für den On-line Teil des Dialogsystems

Das Bedienprogramm ermöglicht das softwaremäßige Sperren und Freigeben
der Geräte sowie das Hinzufügen, Ändern und Löschen von Generierpara-
metern bei Betrieb der Anlage.
Auf der <u>Koordinierungsebene</u> wird die Kommunikation zwischen den Geräten
und den Systemprogrammen bzw. Anwender-Dialogprogrammen hergestellt.
Bei Beginn eines Dialoges aktiviert das Koordinierungsprogramm ein An-
wender-Dialogprogramm aufgrund der bei der Generierung festgelegten Zuordnung. Das Dialogprogramm meldet sich daraufhin mit LOGON zum Dialog
an und belegt das Terminal so lange bis es dieses mit LOGOFF wieder

freigibt. Während des Dialogs steht das Koordinierungsprogramm mit den Systemprogrammen in Verbindung, übernimmt deren Ausgabeaufträge und übergibt ihnen die Eingabedaten zur Weiterbearbeitung. Anforderungen der Terminals an Masken- und Interpreterladeprogramm werden vom Koordinierungsprogramm aufgrund von Telegrammkennungen erkannt und entsprechend weitergeleitet.

Den Eingabe-Ausgabe-Datenverkehr mit den Geräten wickelt das Organisationsprogramm auf der <u>Transferebene</u> ab. Eine Pufferorganisation übernimmt für die Dauer des Datenverkehrs die Ein- und Ausgabedaten. Dadurch sind die Anwender-Dialogprogramme vom Datenverkehr entkoppelt und als peripherspeicherresidente Programme jederzeit aus dem Hauptspeicher räumbar.


## Multi-User-Betrieb

Von den insgesamt in der Produktion eingesetzten Terminals erfüllen im allgemeinen eine bestimmte Anzahl jeweils gleiche Aufgaben. Die Dialogprogramme müssen daher, da sie von mehreren Terminals angesprochen werden, multiuserfähig sein.

Das hier beschriebene Dialogsystem ist transaktionsorientiert aufgebaut. Es setzt voraus, daß ein Dialogprogramm aus einer logisch zusammengehörigen Folge von Dialogschritten besteht, wobei ein Dialogschritt mit der Eingabe der Nachricht am Terminal beginnt und mit der nächsten Ausgabe auf dasselbe Terminal endet. Die Zeit zwischen den Dialogschritten eines Vorgangs wird zur Bearbeitung der Nachrichten anderer Terminals benutzt. Da die Zeit für die Bearbeitung eines Dialogschrittes klein gegenüber der Bedienzeit am Terminal ist, kann das Dialogprogramm mehrere Vorgänge ohne nennenswerte Verzögerungen quasi simultan bearbeiten. Zur Steuerung der Dialogschritte eines Anwender-Dialogprogramms wird in das Anwenderprogramm ein Steuermodul eingebunden. Dieses Modul verwaltet außerdem die vorgangsspezifischen Datenbereiche des Programms, indem es sie bei Vorgangswechsel auf Peripherspeicher rettet und bei Fortsetzung des ursprünglichen Vorgangs wieder in das Dialogprogramm eintransferiert.

Die Kommunikation mit den Terminals erfolgt über CALL-Aufrufe. Die am Terminal eingegebenen Daten werden mit einem Eingabe-Aufruf vom Dialogprogramm übernommen. Nachrichten an das Terminal gibt das Programm mit einem Ausgabe-Aufruf aus. Am Ende jedes Dialogschrittes wird mit einem Funktionsaufruf das Steuermodul des Programms aufgerufen.

## Erfahrungen

Beim Einsatz der Terminal-Dialogsysteme im Produktionsbereich hat sich
gezeigt, daß für die Akzeptanz durch den Benutzer die Zuverlässigkeit
und Verfügbarkeit des Systems und die Sicherheit gegen Fehlbedienung
von großer Bedeutung sind. Je mehr das Dialogsystem in die Produktions-
steuerung einbezogen ist, umso schwerwiegender wirken sich Ausfälle des
Systems auf die Produktion aus. Mehrrechner-Systeme tragen hier wesentlich zur Sicherheit und höheren Verfügbarkeit des Gesamtsystems bei.
Die Sicherheit gegen Fehlbedienung ist ein weiteres Kriterium für die
Güte des Dialogsystems. Da Fehlbedienungen jedoch nicht zu vermeiden
sind, muß die System- und Anwendersoftware so ausgelegt sein, daß diese
nicht zu einem Systemausfall führen.
Die Erfahrung hat weiterhin gezeigt, daß es möglich sein muß, das Dialogsystem z.B. aus Wartungsgründen zu einem beliebigen Zeitpunkt abzu-
schalten. Die Dialoge müssen programmgesteuert so unterbrochen werden,
daß einerseits der Benutzer am Terminal ausreichend Zeit hat, den Dialog zu beenden, andererseits bei Abbruch eines Dialogs die Konsistenz
der Datenbestände erhalten bleibt.


## Ausblick

Die stürmische Entwicklung auf dem Terminal-Sektor wird auf der Hardware-
seite zu einem steigenden Einsatz von Bildschirmterminals führen, wobei
in naher Zukunft Farbmonitore vordringen werden.
Damit verbunden sind Anforderungen an schnellere Übertragungsstrecken und
Übertragungseinrichtungen mit gesicherten Prozeduren , sowie ein höherer
Einsatz an sogn. intelligenten Terminals. Auf der Softwareseite werden
weitere Anstrengungen nötig sein, um dem Anwender die Benutzung der
Terminals zu erleichtern. Die heute noch parallel existierenden Systeme
für Grafik- und Zeichenbildschirmeinheiten werden künftig mehr und mehr
zusammenwachsen.

Einsatz von Prozeßrechnern zur on-line Störungsanalyse
und Mensch-Maschine-Kommunikation in Kernkraftwerken

L. Felkel, A. Zapp

Gesellschaft für Reaktorsicherheit (GRS) mbH
8046 Garching

## Abstract

This paper deals with the development of systems
assisting the operators in nuclear power plants
in diagnosing disturbances. The systems described
are process-computer-based and provide an efficient
tool for on-line disturbance analysis. It is also
discussed which measures from the plant may best be
selected to yield a good quality of information
conveyed to the operators by these systems. The se-
lection criteria are also used as a basis of quantitative assessment of the improvement of operator
diagnosis of plant disturbances. A layout of experiments to be carried out to obtain empirical data
on operator capabilities of plant diagnosis, where
plant simulators are used, are also described.

## 1. Anwendung von Prozeßrechnern in Kernkraftwerken

Prozeßrechner werden in Kernkraftwerken in nur geringem Maße eingesetzt.
Insbesondere für Aufgaben die unmittelbar die Sicherheit des Kernkraftwerks betreffen, wird von Reaktorherstellern und Betreibern die konventionelle Elektronik dem Prozeßrechner immer noch vorgezogen. Dies hat
vornehmlich zwei Gründe. Einerseits möchte man das ohnehin schon sehr
komplizierte und langwierige Genehmigungsverfahren nicht durch Einführung neuer Systeme weiter verlangsamen, andererseits gibt es noch sehr
wenige Kriterien und Methoden zur Beurteilung der Zuverlässigkeit von
Hardware und Software eines Prozeßrechner-Systems und der zugehörigen
Anwendungsprogramme.

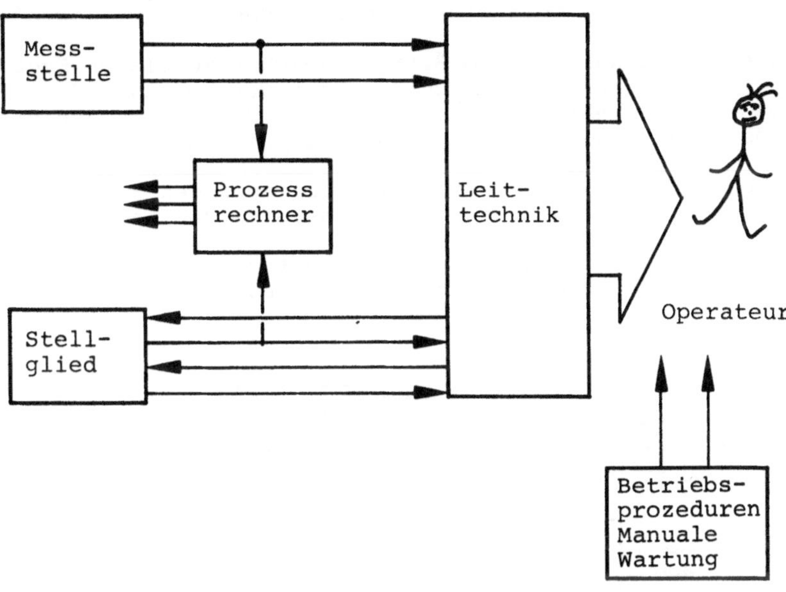


Bild 1   Derzeitige Prozessrechneranwendung in KKW's

Der Sachverhalt der augenblicklichen Prozeßrechneranwendung in Kernkraftwerken ist in Bild 1 dargestellt. Von der Instrumentierung werden
die Signale in die leittechnischen Einrichtungen eingespeist, dort verarbeitet und im closed-loop Betrieb auf die Stellglieder zurückgekop-
pelt. Daneben wird ein Großteil der Signale als auch Stellgliedänderun-
gen über die Warte dem Operateur mitgeteilt. Der Prozeßrechner dient
hier nur zum Ausdrucken von Schalt- und Störablaufprotokollen. Für etwas anspruchsvollere Aufgaben wie Abbrandberechnungen, Überwachung des
Siedeabstands (DNB), dem Kugelmeßsystem und dem Steuerstabfahrrechner
werden dedizierte Prozeßrechner-Systeme eingesetzt.

Obwohl die Anwendung von Prozeßrechnern in Kernkraftwerken zwar on-line
aber auch weiterhin nur im open-loop-Betrieb durchgeführt wird, werden
die Prozeßrechner bei den hier vorgestellten Entwicklungen in verstärk-
tem Maß zur Mensch-Maschine-Kommunikation eingesetzt, wie es in Bild 2
gezeigt ist.

## 2. Die Rolle des Operateurs in Kernkraftwerken

Das Auftreten von Störfällen in komplexen technischen Systemen, z.B. chemischen Produktionsanlagen, Flugzeugen oder Kernkraftwerken ist in vielen Fällen auf menschliches Fehlverhalten zurückzuführen. Die deutsche Risikostudie /1/ kommt zu dem Ergebnis, daß 60% aller Störungen in einem Kernkraftwerk durch menschliches Versagen verursacht wurden.

Dem Menschen als integralen Bestandteil eines komplexen technischen Prozesses wurde bislang bei der Planung und Konstruktion solcher Systeme zuwenig Beachtung geschenkt. Vielmehr versuchte man durch einen höheren Automatisierungsgrad die menschlichen Eingriffsmöglichkeiten zu verringern, was jedoch nur bis zu einem gewissen Grad möglich ist, denn die automatischen Systeme sind selbst wieder störanfällig und können Sicherheit und Verfügbarkeit sogar wieder herabsetzen.

Menschliches Fehlverhalten beim Betrieb solcher komplexen Systeme ist auch nicht in der prinzipiellen Unfähigkeit des Menschen die komplexe Technik im Griff zu behalten zu suchen, sondern eher in der nicht genügenden Ausnutzung und falschem Einsatz seiner Fähigkeiten.

Damit der Mensch seine Fähigkeiten sinnvoll anwenden kann ist es nötig eine Schnittstelle zwischen Mensch und Maschine zu finden und dem Menschen Hilfsmittel zur Verfügung zu stellen, die es ihm erlauben, Störungen in der Anlage zum frühest möglichen Zeitpunkt zu erkennen, ihre Ursachen und möglichen Auswirkungen herauszufinden und geeignete Gegenmaß-

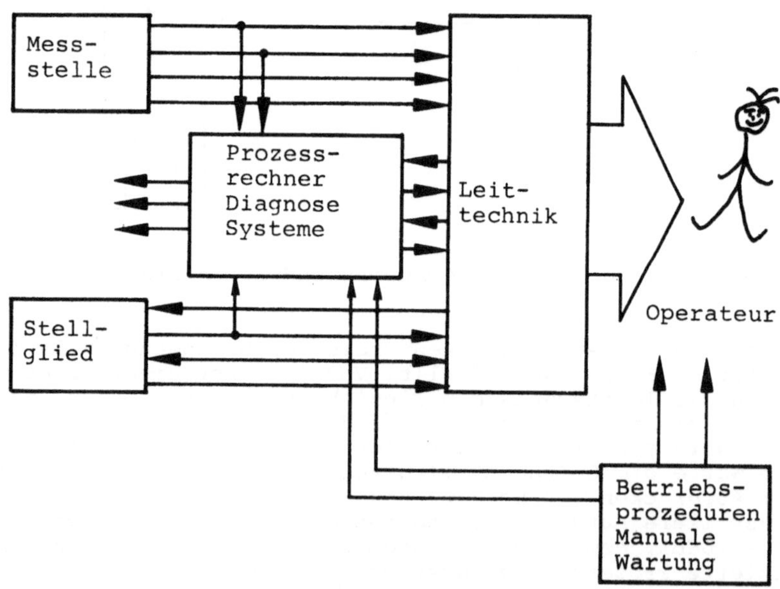


Bild 2   Zukünftiger Einsatz von Prozeßrechnern in KKW's

nahmen zu ergreifen. Dazu gehören insbesondere auch solche Störungen, die nicht durch automatische Systeme oder genau vorgeschriebene Handeingriffe (Betriebshandbuch) aufgefangen werden können, sondern Störungen deren Auftreten bei der Planung der Anlage nicht vorhersehbar waren.

Zunächst ist es notwendig die Rolle des Operateurs und seine Aufgaben innerhalb des Mensch-Maschine-Systems (darunter soll eine Gruppierung von Menschen und technischen Geräten verstanden werden, die als eine Einheit zusammenwirken um bestimmte vorgegebene Aufgaben zu erfüllen) zu definieren. Bei der Durchführung seiner Aufgaben wird der Operateur soziologischen, physiologischen und technisch-informatorischen Einflußfaktoren ausgesetzt sein. Wir beschränken uns hier auf die letztere Kategorie.

Der Automatisierungsgrad in deutschen Kernkraftwerken ist so hoch, daß bei normalem Betrieb der Anlage (bei konstanter Last) der Operateur in der Hauptsache nur Überwachungsfunktionen ausübt. Die Automatik ist in der Lage das Kraftwerk in diesem stabilen Zustand zu halten und sogar kleinere Abweichungen vom vorgegebenen Soll aufzufangen. Die Rolle des Operateurs in einem solchen Betriebszustand ist gekennzeichnet durch die Durchführung von Routineaufgaben (Bild 3 und 4)/2,3/.

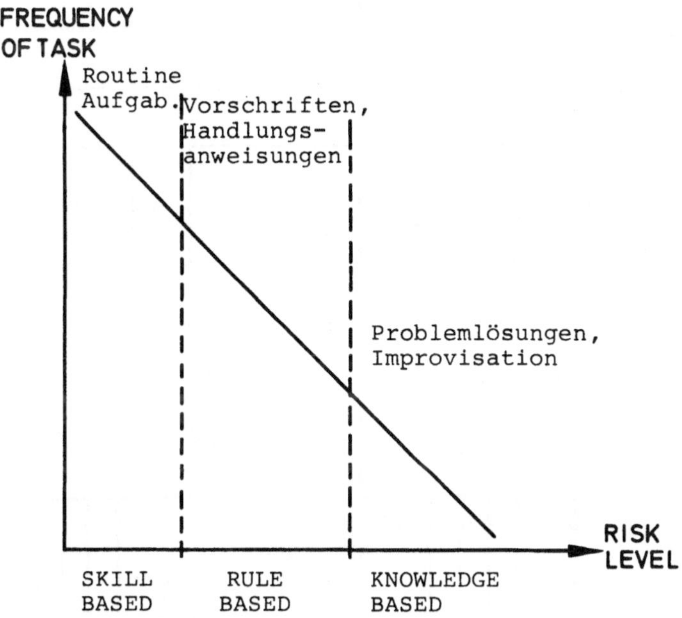


Bild 3   Verhaltenskategorien

Tritt nun eine Störung in der Anlage auf (Alarmsituation) wird das konventionelle Alarmsystem den Operateur über die Störung informieren. Ist diese Störung auf einen kleinen Teilbereich der Anlage beschränkt und hat keine Auswirkung auf den gesamten Prozeß, so wird die Anzahl der Alarme und Meldungen gering sein (größenordnungsmäßig 2 bis 10). Dies ist für den Operateur überschaubar und er wird in der Lage sein durch Anwendung vorgeschriebener Betriebsprozeduren (Bild 3 und 4) die Störung zu lokalisieren, ihre Ursachen herauszufinden und mögliche Auswirkungen auf andere Systeme zu verhindern.

Tritt dagegen eine Störung auf, die sich sehr rasch auch auf andere
Teilsysteme der Anlage auswirkt, so wird das konventionelle Alarmsystem
eine Fülle von Alarmen und Meldungen ausgeben. Dem Operateur wird es in
kurzer Zeit nicht möglich sein die angebotene Information aufzunehmen
und zu verarbeiten. Andererseits ist der Informationsgehalt der Gesamtheit der Meldungen, wegen vieler zusätzlicher Alarme, relativ gering.
Insbesondere dann, wenn es sich um unerwartete oder neue, unbekannte
Störungen handelt wird es darauf ankommen die Erfahrung, das Wissen und
die Kreativität des Operateurs optimal auszunutzen.

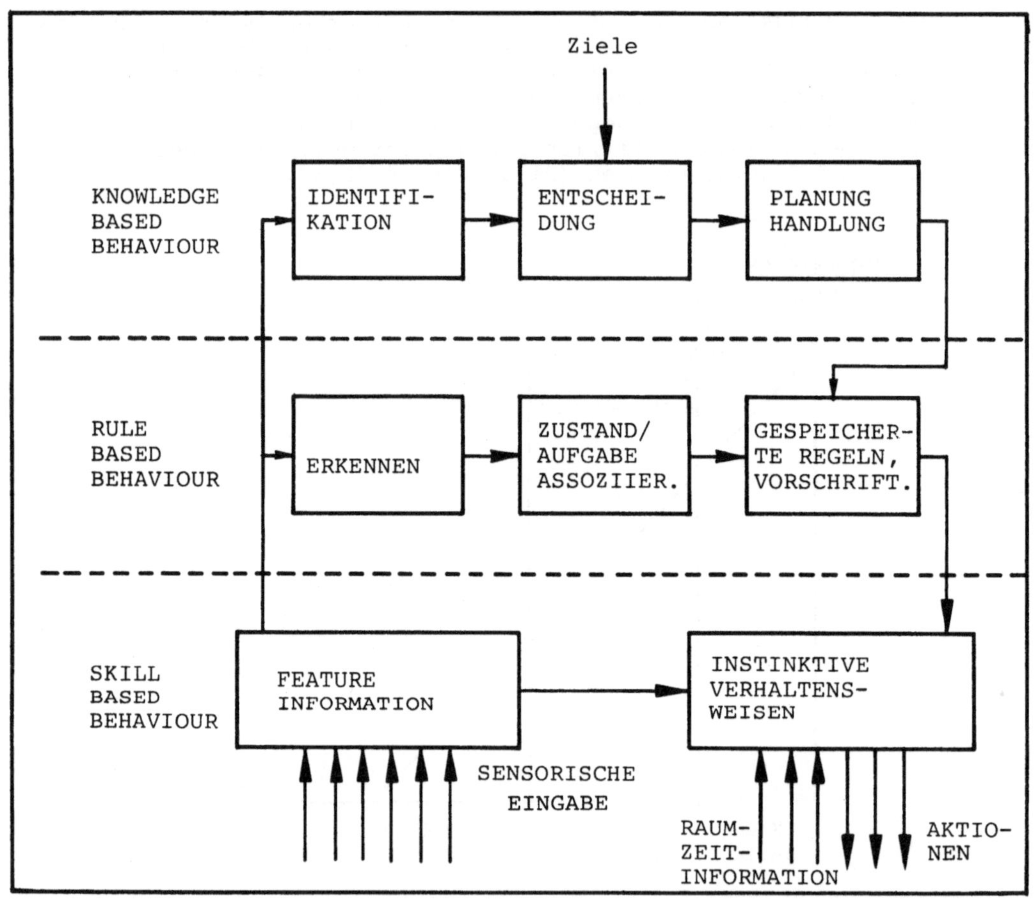


Bild 4   Menschliche Denkprozesse und Verhaltenskategorien

Ebenso wie sich die Frequenz des Auftretens dieser drei Aufgabenkatego-
rien verringert, wird sich das Risiko für die Sicherheit und Verfügbarkeit des Kernkraftwerks erhöhen. Damit der Operateur frei von Stress
mit den Problemen fertig werden kann, müssen ihm eine Reihe hochwertiger
diagnostische Hilfsmittel zur Verfügung stehen.

## 3. Rechnergestützte Störungsanalyse

Am Beispiel der rechnergestützten Störungsanalyse /4,5/ werden die in
der Entwicklung befindlichen diagnostischen Hilfsmittel dargestellt.

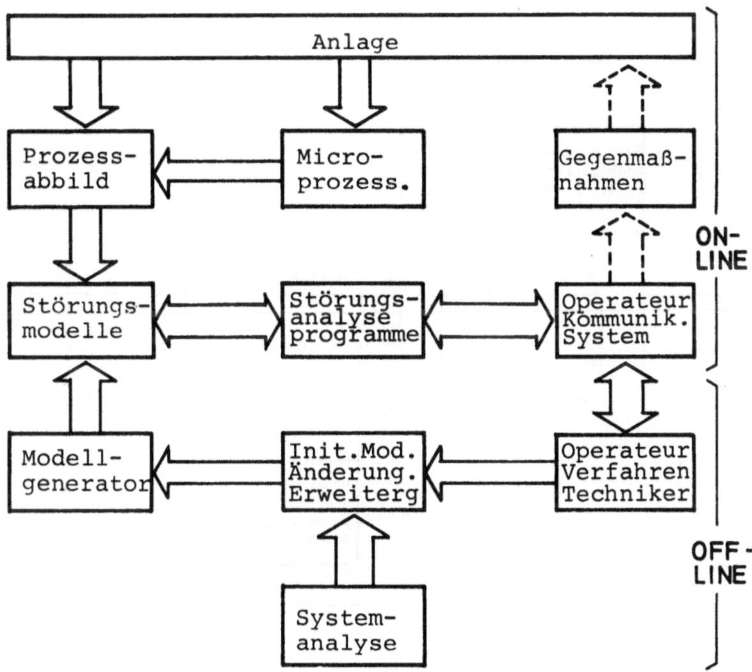


Bild 5   Module des rechnergestützten Störungsanalysesystems
         STAR

Die prinzipielle Idee solcher Systeme liegt darin, das transiente Verhalten des Kraftwerks im Hinblick auf das spätere Verhalten vor und
während Störungen zu modellieren. Diese Modelle werden dann mit Hilfe
eines Prozeßrechnerprogramms on-line mit Prozeßsignalen verglichen, sodaß das Vorhandensein bestimmter Störungssituationen automatisch festgestellt werden kann. Dies ist so ausgelegt, daß mögliche Störungssituationen bereits entdeckt werden, bevor das konventionelle Alarmsystem Meldungen ausgibt. Durch Extrapolation ausgehend vom Augenblicks-
zustand können mögliche Auswirkungen vorhergesagt werden.

Die Struktur des Störungsanalysesystems STAR ist im Bild 5 dargestellt.
Aus der Anlage werden über die Instrumentierung die Zustandsdaten an
das sog. Prozeßabbild geliefert. Verteilte Mikroprozessorsysteme zur
Rauschanalyse und lose Teiledetektion liefern auch Daten an das Prozeßabbild.

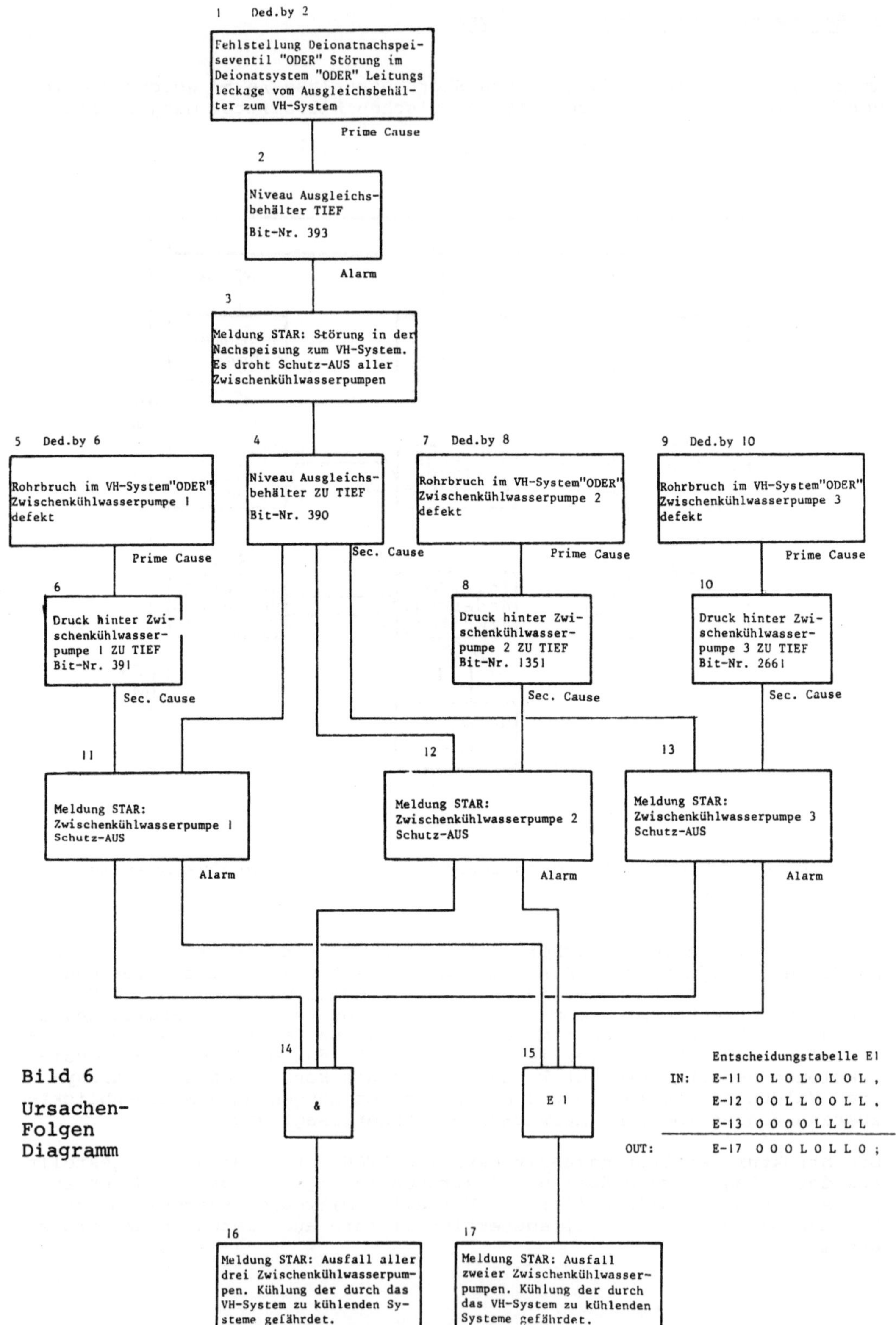
1   Ded.by 2
Fehlstellung Deionatnachspei-
seventil "ODER" Störung im
Deionatsystem "ODER" Leitungs
leckage vom Ausgleichsbehäl-
ter zum VH-System
Prime Cause
2
Niveau Ausgleichs-
behälter TIEF
Bit-Nr. 393
Alarm
3
Meldung STAR: Störung in der
Nachspeisung zum VH-System.
Es droht Schutz-AUS aller
Zwischenkühlwasserpumpen
5   Ded.by 6
Rohrbruch im VH-System"ODER"
Zwischenkühlwasserpumpe 1
defekt
Prime Cause
4
Niveau Ausgleichs-
behälter ZU TIEF
Bit-Nr. 390
Sec. Cause
7   Ded.by 8
Rohrbruch im VH-System"ODER"
Zwischenkühlwasserpumpe 2
defekt
Prime Cause
9   Ded.by 10
Rohrbruch im VH-System"ODER"
Zwischenkühlwasserpumpe 3
defekt
Prime Cause
6
Druck hinter Zwi-
schenkühlwasser-
pumpe 1 ZU TIEF
Bit-Nr. 391
Sec. Cause
8
Druck hinter Zwi-
schenkühlwasser-
pumpe 2 ZU TIEF
Bit-Nr. 1351
Sec. Cause
10
Druck hinter Zwi-
schenkühlwasser-
pumpe 3 ZU TIEF
Bit-Nr. 2661
Sec. Cause
11
Meldung STAR:
Zwischenkühlwasserpumpe 1
Schutz-AUS
Alarm
12
Meldung STAR:
Zwischenkühlwasserpumpe 2
Schutz-AUS
Alarm
13
Meldung STAR:
Zwischenkühlwasserpumpe 3
Schutz-AUS
Alarm
14
&
15
E 1
Bild 6
Ursachen-
Folgen
Diagramm
Entscheidungstabelle E1
IN:   E-11  O L O L O L O L ,
E-12  O O L L O O L L ,
E-13  O O O O L L L L
OUT:   E-17  O O O L O L L O ;
16
Meldung STAR: Ausfall aller
drei Zwischenkühlwasserpum-
pen. Kühlung der durch das
VH-System zu kühlenden Sy-
steme gefährdet.
17
Meldung STAR: Ausfall
zweier Zwischenkühlwasser-
pumpen. Kühlung der durch
das VH-System zu kühlenden
Systeme gefährdet.

Um Störungen entdecken zu können, wurden sog. Störungsmodelle (Ursachen
-Folgen Diagramme) benutzt. Bild 6 zeigt ein solches Ursachen-Folgen
Diagramm für Störungen im Zwischenkühlwasserkreislauf eines 1300MWe
Druckwasserreaktors. Diese Ursachen-Folgen Diagramme sind in einer Hin-
tergrunddatenbasis gespeichert und sind den Störungsanalyseprogrammen
zugänglich. Die Ursachen-Folgen Diagramme enthalten alle Information
über den Ablauf von Ereignissen während Störungen. Bei Auftreten von
Störungen werden aktuelle Anlagendaten aus dem Prozeßabbild den Stö-
rungsmodellen überlagert. Diese sog. aktivierten Störungsmodelle werden
dann von einem Störungsanalyseprogramm durchsucht und Störungen erkannt.
Der augenblickliche Prozeßzustand wird bestimmt und die mögliche weitere Entwicklung der Störungen durch look-ahead im Ursachen-Folgen Diagramm festgestellt. Wenn es möglich ist, werden auch Gegenmaßnahmen sowie Störungsursachen ausgewertet.

Mit Hilfe eines Operateurkommunikationssystems werden die Resultate in
eine ergonomisch günstige Form gebracht und dem Operateur ausgegeben.
Das Kommunikationssystem dient auch zur Bedienung des Störungsanalysesystems und erlaubt dem Operateur weitere Information in das System ein-
zuspeisen.

Die Ursachen-Folgen Diagramme sind vornehmlich von Verfahrenstechnikern,
die die Anlage genau kennen, erstellt worden. Sowohl das Initialmodell
als auch Änderungen und Erweiterungen der Ursachen-Folgen Diagramme können mit Hilfe eines Modellgenerators /5,6/ leicht in die von dem Störungsanalyseprogrammen benötigte Datenstruktur übersetzt werden.

Bei Tests und Anwendungen eines derartigen Systems entstehen zwei Probleme. Erstens, die Auswahl der Prozeßsignale und die Zusammenstellung in
Ursachen-Folgen Diagrammen, und zweitens, die Darstellung dieser Information in einer für den Operateur geeigneten Weise, sodaß das Ziel der
Erhaltung von Sicherheit und Verfügbarkeit optimal erreicht wird.


4. Signalselektion und Information


Um zu einer optimalen Auswahl von Signalen zur Diagnose von Prozeßzu-
ständen zu kommen, ist es zweckmäßig den Informationsgehalt von Signalen zur Prozeßzustandsbestimmung als Auswahlkriterium heranzuziehen /7/.
Dies geschieht mit Hilfe der Shannon'sche Informationstheorie folgendermaßen.

$Y = (Y_1 ... Y_n)$ seien Anlagenzustände

$X = (X_1 ... X_k)$ seien Signale aus dem Prozeß

$P(Y_j | X_i)$ ist die Wahrscheinlichkeit, daß der Zustand $Y_j$
vorliegt, nachdem man $X_i$ beobachtet hat.

$$h(Y_j | X_i) = \log_2 \frac{1}{P(Y_j | X_i)}$$

ist die Unsicherheit, daß $Y_j$ vorliegt, nachdem $X_i$
gemessen wurde.

Die Gesamtunsicherheit (d.h. die Entropie), daß einer der Anlagenzustände $Y_j$ (j=1...n) vorliegt, nachdem $X_i$ gemessen wurde ist dann

$$H(X_i) = H(Y | X_i) = \sum_{j=1}^{n} P(Y_j | X_i) \log_2 \frac{1}{P(Y_j | X_i)}$$

$X_i$ sollte nach diesem Kriterium aus einer Reihe von Alternativen so gewählt werden, daß $H(X_i)$ minimal ist. Dies ist jedoch nicht unproblematisch wie das folgende Beispiel zeigt.

$Y = (Y_1, Y_2)$
$X = (X_1, X_2)$

|  | $P(Y_1)$<br>0.9 | $P(Y_2)$<br>0.1 | Entropie $H(X_i)$ |
|---|---|---|---|
| $p(Y_i|X_1)$ | 0.4 | 0.6 | 0.97 |
| $p(Y_i|X_2)$ | 0.9 | 0.1 | 0.47 |

Dies zeigt, daß fast immer der Zustand $Y_1$ herrscht. $X_1$ steht aber in
engem Zusammenhang mit dem Anlagenzustand $Y_1$ während $X_2^1$ von keinem Zustand beeinflußt wird (z.B. $X_2$ = Raumtemperatur in der Warte). Nach dem
obigen Kriterium müßte $X_2$ jedoch als signifikante Messung zur Zustands-
bestimmung herangezogen werden. Dieses in der Praxis beobachtete Phäno-
men läßt deshalb die Entropie nicht allein als Kriterium zur Signalaus-
wahl zu.

Die von $X_2$ übertragene Information kann folgendermaßen berechnet werden
wenn man das System als einen gestörten Kanal (Bild 7)/8/ betrachtet:

$H(Y)$    Eingabeinformation

$H(y)$    Ausgabeinformation

Der Informationsverlust $H(Y|y) = H(Y) - T(Y,y)$

Das Rauschen ist        $H(y|Y) = H(y) - T(Y,y)$     wobei

$T(Y,y)$ die übertragene Information ist.

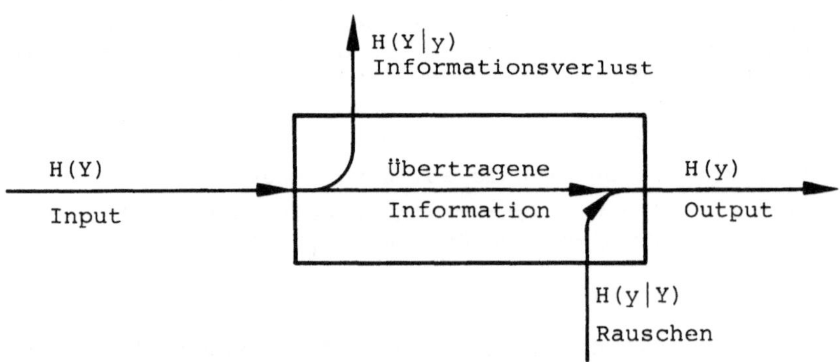


Bild 7  Übertragene Information

Durch umformen erhält man $T(Y,y) = H(Y) - H(Y|y)$

Im Beispiel für $X_2$ wäre $H(Y) = O.47$, $H(y) = O.47$. Aber $H(Y|y)$ und $H(y|Y)$ sind auch $O.47$ und damit $T(Y,y) = O$. D.h. $X_2$ überträgt überhaupt keine Information. Wir werden deshalb die Signale nicht in Betracht ziehen, für die $T(Y,y) < \varepsilon$ ist. $\varepsilon$ muß empirisch festgelegt werden. Ebenso, und dies ist ein schwieriges Problem, müssen die $P(Y)$ und $P(Y|X)$ zum größten Teil empirisch festgelegt werden.

## 5. Simulatorexperimente

Um den Nutzen der entwickelten Systeme festzustellen, müssen sie sowohl modellmäßig verifiziert werden, als auch der Einfluß auf die Diagnosefähigkeit des Operateurs untersucht werden. Zu diesem Zweck werden derzeit aus den besonderen Vorkommnissen in deutschen Kernkraftwerken diejenigen Fälle ausgewählt, in denen der Operateur die Möglichkeit gehabt hätte die aufgetretenen Störungen zu verhindern oder abzumildern. Hieraus kann mit ziemlicher Genauigkeit der Einfluß eines solchen Systems auf die Verfügbarkeit des Kernkraftwerks quantitativ abgeschätzt werden. In einer amerikanischen Untersuchung wurden sämtliche Blockausfälle

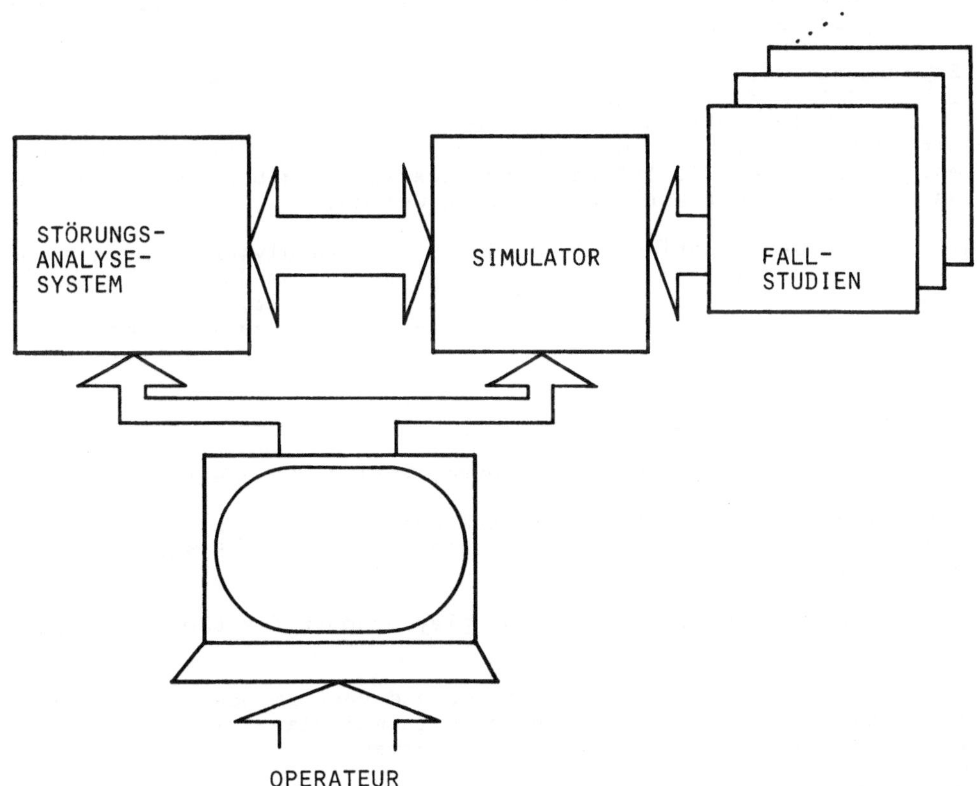


Bild 8  Experimentierwarte

einer Vielzahl von Kernkraftwerken über einen Zeitraum von 4 Jahren zusammengestellt und auf Ursachen hin untersucht. Man kam zu dem Schluß, daß in etwa 2,1% der Fälle der Operateur eine Notabschaltung hätte verhindern können, wenn er früh genug informiert worden wäre.

Der Einfluß auf die Sicherheit läßt sich auf diese Weise nur ungenügend quantifizieren, da die Anzahl der Fälle sehr gering ist. Es ist jedoch möglich statt dessen den Einfluß eines rechnergestützten Störungsanalysesystems auf die Verbesserung der diagnostischen Fähigkeiten des Operateurs zu untersuchen. Zu diesem Zweck wurde eine Experimentiereinrichtung wie sie im Bild 8 dargestellt ist, geschaffen. Diese besteht aus einem Simulator als zentralen Teil, auf dem die ausgewählten Störungsabläufe implementiert wurden.

In Experimenten wird die Reaktion der Operateure auf die Störungen untersucht, wobei zunächst nur die Informationen angeboten werden die auch im Kernkraftwerk vorhanden waren. Durch die Flexibilität des Simulators und des Störungsanalysesystems ist es möglich, das Informationsangebot an den Operateur in relativ breiten Grenzen zu verändern. Auf diese Art und Weise soll iterativ versucht werden, das Informationsangebot so zu gestalten, daß der Anlagenzustand in kürzester Zeit und mit hoher Zuverlässigkeit bestimmt werden kann. Die informationstheoretischen Selektionskriterien für Prozeßsignale werden mit den Ergebnissen aus den Experimenten kontrastiert, um deren Anwendbarkeit bei der Entwicklung von großen Prozeßwarten zu prüfen. Eine Quantifizierung des Einflusses moderner Diagnose-Hilfsmittel kann damit erfolgen.

Die Experimente werden in Zusammenarbeit mit dem Institutt for Energiteknikk in Halden durchgeführt. Die Darstellung der Informationen erfolgt auf Farbsichtgeräten, es ist jedoch auch daran gedacht später Wartenpulte miteinzubeziehen, wie sie derzeit in Kernkraftwerken verwendet werden. Um auch hier die Informationsselektion flexibel zu halten, sollen auch diese rechnergestützt betrieben werden.

Parallel zu diesen Experimenten ist das Störungsanalysesystem im Kernkraftwerk Grafenrheinfeld installiert, wo das System über einen längeren Zeitraum getestet werden soll. Zusätzlich ist geplant, das Störungsanalysesystem im Kernkraftwerk Biblis Block B parallel zu erproben.

<u>Literatur</u>


1. Deutsche Risikostudie Kernkraftwerke, Verlag TÜV Rheinland, 1980

2. Rasmussen J., Models of Mental Strategies in Process Plant Diagnosis, NATO Symposium on Human Detection and Diagnosis of System. Failures, Roskilde, Denmark, 4-8 Aug. 1980.

3. Goodstein L.P., Discriminative Display Support for Process Operators, ibid.

4. Felkel L. et al., Analytical Methods and Performance Evaluation of the STAR-Application in the Grafenrheinfeld Plant. IAEA Specialists' Meeting on NPPCI. Dec. 5-7, Munich, Germany.

5. Felkel L., Grumbach R., Hoermann H., Automatic Generation and Application of Disturbance Analysis Models, Halden Project Report, HPR 214, Jan. 1978.

6.  Felkel L., Grumbach R., Rechnergestützter Aufbau von Störungsablauf-
    modellen. In: Fachberichte Messen, Steuern, Regeln, Vol.1, Springer,
    Heidelberg, 1977.

7.  Kiguchi T., Sheridan T.B., Criteria for Selecting Measures of Plant
    Information with Application to Nuclear Reactors. IEEE Transaction
    on Systems, Man and Lybernotics, Vol. SMC-9, No 4, April 1979.

8.  Steinbuch K., Rupprecht W., Nachrichtentechnik, Springer, Heidel-
    berg, 1973.

<u>GRAPHISCHE DV IN DER PROZESSTEUERUNG</u>

(Erfahrungsbericht über Einsatz eines konventionellen
Graphiksystems bei der Netzautomatisierung)

D. Chalaupka, M. Scholz
SIEMENS AG ÖSTERREICH, PSE 42
J. Weiss
TU Wien, Institut für Datenverarbeitung

<u>Zusammenfassung:</u>

Ausgehend vom Einsatz eines graphischen Systems (GMB300) bei Prozeßautomatisierung wird über die dabei gewonnene Erfahrung berichtet:
welche Änderungen und Ergänzungen z.B. aufgrund des Prozeßbetriebes
notwendig waren.

Anschließend wird als zukünftig zu verwendendes System das Graphische
Kernsystem (DIN-Normungsvorschlag für graphische Systeme) betrachtet
und die Verwendbarkeit, die notwendigen Erweiterungen bzw. Möglichkeiten diskutiert.

1. <u>Einsatzfall:</u>

In einem österreichischen Elektrizitätsversorgungsunternehmen ist
als Lastverteilerrechner eine Prozeßrechenanlage SIEMENS R30 mit
einem Kernspeicherausbau von 512 KB in Verwendung. Neben anderen
Aufgaben, wie Ermittlung des Bezugs-Saldos der Verbundgesellschaft,
Übernahme und Protokollierung von Meß- und Zählerstandswerten, soll
die DV-Anlage das Personal in der Lastverteilerwarte durch Ausgabe
von Graphiken in ihrer Arbeit unterstützen: Einerseits stehen exaktere
und schneller verfügbare Unterlagen zur Steuerung der Energieaufbrin-
gung zur Verfügung, andererseits werden Protokolliertätigkeiten vom
Rechner durchgeführt. Als Unterstützung für die notwendigen Entscheidungen in der Warte können archivierte Tagesfahrpläne, prognostizierte
Teilaufbringungen angefordert werden (Beispiel Bild 1). Weiters minüt-
lich ergänzte und viertelstündlich neu gezeichnete aktuelle Ausgaben
von Tagesfahrplan, Tagesfahrplan-Lupe und Kurzzeitprognose des Saldos
der Verbundgesellschaft (Beispiel Bild 2). Während die zyklisch aktua-
lisierten Bilder meist nur auf dem Graphiksichtgerät ausgegeben werden,
können alle Bilder auch vom Plotter gezeichnet werden. Die Hauptbe-
deutung des Plotters liegt in der mehrfarbigen Zeichnung der vollständigen Tagesfahrpläne und anderer Diagramme, die bis jetzt von Hand
erstellt wurden.

Die Programmierung der Prozeßprogramme, die die Graphikausgabe durchführen, erfolgte in PROZESS-FORTRAN /6/ unter Verwendung des Programmsystems GMB300 für den graphischen Teil.

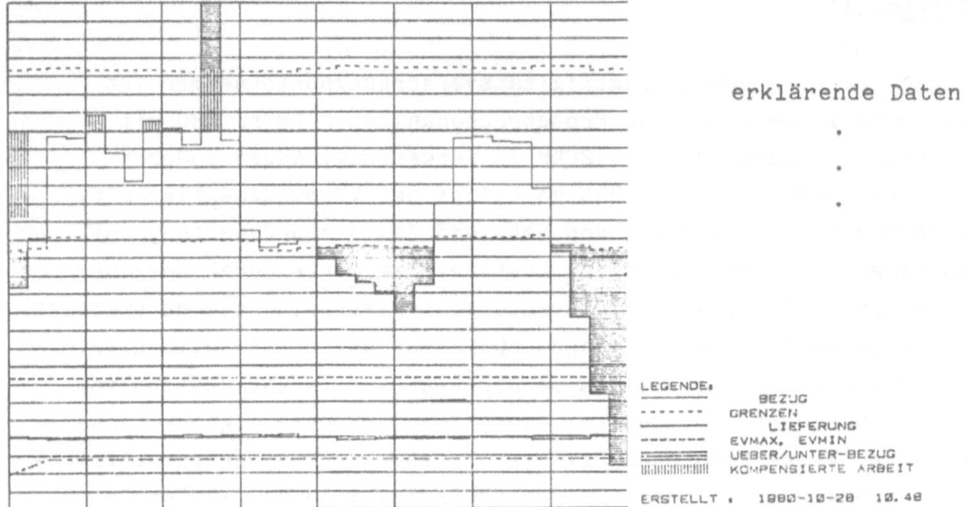



Bild 1: Ausschnitt einer Graphik, die vor Einsatz des graphischen
Systems von Hand erstellt wurde.

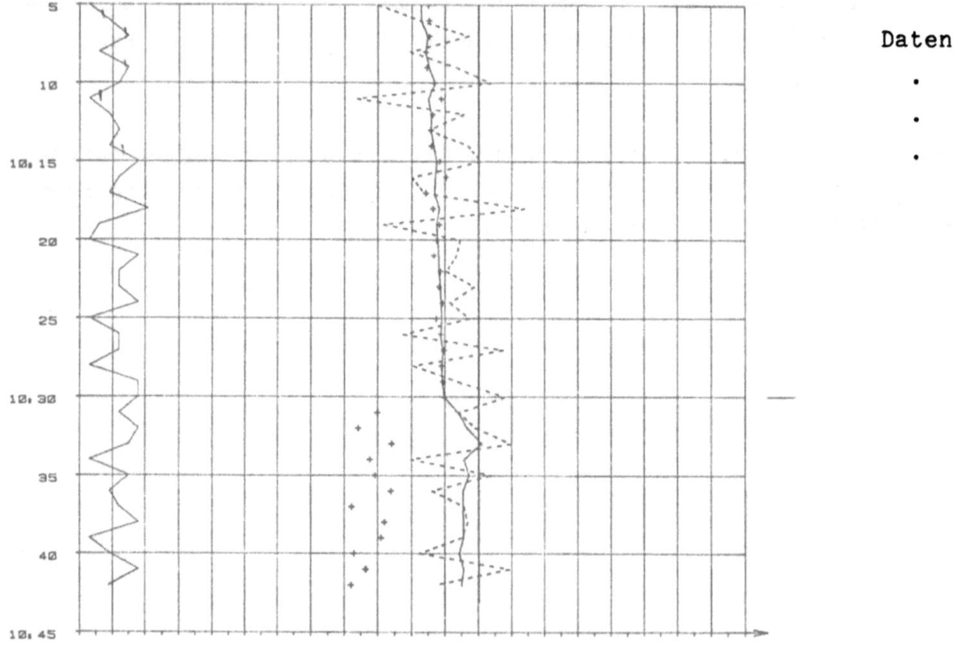



Bild 2: Ausschnitt einer Graphik, die am Bildschirm im Minutenzyklus
ergänzt wird.

## 2.  Struktur der Problemlösung

In diesem Beitrag werden nur jene Punkte näher betrachtet, welche
für die graphische Ausgabe von Belang sind. Im Bild 3 wird die
Struktur der Problemlösung dargestellt. Sie gliedert sich in 3 Bereiche (Ebenen):

Ebene I:   Die Ebene I behandelt die Erfassung und Aufbereitung der
           Prozeßdaten. Diese werden von Zählwerterfassung meist remote
           an das System geliefert. Es erfolgt eine Aufbereitung nach
           Ort und Art der Energieaufbringung über das Tagesraster.
           Diese Daten sind auf Platte vorhanden und werden auch für
           Prognoseprogramme verwendet.

Ebene II:  In der Ebene II erfolgt die graphische Aufbereitung, z.B.
           Erzeugung der Belastungsdiagramme, im entsprechenden Koor-
           dinatensystem mit Beschriftung und Legende.
           Vom verwendeten System /3/ werden Geräte-unabhängige Dis-
           playfiles erzeugt.
           Die Geräteunabhängigkeit wird generell durch die Erzeugung
           eines Zwischencodes unterstützt. Dieser Zwischencode wird
           meist Pseudocode genannt, da er alle Möglichkeiten eines
           virtuellen Gerätes (Pseudogerätes) berücksichtigt. Auch
           das hier verwendete System benutzt einen Pseudocode. Diese
           Display-files sind auf Plattendateien abgespeichert.

Ebene III:Die Display-files stehen verschiedenen Geräteumschlüssel-
           programmen zur Verfügung. Diese interpretieren den Code
           und geben ihn auf das entsprechende Gerät aus. An Geräten
           werden zur Zeit Speicherröhren und Plotter als "Softcopy"
           verwendet.

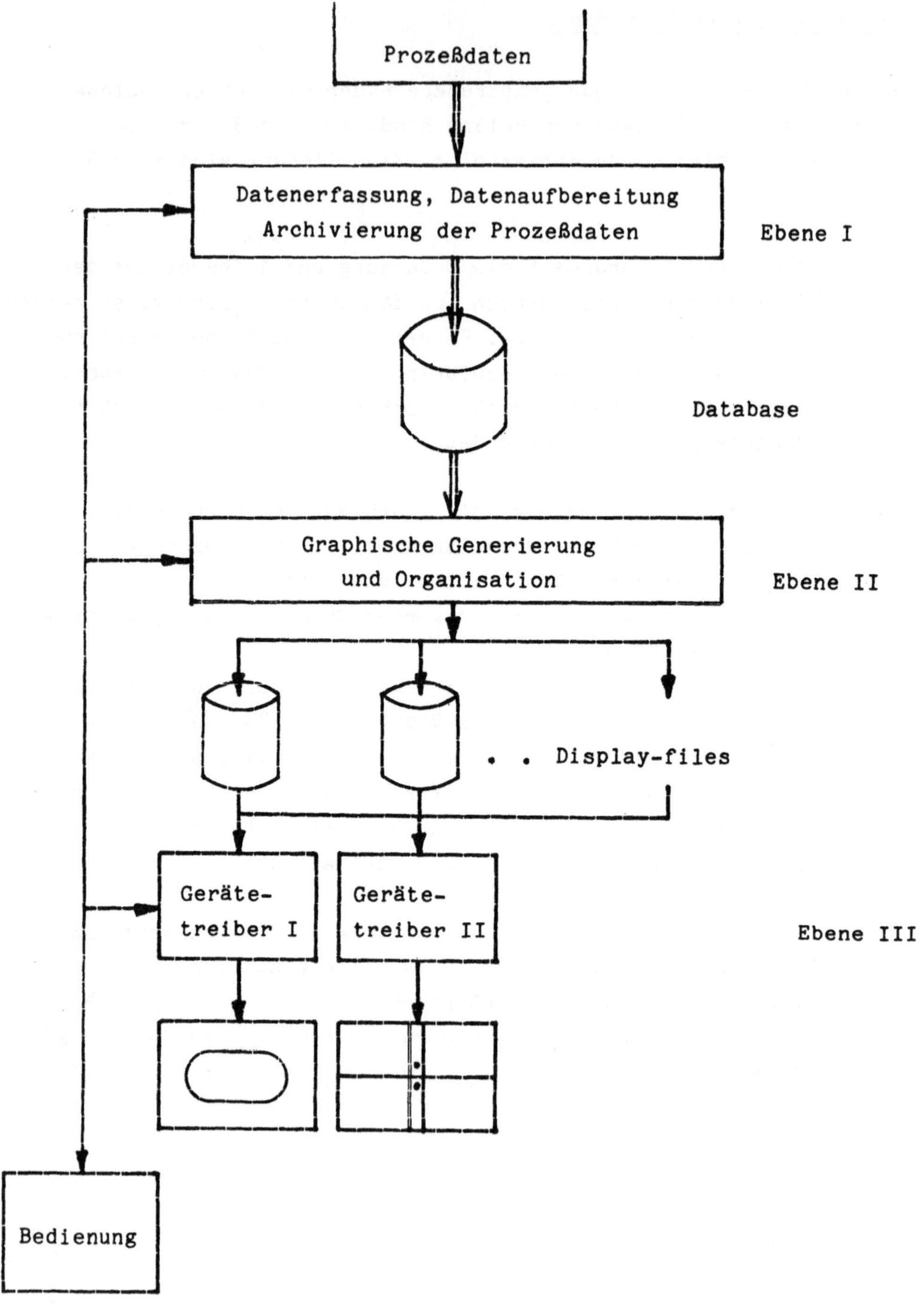


Bild 3: Struktur des Systems mit Bedienung

Bei zyklischen Bildern (dies sind solche, welche in zyklischen Ab-
ständen aktualisiert werden) wird jeweils nur der neu-hinzukommende
Teil der Graphik ausgegeben.
Die im Bild 3 als Gerätetreiber bezeichneten Bausteine sind von
einander unabhängige Postprozessoren für die Umcodierung des Pseudo-
codes auf die einzelnen Gerätecodes. Es sind eigene Programme und
sie können daher voneinander unabhängige verschiedene Bilder zur
gleichen Zeit interpretieren (Concurrent driver).
Die Anwenderseite ist dadurch flexibel und für mehrere Benutzer
gleichzeitig zugänglich. Da die Grundstruktur dieser Gerätetreiber
für alle Geräte gleich ist, läßt sich dadurch auch einfach ein neues
Gerät anschließen. Gerätetypen, welche bereits implementiert sind
(Tektronix, HP-Plotter) benötigten nur den entsprechenden Baustein
ein weiteres Mal im Rechner geladen.Natürlich ist eine Integration
des Gerätes in das Bedienprogramm notwendig.
Im Bild 3 wird ebenfalls der Grundmechanismus der "Bedienung" (Interaktion) dargestellt. Das Bedienprogramm kann mit allen Ebenen verkehren.


## 3. Probleme beim Einsatz eines konventionellen geräteunabhängigen Graphiksystems

Geräteunabhängige graphische Systeme bieten verschiedene Vorteile,
welche auch bei Anwendungen im Prozeßrechnerbereich immer wichtiger
werden. Es sind dies z.B. eine hierarchische Verwaltung von Segmenten
(Einzelbildern), die Geräteunabhängigkeit, standardisierte Eingabe
mit automatisch geführten Warteschlagen, Möglichkeit der Maskierung
einzelner Eingabetypen und die Verwaltung mehrerer Bilddateien.

Einer uneingeschränkten Verwendung im Prozeßbereich stehen wie schon
eingangs erwähnt Nachteile gegenüber, die teilweise durch Umstrukturierung und zusätzliche Routinen behoben werden können.
Eine Anforderungsliste enthält nachfolgende Punkte:

- Speicherbedarf
- Gleichzeitiges Eröffnen mehrerer Bilder/Display-files
- Simultane Ausgabe von verschiedenen Informationen auf unterschied-
  liche Geräte

- Einfache Kontrolle des Bildaufbaues und der Bildaktualisierung
  ("level of deferring")
- Additive Erweiterungen einzelner Bilder und Ausgabe in Echtzeit

Auf Grund der Anforderungen und des gewünschten Lösungsweges zeigten
sich schon bald jene Stellen des konventionellen Graphiksystems,
welche für diese Art der Anwendung nicht konzipiert waren.
Ein Lösungsweg welcher den Speicherbedarf und das gleichzeitige Ausgeben auf verschiedene Geräte befriedigt führte auch zur Ebenenkon-
struktion. Dies ist das gleichzeitige Umschlüsseln der einzelnen Bilder
auf verschiedene Geräte. Diese einzelnen Postprozessoren in Ebene
3 werden daher auch konkurrierende Treiber genannt, wobei die englische
Bezeichnung "concurrent driver" etwas zutreffender ist, da das gemeinsame ja die Display-files sind.
Concurrent drivers sind in allgemeinen Graphiksystemen nicht üblich.
Mit Hilfe des PROZESS-FORTRAN's /6/ ließen sie sich relativ leicht
einbinden, wobei die verwendete Graphik-Software auf Grund der modularen
Struktur ein heraustrennen dieser Treiber erleichterte.
Durch diesen Kunstkniff können jetzt verschiedene Bilder auf ver-
schiedene Geräten angewählt und ausgegeben werden.
Ein weiteres Problem waren zyklische Bilder, welche in bestimmten
Zeitabständen erweitert werden. Da diese Bilder jeweils als hierar-
chische Elemente verwaltet und verwendet werden, war das gleichzeitige
Eröffnen von mehreren Bildern (Segmenten) die günstigste Lösung für
diesen Fall.

Kontrolle des Bildaufbaues:

Werden die Generier- bzw. Postprozessoren (Treiber) im gleichen Laufbereich betrieben, dann muß die Verdrängung der einzelnen Programme aus
dem Laufbereich minimal gehalten werden. Genauer gesagt sollen die
Programme welche die einzelnen Bilder in Realtime darstellen sollen,
mit "höherer Priorität" ablaufen. Es zeigte sich sehr bald, daß die
Zeitscheibentechnik auch bei sehr differnzierter Zeitzuteilung zu
den Programmen nicht die gewünschte Effizienz bringt. Der eingeschlagene
Lösungsweg verzichtet total auf die "Time share"-Technik. Die Verdrän-
gungen werden über den Bildaufbau (Generierpufferlängen) und Ausgabepuffer gesteuert.

Durch diese Maßnahme werden unnötige Transfers vermieden. Ein Programm
wird dann von einem anderen verdrängt, wenn ein Datentransfer durchge-
führt wird.
Unterstützt wird diese Technik durch flexible Puffermöglichkeit des
verwendeten graphischen Systems.
Wichtige Ausgabegeräte (Displays) erhalten hier natürlich längere
Ausgabepuffer.
Natürlich ist diese Multiprogrammtechnik nicht für eine beliebige
Anzahl von Geräten möglich, doch zeigte sie bei 2 Geräten noch recht
gute Ergebnisse.


## 4. Das graphische Kernsystem

Seit 1979 gibt es einen Normungsvorschlag des DIN für graphische
Systeme /2/. Dieser Vorschlag, das graphische Kernsystem (GKS) ist
seit 1980 Workitem von ISO. Es ist anzunehmen, daß in näherer Zukunft
das GKS als ISO-Standard vorhanden ist. Damit ergeben sich dann neue
Perspektiven in Bezug auf Portabilität von Anwenderprogrammen. Es
gibt zur Zeit nur wenige GKS-Implementierungen und Einsätze. Doch
ist das Interesse so stark, daß sich dies innerhalb kürzerer Zeit
ändern wird. Daher wird auf verschiedensten Gebieten die Frage nach
der Verwendbarkeit dieses genormten Systems gestellt /5/. Jede Klasse
von Anwendungen hat spezielle Anforderungen an ein graphisches System.
GKS ist als universelles System entwickelt worden und daher als Kompromiß zu verstehen.
Wie sehen die Anforderungen der Prozeßrechentechnik für graphische
Systeme aus? Wir denken dabei vornehmlich an Anwendungen wie in der
Einleitung beschrieben.

### a) Concurrent Treiber

Es gibt bisher noch kein GKS-System mit parallel arbeitenden Treibern.
Diese Erweiterung ist an der Geräte unabhängigen, Geräte abhängigen
(device independent/device dependent interface, DI/DD) Schnittstelle
möglich. Eine Übergabe der Daten und Starten der Ausgabetreiber (Work-
stationtreiber) ist wie im oben beschriebenen Fall möglich.

b) Gleichzeitiges Eröffnen mehrerer Segmente (Bilder)

Eine Änderung an dieser Stelle würde nicht normgerecht sein. Als
Lösungsweg gibt es daher nur eine Umdefinition der Problemlösung.
Was mit dem GKS leicht ginge ist eine Ausgabe an verschiedene Geräte,
falls die "primitive outside segments" verwendet werden. Der Nachteil ist dabei, daß für die Plotterausgabe die Generierung der Graphik
jeweils neu erfolgen muß.

c) Bildstrukturierung

Das GKS besitzt eine Kontrolle der Bildgenerierung (defering). Damit
kann für die Generierung, wie oben beschrieben, die Ablaufzeit beeinflußt werden.

Bei den Workstation-Treiberroutinen ist natürlich die Pufferung auch
beim GKS implementationsabhängig.

Das GKS würde durch seine "workstation" Struktur außerdem die Möglichkeit bieten, verschiedene Ein- und Ausgabegeräte zu einer logischen
Einheit zusammenzufassen.

Zusammenfassend kann gesagt werden, daß die Verwendung von GKS in
Prozeßanwendungen möglich ist. Die Schichtenstruktur des GKS erlaubt
dabei sogar eine Anpassung an verschiedene Problemklassen. Wichtig
ist, daß die Grundvoraussetzungen des Prozeßbetriebes bei der Implementierung berücksichtigt wurden. Zusätzlich brächte die gepufferte
Eingabe von Event-Type-Input des GKS eine Unterstützung in der Dialogführung.

# 5. <u>Literaturhinweise</u>


/1/     J. Encarnacao, G. Enderle, K. Kansy, G. Nees,
E.G. Schlechtendahl, J. Weiss and P. Wißkirchen,
The workstation concept of GKS and the resulting conceptual
differences to the GSPC core system, SIGGRAPH-80 Conference
Proceedings, ACM

/2/     Graphical Kernel System (GKS) Functional Description,
Proposal of Standard, DIN 0066252

/3/     GMB300-Handbuch, Programm-Service Siemens
System 300, P71100-B2257-x-x-35.

/4/     Weiss J., Device Driver Interface for Decentral Device
Drivers, Eurographics 79, 25.10.-27.10.79, Bologna,
pp 252-263

/5/     Normung und Portabilität: Darmstädter Kolloquium Band 3
Oldenburg Verlag. Erscheint April 1981.

/6/     PROZESS-FORTRAN 300, Handbuch
Siemens Programm-Service
P71100-D3000-x-x-35

METHODEN DER MENSCH-MASCHINE-KOMMUNIKATION
DURCH EINSATZ GRAFISCHER EIN/AUSGABEN

METHODS OF MAN-MACHINE-COMMUNICATION
BY USE OF GRAPHICAL INPUTS/OUTPUTS


JUERGEN GROSCHE
KRUPP ATLAS - ELEKTRONIK
PROZESSDATENSYSTEME
D-2800  BREMEN  33


## Einleitung

Die Einsatzmöglichkeiten grafischer Systeme sind außerordentlich vielfältig. Sie reichen
von der einfachen Balkendarstellung auf herkömmlichen s/w-Terminals (etwa im kauf-
männischen Bereich) über schematisierte Anlagendarstellungen auf semigrafischen Farbsichtsystemen (z. B. im Prozeßbereich) bis hin zu vollgrafischen Systemen im Bereich
von CAD. Wir wollen uns hier auf den Prozeßbereich beschränken.

Mit fortschreitender Automatisierung erhöht sich die Größe und Komplexität der vom einzelnen Bediener zu betreuenden prozeßtechnischen Anlagen. Die Aufgaben des Bedieners
verlagern sich dabei immer mehr von der Prozeßführung hin zur Prozeßüberwachung. Füh-
rende Funktionen werden von ihm nur noch zu Prozeßoptimierungen, die vom Automatisierungssystem etwa aufgrund fehlender mathematischer Modelle nicht geleistet werden können und im Störungsfall verlangt. Um insbesondere im letzteren Fall eine Überforderung
des Bedieners zu vermeiden, wird eine rechnergeführte Bedienerunterstützung benötigt.

Als geeignetes Medium zum Informations- und Anweisungstransfer haben sich dabei Pro-
zeßvideosysteme herausgestellt, bei denen über Farbmonitore Ausgaben an den Bediener
vorgenommen werden und diese Monitore selbst Teil eines Eingabesystems (etwa in Verbindung mit Lichtstift und/oder Tastatur) darstellen. Zu diesem Thema existiert bereits
eine Reihe von Veröffentlichungen, von denen eine Auswahl im Literaturverzeichnis genannt ist.

Die bisher beim Einsatz solcher Systeme in unterschiedlichsten Bereichen gesammelten
Erfahrungen werden im folgenden inForm eines Anforderungskataloges dargestellt, der als
Entscheidungshilfe bei der Weiterentwicklung bestehender oder der Entwicklung neuer Vi-
deosysteme dieser Art dienen kann.

# 1. Technische Anforderungen an ein Prozeßvideosystem

## 1.1 Funktionen zur Prozeßüberwachung

### 1.1.1 Darstellbarkeit schematisierter Anlagenbilder

Um den Bediener in der Zuordnung Meßwert-Meßstelle zu unterstützen, werden zur Anlagendarstellung Fließbilder eingesetzt. Dabei wird ein schematisiertes Abbild auf Farbmonitoren zur Anzeige gebracht. Die zu überwachenden Prozeßelemente erscheinen dabei genau an den Stellen, an denen sie sich in der Anlage auch tatsächlich befinden. Für die Darstellung von Fließbildern reicht meist ein semigrafisches System aus, d. h. ein System, das als kleinste ansprechbare Einheit eine Matrix von z. B. 9 · 7 Bildpunkten besitzt. Es muß aber erlauben, einen bildbezogenen Satz von Symbolen herzustellen und die Symbolsätze bei Bildwechseln auszutauschen. Die Schwierigkeiten liegen in der Darstellung von gekrümmten Linien oder Geraden, die von der Zeilen- oder Spaltenrichtung abweichen ( z. B. bei der Darstellung von Streckennetzen). Diese Schwierigkeiten können behoben werden, wenn entweder ein System mit vollgrafischen Eigenschaften verwendet wird oder ein Kamerabild eingeblendet werden kann. Beide Lösungen haben Nachteile: Hoher Speicherbedarf und große Datenmengen bei vollgrafischen Systemen, Synchronisationsschwierigkeiten bei Bildwechseln und Überlagerungsprobleme bei Kameraeinblendungen. Da die vollgrafische Lösung rechnerangepaßter ist, wird sie sich längerfristig sicher durchsetzen.

### 1.1.2 Symbolische Darstellung von Prozeßelementen

Die Funktion eines Prozeßelementes läßt sich häufig durch seine grafische Gestaltung wiedergeben ( z. B. Ventile, Schalter). Hierzu sind semigrafische Systeme gut geeignet. Da sich jedoch nicht jedes Prozeßelement ausreichend differenziert in einer Matrix wie z. B. 9·7 darstellen läßt, muß man Matrixgruppen, sogenannte Makrosymbole, bilden können, die gezielt unter einem 'Namen' ansprechbar sind. Dann lassen sich verschiedene Zustände durch Austausch entsprechender Makrosymbole darstellen.

### 1.1.3 Textausgaben

Selbstverständlich muß jedes System die Möglichkeit bieten, Texte darzustellen, sei es in Form einer Liste, sei es als Bestandteil von Fließbildern und Blockdarstellungen.

## 1.1.4 Farbgebungen/Blinken

Farbe ist ein hervorragendes Mittel zur schnellen Informationsübertragung. Sie wird eingesetzt zur Zustandsanzeige ( z. B. rot für Alarm) und zur Informationsbewertung (wichtiges farbig, unwichtiges weiss). Diese Vorteile gehen verloren, wenn man entweder zu viele Teile im Bild farbig darstellt oder zu viele unterschiedliche Farben verwendet. Wenn man bedenkt, daß nur 4 - 5 verschiedene Farben vom Bediener gesichert unterschieden werden können, muß man die Möglichkeit, 8 Farben darstellen zu können, als völlig ausreichend bezeichnen. Da zudem durch Kontrast und Helligkeitsregelungen am Monitor selbst eine Anpassung an unterschiedliche Lichtverhältnisse vorgenommen werden kann, wird selten eine anwenderabhängige Farbgebung nötig sein. Standard ist, daß diese 8 Farben getrennt für Vorder- und Hintergrund setzbar sind. Nimmt man eine einstufige Intensitätsabsenkung noch hinzu, ergeben sich ca. 100 verschiedene Ausgestaltungsmöglichkeiten eines Symbols. Hier ist eine Ausweitung kaum erforderlich.

Benötigt wird allerdings ein Mittel, die Aufmerksamkeit des Bedieners auf bestimmte Ereignisse zu lenken. Gegebenenfalls akustisch unterstützt kann dies dadurch geschehen, daß man kritische Bildbereiche blinkend darstellt. Auch hier gibt es die unterschiedlichsten Möglichkeiten, ein Blinken auszuführen. Da man aber mit dieser Darstellungsform im Bedienerinteresse sehr sparsam umgehen sollte, reicht auch hier der Standard (1-2 Blinkgeschwindigkeiten, feste Blinkart etwa gegen feste Hintergrundfarbe) völlig aus.


## 1.1.5 Informationsaufteilung

Hier liegt ein großes Problem für Videosysteme: Wie kann man auf der durch die Bildschirmgröße begrenzten kleinen Fläche die Vielzahl von Informationen darstellen? Bei der gegenwärtigen Bildschirmgröße kann man zwischen 2000 und 4000 Symbolen (je nach Matrixgröße und Auflösung) unterscheidbar darstellen. Mehr als 20 - 30 Meßwerte pro Bildschirm können vom Bediener nicht überblickt werden. Damit ergibt sich der Zwang, die Informationen auf mehrere Bildschirminhalte zu verteilen, es entstehen sogenannte Mehrfachbilder, über die der Bediener mit Hilfe von Tastatur/Lichtstift/Rollball/Steuerknüppel seinen Monitor wie ein Fenster hinweg bewegt. Ist das Bild zu groß, kann der Bediener schnell die Orientierung im Bild verlieren. Man benötigt eine Orientierungshilfe: Auf einem zweiten Monitor wird ein Übersichtsbild angezeigt. So kommt man zu hierarchischen Bildstrukturen. Hier ergibt sich als Vorteil, daß vom prozeßbetreuenden Programm (etwa auf einem dem Videorechner vorgeschalteten Leitrechner) oder vom Bediener über interaktive Eingaben eine Informationsauswahl getroffen werden kann. Will man die Kosten für einen weiteren Bildschirm sparen, benötigt man eine Fixbildtechnik (Bild in Bild-Technik), bei der ein Bildteil von Bildverschiebung und Bildwechsel nicht betroffen ist. Hier können Gesamtsysteminformationen dargestellt werden.

Eine Auflösung der Anlage in Einzelbilder führt zu einer großen Anzahl von Bildern (man muß überlappende Bereiche in mehreren Bildern unterbringen). Als Konsequenz benötigt man hohe Bildwechselgeschwindigkeiten, was je nach Anforderung nur gesichert werden kann, wenn viele Bilder speicherresident gehalten werden können. Dann wiederum muß eine Bildaktualisierung ebenfalls mit hoher Geschwindigkeit möglich sein.

In diesem Bereich liegen die eigentlichen Probleme beim Design eines Prozeßvideosystems: Aufgabenabhängige Konfigurierbarkeit eines Systems zu ermöglichen, um eine optimale Lösung nach Preis und Leistung im konkreten Einzelfall anbieten zu können. Das umfaßt die Ausbaufähigkeit des Systems vom Einmonitorsystem, auf dem alle Funktionen realisiert werden können, bis hin zum Mehrmonitor/Mehrbedienersystem mit einer Vielzahl von Bildschirmen und Bedienerperipheriegeräten.


## 1.2  Funktionen zur Prozeßanalyse

### 1.2.1  Kurvendarstellungen

Jedes Videosystem muß die Möglichkeit besitzen, Kurven darzustellen ( z. B. zur Trenderkennung/Meßwertverlaufdarstellung). Da es sich hier um ein typisch vollgrafisches Problem handelt (eine bildpunktweise Auflösung ist unabdingbar), ist bei semigrafischen Systemen ein separater Kurvengenerator mit Farbdarstellungsmöglichkeit erforderlich. Will man Kurven und Fließbilder gleichzeitig auf einem Bildschirm darstellen, treten Prioritätsprobleme bei Überschneidungen auf, die aber im allgemeinen durch feste Prioritätsfestlegungen gelöst sind.


### 1.2.2  Balkendarstellungen

Zur Unterstützung von Prozeßparameterbewertungen setzt man Balkendarstellungen ein (z. B. Vergleich Istwert-Sollwert-Grenzwert). Auch diese Darstellungsmöglichkeit muß jedes System bieten. Semigrafische Systeme benutzen zur Darstellung von Balken einen Teil ihres Symbolvorrates (je nach Ausbau werden bis zu 20 Symbole benötigt). Bei auswechselbaren Symbolsätzen ( bildabhängig) stellt dies praktisch keine Einschränkung dar.

## 1.3 Funktionen zur Prozeßbeeinflussung

Will der Bediener in den Prozeß eingreifen, sollte das Videosystem als Eingabemedium zur Verfügung stehen. Als Eingabeperipherie existieren Tastaturen, Lichtstifte, Steuerknüppel und Rollbälle.

Diese Geräte müssen vom Videosystem verwaltet werden. Es soll die Vorverarbeitung, die Bedienereingabe und eine vorläufige optische Anzeige der Eingabe durchführen. Dadurch können formale Fehlbedienungen bereits im Videosystem vollständig behandelt werden. Der Eingabeverlauf und die Anzeigeart dürfen keinen Zweifel entstehen lassen, in welchem Bearbeitungszustand sich die Eingabe des Bedieners befindet.

Beispiele für Eingabemöglichkeiten sind Anweisungen zur Ausführung binärer Zustandsänderungen ( z. B. Ventil zu) durch Lichtstiftanwahl des entsprechenden Symbols im Bild, Sollwertvorgaben durch Texteintragung an der entsprechenden Position ( z. B. durch Tastatur mit Lichtmarkensteuerung) oder separate Dialogführung auf dem gleichen Bildschirm, etwa über eine bildunabhängige Dialogzeile oder virtuelle Tastaturen).

## 2.      Inbetriebnahmeunterstützung

Die zweifellos großen Vorteile von Prozeßvideosystemen als derzeit wohl universellste
und bedienerfreundlichste Möglichkeit, eine Kommunikation zwischen Mensch und Maschine zu realisieren, führen dennoch nicht zum Einsatz solcher Systeme, wenn Probleme
bei der Installation und Inbetriebnahme befürchtet werden. Eine solche Befürchtung ist
nicht unbegründet, schließlich muß jede der vielen verschiedenen Darstellungsarten vom
Rechnersystem ausgewählt werden. Das kann einen nicht unerheblichen Programmierauf-
wand bedeuten. Selbst wenn die Kosten für den Kauf eines solchen Videosystems in einer
vertretbaren Größenordnung liegen, können die Aufwände für die anwendungsabhängige Programmierung den Kostenrahmen sprengen. Daher müssen Standardsoftwarepakete vom
Anbieter hergestellt und genormte Grafikschnittstellen geschaffen werden, um diese Probleme für jeden Anwender überschaubar, kalkulierbar und lösbar zu machen. Drei Problem-
bereiche kann man dabei unterscheiden, die wir im folgenden genauer untersuchen wollen.


## 2.1      Erstellen von Datensätzen

Hierbei handelt es sich um folgendes Problem: Welche Arbeiten kann man in einer vorbe-
reitenden Phase erledigen, um mit möglichst wenig Aufwand (Speicherplatz und Zeit) in
der eigentlichen Betriebsphase eine Kommunikation zwischen Bediener und Rechner zu
realisieren?
Eine wichtige Aufgabe ist das Erstellen von Bildern und bildabhängigen anwenderspezi-
fischen Symbolen. Zur Lösung dieser Aufgabe benötigt man interaktive Konstruktionspro-
gramme, die eine kurze Bildaufbauzeit garantieren. Da der Bildaufbau eher eine Aufgabe
für einen Grafiker als für einen Programmierer ist, muß man diese Programme auch ohne
Programmier- und Rechnerkenntnisse bedienen können. Als geeignetes Eingabemedium
hat sich hier der Lichtstift erwiesen.
Etwas anders ist die Situation, wenn man durch Definition von bildüberlagernden Strukturen eine Aufgabenverlängerung vom Leitrechner hin zum Videosystem vornehmen will
(z. B. durch Definition von Bildausschnitten, Symbolgruppen, Eingabefeldern für den
Bediener, usw.). Hier geht es in erster Linie darum, diese Strukturen so zu gestalten,
daß eine wesentliche Erleichterung des Leitrechneranschlusses möglich ist. Hier liegen
auch die größten Reserven zur Kostenminimierung, indem Standardlösungen vom Hersteller angeboten werden, die so parametrierbar sind, daß weite Anwendungsbereiche abgedeckt sind ( z. B. Tastatureingabenvorverarbeitung, bei der darstellungsbezogene Bedienereingaben bereits im Videosystem vollständig bearbeitet werden wie Bildwechsel, Bild-

verschiebung, Aufruf von Kurvendarstellungen oder Vorbereitung einer Zuordnung 'Meß-
wert-Bildbereich-Darstellungsart', so daß allein die Übergabe von Meßwertgruppen an
das Videosystem zu einer Darstellung in der gewünschten Art führt).
Bei den meist großen Datenmengen darf die Bedeutung von Programmen, die die Archivierung und Dokumentation der erstellten Datensätze unterstützen, nicht unterschätzt
werden. Solche Programme sollten Bestandteil jedes Systems sein.


## 2.2 Erprobung von Darstellungsarten/Ablaufsimulation

Die Vielzahl von Möglichkeiten eines Videosystems, eine Information zu übermitteln,
erfordert eine Hilfestellung bei der Auswahl der Darstellungsart. Es gibt zwar Untersuchungen und Empfehlungen zu diesem Thema, man kann aber im konkreten Anwendungsfall nicht darauf verzichten, die Wirksamkeit einer Darstellungsform zu überprüfen. Da
es undenkbar ist, dazu die prozeßbetreuenden Programme zu ändern, muß es Standard-
software geben, die eine einfache Ansprache des Videosystems ermöglicht. Dies sollte
so weit gehen, daß kleinere Prozeßabläufe auch ohne Anschluß des Leitrechners darstellbar sind. Wünschenswert ist ein System, daß gleichzeitig als Übungssystem für die Bediener eingesetzt werden kann, bei der ein Trainer die Rolle des Leitrechners übernimmt.
Ein solches System wird besonders dann benötigt, wenn der Bediener nur in seltenen Störfällen in den Prozeßablauf eingreift. Durch eine Simulation des Störfalls lernt der Bediener am Originalbedienplatz, wie er sich im Störfall zu verhalten hat. So lassen sich Fehl-
reaktionen im realen Prozeßablauf vermeiden.


## 2.3 Schnittstelle Videosystem-Leitrechner

Hier geht es darum, eine 'Grafiksprache' so auszubilden, daß einerseits alle Einzelope-
rationen einfach aufrufbar sind, andererseits aber nicht zu viele Aktionen von den prozeßbetreuenden Programmen durchgeführt werden müssen. Um sich wiederholende, gleichar-
tige Befehlsabläufe zusammenfassen zu können, braucht man die Möglichkeit einer an-
wendungsabhängigen Makrobefehlsbildung.
Bei der Übertragung von Bedienereingaben vom Videosystem zum Leitrechner sollte eine
weitgehende Vorverarbeitung im Videosystem stattfinden. Die Art und Weise dieser Vorverarbeitung und der anschließenden Übergabe ist jedoch stark anwendungsabhängig.
Grundsätzlich wäre eine einheitliche Grafikschnittstelle die anwenderfreundlichste Lösung.
Da sich die existierenden Systeme jedoch sowohl im Hardware-, vor allem aber im Soft-

wareumfang stark unterscheiden, ergeben sich bei der Realisierung große Probleme. Eine Nivellierung auf unterem Niveau, also kurz vor der die Bilddarstellung ausführenden Hardware unter Verzicht auf eine Kanalisierung von Bedienereingaben im Videosystem, kann nicht sinnvoll sein. Ein Ansatz auf höherem Niveau führte aber zu vielen Ungereimtheiten, so daß das Resultat keine brauchbare Lösung ergeben würde. Hier wird man die weitere Entwicklung abwarten müssen, ob sich nicht Standards herausbilden, die wieder zu einer Annäherung der Systeme führen.

## 3. Literaturverzeichnis


1. Bernotat, R., Gärtner, K.-P.: Anthropotechnische Gesichtspunkte bei der Gestaltung der Kommunikation zwischen Mensch und hochautomatisierten Systemen. In: Meß- und Automatisierungstechnik (hrsg.: Ernst, D., Thoma, M.) in der Reihe 'Fachberichte Messen-Steuern-Regeln', Bd. 5. Berlin, Heidelberg, New York, Springer 1980, S. 843-863.

2. Bindewald, K.: Vorteile und Grenzen neuer Darstellungsmittel in der Mensch-Maschine-Kommunikation. Ebenda S. 794-810.

3. Burmeister, M. u. a.: Grundwissen für den Bildschirmeinsatz in der Prozeß-datenverarbeitung. KFK-PDV 92/September 1976.

4. Geiser, G., Frädrich, J.: Mensch-Maschine-Kommunikation in Leitständen, Grundwissen für die Anwendung, Teil 1. KFK-PDV 131/November 1977.

5. Geiser, G.: Mensch-Maschine-Kommunikation in Leitständen, Teil 2. KFK-PDV 132/Februar 1979.

6. Grimm, R. u. a.:Bildprogrammierbares Ein/Ausgabe Farbbildschirmsystem (EAF) als Warte-Grundprinzipien, Realisierung, Erprobung. KFK-PDV 134/ Dezember 1978.

7. Höppner, U.: Einsatz von Farbsichtsystemen in der Prozeß- und Leitstandstechnik. In: Industrie-Elektrik+Elektronik 1980, Heft 17, S. 457-460.

8. Hügle, W.: Bildschirmdialog zum Konfigurieren und Parametrisieren von Prozeßautomatisierungssystemen. RTP 1980, Heft 4, S. 115-120.

9. Shneiderman, B.: Human Factors Experiments in Designing Interactive Systems In: Computer, Dezember 1979, S. 9-19.

# Auswirkungen der Automatisierungstechnik auf Beschäftigung und Qualifikation

Werner Dostal
Institut für Arbeitsmarkt- und Berufsforschung
der Bundesanstalt für Arbeit, Nürnberg

## 1. Problemstellung

Durch den zunehmenden Einsatz der Automatisierungstechnik, insbesondere
der Prozeßrechner, haben sich die Arbeitsaufgaben, Arbeitsanforderungen
und Arbeitsbedingungen der betroffenen Beschäftigten verändert. Die Sensibilität der Öffentlichkeit für diese Veränderungen ist aus verschiedenen Gründen gering:

- Die Betroffenen sind nahezu alle im technischen Bereich beheimatet
  und registrieren diesen Wandel als konsequent, sinnvoll und notwendig.

- Es wird angenommen, daß es sich nur um eine kleine Zahl von Betroffenen handelt.

- Der jeweilige Automatisierungsgrad wird als Interimssituation gewertet, da mit einer weiteren Automatisierung gerechnet wird.

- Die Abläufe spielen sich normalerweise nicht in der Öffentlichkeit
  ab, sondern weitab von der Öffentlichkeit zugänglichen Bereichen.

Die Ergebnisse der Automatisierung werden meist positiv registriert:
Die stabile Stromversorgung der EVU's, die grüne Welle im Stadtverkehr,
die Produktverbilligung durch Fertigungsautomatisierung oder die Hygiene
in der Lebensmittelindustrie sind alles Beispiele, in denen die Prozeßautomatisierung eingesetzt wird.

Auch die Automatisierung von Tätigkeiten an Arbeitsplätzen mit ungünstigen Arbeitsbedingungen stößt selbst bei Gewerkschaften nicht auf Ablehnung.

Demgegenüber werden die Auswirkungen der kommerziellen Datenverarbeitung
auf Beschäftigung und Qualifikation weit intensiver diskutiert, wohl
deshalb, weil Personen betroffen sind, deren berufliches Selbstverständnis bisher nicht durch technischen Wandel bedroht und infrage gestellt
war. Während in der Automatisierung mit dem Einsatz von Prozeßrechnern
die ohnehin vorhandene Technik erweitert, "intelligenter" wird, muß der

Einsatz von Datenverarbeitungsanlagen im kommerziellen Bereich die Hürden der erstmaligen Technikeinführung in einen bislang nicht technisch geprägten Bereich nehmen.

Die Annäherung der Prozeßrechner und der kommerziellen Datenverarbeitungsanlagen in der Rechnerarchitektur [1] wirkt sich nun auch auf den Einsatz dieser Computer aus. Die Anwendung der Automatisierungstechnik und ihre Auswirkungen auf Beschäftigung und Qualifikationswandel werden also zukünftig im Rahmen der Informationstechnik mitdiskutiert werden. Für diese Diskussion sollte man sich rechtzeitig vorbereiten. In diesem Vortrag soll deshalb Platz und Aufgabe des Menschen in einer sich weiterentwickelnden Automatisierungstechnik dargestellt und überprüft werden. Dabei soll insbesondere auf die Veränderung der Qualifikationsanforderungen des Benutzers eingegangen werden.

## 2. Trends in der Automatisierungstechnik

Die technische Entwicklung bei der Hardware, die neuen Methoden des Software-Engineering und die inzwischen gemachten Anwendungserfahrungen führen zu neuen Einsatzformen und -möglichkeiten der Automatisierungstechnik. Einige Tendenzen, die Auswirkungen auf Beschäftigung und Qualifikation haben, seien hier angeführt:

### Hardware

Kleinere, billigere Rechner; standardisierte Prozeßelemente; Rechnerhierarchien, verteilte Intelligenz, Ablösung konventioneller Technik durch Digitalelektronik.

### Software

Übernahme wesentlicher logischer Funktionen durch die Software, Bereitstellung von Standard-Software für Grundroutinen und spezielle Anwendungen.

### Anwendung

Automatisierungssysteme werden verknüpft mit betrieblichen Steuerungs- und Management-Informations-Systemen, Teilsysteme werden in größere Systeme integriert, räumlich verteilte Systeme werden online verknüpft.

## 3. Phasenbetrachtung bei der Automatisierung

Im Verlauf der Technikentwicklung hat sich die Aufgabe des Menschen im
Produktionsprozeß deutlich verändert. Während im Handwerk die Materialien noch unmittelbar zu dem handgefertigten Produkt bearbeitet werden,
liegt im modernen Produktionsprozeß eine weitgehende Arbeitsteilung vor,
in der nicht nur die einzelnen Arbeitsgänge gleichzeitig von verschiedenen Personen unterschiedlicher Qualifikation geleistet werden, sondern
auch einzelne Arbeitsaufgaben vorverlagert werden, beispielsweise die
Planung und Vorbereitung der Arbeit, die Materialbeschaffung usw.

Eine besondere Form dieser Vorverlagerung von Arbeit ist die Herstellung
von Arbeitsmaschinen, mit denen dann das Produkt mit einem geringeren
Arbeitskräfteeinsatz erzeugt werden kann. Insbesondere bei der Automatisierung lassen sich durch vorab erstellte Einrichtungen zukünftig Arbeitskräfte und Qualifikationen einsparen. Die extreme Form dieser Vorverlagerung von Arbeit ist die Vollautomatisierung, bei der der Mensch
nur noch bei dem Aufbau und der Einrichtung der Anlage seine Arbeiten
ausführt, später im laufenden Betrieb vollständig vom Produktionsprozeß
entkoppelt ist.

Durch diese Vorverlagerung der Wertschöpfung und die Verschiebung der
Arbeitskräfte in die vorgelagerten Abteilungen haben sich im wesentlichen die enormen Rationalisierungseffekte der vergangenen Jahrzehnte
ergeben.

Es hat also wenig Sinn, in dieser Betrachtung nur die Personen zu berücksichtigen, die nach Einführung eines Automatisierungsprojektes noch
an der Anlage beschäftigt sind, sondern die Fragen der Qualifikations-
bereitstellung und der Arbeitsplatzsicherung beziehen sich ebenso auf
die Vorleistungen, da sonst ein lückenhaftes Bild entstehen würde.

Es ist deshalb nützlich, eine Phasenbetrachtung voranzustellen, um die
Arbeitsaufgaben in den einzelnen Phasen deutlich zu machen. Es sollen
hier die folgenden Phasen unterschieden werden:

- Planung
- Aufbau
- Inbetriebnahme
- Probebetrieb
- Dauerbetrieb

Neben diesen Phasen sollten auch die Herstellungsphasen der Investitionsgüter bzw. der Automatisierungsinstrumente berücksichtigt werden,

die aber je nach Fertigungsdauer verschoben auftreten. In Bild 1 sei
dieses Zusammenwirken anschaulich dargestellt:

## Bild 1: Arbeitsinput(AI) – Überlagerung einzelner Phasen

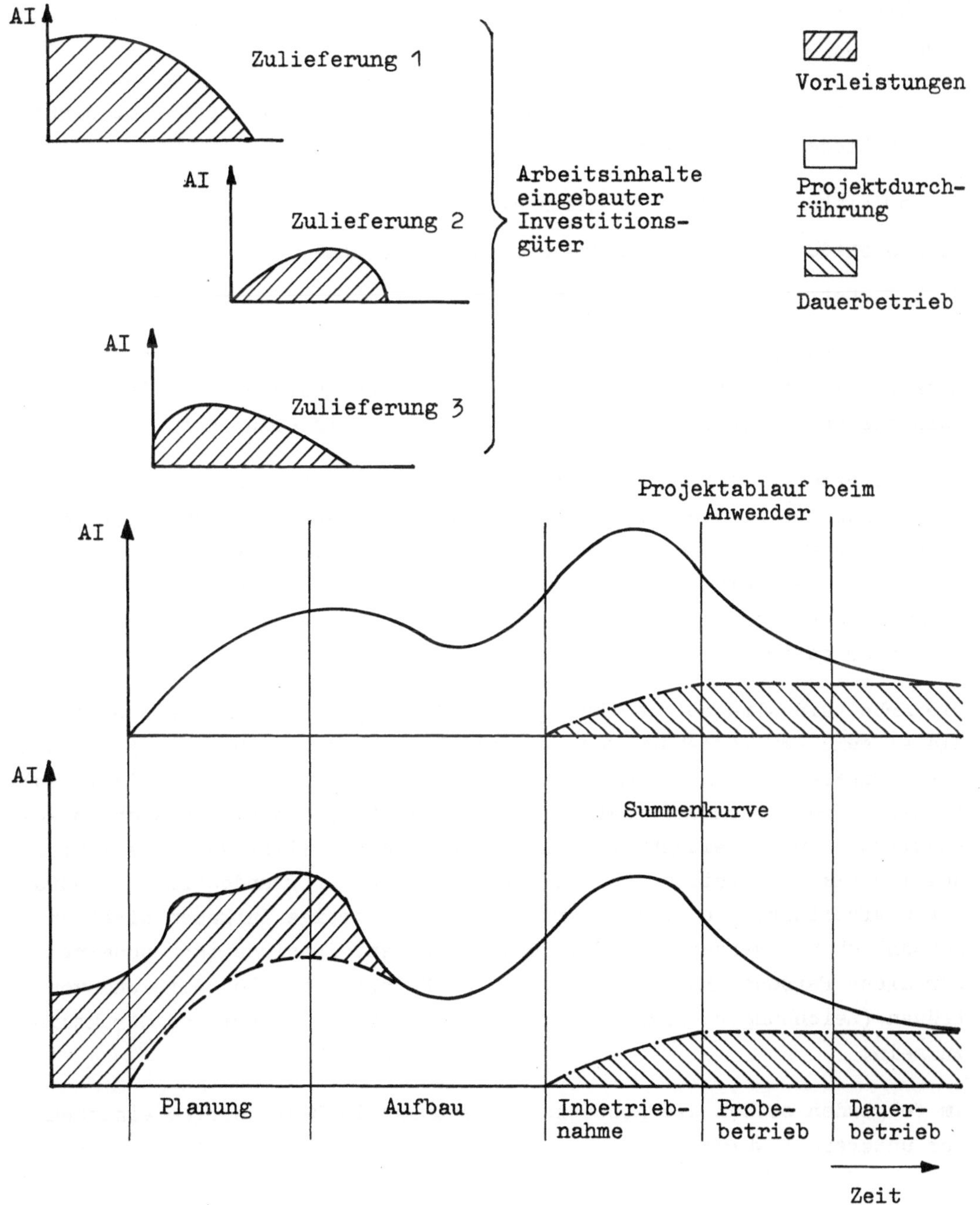

Ob nun der Arbeitsinput bis einschließlich Probebetrieb vom Volumen den
im darauffolgenden Dauerbetrieb geleisteten Arbeitsinput erreicht oder
übertrifft, sei hier dahingestellt, da dies von einer Reihe von Faktoren abhängt, wie

- Anzahl der im Dauerbetrieb beschäftigten Personen

- Laufzeit des Dauerbetriebs

- Zurechnung des vorgelagerten Arbeitsinputs

Allerdings wird deutlich, daß drei wesentliche Arbeitsinput-Kontingente
unterschieden werden müssen:

1. Vorleistungen (Investitionsgüter)

2. Projektdurchführung (Aufbau und Inbetriebnahme)

3. Dauerbetrieb

Aussagen über die Vorleistungen lassen sich kaum treffen, da sich die
Zurechnungsstrukturen stark verästeln und eine Zuordnung des Arbeits-
volumens nach Quantität und Qualität nicht realisieren läßt.

Je nach Produkt wird es sich um spezifische Arbeits- und Qualifikationsstrukturen handeln, die abhängig sind von der jeweiligen zuliefernden
Branche, von der Standardisierung des Produkts, von der Fertigungsstück-
zahl und einer Reihe anderer Faktoren. Dies läßt sich global nicht bestimmen, hier könnte nur eine Einzelbetrachtung weiterhelfen. Es wird
sich aber tendenziell mehr um konventionelle Arbeitsinhalte handeln.

Die Arbeitsinhalte bei der Projektdurchführung lassen sich einteilen in
die allgemeinen Vorleistungen, wie sie bei jeder Neueinrichtung erbracht
werden müssen und in automatisierungsspezifische Leistungen, die im Falle eines Prozeßrechnereinsatzes nötig sind. Hier handelt es sich im wesentlichen um systemtechnische Arbeiten, die vor allem von Ingenieuren
und Technikern geleistet werden müssen. Wegen der grundsätzlich innova-
tiven Arbeitsinhalte dieser Personen sind derartige Aufgaben nicht un-
gewöhnlich und werden nicht als neu empfunden. Problematisch scheint
für diese Personen nur der Übergang von Hardware auf Software und von
Plänen (Zeichnungen, Diagrammen) auf Algorithmen (numerische Strukturen)
zu sein.

Im folgenden sollen die Arbeitsanforderungen im Dauerbetrieb eingehen-
der untersucht werden.

## 4. Arbeitskräfte an automatisierten Anlagen (Dauerbetrieb)

Eine vollständige Automatisierung hat sich nicht immer als möglich, sinnvoll oder wirtschaftlich herausgestellt, da nicht für alle Probleme eine adäquate technische Problemlösung gefunden werden kann. Aus diesem Grunde bleiben auch bei weitgehend automatisierten Anlagen Arbeitsplätze bestehen, deren Inhaber eine Reihe von Arbeitsaufgaben erledigen müssen.

"Prozeßüberwacher" müssen Unregelmäßigkeiten und Fehler der Anlage erkennen, evtl. beheben oder die Behebung veranlassen. Diese Beschäftigten arbeiten meist in Schaltwarten oder Leitständen. Die Unterstützung durch Anzeigegeräte und Fehlersuchsysteme ist unterschiedlich.

Neben diesen Prozeßüberwachern existieren im System häufig "Rand- oder Resttätigkeiten", die aus wirtschaftlichen oder technischen Gründen weiterhin trotz der Automatisierung nötig sind oder neu eingerichtet werden.

Die dritte Kategorie umfaßt die Personen, die Instandhaltung durchführen, im Störungsfall oder bei Änderungen hinzugezogen werden, um Reparaturen auszuführen. Diese Personen werden entweder nur ad hoc neben anderen kontinuierlichen Arbeitsaufgaben tätig oder sind dauernd im System eingesetzt. Sie sollen im folgenden in die Kategorie "Instandhaltung und Reparatur" eingruppiert werden.

Neben diesen Funktionen direkt an der automatisierten Anlage gibt es noch die "Leitungsfunktion", d.h. eine Person oder eine Personengruppe, die den Gesamtüberblick über die Anlage haben. Im Normalfall wird das die Betriebsleitung sein, in der - bei größeren Anlagen - eine Reihe spezialisierter Mitarbeiter tätig sind. In Störfällen werden von diesen Mitarbeitern die sachlich erforderlichen Maßnahmen erarbeitet und ihre Ausführung überwacht. Im Normalbetrieb werden sie mit der Verbesserung und Weiterentwicklung dieser Anlage oder anderer (neuer) Anlagen befaßt sein. [2]

## 4.1 Rand- oder Resttätigkeiten

Wie die technische Anlage, so werden auch die verbleibenden Resttätigkeiten von den Planern definiert, in der Inbetriebnahmephase erstmalig ausgeführt und im Probebetrieb modifiziert. Im Gegensatz zu technischen Prozeßelementen gibt es für die Planung von Arbeitsplätzen neben ergonomischen und arbeitsmedizinischen Aussagen wenig konkrete Angaben über die Gestaltung der Arbeitsinhalte. Die Planer gestalten deshalb die Ar-

beitsplätze nach den technischen Notwendigkeiten und nach ihren persönlichen Vorstellungen und Erfahrungen. Durch geschickte Personalauswahl
hofft man, daß eine geeignete Person für die jeweilige Tätigkeit gefunden wird.

Das erforderliche Qualifikationsniveau wird nur hilfsweise bestimmt und
bei diesen Arbeitsplätzen nicht näher definiert. Die Bewertung der Stelle erfolgt üblicherweise nicht nach den Arbeitsaufgaben, sondern nach
vorhandenen betriebsinternen Strukturen und den Arbeitsbedingungen, die
oft problematisch sind. Tendenziell hofft man aber, auf längere Sicht
auch diese Tätigkeiten durch weitere Automatisierung ersetzen zu können.

## 4.2 Prozeßüberwachung

Die Prozeßüberwachung wird normalerweise personell durchgeführt, da
Störungen im Prozeß außerhalb des Regelbereiches und Fehler bei den An-
zeige- und Regelinstrumenten am ehesten von Menschen wahrgenommen werden können. Da von dem Überwachungspersonal in starkem Maße der reibungs-
lose Lauf der automatisierten Anlage abhängt, hat man den Leitwarten-
Arbeitsplätzen schon sehr früh Aufmerksamkeit geschenkt.

Die erforderlichen Qualifikationen werden meist mit allgemeinen Kriterien wie "Zuverlässigkeit, Lernbereitschaft, gute Reaktionsfähigkeit",
also mit sogen. Schlüsselqualifikationen [3] definiert.

In diesen Positionen findet man meist Personen, die betriebsintern re-
krutiert worden sind und häufig recht ungewöhnliche Qualifizierungs-
und Erfahrungsstrukturen aufweisen.

## 4.3 Instandhaltung und Reparatur

Instandhaltungsaufgaben und Reparaturaufgaben werden häufig von densel-
ben Arbeitskräften durchgeführt. Aus diesem Grunde werden hier auch
beide Gruppen gemeinsam betrachtet. Organisatorisch sind meist Überprüfung, Fehlerdiagnose und Reparatur voneinander getrennt. Die Überprüfung und Diagnose erfordert enge Zusammenarbeit mit der Prozeßüberwachung. Die gegenseitige Kommunikation ist für eine gute Zusammenarbeit
ganz wesentlich.

In diesem Bereich finden wir im wesentlichen breit ausgebildete Fach-
arbeiter aus dem Metallbereich und angelernte Hilfskräfte, die in den
jeweiligen Arbeitsverrichtungen von den Anlagenherstellern geschult worden sind. Je komplexer die Anlagen sind, an denen Reparatur- und Instand-
haltungsarbeiten ausgeführt werden, umso umfassender muß die Planung

und Vorbereitung dieser Arbeiten sein. Es ist schon häufig vorgekommen,
daß gerade hier Gefahren für die Beschäftigten und für die Umwelt ausgelöst werden können (es sind Störfälle in Kernkraftwerken bekannt geworden, die auf fehlendes Verständnis in diesem Bereich hinweisen).

## 4.4 Leitungsfunktion

Die Arbeitsanweisungen für die bisher beschriebenen Aufgabenbereiche müssen ausgehen von einer Leitungsstelle, die den gesamten Prozeß und seine
Nahtstellen überblickt und die Einzeltätigkeiten im Prozeß koordiniert.
Üblicherweise handelt es sich um Fachleute mit hoher Qualifikation, die
diese Aufgaben bereits in der Aufbau- und Inbetriebnahmephase koordiniert
haben und die Anlage aus diesen Vorphasen sehr genau kennen. Sie können
aber auch erst später durch ihren Vorgänger angeleitet worden sein und
sich im laufenden Betrieb mit dieser Anlage vertraut gemacht haben.

Neben Kenntnis der Anlage und Entscheidungskompetenz im Störfall scheinen aber zunehmend Personalführungsqualitäten wichtig zu werden, da eine
heterogene Gruppe unterschiedlich qualifizierter und motivierter Mitarbeiter zu führen ist. Gleichzeitig nehmen - insbesondere bei Anlagen,
für die die Öffentlichkeit stark sensibilisiert ist - Aufgaben zu, Laien
Möglichkeiten und Risiken der jeweiligen Anlage zu erläutern und die
Vorteile und Grenzen der installierten Überwachungs- und Automatisierungstechnik deutlich zu machen.

Bisher konnten gerade diese Aufgaben von den in dieser Position stehenden spezialisierten Technikern nur mit begrenzter Kompetenz wahrgenommen werden. Eine Definition der notwendigen Qualifikationen dieser Personengruppe steht noch aus.

## 5. Qualifikationsbedarf und -angebot

Während die Qualifikationsstrukturen im vorgelagerten Bereich der Erstellung der automatisierten Anlage und der Herstellung der Komponenten
im konventionellen Rahmen liegen und höchstens durch den zunehmenden
Einfluß der softwaremäßig zu erledigenden Aufgaben hin zum Informatik-
bereich tendieren, existieren für die Arbeitskräfte an automatisierten
Anlagen nur wenig definierte Beschäftigungs-, Berufs- und Qualifikationsstrukturen. Wie schon bei den einzelnen Funktionen erläutert, scheinen
in diesem Bereich global definierte "extrafunktionale" Qualifikationen
gefordert zu werden, die mehr persönlichkeitsorientiert als ausbildungs-
relevant sind. Diese Situation tritt immer dann auf, wenn wegen der Neu-
artigkeit der Tätigkeit und wegen der unzureichenden Definierbarkeit

der Arbeitsaufgaben die Arbeitsplätze unstrukturiert eingerichtet werden.

In den Unternehmen hat man bisher genügend an neuen Aufgaben interessierte Personen gefunden, die die nötige Flexibilität und Lernbereitschaft für neue Aufgaben zeigen und auf diese Weise ihren persönlichen Aufstieg begründen oder fortsetzen wollen. Die Zahl dieser Personen scheint zwar begrenzt zu sein, für die Arbeit an automatisierten Anlagen hat man bisher aber genügend Geeignete gefunden. Ob dies bei einer breiteren Anwendung der Automatisierungstechnik noch möglich sein wird, ist fraglich.

In den Frühphasen des Aufbaus, der Inbetriebnahme und des Probebetriebes sind die Arbeitskräfte auch durch die Aufgabe motiviert. Im Dauerbetrieb fühlen sich diese aber häufig unterfordert, da die Anforderungen an die bewiesenen Fähigkeiten der Flexibilität und Lernbereitschaft meist weiter zurückgehen. Dies führt dann zu einem Personalaustausch - die flexiblen Mitarbeiter suchen sich neue, interessantere Aufgaben und andere Personen treten an ihre Stelle, die über die erforderliche Monotoniefertigkeit [4] verfügen. Diese sind aber meist nicht in der Lage, in Ausnahmesituationen kreativ und flexibel zu reagieren. Durch diesen Umstrukturierungsprozeß ergibt sich eine polarisierte Struktur, in der dann in der Leitungsfunktion mehr Aufgaben übernommen werden müssen, während das Aufgabenspektrum der Überwacher weiter verringert wird. Verstärkt wird diese Polarisierungstendenz durch lohnkostensparende Personalauswahl und die üblicherweise durchgeführte Schichtarbeit, die von besser Qualifizierten kaum noch akzeptiert wird.

Die geschilderte Polarisierung wird von den Betroffenen nicht als positiv empfunden, auch der Wunsch nach befriedigenden Arbeitsplätzen wird durch diese Entwicklung nicht erfüllt. Deshalb sollte eine Basis für akzeptable Arbeitsplätze in diesem Bereich gefunden werden.

Erprobte Lösungen gibt es bisher nur in wenigen Fällen, die kaum verallgemeinerbar sind. Eine Verbesserung der Situation der Betroffenen, die auch im Interesse der Betreiber automatisierter Prozesse ist, läßt sich nur erreichen, wenn

- die Arbeitsplätze, die im automatisierten Prozeß bestehen bleiben, genauso umfassend geplant werden wie die technischen Komponenten. Dabei müssen nicht nur arbeitsphysiologische, sondern auch arbeitspsychologische Erkenntnisse berücksichtigt werden.

- Arbeitsinhalte können nicht statisch definiert werden, sondern es muß dem Betroffenen ermöglicht werden, bei seiner Tätigkeit dazuzulernen und das Dazugelernte für die Tätigkeit wieder zu nutzen. Dies ist nur möglich, wenn die Arbeitsinhalte dynamisch auf das jeweilige Individuum hin zugeschnitten und entwickelt werden [5].

- Auch der automatisierte Prozeß sollte flexibilisiert werden, um den Betroffenen zu ermöglichen, die Form der Arbeitsverrichtung in gegebenen Grenzen zu variieren. Durch die softwaremäßige Realisierung eines großen Teils der Automatisierungsstruktur müßte dies möglich sein.

Diese Veränderungen erscheinen schon deshalb erforderlich, da qualifizierte Mitarbeiter zukünftig immer weniger bereit sein werden, an unbefriedigenden Arbeitsplätzen auf Dauer tätig zu sein. Ohne diese im Prozeß immer wichtiger werdenden Fachleute lassen sich die noch vor uns liegenden Automatisierungsaufgaben nicht verwirklichen.

## Fußnoten

1) Färber, G.: Prozeßrechentechnik wird "arbeitsteiliger". Oneline-adinachrichten 9/80, S. 636 - 642.

2) Eine ähnliche Untergliederung wird in der Studie Mickler, O. u.a.: Technik, Arbeitsorganisation und Arbeit - eine empirische Untersuchung in der automatisierten Produktion, Frankfurt/M. 1976, S. 280 ff., vorgenommen. Dort werden angegeben: Produzierende Funktionen, Kontrollfunktionen, Wartungsfunktionen, Instandsetzungsfunktionen.

3) Siehe dazu: Mertens, D.: Schlüsselqualifikationen, Thesen zur Schulung für eine moderne Gesellschaft, MittAB 1/1974, S. 36 - 43. Mertens definiert Schlüsselqualifikationen u.a. folgendermaßen: Schlüsselqualifikationen sind demnach solche Kenntnisse, Fähigkeiten und Fertigkeiten, welche nicht unmittelbaren und begrenzten Bezug zu bestimmten, disparaten praktischen Tätigkeiten erbringen, sondern vielmehr
a) die Eignung für eine große Zahl von Positionen und Funktionen als alternative Optionen zum gleichen Zeitpunkt, und
b) die Eignung für die Bewältigung einer Sequenz von (meist unvorhersehbaren) Änderungen von Anforderungen im Laufe des Lebens.

4) Siehe dazu: Hackstein, R.: Arbeitswissenschaft im Umriß, Band 2 Grundlagen und Anwendung, Essen 1977, S. 224 f.

5) Volpert, W.: Für eine neue Arbeitswissenschaft. WSI-Mitteilungen 2/1978, S. 113 - 118.

# PROZESSRECHNER FÜR DIE NETZ- UND KRAFTWERKSREGELUNG


E. Handschin          J. Voß

Universität Dortmund


## 1. Einleitung

Der Übergang zu höheren Blockleistungen und Übertragungsspannungen im
Bereich der elektrischen Energieversorgung führt zu einer zunehmenden
Zentralisierung der leittechnischen Aufgaben. Unterstützt wird diese
Entwicklungsrichtung durch die Notwendigkeit bestehende Anlagen mehr
und mehr auszulasten, da der Neu- und Ausbau auf der anlagentechnischen
Seite nicht immer entsprechend den Erfordernissen des Bedarfes durchgeführt werden kann. Für die Zentralisierung der leittechnischen Aufgaben
spricht die damit verbundene vollständige Übersicht über das Betriebs-
geschehen. Allerdings ist dabei eine Reihe technischer Probleme zu beachten, die zu einem Kompromiß zwischen zentraler und dezentraler Leittechnik führen. Da es sich bei einem elektrischen Energieversorgungs-
unternehmen normalerweise um ein geographisch sehr ausgedehntes System
handelt, müssen bei einer rein zentralen Leittechnik sehr viele Daten
über z.T. große Distanzen übertragen werden, bevor sie am zentralen
Rechner verarbeitet und angezeigt werden. Die Anforderungen sowohl an
das Informations-Übertragungssystem als auch an die Größe des zentralen
Rechners machen deutlich, daß nur soviel Information an den zentralen
Rechner übermittelt werden soll als zur Lösung zentraler Aufgaben unbedingt erforderlich ist. Auf diese Weise kommt man zu einem hierarchisch
gegliederten Leitsystem, das in Abschnitt 2 dargestellt wird. In Abschnitt 3 werden dann einige Aufgaben behandelt, die zur zentralen Netzleittechnik gehören. Hier soll auch gezeigt werden, welche Konsequenzen
sich durch den Einsatz von Netzleitrechnern an die Betriebsführung ergeben. Im Mittelpunkt von Abschnitt 4 steht das Thema der Kraftwerksre-
gelung, das im vorliegenden Zusammenhang als typisch dezentrale Aufgabe
zu klassieren ist. Besondere Bedeutung kommt dabei auch dem Zusammenwirken zwischen zentraler und dezentraler Leittechnik zu. Schließlich werden die wesentlichen Ergebnisse in Abschnitt 5 zusammengefaßt und die
sich daraus ergebenden Schlußfolgerungen diskutiert.


Im Rahmen dieser Einleitung scheint es zweckmäßig auf einige typische
Aufgaben der Leittechnik für die elektrische Energieversorgung einzugehen. Bild 1 zeigt den grundsätzlichen Aufbau des Energieversorgungssys-
temes wie es in Deutschland betrieben wird /1/. Der Aufgabenbereich

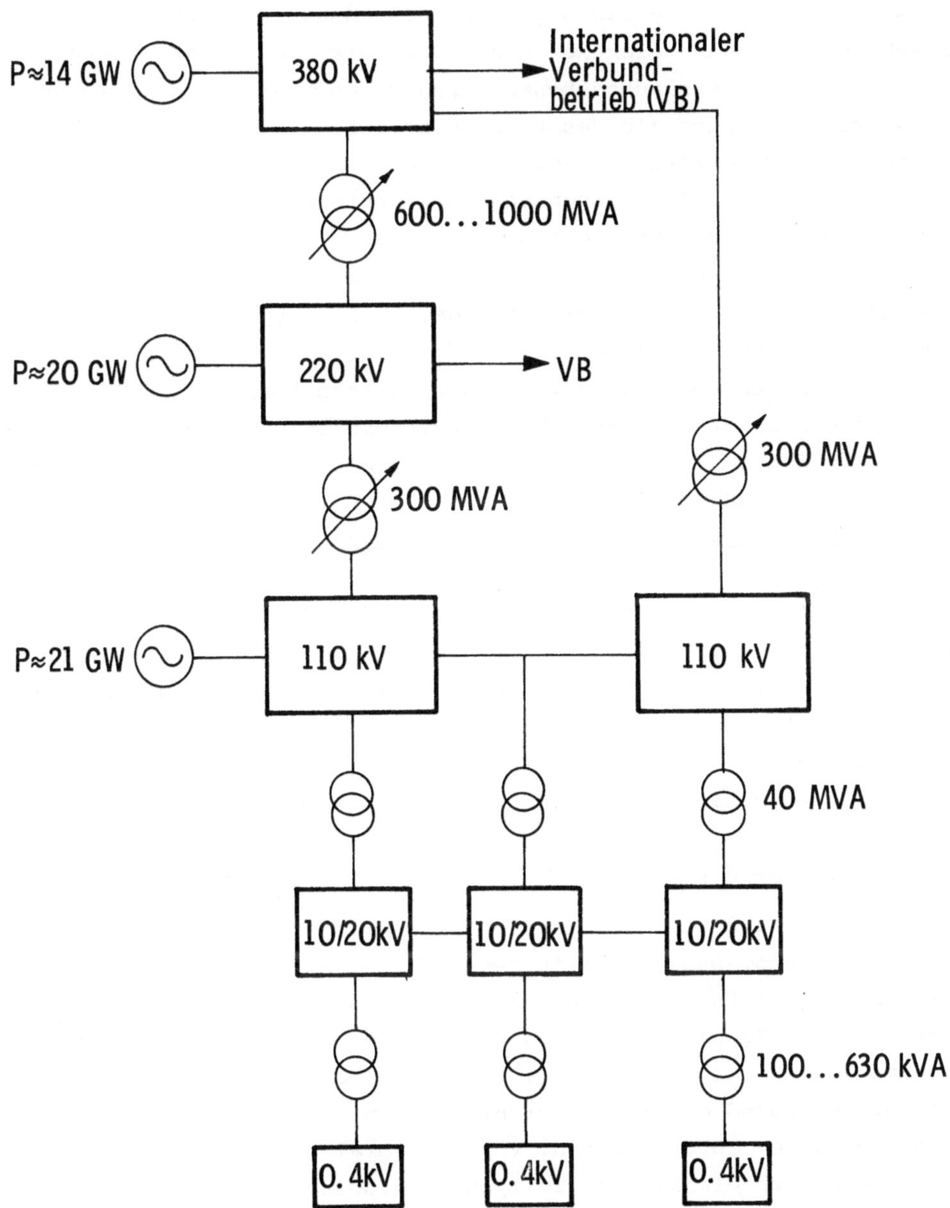


**Bild 1**    Aufbau des elektrischen Energieversorgungssystems in Deutschland

einer Hauptschaltleitung eines großen Verbundunternehmens umfaßt die
Überwachung der Spannungsebenen von 110 kV bis 380 kV, den Energieein -
satz der in diesen Spannungsebenen vorhandenen Kraftwerksblöcke und den
Energieaustausch innerhalb des Verbundbetriebes. Durch die zunehmende
Größe der 110 kV Netzgruppen sowie der Übernahme von zusätzlichen Ver-
teilungsaufgaben in dieser Spannungsebene entsteht die Notwendigkeit
einer eigenen Betriebsführung innerhalb dieser Spannungsebene. Dabei
sind zwei Fälle zu unterscheiden, je nach dem, ob dabei auch der Kraft-
werkseinsatz zu berücksichtigen ist oder nicht. Typische Aufgaben in
diesem Bereich gibt es bei großen Stadtwerken mit eigenem Kraftwerks-
park oder größeren regionalen Versorgungsunternehmen. Als dritter Aufgabenbereich besteht schließlich die Leittechnik der eingentlichen Ver-
teilungsaufgaben im 10/20 kV Netz, das die elektrische Energie über ein
oder mehrere Versorgungspunkte aus dem 110 kV Netz bezieht. Diese Aufzählung macht deutlich, daß sich die Anforderungen an das Rechnersystem
für die Leittechnik ganz erheblich voneinander unterscheiden. Während
im Bereich der Energieverteilung vor allem die SCADA-Funktionen (Super-
visory Control And Data Acquisition) für die Überwachung mit Hilfe der
Displaytechnik im Vordergrund stehen, spielt bei den Erzeugungs- und
Übertragungsaufgaben im Bereich der Hoch- und Höchstspannungssysteme
darüber hinaus die sog. Applikationssoftware für die Netz- und Kraft-
werksführung eine wichtige Rolle.


## 2. Hierarchischer Systemaufbau

Entsprechend Bild 2 kann das leittechnische Konzept in zwei Hauptebenen
unterteilt werden. Dabei wird in jeder Ebene zwischen Informationsverarbeitung und den Entscheidungsfunktionen bestehend aus Überwachungs-,
Steuerungs- und Regelungsaufgaben unterschieden /2/. Jedes Kraftwerk
oder jede Kraftwerksgruppe besitzt eine eigene Informationsverarbeitung,
um darauf aufbauend die lokal durchführbaren Überwachungs-, Steuerungs-
und Regelaufgaben durchzuführen. Von der lokal erforderlichen großen Datenmenge wird nur ein kleiner Teil in verarbeiteter und damit gesicher-
ter Form an die Ebene I der zentralen Leittechnik übergeben. In analoger
Weise ist jede Unterstation oder Gruppe von Unterstationen ausgerüstet.
Auch hier wird nur soviel bereits verarbeitete Information an das zentrale Führungszentrum weitergegeben, wie für die Durchführung der dort
anstehenden Aufgaben unbedingt erforderlich ist.


Die Unterteilung in Informationsverarbeitung und Entscheidungsfunktionen
ist wichtig. Dadurch wird erreicht, daß die für die Betriebsführung benutzen Modelle stets an den aktuellen Systemzustand angepaßt werden.

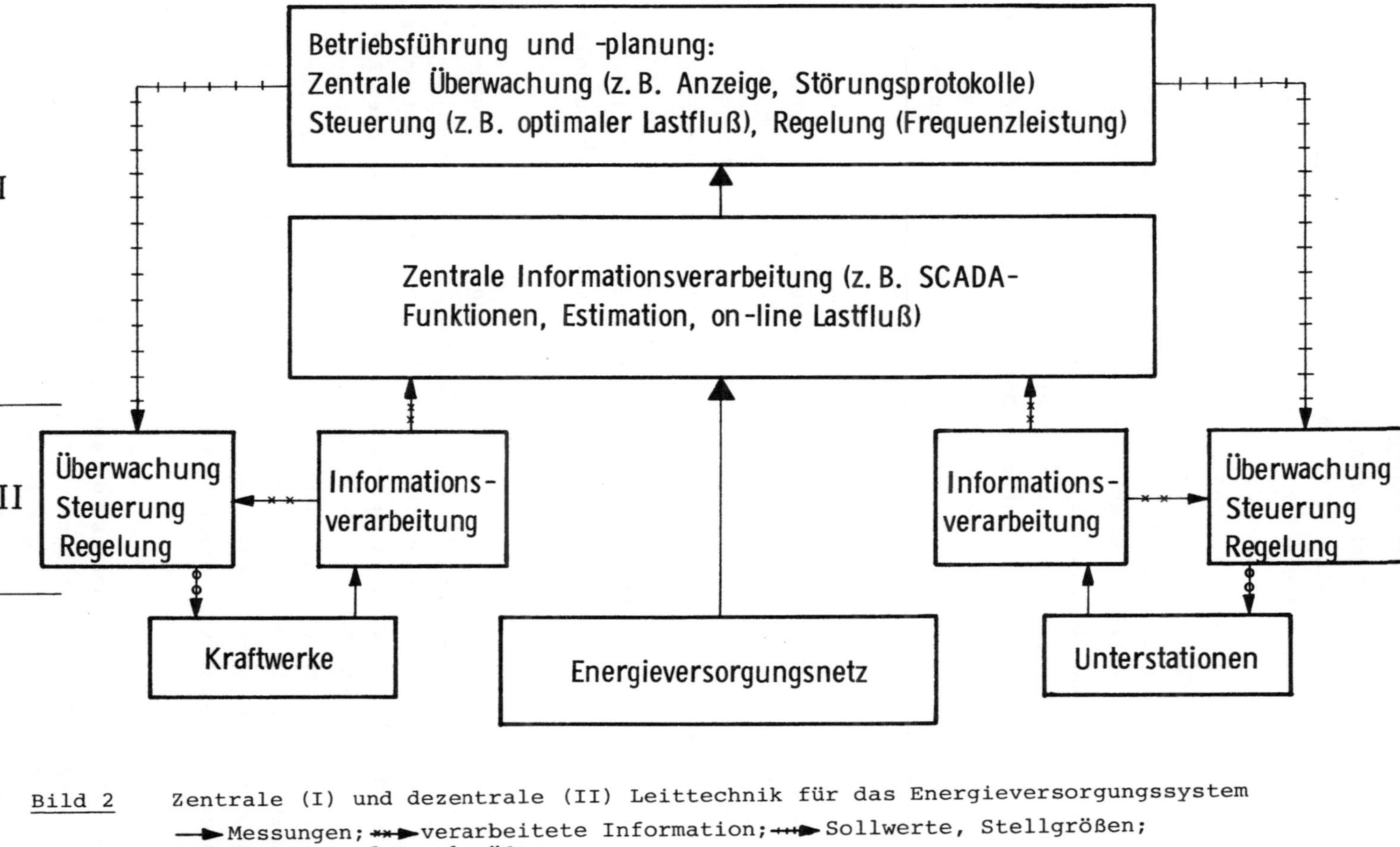


Bild 2    Zentrale (I) und dezentrale (II) Leittechnik für das Energieversorgungssystem
→ Messungen; ⊶→ verarbeitete Information; ⊷→ Sollwerte, Stellgrößen;
⊶→ Steuer- und Regelgrößen.

Die zentrale Informationsverarbeitung der Ebene I umfaßt zunächst die bereits erwähnten SCADA Funktionen, wobei aufgrund aktueller Meßwerte der Systemzustand abgebildet wird. Um jedoch einen konsistenten Datensatz zu erhalten, der den Anforderungen nach Vollständigkeit und Zuverlässigkeit entspricht, müssen die Daten des Energieversorgungsnetzes in wiederholter Art mit Hilfe eines Estimationsverfahrens /3/ verarbeitet werden. Bild 3 zeigt diesen grundsätzlichen Aufbau. Ausgehend von den Meßwerten wird zunächst durch die Methode der kleinsten Quadrate der Systemzustand, gegeben durch die komplexen Knotenspannungen, bestimmt. Daran anschließend ist die Frage zu prüfen, ob der benutzte Datensatz schlechte Meßwerte enthält. Ist dies nicht der Fall, so sind die so verarbeiteten Daten in der zentralen Datenbank abzulegen und für die zentralen Führungsaufgaben brauchbar. Anderenfalls ist mit einem geeigneten Identifikationsprogramm /4/ Art und Ort des schlechten Meßwertes zu bestimmen.

Die vom Estimator gelieferten Werte beschreiben den Systemzustand zu einem bestimmten Zeitpunkt. Da sich der Netzzustand normalerweise nur langsam ändert, ist das Ergebnis des Estimators durchaus für die Betriebsführung zu verwenden. Lediglich die automatische Frequenz-Leistungsregelung, die ihr Stellsignal aus der Abweichung der Frequenz und der Übergabeleistung vom Sollwert bildet, benutzt unmittelbare Meßwerte, um in jedem Zeitpunkt die für die Aufrechterhaltung des Gleichgewichtes zwischen erzeugter und verbrauchter Leistung erforderliche Regelung sicherzustellen.

Ziel der zentralen Betriebsführung und -planung ist die Vorgabe von Sollwerten und Stellgrößen an die Kraftwerke und Unterstationen. Im ersten Fall sind es die Vorgabe von Wirk- und Blindleistungseinspeisungen sowie Vorgabe der Stufe des Maschinentransformators. Ferner gehören An- und Abfahrbefehle unter Berücksichtigung vorgegebener Grenzwerte von Kraftwerksblöcken zu der von der Hauptschaltleitung ausgegebenen Führungsinformation. An die Unterstationen werden von der zentralen Leittechnik vorwiegend Schaltbefehle ausgegeben. Dazu kommen die Vorgabe des Übersetzungsverhältnisses regelbarer Umspanner sowie ggf. der Einsatz von Kompensationseinrichtungen.

Der Vollständigkeit halber ist darauf hinzuweisen, daß die Rechnerrealisierung der in Bild 2 gezeigten Aufgaben nicht einheitlich ist. Dies mag zum einen davon herrühren, daß entsprechend Bild 1 recht unterschiedliche Aufgaben mit dem in Bild 2 allgemeinen Konzept gelöst werden müssen.

Darüber hinaus ist jedoch festzuhalten, daß die sich außerordentlich rasch ändernden technologischen Möglichkeiten auf dem Gebiet der Prozeßrechner die Lösung stark beeinflussen. Heute üblich ist für die Ebene I ein Doppelrechnersystem, das ggf. durch einen Hintergrundrechner erweitert wird. Für eine weiterführende Behandlung dieser Frage wird auf die umfangreiche Literatur (z.B. /5/,/6/) verwiesen. Auf der dezentralen Ebene II setzen sich Mikrorechner immer mehr durch.

## 3. Betriebsführung und -planung

Um die Anforderungen an die zentrale Betriebsführung und -planung zu verdeutlichen, soll zunächst anhand von Bild 3 gezeigt werden, daß sich das elektrische Energieversorgungssystem stets in einem der fünf gezeigten Betriebszuständen befindet /7/. Das Ziel der Betriebsführung muß es sein,

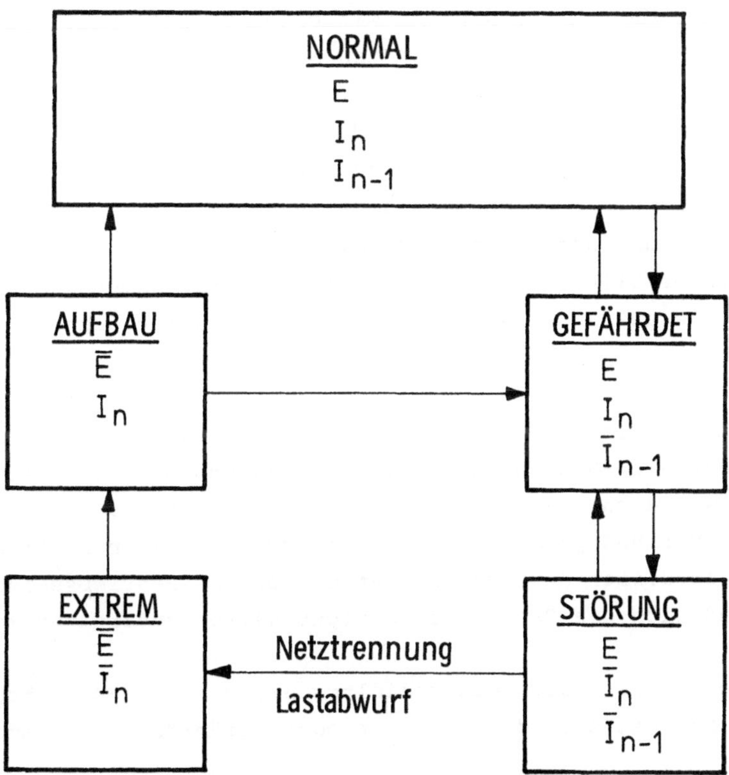


Bild 3    Betriebszustände des elektrischen Energieversorgungssystems

E        :       $P_G = P_V$

$I_n$    :       alle Betriebsgrenzen erfüllt

$I_{n-1}$ :      n-1 Prinzip erfüllt

−        :       Negation

das System im normalen Zustand zu behalten. Er ist dadurch gekennzeichnet, daß das Gleichgewicht zwischen erzeugter ($P_G$) und verbrauchter
($P_V$) Leistung sichergestellt ist. Ferner sind keine Betriebsgrenzen der
vorhandenen Erzeugungs- und Übertragungsanlagen verletzt. Schließlich
ist auch das "n - 1 Prinzip" erfüllt, wonach jedes Betriebsmittel einzeln ausfallen kann, ohne daß die Versorgungskontinuität beeinträchtigt
würde. In diesem Betriebszustand steht für die Betriebsplanung die Ko-
stenoptimierung im Vordergrund.

Im gefährdeten Zustand sind zwar alle Grenzwerte nach wie vor eingehalten. Ebenso ist das Leistungsgleichgewicht noch erfüllt. Allerdings sind
die noch vorhandenen Reserven so klein, daß eine Störung bereits zur Ver-
letzung von einzelnen Nebenbedingungen führen kann. Das Betriebspersonal
muß diesen Betriebszustand so rasch wie möglich erkennen und das Netz
durch vorbeugende Maßnahmen, wie sie mit einem optimalen Lastflußpro-
gramm /8/ bestimmt werden können, in den Normalzustand zurückführen.

Wenn die Betriebsplanung die vorbeugenden Maßnahmen nicht oder zu langsam
veranlaßt, so kann das System in den gestörten Zustand übergehen. Dabei
sind eine oder mehrere Betriebsnebenbedingungen nicht mehr erfüllt (z.B.
Überlastung von Transformatoren oder Leitungen). Das Energiegleichgewicht
ist jedoch noch erfüllt. Gezielte korrigierende Maßnahmen müssen vom Betriebspersonal veranlaßt werden, um in den gefährdeten Zustand zurückzu-
kehren.

Werden Maßnahmen zu langsam oder fehlerhaft veranlaßt, so geht das System in einen extremen Zustand über. Dabei sind sowohl das Leistungsgleichgewicht wie auch die Betriebsbedingungen verletzt. Das System hat
sich dabei vom Verbund gelöst und ein Teil der Last kann nicht mehr versorgt werden. In dieser extremen Situation muß das Betriebspersonal dafür sorgen, daß sich die Groß-Störung nicht weiter ausbreiten kann.

Daran anschließend ist durch ein gezieltes Wiederaufbau-Verfahren zu erreichen, daß das System in den normalen oder gefährdeten Zustand zurück-
geführt werden kann. Während der Aufbauphase wird das Leistungsgleichgewicht nicht zu erfüllen sein. Hingegen muß genau darauf geachtet werden,
daß die Betriebsgrenzen eingehalten werden.

Um die Bedeutung der zentralen Hauptschaltleitung für den Netzbetrieb im
Hinblick auf die in Bild 3 gezeigten Betriebszustände zu veranschaulichen,
zeigt Tabelle I die in den einzelnen Betriebszuständen zu veranlassenden

## Gefährdet:

Vorbeugende Maßnahmen zur Vergrößerung der Reserve
durch Umverteilung der Leistung und Schaltmaßnahmen

## Gestört:

Korrektive Maßnahmen um Überlastungen abzubauen
durch Fehlerbeseitigung, Leistungseinspeisung, Spannungs-
regelung, Leistungsumverteilung, Schaltmaßnahmen

## Extrem:

Lastabwurf, Bildung von Inselnetzen und Notbetrieb von
Inselnetzen, Kraftwerke auf Eigenbedarf

## Wiederaufbau:

Korrigierende Maßnahmen durch Anfahren und/oder
Synchronisierung der Kraftwerke, Lastzuschaltungen,
Synchronisierung einzelner Teilnetze, Schaltmaßnahmen

Tabelle I      Führungsbefehle der Hauptschaltleitung

Führungsbefehle. Sie basieren auf den vom Estimator erzeugten Datensatz
und den Applikationsprogrammen der modernen Netzleittechnik. Um den Rahmen dieser Arbeit nicht zu sprengen, sei hier auf die umfangreiche Literatur verwiesen (z.B. /9/). Es ist jedoch zusammenfassend festzuhalten,
daß die heute zur Verfügung stehenden Methoden der Netzleittechnik in
der Lage sind, die in Tabelle I aufgeführten Aktivitäten realisieren zu
können.


## 4. Digitale Kraftwerksautomatisierung

Die Betriebsabläufe in Kohle- oder Kernkraftwerken werden, bedingt durch
die immer größer werdenden Blockleistungen, zunehmend komplexer. Die lokal auf Ebene II (Bild 2) durchzuführenden Überwachungs-, Steuerungs-
und Regelaufgaben können nur durch eine moderne Leittechnik beherrscht
werden. Eine optimal ausgelegte Leitanlage entlastet das Kraftwerksper-

sonal derart, daß es zum Prozeßbeobachter wird und nur im Störfall in
den Prozeß und die Leitanlage einwirken muß.

Das Ziel der Leittechnik, nämlich a) die optimale Nutzung der Primärener-
gie, b) die Erhöhung der Anlagenverfügbarkeit und c) Anlage, Menschen und
Umwelt vor Schäden zu bewahren, kann  nur durch enorm aufwendige Ausrü -
stungen, die aus der Vielzahl der Meß- und Steuergrößen resultieren, erreicht werden. So sind in modernen Kraftwerksblöcken etwa 600 bis 3000
analoge Meßsignale und 2000 bis 10000 binäre Signale zu erfassen und zu
500 bis 2000  Stellsignale für  Antriebe,  Ventile und  Klappen  zu verarbeiten.

Bei der Planung von Kraftwerksneubauten oder Erweiterungen gilt der Prozeßrechner heute als selbstverständliche Komponente der Kraftwerksaus-
rüstung. Anfang der siebziger Jahre wurde der Prozeßrechner als zentrales
Element der Leittechnik angesehen. Es entstanden Kraftwerke, die voll-
automatisch durch einen zentralen Rechner geführt werden und dabei alle
leittechnischen Aufgaben wie Meßwerterfassung und -aufbereitung, Regelung, Steuerung, Schutz, Überwachung, Kommunikation Mensch-Prozeß und
Dokumentation erledigen /10/. Diese Art der Prozeßführung stellt aber besonders hohe Anforderungen an die Zuverlässigkeit und Sicherheit der Prozeßrechner. Da bis heute das Zuverlässigkeitsproblem noch nicht gelöst
werden konnte, muß die Zeit zwischen zwei Ausfällen durch die Anwendung
redundanter Systeme erhöht werden. Es kommen daher Doppel-, Drei- oder
Vierrechnersysteme zum Einsatz, die noch durch konventionelle Back-up -
Geräte ergänzt werden. Die grundsätzliche Anwendung der Redundanz im
ganzen leittechnischen Bereich des Kraftwerkes führt aber, bedingt durch
die anwachsende Zahl der Meß- und Stellsignale bei immer größer werdender
Blockleistung, nicht nur zu ungeheuren Kosten, sondern auch zu einer Beeinträchtigung der Übersichtlichkeit und Handhabbarkeit.

Das schon vereinzelt in den sechziger Jahren eingeführte und heute noch
gültige leittechnische Konzept /11/ beruht auf einer Unterteilung in verschiedene hierarchische Ebenen und eine dezentrale Gliederung der Automatisierungseinrichtungen (Bild 4). Dieses Konzept ist dem Kraftwerkspro-
zeß durchaus angemessen, da dieser sich zu 80% in klar abgegrenzte Teil-
prozesse - je nach Kraftwerkstyp bis zu 200 - gliedern läßt, die weitgehend voneinander unabhängig ihre verfahrenstechnische Teilaufgabe erfüllen. Bei Störungen in den oberen Hierarchieebenen werden deren Ausgangssignale durch die Ausgangssignale nachgeführter Sollwertspeicher ersetzt. Mit der Einschränkung, daß der Automatisierungsgrad um einige Stufen reduziert wird, kann der Betrieb ungestört weiter gehen.

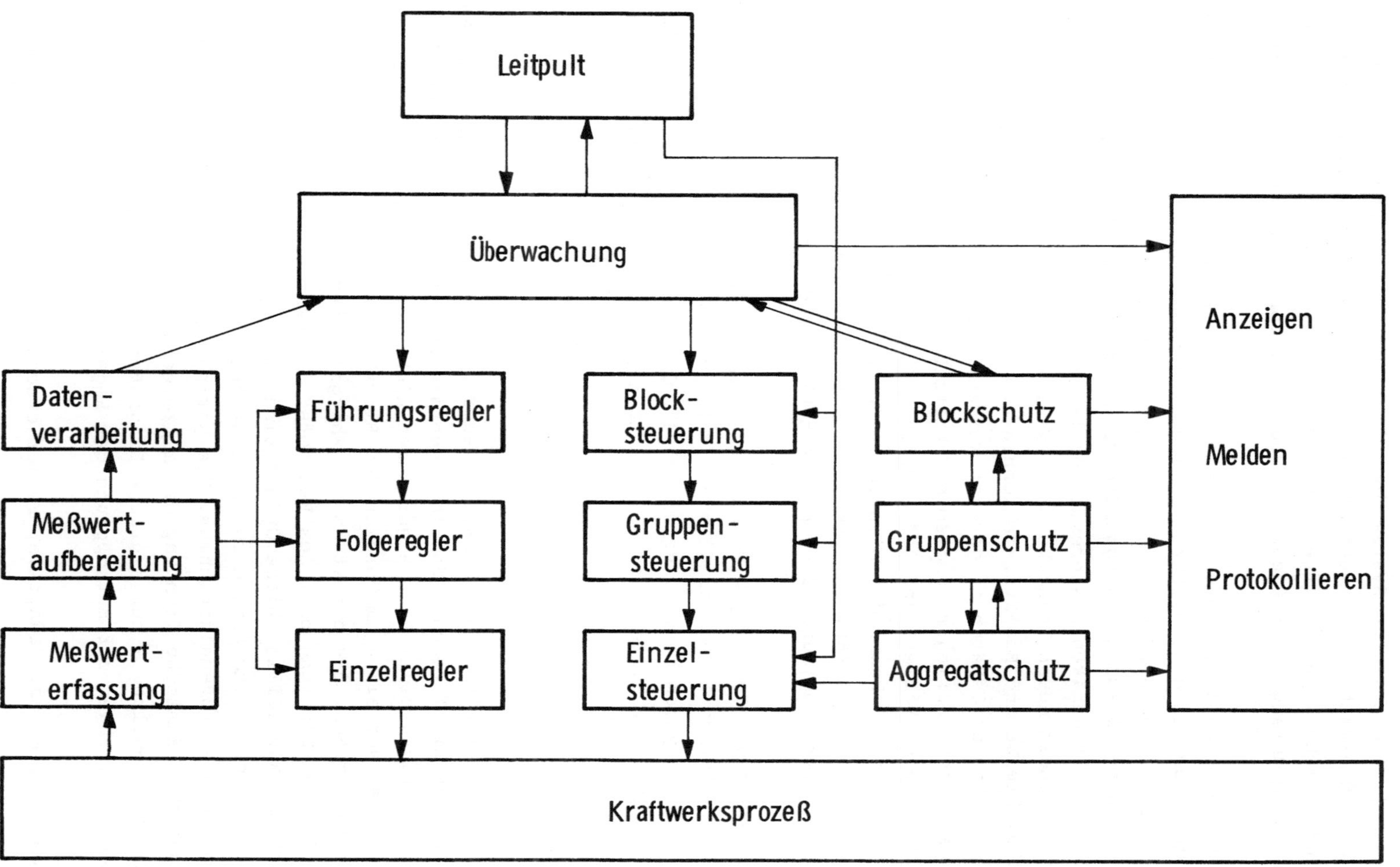


Bild 4    Hierarchie der leittechnischen Funktionen in Wärmekraftwerken

In diesem leittechnischen System übernimmt der Prozeßrechner nur noch die
Aufgaben - Überwachung, Kommunikation und Dokumentation. Dadurch wird
Zeit und Speicherkapazität frei, um vor allem die Kommunikation Mensch-
Prozeß durch umfangreiche Diagnose- und Serviceprogramme zu erleichtern.

Die Aufgaben - Messen, Steuern, Regeln - werden wieder durch konventionelle Analoggeräte durchgeführt. Bedingt durch die Tatsache, daß das
hierarchische, dezentrale Konzept weitgehend gerätesystemunabhängig ist,
werden in naher Zukunft Analoggeräte durch speicherprogrammierbare, auf
Mikroprozessortechniken basierende Gerätesysteme ersetzt. Die zur Verfügung stehenden neuen Techniken, wie Mikrorechner, anwendungsspezifische
LSI-Schaltkreise und Bus-Systeme können anstelle von konventionellen,
fest verdrahteten Geräten eingesetzt werden. Dadurch wird die Typenviel-
falt wesentlich verringert und so die Wirtschaftlichkeit erhöht. Statt
wie bisher jedem Meßwert und jedem Befehl eine Leitung zuzuordnen, werden die vom Prozeß kommenden Signale in dezentralen, vor Ort stehenden
Anschlußstationen erfaßt, aufbereitet und seriell auf einem Bus-System
übertragen. Der Kabelaufwand kann so erheblich reduziert werden (Bild 5).

Die Steuerung und Regelung wird zur Erhöhung der Zuverlässigkeit ebenfalls hierarchisch in mehrere Ebenen, z.B. wie in Bild 4, gegliedert.
Durch das Bus-System besteht so die Möglichkeit, die Aufgaben eines defekten Gerätes mit Hilfe einer höheren Ebene auf ein Reservegerät zu verlagern. Da es sich um Standardgeräte handelt, braucht dazu nur das ein-
satzspezifische Anwenderprogramm des defekten Gerätes über das Bus-System in das Reservegerät eingelesen zu werden.

Gegen die hierarchische dezentrale Gliederung im regelungstechnischen Bereich spricht die Tatsache, daß im Gegensatz zur zentralen Regelung der
Einsatz anspruchsvoller Regelalgorithmen nicht oder nur schwer möglich
ist. Dies ist vor allem im Bereich der Blockregelung, d.h. die Regelung
der Betriebsgrößen, die direkt an der Energielieferung beteiligt sind,
wie Größen der Feuerung bzw. des Reaktors, der Dampferzeugung und des
Turbosatzes, nachteilig. Diese Größen sind im allgemeinen stark untereinander gekoppelt und erfordern für eine optimale Regelung einen geschlossenen Mehrgrößenalgorithmus. Die geringe Rechen- und Speicherkapazität und die räumliche Trennung der Mikrorechner läßt aber - wie bei
der analogen Regelung - nur einfache Eingrößenregelalgorithmen mit Stör-
größenaufschaltungen zur Entkopplung der Regelkreise zu.

Da so auch der Einsatz adaptiver Regler erschwert wird, muß verstärkt Ge-

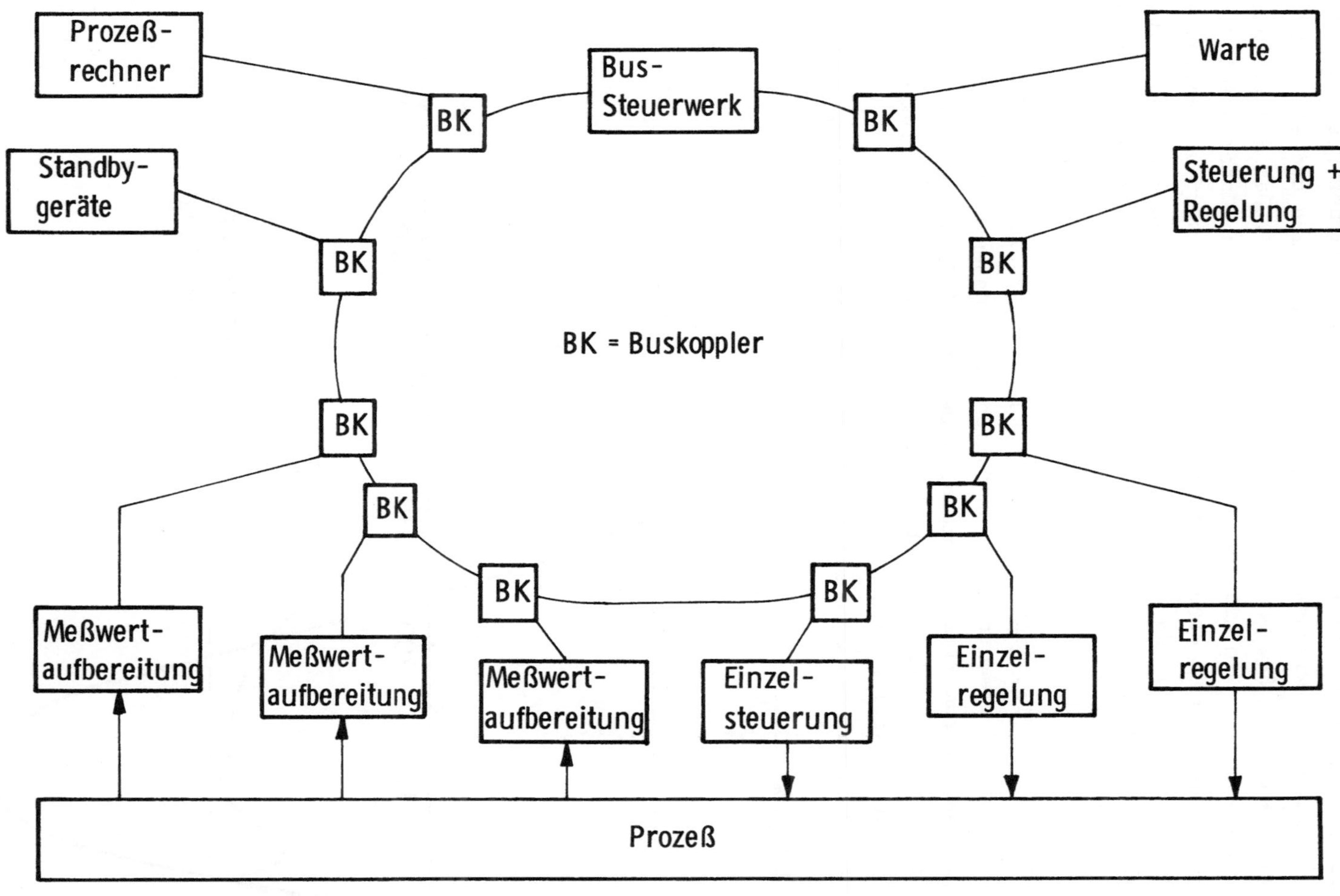



Bild 5    Digitales dezentrales Kraftwerkleitsystem mit Bus-Übertragung

wicht auf eine exakte Modellbildung gelegt werden. Bei der Entwicklung
solcher Modelle muß zwischen einem Modell zur Simulation und einem Modell zum Entwurf von Reglern unterschieden werden /12/. Das Simulations-
modell soll so genau wie möglich den Prozeß nachbilden. Dabei spielt die
Komplexität nur eine untergeordnete Rolle. Für den Entwurf der Regler muß
ein reduziertes Modell, das so linear wie möglich und so genau wie nötig
sein sollte, genügen. Von der Ordnung dieses Modells hängt entscheidend
der Regleraufwand ab /13/.

In den Fällen, wo eine genaue Modellierung aufgrund nicht bekannter oder
nicht konstanter Systemparameter unmöglich ist, müssen parameterunem -
pfindliche Regler zum Einsatz kommen. Beim Entwurf dieser Regler muß die
zeitdiskrete Signalverarbeitung berücksichtigt werden. Eine Diskreti-
sierung analoger Regler kann nicht zu optimalen Ergebnissen führen, wie
der Vergleich einer analogen mit einer digitalen Frischdampfdruckrege-

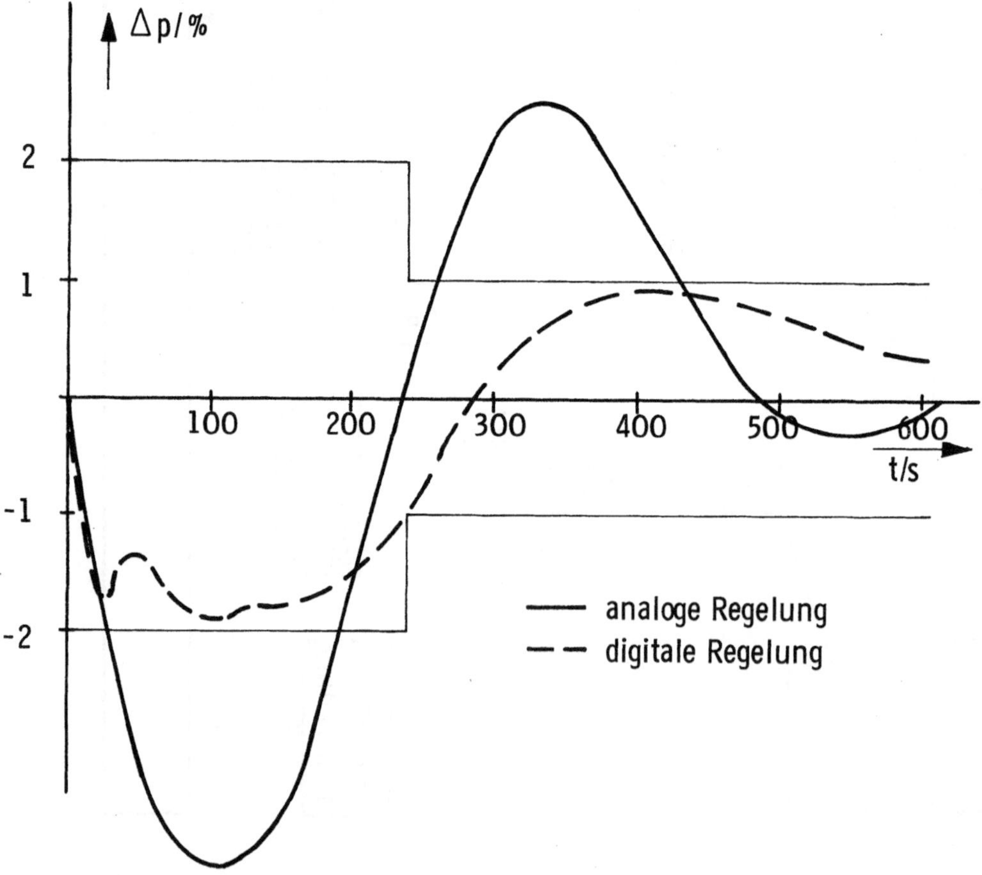


Bild 6    Änderung des Frischdampfdruckes nach einer sprungförmigen
          Laständerung

lung zeigt. In Bild 6 ist der Frischdampfdruck nach einer sprungförmigen
Änderung des Leistungssollwertes als Funktion der Zeit dargestellt. Der
digitale Regler, der die besonderen Eigenschaften von Mikrorechnern berücksichtigt /14/, erlaubt eine drastische Verringerung der maximalen
Druckänderung ohne stärkere Beanspruchung der Stellorgane. Es handelt
sich hier um die Druckregelung eines thermischen Kraftwerkes, das im
Festdruckbetrieb arbeitet. Der Anteil der Festdruckblöcke ist in letzter
Zeit zu Gunsten der Gleitdruckblöcke aus Gründen der Wirtschaftlichkeit
immer mehr zurückgegangen. Die Bedeutung der Festdruckregelung ist dadurch im gleichen Maß gestiegen, da nur diese Kraftwerke sich ohne Ver-
zug an der Netzregelung beteiligen können. Es muß daher angestrebt werden, daß zu jedem Zeitpunkt die volle Regelleistung zur Verfügung steht.
Dies kann nur durch eine Verbesserung des Einschwingverhaltens wie in
Bild 6 mit neuen Reglerkonzepten sichergestellt werden.

## 5. Schlußfolgerungen

Auf dem Gebiet der elektrischen Energieversorgung spielt der Prozeßrechner im Rahmen der Netz- und Kraftwerksleittechnik eine ganz zentrale,
wichtige Rolle. Wegen der Vielschichtigkeit und Komplexität des Pro -
zesses, d.h. der Wechselwirkung zwischen Kraftwerk, Übertragungsnetz
und Lasten, ist es unbedingt erforderlich, durch eine sorgfältige Sys-
temanalyse eine geeignete Unterteilung in zentrale und dezentrale Aufgaben vorzunehmen. Durch die rasche Entwicklung der Rechnertechnologie
zeigt die heutige Tendenz in Richtung einer starken Betonung der dezentralen Aufgaben. Gleichzeitig ist jedoch die Art und der Umfang der zentralen Netzleittechnik wesentlich angestiegen. Der Netzbetrieb wird durch
leistungsfähige Rechenprogramme unterstützt, die dadurch gekennzeichnet
sind, daß sehr umfangreiche Datenmengen berücksichtigt werden können.
Damit können aufgrund der Systemüberwachung mit der zentralen Informationsverarbeitung rechtzeitig das Entstehen von gefährlichen Netzbe -
triebszuständen erkannt und geeignete Abhilfemaßnahmen eingeleitet werden. Wichtig ist dabei, daß das Schnittstellenproblem zwischen Mensch
und Maschine sorgfältig gelöst wird. Die moderne Display-Technik ist dabei ein wichtiges Hilfsmittel zur Lösung dieser Aufgabe.

Ebenso eindrucksvoll wie auf dem Gebiet der Netzleittechnik ist der Einsatz von Prozeßrechnern im Kraftwerk. Dabei ist allerdings die Betonung
der realisierten Regelungsfunktionen im Sinne von "closed-loop" Aufgaben
sehr wichtig. Eine Dezentralisierung dieser Aufgaben von einem zentralen
Rechner weg hin zu einem Rechnersystem spiegelt auch hier den heutigen
Entwicklungstrend wider. Die durch den Einsatz von Mikrorechnern er-

reichbaren Ergebnisse zeigen deutlich, daß eine erhebliche Verbesserung des dynamischen Verhaltens erreicht werden kann. Für die zukünftige Entwicklung ist entscheidend, daß für die Kraftwerke bessere Modelle entwickelt werden, die zu ähnlichen Datenbankstrukturen führen, wie sie im Bereich der Netzleittechnik heute bereits eingeführt sind.

Abschließend ist festzuhalten, daß für die erfolgreiche Beherrschung der leittechnischen Probleme für die elektrische Energieversorgung die in Bild 2 gezeigte hierarchische Gliederung ausserordentlich wichtig ist. Die Betrachtung einzelner Teilsysteme für sich allein ist nicht ausreichend. Entscheidend ist die gleichzeitige Betrachtung aller an der Energieversorgung beteiligten Systeme, um daraus die der Aufgabenstellung angepaßte, richtige Aufteilung in zentrale und dezentrale Funktionen zu erreichen.

<u>Literaturverzeichnis</u>


/1/   W. Kiwit: "The Electricity Supply in the Federal Republic of Germany", Sitzung des CIGRE-SC 32, Dortmund 1977

/2/   F.C. Schweppe et al.: "Emergency State Control: Slow Speed Dynamics" Engineering Foundation Conference, System Engeneering for Power: Emergency Operating State Control, Henniker, 1977

/3/   E. Handschin et al.: "Bad Data Analysis for Power System State Estimation", IEEE Trans. PAS, Vol.94. (1975), p. 329-337

/4/   C. Bongers: "Optimale Meß-Systeme für die zuverlässige Überwachung elektrischer Energieübertragungsnetze", Dissertation Universität Dortmund, 1979

/5/   G. Schellstede: "Hardware and Software Resources for Control and Data Acquisition Systems", IEE Conf. Publication 187, p. 82-87, London, 1980

/6/   A. Aranda et al.: "Design of Economical and Reliable Power System Control Centers", IEE Conf. Publication 187, p. 76-81, London, 1980

/7/   L.H. Fink, K. Carlsen: "Operating under stress", IEEE Spectrum March 1978, p. 48-53

/8/   G. Howe: "Wirk- und Blindleistungsoptimierung in elektrischen Energieübertragungssystemen", Dissertation Universität Dortmund, 1980

/9/   F. Aschmoneit: "A Software System for Real-Time Steady-State Security Control of Power Systems", Proc. 3rd Int. Conf.: Trends in On-line Computer Control Systems, Sheffield, p. 170-173, 1979

/10/ H. Dubil et al.: "Automatischer Betrieb eines Industriekraftwerkes
     mit einem Prozeßrechner", 5. INTERKAMA 1971, Hrsg. M. Syrbe, R.Ol-
     denbourg, München-Wien, 1972, S. 313-320

/11/ J. Sterff, M. Werner: "Leittechnik in 600 MW - Blöcken", VGB-Kraft-
     werkstechnik 53 (1973), S. 845-849

/12/ J. Gebert, H. Wilhelm, H. Zimmermann: "Modellbildung und Simulation
     von Kraftwerkprozessen", KFK-PDV-Bericht 90, 1976

/13/ N. Dourdoumas: "Approximation linearer zeitinvarianter Systeme",
     Dissertation Ruhr-Universität Bochum, 1972

/14/ J. Pangalos, J. Voß: "Synthese von Abtastregelkreisen mit einem
     Freiheitsgrad im transformierten Frequenzbereich", Regelungstechnik
     26 (1978), S. 123-129

Erfahrungen mit funktionaler Modularisierung
beim Entwurf der Realzeitsoftware eines portablen
Betriebsleitsystems des öffentlichen Personennahverkehrs

von Prof.Dr.G.Schweizer, Dr.W.Sonnenberg und D.Fritsche
Institut für Angewandte Informatik, Transport- und Verkehrssysteme
der Universität Karlsruhe

## 1. Einführung

Als Betriebsleitsystem wird im öffentlichen Personenverkehr ein
Informationssystem bezeichnet, das dem Betreiber der Stadtbahn,
Straßenbahn oder der Omnibusse einen vollständigen und genauen
Überblick über den Betriebszustand gibt und ihm damit erlaubt,
kurzfristig dispositiv oder längerfristig planend sein Verkehrsange-
bot qualitativ zu verbessern und den Einsatz der Verkehrsmittel zu
optimieren.

Ohne Datenfunk waren der zentralen Erfassung von Fahrzeugstandorten,
Fahrplanlagen etc restriktive Grenzen gesetzt. Erst durch den Einsatz
zentraler Rechenanlagen, die über Datenfunk mit den Fahrzeugen
ständig kommunizieren, ist eine Echtzeitdisposition möglich. In den
70-er Jahren entstanden erste Prototypen rechnergesteuerter Betriebsleitsysteme (RBL). Mit der Entwicklung des BON-Systems (För-
derungsvorhaben TV 79615 des BMFT Betriebsleitsystem für den
öffentlichen Nahverkehr) beginnt eine Phase der Normierung und
Standardisierung, die einer weiteren Verbreitung der Betriebsleitsysteme vorausgehen muß.

Unter dem Entwicklungsziel der Standardisierung sind vor allem die
Unterziele der Rechnerunabhängigkeit = Portabilität sowie der Adaptierbarkeit an veränderliche Randbedingungen und wachsende Aufgaben
weitgehende Anforderungen an die BON-Software und an die Hilfsmittel
von der Softwareerstellung bis zur -wartung.

Wir berichten über unsere Erfahrungen beim Systementwurf in der
Reihenfolge unserer Projektphasen bis zu den Programmiervorgaben
(Phase 5). Die Phasen der Codierung und des Tests laufen erst an.

## 2. Software-Projektphase 1 Paketstrukturierung

Aufgrund der betrieblichen Vorgaben der Hannoverschen Verkehrs-
betriebe (USTRA), die über die Gremien des Verbandes öffentlicher
Verkehrsbetriebe (VÖV) abgesichert werden, wurde zuerst ein Software-
Funktionskonzept standardisierter Betriebsleitsysteme entwickelt.
Dies soll in verschiedenen Ausbaustufen und verschiedenen Varianten
eingesetzt werden können, um unterschiedlichen Betreiberanforderungen
und Betriebsgrößen gerecht zu werden. Über notwendige und mögliche
Rechnerausrüstungen der Leitzentralen wurde erst sekundär gesprochen.

Im ersten Anlauf wurden aus den Begriffen der betrieblichen
Aufgabenstellung solche herausgefiltert, für die Programmmoduln zu
realisieren sind. Diese **Moduln** sind funktionale Instanzen, die
jeweils einen abgeschlossenen Teilbereich der Aufgabenstellung
vollständig bearbeiten sollen. Ihre interne Realisierung soll nach
dem "Geheimnisprinzip" von Parnas unabhängig von der aller anderen
Moduln gewählt werden können.

Z.B. wurden hier Moduln für
    den Funkbedienerdialog,
    die Sprechfunkkanalüberwachung,
    eine Meldungsbearbeitung für Meldungen von den Fahrzeugen und
    eine Basisbetriebsinformation zur tabellarischen Information über
Fahrzeugstandorte
definiert.

Insgesamt erhielten wir über 30 derartige Moduln. Diese Anzahl war
für eine Aufgabenteilung unter den Projektpartnern zu groß, einzelne
Moduln waren noch zuwenig gegeneinander abgegrenzt. Deswegen wurden
im zweiten Durchgang solche Moduln zusammengefaßt, die bei späteren
Programmrevisionen voraussichtlich zusammen abzuändern wären, sei es
daß während der Programmentwicklung Fehler zu korrigieren oder sei es
daß Weiterentwicklungen zur Berücksichtigung neuer Randbedingungen
oder zur Bearbeitung neuer Aufgabenstellungen notwendig wären.
Dadurch entstanden die von uns sogenannten **Modulpakete**.

Die oben beispielsweise aufgezählten Moduln wurden im Paket FUNK-
BEDIENUNG zusammengefaßt. Eine Übersicht über alle Modulpakete
enthält Bild 1:
    - FAHRZEUGAUFRUF koordiniert den Datenverkehr zwischen der Zen-
      trale und den Fahrzeugen.
    - FUNKBEDIENUNG stellt Fahrzeugmeldungen dar, vermittelt Funk-
      gespräche zwischen Disponent und Fahrer und leitet codierte
      Anweisungen an die Fahrzeuge weiter.

- STANDORTVERFOLGUNG rechnet von den Fahrzeugen übergebene Weg-
  zählerstände in Streckennetzkoordinaten um und stößt ortsabhän-
  gige Steuermaßnahmen an (z.B. Beeinflußung von Lichtsignalan-
  lagen).
- SOLL-VORGABEN enthält Editoren zur Eingabe und Änderung der
  Fahrzeugbestandslisten, Verkehrsnetzbeschreibungen, Fahrpläne
  und Bilddarstellungen der Betriebsinformation.
- SOLL/IST-VERGLEICH ermittelt Fahrplanabweichungen und erkennt
  elementare Störungssituationen.
- BETRIEBSINFORMATION stellt dem Disponenten grafische und tabel-
  larische Darstellungen des Betriebszustandes und Formulare für
  Störungsmeldungen zur Verfügung.
- STATISTIK sammelt Kenndaten und wertet sie statistisch aus.
- DISPOSITION BEI STÖRFÄLLEN analysiert Störungen, schlägt dis-
  positive Reaktionen vor und unterstützt bei deren Durchführung.
- EXTERNE KOPPLUNGEN stellen Verbindungen zu anderen Leitzentra-
  len zwecks Fahrzeugübergabe, zu Verkehrsrechnern zwecks LSA-
  Beeinflußung, zu Stellwerken zur Vorgabe von Prioritäten, zu
  Fahrgastinformationsrechnern und zu Einrichtungen zur Erfassung
  von Fahrtwünschen bei bedarfsgesteuerter Verkehrsbedienung her.
- TECHNISCHE DIAGNOSE erfaßt Störungen an Fahrzeuggeräten, Funk-
  geräten und Ortssendern und unterstützt die Fehlersuche an
  diesen Geräten.
- BEDARFSSTEUERUNG optimiert in Echtzeit Fahrplanvorgaben für
  bedarfsgesteuerte Verkehrsbedienung.

Der Begriff "Funktionale Modularisierung" wird von uns zur Charakterisierung dieses Entwurfsprozesses benutzt, in dem jeder Modul und
jedes Modulpaket eine Instanz mit funktional definierter Aufgabe
wird.


3. Schnittstellenstrukturierung (Phase 2)

Zwischen den Moduln und Modulpaketen aus der ersten Phase existieren
Schnittstellen, deren Verfeinerung für den weiteren Projektablauf der
Programmerstellung als kritisch angesehen wurde. Daher haben wir uns
erstens von vornherein auf besonders robuste, sogenannte Funktions-
Schnittstellen beschränkt und zweitens diese weitgehend formalisiert
unter den Projektpartnern abgestimmt.


Funktions-Schnittstellen sind gegenüber Daten-Schnittstellen bei
Programmänderungen weniger fehlerträchtig. Bei der Änderung des
Layouts von Datenbereichen, der Datencodierung und ähnlich häufiger
Eingriffe bewirken Daten-Schnittstellen, daß auch alle auf die Daten
zugreifenden Moduln abzuändern sind. Bei Funktions-Schnittstellen
werden Änderungen dieser Art durch die im selben Modul realisierten

Schnittstellenfunktionen abgefangen, außerhalb des Moduls werden keine funktionellen Folgewirkungen spürbar. Durch konsequente Anwendung von Funktionsschnittstellen bei der modularen Datenorganisation entsteht der sogenannte Datentypmodul, dessen Daten nur mittelbar über Zugriffsfunktionen zugänglich sind.

Zur Illustration der Formalisierung der Schnittstellenspezifikationen sei hier ein Beispiel gegeben:
Schnittstelle Nr. 22.701
Name: codierte Meldung
Kurzform: CODMD
Aufrufer: Fahrzeugaufruf
Parameter: Fahrzeugindex   (E)
           Meldungsart     (E)
               Werte: Überfall, Unfall, Sprechwunsch,
                      technische Störung (8 Codes)
                      Fahrereingabe (8 Codes)
Aufgabe: Weiterleiten der Meldung in die Standardbilder der
         für das Fahrzeug zuständigen Disponentenplätze
Randbedingungen: Warten auf sekundäre Ereignisse unzulässig

Zur richtigen Auslegung der Schnittstellen ist es notwendig, die verschiedenen Realisierungsalternativen der Moduln zu studieren, um nicht spätere Entwicklungsmöglichkeiten zu verbauen. Weniger qualifizierte Mitarbeiter neigen dazu, nur wenige Alternativen zu analysieren und sofort bei der Bearbeitung der Phase 2 der dritten Phase zugeordnete Aufgaben mitzubearbeiten. Wir hatten dies anfangs durch voreilige Zuordnung eines Teils der Modulverfeinerungsschritte zur Phase 2 noch gefördert.

Da das gesamte Softwaresystem zur Erhöhung der Gesamtzuverlässigkeit gegebenenfalls auf einem Rechnerverbund ablaufen soll, waren in dieser Produktionsphase auch Schnittstellen zu bestimmen, die über eine Rechnerkopplung realisiert werden können. Hierzu wurden Basisfunktionen (FAHRZEUGAUFRUF, STANDORTVERFOLGUNG, FUNKBEDIENUNG), auf die der Betreiber nach Möglichkeit überhaupt nicht verzichten will, von den anderen Aufgaben unterschieden. Die Basisfunktionen werden einem redundant ausgelegten sogenannten Basisrechner zugeordnet, für die anderen Funktionen reicht weniger aufwendige Rechnerhardware aus.

4. Softwarephase 3 Paketinternstrukturierung

Wie die ersten beiden Phasen kann auch die dritte Softwareproduktionsphase noch unabhängig von Rechnertypen und Programmiersprachen durchgeführt werden. In ihr werden die Modulpakete strukturell verfeinert, die Modulebene überarbeitet, Moduln in Submoduln und Einzelkomponenten untergliedert. Auf der tiefsten Ebene dieser Modularisierungshierarchie werden die Schnittstellenfunktionen eingeordnet. An dieser Hierarchie orientiert sich die weitere Arbeitsorganisation:

Wir haben zuerst ein System von Komponentennummern eingeführt:
Beispiel einer Komponentennummer:
Die Nummer 22.701 bezeichnet die Funktion "codierte Meldung" in Modulpaket 2 (Funkbedienung), Modul 22 (Basisbetriebsinformation), Submodul 22.7 (Meldungsverarbeitung). Die O ergibt sich bei fehlender Untergliederung in Einzelkomponenten.

Auch die Abschlußberichte der Produktionsphasen werden nach dem gleichen Hierarchieschema gegliedert. Auf der unteren Berichtsgliederungsebene werden in jeder Produktionsphase phasenspezifische Standardkapitel ergänzt. Am Ende ergeben die gesammelten Phasenberichte die Programmdokumentation.

Mit der Verfeinerung der Komponentenhierarchie war auch die Ausarbeitung der Daten- und Kontrollstrukturen verbunden. Während die Datenstrukturen mit Ausnahme der Strukturen im Paket SOLL-VORGABEN aus den betrieblichen Vorgaben ohne weiteres abgeleitet werden konnten, haben wir für die asynchronen Kontrollstrukturen weniger verbreitete Hilfsmittel eingesetzt: In die von uns "Aktivierungsgramme" genannten Petri-Netze wurde ein neues Beschreibungselement integriert, daß die Semantik der BOLT-Synchronisierung besitzt (Beispiel Bild 2). Ergänzt werden diese Darstellungen durch Aufrufdiagramme für die oberen Komponentenebenen und durch Nassi-Shneidermann-Struktogramme für die unterste Funktionsebene.

In der Phase 3 war eine weitere Schnittstellenabstimmung über das Echtzeitverhalten anhand der Aktivierungs- und Aufrufdiagramme notwendig. Diese sollten daher in dieser Phase vorrangig entworfen und ausgetauscht werden.


5. Phase 4 Testrahmenrealisierung

Da sich bei anderen Projekten gezeigt hat, daß der Aufwand zur Integration von Moduln verschiedener Hersteller erheblich ist, versuchen wir diesen Konfliktbereich mit sogenannten Schnittstellentestrahmen zu entschärfen.

Der Programmierer eines Modulpakets A erhält von allen Modul-
paketbearbeitern, zu denen er Schnittstellen B besitzt, je einen
Schnittstellentestrahmen. Hierin sind Tests ausprogrammiert, die die
in A realisierten Funktionen darauf prüfen, ob die Randbedingungen
und Gesetzmäßigkeiten erfüllt werden, die der Partner in der
Schnittstelle B annimmt oder benötigt.

Diese Schnittstellentestrahmen werden bis zu ihrem tatsächlichen
Einsatz von den Projektpartnern noch eingehend diskutiert und
erweitert. Bei dieser Diskussion wurden bisher mehr Unstimmigkeiten
in den Spezifikationen entdeckt als in den Programmen durch den
Einsatz der Testrahmen. Wir stehen mit dieser Technik noch am Anfang
des Einsatzes, ihre weitere Bewährung bleibt abzuwarten.


6. Phase 5 Programmiervorgaben

Unter idealen Bedingungen hätten wir während der Entwurfsarbeiten in
den Phasen 1 bis 3 über Rechnertypen und Programmiersprachen nicht zu
sprechen brauchen. Dennoch haben wir eine Programmiersprache für die
spätere Realisierung relativ früh ausgewählt. PEARL verspricht als
einzige Programmiersprache bei moderner Programmstrukturierung eine
Portabilität auch in Bereichen der Kontrolle paralleler Tasks und der
Ein/Ausgabe. Die Entscheidung für einen bestimmten Sprachumfang
zwischen Basis subset und Full PEARL wurde jedoch bis zur Rechner-
auswahl aufgeschoben.

Durch die Abstraktion mit Funktionen und Datentypen zur Parameter-
definition lag eine "natürliche" Umsetzung in PROCEDURE- und
TYPE-Programmstrukturen nahe.
Da in den meisten verfügbaren PEARL-Implementierungen der TYPE-
Mechanismus nicht realisiert ist, mußten wir einen Ersatzmechanismus
mit einem Präprozessor schaffen, um nicht von vornherein die
Möglichkeit systematischer Änderungen am Programmtext stark einzu-
schränken.
PROCEDUREs werden in den PEARL-Implementierungen nach der Technik der
geschlossenen Unterprogramme in Objektcode umgesetzt. Durch unsere
funktionalen Abstraktionen sind jedoch die Funktionen oft in der
Realisierung wenig aufwendig, so daß der Verwaltungsaufwand für
Prozeduraufrufe und Parameteranschlußmechanismen zu erheblichen
Ineffizienzen führt. Die Codeumsetzung nach der Technik offener
Unterprogramme (auch als Makros bekannt) wäre hier effizienter. Wir
sind gezwungen, entsprechende Manipulationen am Programmtext in einer
Optimierungsphase manuell durchzuführen, wenn uns bis dahin nicht ein
mit PEARL portabler Makrogenerator zur Verfügung steht.

Für unsere Programm- und Datenbereiche sind die auf allen Rechnern, auf denen PEARL verfügbar ist, bestehenden Adressierungsschranken auf 64 K bytes bzw. Maschinenwörter zu klein. Wir müssen alle Echtzeitprogramme und die auf Stundenfrist benötigten Daten im Hauptspeicher halten. Die Adressierungsschranken erfordern daher eine Adreßraumüberlagerung. Diese ist in PEARL nicht ausreichend kontrollierbar. Es gibt auch keinen Kommunikationsmechanismus, der unter allen PEARL-Implementierungen mit gleichem Effekt einen Datenaustausch zwischen Programmteilen ermöglicht, die in verschiedenen Adreßräumen abgelegt sind. Daher sind Schnittstellen zwischen Moduln, deren Code in verschiedenen Adreßräumen untergebracht wird, in PEARL nicht portabel realisierbar. Wir haben versucht, diese Problem mit unserem Präprozessor zu lösen, der Nachweis der Portabilität unserer Lösung steht noch aus.

PEARL enthält keine sprachlichen Hilfsmittel, mit denen verschiedene Programmvarianten im Quelltext nebeneinander realisiert und vor der Umsetzung in Objektcode die gewünschten Varianten ausgewählt werden können. Ein solches Hilfsmittel ist bei unserer Aufgabenstellung aber unbedingt notwendig, wenn ein wartbares Produkt entstehen soll. Da das Programmprodukt außerdem portabel sein soll, muß auch ein solches Hilfsprogramm portabel sein. Wir haben daher einen einfachen Präprozessor in PEARL realisiert, der im PEARL-Quellprogramm vor der Übersetzung die ungewünschten Varianten eliminiert und betreiberspezifische Parameter einsetzt.


7. Schlußbetrachtungen

Bei der Realisierung der BON-Software hat sich die teilweise formalisierte Vorgehensweise funktionaler Modularisierung bewährt. Es entstand eine Systemstruktur, die sowohl verschiedene Betriebsgrößen als auch unterschiedliche Betreiberwünsche bezüglich Funktionsumfang und Leitstellenausrüstung in der Betriebsleittechnik abdeckt.

Die Ziele der Adaptierbarkeit und Portabilität können mit Einschränkungen erreicht werden. Die Adaptierbarkeit wurde in Ansätzen bereits nachgewiesen, indem Übergangslösungen zum Anschluß von Teilsystemen aus einem älteren Prototyp-Leitsystem und nachträgliche Änderungen der betrieblichen Aufgabenstellung problemlos eingefügt werden konnten. Der Nachweis der Portabilität wird erst in ca. zwei Jahren möglich sein.

Adaptierbarkeit und Portabilität werden nicht aufgrund passender Hilfsmittel wie Programmiersprachen o.ä. erzielt, sondern ergeben sich aus einer weitgehend von der Implementierung unabhängigen Bearbeitung des Programmentwurfs und einer Programmcodierung mit gegenüber Implementierungen invarianten Konstruktionen. PEARL hilft bei der Portabilität in weiten Bereichen, zur Programmcodierung für die Kommunikation zwischen Moduln und die Manipulation von Programmvarianten mußte ein sprachfremder Präprozessor zu Hilfe genommen werden.


Literatur

Girnau,G: Betriebsleitsysteme aus der Sicht des VÖV
   in VDI Fortschrittsberichte Reihe 12, No 38
                                    VDI-Verlag, Düsseldorf 1979

Forschungsvorhaben BON: Betriebliche Anforderungen zur Entwicklung
   und Erprobung eines standardisierten Betriebsleitsystems für den
   ÖPNV                      Hannoversche Verkehrsbetriebe (USTRA) 1979

Gruhl,A & Sonnenberg,W: Software-Dokumentation (Handbuch)
                        Forschungsvorhaben BON, USTRA Hannover 1980

Goos,G: Programmkonstruktion
                        Skriptum zur Vorlesung, Karlsruhe 2.Aufl. 1975

Parnas,D.L: A technique for software module specification with
   examples                              CACM 15-5 (1972) 330-336

Parnas,D.L: On the criteria to be used in decomposing systems into
   modules                          CACM 15-12 (1972) 1053-1058

Sonnenberg,W: Konzeptstrukturen für Programmerstellung und -adaption
                        Dissertation, Universität Karlsruhe 1979

DIN 66253 Informationsverarbeitung: Programmiersprache PEARL
   Teil 1 Basic PEARL                      Beuth Verlag, 1978
   Teil 2 Full PEARL                                      1979

Basis-PEARL Sprachbeschreibung
                Kernforschungszentrum Karlsruhe, KFK PDV 121 (1977)

Full-PEARL Language Description
                Kernforschungszentrum Karlsruhe, KFK PDV 130 (1977)

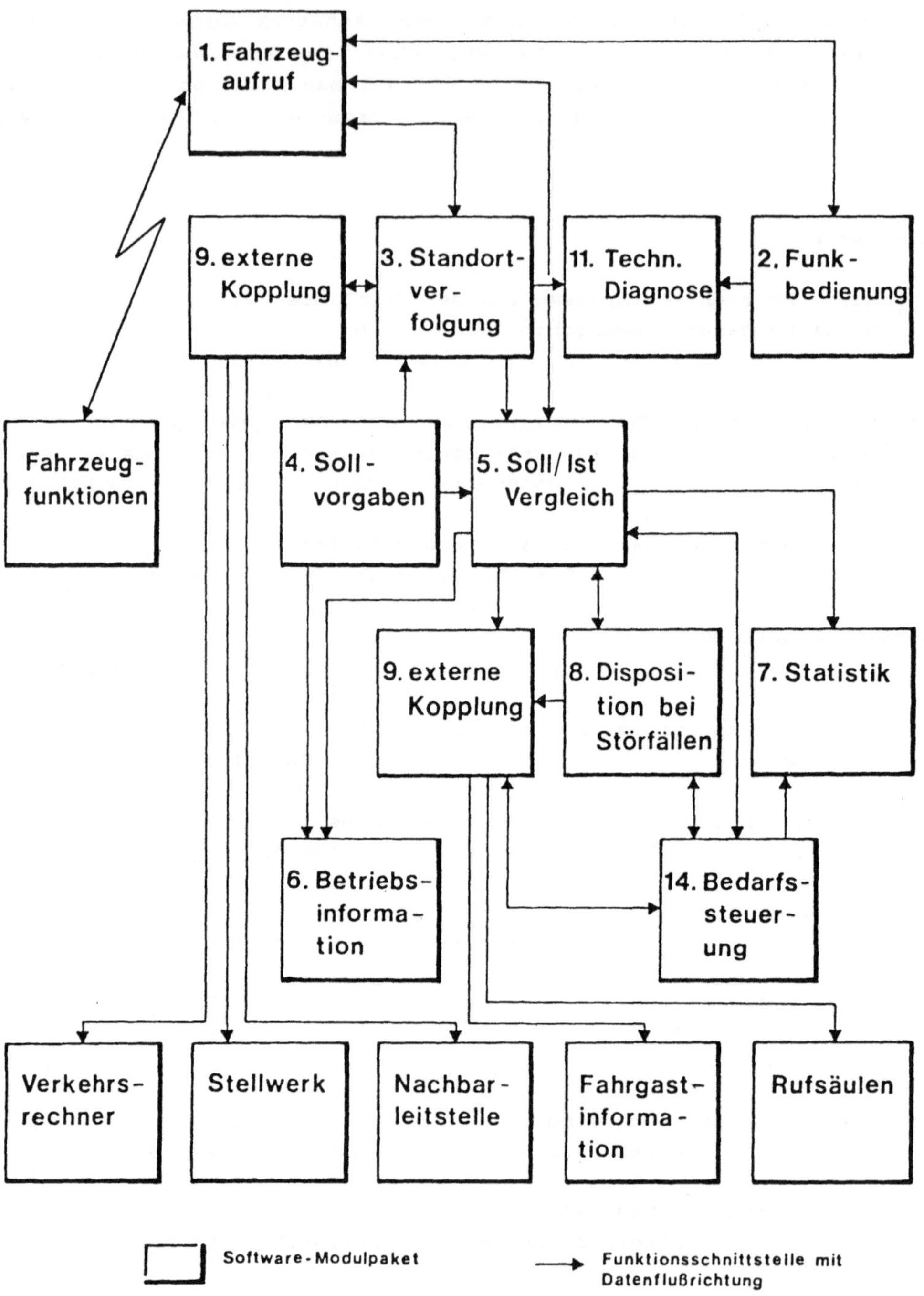


Bild 1   BON - Modulpakete   Stand 8.8.1980

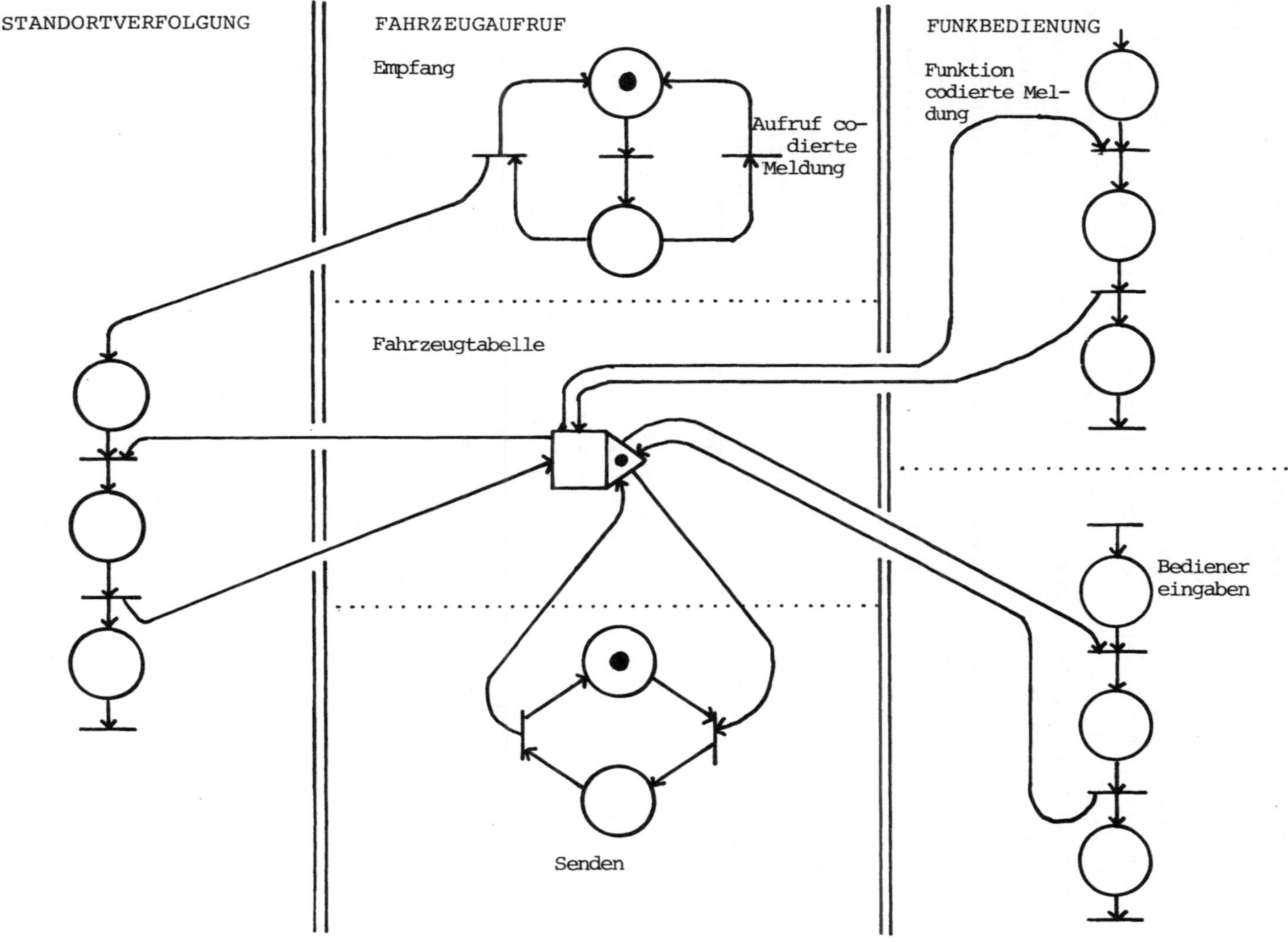


Bild 2 Beispiel eines Aktivierungsdiagramms

PROZESSRECHNERSYSTEM ZUR FUNKTIONSÜBERWACHUNG UND GEBÜHRENERFASSUNG
FÜR EIN NACHRICHTENNETZ MIT DEZENTRALER VERMITTLUNG

Hanspeter Schäffner

Heinrich-Hertz-Institut für Nachrichtentechnik Berlin GmbH
Einsteinufer 37, 1000 Berlin 10

## 1. Übersicht

Der Betrieb eines Fernsprechnetzes erfordert die Erfassung der Gesprächsgebühren sowie die routinemäßige Funktionsprüfung der Vermittlungseinrichtungen und Übertragungsstrecken. Im folgenden wird gezeigt, wie diese Aufgaben in einem diensteinte-
grierenden Breitbandnachrichtennetz mit dezentraler Vermittlungsstruktur gelöst werden können. Die angegebene Lösung wurde im Rahmen eines Experimentalsystems des Hein-
rich-Hertz-Instituts Berlin "Breitbandkommunikation mit optischen Kanälen" in Zusammenarbeit mit Siemens E STE 241 realisiert.

Das Experimentalsystem /1,2/ besteht aus einem digitalen, dezentral vermittelnden
Nachrichtennetz und einem analogen, zentral vermittelnden Netz (Fig.1). Die Netze
sind durch eine Überleiteinrichtung kompatibel miteinander verbunden.

## 2. Funktion des Netzes mit dezentraler Vermittlung

Das Netz mit dezentraler Vermittlung arbeitet nach dem Zeitmultiplex-Prinzip mit
digitalem Übertragungsverfahren. Zur Übertragung werden optische Kanäle (Laser,
Glasfaser, Photodiode) verwendet /3/. Das Versuchsnetz enthält Breitband-Teilnehmer-
schleifen mit Übertragungsraten von ca. 140 Mbit/s /4/ und ca. 280 Mbit/s /5/ sowie
Schmalband-Teilnehmerschleifen mit 17 Mbit/s /6/ und 10 Mbit/s. Eine Teilnehmerschleife besteht aus einer Sende- und einer Empfangsleitung, an die die Teilnehmerstationen angeschlossen sind.Die Teilnehmerschleifen sind über Vorfeldeinrichtungen
(zentrale digitale Vermittlung) und eine Orts-Ferntrasse miteinander verbunden.

Die Übertragung der Wahl-Signalisier- und Gesprächsinformation erfolgt über die Zeitschlitze des Multiplexrahmens. Der Zeitmultiplex-Rahmen der 280 Mbit/s-Schleife besteht aus 4096 Zeitschlitzen à 34 bit /7/. Der Zeitschlitz enthält ein Synchroni-
sierbit, ein Informationskennbit und 32 Informationsbits. Das Informationskennbit
zeigt an, ob die nachfolgenden 32 bit mit Signalisier- oder Gesprächsinformation belegt sind.

Durch die rahmenweise Wiederholung eines Zeitschlitzes entsteht ein sog.Schmalband-
kanal mit der Übertragungsrate 64 kbit/s. Durch Zusammenfassung mehrerer Zeitschlitze innerhalb eines Zeitrahmens entsteht ein Kanal höherer Bandbreite. Der für
die Dienste im Versuchsnetz verwendete Zeitrahmen stellt 1024 Schmalbandkanäle und
3 Breitbandkanäle (z.B. für Bildfernsprechen) zur Verfügung.

## 3. Prüf- und Auswertesystem

Das Prüf- und Auswertesystem führt die Gebührenerfassung im dezentralen Netz durch und prüft ständig die Funktionsfähigkeit des Netzes und seiner Komponenten. Es basiert auf folgendem Verfahren:

1. Ein Rechnersystem erfaßt alle Verbindungsvorgänge und sonstige Zustandsänderungen im Netz, z.B. Ruf, Gesprächsbeginn, Gesprächsende und wertet deren Daten aus (Verkehrsüberwachung).

   Dabei wird insbesondere geprüft, ob eine Verbindung innerhalb des Rahmens der zulässigen Betriebsabläufe zustande kommt und aufgrund der Berechtigungen der Komponenten zulässig ist.

2. Das Rechnersystem sendet Prüfsignale an die Netzkomponenten, z.B. die Teilnehmerstationen und erhält dazugehörige Antwortsignale, in Form von Prüfergebnissen (Aktive Prüfung). Die Netzkomponenten enthalten dazu spezielle Prüf- und Meßeinrichtungen.

3. Die Netzkomponenten, z.B. die Teilnehmerstationen, senden bei Störungen, die sie selbst feststellen können, an das Rechnersystem eine Alarmmeldung.

4. Das Rechnersystem übermittelt anhand einer Netzzustandsanalyse Steuerbefehle an Komponenten, um die Betriebsfähigkeit des Netzes zu gewährleisten oder wiederherzustellen (Abschalten einer Tln-Schleife).

### 3.1 Realisierung des Prüf- und Auswertesystems (PAS)

Das Prüf- und Auswertesystem besteht aus einem Interface zur Datenübernahme aus dem dezentralen Netz und einem Prozeßrechner zu deren Auswertung (Fig.2) /8/. Das Interface erfaßt die Netzdaten und überträgt die für die Funktionsprüfung relevanten Daten an den Prozeßrechner Siemens 340. Die Prozeßrechenanlage enthält zur Erfüllung der genannten Aufgaben umfangreiche Spezialprogramme, die hohen Echtzeitverarbeitungsanforderungen genügen.

### 3.2 Datenerfassung

Das PAS benötigt zur Durchführung seiner Aufgaben Zugriff zu sämtlichen Daten im Netz. Daher erfolgt der Anschluß in der übergeordneten Netzebene, der Ortsstrassenebene über eine Vorfeldeinrichtung (VFE).

Die Datenmenge, die die VFE durchläuft und die vom Prüf- und Auswertesystem bearbeitet werden muß, beträgt 4 x278,53 Mbit/s = 1,14 Gbit/s. Die Vorfeldeinrichtung VFE trennt aus diesem Datenstrom die Zeitschlitze ab, in denen für die Auswertung relevante Information enthalten sein kann. Die reduzierte Datenmenge von ca. 115 Mbit/s wird an das Prozeßrechensystem gegeben.

Zur Weitergabe von Prüf- und Steuerbefehlen des Prozeßrechnersystems an die Netzkomponenten enthält die VFE eine Einrichtung zur Einspeisung dieser Befehle in das dezentrale Netz. Steuerbefehle an die Vorfeldeinrichtungen und Teilnehmerstationen werden über zwei fest zugeordnete Rechnerdienstkanäle (RD1 und RD2) übertragen. Prüfverbindungen zu Teilnehmern werden auf vom Prüf- und Auswertesystem einstellbaren Schmalband-Wahlkanälen aufgebaut.

Das Interface besteht aus einer Spezialelektronik und einem Prozessor (Fig.3). Das Interface hat folgende Aufgaben:

1. Es erfaßt die innerhalb eines Zeitrahmens von der VFE eintreffenden Zeitschlitze (1024) und leitet daraus folgende Informationen ab:

   - Beginn der Rufphase
   - Beginn der Quittungsphase
   - Beginn der Kommunikationsphase (z.B.Gesprächsbeginn)
   - Ende der Kommunikationsphase
   - Ende der Rufphase (bei Rufabbruch)
   - Alarmmeldungen.

2. Diese Informationen werden durch die Übergabe des zugehörigen Zeitschlitzinhaltes dem Prozeßrechner übergeben.

3. Das Interface übernimmt auf Anforderung des Prozeßrechners die Ergebnisdaten bei der Prüfung von Teilnehmerstationen und Vorfeldeinrichtungen.

4. Die erfaßten Daten werden in einem Vorprozessor (Siemens 310) für die anschließende Verarbeitung im Prozeßrechner aufbereitet, vorsortiert und bis zur Übernahmebereitschaft zwischengespeichert. Durch die Datenzwischenspeicherung wird eine gewisse zeitliche Entkopplung der Auswertung im Rechner vom Prozeß (Verkehrsgeschehen) erreicht, was die Geschwindigkeitsanforderungen an den Auswerte-Rechner wesentlich reduziert.

   Auf Anforderung des Auswerte-Rechners S 340 übergibt der Vorprozessor blockweise die zu einem Zeitrahmen gehörenden Daten.

### 3.3 Auswertung im Prozeßrechner

Die vom Interface übertragenen Daten werden in einem Prozeßrechner Siemens 340 (Arbeitsspeicher 192 kWorte) ausgewertet. Ein umfangreiches Softwaresystem führt die beschriebenen Aufgaben durch.

Die Software des Prüf- und Auswertesystems (Fig.4) besteht aus vier Hauptteilen:
- Betriebssystem ORG 300 PV
- Auftragskoordinator
- Prozeßmodule / E-/A-Module
- Listen.

Die Prüf- und Auswertefunktion wird durch die Prozeß und E-/A-Moduln realisiert. In den Listen sind das aktuelle Netzabbild sowie die Eigenschaften der Netzkomponenten gespeichert, aufgrund derer die Prozeßmoduln entscheiden. Der Auftragskoordinator steuert die Bearbeitungsfolge der Prozeßmoduln. Er hat die Funktion eines Realtime-

Betriebssystem mit sehr kurzen Reaktionszeiten.

### 3.4 Auftragskoordinator

Der        Auftragskoordinator  verwaltet die CPU-Vergabe an die Prozeßmoduln. In
dieser Funktion ersetzt er die Taskverwaltung des Betriebssystems. Der Auftragskoordinator ist auf die besonderen Geschwindigkeits- und Prioritätsanforderungen der
Prozeßmodule optimiert. Er bildet gemeinsam mit den Prozeßmoduln ein Programm gegenüber der ORG-Verwaltung. Dadurch wird erreicht, daß zur Koordinierung der Prozeßmodule ein sehr schnelles Verfahren verwendet werden kann. Der Wechsel von einem
Modul zum anderen erfordert im Mittel 20 us.

### 3.4.1 Elemente des Auftragskoordinators

Zur Auftragsabwicklüng bedient der Koordinator (Fig.5) 3 hierarchisch strukturierte
Listen.

Die Prioritätsliste enthält die Regel-Reihenfolge, in der die Prozeßmodule aktiviert werden. Die Häufigkeit, mit der ein Modul in dieser Liste aufgeführt ist, bestimmt die Priorität des Moduls. Jedem Prozeßmodul wird eine Auftragsliste zugeordnet, in der die Parameter der Bearbeitungswünsche sowie Spezifikationen über den
Bearbeitungsmodus eingetragen werden; die Übersicht über den Auftragsbestand des Moduls und die Angabe des bei Aktivierung zu bearbeitenden Auftrages sind in der Modulliste enthalten. Aus diesen Listen ermittelt der Auftragskoordinator den auszuführenden Auftrag.

### 3.4.2 Funktionsweise des Auftragskoordinators

Der Auftragskoordinator stellt anhand der Prioritätsliste fest, welcher Prozeßmodul
zu aktivieren ist. Der aktivierte Modul ermittelt anhand der Modulliste selbst, welcher der in der Auftragsliste enthaltenen Aufträge zu bearbeiten ist. Nach dessen
Abarbeitung bestimmt der Modul, welcher Auftrag lt.Auftragsliste nachfolgend zu bearbeiten ist. Dieser Zyklus wiederholt sich in der Regel so lange, bis die Auftragsliste abgearbeitet ist, d.h., daß kein weiterer Auftrag für den Modul vorliegt. Der
Koordinator aktiviert daraufhin den Modul, der als nächster in der Prioritätsliste
angegeben ist. Der neu aktivierte Modul wird in der oben beschriebenen Weise bearbeitet.

Die Regelabarbeitung der Auftragsliste kann unterbrochen werden, wenn zur Durchführung eines Auftrages Auftragsergebnisse von anderen Moduln benötigt werden oder wenn
das Programm des vorliegenden Auftrages anzeigt, daß es an der gerade von der CPU
bearbeiteten Stelle unterbrechbar ist, um anderen Moduln mit höherer Priorität Ge-
legenheit zu geben ihre Auftragsliste abzuarbeiten. Zu den beschriebenen Unterbrechungen während der Abarbeitung eines Auftrages können dem Auftragskoordinator Zu-
satzanweisungen mitgegeben werden, wie 'Fortsetzung des unterbrochenen Auftrages
nur dann, wenn ein bestimmter mit Parameter zu beschreibender anderer Auftrag beendet ist'. Als weitere Zusatzanweisung kann bestimmt werden, welcher Modul als
nächster vom Koordinator aktiviert werden soll.

### 3.4.3  Weckerverwaltung

Die Weckerverwaltung ist eine Ergänzung der Auftragskoordinierung. Durch sie wird
das Abarbeiten von Aufträgen realisiert, die erst nach einer festgelegten Zeit ausgeführt werden sollen. Das Zeitintervall zwischen Auftragserteilung und -Ausführung
ist für jeden Auftrag zwischen  20 ms und 20 sec einstellbar. Durch die Erteilung
von Weckaufträgen wird die Kontrolle von erwarteten Erreignissen  ermöglicht.
Die Weckerverwaltung ist für die Bearbeitung von 30 gleichzeitigen Weckaufträgen
ausgelegt.

### 3.5  Arbeitsweise der Auswerte-Software

Die Hauptelemente für die Durchführung der Prüf- und Auswertefunktion sind die Zeit-
schlitzinterpretierung,das Netzzustandsabbild,   die aufgabenspezifischen Module,
das Abbild der Netz- und Komponenteneigenschaften und die Auftragskoordinierung
(Fig.6). Die aufgabenspezifischen Module sind in Segmente gegliedert, die den Be-
triebsablaufzuständen des Netzes zugeordnet sind. Das Netzzustandsabbild wird in
Form eines Zeitschlitzmatrix-Feldes dargestellt, in das der Zeitschlitzinterpretierer die vom Interface I1 kommenden Zeitschlitzdatensätze, nach den Zeitschlitznum-
mern geordnet, einträgt.

Der Zeitschlitzinterpretierer ermittelt für jeden Zeitschlitzdatensatz, welcher Modul für die Bearbeitung aktiviert wird. Daten aus Wahlkanälen werden, sofern sie
nicht Alarmmeldungen enthalten, vom Modul Verkehrsüberwachung bearbeitet. Daten,
die von den Teilnehmerstationen oder Vorfeldeinrichtungen auf den sogenannten Rech-
nerrückkanälen ausgesandt werden, werden von den Moduln Komponentenprüfung und
Alarmerfassung bearbeitet. Daten aus den Rechnerdienstkanälen werden an den Modul
Komponentensteuerung geleitet.

Alle zu einem Zeitrahmen gehörenden Zeitschlitzdatensätze werden durch die zugewie-
senen Module bearbeitet, bevor der Prozeßrechner die Übergabe des nächsten Daten-
blockes vom Interface anfordert. Dadurch wird sichergestellt,daß sehr schnell
wechselnde Ereignisse trotz der relativ langsamen Bearbeitungsgeschwindigkeit des
Prozeßrechners in der richtigen Reihenfolge bearbeitet werden.

Im Rahmen der Verkehrsüberwachung wird der logische und zeitliche Ablauf der Verbindungsvorgänge analysiert und auf Abweichungen von den im Netz festgelegten Be-
triebsabläufen geprüft. Bei dieser Prüfung werden auch durch Manipulation zuge-
schaltete Teilnehmerstationen und Dienste erkannt. Aufgrund der bei einem Rufvor-
gang erkannten Verbindungsdaten      wird der Gebührendarif (Zeit/Geld) errechnet
und über den Rechnerdienstkanal zum gebührenpflichtigen Teilnehmer übertragen, wo
die laufende Gebühr angezeigt wird.

Zur Kontrolle der Funktionsfähigkeit der Teilnehmerstationen führt das PAS gezielte
Prüfverbindungen durch. Dabei werden zyklisch alle Teilnehmerstationen über einen
Schmalbandwahlkanal gerufen. Die gerufene Teilnehmerstation geht in den Gesprächs-
zustand über und schließt die Analogseite des DPCM-Codecs kurz. Der Prozeßrechner

sendet eine Testsequenz aus, die die Teilnehmerstation nach Durchlaufen des Codecs zur Auswertung an den Rechner zurücksendet. Durch einen Steuerbefehl auf dem Rechnerdienstkanal kann der Rechner eine Teilnehmerstation zu einem Ruf an den Rechner veranlassen oder die Teilnehmerstation zum Aussenden ihrer Steuerwerkzustände veranlassen.

Die Prüfung der Vorfeldeinrichtungen erfolgt ebenfalls zyklisch. Die Vorfeldeinrichtungen enthalten einen eigenen Prüfprozessor, der komplexe Prüfvorgänge steuert. Durch entsprechende Befehle veranlaßt der Rechner das Durchschalten der Breitband- und Schmalbandwege.

Die Vorfeldeinrichtungen sind über vier Sende- und vier Empfangsleitungen miteinander verbunden. Eine der Sendeleitungen wird als Taktreferenzleitung benutzt. Bei Störung dieser Leitung kann durch einen entsprechenden Steuerbefehl eine andere funktionsfähige Leitung zur Referenzleitung geschaltet werden.

Das beschriebene Prüf- und Auswertesystem ist für 1000 Teilnehmer ausgebaut, die weitgehend beliebig im Netz verteilt sein können. Die Grenze der Belastungsfähigkeit konnte bisher noch nicht getestet werden. Eine mittlere Verkehrslast von 10 Anrufen und 10 Gesprächsbeendigungen/s wurde bei einer Reaktionszeit von $\leq$ 50 ms je Ereignis im Simulationsbetrieb störungsfrei verarbeitet.

Das Prüf- und Auswertesystem ist seit Herbst 1980 mit den wesentlichen Teilen des Versuchsnetzes zusammengeschaltet und arbeitet zufriedenstellen.

Diese Arbeit wurde vom Bundesministerium für Forschung und Technologie unterstützt.

Mein Dank gilt allen Projektmitarbeitern im HHI und der Fa.Siemens E STE 24, die die Realisierung des vorgestellten Systems ermöglicht haben. Mein besonderer Dank gilt Dr.U.Haller, der dem Projekt als Leiter wesentliche Impulse gegeben hat. Sein überraschender Tod im April 1980 hat eine unersetzliche Lücke hinterlassen.


## Literatur

/1/  U.Haller, H.J.Matt:
     das Projekt Breitbandkommunikation mit optischen Kanälen
     Vortragsband 50 Jahre  Heinrich-Hertz-Institut, Mai  1978

/2/  R.Nobis, J.Saniter, Hp.Schäffner:
     Switching Systems for integrated communication
     Proceedings to NTC 80

/3/  W.E.Herold, G.Mrozinsky, J.Weber:
     Components, Structure and Operation of integrated
     digital Networks based on an experimental System
     Proceedings Zürich Seminar 1978

/4/  H.Ballering, U.Killat, H.Thielmann:
Teilnehmerschleife mit dezentraler Vermittlung
Vortragsband 50 Jahre Heinrich-Hertz-Institut, Mai 1978

/5/  S.Arkat, H.Kreutzer, F.Schmidt, G.Teich, J.Weber:
Teinehmerstation in einem diensteintegrierten digitalen Nachrichtennetz
NTZ, Heft 8, 1979

/6/  E.R.Hafner, Z.Nenadal, M.Tschanz:
A digital loop communication system
IEEE Trans. Com. 22 (1974) 6, 877-881

/7/  H.J.Matt:
Eine Zeitplatzorganisation für ein digitales Breitband-Nachrichtennetz
NTZ, Bd.30, Heft 10, Oktober 1977, S.799

/8/  H.Kampke, Hp.Schäffner:
Prüf- und Auswertesystem für ein digitales
Breitbandnetz
telcom report,1980

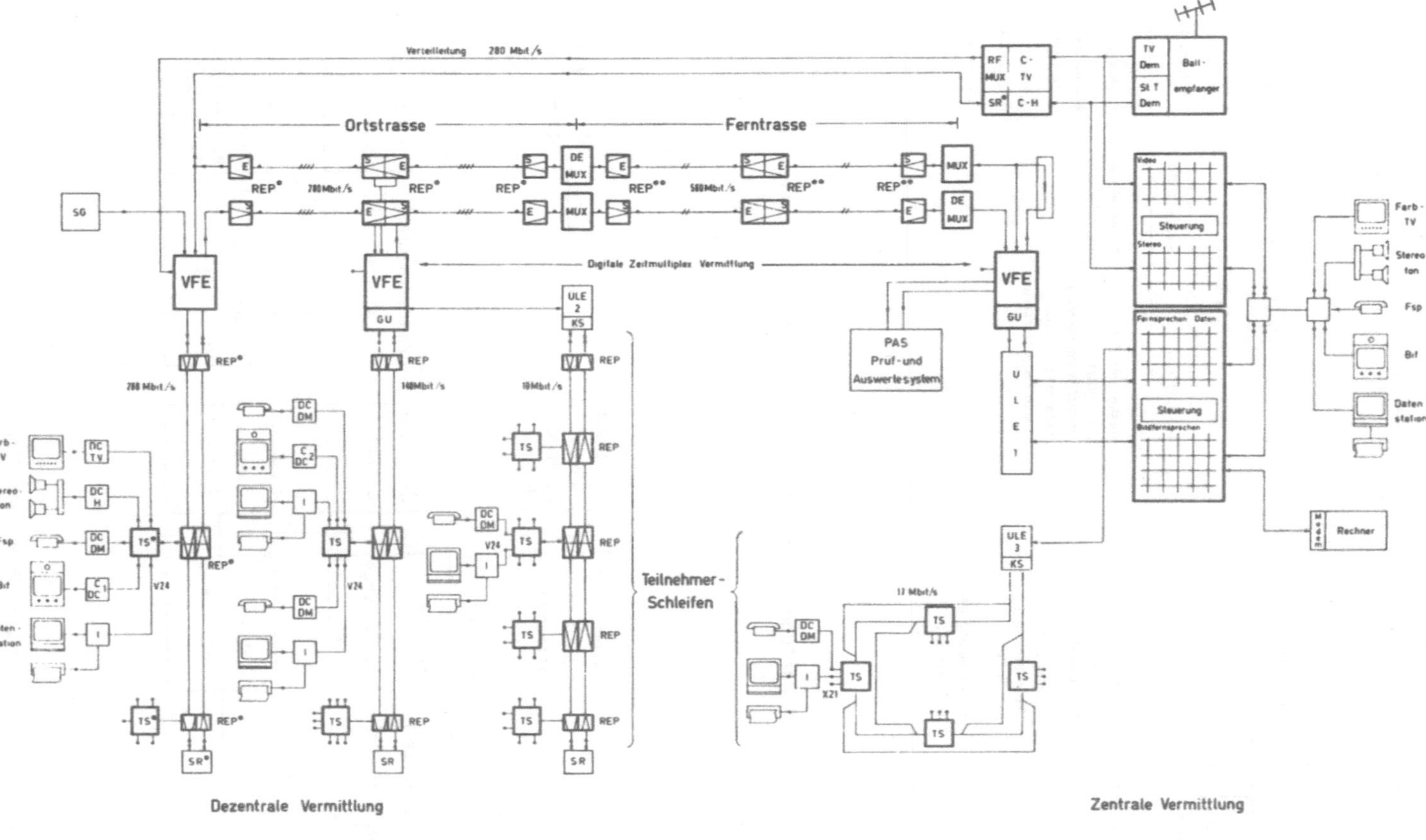


Fig. 1: Experimentalsystem für ein integriertes Kommunikationsnetz mit optischen Kanälen

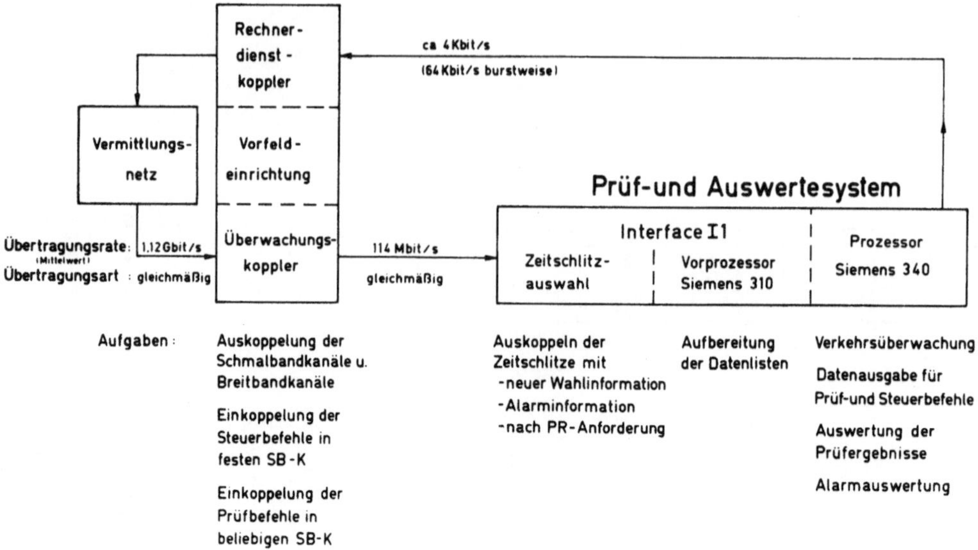



Fig. 2: System zur Wartung und Funktionsprüfung des Breitbandnetzes

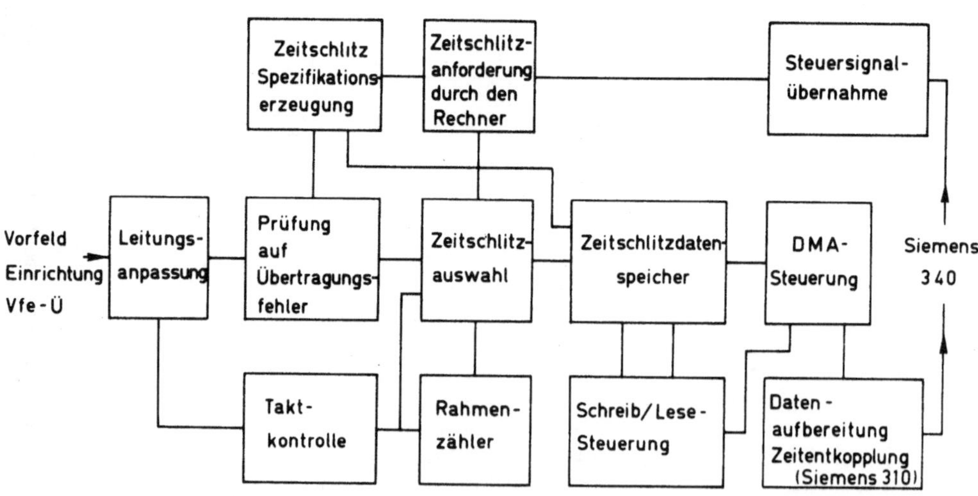



Fig. 3: Interface zur Datenübernahme aus dem dezentralen Netz

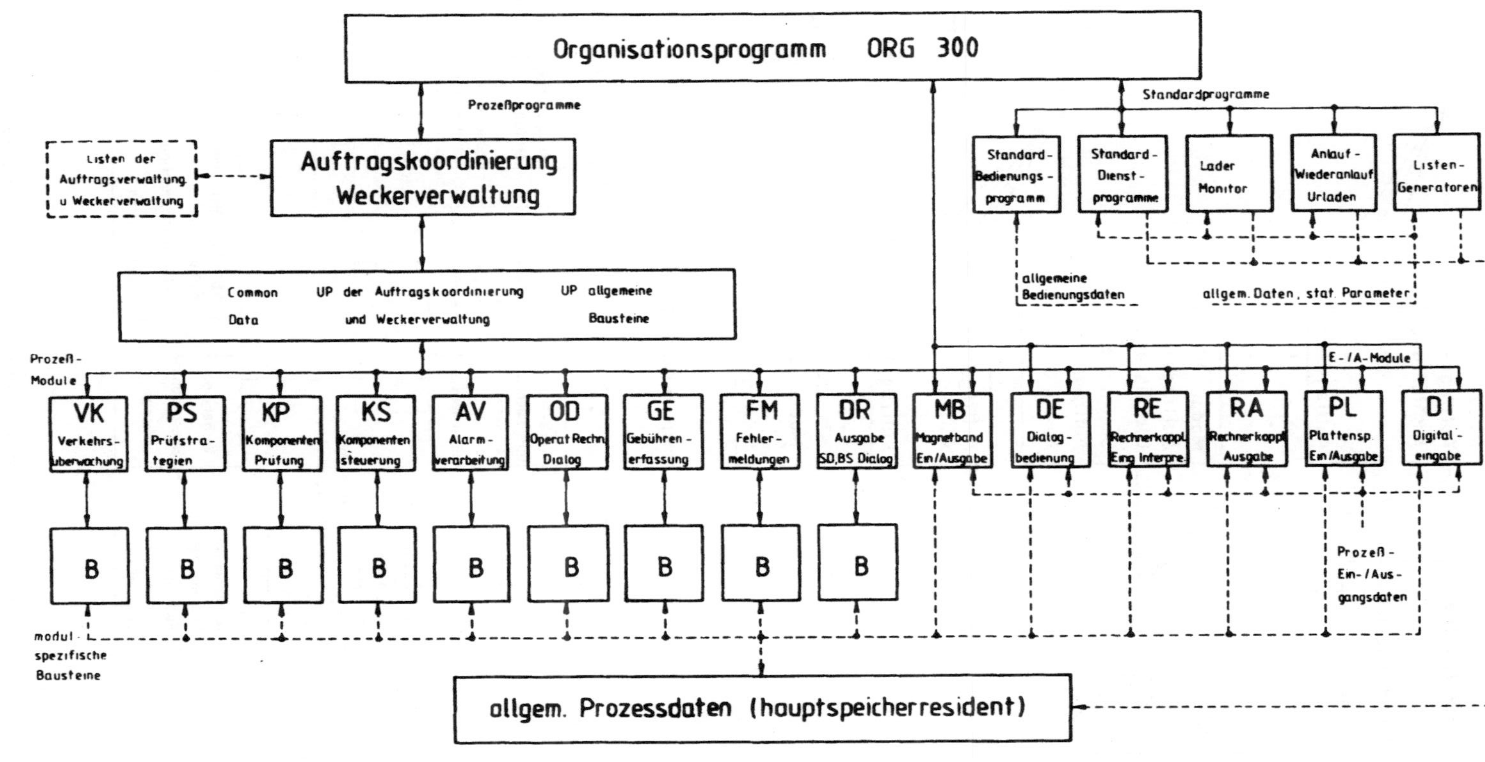


Fig.4: Betriebssoftware des Prüf- und Auswertesystems

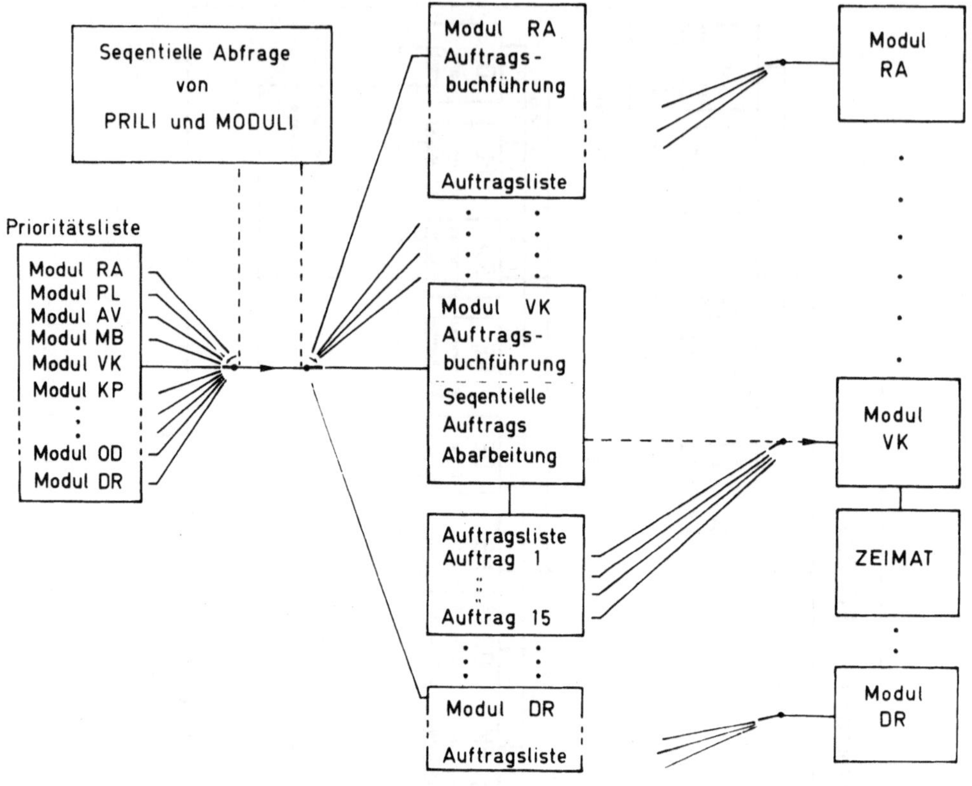



Fig. 5: Auftragskoordinator

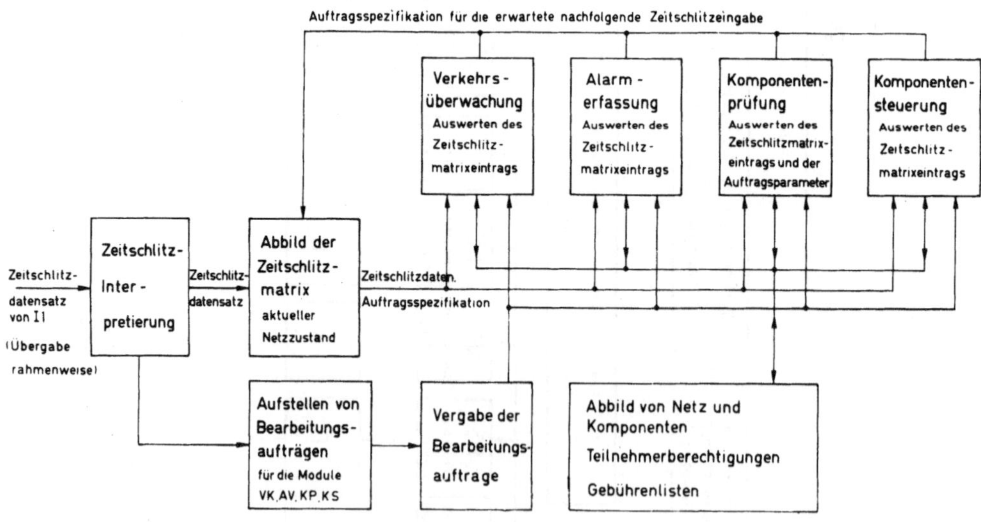



Fig. 6: Software-Hauptelemente des Prüf- und Auswertesystems

# DAS KOPPLUNGSSYSTEM JOKER - EINE BILANZ


D. Conrads und H. E. Moritz
Zentralinstitut für Angewandte Mathematik
Kernforschungsanlage Jülich GmbH
D-5170 Jülich


## 1  Einleitung

Die Kernforschungsanlage Jülich GmbH (KFA) ist eine vom Bund und vom Land NRW getragene Großforschungseinrichtung mit ca. 4400 Mitarbeitern; davon sind annähernd 850 Wissenschaftler. Von der KFA wird ein thematisch weit gefächertes Forschungsprogramm in mehr als 25 Instituten und anderen Organisationseinheiten durchgeführt.

Seit 1969 wurden Überlegungen angestellt, die damals beginnenden, über das KFA-Gelände von 1,8 $km^2$ verteilten lokalen Datenverarbeitungsaktivitäten an Experimenten durch einen Verbund mit den zentralen Großrechnern in ein übergreifendes Konzept einzuordnen. Das Ergebnis der Planungen, denen eine eingehende Analyse der Anforderungen im Bereich der experimentellen Forschung vorausging /1/, war das System JOKER (Jülicher Online-Kopplungssystem für Experiment-Rechner), das im Oktober 1972 für den allgemeinen Benutzerverkehr freigegeben wurde.

## 2  Das JOKER-System

Das Kopplungssystem JOKER /2/ ist kein allgemeines Rechnernetz, sondern ein Verbund mit der Zielvorgabe der Erschließung von Fähigkeiten und Kapazitäten des Großrechnersystems für den Experimentierplatz. Das Netz besitzt Baumstruktur; an der Wurzel des Verzweigungsbaumes befindet sich das Großrechnersystem IBM/370-168 (vgl. Abb. 1); die Verzweigungspunkte sind durch elektronische Schalter (Multiplexer) realisiert, die maximal 15 Anschlüsse (Experimentrechner oder weitere Verzweigungspunkte) gestatten und jeweils bis zu 2 km voneinander entfernt sein dürfen. Übertragungen erfolgen blockweise (Blockgröße ≤ 4000 Bytes) im Burst-Mode mit einer Rate von 180 kBytes/sec über Koaxialkabel. Dieses schnelle Netz wird ergänzt durch ein langsames Netz (Standard-V24-Schnittstelle, 4800 Baud über Telefonleitungen), das sternförmig aufgebaut ist und in das schnelle Netz einmündet.

Für die Übertragungsprozeduren gelten folgende Kriterien:

- Da im Großrechner ein permanent aktives Monitorprogramm die Annahme, Verteilung und Abspeicherung der Daten übernimmt, bedarf es keiner zeitlichen Synchronisation zwischen Datentransfer und verarbeitendem Benutzerprogramm.

- Der Benutzer hat die Möglichkeit, die Daten logisch zu strukturieren und im Großrechner auf der Basis dieser Struktur darauf zuzugreifen; das bedeutet auch, daß das Übertragungssystem für den Benutzer transparent ist . Die Netzbedienung erfolgt auf Großrechnerseite durch Subroutinen.

- Für die häufigsten Experimentrechnertypen und deren Betriebssysteme (DEC PDP11/DOS11, RT-11, RSX-11M; DEC PDP8/OS-8) ist die Bedienung des JOKER-Systems in das Betriebssystem integriert.

- Anwenderprogramme im Großrechner können vom Experimentrechner aus durch die Übertragung von Datensätzen gestartet werden.  Das ermöglicht einen automatischen Kopplungsbetrieb.

- Zentral zur Verfügung gestellte oder von den Benutzern selbst definierte Funktionen können im Großrechner über das JOKER-Netz mit Parametern versorgt und gestartet werden /3/.


## 3  Nutzung des JOKER-Systems

In den Abbildungen  2 und 3 ist der Datenfluß im JOKER-System in MBytes bzw. transferierten Blöcken aufgezeigt. Bei der Bewertung der Nutzungsangaben muß nachdrücklich darauf verwiesen werden, daß nicht industrielle Prozesse, sondern Experimente gekoppelt sind; sie zeichnen sich dadurch aus, daß die eigentlichen Meßzeiten, verglichen mit der Gesamtdauer eines Experimentes (bestehend aus Entwurf, Aufbau, Rüstzeiten, Probenvorbereitungen, Messungen, wissenschaftlicher Nacharbeit), vergleichsweise kurz sind. Deshalb wird das Netz von dem einzelnen Experimentator sehr unregelmäßig in Anspruch genommen; auch die Anforderungen schwanken dadurch stark. Die Zahl der verschiedenen Benutzer pro Tag liegt zwischen drei und acht, im Monat durchweg über 20 und im Jahr über 40.

Von den 40 etablierten Anschlüssen (dies entspricht gut 50 potentiellen Benutzern, da sich an manchen Stellen mehrere Benutzer einen Rechner teilen) werden jeweils etwa zehn deshalb nicht benutzt, weil ein Experiment umgerüstet wird oder abgeschlossen wurde. Die mittlere Blockgröße schwankt zwischen 1300 und 1900 Bytes.  Insgesamt ist die Nutzung des Systems in den letzten Jahren breiter geworden und hinsichtlich der Anzahl der Benutzer bei leicht steigender Tendenz stabil.

In der Richtung vom Großrechner zum Experiment wird das JOKER-System derzeit von etwa einem Drittel der Benutzer regelmäßig in Anspruch genommen.

Ein Charakteristikum für Experimente ist, daß sich die Randbedingungen mit Auswirkung auf die Datenverarbeitung (hauptsächlich auf die Datenauswertung, weniger auf die Datenerfassung) häufig ändern. Der häufige Wechsel steht einem vollautomatischen Experimentablauf entgegen. Dies erklärt auch die relativ geringe Nutzung des JOKER-Systems für Datentransfers in Richtung zum Experimentrechner. Das Fehlen eines rechnergeführten automatischen Betriebes bedeutet nicht, daß zwischen Auswertung und Interpretation von Meßdaten und dem Experiment keine Rückkopplung bestünde, sondern daß diese im allgemeinen über den Experimentator selbst erfolgt, indem er die Erkenntnisse aus den meist vom Timesharing-Terminal aus gesteuerten Auswertungen in geeigneter Weise für den weiteren Experimentverlauf verwertet.

## 4  Analyse und Bewertung des bisherigen JOKER-Betriebes

### 4.1 Die Hardware

Beim Aufbau des Systems hat es Schwierigkeiten gegeben, wie sie nahezu unvermeidlich sind, wenn man ein fortschrittliches technisches Konzept mit Spezialentwicklungen und unter Beteiligung mehrerer Firmen realisieren will. Für uns unerwartet gingen solche Schwierigkeiten nicht nur auf das Konto der Sonderentwicklungen; auch wir haben mehrfach die Erfahrung machen müssen, daß Serienprodukte (Hardware) und Standardprodukte (Software) bei nicht alltäglicher - aber durchaus zulässiger - Verwendung Schwächen und Fehler offenbaren. Insgesamt haben solche Probleme jedoch während des Aufbaus und des Betriebes zu keiner Zeit überhandgenommen, weil die hauptbeteiligten Firmen IBM, DEC und die für die Spezialhardware verantwortlich zeichnende Firma PCS immer den guten Willen zur Zusammenarbeit gezeigt haben und aufgrund ihres technischen Potentials in der Lage waren, auftretende Probleme in angemessener Zeit zu lösen.

### 4.2 Die Benutzer

In der KFA Jülich erfolgt die Nutzung zentral angebotener Einrichtungen wie das JOKER-System auf freiwilliger Basis. Infolgedessen ist die Akzeptanz eines solchen Systems durch die potentiellen Benutzer eine notwendige Voraussetzung für eine zufriedenstellende Nutzung. Die Akzeptanz des JOKER-Systems ist jedoch früher eingetreten als die intensive Nutzung; dies ist durch die Benutzer bzw. potentiellen Benutzer bezeugt und läßt sich auch aus Zeitpunkt und Anzahl von Anschlüssen ablesen, für die die Interessenten bereit waren, die Kosten zu tragen. Die Gründe für diese Entwicklung liegen nur teilweise im JOKER-System selbst.

Der wichtigste Grund ist, daß die Probleme bei der Ausstattung der Experimente mit (lokalen) Rechnern oftmals von den Benutzern erheblich unterschätzt werden. Solange die lokalen Probleme jedoch nicht gelöst sind, hat es keinen Sinn und besteht von Seiten der Benutzer auch keine Bereitschaft, sich einem übergeordneten Verbund anzuschließen. Um

mit den Messungen beginnen zu können, wird dann häufig nach kleineren Lösungen als
ursprünglich geplant gesucht; in der Regel sind es dabei die anspruchsvolleren Systemkomponenten, die zurückgestellt werden.

Auch die Umgebungsbedingungen im Experimentbereich haben Einfluß auf den Ausbau des
JOKER-Systems gehabt. Einerseits haben Fluktuation und Personalknappheit gelegentlich
zu Verzögerungen beim Ausbau des Systems geführt. Andererseits gibt es Experimentatoren, die situationsbedingt dem JOKER-System von vornherein positiv gegenüberstehen.
Dies sind Experimentatoren, deren Experimente bisher nicht mit einem lokalen Experimentrechner ausgerüstet waren und die ihre Meßdaten offline zum Großrechner transportiert
und dort ausgewertet haben. Wenn ein solches Experiment zu einem späteren Zeitpunkt mit
einem Experimentrechner ausgerüstet wird, dann ist für sie das JOKER-System ein
willkommenes Hilfsmittel, um den Aufwand am Experimentrechner möglichst gering halten
und die Auswertungeh nach wie vor am Großrechner durchführen zu können.

Für Benutzer des JOKER-Systems, die von der Kleinrechnerseite her kommen, stellt die
Tatsache, daß sie sich zuvor in das Großrechnersystem einarbeiten müssen, bisweilen eine
Schwelle für die Benutzung des Systems dar. Dies ist ein Problempunkt, der über das
JOKER-System hinaus alle heterogenen Rechnernetze betrifft und über den gerade in
jüngster Zeit angesichts von Normungsbestrebungen im Zusammenhang mit Rechnernetzen
intensiv diskutiert wird /4/.

Die Akzeptanz des JOKER-Systems wie jedes anderen gerichteten Rechnernetzes ist eng an
die Attraktivität des verfügbaren Großrechnersystems gekoppelt, das an den Kriterien
Vielfalt und Qualität des Software-Angebotes, Benutzerfreundlichkeit, Leistungsfähigkeit
und - im Zusammenhang mit Experimenten nicht zuletzt - Verfügbarkeit und Antwortzeit-
verhalten gemessen werden muß.


5   Veränderungen des Anforderungsprofils und Konsequenzen für das JOKER-System

Im Rahmen der Planungen für das JOKER-System wurde 1969 eine Befragung der
potentiellen Benutzer durchgeführt. Experimentbezogene Verbesserungswünsche betrafen
vorwiegend drei Punkte:
  (1)  Erhöhung der Meßfrequenz und damit der verkraftbaren Datenrate,
  (2)  Erhöhung der Anzahl der Meßkanäle,
  (3)  Erhöhung der Auflösung und der Meßgenauigkeit.
Diese Forderungen konnten in geradezu idealer Weise von einem lokal installierten
Kleinrechner erfüllt werden, der darüber hinaus noch weitere Aufgaben übernehmen konnte
(wie steuernde Eingriffe in das Experimentgeschehen, einfache Datenaufbereitung etc.). Bei
den damals üblichen Kleinrechnerkonfigurationen (Zentraleinheit, 4 oder 8 k Worte
Arbeitsspeicher und E/A-Schreibmaschine mit angebautem Lochstreifenleser/stanzer)

waren die Probleme der Datenspeicherung und weitergehenden Auswertung jedoch nicht lösbar. So lag es nahe, eine Verbindung zu dem auch damals schon recht leistungsfähigen und vor allem aufgrund des Software-Angebotes komfortablen Großrechnersystem anzustreben.

Aufgrund der Anforderungen und der örtlichen Gegebenheiten wurde das JOKER-Netz als schnelles Netz mit Baumstruktur konzipiert. Durch die hohe Geschwindigkeit des Übertragungssystems konnte auch die Forderung nach möglichst schneller Datenübernahme erfüllt werden. Diese Forderung resultierte aus der Tatsache, daß im allgemeinen eine laufende Messung für die Dauer der Datenübertragung unterbrochen werden mußte; sie wurde deshalb auch von solchen Experimentatoren erhoben, bei denen eine hohe Übertragungsleistung aufgrund der anfallenden Datenmengen nicht erforderlich gewesen wäre.

In den siebziger Jahren ist durch die Entwicklung im Bereich der Kleinrechner eine deutlich veränderte Situation entstanden, die weniger durch die Steigerung der Rechenleistung gekennzeichnet ist als durch den Ausbau mit Primär- und Sekundärspeichern und den dadurch möglich gewordenen Einsatz leistungsfähiger Betriebssoftware.

Die leistungsfähigen externen Speicher haben dazu geführt, daß der überwiegende Teil der JOKER-Benutzer die Datenerfassung lokal betreibt und erst nach ausreichender Akkumulation die auswertefähigen Datenmengen zum Großrechner überträgt. Dies sowie generell die Verschiebung der Schnittstelle Großrechner-Kleinrechner zugunsten des Kleinrechners bedeutet für den Großrechner eine Entlastung bezüglich der Zeitbindungen der an ihn delegierten Aufgaben.

Tatsächlich führt die Entwicklung im Bereich der Kleinrechner dazu, daß die Rechenleistung oder grundsätzliche Beschränkungen bei bestimmten Datenverarbeitungslösungen als Argumente für eine Verbindung zum Großrechner mehr und mehr in den Hintergrund treten. Es bleiben aber Argumente, die nach wie vor für einen Rechnerverbund sprechen.

Da sind zunächst solche Argumente, bei denen der Realtime-Aspekt nicht im Vordergrund steht:
(1) Bei allen Experimenten ist (u. U. bereits während des Experimentablaufs) der Bezug zur Theorie herzustellen; Theoretiker sind traditionell Großrechnerbenutzer; es besteht somit die Notwendigkeit, Daten von Experimenten in den Großrechner zu transferieren.
(2) Spezialperipherie, die nicht permanent am Experiment benötigt wird, kann zur besseren Auslastung zentral bereitgestellt werden, wenn eine einfache Möglichkeit der Nutzung geschaffen wird.
(3) Eine 1980 durchgeführte Befragung der JOKER-Benutzer hat gezeigt, daß die Archivierung, d. h. die nach Kriterien geordnete Abspeicherung der Meßdaten und -ergebnisse, auf einem maschinenlesbaren Medium ein gemeinsames Problem ist. Eine Lösung bieten Datenbanksysteme, die sinnvollerweise zentral implementiert werden.

Weitere Gründe, die nach wie vor für eine enge Kopplung zwischen Experimentrechner und Großrechner sprechen, sind durch die Software-Gegebenheiten bedingt:

(1) Die Durchführbarkeit auch komplexerer Datenverarbeitungsaufgaben im Experiment- bereich resultiert im wesentlichen aus einer inzwischen sehr leistungsfähigen Betriebs- software im Kleinrechner. Gleichzeitig mit der Leistungsfähigkeit der Betriebssysteme sind aber auch Umfang und Komplexität und damit Aufwand für Implementation und Wartung erheblich gestiegen. Dies bedeutet, daß der Experimentator Aufgaben übernehmen muß, die bislang Systemprogrammierern vorbehalten waren.

(2) Wenn auf einem Kleinrechner Aufgaben von ähnlicher Komplexität wie auf einem Großrechner zur Ausführung kommen sollen, ergeben sich auch Ähnlichkeiten in der Art des Betriebes. Insbesondere wird der Einsatz von Software-Lizenzprodukten erforder- lich; wie aus dem Betrieb von Rechenzentren seit langem bekannt ist, verlangt die Einarbeitung in solche Programmprodukte sowie ihre Implementation, Verifikation und Wartung eine nichttriviale Arbeitsleistung. Es gibt Experimentatoren, die in dieser Hinsicht bereits negative Erfahrungen gemacht und durchaus realisiert haben, daß sie sich viel Zeit und Ärger erspart hätten, wenn sie auf ein entsprechendes zentrales Dienstleistungsangebot hätten zurückgreifen können.

(3) Es ist bekannt, daß mit der Größe und Komplexität von Programmen auch die Fehlerzahl steigt; hinzu kommt im allgemeinen ein Anstieg der Bedienfehler. Unzuverlässige Software in einem Experimentrechner führt aber zu einer erhöhten Gefährdung der Messungen, und auf diese Gefahr reagieren alle Experimentatoren empfindlich. Experimentatoren haben allergrößtes Interesse daran, die während der Meßphase laufende Software möglichst überschaubar und frei von Risiken zu halten. Dies kann durch eine zeitliche Trennung von Meßphase und Auswertephase geschehen. Hinzu kommt die Möglichkeit der räumlichen Verteilung von Meßprogramm und Auswerte- programm auf verschiedene Rechner. Diese Konzeption ermöglicht ohne Erhöhung des Risikos weitergehende Lösungen, da komplexe Auswertungen bereits während der laufenden Messungen durchgeführt werden können.

Neben den vorgenannten Argumenten ist zu beobachten, daß in zunehmendem Maße konfektionierte Mikrorechner (z. B. programmierbare Tischrechner, 'Personal Computer') die Position einnehmen, die vor Jahren die Kleinrechner innehatten.


## 6  Schlußbemerkungen

Eine wichtige Erkenntnis aus dem achtjährigen Betrieb des JOKER-Systems ist, daß der Betreiber eines solchen Systems, das ohne Anwendung von Zwangsmaßnahmen seinen Kundenkreis finden muß, mit einer langen Vorlaufzeit bis zur vollen Nutzung rechnen muß. Es ist ein Höchstmaß an Kontinuität bezüglich des angebotenen Systems erforderlich, zum einen, um die Zeit zu überbrücken, bis die angesprochenen Experimentatoren, die in ihrem

Verhalten durch die Gegebenheiten und Erfordernisse des Experimentes bzw. des Experimentierbetriebes bestimmt sind, in Probleme hineinwachsen, die Argumente für den Einsatz des angebotenen Systems liefern, zum anderen, um den Experimentatoren, die das System nutzen und dafür Aufwand betrieben haben, eine angemessene Nutzungsdauer zu garantieren.

Wir halten das Konzept des JOKER-Systems nach wie vor für tragfähig und werden darin in dem anhaltenden, in letzter Zeit eher verstärkten Interesse der Experimentatoren bestätigt. Angesichts der Entwicklung auf dem Gebiet der elektronischen Bausteine sähe die technische Realisierung eines solchen Konzeptes heute sicherlich anders aus; insbesondere die Verwendung speziell entwickelter Hardware ist heute bei der gegenläufigen Preisentwicklung für Serienprodukte und Sonderanfertigungen seit der Inbetriebnahme des JOKER-Systems sehr viel kritischer zu sehen.

Die Schwerpunkte der Argumentation für das Kopplungssystem haben sich verschoben; die Argumente sind heute:
(1) Vergrößertes Angebot an Hardware und Software für die gekoppelten Rechner;
(2) Abkehr vom Operating-erfordernden und damit personalintensiven Umgang mit Datenträgern;
(3) Etablierung eines Pfades in den Großrechner, der es gestattet, Daten von nicht Großrechner-typischen Datenträgern (das sind ein Großteil der Experiment-typischen Datenträger) in den Großrechner zu transferieren;
(4) DDP-Anwendungen, bei denen die verbundenen (autonomen) Rechner nach dem Prinzip der Aufgabenteilung gemeinsam an einer Problemlösung beteiligt sind. Wie im Abschnitt 5 dargelegt, verschieben sich die Argumente hierfür zunehmend in den Bereich der Software.

Bei den unter (1) bis (3) aufgeführten Punkten spielt der Realtime-Aspekt keine Rolle; es sind vielmehr Argumente, die generell für Netzwerke gelten. Dem Trend zu allgemeinen Netzwerkanwendungen sollte in der Zukunft dadurch Rechnung getragen werden, daß das JOKER-System Normungen - soweit solche (oder de facto Normen) für Netzschnittstellen existieren - unterstützt und sich damit auch nach außen öffnet.

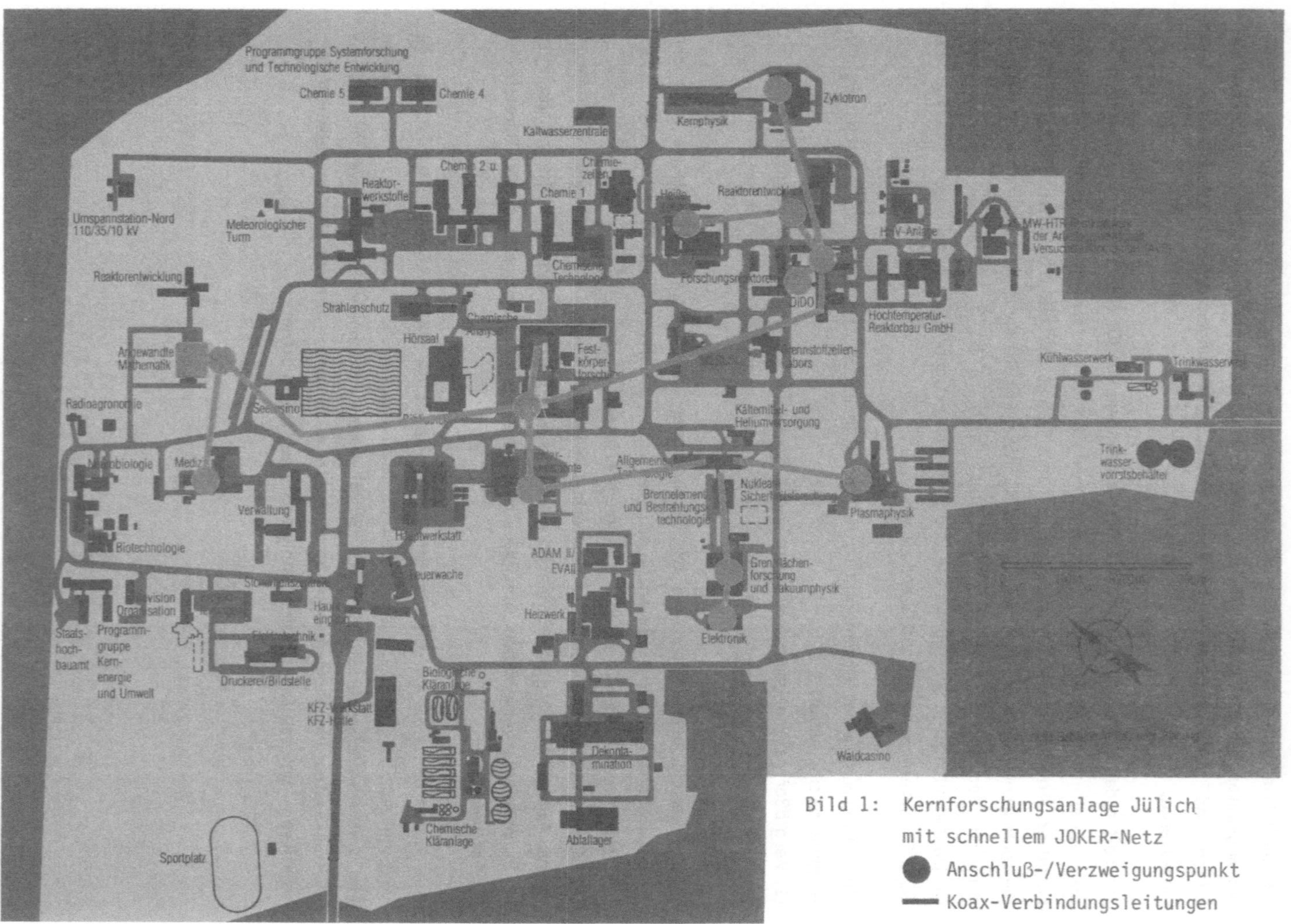


Bild 1: Kernforschungsanlage Jülich mit schnellem JOKER-Netz

● Anschluß-/Verzweigungspunkt

— Koax-Verbindungsleitungen

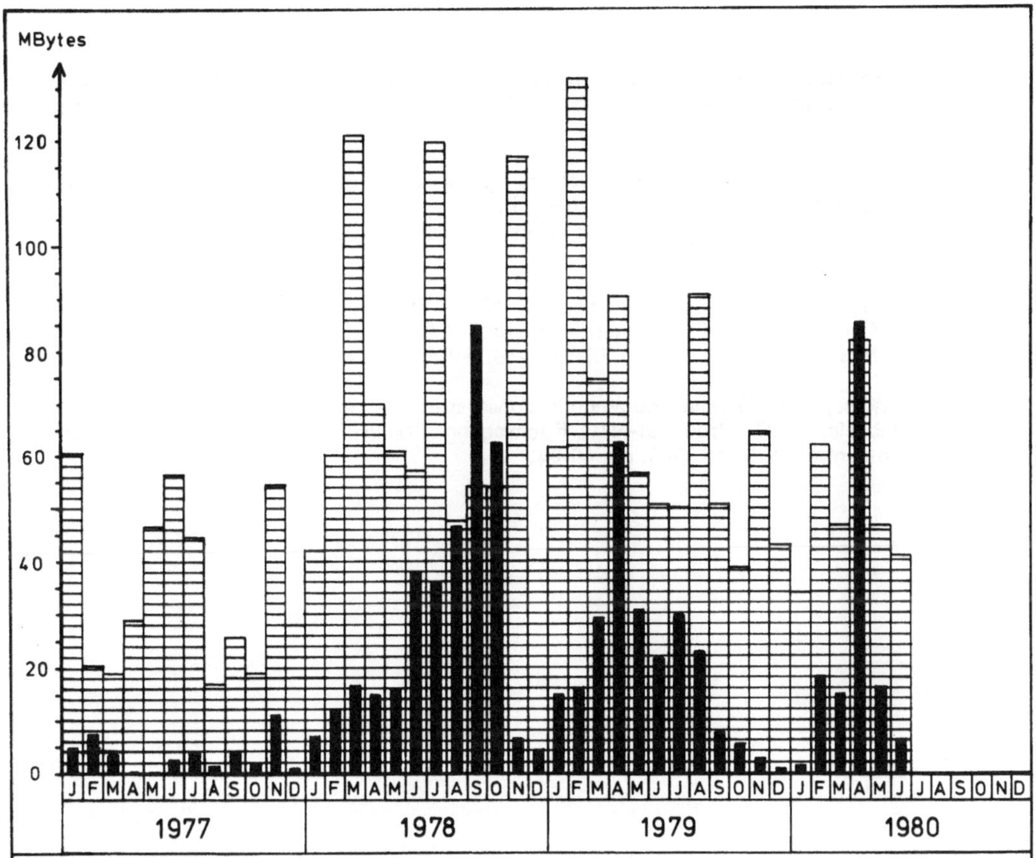

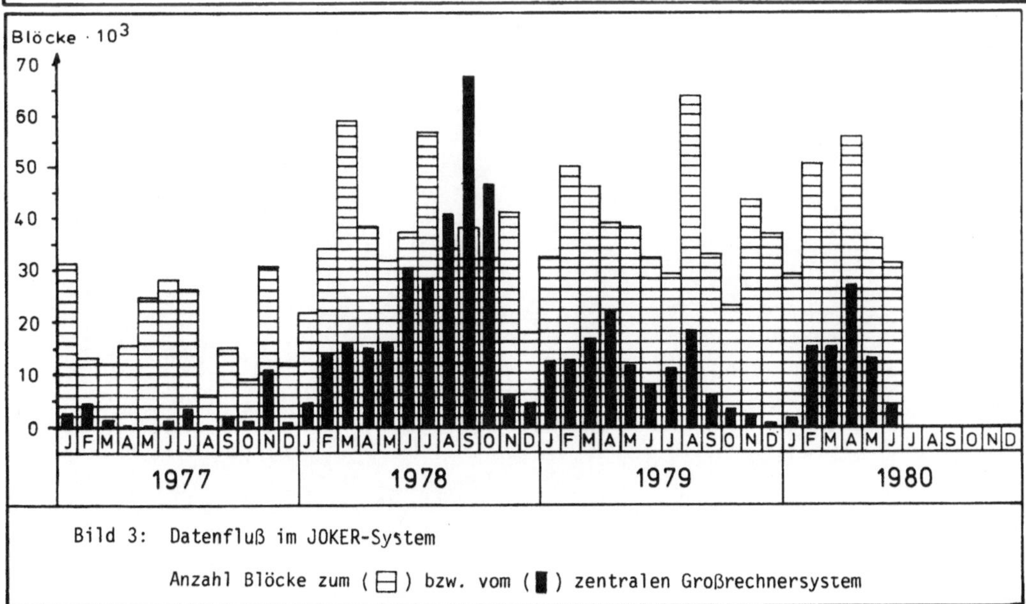

Bild 2:  Datenfluß im JOKER-System

Anzahl Bytes zum ( ⊟ ) bzw. vom ( ■ ) zentralen Großrechnersystem

Bild 3:  Datenfluß im JOKER-System

Anzahl Blöcke zum ( ⊟ ) bzw. vom ( ■ ) zentralen Großrechnersystem

## LITERATUR


/1/ Jordan, H. L. et al.: 'Konzept zum Aufbau des Online Datenverarbeitungssystems in der KFA', Berichte der Kernforschungsanlage Jülich, Jül-902-DV, Jülich, Dezember 1972.

/2/ Conrads, D.; Moritz, H. E.; Mühlstroh, R.: 'JOKER - Ein System zur Kopplung von Experimentrechnern verschiedener Fabrikate mit einem zentralen Time-sharingrechner', Berichte der Kernforschungsanlage Jülich, Jül-1004-MA, Jülich, Oktober 1973.

/3/ Docter, J.; Peters, H.; Rafflenbeul, S.: 'CREATE - Programmpaket zur Steuerung von Großrechner - Funktionen über das JOKER-Netz', Spezielle Berichte der Kernforschungsanlage Jülich, Jül-Spez-56, Jülich, September 1979.

/4/ Schindler, S.: 'Offene Kommunikationssysteme - eine Übersicht', Informatik Fachberichte 27, Proc. GI-NTG Fachtagung 'Struktur und Betrieb von Rechensystemen', Kiel, März 1980, pp. 40-84.

EIGNUNG VON MEHRRECHNER-PEARL

ZUR PROGRAMMIERUNG PARALLELER PROZESSE,

ERFAHRUNGEN UND FOLGERUNGEN.


Gottfried Bonn,
Lothar Lorenz,
Fraunhofer-Institut für Informations- und
Datenverarbeitung, 7500 Karlsruhe 1.


Die Aufgabenstellungen für Datenverarbeitungssysteme werden komplexer
durch

- zunehmende Interaktion von Einzelaufgaben mit

- Funktions- und Datenkopplung über größere Entfernungen und

- ortsunabhängigem Datenzugriff.


Durch den Wunsch nach erhöhter Ausfallsicherheit in Verbindung mit den
Kostensenkungen bei hochintegrierten Halbleiterschaltungen, insbesondere Mikroprozessoren, setzen sich mehr und mehr Aufgabenlösungen in
Form von Mehrprozessor- und räumlich verteilten Mehrrechnersystemen
durch, welche Fehlertoleranz durch die ihnen innewohnende Redundanz ermöglichen.


Die Entwicklung auf dem Gebiet der Programmiersprachen hat diesem Trend
Rechnung zu tragen. Steusloff hat für höhere Sprachen zur Programmierung
von Prozeßautomatisierungsaufgaben die in Bild 1 dargestellte Struktur
hergeleitet [1,2].


Dabei sind Komponenten doppelt umrahmt, die in heute gebräuchlichen
Programmiersprachen fehlen; bei solchen, die mehrrechnerspezifisch erweitert werden müssen, ist der äußere Rahmen gestrichelt gezeichnet.
Davon ausgehend wurde auf der Basis von PEARL [3,4] ein Sprachvorschlag
MEHRRECHNER-PEARL entworfen, implementiert und in einer Reihe von Pilotanwendungen erprobt. Die dabei gewonnenen Erfahrungen werden im folgenden dargestellt. Sie bestätigen das Konzept von MEHRRECHNER-PEARL.

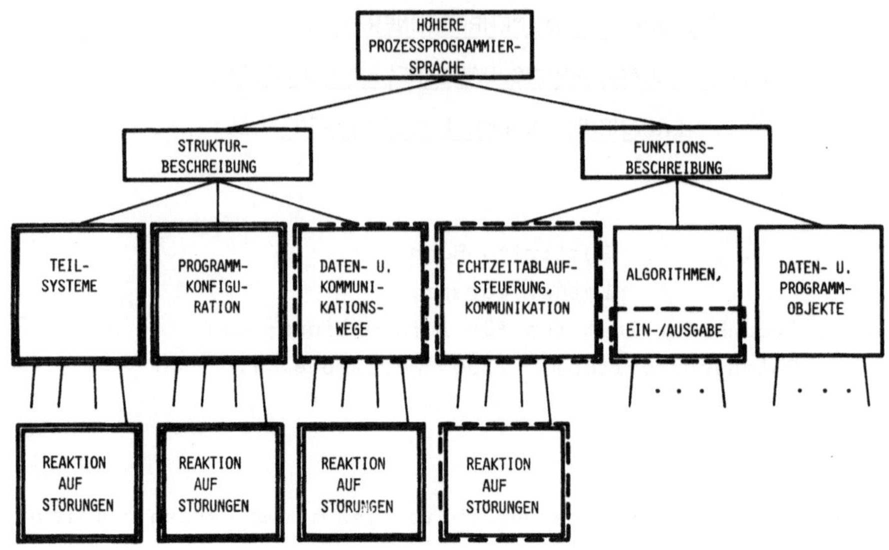



**Bild 1:** Struktur und Komponenten einer höheren Echtzeitprogrammier-
sprache für Mehrrechnersysteme


Jedoch zeigt sich, daß die Benutzung globaler Objekte in den Bereichen
indirekte Objektanwahl (Referenzvariable, IDENT-Prozedurparameter) und
globale Semaphore zwischen Gültigkeit innerhalb des Bereichs einer
Station und Gültigkeit über mehrere Stationen eines Mehrrechnersystems
hinweg differenziert werden sollte. Dies ist möglich durch Zusammenfassung von Programm-Moduln zu einer Modulgruppe als kleinste rekonfigurierbare Einheit. Eine solche modulübergeordnete Struktur ist im
Zusammenhang mit dem Problem der Beschreibung des Bindevorgangs auf
Sprachebene bereits einmal im PEARL-Subset-Arbeitskreis [5] diskutiert
worden. Eine zweite Möglichkeit ist die Einführung eines auf bestimmte
Sprachobjekte restringierten Attributs wie es mit GLOBAL NET von der
Firma Dornier vorgeschlagen wird.


## 1. MEHRRECHNER-PEARL

### 1.1 Sprachkonzept

MEHRRECHNER-PEARL ist als Erweiterung der in Normung befindlichen Sprache PEARL [3,4] konzipiert, wobei jeder PEARL-Subset als Grundlage im
Sinne einer Untermenge dienen kann. Ein PEARL-Programm besteht aus im

allgemeinen mehreren, unabhängig voneinander übersetzbaren Moduln, die Deklarationen von Daten, Prozeduren und parallel ausführbaren TASK's enthalten und zwischen denen Beziehungen über solche Objekte bestehen, die durch das Attribut GLOBAL gekennzeichnet sind.

Für die Verteilung eines PEARL-Programms in einem Mehrrechnersystem wurde der Modul als kleinste Einheit gewählt [6]. Das ist keineswegs selbstverständlich, gibt es doch auch Implementationen, welche auf Modulebene deklarierte Daten, Prozeduren und Tasks in jeweils getrennt ladbare Objekte übersetzen. Durch die modulweise Aufteilung werden Verknüpfungen zwischen den in verschiedenen Rechnerstationen lokalisierten Programmteilen auf die besonders gekennzeichneten globalen Objekte beschränkt.

Über diese zunächst skizzierte Abbildung  von Standard-PEARL auf Mehrrechnersysteme hinaus besteht jedoch der Wunsch, deren Redundanz zur Erhöhung der Ausfallsicherheit zu nutzen und dafür adäquate programmiersprachliche Ausdrucksmöglichkeiten bereitzustellen.

Dafür schlägt Steusloff [1,2]  eine erweiterte Strukturbeschreibung aus folgenden drei Komponenten vor:

- Ein Stationsteil beschreibt für das Programmerzeugungssystem relevante gerätetechnische Eigenschaften der verschiedenen, in einem heterogenen Mehrrechnersystem verbundenen Rechnerstationen und führt Bezeichner für deren Betriebszustand kennzeichnende Statusvariable ein.

- Ein Ladeteil, der zu jedem Modul gehört, gibt an, in welche Stationen der Modul in Abhängigkeit von welchen Statusbedingungen (Werte der o.g. Statusvariablen) zu laden ist und erlaubt somit die übersichtliche Formulierung von Rekonfigurationsstrategien, z.B. im Sinne einer funktionsbeteiligten Redundanz.

- Der auch in Standard-PEARL enthaltene Systemteil ist erweitert um Möglichkeiten zur Beschreibung alternativer Datenwege, erforderlichenfalls mit Adaption der hierüber transportierten Daten auf eine einheitliche Skalierung und Übergabe von Ersatzwerten bei Ausfall aller Alternativen. Diese Möglichkeiten sind Voraussetzung für den Einsatz von Rekonfigurationsstrategien.

Die im _Problemteil_ enthaltene Funktionsbeschreibung umfaßt wie in Standard-PEARL

- die _Kooperation_ parallel laufender Tasks mit den Unterfunktionen Echtzeit-Steuerung, Synchronisation und Kommunikation,

- die zu bearbeitenden Daten und ihre Struktur, und

- die sie bearbeitenden Algorithmen.

Änderungen oder Erweiterungen des Problemteils wurden im Interesse guter Portabilität und wegen der hier ausreichenden Sprachmittel bewußt vermieden.


## 2. Pilotimplementationen

### 2.1 Das Mehrrechnersystem RDC

MEHRRECHNER-PEARL wurde für das ebenfalls im IITB entwickelte RDC-System (Really Distributed Computer Control System) implementiert. Die RDC-Gerätestruktur ist in Bild 2 dargestellt. Sie kann bis zu 64 räumlich verteilte Mikrorechnerstationen enthalten, die über ein dezentral gesteuertes Sammelleitungssystem (hier Lichtleiter-Ringbus) gekoppelt sind. In den Ring integriert ist ein Ein-/Ausgabe-Farbbildschirmsystem (EAF) als zentraler Leitstand und ein Kleinrechner (Siemens 310) als Programmerzeugungssystem für MEHRRECHNER-PEARL Programme mit dynamischem Ladesystem.

Das RDC-Gerätesystem mit Fehlertoleranz-Eigenschaften durch Nutzung dynamischer Redundanz [7] erwies sich in Verbindung mit durchgeführten Pilotanwendungen in der Stahl-

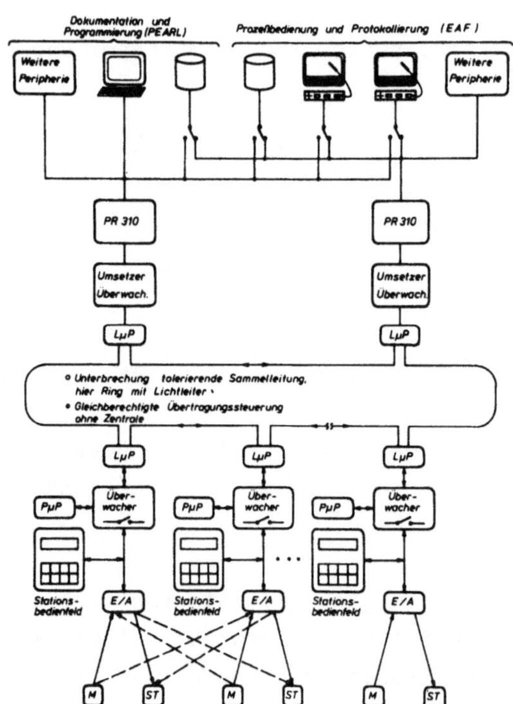


Bild 2: Struktur des RDC-Mehrrechnersystems

industrie als hervorragendes Einsatzmittel zur Erprobung von MEHRRECH-
NER-PEARL.


## 2.2 Das Programmerzeugungssystem

Das Programmerzeugungssystem ist auf der Basis eines portablen Standard-
PEARL-Übersetzers des Entwicklungsbüros Wulf Werum, Lüneburg, aufgebaut, in welchem lediglich der Systemteil-Übersetzer für MEHRRECHNER-
PEARL erweitert wurde. Für Stations- und Ladeteil ist der Übersetzer
transparent, so daß diese durch autonome, getrennt entwickelte Übersetzer bearbeitet werden können.

Der Übersetzungsweg über die sehr flexible maschinenunabhängige Zwischensprache IL1 [8] erlaubt den Einsatz verschiedener Codegeneratoren in
heterogenen Mehrrechnersystemen. In der Pilotanwendung wurde wegen der
strukturellen Verwandtschaft der eingesetzten Rechner (RDC und Siemens
310) nur ein Codegenerator benötigt, der durch Bedienparameter gesteuert
wird.

Montieren und Laden der Programme ist ein mehrstufiger Vorgang, dessen
letzte mehrrechnerspezifische Phase durch das in Kap. 2.3.4 ausführ-
licher beschriebene Rekonfigurationssystem vorgenommen wird.


## 2.3 Das Betriebssystem DISPOS

Die Betriebsvielfalt des RDC-Systems sowie Möglichkeit und Komfort der
Anwendungsprogrammierung mit MEHRRECHNER-PEARL erfordert die Unterstützung durch ein leistungsfähiges Realzeit-Betriebssystem. Hierfür
wurde im IITB das "Distributed PEARL Operating System" DISPOS entwickelt.
Seine Funktionsbereiche und seine modulare Gliederung zeigt Bild 3.

Die im Rahmen dieses Beitrags wichtigen Komponenten sind im folgenden
kurz beschrieben.


## 2.3.1 Kern mit Fehlerdiagnose

In Ergänzung zu den Fehlererkennungsmaßnahmen des Gerätesystems stellt
DISPOS erweiterte Detektions- und Diagnosemechanismen zur Verfügung,
die im Fehlerfall - korrespondierend zu Vereinbarungen des STATIONs-
Teils - zu Veränderungen von Betriebszuständen führen, die als Ergän-

zungsparameter für das Rekonfigurationssystem (zustandsadaptierte Modulkonfiguration) dienen.

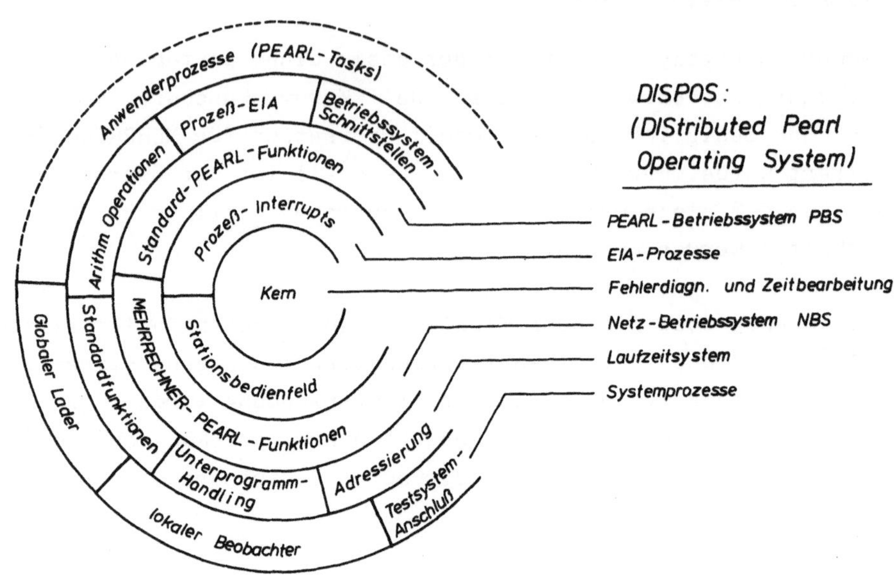


<u>Bild 3:</u>  Verteiltes Betriebssystem DISPOS

## 2.3.2 PEARL-Betriebssystem

Der Funktionsumfang des PEARL-Betriebssystems als DISPOS-Komponente ist durch die echtzeitspezifischen Sprachelemente des zugrundeliegenden PEARL-Subsets [19] definiert und umfaßt nahezu Full-PEARL [4] .

## 2.3.3 Netz-Betriebssystem

Das Netzbetriebssystem stellt die Basisdienste für die MEHRRECHNER-PEARL-spezifischen Funktionen, insbesondere für den Informationstransfer zwischen RDC-Stationen zur Verfügung. Im einzelnen sind dies

- "Software DMA" für direkten, laufzeiteffizienten Zugriff auf Hauptspeicherbereiche aller Stationen,

- Botschaftensystem für taskspezifischen Datenaustausch mit Synchronisationseigenschaften (Rendezvous) [10] ,

- Prozeß-E/A für Zugriff auf nicht stationslokale E/A-Werke einschließlich Meldung von Prozeß-Interrupts an alle Stationen, in denen Tasks
  für das Auftreten dieser Interrupts eingeplant sind.


## 2.3.4 Rekonfigurationssystem

Aus Stations- und Ladeteil erzeugte Tabellen als Informationsbasis ermöglichen DISPOS die selbsttätige Programmkonfiguration durch

- Nachladen von Programm-Moduln durch den globalen Lader und

- Aktivierung und Terminierung von Programm-Moduln durch den lokalen
  Beobachter.


Entsprechend den Beschreibungen alternativer Datenwege im erweiterten
SYSTEM-Teil und den aktuellen Betriebszuständen der E/A-Bereiche nimmt
DISPOS die dynamische Zuordnung von Prozeßendstellen zu Programmvariablen vor. Damit ist auch die Prozeß-E/A-Ansprache von der betriebszu-
standsabhängigen Programmkonfiguration entkoppelt.


## 2.4 Pilotanwendung

Die Betriebserfahrungen mit RDC-System und MEHRRECHNER-PEARL beziehen
sich hauptsächlich auf den Betrieb einer Pilotanlage zur Steuerung von
28 Tieföfen in einem Blockwalzwerk der Fa. THYSSEN AG. [11] . Zur Zeit
sind davon 8 Stationen, das EAF- und das Programmerzeugungssystem in
Betrieb. Redundanz wird in der Weise erreicht, daß jeweils zwei Stationen so zusammenarbeiten, daß bei Ausfall einer der beiden die jeweilige Partnerstation die Funktion der ausgefallenen mit übernimmt.
In einer Reihe weiterer Aufgaben der Prozeßautomatisierung wie

- Automatisierung der Feinlegierungsprozesse in einem Stahlwerk,

- Wegesteuerung in einem Datenverbundsystem,

- Geräuschanalyse und -klassifikation,

- Erdgasvertragsüberwachung

wurde ausschließlich MEHRRECHNER-PEARL für die Anwendungsprogrammierung
eingesetzt. Die angegebenen Projekte umfassen etwa 26.000 Zeilen Programmcode und 10.000 Zeilen Datendefinitionen. Über die hierbei gewonnenen Einsatzerfahrungen, insbesondere bezüglich Taskkooperationsmechanismen, wird im folgenden berichtet.

## 3.  Einsatzerfahrungen

Die für die Lösung von Prozeßautomatisierungsaufgaben mit verteilten
fehlertoleranten Systemen typische RDC-Gerätestruktur und das breite
Spektrum durchgeführter Anwendungen bilden eine gute Basis zur Valida-
tion von MEHRRECHNER-PEARL. Die Betrachtungsweise der gewonnenen Einsatzerfahrungen konzentriert sich mehr auf effiziente Implementierbar-
keit und erzielbare Robustheit der Programmablaufphase (DISPOS), denn
auf Probleme der  Übersetzungsphase und umfaßt globale Prozeß-E/A, Zugriff auf globale Datenobjekte, Taskkooperationsmechanismen und betriebs-
zustandsadaptierte Modulkonfiguration.


### 3.1  Globale_Prozeß-E/A

Das Betreiben nicht stationslokaler Prozeß-E/A-Werke einschließlich Interpretation von Interrupts läßt sich sehr transparent formulieren und
mit den bereitgestellten Protokolldiensten des RDC-Systems äußerst effizient implementieren. Hierfür muß lediglich im Systemteil die Stations-
nummer, an der das E/A-Werk angeschlossen ist, angegeben werden.

Aus der Systemteil-Anweisung

```
    SYSTEM;
    STAINT : IRUPT  (9)* 2  <--;
             /* Interrupt STAINT ist an Anschlußstelle 2 der Station 9
                angeschlossen. */
```

erzeugt DISPOS eine systemweit eindeutige Interruptidentifikation.
Äquivalente Datenstrukturen werden vom Compiler für Analog- und Binär-
E/A abgelegt und damit aus Anwendersicht ein von der aktuellen Modulkonfiguration unabhängiger E/A-Zugriff ermöglicht. Die Zugriffszeiten
für nicht lokale Analog- und Binär-E/A liegen bei ca. 2 ms, Reaktionszeiten auf nicht lokale Interrupts bei 1,5 ms (lokal 0,6 ms).

Die Implementierung von Systemteil-Auswahlalternativen ist abgeschlossen.
Einsatzerfahrungen und Meßergebnisse liegen noch nicht vor.


### 3.2  Globale_Datenobjekte

Die Kommunikation zwischen Teilnehmern über im Mehrrechnersystem verteilte globale Datenobjekte führt zu einer Reihe von Implementations-

problemen, die z.T. durch Einschränkungen des implementierten Sprach-
umfangs umgangen wurden.

Die zum autonomen Betrieb befähigten Stationen des RDC-Systems besitzen
eine Adreßlänge von 16 Bit, die bei dem für die Anwendungen benötigten
Speicherausbau gerade zur Adressierung der im eigenen Speicher lokalisierten Objekte ausreicht.

Zur Adressierung globaler Objekte in anderen Teilnehmern mußte daher
ein aufwendiges Verfahren gewählt werden, das im wesentlichen durch
das Kommunikationssystem von DISPOS interpretativ abgearbeitet wird.
Bei direkter Objektanwahl ist dies unproblematisch, weil der Übersetzer
aufgrund des GLOBAL-Attributes entscheiden kann, welche Adressierungs-
methode erforderlich ist. Bei indirekter Objektanwahl durch Referenzvariable oder IDENT-Parameter ist dies jedoch nicht mehr möglich, da
diese sowohl globale als auch lokale Objekte bezeichnen können. Daher
muß hier immer der aufwendigere Fall der Ansprache globaler Objekte
angenommen werden, was - im lokalen Fall - zu erheblichen Effizienz-
verlusten führen kann.

Andererseits hat sich die Kommunikation über globale Datenobjekte im
nicht lokalen Fall, z.B. für zyklische Anzeige von Meßwerten auf der
EAF-Station mit Verzichtbarkeit auf Synchronisierung von Sende- und
Empfangstask als laufzeiteffizienter Kommunikationsmechanismus erwiesen (Datentransferrate aus Anwendersicht:  85 Kbit/s).


## 3.3  Taskkooperation

Eine besondere Bedeutung kommt der Implementierung der MEHRRECHNER-
PEARL Kooperationsmechanismen [10]  zur wechselseitigen Beeinflussung
paralleler Prozesse zu. Im einzelnen stehen zur Verfügung

- Steuerung durch Taskoperationen

- Synchronisation durch SEMA und BOLT

- Kommunikation

   . implizit über globale Daten
   . explizit durch Botschaftenprinzip
     (DATION, READ, WRITE) mit Sender-/Empfänger-Synchronisierung.

Die globale Steuerung mittels Taskoperationen stellt keine besonderen

Anforderungen an das Ablaufsystem, allerdings bestand in keinem der
Anwendungsfälle von seiten der Anwendungsprogrammierung der Wunsch,
systemweite Steuerungsoperationen einzusetzen. Dagegen wurden globale
Synchronisationsfunktionen zwischen Prozessen in verschiedenen Stationen in allen Anwendungen benötigt, insbesondere in den Fällen, in denen bei Benutzung gemeinsamer Datenobjekte auf eine strenge Koordinierung nicht verzichtet werden konnte. Ein Vergleich "verteilte Semaphore" versus "Rendezvousmanöver" fiel bezüglich erzielbarer Robustheit eindeutig zugunsten des Botschaftenprinzips aus:

Die Behandlung von Übertragungsfehlern des Nachrichtentransportsystems
erfordert bei Verwendung von Semaphoren eine aufwendige Protokollsteue-
rung. Bei Ausfällen von Teilbereichen des Transportsystems und von Stationen besteht bei Semaphorsynchronisierung die Gefahr von Deadlocks
bzw. der Verlust von mutual exclusion Eigenschaften. Botschaftensysteme
haben sich dagegen bewährt  durch Bereitstellen geeigneter Nachrichten-
übergabestellen (hauptspeicherresidente  DATIONs) mit Synchronisations-
varianten (strikter Rendezvouszwang, mailbox) und in Verbindung mit
timeout Mechanismen.


## 3.4  Rekonfiguration

Die zustandsabhängige Modulkonfigurierbarkeit hat sich als Instrument
zur Verwirklichung von Fehlertoleranz bewährt. Die Einsatzerfahrungen
beschränken sich allerdings auf resident geladene Ersatzmoduln bzw.
automatisches Urladen von Stationen. Dem Terminieren von Ersatzmoduln
ist die Aktivierung einer anwendungsspezifischen Terminiertask dieses
Moduls vorgeschaltet, die definierte Abschlußoperationen vornimmt und
insbesondere für eine eventuell erforderliche zeitliche Überlagerung
von Prozeßausgabesignalen verantwortlich ist. Die Reaktionszeit auf
Zustandsänderungen beträgt im RDC-System durchschnittlich 20 ms.

In manchen Anwendungsfällen erfordern Rekonfigurationsvorgänge die
Einbeziehung der Ablaufhistorie, d.h. Daten und Zustände von Prozessen
vor dem Auftreten eines Fehlers (Rückwärtswiederaufsetzen). Das erforderliche Einrichten von Datenkopien kann durch Spezifikation globaler
Datenobjekte oder Benutzung von DATIONs erfolgen. Mit diesen Maßnahmen
kann der Anwender einerseits den sinnvollen Integritätsgrad eines Wie-
deranlaufs, andererseits aber auch die zusätzliche Systembelastung durch
Fehlertoleranzmaßnahmen selbst bestimmen.

## 4. Folgerungen und Ausblick

Die Pilotimplementation und die weiteren durchgeführten Anwendungen
haben gezeigt, daß MEHRRECHNER-PEARL ein adäquates Instrument zur Bewältigung der Komplexität der Programmierung verteilter, fehlertole-
ranter Prozeßautomatisierungssysteme darstellt. Die beschriebenen Einschränkungen der Funktionstauglichkeit (verteilte Semaphore) bzw. Effizienz der Implementation von Sprachobjekten für indirekte Objektanwahl
(Referenzvariable und IDENT-Prozedurparameter) legen jedoch die Einführung einer Ergänzung für Restriktionen nahe.

Hier sind zwei Vorgehensweisen denkbar:

- Zusammenfassung mehrerer Module zu einer Modulgruppe, die als nur
  geschlossen lade- und rekonfigurierbare Einheit nur einen Ladeteil
  besitzt und innerhalb derer bezüglich des GLOBAL-Attributs die Regeln von Standard-PEARL gelten. Zwischen solchen Modulgruppen existieren Verbindungen nur noch über Systemteil-definierte Objekte
  einschließlich der Kommunikations-DATIONs.

- Beschränkung der Semantik des GLOBAL-Attributs auf stationslokale
  Intermodulreferenzen und Einführung eines Attributs zusätzlich oder
  anstelle des GLOBAL-Attributs zur Kennzeichnung von Objekten, die
  über Stationsgrenzen hinaus exportiert werden können. Seine Zulässig-
  keit ist durch entsprechende Syntaxregeln auf Objekte zu beschränken,
  die nach den beschriebenen Erfahrungen auch zwischen mehreren Rechnerstationen voll funktionstauglich und effizient implementierbar
  sind. Diese Vorgehensweise wurde von Dornier durch Einführung des
  Attributs GLOBAL NET gewählt.

- Eine Kombination beider Methoden, welche die größere Flexibilität
  der letzteren durch die strukturierenden Eigenschaften der ersteren
  ergänzt und damit eine geringe Fehleranfälligkeit durch verbesserte
  Möglichkeiten der Konsistenzprüfung erreicht.

Es ist beabsichtigt, sich mit Dornier abzustimmen und einen gemeinsamen
Vorschlag zur Normung von MEHRRECHNER-PEARL vorzulegen.

Für die problemgerechte Unterstützung der Programmerstellung steht die
Implementation eines auf Sprachebene arbeitenden Testsystems vor dem
Abschluß. Es gestattet auch die Möglichkeit des Remote-Betriebs und
damit den Test von Programmen in RDC-Stationen, die keine eigene Dialogschnittstelle besitzen.

Literatur


[1]  Steusloff, H.:  Zur Programmierung von räumlich verteilten de-
     zentralen Prozeßrechensystemen. Dissertation Universität Karls-
     ruhe, 1977.

[2]  Heger, D.; Steusloff, H.; Syrbe, M.:  Echtzeitrechnersystem mit
     verteilten Mikroprozessoren. Forschungsbericht DV 79-01, Bundes-
     ministerium für Forschung und Technologie, 1979.

[3]  DIN 66253 Teil 1:  Programmiersprache PEARL, Basic PEARL, Norm-
     entwurf, Juni 1978.

[4]  DIN 66253 Teil 2:  Programmiersprache PEARL, Full PEARL, Entwurf
     zur Normvorlage, April 1980.

[5]  Arbeitspapier 25/76 des PEARL-Subset-Arbeitskreises, April 1976.

[6]  Lorenz, L.; Viehweger, W.:  Zu Prozeßrechnersystemen mit verteil-
     ten Mikroprozessorstationen und deren Programmierung. IITB-Mit-
     teilungen 75, S. 28-35, 1975.

[7]  Bonn, G.; Patz, M.; Saenger, F.:  Grundprinzipien und Betriebs-
     erfahrungen mit Fehlererkennung und -anzeige bei fehlertoleran-
     ten Prozeßrechnersystemen mit funktionsbeteiligter Redundanz.
     Meß- und Automatisierungstechnik. INTERKAMA-Kongreß 1980. Fach-
     berichte Messen, Steuern, Regeln, Bd. 5, 1980.

[8]  Brunner, P.J.; Hinderer, W.; Werum, W.:  Optimierungsverfahren
     für die Systemprogrammierung. PDV-Bericht KfK-PDV 62, Anhang II,
     Januar 1976.

[9]  Werum, W.; Windauer, H.:  PEARL-Process and Experiment Automation
     Realtime Language. Vieweg 1978.

[10]  Bonn, G.; Lorenz, L.:  Steuerung, Synchronisation und Kommuni-
      kation bei parallelen Prozessen. IITB-Mitteilungen 80, S. 36-41,
      1980.

[11]  Bonn, G.; Grimm, R.; Heger, D.; Kunze, E.:  Lichtleitergekoppel-
      tes verteiltes Prozeßrechnersystem im Betrieb. FhG-Berichte 3/79,
      S. 30-36, 1979.

PEARL für verteilte Systeme


M. Ammann
Dornier System GmbH
Friedrichshafen



## Einleitung

Für Echtzeitanwendungen in Bord- und Geräterechnern, in Führungssystemen
und komplexen Waffensystemen zeichnet sich immer stärker ein Trend zu
verteilten Systemen ab, worin jeder Rechner bestimmte Aufgaben übernimmt und mit den anderen Rechnern kommuniziert. Bei Dornier System
wurden verteilte Systeme von Mikroprozessoren und Prozeßrechnern konzipiert, die lose miteinander gekoppelt sind, die also keinen intensiven
Datenaustausch benötigen. Dies ist möglich, wenn jeder Rechner einen
genau definierten und abgegrenzten Aufgabenbereich hat ("dedicated
systems"). Aus den bei Dornier System anstehenden Aufgaben heraus mußten
dabei die wichtigsten Anforderungen

- hohe Laufzeiteffizienz
- minimaler Speicherbedarf
- leichte Programmierbarkeit

erfüllt werden. Implementationen wurden durchgeführt für den bei Dornier
System entwickelten MUDAS-Datenprozessor DP 432 und den Prozeßrechner
AEG 80-20.

Die Programmierung der Anwendersoftware erfolgt aus den bekannten Grün-
den wie
- Portabilität
- Entwicklungsaufwand
- Wartungsaufwand
- Dokumentation

in einer höheren Programmiersprache. Aus der gegebenen Problematik heraus wurde die für Echtzeitanwendungen konzipierte Sprache PEARL gewählt
und dafür ein PEARL-System entwickelt. Die speziellen Anforderungen,
die die Programmierung verteilter Systeme an eine höhere Programmier-

sprache stellt, wurden durch minimale Spracherweiterungen im Dornier System-PEARL-Subset erfüllt. Dies wurde notwendig, da in BASIC-PEARL verteilte Systeme mit mehreren Prozessoren nicht unterstützt werden. Dieses Vorgehen hat u. a. den Vorteil, daß auf Sprachebene über die spezielle Art der Kopplung und der benutzten Hardware nichts bekannt sein muß. Diese Problematik wird in einen speziellen Treiber im PEARL-Betriebssystem verlegt.


## Konzept der Netzkommunikation

Sprachkonzepte für die Programmierung von verteilten Systemen waren in PEARL nicht vorgesehen und mußten deshalb erst erarbeitet und festgelegt werden. Es werden netzglobale Größen eingeführt, die in allen Systemen bekannt sind; sie werden in einem Modul deklariert und in allen anderen spezifiziert:

```
Deklaration   :    DECLARE <var> <typ> GLOBAL NET;
Spezifikation:     SPECIFY <var> <typ> GLOBAL NET;
```

Dabei steht <var> für die Namen von Skalaren und Feldern und <typ> für die möglichen Datentypen:

```
<typ> = FIXED/BIT/FLOAT/DURATION/CHARACTER
```

Weiterhin sind mit <typ> = SEMA die Deklaration und Spezifikation von netzglobalen Semaphoren möglich. Schließlich werden netzglobale Tasks zugelassen, die von allen anderen Prozessoren angesprochen werden können. Für diese gilt:

```
Deklaration   :    <name>: TASK PRIO <pp> GLOBAL NET;
Spezifikation:     SPECIFY <name> TASK IN MODULE <mm>;
```

Dabei ist <name> der vereinbarte Taskname, <pp> die Priorität der Task und <mm> die Modulnummer desjenigen Moduls, in dem die Task deklariert wurde. Sie wird benötigt, da zur Compilierzeit noch nichts über die Verteilung der Module auf die Prozessoren bekannt ist. Diese wird erst beim nachfolgenden Binderlauf vorgenommen und kann gegebenenfalls durch erneutes Binden ohne Compilation geändert werden.
Wird eine netzglobale Variable verändert, so wird der neue Wert sofort an alle anderen Prozessoren weitergegeben. Um Suchvorgänge zu vermeiden, werden alle netzglobalen Größen in jedem Prozessor auf der gleichen

Adresse gehalten und bei einer Übertragung auch diese mitgegeben. Die Vorteile dieser Lösung ("send if change") liegen in der relativ geringen Netzbelastung. Als Nachteil ist dafür der Speicherplatzbedarf pro Prozessor zu sehen. Eine alternative Lösung, bei der netzglobale Größen nur in einem Prozessor gehalten werden, bedeutet durch die erforderlichen Suchvorgänge der Netzkommunikation bei jedem Zugriff ("take if needed") eine hohe Netzbelastung mit entsprechend verschlechtertem Echzeitverhalten. Da bei den bei Dornier System laufenden Projekten großer Wert auf hohe Laufzeiteffizienz gelegt wird, wurde die erste Lösung bevorzugt.

Bei einer Task- oder Sema-Anweisung an einen anderen Prozessor wird bei der Übertragung die Adresse des zugehörigen Kontrollblocks mitgegeben, um auch hier aufwendige Suchvorgänge zu vermeiden. Der Codeteil der Task und der Kontrollblock brauchen deshalb nur in einem Prozessor gehalten werden. Die Taskanweisung wird nur im Zielprozessor bearbeitet und ausgeführt.


## Implementation

Die Implementierung des PEARL-Systems für MUDAS und AEG 80-20 beinhaltet folgende Komponenten:

- Compiler
- Assembler   (nur für MUDAS)
- Bibliotheksverwaltung
- Lader/Binder
- PEARL-Betriebssystem
- Test- und Integrationshilfen

Die Erweiterung für netzglobale Größen und Tasks führte auf kein abgeschlossenes Softwarepaket, sondern wurde in die betroffenen Komponenten integriert: der Compiler muß die Attribute "GLOBAL NET" und "IN MODULE" erkennen und bei Veränderung der betroffenen Variablen den Befehl zum Anstoß der Netzkommunikation ablegen; der Lader/Binder verteilt PEARL-Module entsprechend den Benutzerangaben auf die einzelnen Prozessoren und legt netzglobale Größen überall auf die gleichen Adressen.

Das bisherige PEARL-Betriebssystem bestand aus einem Kern, der die minimal notwendigen Funktionen zum Ablauf eines PEARL-Programms enthält, nämlich:

- Initialisierung
- Dispatcher  (mit Exit-Routine)
- Taskbeendigung (regulär)

sowie einer Reihe von weiteren, unabhängigen Moduln für die Funktionen

- Taskanweisungen
- Zeit- und Interruptverwaltung
- Sema-Sperre und -Freigabe
- Ein- und Ausgabe
- PEARL-Laufzeitroutinen
- Bedien-Routine

Dieses Betriebssystem wurde erweitert um drei Moduln, die Senderoutine, den Treiber und die Empfangsroutine. Die Aufteilung wurde in dieser Weise getroffen, um die Abhängigkeit der Kopplung von der verwendeten Hardware ausschließlich in den Treiber zu verlegen. Die Senderoutine stellt aus ihren Eingabedaten den zu übertragenden Datenblock einschließlich Kennungen und Adressen zusammen und übergibt ihn in einem Puffer dem Treiber. Die Empfangsroutine übernimmt den ihr übergebenen Datenblock, bearbeitet ihn anhand der Kennungen und führt eventuelle Taskanweisungen durch.

Als notwendiges Hilfsmittel beim Starten von verteilten Systemen, sowie zum manuellen Eingriff in den Taskablauf wurde eine Bedienroutine implementiert, die dem Benutzer die Möglichkeit bietet, Tasks zu aktivieren, zu beenden und fortzusetzen sowie Schedules zu löschen. Durch sie wird auch beim Start eines Programmes sofort in den Wartezustand übergegangen. Der Benutzer kann danach die Tasks in den Prozessoren in einer für einen geregelten Ablauf der Netzkommunikation notwendigen Reihenfolge starten.

Die Auswahl der für ein PEARL-Programm notwendigen Moduln erfolgt während des Binderlaufs. Auf diese Weise ist sichergestellt, daß ein minimales Betriebssystem generiert wird, das keinerlei Overhead enthält. So ist der mögliche Speicherbedarf des Betriebssystems bei

$$\text{MUDAS-DP} \quad : \quad 0.5 \text{ k} - 6 \text{ k Worte (16 bit)}$$

und bei

$$\text{AEG 80-20} \quad : \quad 0.5 \text{ k} - 3.8 \text{ k Worte (16 bit)}$$

Damit ist ein Einsatz von PEARL auch in kleinen Geräterechnern mit wenig Arbeitsspeicher möglich.

Wichtig an dieser Implementation ist die weitgehende Unabhängigkeit der
gesamten Netzkommunikation von der tatsächlich verwendeten Hardware, so
daß eine Programmierung von verteilten Systemen in PEARL möglich geworden ist. So wurde für MUDAS eine Ringkonfiguration mit zyklischer Masterfortschaltung realisiert, während für AEG 80-20 eine Netzkonfiguration
implementiert wurde auf der Basis des schnellen Selektorkanalwerkes.


Einsatzbeispiel und Zusammenfassung


Das PEARL-System wird in konkreten Projekten eingesetzt. Ein Anwendungs-
beispiel ist ein Trainingssimulator. Die Software dieses Simulationssystems wurde bei Dornier System entwickelt. In diesem Simulator werden
der Kommandantenplatz und der Richtschützenplatz des Waffensystems
Roland nachgebildet. Zusätzlich ist ein Ausbilderplatz eingerichtet.
Der Ausbilder simuliert z.B. den Vorbeiflug eines Flugzeugs, auf den
dann Kommandant und Richtschütze reagieren müssen. Nach der Simulation
erhält der Ausbilder eine Auswertung.

Jeder der drei Plätze ist mit zwei MUDAS-Datenprozessoren bestückt, die
über den parallelen Gerätebus mit zyklischer Masterfortschaltung gekoppelt sind. Die Plätze wiederum sind über eine serielle Schnittstelle
verbunden. Die Software für alle Prozessoren ist in PEARL geschrieben.
Es zeigte sich, daß die in der Einleitung gestellten Anforderungen mit
dem vorliegenden PEARL-System erfüllt wurden.

Dieses Einsatzbeispiel zeigt mit seinen guten Erfolgen, daß das ausge-
wählte Konzept eine tragfähige und effiziente Grundlage für die Programmierung verteilter Systeme in PEARL darstellt.

<u>ERGEBNISSE EINER BASIC-PEARL-IMPLEMENTIERUNG FÜR KLEINRECHNER</u>

W. Gerth

Institut für Regelungstechnik

Universität Hannover


<u>ZUSAMMENFASSUNG</u>

Es wird der Aufbau eines einfachen Basic-PEARL-Systems beschrieben, welches seit Anfang
1980 im Einsatz ist. Es ist speziell für die Programmentwicklung auf ausgesprochenen
Kleinstkonfigurationen zugeschnitten. Durch vollständig virtuelle Befehlscodierung des
Compilers und einen halbvirtuellen Laufzeitcode ergeben sich eine Reihe von Vorteilen.
Besonderes Augenmerk wurde auf einen späteren Einsatz in Mikrocomputern gelegt.


## 1. <u>EINLEITUNG</u>

Etwa 1977 entstand am hiesigen Institut der Wunsch, die Sprache Basic-PEARL [1] bei
regelungstechnischen Problemen zu erproben, wobei eine komplette Programmentwicklung
auf Kleinrechnern wünschenswert schien. Leider waren die damaligen Projekte, insbesondere die auf CIMIC gestützten Systeme, z.B. [2, 3], für eine Compilation auf Kleinst-
anlagen praktisch nicht geeignet. Dies war der Grund für die Schaffung eines eigenen
kleinen Systems - gewissermaßen mit 'Bordmitteln'.

## 2. <u>EINFLUSSGRÖSSEN BEI DER WAHL DES KONZEPTES</u>

### 2.1 <u>Nichttechnische Randbedingungen</u>

Zwei Tatsachen prägten die Lösung ganz entscheidend:

* *Das Projekt war nicht so wichtig, daß nennenswert Personal oder Geldmittel
  eingesetzt werden sollten.*

* *Der vorhandene Kleinrechner Mulby 3/35 war bereits veraltet und kaum ver-
  breitet, also war Portabilität ganz besonders wichtig.*

Das Vorhaben wurde innerhalb des normalen Ausbildungsbetriebes durch Diplomarbeiten
von Elektrotechnikstudenten realisiert. Die kreative Zeit ist prüfungstechnisch auf
etwa 3 Monate/Kandidat begrenzt. Der Gesamtumfang beträgt bis jetzt 6 Arbeiten mit zusätzlich eingesetzten studentischen Hilfskräften.

## 2.2 Softwareseitige Randbedingungen

Das vorhandene Betriebssystem des Herstellers war, wie übrigens auch bei vielen anderen Rechnern, als Unterlage für Basic-PEARL ungeeignet. So fehlten z.B. Möglichkeiten zur zeitlichen oder ereignisabhängigen Einplanung und REQUEST / RELEASE-Operationen völlig. Obendrein waren einige strukturelle Schwächen, etwa die fehlende Wiedereintrittsfestigkeit der Funktionsroutinen des Betriebssystemkernes, kaum auszuräumen.

* *Es mußte ein Basic-PEARL tragendes Betriebssystem neu erzeugt werden*

* *Die vorhandene Software war nicht einmal in Teilen zu verwenden, da – wie z.B. bei FORTRAN durchaus legitim – Programmteile nicht statusfrei waren.*

## 2.3 Hardwareseitige Randbedingungen

Der vorhandene Prozessor sollte nur im Übergangsstadium benutzt werden. Immerhin waren damit aber eine große Zahl verschiedenartiger Peripheriegeräte vorhanden und entsprechende Erfahrungen möglich. Der Prozessor Krantz-Mulby ähnelt in der Architektur sehr stark z.B. dem TMS 9900 µP, so daß eine Übertragung leicht erschien.

## 2.4 Zielvorstellungen

Compilation und Laden durften bei ca. 100 PEARL-Anweisungen nur zu *Wartezeiten im Minutenbereich* führen. Damit mußte der Übersetzungsvorgang mit möglichst wenig E/A-Vorgängen auskommen, denn gerade bei dem gewünschten Mikrorechnereinsatz sind meist nur Disketten und Sichtgerät vorhanden. Besonders der Labor- und Lehrbetrieb erfordert intensive Compilerarbeit.

## 3. BETRIEBSSYSTEM

## 3.1 Dispatcher, Prozeßverwaltung

Es wurde die recht nützliche VDI/VDE-Richtlinie 3554 als Arbeitsgrundlage benutzt. Sie diente auch als Bezugspunkt bei der Bezeichnungswahl. Die konsequente Aufteilung in Prozesse 1. Art (Interrupts, Exceptions etc.) ohne expliziten Wartezustand und Prozesse 2. Art (Nutzer- und Systemtasks) führte zu der Frage, wo der Dispatcher letztlich einzuordnen ist. Im hiesigen System ist der Dispatcher ein Prozeß 1. Art, und zwar der mit der niedrigsten Priorität [4]. Er besteht aus einzelnen gänzlich unteilbaren Stücken. Das Konzept ist besonders effektiv, wenn dieser Prozess durch einen Maschinenbefehl getriggert werden kann und eine individuelle Innenmaskierung besitzt (*"Dispatcherdisable"*). Eine solche Innenmaske fehlt bei vielen Kleinrechnern. Beim Mulby mußte gelötet werden. Zwar genügt grundsätzlich eine globale Innenmaskierung, man verzögert dann aber oft völlig unnötig den Start anderer Prozesse 1. Art. Der Dispatcher kann als Prozeß 1. Art von Prozessen 1. oder 2. Art gestartet werden, wobei nur solche 2. Art sofort unterbrochen werden.

## 3.2 Taskkontrollsätze

Der Dispatcher durchsucht wie üblich ringförmig verkettete Taskkontrollsätze, wobei
die aktuelle Priorität die Plazierung bestimmt. Ruhende Tasks sind nicht eingekettet.
Bei Zuteilungsänderung werden Registersatz und Prozessorstatus gewechselt, wobei
Zellen im jeweiligen Taskkopf benutzt werden.

## 3.3 Basic-PEARL-Systemfunktionen

Die zeitliche Planungseinheit beträgt 10 mS. Dies ist zugleich die kleinste praktisch
mögliche zyklische Einplanung. Realisiert wurde dies mit einem Prozeß 1. Art hoher
Priorität durch einen 100 Hz-Interrupt. Hier ist schnell ein großer Teil der Prozes-
sorleistung vergeudet. Durch ein einfaches Abzählverfahren ist dafür gesorgt, daß
praktisch nur in Planungszeitpunkten Maschinenleistung entzogen wird. Der Arbeitsspeicher für den Nukleus muß vom veranlassenden Prozeß 1. oder 2. Art bereitgestellt
werden. Zu diesem Zweck wird ein Indexregister des Prozessors quasi als Basisregister
benutzt. Alle Systemfunktionen, die nicht über zentrale Daten mit Prozessen 1. Art gekoppelt sind, konnten - wo nötig - ideal durch den oben erwähnten *"Dispatcherdisable"*-
Befehl stückweise für den Dispatcher unteilbar gemacht werden (z.B. REQUEST, Speicher-
zuteilung). Die anderen Systemfunktionen, wie etwa das 'enfant terrible' TERMINATE,
müssen dagegen in einigen Pfaden völlig unteilbar sein, insbesondere dort, wo zentrale Daten verändert oder abgefragt werden.

## 3.4 Ein-/Ausgabe

Hierzu genügten die normalen Basic-PEARL-Funktionen des Nukleus. Jedem Gerät mit be-
schränkter Geschwindigkeit ist ein Prozeß 2. Art - eine E/A-Systemtask - und mindestens
ein Prozeß 1. Art zugeordnet. Der Nukleus vergibt eine begrenzte Zahl (z.Zt. 20)
128 Byte langer Pufferbereiche, die wie Zettel zwischen Nutzer- und E/A-Task hin- und
hergereicht werden können. Sie werden zu Warteschlangen bei den einzelnen Geräte-
tasks verkettet. Diese Warteschlange wird von der zugehörigen E/A-Task abgearbeitet,
wobei sie nach dem Gerätestart eine SUSPEND-Operation ausführt. Erst in einem Geräte-
prozeß 1. Art wird (z.B. bei Satzendeerkennung) eine zugehörige CONTINUE-Operation
ausgeführt. Ist die Warteschlange leer,läuft die E/A-Task auf TERMINATE, ansonsten
wird das nächste Element der Schlange bearbeitet.
Komplizierter liegen die Verhältnisse beim File-Management der Disketten, da hier
mehrere Nutzertasks quasi gleichzeitig verschiedene Operationen ausführen können [5].
Die Ergänzung weiterer E/A-Tasks ist denkbar einfach, die Verbindung zum Betriebssystem besteht im Einsetzen des Tasknamens und eines Gerätecodes in eine Tabelle.
Diese Tabelle wird von einer zentralen E/A-Routine, der Anlaufstelle für alle Nutzertasks, ausgewertet. Hier werden Eingabeauftraggeber durch SUSPEND zurückgestellt und
in den E/A-Tasks - sie haben höchste Priorität - durch CONTINUE rechtzeitig freigegeben.

## 3.5 Speicherzuteilung

Eine vorübergehende Verdrängung blockierter Tasks wurde nicht vorgesehen, da die
großen, billigen Adreßräume moderner Mikrorechner (8086, Z8001, MC68000) dies in Zukunft weniger dringlich erscheinen lassen. Der Speicher wird von unten nach oben für
Programmcode und von oben nach unten für Variablenspeicherung vergeben. Die Bereiche sind verkettet und nicht zeitlich, sondern örtlich geordnet. Jeder Speicherbereich trägt den Bezeichner des belegenden Rechenprozesses. TERMINATE gibt die dynamisch erzeugten Variablen der Task mit Hilfe einer zusätzlichen Rückwärtskette frei.
Freie Nachbarbereiche verschmelzen zu einem größeren freien Stück. Jeweils das erste
passende freie Stück wird zugewiesen und dabei ein Indexregister (als Basisregister)
für die Task geladen.

## 3.6 Bedientask

Für den laufenden Betrieb und für Testzwecke ist eine residente Bedientask vorhanden,
die praktisch alle Basic-PEARL Taskmanipulationen erlaubt (Einplanungen, Aktivierungen)
und dabei soweit möglich Basic-PEARL-Syntax verwendet. Anweisungen zum Laden, Ent-
laden, Zustandskontrolle etc. mußten in Ermangelung einer geeigneten Norm neu definiert werden.

## 4. COMPILER

## 4.1 Vorüberlegungen

Unter den gegebenen Randbedingungen mußte ein hochgradig portabler Compiler geschaffen
werden, der zudem im Code bescheiden und möglichst *mit einem Lauf* auskommen sollte.
Als Zielsprache der Compilation wurde zunächst die Assemblersprache des Zielpro-
zessors vereinbart.
Für die syntaktische Analyse kam nur ein *fest programmiertes Verfahren* in Frage. Denn
nur so lassen sich Bottum-up- und Top-Down-Methoden nach Bedarf kombinieren, außerdem
findet man z.B. in [6], daß die (hier realisierte) Verzahnung von lexikalischer Analyse, syntaktischer Analyse und Codeerzeugung durchaus effektiv sein kann. Bei fast
allen Basic-PEARL-Anweisungen ist nach einem kurzen Stück der Zeichenkette die Menge
der noch relevanten Produktionsregeln schon stark eingeschränkt. Die interne Erzeugung von Code, der wieder vernichtet und durch anderen ersetzt wird, muß dennoch bei
diesem Konzept in bescheidenem Maße hingenommen werden.

## 4.2 Realisierung

Hochgradige Portabilität und gleichzeitig angenehm kurze Codierung des Compilers
konnte durch die Benutzung einer *virtuellen Compilerhardware* (Zwischensprache) erreicht werden. Diese entstammt Arbeiten des Verfassers bei einer früheren Real-
Time-FORTRAN-Implementierung und wurde im Laufe des Projektes noch etwas verbessert.

Der Compilationsprozessor ist auch auf Kleinstsystemen leicht zu emulieren. Er besitzt
Einadreßstruktur, 2 Indexregister und einen 64 bit langen Akkumulator. Die virtuelle
Hardware erfaßt 29 unterschiedlich strukturierte Listen. Diese werden gelegentlich
im Speicher verschoben und sind unter Vollast lückenlos dicht gepackt.
Jeder Befehl wird durch 3 Byte beschrieben:

| Instr. ¦ A | Adr. | Typ I |
|---|---|---|
| II ¦ A | Instr. ¦ Liste | Typ II |

Durch A sind vier Adressierungsarten möglich: direkt, indirekt, Index 1, Index 2.
Die virtuelle Hardware ermöglicht z.B. rekursive Unterprogrammsprünge, Stringbehand-
lung, Suche in Listen, Zeigerbildungen, LIFO/FIFO-Operationen usw.

Beim Mulby oder 9900 µP (Zweiadreßmaschinen mit verkürztem Code bei Registerbenutzung)
genügt schon ein Programm mit ca. 600 echten Hardware-Instruktionen für die Exekution
des virtuellen Codes. Lediglich dieser kleine Interpreter ist also anzupassen, um den
Compiler auf einem anderen Prozessor ablaufen lassen zu können. Zwar sind einfache
virtuelle Befehle sehr langsam - Springen, Laden, Speichern etwa 25 Hardwareprozessor-
zyklen - bei der Mehrzahl der Befehle aber macht die Zeit für Dekodierung und Modifi-
zierung den kleineren Teil aus. Der virtuelle Prozessor ist bis zur 3. Stufe durch
sich selbst definiert, d.h. in den 600 Interpreteranweisungen werden noch virtuelle
Befehle benutzt. Es gibt z.Zt. 46 Befehle des Typs I und 27 vom Typ II.
*Fehlerdiagnosen* werden mit Marker sofort bzw. am Ende in das Protokoll eingefügt.

## 4.3 Aufbau des Compilates

Innerhalb des Compilers wird zunächst eine verzeigerte, sehr kurze maschinenunabhängige
Form des Zielcodes produziert. Diese wird erst bei Abschluß der Übersetzung jeder Anweisung mit Hilfe einer auswechselbaren Tabelle in die Zielsprache (Assemblertext)
verwandelt. Dabei kann jeder Befehl entweder real (z.B. Branch, Add, And, Or, etc.
für Standarddatentypen) oder virtuell (z.B. PUT, ACTIVATE, Float-Op.) sein. Einige
Befehle werden natürlich bei keinem Zielprozessor real existieren, so etwa E/A-Forma-
tierungen.

Die virtuelle Laufzeithardware kennt bis zu 4 Operanden und 3 vom Laufzeit-Code benutzte Adressierungsarten (Felder $A_i$): *"Direkt"*, *"Basisreg. + Displacement"*, *"indirekt
nach Basisreg. + Displacement"*. Der Compiler ersetzt diese automatisch bei realen
Befehlen durch *"Direkt"*, *"Indexreg.+ Displacement"*, *"Reg.Laden bei Index + Displacement, dann indirekt Register"*. Damit können auch einfachste Mikroprozessoren als

Zielprozessoren eingesetzt werden. Die Laufzeitumschaltung von realer auf virtuelle
Codierung wird durch einen automatisch und möglichst sparsam vom Compiler eingefügten
virtuellen bzw. realen Umschaltbefehl vollzogen. Aufbau der virtuellen Befehle:



Zur Zeit umfaßt die Tabelle 170 Laufzeitbefehle, von denen 131 virtuell sind. Es gibt
folgerichtig keinerlei Systemunterprogrammaufrufe.

## 4.4 Optimierung, Testhilfen

Außer einer Strategie zur möglichst sparsamen Verwendung von Hilfszellen und Um-
speicher- sowie Umschaltoperationen wird bislang keine Zielcodeoptimierung durchgeführt. Als Testhilfen müssen jeweils abschaltbare Indexüberprüfung und Linetracing auch
für die Zukunft als Angebote des Compilers genügen.

## 5. LAUFZEITSYSTEM

Ein *statusfreier Interpreter* für die virtuellen Anteile des Programmcodes bildet das
Laufzeitsystem. Bei jedem Task- oder Prozedureintritt wird ein eigener Keller angelegt. Lokale Programmvariable und Hilfszellen stehen in getrennten Abschnitten dieses Kellers, dessen Maximalgröße im wesentlichen vom Compiler berechnet wurde. Bei
formatierten E/A-Anweisungen wird bereits zur Compile-Zeit ein Abschnitt an den Bereich der Programmvariablen als Arbeitsspeicher für die Formatbearbeitung angehängt
(30 Worte), also quasi ein fiktiver BEGIN DCL ...END-Block um die Anweisung gelegt.
Der Speicherbereich wird nach einer von oben nach unten laufenden Suche im ersten
passenden freien Stück angelegt, wobei das Reststück zu einem weiteren (freien) Ket-
tenglied wird. Das belegte Stück wird auch bei Prozedureintritten nur mit dem Bezeichner der rufenden Task markiert. Rekursivität und Reentrance sind völlig unproblematisch.

Es sei angemerkt, daß ein *prozedureigener* oder gar für das gesamte Programm zuständi-
ger Keller - wie etwa bei normalem PASCAL möglich - sich hier verbietet; bei PEARL
werden Prozeduren im Dienste paralleler Aktivitäten (Tasks) ja keineswegs immer
"LIFO" betreten und verlassen.

"Verdeckte" E/A in den Ausdrücken einer E/A-Liste bzw. in Formatspezifikationen -
durch Funktionen mit eigener E/A - wird von diesem Konzept gemeistert. Dagegen sind
Ausdrücke in *globalen* Remote-Formaten wegen der benötigten Hilfszellen verboten.
Bisher ungelöst ist im gleichen Zusammenhang die endgültige normengerechte Behandlung
von Signalen ("ON"-Blöcke); die Möglichkeit des durch Signale verursachten, außerhalb
der Prozedur stehenden GOTO ist dabei das Hauptübel.

## 6. DATEN DER JETZIGEN IMPLEMENTIERUNG

### Beschränkungen

* Bezeichner:        max. 6 Zeichen lang.
* Länge der Daten:  CHAR (max.255), BIT (max.64),
                    FLOAT (max.56 + 8), FIXED (max. 32)
* Signale (ON-Blöcke) noch nicht wie vorgesehen implementiert.
* Prozeduren immer statusfrei."Gedächtnis" muß außerhalb der Prozedur
  z.B. als globale Variable angelegt sein.
* Felder können nur im IDENT-Mode an Prozeduren übergeben werden.

### Besonderheiten

* Alle Prozeduren auch ohne REENT rekursiv und reentrant.

### Größen

* Compiler: 18 KB Code [+ ca. 600 Anw. $\approx$ 2,5 KB Interpreter].
* Laufzeitpaket:    ca. 10 KB
* Betriebssystem:   24 KB einschl. Bedientask (10 KB) mit Tabellen und 2,5 KB
                    E/A-Pufferbereich sowie Errortask und 8 Systemtasks für di-
                    verse Peripheriegeräte. Nukleus ca. 5 KB

### Meßwerte    (Befehlsdauer einschl. Modifizierung 2 - 10 μsec)

* Compiler ca. *25 sek. CPU-Zeit für 1000 Worte (16 Bit) Code*
  (ohne Assemblieren, umgeschriebene FORTRAN-Programme mit Feldzugriffen)
* Turnaroundtime (mit einem üblichen Doppeldiskettenlaufwerk und ohne
  Bibliothekssuche) Beginn Laden Compiler bis Beginn Exekution: *um 100 sek.*
  *bei 1000 Worte Code* mit etwa 50 % Prozessorrestkapazität.
* Rechenzeit Ackermannfunktion F(3,4): *17 sek.* (ca. 10 000 Prozedureintritte bis
  über 100. Stufe rekursiv) Der gegenüber PASCAL ungünstige Werte ist durch das
  zwar multitaskfeste, bei höheren Rekursionsgraden aber ineffektiv werdende
  Speichervergabeverfahren bedingt (s. 5. Laufzeitsystem)

```
            F: PROCEDURE((X,Y) FIXED) RETURNS (FIXED);
                IF X EQ O THEN RETURN (Y + 1);
                    ELSE IF Y EQ O THEN RETURN (F(X-1 , 1));
                        ELSE RETURN (F(X-1, F(X,Y-1)));
                    FIN; FIN; END;
```

* Reaktionszeit (von Interruptklemme bis 1. Anweisung in Task)
  *besser als 0.005 sec* bei ausreichender Priorität, residenter Task und
  weniger als 10 bereits belegten Speicherabschnitten.

## 7. ERFAHRUNGEN

Das System wurde auf der INTERKAMA 1980 vorgeführt, wobei eine Modelleisenbahn
on-line kollisionsfrei energie- und zeitoptimal geführt wurde [8]. Das Programm mit
7 Tasks und 29 Prozeduren führte dabei eine Anlage mit Zeitkonstanten von ca.
0,2 sek. Das Optimierungsproblem wurde mit dem Verfahren der dynamischen Programmierung (im Sinne von Bellman) und Spline-Funktionen gelöst. Hierbei, wie auch bei
spieltheoretischen Ansätzen erweisen sich rekursive Prozeduren als ideales Hilfsmittel.
Trotz vielfältiger binärer Ein/Ausgabedaten konnte alles problemlos in Basic-PEARL
programmiert werden.

Umgeschriebene konventionelle FORTRAN-Programme zeigen, daß man geringe zeitliche
Nachteile allenfalls infolge der zwangsläufig etwas umständlicheren Feldelement-
adressierung, jedoch kaum wegen der halbvirtuellen Codierung in Kauf nehmen muß.

Die Turnaroundtime wird im wesentlichen durch das Assemblieren verdorben
(s. Meßwerte). Hier ist freilich leicht Abhilfe möglich, wenn man auf das textliche
Compilat, welches ohnehin für den Anwender kaum lesbar ist, am Ende ganz verzichtet.

Rückblickend ist von erstaunlich wenigen Fehlern während der Inbetriebnahme des
Systems zu berichten, sicher ein Ergebnis der trivialen Struktur. Trotz aller äußerst
ermutigenden Resultate kann die jetzige (Laufzeit-)Grenze von 1000 bis 2000 PEARL-
Quellenanweisungen residenten Codes (wegen des Hauptspeichers von 64 KB) nicht zufriedenstellen. Jedoch schafft der Compiler schon jetzt bis zu 2000 gleichzeitig
'lebende' Bezeichner - natürlich ohne E/A beim Zugriff -, wenn er als einzige
Nutzertask läuft und nicht allzuviele verschiedene Konstanten vorkommen. Die oft ge-
schmähte Methode der linearen Suche hat sich bis jetzt noch nicht nachteilig bemerkbar gemacht. Selbstverständlich läuft die Suchschleife hardware-optimal innerhalb
des Compilationsinterpreters. Bei den am hiesigen Institut typischen Programmen kamen
Hashmethoden besonders im Hinblick auf die hinsichtlich Ablageort und Größe sehr in-
stationären Listen des Compilers nicht in Betracht.

## 8. ZUKÜNFTIGE µP-ANWENDUNGEN UND SCHLUSSWORT

Es wurden vier Mikroprozessoren für die nächste Implementierung betrachtet:
Texas Instr. TMS 9900, Intel 8086, Zilog Z8001/2 und Motorola MC68000.
Der TMS 9900 ist wegen der Ähnlichkeit zum Mulby-Prozessor scheinbar besonders gut
geeignet, zudem existiert eine - wohl hauptsächlich für PASCAL gedachte - Betriebs-
systemunterlage [7], die u.a. sogar Speicherverwaltung und Semaphorbehandlung enthält. Dennoch wird die Entscheidung am hiesigen Institut in der Zwischenzeit vermut-
lich zugunsten des MC 68000 gefallen sein, da er sicherlich das beste Adressierungs-
konzept für große Adreßbereiche (16 MB) besitzt. Betriebssystem, Compiler und Lauf-
zeitinterpreter können dann mit vertretbarem finanziellen Aufwand in einem EPROM

oberhalb des Arbeitsspeichers untergebracht werden. Arbeitsintensiv ist eigentlich nur die erneut erforderliche Anfertigung des Betriebssystems. Die beiden Interpreter bereiten da weniger Probleme. Insgesamt soll die μP-Version 1981 verfügbar sein.

Sicherlich liegt die Durchführung der hier beschriebenen Implementierung etwas abseits der sonst überwiegend mathematisch theoretischen Arbeiten des hiesigen Institutes. Das Produkt wurde nahezu zum Nulltarif geschaffen und sollte nicht an industriellen Maßstäben gemessen werden: Hauptsächlich Labor-, Lehr- und Forschungszwecke standen im Vordergrund. In Zukunft sollen die Anstrengungen mit Blick auf Mehrprozessor-μP-Systeme weitergeführt werden.

Abschließend gilt der Dank des Verfassers all jenen Studenten, die als 'Hiwis' oder Kandidaten zum Teil mit großem persönlichen Einsatz an diesem Miniprojekt mitgewirkt haben.

<u>LITERATUR</u>


[1]  PDV-Bericht KfK PDV 120

[2]  Welfonder, Alt, Bühler: "Implementierung der Prozeßrechnersprache PEARL...." Fachtagung Prozeßrechner 1977, Springer Verlag.

[3]  Pelz, K.: "Der Einfluß der Zwischensprache...", Fachtagung Prozeßrechner 1977, Springer Verlag.

[4]  Kippe, J.: "Aufbau eines Multitask-Betriebssystems für BASIC-PEARL", Diplomarbeit, Institut für Regelungstechnik, Universität Hannover, 1977.

[5]  Schulze, W.: Institutsinterne Studie zum Diskettenfilehandling.

[6]  Bachmann, P.: "Grundlagen der Compilertechnik", R. Oldenbourg, 1975.

[7]  "The 9900 Realtime Executive", User's Manual, Texas Instruments.

[8]  Schulze, W., Raske F.: "Beschreibung der Demonstrationsanlage Modelleisenbahn". Institut für Regelungstechnik, Universität Hannover, INTERKAMA 1980.

# PEARL für Microcomputer


Franz Graf
Dornier System GmbH
Friedrichshafen



## Zusammenfassung

Bei der Erstellung von Software für Microcomputer tendiert man auch bei
Echtzeitanwendungen dahin, weg von den Assemblersprachen hin zu höheren
Programmiersprachen zu kommen. In der vorliegenden Arbeit wird ein von
Dornier System entwickeltes PEARL-Softwaresystem beschrieben, das für
zwei Zielrechner (Dornier MUDAS 432 und AEG 80-20) bereits implementiert
wurde und für Anwendungen eingesetzt wird.

Es werden die einzelnen Teile des Softwaresystems beschrieben und deren
Aufgaben erklärt. Weiter werden die Testmöglichkeiten aufgezeigt, die
dem Benutzer zur Verfügung stehen. Zum Schluß wird noch auf die Implementation eingegangen und es werden Erfahrungswerte aus der praktischen
Anwendung genannt.

1.    <u>Einleitung</u>

Höhere Programmiersprachen bringen gegenüber den maschinennahen und
daher auch maschinenabhängigen Assemblersprachen einige Vorteile mit
sich. Die damit erstellte Software ist portabler, komplexe Aufgaben
lassen sich schneller, durchsichtiger und bequemer lösen, und die Soft-
warepflegekosten sind geringer als bei den Assemblersprachen /1/. Das
ist darin begründet, daß höhere Programmiersprachen weitgehend maschinen-
unabhängig sind und klare und strukturierte Programmierung unterstützen.

Es müssen aber auch Nachteile in Kauf genommen werden. Bei jedem Softwaresystem ist ein mehr oder weniger großer Betriebssystem-Overhead vorhanden, der den Speicherplatz für den Anwender-Code einschränkt /1/.
Ein von einem Compiler erzeugter Assembler-Code wird kaum so optimal
sein wie ein von Hand erzeugter. Diese Nachteile müssen bei der Konzeption eines Softwaresystems vermieden oder zumindest stark reduziert
werden.

Für gewisse Einsatzgebiete, wie bei Geräterechnern oder Bordrechnern,
treten gewisse zusätzliche Randbedingungen auf. So ist der Hauptspeicher
nicht beliebig erweiterbar (Größe, Wärmeentwicklung). Peripherspeicher
sind gar nicht oder nur begrenzt einsetzbar (Größe, Gewicht, etc.).
Schnelldrucker oder ähnliche Geräte sind von der Aufgabenstellung her
unnötig.

Konzipiert man ein Softwaresystem für die genannten Einsatzgebiete, wie
es bei dem von Dornier System entwickelten PEARL-System der Fall war,
so werden einige Sprachelemente von Basis-PEARL unnötig /2/. Dies sind
z.B. die formatierte E/A und das File-Handling. Entwickelt man zusätzlich das Betriebssystem modular generierbar, so sind die Nachteile einer
höheren Programmiersprache schon vom Konzept her minimiert /1/.

## 2.    Das PEARL-System

Das PEARL-System setzt sich zusammen aus

- dem Compiler, der PEARL-Quellen in Assemblercode übersetzt,
- dem Assembler, der aus dem vom Compiler erzeugten Assemblercode
  Bindemodule erzeugt,
- dem Binder, der getrennt übersetzte Bindemodule und Betriebssystemmodule zu einem ablauffähigen Programm zusammenbindet,
- dem Betriebssystem, das Systeminitialisierung, Taskwechsel, Zeitverwaltung, Interruptverwaltung etc. erledigt, und
- dem Testsystem, das dem Benutzer Möglichkeiten in die Hand gibt, auf
  bequeme Weise seine Software zu testen und Fehler zu beseitigen.


### 2.1    Der Compiler

Da der Compiler nicht nur Code für Microcomputer liefern, sondern auch
auf ihnen laufen soll, wurde er in einzelne Phasen aufgeteilt, die ihre
Informationen über Dateien auf dem Peripherspeicher weitergeben. Der
Compiler läuft in 12 Phasen ab, wobei man Phase 1 bis Phase 8 als Compileroberteil und Phase 9 bis Phase 12 als Codegenerator bezeichnen
kann.

Die Zwischenform zwischen dem Compileroberteil und dem Codegenerator
bilden die Tripel /4/. Die Tripel enthalten die volle Information des
Quellprogramms. Es sind daher Optimierungen und Einbauten von Testhilfen auf dieser Ebene möglich. Jedes Tripel ist folgendermaßen aufgebaut

        Operator ,  Operand 1 ,  Operand 2 .

Jedem Tripel ist eine Nummer zugeordnet, die in einem nachfolgenden
Tripel als Operand verwendet werden kann. Diese Nummer steht symbolisch
für das Zwischenergebnis des Tripels /3/. Dies soll in einem kurzen
Beispiel verdeutlicht werden. Aus dem PEARL-Statement

        A = A * (B + C)

wird die Tripelfolge

        1)    + , Name B, Name C
        2)    * , Name A, Tripel 1
        3)   := , Name A, Tripel 2 .

Im folgenden sollen die einzelnen Phasen des Compilers und ihre Aufgaben kurz beschrieben werden /2/.

Phase 1:  liest das PEARL-Quellprogramm ein, zerlegt es in syntaktische Einheiten, prüft auf Syntaxfehler und erstellt eine erste Zwischenform.

Phase 2:  baut ein Namensbuch auf, das die Namen aller Variablen sowie ihre Attribute enthält und den folgenden Phasen dient.

Phase 3:  führt hauptsächlich Überprüfungen auf semantische Fehler durch.

Phase 4:  baut aus der Vorverarbeitung die Tripel auf, eine Form von Zwischencode zur optimalen Weiterverarbeitung /4/.

Phase 5:  sortiert die in den vorangegangenen Phasen gefundenen Fehler und Warnungen nach Statementnummern und druckt sie mit Klartext aus.

Phase 6:  druckt auf Wunsch des Benutzers eine Cross-Referenz aus, die angibt:
- Statementnummer der Deklaration
- Name und Attribute
- Statementnummern, in denen die Größe verwendet bzw. verändert wird.

Phase 7:  sucht Zeit- und Interruptaufträge heraus, um entsprechende Blöcke für das Betriebssystem anlegen zu können.

Phase 8:  führt auf Wunsch des Benutzers die Optimierung über das Quellprogramm aus.

Phase 9:  führt die Register und Stackverwaltung für die einzelnen Tasks und Prozeduren durch.

Phase 10: generiert in Zahlen verschlüsselten Assemblercode für den Zielprozessor.

Phase 11: setzt den verschlüsselten Assemblercode in für den Assembler verarbeitbaren Code um und legt die Verwaltungslisten für das Betriebssystem an.

Phase 12: fügt auf Wunsch des Anwenders vor und nach Sprüngen Code für
Traces ein, wodurch bei jedem Sprung die PEARL-Statementnum-
mer ausgegeben wird.


## 2.2  Der Assembler

Die Assembler für die Zielmaschinen mußten nicht erstellt werden, da
sowohl für Dornier MUDAS 432 als auch für AEG 80-20 ein Assembler vorhanden ist.


## 2.3  Der Binder

Der Binder hat die Aufgabe, getrennt übersetzte PEARL-Module und benötigte Betriebssystemmodule, sowie Built-In-Functions (SIN, COS, etc.)
und benutzereigene Assemblerprogramme zu einem lauffähigen Programm
zusammenzubinden.

Da das PEARL-System auch verteilte Systeme unterstützt (es sei hier auf
den Bericht von H. Dr. M. Ammann mit dem Thema "PEARL für verteilte
Systeme" in diesem Tagungsband verwiesen), muß der Binder den Code auf
die einzelnen Prozessoren verteilen. Welche Programme in welchen Prozessoren laufen sollen wird vom Benutzer angegeben.


## 2.4  Das Betriebssystem

Das Betriebssystem wurde modular generierbar entworfen. Es hat einen Umfang von O,5 bis 4 K-Worten. Der Benutzer entscheidet, welche Größe es
bei seinem Programm hat. Erwartet er viele Leistungen vom System, so
wird der Betriebssystemteil entsprechend groß sein. Kommt er dagegen mit
wenig Leistungen aus, so wird er durch einen geringen Speicherplatzbedarf des Betriebsystems belohnt.

Das Betriebssystem enthält folgende Funktionen /2/:


      - Initialisierung
      - Dispatcher (Taskmanager)
      - Exitroutine (Kurzfassung des Dispatchers,
        wird durchlaufen, wenn sicher ist, daß kein

Taskwechsel erfolgen kann)
- Taskbeendigung (regulär)
- Uhrverwaltung
- Interruptverwaltung
- Taskbeendigung (irregulär) (TERMINATE)
- Taskunterbrechung (SUSPEND)
- Taskfortsetzung (CONTINUE)
- Taskaktivierung (ACTIVATE)
- Schedule löschen (PREVENT)
- Semaverwaltung (REQUEST, RELEASE)
- Interrupt sperren (DISABLE)
- Interrupt freigeben (ENABLE)
- Charakter-E/A (PUT und GET)
- Prozedureintritt/-austritt
- Feldelementadressrechnung
- Arithmetikroutinen für FLOAT und DUR
- Vergleichsroutinen für FLOAT und DUR
- Datentypwandlungsroutinen
- Standardfunktionen (ABS, SIGN)
- Laufzeitfehlerroutine
- Bedienroutine
- Kommunikation

Es ist in Assembler codiert, wobei ein allgemeiner Entwurf zugrundeliegt.
Dadurch bleibt es trotz der Assemblercodierung relativ portabel.


## 2.5   Das Testsystem

Die Vorteile einer höheren Programmiersprache können durch ein leistungsfähiges Testsystem noch erweitert werden. Für das bei Dornier System entwickelte PEARL-System gibt es verschiedene Testhilfsmittel, die alle
durch Steuerkarten im PEARL-Quellprogramm eingeschaltet werden können.

So können Listen erhalten werden über das Taskingverhalten, das Sema-
phorverhalten, Die Aufrufhierarchie, die Speicherplatzbelegung von in-
tern deklarierten Variablen und Cross-Referenzen zu jeder deklarierten
Größe (Task, Variable, Label, usw.) mit Statementnummer ihrer Verwendung und Veränderung /3/.

Auf Wunsch wird Code für verschiedene Laufzeitüberwachungen mitgeneriert,

wie bei Feldüberlauf, Division durch Null, Zahlenüberlauf und Wandlungs-
fehlern. CHECK und NOCHECK Steuerkarten können beliebig in einem PEARL-
Programm stehen. Sie markieren dann den Anfang und das Ende der PEARL-
Befehle, für die Code mit Laufzeitüberwachung generiert wird. Tritt ein
solcher Fehler auf, so werden die Art des Fehlers und die Statementnummer, bei der er auftrat, protokolliert /3/.

Als weitere Laufzeittests können Traces eingebaut werden. Es gibt vier
verschiedene Arten von Traces:

Jump-Trace:              vor und nach jedem Sprung und nach jeder Marke wird
                         die PEARL-Statementnummer ausgegeben. Damit sind
                         auch Schleifen, IF- und CASE-Anweisungen abgedeckt,
                         da der Traceeinbau erst nach Auflösung dieser
                         Sprachelemente in einfache Anweisungen erfolgt.

Subroutine-Trace:        vor und nach jedem Aufruf einer Betriebssystem-
                         routine oder einer Anwenderprozedur wird die State-
                         mentnummer ausgegeben.

Call-Trace:              vor und nach dem Aufruf einer Anwenderprozedur und
                         am Anfang und Ende der Prozedur wird die Statement-
                         nummer ausgegeben.

Task-Trace:              am Anfang und Ende jeder Task wird die Statement-
                         nummer ausgegeben.

Damit hat der Anwender die Möglichkeit, den Ablauf seines Programmes
zu verfolgen. Jedoch wird das Echtzeitverhalten gestört, was auch für
die Laufzeitüberwachung gilt /3/.

Beim Microcomputer MUDAS 432 wurde als weitere Testhilfe ein Hardware-
trace implementiert. Hiermit kann der Ablauf eines Programms post Mortem
oder bei regulärem Durchlauf nachvollzogen werden, und zwar ohne Lauf-
zeitverluste. Dies geschieht dadurch, daß der Programmzähler, immer
wenn er sich nicht linear ändert, in einem autoincrementellen Speicher
abgelegt wird. Da bei dieser Lösung das Echtzeitverhalten nicht gestört
wird, eignet sie sich besonders gut zum Entdecken von Zeitfehlern, die
in der Praxis die größten Schwierigkeiten darstellen /3/.

Als letztes Testhilfsmittel steht dem Benutzer der sogenannte Debugger

zur Verfügung. Mit Hilfe des Debuggers können im Anwenderprogramm Haltepunkte gesetzt und gelöscht, Variable ausgegeben und verändert, Tasks
gestartet und auf Haltepunkte aufgelaufene Programme wieder aufgesetzt
werden. Hiermit kann der Benutzer sein Programm Stück für Stück testen
und kontrollieren, allerdings unter Verlust des Echtzeitverhaltens /3/.

Das gesamte Testsystem arbeitet auf PEARL-Sprachebene. Der Benutzer
benötigt keine Assembler- und Binderlistings um mühsam Adressen zu be-
rechnen. Er gibt einfach Statementnummern oder Variablen an. Damit ist
das Testsystem sehr handlich und benutzerfreundlich.

3.    <u>Praktische Erfahrungen</u>

Das von Dornier System entwickelte PEARL-Softwaresystem wurde bisher
für zwei Zielmaschinen - Dornier MUDAS 432 und AEG 80-20 - und zwei
Gastrechner - PDP 11/70 und AEG 80-20 - implementiert. Eine Implementation für INTEL 8086 als Zielrechner und PDP 11/70 als Gastrechner ist
in Bearbeitung.

Der Compiler benötigt einen Laufbereich von 32-K-Worten bei PDP 11/70
und 20 K-Worten bei AEG 80-20. Als Arbeitsspeicher im Hintergrund werden
minimal 50 K-Worte gebraucht. Je größer die zu übersetzenden PEARL-Programme sind, desto mehr Hintergrundspeicher muß zur Verfügung gestellt
werden.

Da das Compiler-System, mit Ausnahme des Betriebssystems, in Fortran
codiert ist (ein Fortran Compiler existiert für fast jede Maschine),
läßt es sich relativ leicht für und auf anderen Maschinen implementieren.
Voraussetzung ist natürlich, daß die Größe des Laufbereichs und des Peri-
pherspeichers erhalten bleibt.


/1/:    Dr. H.J. Schneider, Abschlußbericht zum Projekt "Modulare Soft-
        ware für Flugführung", Friedrichshafen, Juni 1978
/2/:    H. Lang, Sprachbeschreibung DS-PEARL-Subset
        Friedrichshafen, November 1979
/3/:    H. Blank, Fr. Köckritz-Schillo, H. Lang, H. Röhm, H. Dr. Schneider,
        H. Schwörer
        Bericht zum Projekt "Multicomputer PEARL"
        Friedrichshafen, 12.11.1979
/4/:    David Gries, Compiler Construction for Digital Computers
        Wiley, 1971

EINE SYSTEMSPRACHE ZUR EFFIZIENTEN IMPLEMENTIERUNG
VON GRUNDSOFTWARE


A SYSTEM-LANGUAGE FOR EFFICIENT IMPLEMENTATION OF
SYSTEM-SOFTWARE

WERNER BOCKHOFF
KRUPP ATLAS - ELEKTRONIK
PROZESSDATENSYSTEME
D-2800 BREMEN 33

## Einleitung

Die System-Sprache META-S ist im Zeitraum 1978/79 in unserem Hause entstanden.
Die Entwicklung verlief parallel und koordiniert zu der Entwicklung unserer neuen Rechnerlinie EPR 1300/1500.
Unter ausschließlichem Einsatz von META-S als Sprache zur Definition und Programmierung der Grundsoftware konnte ein leistungsfähiges und komfortables Mehrbenutzersystem (MOS 1300/1500) einschließlich der Compiler und Laufzeitfunktionen für die Sprachen BASIS-PEARL, FORTRAN 77 und PASCAL im relativ kurzen Zeitraum von Anfang 1979 bis Mitte 1980 realisiert werden.


## 1. Einsatzmöglichkeiten und Realisierungsaspekte

META-S wurde in erster Linie zur Implementierung von Grundsoftware geschaffen. Jedoch ist die Verwendung der Sprache zur Realisierung von Anwendersoftware auf Systembenutzerebene durchaus möglich. Die Sprache erlaubt die Beschreibung und Programmierung des ganzen Spektrums der Grundsoftware ohne Rückgriffe auf Hilfskonstruktionen, welche in anderen Sprachen, wie z. B. Assembler bereitzustellen wären. Dieses bedeutet, daß META-S für die Programmierung der verschiedenen Systemebenen wie:

- Kernfunktionen (Prozeßverwaltung, Speicherverwaltung, ...)

- E/A-Funktionen (Treiber, Fileverwaltung, ...)

- Benutzerverwaltung (Betriebsmittel-, Jobverwaltung, ...)

- Dienstleistungen (Compiler, Binder, Editoren, ...)

in gleicher Weise geeignet ist.

Um META-S mit Erfolg im obigen Sinne einsetzbar zu machen, mußten eine Reihe sich teilweise widersprechender Forderungen miteinander in Einklang gebracht werden:

- Hohes Sprachniveau und selbstdokumentierende Eigenschaften
- Minimaler Einfluß sprachlicher Festlegungen auf das zu lösende Problem
- Unabhängigkeit einer konsistenten Teilmenge der Sprache von den Leistungen des erst noch zu realisierenden Betriebssystems
- Unabhängigkeit von Leistungen, welche in anderen Sprachen zu programmieren wären
- Hohe Speicherplatzlaufzeit, -Effektivität.

Der Sprachansatz sieht vor, daß im Bereich von Datendeklarationen minimale semantische Festlegung und ein Maximum an Freiheit, wie z. B. durch die Verwendung von freien Zeigern, gegeben ist. Die Gefahr fehlender Transparenz und Prüfbarkeit wird dabei durch optimale Möglichkeiten zur funktionalen Zerlegung von Abläufen kompensiert. Durch die noch näher zu erläuternde META-S-Regelstruktur werden die Aspekte

- TOP-DOWN-Design
- Verbalisierung von Problemen
- Schrittweise Verfeinerung
- 'GO TO'-freie Programmierung

direkt unterstützt. In Bezug auf Leistungsfähigkeit und Unabhängigkeit von anderen Hilfssprachen machten es die gesetzten Ziele erforderlich, META-S durch Firmware massiv zu unterstützen. Dieses führte somit zur Schaffung der 'META-S-Maschine' als konsequente Anpassung der CPU-Funktionen an die Erfordernisse der Sprache. Zur Realisierung dieses Ansatzes war ein Einsatz von etwa 4K x 48 Bit Mikroprogrammspeicher erforderlich. Besondere Aufwände lagen in der Realisierung des Anweisungsvorrates für Realzeitfunktionen. Hier ging es darum, relativ komplexe und umfangreiche Abläufe mikroprogrammtechnisch zu implementieren. Dieses war Veranlassung,einen Subset der Sprache META-S zur Beschreibung der notwendigen Firmwarefunktionen zu benutzen, welcher automatisch in den Mikroprogrammassembler des AM 2901/10 überführt wird. Eigens zu diesem Zwecke wurde ein spezieller Vorübersetzer entwickelt.

Die Forderung, ohne Rückgriffe auf Hilfssprachen auszukommen, bringt es mit sich, daß die Sprache zu einem gewissen Grad von der Maschinenarchitektur abhängig ist. Dieses gilt jedoch für META-S nur im Bereich der Nutzung des Speichermanagements, wo die hardwareseitig gegebenen Seitenabbildungsverfahren eine begrenzte Anzahl entsprechender META-S-Anweisungen notwendig macht.

## 2.  Die Sprache META-S

META-S ist eine Realzeitsprache, welche trotz hohem Sprachniveau die Effektivität von
Assembler-Programmierung durch direkte Abbildung der META-S-Anweisungen auf entsprechende Firmwarefunktionen bietet. Der Name 'META-S' wurde so gewählt, weil man
in dieser Sprache alle Abläufe so beschreibt, wie man es von den Grammatiken für formale Sprachen her gewohnt ist. META-S gestattet also die META-sprachliche Beschreibung von System-Software-Komponenten.


### 2.1 Generelles Ablaufkonzept

Ein lauffähiges META-S-Programmsystem besteht aus einem Hauptprogramm und einer
eventuell leeren Menge von Unterprogrammen, den Prozeduren. Hauptprogramm und Prozeduren werden einzeln übersetzt und danach unter Berücksichtigung statischer Arbeits-
speicherreservierungen zu einer lauffähigen Einheit gebunden. Dabei werden Anweisungsfolgen und Datenbereiche strikt voneinander getrennt. Neben der statischen Arbeitsspei-
cherversorgung besteht die wichtige Möglichkeit der dynamischen Versorgung einer Prozedur durch den jeweiligen Aufrufer. Die Sprache läßt es bewußt offen, wie sich der Aufrufer selbst den dazu notwendigen Speicher verschafft.
Durch Trennung von Code- und Arbeitsspeicher sind alle in META-S geschriebenen Programmsysteme wie z. B. Compiler im Rahmen von Mehrbenutzerorganisationen nach dem
'Common-Code'-Prinzip betreibbar. Dieses bedeutet im wesentlichen, daß bei gleich-
zeitiger Benutzung eines Programmsystems durch verschiedene Benutzer der Code für die
Anweisungsfolgen nur einmal im Speicher abgebildet werden muß. Ebenso wichtig ist die
dynamische Versorgung von Prozeduren, welche es den verschiedenen parallel laufenden
Rechenprozessen innerhalb des Programmsystems ermöglicht, ohne wechselseitigen
Ausschluß auf dieselben Prozeduren zuzugreifen. Diese Wiedereintrittsfähigkeit (Reen-
trancy) ist zum Beispiel dort wichtig, wo eine Prozedur eine Reihe gleichartiger Geräte
asynchron betreiben muß (Treiber im Betriebssystem, Terminal-Prozessoren, ...).
Parallele Rechenprozesse werden dadurch realisiert, daß nach Aufruf eine  Prozedur die
Parameterübernahme (sofern erforderlich)  tätigt und danach selbst entscheidet,
ob und wann sie parallel zum Aufrufer fortfahren will. Beim Überlaufen der dafür vorgesehenen Anweisung erfolgt ein Einplanen des ausstehenden Rücksprunges zum Aufrufer
und eine Substitution des Prozedurrücksprunges durch eine Anweisung zur Prozeßtermi-
nierung ('Return-Stack'-Manipulation). Danach werden alle weiteren Anweisungen zur
parallelen Aufbrechung des Kontrollflusses innerhalb der betreffenden Prozedur abgelehnt.

Innerhalb einer Prozedur sind also keine weiteren Parallismen möglich. Der sequentielle Kontrollfluß verläuft wie bereits angedeutet über ein System von META-S-Regeln, dem Ausführungsteil von Prozedur bzw. Hauptprogramm, nach dem Vorbild grammatikgge-steuerter Analysatoren (Parser) formaler Sprachen. Die Analogie zwischen einem Regel-system für META-S und einer Parser-Struktur wird deutlich, wenn man sich an die Stel-le von NON-Terminal-Symbolen die Bezeichner für META-S-Regeln im Sinne von Sub-prozeduren gesetzt denkt und die Terminal-Symbole als Einzelaktionen des META-S-Anweisungsvorrates auffaßt. Die bei Parsern üblichen Tests der Eingabefolge zur Aus-wahl alternativer Produktionsregeln sind als Regeln bzw. Aktionen zur Auswahl aus al-ternativen Aktionslisten einer Regel realisiert. Die Aktionen einer solchen Liste können insbesondere Referenzen auf weitere Regeln sowie Aufrufe anderer META-S-Prozeduren sein. Durch konsequente Anwendung des 'STACK'-Prinzips sind auch rekursive Abläufe möglich.


## 2.2 Aufbau von Hauptprogrammen und Prozeduren

Da die Angabe einer kompletten Syntax- und Semantikbeschreibung den hier vorliegen-den Rahmen sprengen würde, wird darauf zugunsten einer informellen und mehr beispiel-haften Darstellung verzichtet.

Prozedur und Hauptprogramm unterscheiden sich nur durch ihren Kopf und zwar in sofern, als die Hauptprogramme im Gegensatz zu den Prozeduren grundsätzlich keine Formalpa-rameterliste besitzen und darüberhinaus immer eine Angabe zur statischen Speicherver-sorgung beinhalten. Beispiele hierzu sind:

| | |
|---|---|
| Prog: ALFA STATIC REL ; | Hauptprogramm mit relativ adressiertem statischen Arbeitsspeicher |
| Prog: BETA (P1,P2,P3); | Prozedur mit 3 Formalparametern ohne statischen Ar-beitsspeicher: Parameter P1 und P2 per Wert, Parameter P2 per Adres-se, Speicherversorgung beim Aufruf |
| Prog: GAMMA STATIC ABS ; | Prozedur ohne Formalparameter mit absolut adressier-tem Arbeitsspeicher. |

Nachdem diese Unterschiede genannt worden sind, wird im folgenden nur noch von Proze-duren gesprochen, weil für Hauptprogramme sinngemäß dasselbe gilt.

Jede Prozedur besteht aus der Anordnung:

<Kopf> <Spezifikationsteil> <Ausführungsteil> END;

wobei der Spezifikationsteil leer sein kann.

## 2.2.1    Spezifikationsteil

Der Spezifikationsteil beschreibt Objekte, welche im Ausführungsteil manipuliert werden.
Dabei steht die Beschreibung der Adressierung im Vordergrund. Spezifikationen beginnen mit einem Schlüsselwort und enden mit einem Semikolon. Der Anweisungsvorrat beinhaltet:

```
LINK:...;                    /* Spezifikation absoluter und relativer Externbezüge */
LOCAL:...;                    /* Spezifikation lokaler Objekte */
COMMON:...;                    /* Spezifikation globaler Objekte */
CONSTANT:...;                    /* Spezifikation symbolischer Integer-Konstanten */
FLOAT-CONSTANT:...;                    /* Spezifikation symbolischer Gleitkomma-Konstanten*/
```

Beispiele für Spezifikationen:

```
LINK:ANFAHRROUTINE=REL(START), /* Relativer Extern Bezug */
      TABELLE           =ABS(LIST),   /* Absoluter Bezug */
LOCAL: [10] X,Y,Z, /* Lokale Variablen in fortlaufenden Positionen 10,11,12 relativ
                     zum lokalen Speicher */
COMMON:[5] U, [7] V, W; /* Globale Variablen in den Positionen 5,7,8 relativ zum
                         globalen Speicher */
LOCAL: PX/A,B,[4]D, /* Lokale Variable mit relativen Symbolen als Offsets bei Zei-
                     ger-Referenzen der Form: X=PX.A */
LOCAL: [50] SEGX(10)/NR,DATEN( ); /*Lokales Segment mit einfacher Struktur */
CONSTANT: ANZAHL=4,BEDARF=ANZAHL*5; /* Symbolische Konstanten */
CONSTANT:ZUSTIMMUNG='JA';                /* Symbolische Konstanten */
FLOAT-CONSTANT: 1.5, 3.4 E 2;                /* Symbolische Konstanten */
```

Wie bereits angedeutet, werden die spezifizierten Objekte erst durch die auf sie angewendeten Zugriffsfunktionen semantisch festgelegt, wodurch neben den bekannten Nachteilen dieses Verfahrens der für eine System-Implementationssprache notwendige Freiraum erhalten bleibt.

## 2.2.2   Der Ausführungsteil

Den Ausführungsteil bildet ein sogenanntes META-S-Regelsystem. Die zuerst aufgeführte

Regel ist die Eingangsregel und damit der logische Beginn einer Prozedur. Eine jede
Regel besteht aus einem frei wählbaren Bezeichner, welcher in Hochkommata geschrieben wird und die Länge einer Zeile nicht überschreiten darf, sowie einem Regelkörper.
Regelkörper bestehen aus mindestens einer Aktionsliste. Eine Aktionsliste kann entweder leer sein oder aus einer Reihe von Einzelaktionen bestehen, welche durch Kommata
voneinander getrennt sind. Der Beginn einer Liste wird durch die Zeichenfolge := angezeigt. Eine Liste kann mehrere Zeilen umfassen. Den Abschluß des gesamten Regelkörpers bildet das Semikolon.

Die Ausführung eines Regelkörpers beginnt mit der ersten Aktion der ersten Liste und
schreitet danach in der Reihenfolge von rechts nach links und von oben nach unten fort.
Das Ende einer Aktionsliste wird durch ein implizites 'Return' abgeschlossen. Taucht
im Verlaufe der Abarbeitung der Aktionsliste eine zweiwertige Entscheidungsaktion auf,
so wird entweder in derselben Aktionsliste fortgefahren oder an den Anfang der nächsten
Aktionsliste verzweigt. Neben dieser logischen Auswahl zwischen zwei alternativen Aktionslisten gibt es außerdem die Möglichkeit der Mehrfachverzweigung. Sie verzweigt
entsprechend dem Wert eines Ausdrucks in die n-te der folgenden Alternativen. Ist der
Wert kleiner oder gleich 0 bzw. größer als die Anzahl der folgenden Alternativen, wird
in derselben Aktionsliste fortgefahren.

Um den Aufbau einer META-S-Regel zu illustrieren, sei an dieser Stelle ein Auszug
aus einem Regel-System gegeben, ohne auf die darin enthaltenen Aktionen im Detail
einzugehen:

```
'Kommando-Interpretation'
:='Dialog', U ('Start'), 'Vorgang starten'
:=          U ('Stop'), 'Vorgang beenden',
:= '?? wie bitte', Repeat;
'Dialog'
:='Dialog-Ausgabe', 'Eingabe', 'Scanner einstellen',
'Scanner einstellen'
:= Text-Scan (Zeile, Zeichenindex, Zeichenindex=0);
'Dialog-Ausgabe'
:='Neuer Text', Moveb (Zeile, Zeilenindex, = 'Kommando:'), 'Ausgabe';
'?? Wie bitte'
:='Neuer Text', Moveb (Zeile, Zeilenindex, = '?? wie bitte'));
'Neuer Text'
:= Zeichenindex =0;
```

'Ausgabe'

:=Monitor Standardio (Write, Kanal, Status, Zeile, Zeilenindex);

'Eingabe'

:=Monitor Standardio (Read, Kanal, Status, Zeile, Eingabelänge);

  Moveb (Zeile, Status. Effektivlänge, =';');

## 2.3    Auszug aus der Menge der META-S-Aktionen

Die Menge der ausführbaren Anweisungen läßt sich grob in folgende Klassen einteilen:

-        Arithmetik  mit Textverarbeitung und Feldmanipulation

-        Sequentielle und parallele Ablaufsteuerung

-        Zeit- und Ereignissynchronisation

-        Hardware- und System-Ein-/Ausgaben

-        Sonderbefehle

## 2.3.1   Arithmetik mit Textverarbeitung und Feldmanipulation

Die Arithmetik erlaubt die Formulierung geklammerter Integer- und Gleitkommaausdrücke.
Die enthaltenen Operanden können in den Referenzstufen: Symbolische Konstanten bzw.
Denotationen, einstufig adressierte Objekte und zweistufig adressierte Objekte (Zeiger-
zugriff) vorkommen. Darüberhinaus ist einfache Wort- bzw. Byteindizierung sowie die
Angabe von symbolischen Konstanten, Denotationen und Variablen als Offsets möglich.
Ein weiterer Aspekt ist die Selektion von Bits und Bitgruppen. Ausdrücke kommen in
Wertzuweisungen, Stack-Operationen und als Operanden in bedingten Verzweigungen vor.
Die zulässigen Operationen umfassen neben den vier Grundrechnungsarten Bitmaskierung,
Vergleichsoperationen sowie Verschiebeoperationen.
Beispiele für Ausdrücke sind:
...,A=B  (C-D), B (8:15)=(Liste (K) SA 5) XR Maske, Zeile (Byte K) = 'X',...
...,X(I)=ALFA.X,PUSH(X+1, Switch(0:7), C),Feld x(BYTE K) = 'B',...
Textverarbeitung und Feldmanipulation werden durch entsprechende Anweisungen zur wort-
und zeichenweisen Bewegung von Datenfeldern unterstützt. Insbesondere der schrittweise
Aufbau von Feldinhalten wird durch automatische Indexfortschreibung unterstützt.
Beispiele hierzu:
MOVEB (Zeile, Index, = 'Hallo'),
MOVEB (Zeile, Index, Länge, Liste, Index 1),

MOVEW (Vektor, Index, = 1, 2, 35, 89),

MOVEW (Senke, I, LNG, Quelle, J),

FILL (Senke, I, LNG, Hintergrund),...


## 2.3.2  Sequentielle und parallele Ablaufsteuerung

Der Aufruf externer Prozeduren erfolgt durch die 'CALL'-Anweisung. Man unterscheidet einfache Prozeduraufrufe und solche, bei denen die aufgerufene Prozedur mit lokalem Arbeitsspeicher versorgt wird.

Beispiele:

CALL ALFA (PX, PY,  PZ),...

CALL BETA (PX, PY,  PZ) with (SegmentX, LNGX),...

Die Überprüfung der Speicherversorgung ist Bestandteil der Firmware für Aufruf und Parameterübernahme. Im Fehlerfalle wird der Aufruf ignoriert und eine Fehlermeldung erzeugt. Der Aufruf von Monitor-Prozeduren erlaubt die koordinierte Beauftragung von sequentiellen Systemprozessoren sowohl aus dem Systemraum als auch aus dem Benutzerraum. Der Monitor wird dazu als Index in einer benutzerrelativen Monitortabelle angesprochen. Monitore können in beliebig vielen Inkarnationen für einen Benutzer eingerichtet werden. Typische Monitore sind:

-       Informationsmonitor für Systemauskünfte

-       Standard-Ein-/Ausgabemonitore

-       Message-Monitore

Als Beispiel sei der Aufruf eines Standard-Ein-/Ausgabemonitors aufgeführt:

..., Monitor SIO (Write, Channel, Stati, Buffer, Lenght),...

Aus der Sicht des aufrufenden Rechenprozesses ist der Monitor ein sequentielles Verarbeitungsglied. Wird der Monitor gleichzeitig von mehreren Prozessen aufgerufen, so erfolgt eine Synchronisation per impliziter Semaphore. Aufruf, Synchronisation und Parameterübernahme sind ebenfalls komplett in Firmware realisiert.

Interne Aufrufe von Regel zu Regel werden durch einfaches Hinschreiben des Regelbezeichners als Aktion bewirkt. Ein 'Return-Stack'-Mechanismus erlaubt u. a. auch rekursive Aufrufe.

Beispiel:

'Regel-A':=Push(A), 'Regel-B', Pull(X),

'Regel-B':=Pull(X), X=X+1, Push(X);

Regeln können sich direkt auf alle lokalen und globalen Objekte einer Prozedur beziehen oder per Stack-Operationen parametrisiert werden.

Zur Steuerung des sequentiellen Ablaufes existieren die in Form von Beispielen aufgeführten Aktionen:

'Regel-A':='Alles klar?', 'Hurra'            Aufruf einer Regel mit
      :='Leider nicht',                    Entscheidungswert

'Alles klar?'                    Regel mit Entscheidungswert
:=IF (Alles EQ klar'
:=N0,

'Regel-A':= Alt (N+1), 'Überlauf'            Mehrfach-Verzweigung
     :='Option 1'
     :='Option 2'
     :='Option 3',

'Regel-A' := IF(X EQ (Y+3)), 'Bedingung erfüllt'      'IF'-Verzweigung
      :='Bedingung nicht erfüllt',

'Regel-A' :=U('DCL'), 'Deklaration'          Text-String-Prüfung
     :=V('+-/$\ast$'), 'Operator'            Zeichen-Klasse
      :=A, 'Alfabetisches Zeichen'        Zeichen-Klasse
      :=D, 'Dezimalzeichen'            Zeichen-Klasse
      :='Nichts dergleichen';

Weitere bedingte Verzweigungen treten kombiniert mit E/A- und Synchronisations-Akti-
onen auf.

Zur Aufbrechung eines Rechenprozesses (siehe 2.1) dient die Aktion:
..., Parallel,... in Verbindung mit der Aktion zur Steuerung der lfd.
Priorität:...,Priority (Level),... als Ergänzung sind die Aktionen
des folgenden Abschnittes von Bedeutung.


## 2.3.3  Zeit- und Ereignissynchronisation

Reine Zeitsynchronisation wird durch die Anweisung..., Delay (Time),... in Verbindung mit der Anweisung zum Aktivieren fälliger Zeiteinplanungen ..., Time-Test,... ermöglicht. Aktionen über Semaphoren, wie ..., Preset (Sema, N)..., Request (Sema),
...,Release (Sema) und für die 'weiche Kopplung' das ...,Try (Sema),... bewirken
die Steuerung von Rechenprozessen durch Ereignisse. Das 'Try(Sema)' verhält sich bzgl.
der Kontrollflußbeeinflussung ähnlich der 'IF$\perp$ Aktion. Eine Ereignissynchronisation mit

Zeitlimit wird durch die Aktion ...,Timeout(Sema, Time),... hergestellt. Dabei wird wiederum der Kontrollfluß in zwei Richtungen gelenkt, je nachdem, ob das Ereignis (Semaphore-Freigabe) vor Ablauf der Vorgabezeit eintrifft oder nicht.

Beispiel:

'Warten auf Unterbrechung'

:=Timeout(Device.Interrupt, Outtime), 'oK'

:='Hang up';

## 2.3.4 Hardware- und System-Ein-/Ausgaben

Während die System-Ein-/Ausgaben durch Monitor-Aufrufe an Systemtreiber für Peripherie·geräte weitergeleitet werden, sind zur Realisierung eben dieser Treiber Hardware-Ein-/Ausgabebefehle erforderlich.

Sie beinhalten eine bedingte Verzweigung und werden wie folgt benutzt:

'Eingabe'

:=Input (Geräteadresse, Eingabeziel), 'Zurückweisung'

:='Eingabe akzeptiert!';

'Ausgabe'

:=Output (Geräteadresse, Ausgabewert), 'Zurückweisung'

:='Ausgabe akzeptiert';

## 2.3.5 Sonderbefehle

Auf die maschinenabhängigen Sonderbefehle soll hier im Detail nicht eingegangen werden. Sie dienen im wesentlichen zur Handhabung des Speicherkonzepts. Einige Funktionen sind:

- Einstellen der Speichermanagementeinheiten (CPU und DMA)
- Transportbefehle unter direkten Bezug auf physikalische Seiten
- Transportbefehle für Transfers zwischen den Adreßräumen der verschiedenen Benutzer und dem System.

## 3. Beispiele kleinerer META-S-Prozeduren

Um abschließend einen Eindruck von Problemlösungen in META-S zu bieten, werden im folgenden vollständige, kompilierte Prozeduren als Anlage beigefügt. Mit Ausnahme des ersten Beispiels, welches mehr als Scherz zu verstehen ist, handelt es sich dabei um Prozeduren, welche in der entsprechenden Ablaufumgebung funktionsfähig sind.

```
 1.    PROC: HAMLET (OMLETT);
 2.
 3.    LOCAL: OMLETT / FERTIG SEMA, MAMPF;
 4.
 5.    CONSTANT: LETZTER_VERSUCH = 100, MAXIMUM = 10;
 6.
 7.    CONSTANT: UHRTAKT = 1, SEKUNDE = 100 * UHRTAKT,
 8.
 9.                 MINUTE  = 60 * SEKUNDE;
10.
11.    CONSTANT: STECKPLATZ = 5, LEBENSLICHT = STECKPLATZ SA 7;
12.
13.    CONSTANT: AUS = 0;
14.
15.
16.    'SEIN ODER NICHT SEIN'
17.
18.       := VERSUCH = 0, HUNGER = MAXIMUM,
19.
20.          'SEIN ?', CALL OMLETT.MAMPF (HUNGER), REPEAT
21.
22.       := 'NICHT SEIN: TRAUERFEIER';
23.
24.    'SEIN ?'
25.
26.      := TRY (OMLETT.FERTIG)
27.
28.      := IF (VERSUCH EQ LETZTER_VERSUCH), NO
29.
30.      := DELAY (MINUTE), VERSUCH = VERSUCH + 1, REPEAT;
31.
32.    'NICHT SEIN: TRAUERFEIER'
33.
34.      := OUTPUT (LEBENSLICHT, AUS), 'E/A-FEHLER: PEINLICH,- WARTEN',
35.
36.          REPEAT
37.
38.      := ;
39.
40.    'E/A-FEHLER: PEINLICH,- WARTEN'
41.
42.       := DELAY(SEKUNDE);
43.
44.    END;

IMPLICIT-DECLARED VARIABLES:

    VERSUCH
    HUNGER

LENGTH   PROG.:    52 , NOT.-STACK:    1 , LOCAL-VARIABLES:    3
HAMLET   PASS1:    0 ,      PASS2 :    0 ERRORS   -   PRETTY GOOD
```

```
  1.    /* BEISPIEL: EINFACHER SORTIERVORVORGANG */
  2.
  3.    PROC: SORT (LISTE, N) STATIC REL; /* SORTIEREN VON ZAHLEN */
  4.
  5.    'SORTIEREN'
  6.
  7.       := I=0, 'AEUSSERER SORTIERVORGANG';
  8.
  9.
 10.    'AEUSSERER SORTIERVORGANG'
 11.
 12.       := IF(I EQ N)       /* WENN I = N, IMPLIZITES 'RETURN' */
 13.
 14.       := J=I+1, 'INNERER SORTIERVORGANG', I=I+1, REPEAT;
 15.
 16.
 17.    'INNERER SORTIERVORGANG'
 18.
 19.       := IF (J GT N)      /* WENN J > N, IMPLIZITES 'RETURN' */
 20.
 21.       := IF(LISTE(J) LT LISTE(I)), 'AUSTAUSCHAKTION',
 22.
 23.          CONTINUE /* WEITER IN DER NAECHSTEN AKTIONSLISTE */
 24.
 25.       := J=J+1, REPEAT;
 26.
 27.
 28.    'AUSTAUSCHAKTION'
 29.
 30.       := HOLD=LISTE(I), LISTE(I)=LISTE(J), LISTE(J)=HOLD;
 31.
 32.
 33.    END;

IMPLICIT-DECLARED VARIABLES:

    I
    J
    HOLD

LENGTH   PROG.:   51 , NOT.-STACK:    2 , LOCAL-VARIABLES:    5
SORT     PASS1:    0 ,      PASS2 :    0 ERRORS   -  PRETTY GOOD
```

```
1.   /* BEISPIEL: DISPLAY-TREIBER */
2.
3.   PROC: DISPLAY (OPTION, ZEILE, @ ZEICHENZAHL);
4.
5.   CONSTANT: OK=0, EIN_AUSGABE_FEHLER=1, PARITAETSFEHLER=2,
6.            ZEITFEHLER=3, ZEITVORGABE=10; /* 1 SEKUNDE */
7.
8.   CONSTANT: INIT=0, SCHREIBMODUS=$100, LESEMODUS=$200,
9.            ZEILENRUECKLAUF=$8D, ZEILENVORSCHUB=$0A;
10.
11.  LOCAL: GERAET / NAME(4), TYP, BENUTZUNG SEMA, BEREITSCHAFT SEMA,
12.               UNTERBRECHUNGSLEITUNGTYP, REAKTIONSTYP,
13.               DATENADRESSE, FUNKTIONSADRESSE, STATUS;
14.
15.  LOCAL: INDEX, ZEICHEN, PARITAET;
16.
17.  LOCAL: [1] DISPLAY; /* BEI OPTION 'INITIALISIERUNG */
18.
19.  'DISPLAY-TREIBER'
20.     := IF(OPTION EQ INIT), GERAET=DISPLAY
21.     := INDEX=0, GERAET.STATUS=OK, ALT(OPTION)
22.     := 'SCHREIBEN'
23.     := 'LESEN'
24.     := 'NEUE ZEILE';
25.
26.  'NEUE ZEILE'
27.     := ZEICHEN=ZEILENRUECKLAUF, 'ZEICHENAUSGABE: FEHLER ?'
28.     := ZEICHEN=ZEILENVORSCHUB,  'ZEICHENAUSGABE: FEHLER ?'
29.     := ;
30.
31.  'SCHREIBEN'
32.     := IF(INDEX EQ ZEICHENZAHL)
33.     := ZEICHEN=ZEILE(INDEX), BYTE-PARITY(ZEICHEN, ZEICHEN),
34.        'ZEICHENAUSGABE: FEHLER ?'
35.     := INDEX=INDEX+1, REPEAT;
36.
37.  'ZEICHENAUSGABE: FEHLER ?'
38.     := OUTPUT(GERAET.FUNKTIONSADRESSE,SCHREIBMODUS), 'E/A-FEHLER'
39.     := 'AUSGABEBEREITSCHAFT ABWARTEN: ZEITFEHLER ?'
40.     := OUTPUT(GERAET.DATENADRESSE, ZEICHEN), 'E/A-FEHLER'
41.     := NO;
42.
43.  'AUSGABEBEREITSCHAFT ABWARTEN: ZEITFEHLER ?'
44.     := TIMEOUT (GERAET.BEREITSCHAFT, GERAET.ZEITVORGABE), NO
45.     := GERAET.STATUS=ZEITFEHLER;
46.
47.  'LESEN'
48.     := 'ZEICHENEINGABE: FEHLER ?'
49.     := IF(ZEICHEN EQ ZEILENVORSCHUB), REPEAT
50.     := IF(ZEICHEN EQ ZEILENRUECKLAUF), ZEICHENZAHL=INDEX+1
51.     := 'PARITAETSFEHLER ?'
52.     := IF(INDEX LT ZEICHENZAHL), ZEILE(BYTE INDEX)=ZEICHEN,
53.        INDEX=INDEX+1, CONTINUE
54.     := REPEAT;
55.
56.  'PARITAETSFEHLER ?'
57.     := BYTE-PARITY(ZEICHEN, PARITAET), IF(PARITAET EQ 0), NO
58.     := GERAET.STATUS=PARITAETSFEHLER;
59.
60.  'ZEICHENEINGABE: FEHLER ?'
61.     := OUTPUT (GERAET.FUNKTIONSADRESSE,LESEMODUS), 'E/A-FEHLER'
62.     := REQUEST(GERAET.BEREITSCHAFT),
63.        INPUT  (GERAET.DATENADRESSE,ZEICHEN), 'E/A-FEHLER'
64.     := NO;
65.
66.  'E/A-FEHLER'
67.     := GERAET.STATUS=EIN_AUSGABE_FEHLER;
68.
69.  END;
```

# Realisierung von Testfunktionen für höhere Sprachen durch interpretative Abarbeitung auf einem mikroprogrammierbaren Rechner

R. Strelow, H. Frisch, Dr. R. Weicker          Siemens AG, Erlangen

Auch in der Prozeßrechnertechnik ist der Einsatz höherer Programmiersprachen sinnvoll und notwendig, dies steht angesichts der zunehmenden Verlagerung der Kosten von der Hardware auf die Software außer Frage. Um einen effektiven Einsatz von höheren Programmiersprachen zu erlauben, sollten aber vor allem die Test- und Diagnosehilfen für den Programmierer auf einer möglichst hohen Ebene zur Verfügung stehen. Hier liegen im wesentlichen Nachteile der üblichen Rechnerarchitekturen, die auf konventionellen Maschinensprachbefehlen aufbauen.
Diese sind:

- komplizierter Übersetzungsweg vom Quellprogramm in HLL (High Level Language) zum ausführbaren Programm in Maschinensprache

- nur mit hohem Aufwand realisierbare Testmöglichkeiten für den HLL-Programmierer

- hohe Laufzeitverfälschung bei eingeschalteten Test- und Diagnosefunktionen

- geringere Leistungen bzgl. Codelänge und Laufzeit gegenüber Assemblerprogrammen

- kaum Möglichkeiten, häufig durchlaufene Befehlskombinationen zur Durchsatzerhöhung in den Mikrospeicher zu legen (Vertikale Verlagerung).


## I    Ziele des Projekts

Um hierzu eine Alternative zu erproben, wurde ein Modellrechner mit neuer Rechnerarchitektur und der hierzu notwendigen Software mit den folgenden Merkmalen entwickelt:

- Das Quellprogramm wird in eine Zwischensprache übersetzt, die in ihrer Struktur direkt dem Quelltext entspricht.

- Diese Zwischensprache wird nicht in konventionelle Maschinensprache übersetzt (dies wäre jedoch mittels eines Codegenerators auch möglich), sondern durch einen mikroprogrammierten Interpreter direkt ausgeführt.

- Die durch den Interpreter realisierte virtuelle Prozessorstruktur ist deskriptororientiert. Allen Objekten, auch einzelnen Variablen, wird bei ihrer Deklaration ein Deskriptor zugeordnet, der Angaben wie Typ, Datenlänge oder Namen dieser Variablen enthält.

- Die Übersetzung von der Quellsprache in die Zwischensprache ist klar nach Funktionen gegliedert. Sie braucht wesentlich weniger Aufwand als ein traditioneller Compiler.

- Die Zwischensprache enthält immer alle Informationen, die für einen Test auf Quellspracheebene notwendig sind. Dies sind z.B. Namen von Variablen, Zeilennummern. Dadurch sind Testfunktionen auf der Quellspracheebene (symbolischer Test), die diese Informationen benötigen, leicht realisierbar. Ebenso sind weitere Funktionen für Statistik und Diagnose leicht anschließbar. Es ist bekannt, daß eine genaue Kenntnis des dynamischen Verhaltens eines Programms wesentlich zu einer gezielten Optimierung beitragen kann.

Diese Prinzipien wurden für eine Teilmenge (algorithmische Funktionen) der Sprache PEARL realisiert.

## II   Übersetzen

Die Übersetzung erfolgt in drei Pässen (siehe Bild 1):

Syntaxanalyse:
--------------

Das Quellprogramm wird in die Zwischensprache VPL (Virtual Processor Language) umgeformt. Diese Form der Zwischensprache, sie wird als Zeichenkette lesbar ausgegeben, enthält aber z.B. noch alle Namen von Variablen.

Die Syntaxanalyse ist naturgemäß von der Quellsprache abhängig.

Identifikation:
---------------

In diesem Pass erfolgt die Zuordnung von Datennamen zu logischen Adressen und von Codenamen zu Codeadressen. Die logische Adresse von Variablen wird durch Angabe der Blockschachteltiefe und einer relativen Objektnummer innerhalb des Blocks gebildet. Weiterhin erzeugt der Identifikator den ladefähigen Code der Zwischensprache, dieser wird VPC (Virtual Processor Code) genannt. Dabei wird der Operationsteil der Befehle je nach Häufigkeit in 4, 8 oder 12 Bit verschlüsselt.

Die Identifikation ist weitgehend unabhängig von der Quellsprache.

Semantische Analyse:
--------------------

Hier erfolgt die Prüfung auf alle semantischen Fehler, die vor Ablauf eines Programmes feststellbar sind. Dies sind z.B. Typprüfungen für die bei einer Operation beteiligten Variablen. Die semantische Analyse verändert den Code VPC nicht mehr.

Als besonders wichtig soll bei diesem Übersetzungsweg hervorgehoben werden, daß neben den Testinformationen auch die Deklarationen der Objekte aus dem Quellprogramm voll übernommen werden.

Die Zwischensprache wurde so entworfen, daß nicht nur PEARL, sondern auch andere verwandte Sprachen darauf abgebildet werden können. Auf diese Weise können der Identifikator und große Teile der Semantischen Analyse, des Interpreters und des Testsystems für mehrere Quellsprachen (z.B. PASCAL) benutzt werden.

Bild 2 zeigt für einen kurzen Programmausschnitt eine Gegenüberstellung von PEARL, VPL und VPC.


## III  Ablauf der erzeugten Zwischensprache VPC

Der Ablauf der erzeugten Zwischensprache VPC erfolgt interpretativ mit einem mikroprogrammierbaren Rechner. Die Befehle der Zwischensprache werden durch unterschiedlich viele Mikrobefehle ausgeführt. Diese Anzahl liegt zwischen 5 und einigen 100 Mikrobefehlen, wobei im Durchschnitt 40 benötigt werden.

Die wichtigsten Befehlsklassen sind

. Deklarationsbefehle
. Arithmetisch-/Logische Befehle
. Programmsteuerbefehle
. Testbefehle

Deklarationsbefehle
-------------------

Bei der Interpretation eines Deklarationsbefehls wird für die deklarierte Variable ein Deskriptor aufgebaut. Dieser enthält alle Informationen einschließlich Namen, Typ, Länge des deklarierten Objekts.

Diese Deskriptoren werden bei z.B. arithmetischen Verknüpfungsbefehlen oder für das Protokollieren von Variablen entsprechend ihrer Struktur herangezogen.

## Arithmetische-/Logische Befehle

Arithmetische Ausdrücke werden in Postfix-Form umgewandelt. Bei der Interpretation eines Ladebefehls wird der Deskriptor der zu ladenden Variablen auf einen Stack gebracht.

Ein Verknüpfungsbefehl verknüpft dann die zwei Variablen, deren Deskriptoren die obersten Stackplätze einnehmen. Aus den Deskriptoren wird der Typ der zu verknüpfenden Variablen ermittelt, so daß eine Angabe über den Typ nicht im Operationscode des Verknüpfungsbefehls verschlüsselt wird. Es gibt deshalb für jede Verknüpfungsart (z.B. Addition) nur einen Befehl in VPC.

## Programmsteuerbefehle

Die Abbildung von der Quellsprache auf VPC ist bei der Programmsteuerung exakt 1:1, so daß hier die interpretative Methode in Bezug auf Code- und Laufzeiteffizienz besonders günstig ist.

## Testbefehle

Hierzu gehören Befehle zum Setzen und Inkrementieren einer im Interpreter geführten Quellzeilennummer, dies ermöglicht eine einfache Realisierung von Zeilenstop und Quellzeilentrace.

Der Mikrospeicher ist in der Designphase dem Systementwickler leicht zugänglich. Dadurch ist es möglich, einen erweiterten Interpreter zu realisieren, der zusätzlich zu der normalen Funktion eines Interpreters Anschlüsse an ein Testsystem bietet. So lassen sich umfangreiche Testfunktionen auf Quellsprachenebene leicht realisieren, z.B.

- Zeilentrace, Zeilenstop
  Bei jedem Befehl, der den Quellzeilenzähler verändert, erfolgt ein Sprung in das Testsystem.

- Verzweigungstrace, Prozedurtrace
  Bei jedem Programmsteuerungs-Befehl erfolgt ein Sprung in das Testsystem.

- Ausdrucken von Daten
  Die Deskriptoren enthalten die dafür nötige Typ-Information.

- Variablenstop, Variablentrace
  Bei jedem Zugriff auf Variable erfolgt ein Sprung ins Testsystem und dort Prüfung auf Zugriff zu den angegebenen Variablen.

Ebenso können leicht Informationen über den Programmablauf gespeichert werden, z.B.
- Prozedurzähler
- Schleifenzähler
  Es wird beim Programmlauf mitgezählt, wie häufig bestimmte Prozeduren aufgerufen oder wie häufig bestimmte Schleifen durchlaufen werden.

Die letztgenannte Möglichkeit kann nicht nur zum Test und zur Optimierung eines Einzelprogrammes dienen, sondern auch als Grundlage für die weitergehende Entscheidung, welche Teile etwa des Betriebssystems in das Mikroprogramm verlagert werden sollen.


## IV  Umfang und Aufbau des Modellrechners

Der Modellrechner wurde speziell für die Untersuchungen dieses Projekts entworfen und als Labormuster gebaut. Er wurde mit Bausteinen der AMD 2900-Familie realisiert. Die wesentlichen Daten dieses Modellrechners sind:

. 32-Bit Datenbreite
. Tetradenstruktur des Speichers und aller Register
. Barrel-Shifter zum Schieben in einem Mikrozyklus
. Mikrowortbreite 64 Bit
. 256 Register und HW-Stacks

Wie man vor allem an der letzten Angabe sieht, wurde beim Aufwand für diesen Rechner bewußt nicht gespart, es sollten mit möglichst wenig Einschränkungen die typischen Eigenschaften eines Rechners zur interpretativen Abarbeitung von Zwischensprachen ermittelt werden. Als wesentlich kann jetzt schon herausgestellt werden:

. Barrel-Shifter
. HW-Stacks für Mikroprogrammierung
. dynamische Befehlsmodifikation
. freie Mikroprogrammierung, die bei diesem Projekt mit SW-Hilfsmitteln (z.B. einer komfortablen Mikroassemblersprache und zugehörigen Übersetzer) gut unterstützt wird.

Für spätere Untersuchungen über Multiprozessorsysteme wurden zwei identisch aufgebaute Rechner über einen Multibus verbunden. Sie besitzen zusätzlich zu ihren lokalen Mikro- und Hauptspeichern einen gemeinsamen Speicher (s. Bild 3).


V    Ergebnis

Zusammenfassend läßt sich zum realisierten System sagen:

1.    Durch die klare funktionelle Aufteilung der Übersetzung und die hohe Zwischensprache war der Umfang des Übersetzers (für Syntaxanalysator und Identifikator   je 40 K Worte à 16 Bit) auch unter Berücksichtigung des eingeschränkten Funktionsumfangs wesentlich kleiner als bei einem konventionellen Compiler.

2.    Der Umfang des Interpreters für die algorithmischen Teile von PEARL beträgt ca. 5 K Worte à 64 Bit.

3.    Das hohe Niveau des zu interpretierenden Codes und die Adressierung durch Objektnummern statt Adressen ermöglichen es, den Code sehr kompakt zu halten, obwohl er noch alle für Testzwecke nötigen Informationen (Datentypen, Datenstrukturierung, Variablen- und Prozedurnamen, Quellzeilen-Information) enthält.

4.    In Bezug auf die Laufzeit ist die hier realisierte deskriptororientierte Rechnerarchitektur zwar nicht so effizient wie eine Rechnerarchitektur ohne Deskriptoren. Dies ist jedoch abzuwägen gegen die anderen Punkte

    - Die Mikroprogrammierung des Interpreters bringt auf der anderen Seite eine wesentliche Beschleunigung mit sich.

    - Die hier beschriebene Architektur bietet sehr gute Ansatzpunkte für ein in die Ablaufstruktur integriertes Test- und Diagnosesystem.

    Nach ersten Messungen werden z.Zt. Verbesserungen in der Struktur des virtuellen Prozessors und im Aufbau von VPL/VPC realisiert, wobei die gegenseitigen Abhängigkeiten der Punkte Laufzeit, Codelänge, Test-Erleichterung und Einfachheit des Compilers untersucht werden sollen.


Die durch diese Arbeiten vorliegenden Erfahrungen werden bei unseren Prozeßrechnerprodukten beim schrittweisen Verlagern von Funktionen in den Mikrospeicher Verwendung finden.

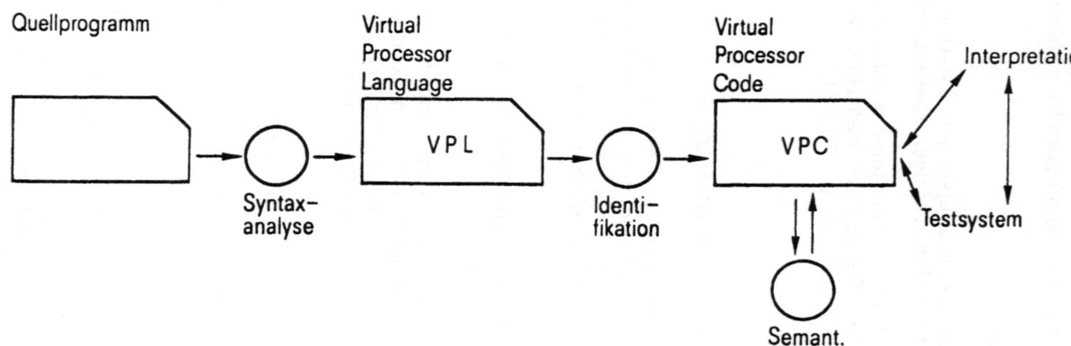


Bild 1: Übersetzungsweg für den Modellrechner

| PEARL<br>(Ausschnitt) | VPL | VPC<br>(mnemo-<br>technisch) | VPC<br>(Code in<br>Hexamustern) | Code-<br>Tetraden-<br>Adresse<br>Hexa |
|---|---|---|---|---|
| 10  DCL (A, B, SUM)<br>     FIXED (15); | DCLDO, INTERNAL,<br>ID, 3<br>A,<br>B,<br>SUM,<br>VBLE,<br>FX,15,<br>INIT, 0; | DCLDO INTERNAL<br>3<br>A<br>B<br>SUM<br>VBLE<br>FX 15<br>0 | BO<br>03<br>0141<br>0142<br>03535540<br>1<br>00 1F<br>0 | 28 |
| 15  IF A ⟨=B | IBEGIN;<br>LOAD, A;<br>LOAD, B;<br>LESSTHAN;<br>IFHEAD; | IBEGIN<br>LOAD 2,0<br>LOAD 2,1<br>LESSTHAN<br>IFHEAD 17 M1 | C1<br>6 2 00<br>6 2 01<br>D8<br>C0 0011 00078 | 54<br>52<br>56<br>5A<br>5C |
| 16  THEN SUM=SUM+A; | NEWLINE;<br>LOADFS, SUM;<br>LOAD, SUM;<br>LOAD, A;<br>ADD;<br>STORE; | NEWLINE<br>LOADFS 2,2<br>LOAD 2,2<br>LOAD 2,0<br>ADD<br>STORE | 0<br>7 2 02<br>6 2 02<br>6 2 00<br>EC<br>5 | 67<br>68<br>6C<br>70<br>74<br>76 |
| 17  ELSE SUM=SUM+B; | NEWLINE;<br>ELSE;<br>LOADFS, SUM;<br>LOAD, SUM;<br>LOAD, B;<br>ADD;<br>STORE; | NEWLINE<br>M1:ELSE 18 M2<br>LOADFS 2,2<br>LOAD 2,2<br>LOAD 2,1<br>ADD<br>STORE | 0<br>C3 0012 0008E<br>7 2 02<br>6 2 02<br>6 2 01<br>EC<br>5 | 77<br>78<br>83<br>87<br>9B<br>9F<br>A1 |
| 18  FIN; | NEWLINE;<br>IFEND; | NEWLINE<br>M2:IFEND | 0<br>C4 | A2<br>A3 |

Bild 2: Programmausschnitt in PEARL, VPL und VPC

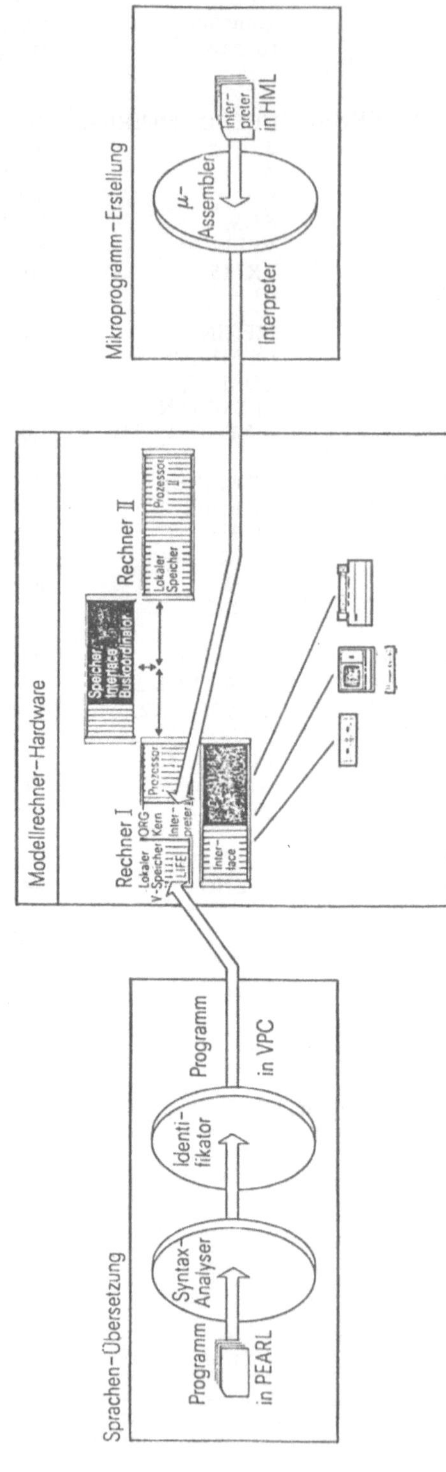



Bild 3: Hardware- und Softwarekomponenten des Modellrechners

<u>BAPAS-DB - Ein portables offenes Datenbanksystem für Prozeßrechner</u>

K. Goede, K. Landwehr

<u>Kurzfassung</u>

Das Datenbanksystem  BAPAS-DB  organisiert den Zugriff konkurrierender (Rechen-) Prozesse
und Dialogbenutzer auf Datenbestände. Durch seine Programmierung in  PEARL  ist
BAPAS-DB  unabhängig von einem konkreten Rechner. Es kann auf jeden  PEARL-Rechner
genügend hohen Sprachniveaus transportiert werden.
Das Datenbanksystem ist offen für die schnittstellenneutrale Änderung, Auswechslung oder
Hinzunahme von Zugriffsstrategien und die Anpassung der Benutzerschnittstelle entsprechend
einer gewünschten Anwendersprache.


<u>Einführung</u>

Die automatische Abwicklung von Steuerungs-, Fertigungs- und Dispositionsaufgaben geschieht
im Bereich der industriellen Automation noch immer einerseits anwendungs- und anwender-
spezifisch oder andererseits in maschinen- und verfahrensabhängiger Weise. Diese Art der
Abwicklung erschwert im ersten Fall stark die Übernahme existierender Programmkomponen-
ten von einer zur anderen Anwendung oder den Einsatz anderer Programmierer. Sie erschwert
im zweiten Fall den Einsatz veränderter Hardware oder den Übergang vom vorgegebenen zu
einem anderen Organisationsverfahren.
Ein Hauptziel des Datenbanksystems  BAPAS-DB  ist es, hier Abhilfe zu schaffen.
Dialogzugriffe auf Daten (auch Prozeßdaten) konkurrierend zu einem laufenden Prozeß zu ge-
statten, ist ein anderes Hauptziel.
BAPAS-DB  bietet dementsprechend Echtzeitprogrammen, die Steuerungs-, Fertigungs- oder
Dispositionsaufgaben erledigen, über eine  <u>Programmschnittstelle</u>  eine anwendungsunabhängige
Datensicht, die auch

- unabhängig von der zugrundeliegenden Maschine und der Form physischer
  Datenabspeicherung  und

- unabhängig vom Zugriffsverfahren auf Datenbestände

ist. Über eine  <u>Dialogschnittstelle</u>  bietet es dem Anwender/Bediener die Möglichkeit, während-
dessen - oder unabhängig davon zu anderen Zeiten -  auch auf jene Daten zuzugreifen, die vom
Echtzeitprogramm verwendet werden.
Sowohl über die Programm- als auch über die Dialogschnittstelle können  <u>Aufträge</u>  auf folgenden Ebenen an  BAPAS-DB  gegeben werden:

. Datenbankebene  (mehrere Datenbanken können geführt werden),
. Dateiebene,
. Satzebene,
. Feldebene  (auch Teilfelder sollen hierunter verstanden werden).

Aufträge können <u>Abwicklungen</u> aus der Gruppe

- Typdefinition (Datenbanktyp, Dateityp, Satztyp, Feldtyp),
- Erzeugen,
- Suchen, Lesen,
- Einfügen,
- Ändern

mit einer der jeweiligen Ebene entsprechenden Bedeutung auslösen.

Über die Dialogschnittstelle ist es zusätzlich möglich, <u>Zugriffsstrategien</u> unter einem Strategienamen mit eventueller Einstelloption über Parameter bekannt zu machen oder sie zu entfernen. Unter <u>Zugriffsstrategie</u> wird dabei die Vereinigung aller Bereitstellungs- und Zugriffsoperationen (z.B. Initialisieren, Suchen über Schlüssel, Lesen, Einfügen, Löschen) und zugehöriger Datenstrukturen verstanden, die ein Zugriffsverfahren ausmachen. Eine beliebige bekanntgemachte Strategie kann einer Datei bei der Dateierzeugung zugeordnet werden. Alle (späteren) Zugriffe auf die Datei werden dann ohne Beeinflussung der Programm- oder der Dialogschnittstelle über die zugeordnete Strategie statt über die voreingestellte Strategie abgewickelt.

Die Möglichkeit, wenigen einfachen Richtlinien entsprechende neue Zugriffsstrategien zu programmieren und ohne Schnittstellenänderung Datei zuzuordnen, macht einen Teil der <u>Offenheit</u> von BAPAS-DB aus.

## Struktur von BAPAS-DB

Die Struktur von BAPAS-DB (s. Abb. 1) ist wesentlich durch seine Zielsetzung bestimmt. <u>Programm-</u> und <u>Dialogschnittstelle</u> bedienen sich gleichberechtigt der <u>Verwaltungs-</u> und der <u>Auftragsabwicklung.</u>

Die <u>Verwaltungsabwicklung</u> erledigt

- das An- und Abmelden von Bedienern,

- die Zuordnung von Zugriffsstrategien zu Dateien (in einer späteren Ausbaustufe von BAPAS-DB auch von Verknüpfungsstrategien zu Dateimengen) und ihren Eintrag im <u>Strategieverteiler,</u>

- die Zuordnung von <u>Zugriffsrechten</u> zu Datenbanken und Dateien (später auch zu Feldtypen) durch den Datenbankverwalter, einem privilegierten Bediener.

Die <u>Auftragsabwicklung</u> erledigt die über die <u>Benutzerschnittstelle</u> einlaufenden Aufträge auf der jeweils angesprochenen Ebene. Bei der Anwahl einer Datenbank oder einer Datei wird auf Seiten der Auftragsabwicklung über die <u>Zugriffsrechte</u> festgestellt, ob die Anwahl für den betreffenden <u>Prozeß</u> bzw. <u>Bediener</u> erlaubt ist. Erst dann wird ggf. die Anwahl angenommen. Der <u>Strategieverteiler</u> kommt bei der Abwicklung auf Satzebene zum Tragen. Dort verteilt die Auftragsabwicklung auf diejenige Zugriffsstrategie, die im Strategieverteiler der die Sätze enthaltenden Datei zugeordnet ist.

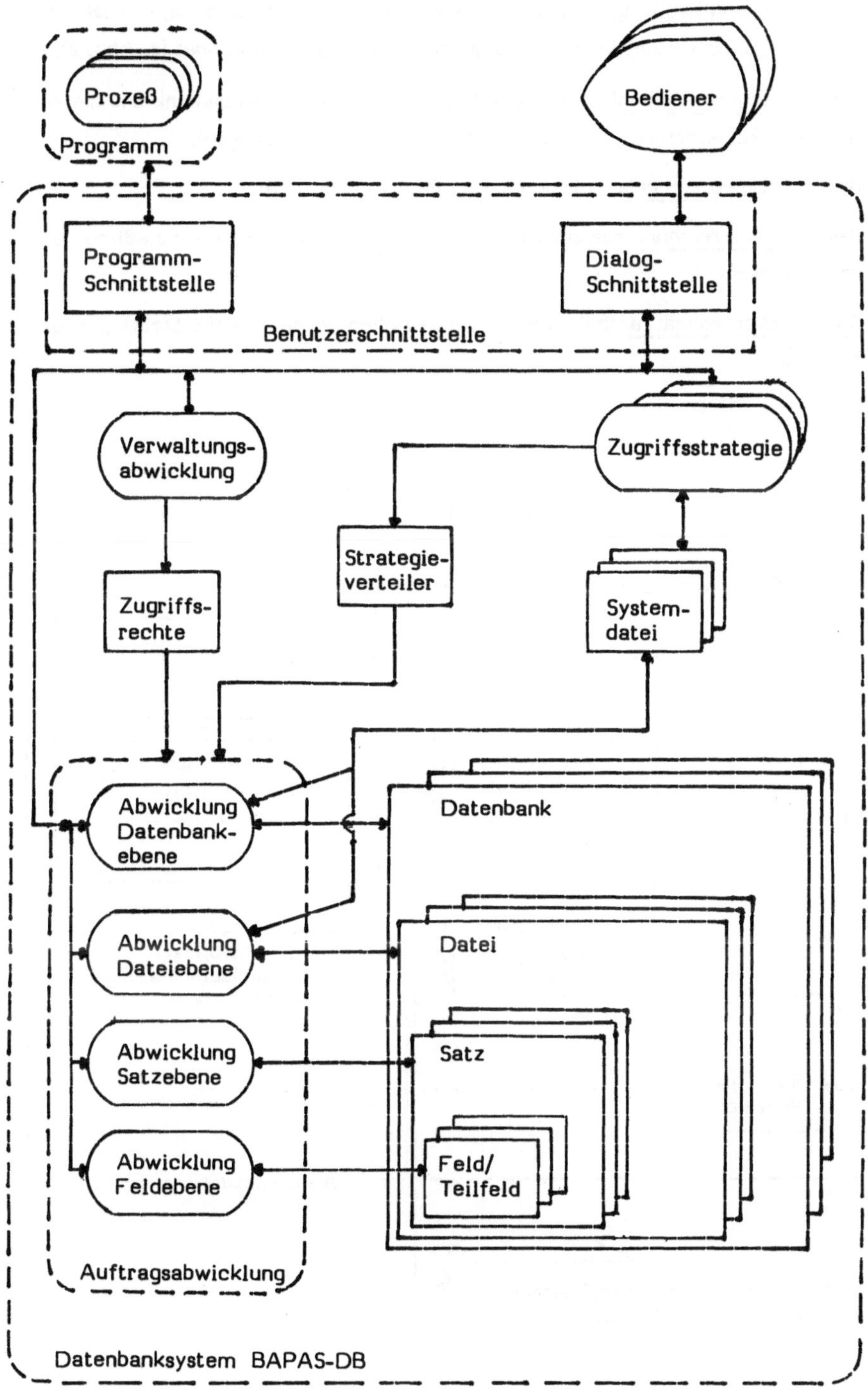



Abb. 1: Struktur von BAPAS-DB

Um die Kontrolle der Verwaltungs- und Auftragsabwicklung zu ermöglichen, werden zur Laufzeit von BAPAS-DB im wesentlichen die folgenden Datensätze verwendet (s. Abb. 2):

- das <u>Strategieverzeichnis</u> (beschreibt den Ausbau der Strategiebank und die zulässige Parameterform für den Aufruf der Strategieprozeduren),

- das <u>Satztypverzeichnis</u> (für den Satzaufbau von Dateien),

- das <u>Dateiverzeichnis</u> der zur Datenbank gehörigen Dateien einschließlich Zugriffsrechten,

- <u>Strategiekontrollsätze</u> (nehmen die wesentlichen Parameter der Strategieprozeduren auf),

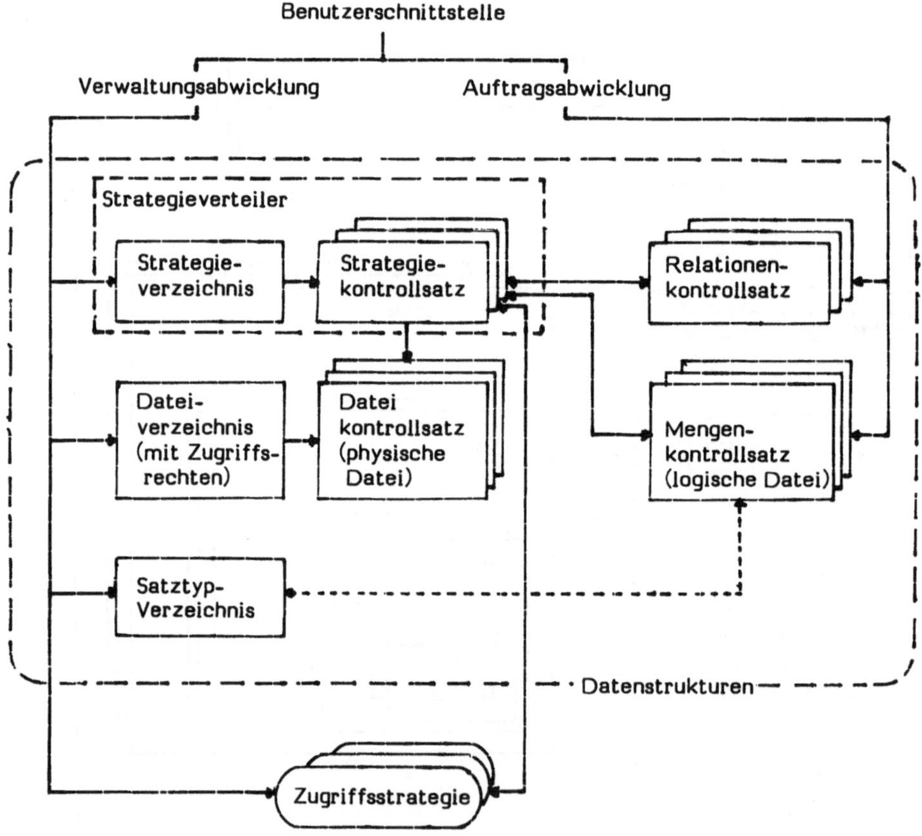


Abb. 2: Datenstrukturen zur Kontrolle der Datenbankansprache

- <u>Dateikontrollsätze</u> für die Datenübertragung (einschließlich Pufferangaben),

- <u>Relationenkontrollsätze</u> für die Verknüpfung von Dateien (in der vorliegenden Ausbaustufe noch unbenutzt),

- <u>Mengenkontrollsätze</u> für die Beschreibung logischer Dateien.

Durch entsprechende Einträge in diese Datensätze aufgrund im Dialog getroffener Verwaltungsangaben werden die Voraussetzungen für die Auftragsabwicklung geschaffen (s. Abb. 3).

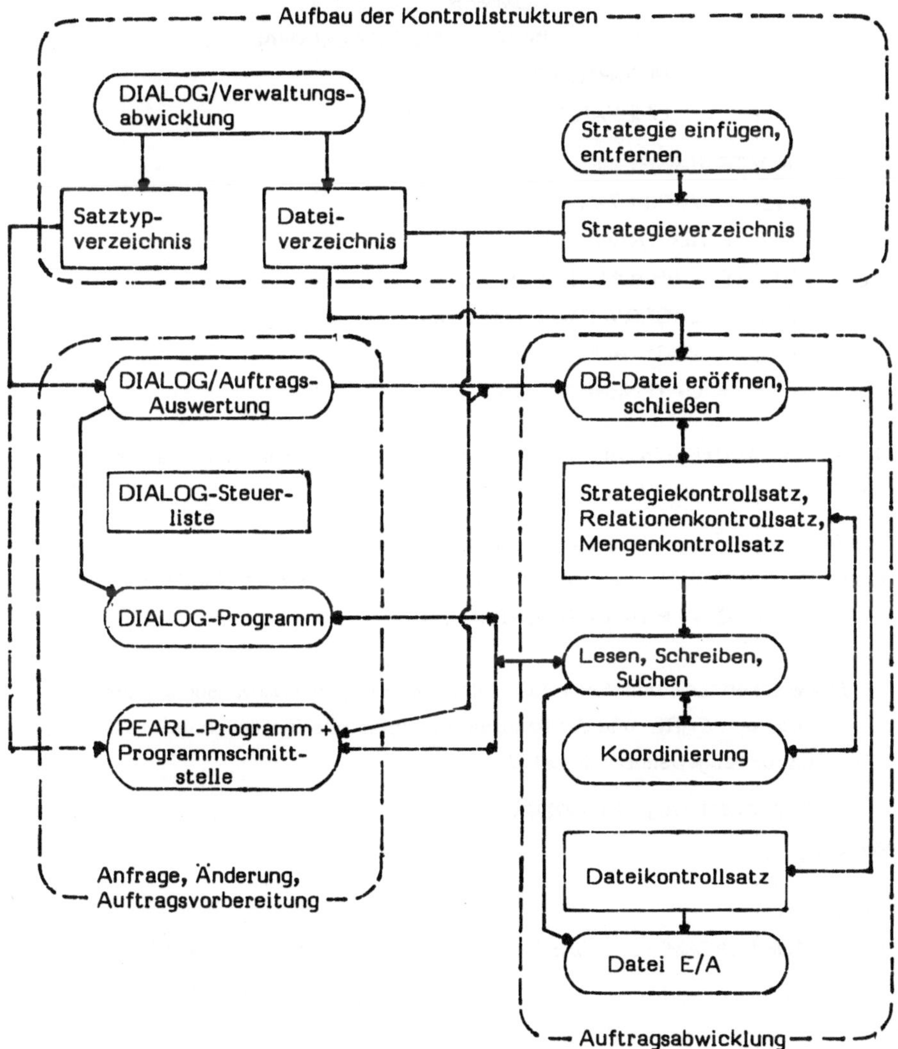


Abb. 3:  Anwendungen der Datenstrukturen bei der Datenbank-Ansprache

<u>Die Benutzerschnittstelle</u>

Die Benutzerschnittstelle sei durch folgende Beispiele charakterisiert:

- Definieren (Kreieren und Typisieren) einer Datei "AUFTRAGSMENGE"
  (AUFTRAGSINHALT sei als Satztyp zuvor bereits eingeführt) im Dialog durch
  den Datenbankverwalter:

```
N_REC = AUFTRAGSTYP
          STRUCT ( BESCHREIBUNG
                     STRUCT ( TITEL CHAR (6),
                              NUMMER FIXED (15),
                              INHALT AUFTRAGSINHALT ),
                   PRIORITAET FIXED (7),
                   UNBEARBEITET BIT (1) );

N_DBF = AUFTRAGSMENGE ,
          FILE = VWFILE7A ,
          REC = AUFTRAGSTYP ,
          STRAT = BBAUM / NSPLIT = 3 ,
          PRIV = LAGERVERWALTER / ALL ,
          PRIV = VORSTAND / READ ,
          PRIV = DATENERFASSUNG / APPEND ;
```

- Ablisten aller Aufträge in AUFTRAGSMENGE , die unbearbeitet sind und eine
  Priorität größer als 10 haben.

  - per Programm (abgeleitet aus der Sprache DIPOL [5]):
```
    FOR ALL AUFTRAG OF AUFTRAGSMENGE ! AUFTRAG.UNBEARBEITET
            AND AUFTRAG.PRIORITAET > 10
DO
        /* Zwischen DO und END DO folgt eine Folge von Anweisungen der Gast-
           sprache PEARL und der Programmschnittstelle (natürlich dessen dem Be-
           nutzer "zugewandte" Seite) */

        PUT AUFTRAG TO DRUCKER ;
END DO ;
```

  - im Dialog:
```
    LISTS AUFTRAGSMENGE SAETZE MIT UNBEARBEITET = TRUE
                                & PRIORITAET > 10 ;
```

. Zyklische Bearbeitung von Aufträgen mit anschließender Löschung:

    ...

```
ABWICKLER: TASK ;
  REPEAT
     FOR ONE AUFTRAG OF AUFTRAGSMENGE
     DO
           ... /* Abwicklung des Auftrags */
        ERASE AUFTRAG ;
     NOT EXISTING AFTER WARTEZEIT RESUME ;
     END DO ;
  END ;
END /* ABWICKLER */ ;
```

. Löschen im Dialog:
```
LOESCHEN AUFTRAGSMENGE SAETZE MIT TITEL = 'WX / 311' ;
```

Anwendungsspezifische Ausformungen der Benutzerschnittstelle

Die Benutzerschnittstelle setzt sich, wie aus Abb. 1 ersichtlich, aus der Programm- und der Dialogschnittstelle zusammen. Sie bildet hochsprachliche Programm- bzw. Bedienkommandos ab auf den "CALL-Level", d.h. auf äquivalente Folgen von Aufrufen von Prozeduren aus

- der Verwaltungsabwicklung und/oder
- der Auftragsabwicklung.

Die Abbildung geschieht durch einen Precompiler. Dieser Precompiler wird gesteuert durch die syntaktische Darstellung von Quell- und Zielsprache durch je eine kontextfreie Grammatik. Während die Zielsprache (der erwähnte "CALL-Level") festliegt, sind die Quellsprachen "Datenbankansprache per Programm" und "Dialogsprache" je für sich mit relativ geringem Änderungsaufwand an Benutzerforderungen anpaßbar. In diesem Sinne ist BAPAS-DB offen für Änderungen der Benutzersprache.
Damit geht BAPAS-DB in seinen Möglichkeiten erheblich über das hinaus, was bei kommerziellen Anwendungen durch den CODASYL-Ansatz Stand der Technik ist.


Echtzeiteigenschaften

BAPAS-DB gestattet Bedienern und angeschlossenen Prozessen den konkurrierenden Zugriff auf seine Datenbestände in Echtzeit unter automatischer Wahrung der Konsistenz auf Satzebene. Notwendige Synchronisierungs- und Verteilungsmaßnahmen - z.B. bei der Verwaltung der Systempuffer - geschehen dabei datenbankseitig in einer Weise, die der Priorität des anfordernden Prozesses entspricht: Jede Auflage (instantiation, Inkarnation) einer der Reentrant-Prozeduren, die bei der Abwicklung des jeweiligen Auftrags beteiligt ist, arbeitet mit genau der Priorität des aufrufenden Prozesses.

Besonders wichtig ist die prioritätskonforme Arbeitsweise von BAPAS-DB , falls Anforderungen aus dem gesteuerten technischen Prozeß vorrangig behandelt werden sollen, vorrangig z.B. gegenüber laufenden Dialogen oder statistischen Auswertungen.

Beispiel: Es mögen ein Dialog- und ein Auswertungsprozeß der geringen Priorität 255 laufen. Bei Rückmeldung (Fertigmeldung) einer Maschine soll diese vorrangig mit einem neuen Auftrag versorgt werden, der z.B. vom ABWICKLER im letzten Beispiel der Maschine zugeleitet und kontrolliert werden kann.

```
. . .
WHEN FERTIG ACTIVATE AUFTRAGGEBER
. . .
AUFTRAGGEBER: TASK PRIORITY 5 ;
   . . .  /* Erzeugen neuer Auftragsdaten */
  FOR NEW AUFTRAG OF AUFTRAGSMENGE
    DO
       AUFTRAG := AUFTRAGSDATEN
      END DO ;
END /* AUFTRAGGEBER */ ;
   . . .
```

Mit Hilfe des Einplanungsmechanismus (Scheduling) lassen sich über die Interruptsteuerung hinaus auch Datenbankzugriffe zu bestimmten Tageszeiten, in Abhängigkeit von Zeitintervallen o.ä. organisieren.

Beispiel (wieder PEARL-Notation):

```
    AT 6:0:0 ALL 30 SEC DURING 12 HRS ACTIVATE DRUCKMESSUNG ;
```

DRUCKMESSUNG könnte beispielsweise einen Prozeß bezeichnen, der den gemessenen Druckwert in einer Datei DRUCKWERTE der Datenbank Meßangaben zusammen mit der Uhrzeit einträgt:

```
. . .
DRUCKMESSUNG: TASK ;
  DCL DRUCK FIXED (15) ;
  TAKE DRUCK FROM KESSELMANOMETER ;
  FOR NEW X OF DRUCKWERTE
  DO
     X.WERT := WERT ;
     X.ZEIT := NOW ;
  END DO ;
END /* DRUCKMESSUNG */ ;
   . . .
```

## Realisierung

BAPAS-DB ist im wesentlichen (ca. 90 %) in der Echtzeitsprache PEARL geschrieben.
Insbesondere wird Gebrauch gemacht von

- Reentrant-Prozeduren,
- Semaphore- und Boltvariablen,
- mehrstufigen Strukturen,
- benutzerdefinierten Typen.

Die genannten Sprachkonstrukte gehen zum Teil über Basis-PEARL [1] hinaus, werden aber
natürlich vom verwendeten PEARL-System (Sprachumfang s. [2] ) voll abgedeckt.
Ein kleiner Teil (ca. 9 %) ist in PL/1 geschrieben. Der winzige Rest (ca. 1 %) ist in Assembler
realisiert. Es handelt sich um die Schnittstelle zwischen der Auftragsabwicklung und ange-
schlossenen/anzuschließenden Strategien. Diese je Rechnertyp einmal zu realisierende
Schnittstelle ermöglicht es, auch Zugriffsstrategien in einer anderen Sprache als PEARL
(z.B. FORTRAN oder Assembler) zu schreiben und für BAPAS-DB verwendbar zu machen.
In BAPAS-DB sind gewisse Zugriffsstrategien von vorneherein realisiert. Es handelt sich
um zwei sequentiell arbeitende Verfahren und ein Hash- und ein B*-Baum-Verfahren.
Die Realisierung von BAPAS-DB in PEARL hat gegenüber einer Realisierung in einer niederen Programmiersprache oder in Assembler bezüglich Speicherplatz und Laufzeit einen gewissen Effizienzverlust zur Folge. Das Ausmaß der Verluste hängt naturgemäß vom verwendeten Compiler und dessen Zusammenspiel mit dem verwendeten Laufzeitsystem ab. Bezüglich des benutzten Compilers hätte die Realisierung von BAPAS-DB in Assembler sowohl hinsichtlich Laufzeit als auch hinsichtlich Speicherplatz eine Einsparung von ca. 20 % ergeben.
Der Einfluß auf die Zugriffszeit wäre allerdings erheblich geringer, da diese wesentlich von
der Zugriffszeit auf den im Hintergrund verwendeten Plattenspeicher abhängt.
Laufzeit- und Speichereffizienz machen bekanntlich nur einen Teil der Gesamteffizienz eines
Systems aus. Die Gesamteffizienz ist in ähnlichem Maße bestimmt durch die Punkte

- Aufwandskosten, -Zeit für die Erstellung,
- Wartbarkeit,
- Anpaßbarkeit an Benutzerbedürfnisse und die
- Portabilität

des Systems, welche deutlich zugunsten der gewählten Realisierungsmethode mit Hilfe einer
genormten höheren Programmiersprache ausfallen. Die Anpassung an besondere Benutzerbedürfnisse ist durch die Offenheit von BAPAS-DB sogar in besonders hohem Maße möglich.
Hier kann ja sowohl einerseits die Benutzerschnittstelle als auch andererseits die Auswahl
von Zugriffsstrategien genau angepaßt werden, ohne die Struktur des Datenbanksystems an-
zutasten.

## Verfügbarkeit, Portabilität

Die hier beschriebene Ausbaustufe von BAPAS-DB ist auf einem Rechner Siemens 330 implementiert, der mit einem portablen PEARL-Programmiersystem (Verwendung der universellen
Zwischensprache IL1 , s. auch [3] ) ausgerüstet ist. BAPAS-DB kann unmittelbar auf Rechner übertragen werden, auf denen jenes Programmiersystem (umfassend PEARL-Compiler,
-Laufzeitsystem, -Betriebssystem BAPAS [4] oder ein äquivalentes System) existiert oder
transportiert wird - das Programmiersystem selbst ist weitgehend portabel. Es sind dies
neben der Siemens 310, Siemens 330, Siemens R30 die Rechner Siemens 404/3, Hewlett-
Packard HP 3000, HP 1000, Norsk Data 10 S. Weiter läßt sich BAPAS-DB auf alle PEARL-
Rechner bringen, die den in [2] beschriebenen über Basis PEARL hinausgehenden Sprachumfang abdecken.

## Literatur


[1] DIN 66253, Teil 1: Basic PEARL. Beuth-Verlag, Berlin und Köln, Entwurf Juni 1978.

[2] Werum W., Windauer H.: PEARL - Process and Experiment Automation Realtime
Language. Vieweg, Braunschweig 1978.

[3] Kneuer E., Windauer H., Roestel, Th.: Development and Implementation of Portable
Compilers for Real Time Languages. Proc. European Symp. on Real Time Data Handling and Process Control, Berlin 1979, pp 413 - 16. North-Holland 1979.

[4] Bösmann H., Tarabout A., Werum W.: Der Kern eines allgemeinen PEARL-Betriebssystems. Lecture Notes in Computer Science 12, pp. 528 - 43. Springer, Berlin - Heidelberg - New York 1974.

[5] Werum W., Windauer H.: DIPOL - Discrete Process Oriented Language. PDV-Bericht
KfK-PDV 183, Gesellschaft für Kernforschung mbH, Karlsruhe 1980.



Dieser Bericht veröffentlicht Ergebnisse aus einem mit Mitteln des
Bundesministers für Forschung und Technologie geförderten Forschungsvorhabens des Projekts Prozeßlenkung mit DV-Anlagen (PDV) im Rahmen
des 3.DV-Programms der Bundesregierung.

DVS 300 - Ein Realzeit-Datenverwaltungssystem unter besonderer
Berücksichtigung der Anforderungen an eine prozessnahe <u>und</u>
an eine kommerzielle Datenverwaltung


Bernd Opgenoorth
Siemens AG, Erlangen
Systemtechnische Entwicklung


Übersicht

Bei der Kombination der Aufgaben prozeßnahe Datenerfassung und gleichzeitige kommerzielle Verarbeitung der erfaßten Daten, erweisen sich weder Datenbanksysteme noch die herkömmlichen Datenverwaltungssysteme als
geeignet. Diese Ausgangssituation führte zur Neuentwicklung des Daten-
verwaltungssystems DVS 300. Die Konzeption und die Struktur dieses Systems werden im folgenden bezüglich Zugriffsmöglichkeiten, Transferoptimierung, Datensicherungsmöglichkeiten und Systemarchitektur vorgestellt.


Einleitung

Aufgabenstellungen aus dem Bereich der "betrieblichen Datenerfassung
(BDE)" stellen an ein E/A-System folgende zwei divergierende Hauptanfor-
derungen:

-     sehr schnelle und gesicherte (Betriebs-) Datenerfassung
-     komfortable und vielfältige Möglichkeiten zur schnellen
       Informationsgewinnung/ -extraktion aus den erfaßten Daten

Während die erste Forderung typisch für den Einsatz von Prozeßrechnern
ist, reicht die 2. Anforderung in den Hauptanwendungsbereich der mittle-
ren Datentechnik hinein und wird dort zunehmend durch den Einsatz von
Datenbanksystemen (Datenbankrechnern) erfüllt.
(Merkmale: Mehrfachindizierung, invertierte Listen, Transaktionssiche-
rung, Anfragesprachen)
Der Einsatz von Datenbanksystemen erweist sich jedoch bei der oben genannten kombinierten Aufgabenstellung in der Regel nicht als geeignet,
da sie für die Anforderungen hinsichtlich schneller Datenerfassung, flexi-
bler Datenstrukturierung und Datensicherheit nicht die Lösung bieten.

Andererseits zeigen sich die herkömmlichen Datenverwaltungssysteme (DVS), deren Basiskonzeption und Realisierung meist bis zu den Ursprüngen der Entwicklung einer Rechnerfamilie zurückreicht, für die Bewältigung der oben genannten Aufgabenstellung als nicht tragfähig.
(Merkmale: Einfachindizierung, keine reorganisationsfreien Indexalgorithmen, keine in das System integrierte Daten- (Transaktions-) sicherung)

Vielfach wurde den gestiegenen Anforderungen bzgl. des 2. Punktes durch Erweiterung des bestehenden DVS Rechnung getragen, wobei jedoch teils die bestehende E/A-Systemstruktur zerstört wurde, oder unbefriedigende Kompromisse bzgl. möglicher Datenstrukturierungen, Zugriffskombinationen und Zugriffsalgorithmen eingegangen werden mußten (z.B. Realisierung der Mehrfachindizierung beim Schreiben eines Datensatzes über eigenständige Aktualisierungsaufrufe für jede zusätzlich definierte Indexdatei (Performance-Verlust), Abhängigkeiten zwischen Filetypen und zugelassenen Zugriffsmöglichkeiten, Ablage der Daten nach einem HASH-Algorithmus nicht oder nur über spezielle Satzstrukturen möglich).

Diese Ausgangssituation führte zur Neuentwicklung eines DVS - ablauffähig auf den Rechnern der Siemens Systeme 300.
Die Konzeption und Realisierung des DVS 300 hinsichtlich des oben geforderten breiten Einsatzspektrums wird im folgenden bzgl. Zugriffsmöglichkeiten, Transferoptimierung, Datensicherungsmöglichkeiten und Systemarchitektur vorgestellt.

Zugriffsmöglichkeiten zu einem DA- (direct access) File

Ein DA-File im DVS 300 ist eine Menge von byteorientierten Sätzen fester oder variabler Länge mit bis zu 16 zugehörigen Indexdatenbereichen (s. Fig. 2). Die Datensätze besitzen unabhängig von ihrem Format die einheitliche Struktur: Header - Primärdaten - Trailer (s. Fig. 1). Der Header beinhaltet die Satzlänge und ein Löschkennzeichen. Der Trailer enthält nur die Satzlänge, um ein schnelles Rückwärtslesen der Datensätze auch bei variablem Satzformat zu ermöglichen (verschränktes Lesen). Diese einheitliche Satzstruktur erlaubt die Anwendung der verschiedensten Zugriffsmöglichkeiten (s. Fig. 3) und eine problemlose Modifikation der bestehenden Filestruktur ohne Kopieren der Primärdaten (z.B. nahtloser Übergang von fester auf variabler Satzlänge).
Die Verwaltung der Schlüsselwerte in den zum File gehörenden Sekundärdatenbereichen erfolgt entweder indexsequentiell über einen B * Baum Algorithmus oder random nach einem HASH Algorithmus.

Der B * Baum Algorithmus (multi way tree) zeichnet sich gegenüber anderen Vorgehensweisen durch seine Gleichgewichtigkeit und Reorganisations-
freiheit aus. Gerade der letzte Punkt garantiert ein gleichbleibend gu-
tes Verhalten bei UPDATE-Operationen. Eine Erweiterung des B * Baum Algorithmus erlaubt die Realisierung von invertierten Listen (duplicated
keys = DUPKEY).
Der HASH Algorithmus arbeitet nach dem Divisions-Rest-Verfahren mit
Bucketbildung. Für auftretende Überläufe werden zwischen den Home-Buk-
kets dynamisch Overflow-Buckets eingestreut.
Darüberhinaus ist ohne Einschränkungen der übrigen Zugriffsmöglichkeiten
auf Grund der gewählten Satzstruktur auch die Ablage der Primärdaten gemäß dem oben erwähnten HASH Algorithmus möglich. Die Verwaltungsinforma-
tion für diese Zugriffsform (HASH-Base=HASHB) wird nur in den Headern
der Primärdatensätze geführt (s. Fig. 1).

Entsprechend den Zeiterfordernissen des jeweiligen Anwendungsfalles kann
beim Erfassen der Primärdaten die Aktualisierung aller/einiger Indexdatenbereiche temporär ausgeschaltet werden (späteres Aktualisieren über
REORG), oder es kann die Aktualisierung bestimmter Schlüsselwerte (Dum-
my-Schlüsselwertzeichen im 1. Byte des jeweiligen Schlüsselfeldes im
Primärdatensatz oder im 1. Byte eines Schlüsselstückes bei gestückelten
Schlüsseln) unterbunden werden (evtl. späteres Aktualisieren über Up-
date-Funktionen).
(Über die Ausnutzung des Dummy-Schlüsselwertes ist es zudem möglich,
zwei Files, die inhaltlich in Beziehung stehen, in einen File zusammenzufassen (s. Fig. 5).)


Transferoptimierung

   Die gewählte Lösung für die Realisierung der Indexorganisationen basiert vor allem hinsichtlich der Effektivität des reorganisationsfreien
ISAM-Algorithmus auf der Verwendung eines Daten-Page-Systems (Algorithmus: last recently used), da bei Indexbearbeitungen pro Index mindestens
n (n = Anzahl der Hierarchiestufen des B * Baumes) Kacheln durchsucht
werden.

   Bei der HASH (B) Organisation ist durch die Kachelgröße auch die Bucke
größe und mit der jeweiligen Schlüssellänge die Anzahl der möglichen
Bucketeinträge bestimmt. Für die Optimierung der HASHB Indizierung kann
zusätzlich ein spezieller Kachelbereich mit einer optimalen Kachel/Bucket
größe eingerichtet werden. Dadurch, daß bei der HASH-Ablage der Primär-

daten in den Headern der Datensätze der Overflow-Buckets jeweils die Differenz (Bucketanzahl) zum zugehörigen Homebucket eingetragen wird, erübrigt sich beim Durchsuchen der Overflow-Buckets in vielen Fällen ein Schlüsselwertvergleich.
Während die Verwaltung der Indices immer über das Page-System erfolgt, werden die Primärdatentransfers - abhängig von einem einstellbaren (Satzlängen-) Wert vom DVS über das Page-System oder über Direkttransfers(wenn Satzlänge größer Kachelgröße) ausgeführt.

Im Anhang (Fig. 6a - b) sind einige Meßreihen für das Laden von Files (Insert Records) unterschiedlicher Größe und Indizierung aufgeführt. Für jeden File wird die durchschnittliche Transferanzahl pro Datensatz aufgezeigt. Die Angaben verstehen sich jeweils einschließlich der Funktion OPEN und CLOSE (Kachelbereich filespezifisch räumen). Weitere Messungen zur Konfiguration 6a mit unterschiedlicher Kachelanzahl ergeben, daß sich bis zu einer gewissen Filegröße (2500 - 5000 Sätze) die Größe des jeweiligen Kachelbereiches im Transferverhalten stark bemerkbar macht. Bei größeren Files jedoch ist die durchschnittliche Transferanzahl pro Datensatz ab einer Mindestkachelanzahl nahezu identisch und die Absolutzeit für den Ladevorgang kleiner als bei überdimensionierten Kachelbereichen (Page overhead). Während für die Aktualisierung von HASH-Indices 2 Kacheln (Home-Bucket-Kachel, Overflow-Bucket-Kachel) grundsätzlich ausreichen, sind für das Einfügen von sequentiell auf-/absteigenden Schlüsselwerten in einen ISAM-Indexdatenbereich pro Indexdatenbereich ca. 2 n Kacheln optimal (n = Hierarchiehöhe).
Für das Einfügen von random Schlüsselwerten in einen B*Baum wirkt sich die zur Verfügung stehende Kachelanzahl relativ stark aus, da im Gegensatz zur HASH-Indizierung der Bereich, in dem ein Schlüsselwert eingefügt wird, auf den jeweils aktuellen Füllstand des Indexdatenbereiches begrenzt ist und die Bestimmung des Speicherplatzes über alle Hierarchiestufen hinweg erfolgt.

Die systeminterne Freispeicherverwaltung der Primärdatensätze - Wunschparameter beim Einrichten eines File - ist über die Verkettung der gelöschten Datensätze zum Zeitpunkt des Einrichtens gelöst. Diese Vorgehensweise besitzt gegenüber anderen Techniken (z.B. komprimierte Bitlisten) den Vorteil, daß zum Zeitpunkt der Datenerfassung kein zusätzlicher Verwaltungsaufwand auf die Freispeicherverwaltung notwendig ist. Zudem bietet diese Vorgehensweise die Möglichkeit der einfachen Reorganisation im Fehlerfall.

Datensicherungsmöglichkeiten

   Vier sich ergänzende Möglichkeiten zur filespezifischen, systemimma-
nenten Datensicherung sind im DVS 300 realisiert: Kopienverwaltung, Aufrufsicherung (roll forward recovery), Before-Image-Sicherung (roll back
recovery) und Parallelführung. Aufgabe der Datensicherungsmöglichkeiten
ist die Gewährleistung der Speicherkonsistenz. Während die drei zuerst
genannten Sicherungsarten schwerpunktmäßig in der kommerziellen Datenverwaltung eingesetzt werden, ist die Parallelführung eine Forderung der
Prozeßdatenverarbeitung.
Die Parallelführung wird durch eine Transferduplizierung der zum Aus-
transfer kommenden Kachel des Originalfile in den Parallelfile (keine
zusätzliche Transferzeitbelastung bei simultan arbeitsfähigen Platten-
laufwerken) realisiert. Bei Ausfall eines Datenträgers bzw. bei Ungleich-
heit der parallel zu führenden Files erfolgt online die Aktualisierung
(Duplizierung) des Parallelfile (incl. Sekundärdaten). Diese Möglichkeit
(dumping on the fly) kombiniert mit der Aufrufsicherung erlaubt - nach
Soft- und Hardwarefehlern im System - eine schnelle Rekonstruktion von
Files.
Neben der Revisionsfähigkeit der vorangegangenen Fileaktivitäten besitzt die Aufrufsicherung gegenüber einer (physikalischen) after image
Sicherung den Vorteil, daß zur Sicherung nur ein zusätzlicher Direkt-
transfer notwendig ist.
Über die before image Sicherung ist bei Systemfehlern oder Fehlern im
Anwenderprogramm ein filespezifisches Zurücksetzen von Filebearbeitungen
auf einen vorgebbaren Konsistenzpunkt (Bildung eines speicherkonsisten-
ten Filezustandes) möglich. Eine Transaktion erstreckt sich somit über
den Bereich von zwei Konsistenzpunkten (Konsistenzpunkt: Anfang der nachfolgenden Transaktionen und/oder Ende der vorhergehenden Transaktion).
Darüberhinaus ist eine implizite Einschrittransaktion (Transaktionsbe-
reich genau ein fileverändernder Aufruf) realisiert. (Die Erweiterung
des Transaktionsbegriffes hinsichtlich einer programmbezogenen Transak-
tionssicherung befindet sich momentan in Arbeit).
Die before image Sicherung ist relativ transferaufwendig, da vor der Veränderung einer Index- oder Primärdatenkachel ihr alter Inhalt sofort in
einen before image File gesichert wird.

Systemarchitektur

Das DVS 300 ist ein integraler Bestandteil des Betriebssystems. Um den spezifischen Prozeßanforderungen gerecht zu werden, wird die Ausführung organisatorischer Funktionen vom Betriebssystem auf Anwenderebene (Anwenderpriorität) delegiert. Die Realisierung von Funktionen/Prüfungen die von den verschiedenen Programmiersprachen unterschiedlich benötigt werden, erfolgt in einer Library (s. Fig. 4).


Zusammenfassung

Ausgehend von einer einheitlichen Primärdatenstruktur wurde unter Verwendung der derzeit aktuellen Indexalgorithmen im DVS 300 ein umfangreiches Instrumentarium zur Datenbearbeitung/-modulation/-sicherung entwickelt, um der eingangs gestellten Aufgabenstellung gerecht zu werden. Obwohl das System von seiner Struktur her die Möglichkeit der Realisierung der internen Schemata (s. Schichtenmodell) eines Datenbanksystems beinhaltet, wurde bewußt darauf verzichtet, es als Datenbanksystem zu konzipieren. Vielmehr wird im DVS 300 die Effektivität/Flexibilität auf Systemebene in den Vordergrund gestellt, um den verschiedensten Anwendungsfällen gerecht zu werden.

Anmerkung: Für die hilfreiche und freundliche Unterstützung bei der Fertigstellung dieses Vortrages dankt der Verfasser seiner Kollegin Frl. Kralitschek.

Literatur


R. Bayer, E. Mc Creight   :  Organization and Maintenance of Large
                             Ordered Indexes; Acta Informatica 1, 1972

D. Knuth                  :  The Art of Computer Programming,
                             Vol. 3: Sorting and Searching.
                             Addison Wesley, Reading, Mass., 1973

Philip Clapson            :  Improving the Access Time for Random
                             Access Files; Comm. ACM 20, No. 3,
                             März 1977

V.Y.Lum,P.S.T.Yuen,M.Dodd:  Key-to-Address Transform Techniques: A
                             fundamental Performance Study on Large
                             Existing Formatted Files; Comm. ACM 14,
                             No. 4, April 1971

James Martin              :  Computer Data-Base Organisation; 2nd ed.,
                             Prentice-Hall, Englewood Cliffs, N.J.,1977

T. K. Gibbons             :  Integrity and Recovery in Computersystems;
                             Published by NCC Publications and Hayden
                             Book Company, Inc., 1976

Joost S. M. Verhofstad    :  Recovery Techniques For Database Systems;
                             Computing Surveys; Vol. 10, No. 2,
                             June 1978

E. E. Tozer               :  Backup and Recovery; Senior Consultant,
                             Software Sciences Limited 1977

Bernd Opgenoorth          :  Studie: Datensicherung im DVS 300; Siemens
                             interner Bericht P7110U-B6065-X-X-88

FIG. 1: INTERNE PRIMAERDATENSATZSTRUKTUR BEI DA-FILES

HEADER                    PRIMAERDATEN                              TRAILER

```
!                                                                        !
!----!==================================================================!----!
     ////
```

HEADER-INHALT: SATZLAENGE                 TRAILER-INHALT: SATZLÄNGE
               LOESCHKENNZEICHEN


//// BEI SYSTEMINTERNER FREISPEICHERVERWALTUNG
     VERWEIS AUF DEN NAECHSTEN FREIEN SATZ
     (RECORD FORMAT : F)


HASHB - ORGANISATION:

1. HEADER IM BUCKET        : ANZAHL DER BUCKETEINTRAEGE
                             LOESCHKENNZEICHEN
2.-N. HEADER IM BUCKET     : DISTANZ DES EINTRAGES ZUM
                             HOME-BUCKET
                             (IM HOME-BUCKET = 0)
                             LOESCHKENNZEICHEN
(DAS LOESCHEN DES HASHB-ZUGRIFFSPFADES BEINHALTET DAS
HERSTELLEN DES OBIGEN HEADERINHALTES)

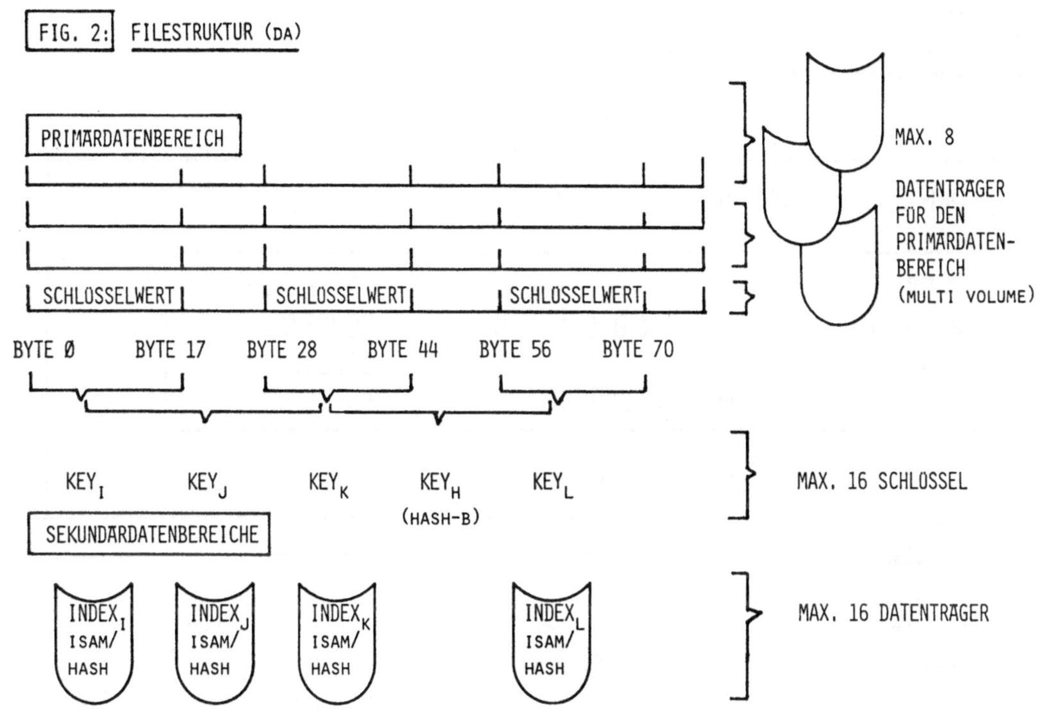

FIG. 2: FILESTRUKTUR (DA)
PRIMÄRDATENBEREICH
MAX. 8
DATENTRÄGER FÜR DEN PRIMÄRDATEN-BEREICH (MULTI VOLUME)
SCHLÜSSELWERT
SCHLÜSSELWERT
SCHLÜSSELWERT
BYTE Ø
BYTE 17
BYTE 28
BYTE 44
BYTE 56
BYTE 70
KEY_I
KEY_J
KEY_K
KEY_H
(HASH-B)
KEY_L
MAX. 16 SCHLÜSSEL
SEKUNDÄRDATENBEREICHE
INDEX_I ISAM/HASH
INDEX_J ISAM/HASH
INDEX_K ISAM/HASH
INDEX_L ISAM/HASH
MAX. 16 DATENTRÄGER


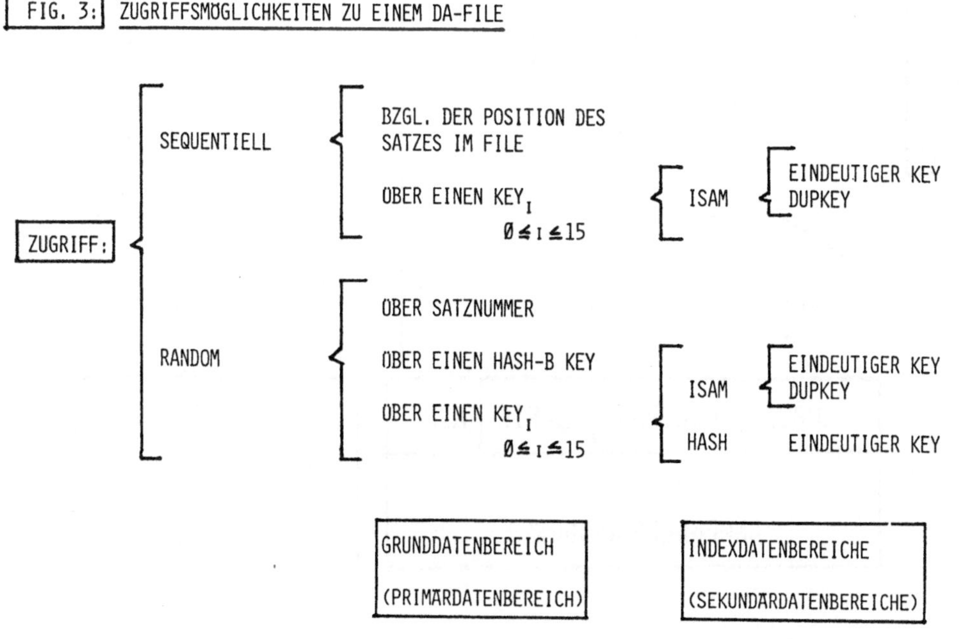

FIG. 3: ZUGRIFFSMÖGLICHKEITEN ZU EINEM DA-FILE
ZUGRIFF:
SEQUENTIELL
BZGL. DER POSITION DES SATZES IM FILE
ÜBER EINEN KEY_I
Ø ≤ I ≤ 15
ISAM
EINDEUTIGER KEY
DUPKEY
RANDOM
ÜBER SATZNUMMER
ÜBER EINEN HASH-B KEY
ÜBER EINEN KEY_I
Ø ≤ I ≤ 15
ISAM
EINDEUTIGER KEY
DUPKEY
HASH
EINDEUTIGER KEY
GRUNDDATENBEREICH (PRIMÄRDATENBEREICH)
INDEXDATENBEREICHE (SEKUNDÄRDATENBEREICHE)

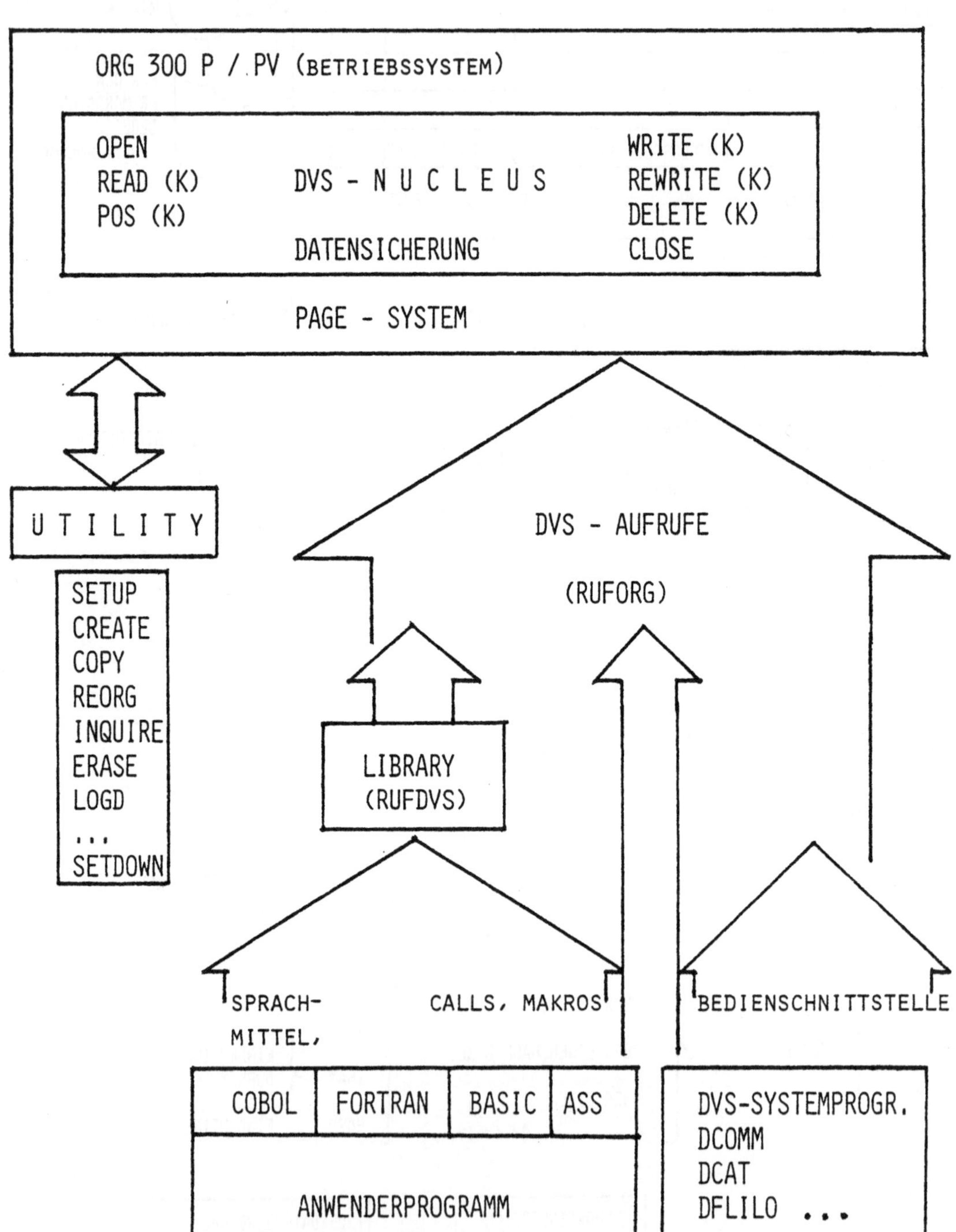


FIG. 4:    SYSTEMARCHITEKTUR

ORG 300 P / PV (BETRIEBSSYSTEM)

OPEN
READ (K)          DVS - N U C L E U S
POS (K)
                  DATENSICHERUNG

WRITE (K)
REWRITE (K)
DELETE (K)
CLOSE

PAGE - SYSTEM

U T I L I T Y

DVS - AUFRUFE

(RUFORG)

SETUP
CREATE
COPY
REORG
INQUIRE
ERASE
LOGD
...
SETDOWN

LIBRARY
(RUFDVS)

SPRACH-
MITTEL,

CALLS, MAKROS

BEDIENSCHNITTSTELLE

COBOL    FORTRAN    BASIC    ASS

ANWENDERPROGRAMM

DVS-SYSTEMPROGR.
DCOMM
DCAT
DFLILO ...

FIG. 5: FILEINTEGRATION ÜBER DUMMY-SCHLUESSELWERT

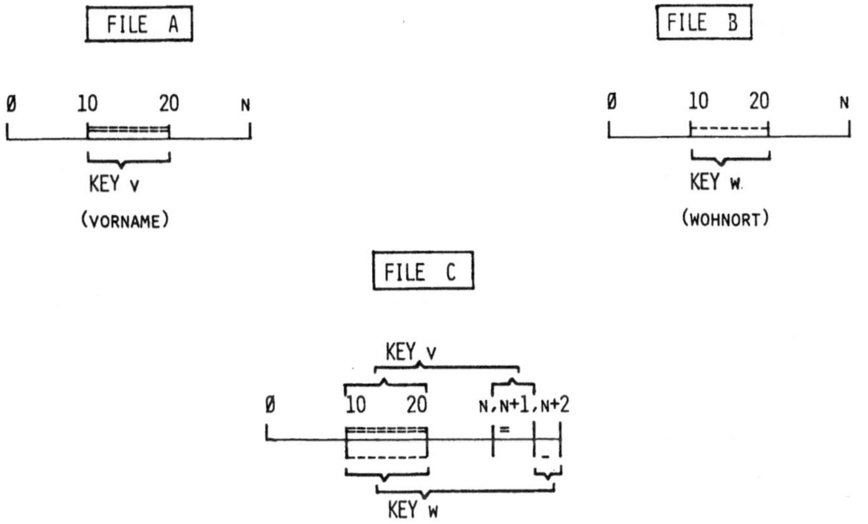

SÄTZE ZU FILE A: DUMMY-SCHLÜSSELWERT (BYTE N+2) ZU KEY w

SÄTZE ZU FILE B: DUMMY-SCHLÜSSELWERT (BYTE N+1) ZU KEY v.

FIG. 6: MESSERGEBNISSE - LADEN VON FILES

MESSRAHMEN:

| | |
|---|---|
| SATZLÄNGE | 124 BYTES |
| SCHLÜSSELLÄNGE | 12 BYTES |
| KACHELLÄNGE | 512 BYTES |
| (AUCH BEI HASHB) | |

DIE SPEICHERPLATZVORGABE FÜR DIE HASH/HASHB-INDIZIERUNG BETRÄGT 120 % VOM MINIMALPLATZ-
BEDARF FÜR DIE INDEX-/PRIMÄRDATENABLAGE.

BEI DUPKEY-INDEXDATENBEREICHEN (D) SIND JEWEILS 40 % DUPKEY'S GEGEBEN.

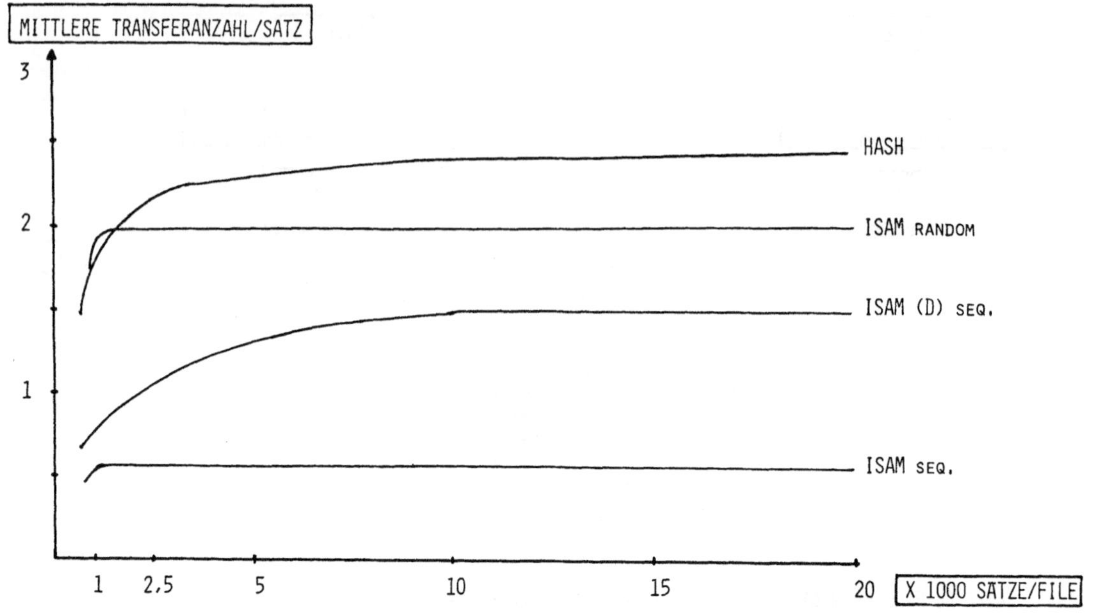
FIG. 6A: LADEN VON EINFACH INDIZIERTEN FILES (20 KACHELN)
MITTLERE TRANSFERANZAHL/SATZ
3
2
1
HASH
ISAM RANDOM
ISAM (D) SEQ.
ISAM SEQ.
1   2,5   5   10   15   20   X 1000 SATZE/FILE

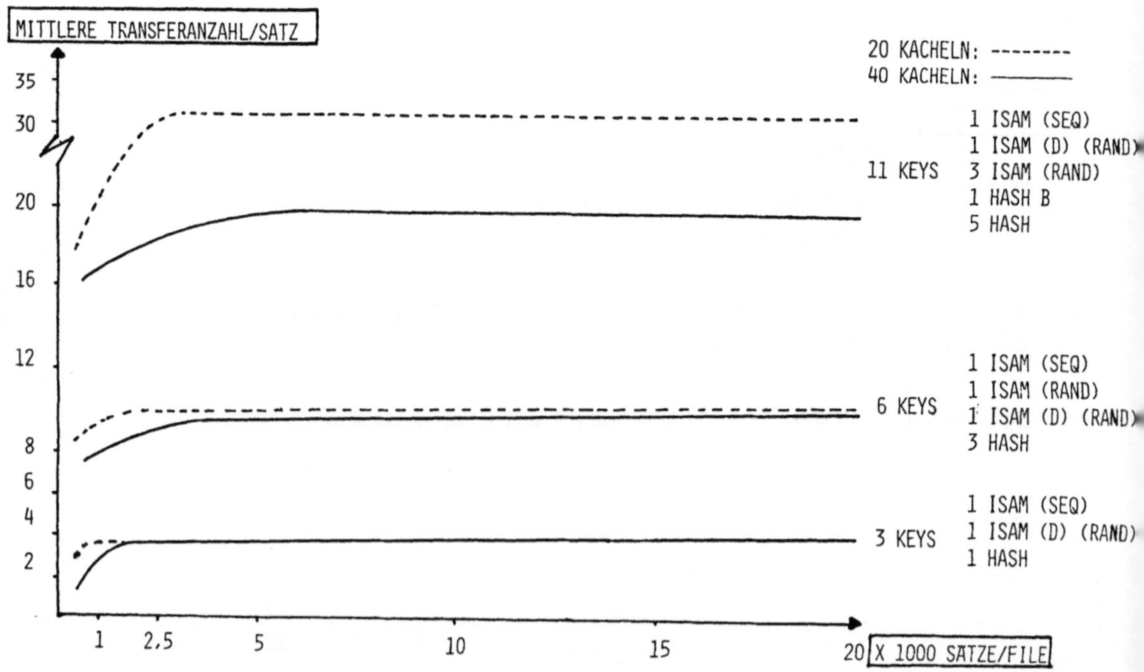
FIG. 6B: LADEN VON MEHRACH INDIZIERTEN FILES (20, 40 KACHELN)
MITTLERE TRANSFERANZAHL/SATZ
20 KACHELN: --------
40 KACHELN: ————
35
30
20
16
12
8
6
4
2
1 ISAM (SEQ)
1 ISAM (D) (RAND)
11 KEYS   3 ISAM (RAND)
1 HASH B
5 HASH
1 ISAM (SEQ)
1 ISAM (RAND)
6 KEYS   1 ISAM (D) (RAND)
3 HASH
1 ISAM (SEQ)
3 KEYS   1 ISAM (D) (RAND)
1 HASH
1   2,5   5   10   15   20   X 1000 SATZE/FILE

IMPLEMENTIERUNG EINER RELATIONALEN DATENBANK

MITTELS PEARL ALS SYSTEMSPRACHE:

BILDGESTÜTZTE PROGRAMMIERUNG VON PROZESSRECHNERN


I. Hertlin

H. Laubsch

Fraunhofer-Institut für Informations- und

Datenverarbeitung, IITB

7500 Karlsruhe



## Zusammenfassung

Der Einsatz von Datenbanken im Bereich der Automatisierung technischer Prozesse mit
Prozeßrechnern steht erst am Anfang der Entwicklung. An fortgeschrittene Automatisierungssysteme wird heute die Forderung gestellt, unterstützendes System für das gesamte
Spektrum von der Planung bis zur Wartung einer Prozeßanlage zu sein. Als Lösung bietet
sich eine Datenbasis auf dem Konzept relationaler Datenbanken an, da einerseits die
Prozeßdatenstrukturen in sichtgeräte-orientierten Warten- und Leitstandsystemen kom-
plex und umfangreich sind, andererseits fast ausschließlich Zugriffe zu den Datenstrukturen über den Signalnamen als Primärschlüssel vorkommen. Für den interaktiven Zugang
zur Datenbank wird eine lichtgriffelgestützte Anfrage- und Manipulationssprache vorgestellt, die Projektierungsingenieuren und Wartenpersonal gleichermaßen Zugang zur Datenbank erlaubt. Um echtzeitbezogene Zugriffszeiten von Programmen zu gewährleisten,
sind besondere Maßnahmen zur schnellen Adressierung der gespeicherten Daten notwendig.

Die Realisierung einer relationalen Prozeßdatenbank in **PEARL,** verbunden mit einer tabellengesteuerten Anfragesprache für den Entwurfs- und Programmierungsprozeß von Prozeßrechnern, zeigt die Anwendungsbreite von PEARL und auch Wege zur Rationalisierung
des Entwurfs- und Programmierungsprozesses für Prozeßrechner mit MSR-Standardaufgaben.


## 1. Einleitung

Während in der Vergangenheit der Einsatz von Prozeßrechnern vor allem auf dem Gebiet
der technischen Prozeßführung lag, so müssen heutige Systeme schon teilweise, zukünftige Systeme aber auf jeden Fall, neben der technischen Prozeßführung und in Wechselwirkung mit ihr auch Aufgaben der dispositiven Prozeßführung wahrnehmen. Der Prozeßrechner übernimmt somit Aufgaben eines Betriebsrechners oder aber ist mit einem solchen verbunden. Neue Anforderungen kommen heute hinzu, denen Rechnung getragen werden

---


Die diesem Bericht zugrundeliegenden Arbeiten wurden z.T. mit Mitteln des Bundesministers für Forschung und Technologie gefördert (PDV P6.3/86-KA-SYR/4).

muß: beispielsweise hohe Flexibilität, Qualitätskontrolle, vorbeugende Wartung, Rohstoff- und Energieeinsparung. Der Prozeßrechner muß dabei unter Realzeitbedingungen eine große Menge an Daten verwalten und diese je nach Speicherungsobjekt (Meßdaten, Langzeitdaten, Meldungstexte usw.) unter garantierten Zeitverhältnissen im Zugriff haben.

Die großen Datenmengen müssen dabei in ihrem Umfang und in ihrer Struktur veränderbar sein, ohne daß das Programmsystem angepaßt wird bzw. eine Leistungseinbuße erfolgt. Hierzu ist die Verwendung eines Datenbanksystems unerläßlich, das einerseits den vielfältigen Anforderungen wie Zugriffszeit und Datenkonsistenz genügen muß, andererseits aber auch so flexibel sein muß, daß eine große Einsatzbreite des Systems erreichbar ist.

Kap. 2 zeigt die Funktionsarchitektur eines rechnergestützten Sichtgerätesystems für Prozeßautomatisierungsaufgaben und die Aufgabenstellung einer Prozeßdatenbank darin. Eine lichtgriffelgestützte, nichtprozedurale Anfrage- und Manipulationssprache für die Datenbank wird im 3. Kapitel betrachtet. Anschließend wird auf die Implementierung, insbesondere auf die Gewährleistung echtzeitbezogener Zugriffszeiten, eingegangen.

## 2. Grundzüge des Systems EAF-P2A

Ziel der Entwicklung des Systems EAF-P2A (Ein-/Ausgabe-Farbbildschirmsystem – PEARL-programmiert, portabel, adaptierbar) ist es, ein möglichst breit einsetzbares, aber an spezielle Anforderungen leicht anpaßbares, portables Bedien-, Führungs- und Informationssystem für Prozeßautomatisierungssysteme zur Verfügung zu stellen mit dem Einsatz als

- Prozeßleitsystem in Warten und Leitständen
- Erstellungs- und Planungssystem einschließlich Anpassung und Änderungen
- Qualitätskontrolle
- Wartungsdisposition

in den Bereichen

- Verfahrenstechnik
- Energietechnik (Erzeugung, Verteilung)
- Fertigungstechnik
- Gebäudetechnik.

Im wesentlichen liegen dem Entwurf sechs Erkenntnisse zugrunde:

1) Die hohen Investitions- und Folgekosten für Programmsysteme erfordern eine Mehrfachverwendung der Software sowohl für den Anwender wie für den Hersteller mit Installationsmöglichkeiten auf verschiedenen Rechnern:

. Die Verwendung einer höheren Programmiersprache wie PEARL ist erforderlich zur Systemimplementierung und Anwendungsprogrammierung.

2) Die Benutzer eines solchen Systems (Leitstandspersonal, Ingenieure u.ä.) sind keine DV-Fachleute, jedoch Produktions- und Verfahrensfachleute:

. Die Bedien-, Führungs- und Darstellungsform muß ihrer Arbeitsweise angepaßt sein, nicht umgekehrt.

3) Strukturierung und Umfang der Daten sind in den angestrebten Einsatzbereichen unterschiedlich und in der Zeit veränderlich; die Flexibilität des Systems steht in engem Zusammenhang mit der Flexibilität der Daten:

. Nur ein Datenbanksystem mit unter Umständen verteilten Datenbeständen gewährleistet die Flexibilität.

4) Die Daten lassen sich in Bezug auf Zugriffsgeschwindigkeit für Realzeitaufgaben Klassen zuordnen:

. Analyse und Optimierung der zeitkritischen Daten- und Zugriffswege sind Voraussetzung für realzeitgekoppelte Datenbanken.

5) Programmsysteme müssen genau für die zu leistenden Aufgaben konfiguriert sein, jedoch leicht (auch vom Benutzer selbst) an sich verändernde oder neue Aufgaben anpaßbar sein:

. Die Systemkonzeption selbst muß offen sein für funktionelle Veränderungen und Ergänzungen.

6) Die einzelnen Arbeitsabläufe (Phasen) zur Automatisierung eines technischen Prozesses sind untereinander über Daten verknüpft und müssen in ihrer Gesamtheit betrachtet werden:

. Rechnerunterstützung vom MSR-Entwurf bis zur Instandhaltung ist erforderlich, um mögliche Schnittstellen- und Datenkonsistenzprobleme zwischen den Phasen zu vermeiden.

Das zugrundeliegende Lösungskonzept für EAF-P2A besteht in einer realzeitgekoppelten, relationalen Datenbank mit einer Methodenbank (Bild 1). Der Signalname als Primärschlüssel wirkt dabei als verknüpfendes Element zwischen den in der Methodenbank abgelegten Bausteinen (Flexibilität der Programme!) und den in der Datenbank (Flexibilität der Daten!) gespeicherten Prozeß- und Beschreibungsdaten.

Die Funktionsarchitektur (Bild 2) zeigt, daß der Anwender in Analogie zu den Phasen bei der Projektierung und Erstellung von MSR-Systemen (Entwurf, Hard- und Softwarekonfiguration, Programmierung, Kompilierung, Test und Simulation, Nutzung und Anpassung) rechnergestützt über einer Datenbasis arbeiten kann. Der vorgeschalteten Definition der Anforderungen an die Systementwicklung entspricht dabei die prozeßtechnische Klärung durch die Verfahrenstechnik. Bezüglich einer detaillierten Beschreibung der einzelnen Funktionsblöcke (Betriebsarten) muß auf /1/ verwiesen werden; Bild 2 zeigt lediglich die nächste Detaillierungsstufe.

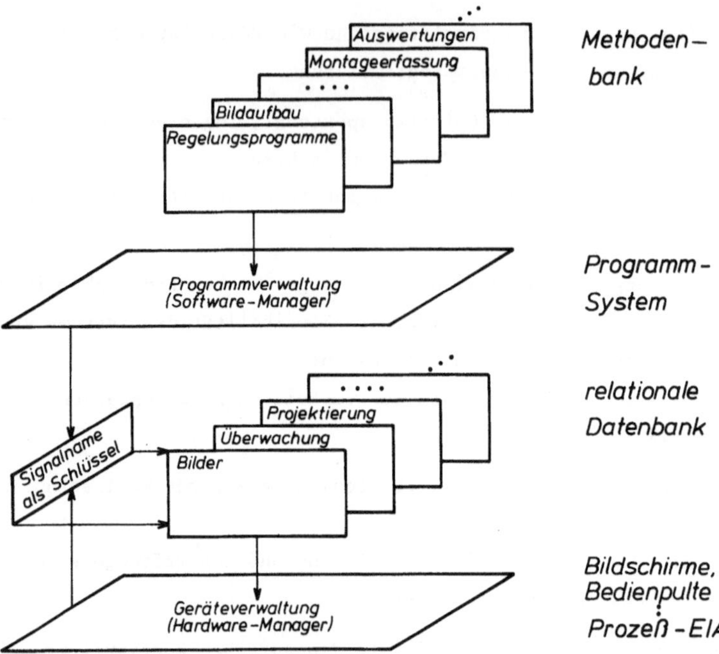

Bild 1: Lösungsprinzip von EAF-P2A

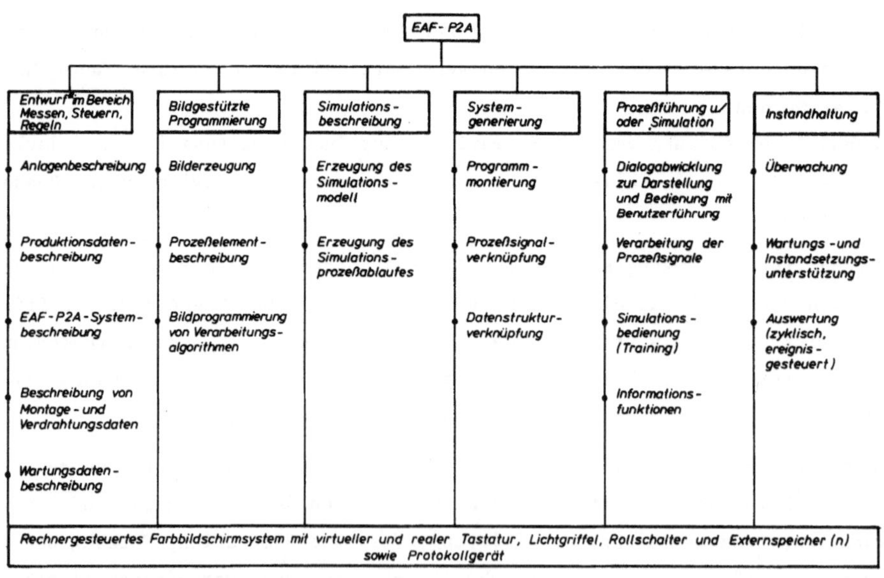

Bild 2: Funktionsarchitektur

Der Methodenlader (Bild 3) lädt zur Ablaufzeit je nach Betriebszustand des Systems aus einer Methodendatei, in der die verknüpften Methodenbausteine als komponierte Methoden abgelegt sind, die jeweils erforderlichen Systemkomponenten (doppelt ausgeführte Linien).

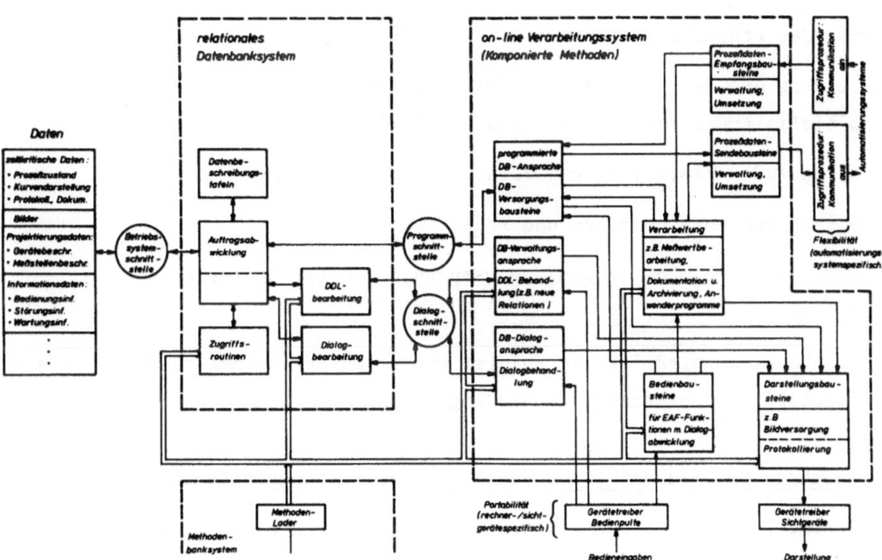


**Bild 3:** Systemstruktur

Im wesentlichen lassen sich vier Komponenten unterscheiden zur

. Darstellung und Bedienung an den Bedienpulten mit Farbsichtgeräten und Protokollausgabe

. Verarbeitung von Meßwerten (einschl. Mittelwertbildung, Dokumentation) und zur Ausführung spezieller Anwenderprogramme

. Ein- und Ausgabe von bzw. an Automatisierungssysteme mit zentraler oder verteilter Struktur

. Datenbankansprache über Dialog- und Programmschnittstelle.

Wesentliche Komponente des Systems ist die bildgestützte Programmierung mit Hilfe von Lichtgriffel und Farbbildschirm in einer problemorientierten Sprache (POL), die im Vergleich mit den bekannten Programmiersprachen als very high level language (VHLL) zu bezeichnen ist. Dabei wird von der Erkenntnis ausgegangen, daß die Zahl der Einzelfunktionen, aus denen sich in rd. 95 % aller Fälle die Überwachung, Steuerung, Regelung und Protokollierung eines technischen Prozesses zusammensetzt, auf etwa 100 beschränkt ist /2/.

"Programmierfunktionen" sind u.a.:

  . Definition der Datenstrukturen beim MSR-Entwurf (Tabellenbeschreibung und
    -erzeugung)

  . Zusammenstellung (Konfigurierung) des Systems gemäß Benutzer- und Geräte-
    anforderungen

  . Zeichnen des Prozeßfließbildes mit Kurvenfeldern

  . Beschreibung und Benennung der Signale und Steuerungsabläufe im Fließbild
    mit Initialisierung sowie Erstellung von Meldungstexten

  . Auswahl und/oder Erstellung von Verarbeitungsalgorithmen

  . Verknüpfung von Anzeigesystem und Prozeßsystem

  . Datenbankansprache ohne Verwendung vorprogrammierter Kriterien und
    Strategien.

Im folgenden Abschnitt wird für die zuletzt angegebene Programmierfunktion ein Beispiel der lichtgriffelgestützten Anfrage gegeben.


## 3. Prozeßdatenbank in bildgestützten Prozeßautomatisierungssystemen

Datenbanksysteme in Prozeßrechneranwendungen sind bis heute nicht annähernd so häufig
anzutreffen wie in kommerziellen Anwendungen. Dabei muß man unterscheiden zwischen
Datenbanksystemen, die auf Prozeß- und Kleinrechnern mit den bekannten Beschränkungen
implementiert wurden und solchen, die aufgrund ihrer Architektur auch für Prozeßauf-
gaben mit Realzeitanforderungen geeignet sind. Eine solche Datenbank sei als <u>Prozeß-
datenbank</u> bezeichnet. Sie muß während der Führung des Prozesses online verfügbar sein
und enthält Prozeßdaten und Prozeßbeschreibungsdaten.

Vom Datenmodell aus betrachtet kann man im wesentlichen zwei Datenbanktypen unterscheiden: relational und hierarchisch organisierte Datenbanken /3/. Portable, für
Realzeitanwendungen konzipierte Datenbanksysteme, die auf Prozeßrechnern ablaufen,
sind u.a.:

       relationales Datenmodell:    PRIMO  /4/,
       hierarchisches Datenmodell:  PEDMS  /5/,
       datenmodellunabhängig:      BAPAS-DB  /6/.

Das relationale Datenmodell zeichnet sich dadurch aus, daß die Abspeicherung der Daten feldorientiert erfolgt (wie Datenfelder in höheren Programmiersprachen lauter
Daten vom gleichen Typ enthalten) und die Beziehungen (Relationen) zwischen den Datensätzen getrennt davon in den Datenbankbeschreibungstafeln (Relationentabellen) gespeichert werden. Dadurch erreicht man gegenüber hierarchisch organisierten Datenbanken, bei denen Zugriffsinformationen in den strukturiert abgespeicherten Datensätzen enthalten sind, eine hohe Flexibilität sowohl bei den Verknüpfungsmöglichkeiten

von Anfragen als auch bei der dynamischen Veränderung des Datenbestandes. Der Gewinn
an Flexibilität muß im allgemeinen durch höhere Zugriffszeiten wegen des vergrößerten
Verwaltungsaufwandes erkauft werden. Dieser läßt sich jedoch, wie im nächsten Kapitel
gezeigt wird, durch spezielle Maßnahmen umgehen.

Für den interaktiven Zugang zur Datenbank verfügen Datenbanksysteme im allgemeinen
über eine Anfragesprache (engl. query language). Nicht alle Anfragesprachen relationaler Datenbanksysteme sind für Benutzer geeignet, die in möglichst problemnaher Form
auf Datenbestände zugreifen wollen, ohne die physikalische Organisation der Daten und
die Zugriffspfade kennen zu müssen.

Im wesentlichen arbeiten zwei Benutzergruppen mit dem System EAF-P2A: Projektierungsingenieure verfügen in gewissem Umfang über DV-Grundkenntnisse, kennen aber vor allem
die betrieblichen und verfahrenstechnischen Anforderungen und Abläufe; sie sollen auf
einfachste Weise das System rechnergestützt konfigurieren und programmieren. Sie sind
auch in der Lage, nach dessen Übergabe an den Betrieb Änderungen und Erweiterungen
vorzunehmen. Das Betriebspersonal kennt die Zusammenhänge des technischen Prozesses
und wird in der Prozeßführung mit Hilfe der Sichtgeräte und Bedienelemente geschult;
ihm ist jedoch das unterlagerte Rechnersystem und die Daten- oder Methodenbank völlig
fremd. Zu dieser Gruppe, die auch als parametrische Benutzer bezeichnet wird, gehört
ebenfalls das Management eines Produktionsbetriebes (Betriebsleiter, Werksleiter u.ä.).

Beim System EAF-P2A verwenden beide Gruppen Farbfernsehmonitore mit semigraphischer
Darstellungsorganisation und als Eingabeelemente Lichtgriffel, virtuelle und reale
Tastaturen sowie Rollschalter zur Bildausschnittverschiebung (siehe auch /2/).

Im folgenden wollen wir einige Charakteristika der für Projektierungsingenieure und
für das Betriebspersonal gleichermaßen geeigneten Anfrage- und Manipulationssprache
EAF-LAUS (lichtgriffelgestützte Anfrage und Spezifikation) erläutern. Die Sprachelemente zur Spezifikation der Datenstrukturen (data description language, DDL), auf die
hier nicht näher eingegangen wird, sind für einen besonders ausgebildeten Benutzer
bestimmt, der die Rolle des Datenbankverwalters wahrnimmt. Den Verfassern ist als
einzige lichtgriffelgestützte Anfragesprache FORAL LP /7/ bekannt, die jedoch nicht
wie die neu entwickelte Anfragesprache EAF-LAUS auf dem Relationenmodell aufbaut.
Die Darstellung einer Relation auf dem Sichtgerät erfolgt in Tabellenform wie bei
QUERY BY EXAMPLE /8/, wobei die Spalten durch die Relationenattribute gekennzeichnet
werden. In den Zeilen stehen die einzelnen Sätze der Relation.

Die Verwendung eines Rollschalters ist bei der Darstellung von Tabellen von großem
Vorteil, da auch große Relationen mit einer Vielzahl von Spalten (Attributen) und
Zeilen zusammenhängend ausgegeben werden können.

Dem Benutzer stehen als operative Datenbankfunktionen

      LIST    Tabelle ausgeben (entspricht einem Suchkommando)
      LÖSCHE  Löschen von Datentupeln oder Tabellen

NEUZU     Einfügen von Datentupeln

ÄNDERN   Verändern einzelner Datentupel

über virtuelle Funktionstasten zur Verfügung. Der Benutzer kann mit Dialogunterstützung durch das System mit Hilfe des Lichtgriffels seine Anfrage formulieren. Ein Beispiel verdeutlicht die Arbeitsweise: Der Benutzer möchte während der Prozeßführung
auf dem Bildschirm in einer Tabelle alle Analogmeßwertelemente mit ihren Charakteristika haben, deren untere Alarmgrenze verletzt ist. In einer Anfragesprache wie der
von BAPAS-DB würde man (vereinfacht) formulieren:

LISTS   DATEI = ANALOG, AUS = BILDSCHIRM, SAETZE MIT IST < UAGR;

Diese für alphanumerische Sichtgeräte mit entsprechender Tastatur konzipierten Sprachen sind für semigraphische Sichtgeräte mit Lichtgriffelbedienung zu aufwendig und
für Bedienpersonal sehr abstrakt.

Bei EAF-LAUS wählt der Bediener in der virtuellen Prozeßführungstastatur mit dem
Lichtgriffel die Taste "DB" und erhält als neue Funktionstastatur (Bild 4):

| UND | < | = | > | | LIST | NEUZU | | TASTW | *weitere* | FERTIG |
|-----|---|---|---|--|------|-------|--|-------|--------|--------|
| ODER | <= | # | => | | LÖSCHE | ÄNDERN | | TAB ÜB | *Tasten* | ABBR |

Bild 4: Virtuelle Datenbank- und EAF-Bedienfunktionstasten

Der Benutzer wird nun aufgefordert, eine der o.a. Datenbankfunktionen (oder eine der
sonstigen Funktionstasten in der rechten Hälfte) anzuwählen:

| BENUTZER (wählt mit Lichtgriffel) | SYSTEM (gibt Meldungen) |
|---|---|
| | FUNKTION WÄHLEN |
| LIST | TABELLENNAME EINGEBEN |
| a) Name vergessen: TAB ÜB<br>(bekommt rollbare Liste der<br>Tabellennamen; Anwahl eines<br>Namens mit Lichtgriffel) | |
| b) Name bekannt:   Name eingeben<br>über virtuelle oder reale<br>Tastatur | |
| | Ausgabe des Tabellenkopfes (Bild 5)<br>ANFRAGE FORMULIEREN, DANN FERTIG WÄHLEN |

| ANALOG | NAME | IST | SOLL | DIM | UAGR | OAGR | BILD | *weitere Attribute* |
|--------|------|-----|------|-----|------|------|------|-----------|

Bild 5: Tabellenkopf der Relation ANALOG mit Attributen

Auf dem Bildschirm bleibt weiterhin das Prozeßfließbild sichtbar, lediglich in den oberen 3 Zeilen steht der Tabellenkopf (Bild 5), am unteren Bildrand die Funktionstastatur (Bild 4). Der Benutzer formuliert nun durch Lichtgriffelanwahl von Attributnamen und Operatoren (in Bild 4) seine Anfrage:

| BENUTZER | SYSTEM |
|---|---|
| IST | |
| < | |
| UAGR | |
| FERTIG | |
| | Ausgabe einer rollbaren Liste aller Analogwerte, deren untere Alarmgrenze verletzt ist |

Soll die Anfrage durch konstante Angaben weiter eingeschränkt werden, so schreibt der Benutzer diese in die 3. Zeile des Tabellenkopfes (Bild 6). Diese Angaben wirken wie Und-Verknüpfungen.

Beispiel: wie vorher, jedoch nur für Temperaturfühler im 12. Bild.

| ANALOG | NAME | IST | SOLL | DIM | UAGR | OAGR | BILD | weitere Attribute |
|---|---|---|---|---|---|---|---|---|
| | | | | grd | | | 12 | |

**Bild 6:** Tabellenkopf mit konstanten Einträgen

Die Reihenfolge der Eingaben ist dem Benutzer freigestellt; die Konstantenbeschreibung kann vor der Verknüpfung der Attribute erfolgen oder umgekehrt.

Im Rahmen dieser Arbeit kann nur auf das Prinzip dieser Anfragesprache eingegangen werden, eine umfassende Beschreibung findet sich in /1/. Zusammenfassend läßt sich sagen:

. Der Benutzer sieht die (normalisierten) Relationen als Tabellen.

. Die Anfragen werden in der Weise vom Benutzer zusammengestellt, die seiner natürlichen Denkweise verwandt ist.

. Auch größere Tabellen können mit Hilfe des Rollschalters zusammenhängend dargestellt werden.

. Die Anfragesprache ist so strukturiert, daß der Bediener mit möglichst wenigen Aktionen auch komplexere Anfragen formulieren kann.

. Relationale Vollständigkeit wurde nicht angestrebt, da sie für diese Anwendung nicht erforderlich ist.

## 4. Implementierungsgesichtspunkte

Ein wesentlicher Gesichtspunkt beim Einsatz einer Datenbank im System EAF-P2A ist die Geschwindigkeit des Datenzugriffs. In Bild 7 ist die Abwicklung eines einfachen Datenzugriffs durch das Datenbankverwaltungssystem grob dargestellt. Wenn z.B. von der Dialogschnittstelle aus ein Attributwert eines einzelnen Tupels einer Relation durch Ansprache über den Attributnamen, den Schlüsselattributwert und den Relationennamen geändert werden soll, sind mehrere Interpretationsschritte und Suchvorgänge notwendig.

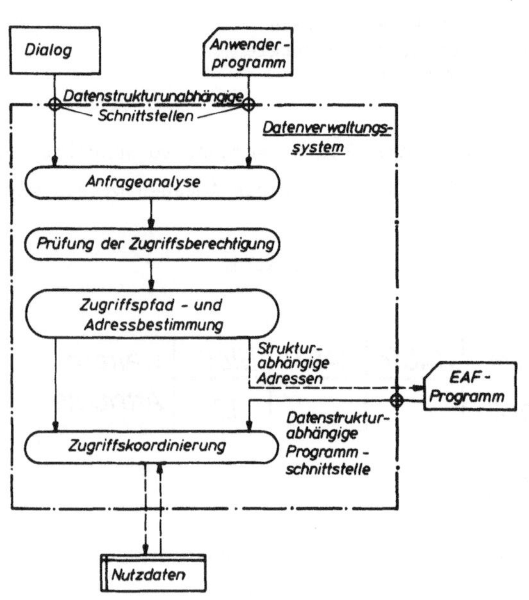



Der Vorteil der völligen Datenstrukturunabhängigkeit muß mit einer relativ großen Zugriffszeit erkauft werden, die für zeitkritische Verarbeitungsprogramme des EAF-Systems bei der Prozeßführung nicht tragbar ist. Die Tatsache, daß während der Prozeßführung keine Änderungen der Prozeßdatenstruktur stattfinden, ermöglicht jedoch einen effektiveren Datenzugriff über eine zweite Programmschnittstelle durch starre Adressierung (Bild 7, rechts). Das bedeutet einen begrenzten Verzicht auf Datenstrukturunabhängigkeit insofern, als nach Änderungen der Datenstruktur oder auch nach der Reorganisation von Dateien den betreffenden Verarbeitungsprogrammen die Adressen bzw. Indizes der anzusprechenden Daten neu bekannt gemacht werden müssen.

<u>Bild 7</u>: Zugriff auf Nutzdaten über verschiedene Datenbankschnittstellen

Dieser Vorgang wird auch als statisches Binden bezeichnet /9/. Er wird vom EAF-System in Form einer Datenstrukturverknüpfung automatisch angestoßen, sobald von der Betriebsart bildgestützte Programmierung in die Betriebsart Prozeßführung umgeschaltet wird.

Da bei der Installation des Systems auf Kleinrechnern ein bedeutender Anteil des Datenbestandes auf Externspeichern mit relativ großer Zugriffszeit gehalten werden muß, ist es notwendig, eine Klassifikation der Daten vorzunehmen:

. Daten, die von zeitkritischen Verarbeitungsprogrammen benutzt werden, müssen weitgehend zentralspeicherresident gehalten werden. Das betrifft hauptsächlich die aktuellen Werte der Prozeßsignale und die Alarmstatuslisten.

. Daten, die hauptsächlich von der Dialogschnittstelle oder von weniger zeitkritischen Verarbeitungs- und Dialogprogrammen des EAF-Systems angesprochen werden, können extern gespeichert werden. Beispiele sind die Verwaltungsdaten des EAF-Systems für die Prozeßfließbilder und für die Archivierung.

Einen wesentlichen Einfluß auf die Zugriffszeit oder allgemeiner auf die Antwortzeit der Datenbank hat auch die Auswahl geeigneter Zugriffsstrategien, mit denen die Speicherungs- und Zugriffspfadstruktur relationenspezifisch bestimmt wird. Sowohl die Zuordnung des Speichers als auch die Auswahl der Zugriffsstrategie erfolgt bei der Definition der entsprechenden Relationen durch den Datenbankverwalter und setzt eine sorgfältige Analyse der voraussichtlichen Benutzung der verschiedenen Daten voraus.

Die angestrebte Portabilität des Systems EAF-P2A, einschließlich der relationalen Prozeßdatenbank, erfordert die weitgehende Verwendung einer höheren Programmiersprache, die für Realzeitanwendungen geeignet ist und auf Sprachebene über ausreichende Mittel zur Steuerung und Synchronisation einer Vielzahl simultan ablaufender Programme verfügt. Außerdem sind für die Programmierung die Benutzung von Referenzvariablen und die Möglichkeit der Definition komplexer Datenstrukturen erforderlich. Die Prozeßrechnersprache PEARL ist z. Zt. die einzige Sprache, die sowohl diesen Anforderungen genügt als auch auf einer größeren Zahl von Rechnersystemen verfügbar ist. Erforderlich ist dafür ein Sprachumfang wie in /10/ beschrieben. Ausgenommen von der Programmierung in PEARL werden lediglich die Treiberroutinen für die EAF-Sichtgeräte und Bedienpulte sowie evtl. für die Kommunikation mit dem Prozeß. Diese Programme laufen zur Gewährleistung schneller Reaktionszeiten außerhalb der Betriebssystemkontrolle mit höchster Priorität ab und sind in Assembler codiert. Beim Übergang auf ein anderes Rechnersystem sind bei Gewährleistung des oben definierten Sprachumfanges von PEARL neben dem SYSTEM-Teil der PEARL-Programme im wesentlichen nur die erwähnten speziellen Gerätetreiber umzustellen.

Zusammenfassend läßt sich sagen, daß PEARL bei Verwendung eines genügend leistungsfähigen Sprachumfanges eine große Anwendungsbreite besitzt und sich sowohl zur Programmierung von (auch verteilten /11/) Automatisierungsaufgaben als auch zur Implementierung von Systemprogrammen, wie das System EAF-P2A mit einer relationalen Datenbank und lichtgriffelgestützter Anfragesprache, eignet.

## Literatur


/1/ Hertlin, I., et al.: Relationale Datenbank, gekoppelt mit Methodenbank, als Lösungsansatz für problemorientiertes Programmieren im Bereich Messen, Steuern, Regeln. Forschungsbericht KfK-PDV (in Vorbereitung).

/2/ Grimm, R., et al.: Bildprogrammierbares Ein-/Ausgabe-Farbbildschirmsystem (EAF) als Warte - Grundprinzipien, Realisierung, Erprobung. Kernforschungszentrum Karlsruhe GmbH, KfK-PDV 134, Dezember 1978.

/3/ Date, C.J.: An Introduction to Database Systems. Addison-Wesley Publishing Comp., 2nd edition, 1977.

/4/ Koller, H.; Frühauf, K.: Datenbank-Verwaltungssystem PRIMO. BBC-Mitteilungen 3/1979, S. 204 - 209.

/5/ PEDMS - Ein Datenbanksystem für Minicomputer und Prozeßrechner. infodas GmbH, Rhonestr. 2, 5000 Köln 71.

/6/  Goede, K.; Landwehr K.: BAPAS-DB - ein portables offenes Datenbanksystem für
     Prozeßrechner (in diesem Berichtsband).

/7/  Senko, M.E.: FORAL LP - Making Pointed Queries with a Light Pen. Information
     Processing 77, IFIP Congress Series, Vol. 7, North-Holland Publishing Company,
     1977, S. 635 - 640.

/8/  Zloof, M.: Query-by-Example: A Data Base Language. IBM Systems Journal, Vol. 16,
     Iss. 4, 1977.

/9/  Schlageter, G.; Stucky, W.: Datenbanksysteme: Konzepte und Modelle. Teubner
     Studienbücher. Informatik, Stuttgart, 1977.

/10/ Werum, W.; Windauer, H.: PEARL - Beschreibung mit Anwendungsbeispielen. Vieweg
     Verlag, Braunschweig, 1978.

/11/ Bonn, G.; Lorenz, L.: Eignung von MEHRRECHNER-PEARL zur Programmierung paralle-
     ler Prozesse; Erfahrungen und Folgerungen (in diesem Berichtsband).

# Lecture Notes in Computer Science

Vol. 40: Optimization Techniques. Modeling and Optimization in the Service of Man. Part 1. Proceedings, 7th IFIP Conference, Nice, September 1975. Edited by J. Cea. XIV, 854 pages. 1976.

Vol. 41: Optimization Techniques. Modeling and Optimization in the Service of Man. Part 2. Proceedings, 7th IFIP Conference, Nice, September 1975. Edited by J. Cea. XIV, 852 pages. 1976.

Vol. 42: J. E. Donahue: Complementary Definitions of Programming Language Semantics. VIII, 172 pages. 1976.

Vol. 43: E. Specker, V. Strassen: Komplexität von Entscheidungsproblemen. Ein Seminar. VI, 217 Seiten. 1976.

Vol. 44: ECI Conference 1976. Proceedings of the 1st Conference of the European Cooperation in Informatics, Amsterdam, August 1976. Edited by K. Samelson. VIII, 322 pages. 1976.

Vol. 45: Mathematical Foundations of Computer Science 1976. Proceedings, 5th Symposium, Gdańsk, September 1976. Edited by A. Mazurkiewicz. XII, 606 pages. 1976.

Vol. 46: Language Hierarchies and Interfaces. International Summer School. Edited by F. L. Bauer and K. Samelson. X, 428 pages. 1976.

Vol. 47: Methods of Algorithmic Language Implementation. Edited by A. Ershov and C. H. A. Koster. VIII, 351 pages. 1977.

Vol. 48: Theoretical Computer Science, Darmstadt, March 1977. Edited by H. Tzschach, H. Waldschmidt and H.-G. Walter on behalf of GI. VII, 418 pages. 1977.

Vol. 49: Interactive Systems. Proceedings 1976. Edited by A. Blaser and C. Hackl. VI, 380 pages. 1976.

Vol. 50: A. C. Hartmann, A Concurrent Pascal Compiler for Minicomputers. VI, 119 pages. 1977.

Vol. 51: B. S. Garbow, Matrix Eigensystem Routines – Eispack Guide Extension. VIII, 343 pages. 1977.

Vol. 52: Automata, Languages and Programming. Fourth Colloquium, University of Turku, July 1977. Edited by A. Salomaa and M. Steinby. X, 569 pages. 1977.

Vol. 53: Mathematical Foundations of Computer Science. Proceedings 1977. Edited by J. Gruska. XII, 608 pages. 1977.

Vol. 54: Design and Implementation of Programming Languages. Proceedings 1976. Edited by J. H. Williams and D. A. Fisher. X, 496 pages. 1977.

Vol. 55: A. Gerbier, Mes premières constructions de programmes. XII, 256 pages. 1977.

Vol. 56: Fundamentals of Computation Theory. Proceedings 1977. Edited by M. Karpiński. XII, 542 pages. 1977.

Vol. 57: Portability of Numerical Software. Proceedings 1976. Edited by W. Cowell. VIII, 539 pages. 1977.

Vol. 58: M. J. O'Donnel, Computing in Systems Described by Equations. XIV, 111 pages. 1977.

Vol. 59: E. Hill, Jr., A Comparative Study of Very Large Data Bases. X, 140 pages. 1978.

Vol. 60: Operating Systems, An Advanced Course. Edited by R. Bayer, R. M. Graham, and G. Seegmüller. X, 593 pages. 1978.

Vol. 61: The Vienna Development Method: The Meta-Language. Edited by D. Bjørner and C. B. Jones. XVIII, 382 pages. 1978.

Vol. 62: Automata, Languages and Programming. Proceedings 1978. Edited by G. Ausiello and C. Böhm. VIII, 508 pages. 1978.

Vol. 63: Natural Language Communication with Computers. Edited by Leonard Bolc. VI, 292 pages. 1978.

Vol. 64: Mathematical Foundations of Computer Science. Proceedings 1978. Edited by J. Winkowski. X, 551 pages. 1978.

Vol. 65: Information Systems Methodology. Proceedings 1978. Edited by G. Bracchi and P. C. Lockemann. XII, 696 pages. 1978.

Vol. 66: N. D. Jones and S. S. Muchnick, TEMPO: A Unified Treatment of Binding Time and Parameter Passing Concepts in Programming Languages. IX, 118 pages. 1978.

Vol. 67: Theoretical Computer Science, 4th GI Conference, Aachen. March 1979. Edited by K. Weihrauch. VII, 324 pages. 1979.

Vol. 68: D. Harel. First-Order Dynamic Logic. X, 133 pages. 1979.

Vol. 69: Program Construction. International Summer School. Edited by F. L. Bauer and M. Broy. VII, 651 pages. 1979.

Vol. 70: Semantics of Concurrent Computation. Proceedings 1979. Edited by G. Kahn. VI, 368 pages. 1979.

Vol. 71: Automata. Languages and Programming. Proceedings 1979. Edited by H. A. Maurer. IX, 684 pages. 1979.

Vol. 72: Symbolic and Algebraic Computation. Proceedings 1979. Edited by E. W. Ng. XV, 557 pages. 1979.

Vol. 73: Graph-Grammars and Their Application to Computer Science and Biology. Proceedings 1978. Edited by V. Claus, H. Ehring and G. Rozenberg. VII, 477 pages. 1979.

Vol. 74: Mathematical Foundations of Computer Science. Proceedings 1979. Edited by J. Bečvář. IX, 580 pages. 1979.

Vol. 75: Mathematical Studies of Information Processing. Proceedings 1978. Edited by E. K. Blum, M. Paul and S. Takasu. VIII, 629 pages. 1979.

Vol. 76: Codes for Boundary-Value Problems in Ordinary Differential Equations. Proceedings 1978. Edited by B. Childs et al. VIII, 388 pages. 1979.

Vol. 77: G. V. Bochmann, Architecture of Distributed Computer Systems. VIII, 238 pages. 1979.

Vol. 78: M. Gordon, R. Milner and C. Wadsworth, Edingburgh LCF. VIII, 159 pages. 1979.

Vol. 79: Language Design and Programming Methodology. Proceedings, 1979. Edited by J. Tobias. IX, 255 pages. 1980.

Vol. 80: Pictorial Information Systems. Edited by S. K. Chang and K. S. Fu. IX, 445 pages. 1980.

Vol. 81: Data Base Techniques for Pictorial Applications. Proceedings, 1979. Edited by A. Blaser. XI, 599 pages. 1980.

Vol. 82: J. G. Sanderson, A Relational Theory of Computing. VI, 147 pages. 1980.

Vol. 83: International Symposium Programming. Proceedings, 1980. Edited by B. Robinet. VII, 341 pages. 1980.

Vol. 84: Net Theory and Applications. Proceedings, 1979. Edited by W. Brauer. XIII, 537 Seiten. 1980.

Vol. 85: Automata, Languages and Programming. Proceedings, 1980. Edited by J. de Bakker and J. van Leeuwen. VIII, 671 pages. 1980.

Vol. 86: Abstract Software Specifications. Proceedings, 1979. Edited by D. Bjørner. XIII, 567 pages. 1980.

Vol. 87: 5th Conference on Automated Deduction. Proceedings, 1980. Edited by W. Bibel and R. Kowalski. VII, 385 pages. 1980.

Vol. 88: Mathematical Foundations of Computer Science 1980. Proceedings, 1980. Edited by P. Dembiński. VIII, 723 pages. 1980.

Vol. 89: Computer Aided Design – Modelling, Systems Engineering, CAD-Systems. Proceedings, 1980. Edited by J. Encarnacao. XIV, 461 pages. 1980.

Vol. 90: D. M. Sandford, Using Sophisticated Models in Resolution Theorem Proving. XI, 239 pages. 1980.

Vol. 91: D. Wood, Grammar and L Forms: An Introduction. IX, 314 pages. 1980.

Vol. 92: R. Milner, A Calculus of Communication Systems. VI, 171 pages. 1980.

Vol. 93: A. Nijholt, Contett-Free Grammars: Covers, Normal Forms, and Parsing. VII, 253 pages. 1980.

Vol. 94: Semantics-Directed Compiler Generation. Proceedings, 1980. Edited by N. D. Jones. V, 489 pages. 1980.